HELLA PICK

Simon Wiesenthal

Eine Biographie

Deutsch von
Susanne Klockmann

ROWOHLT

Die Originalausgabe erschien 1996 unter dem Titel
«Simon Wiesenthal: A Life in Search of Justice»
im Verlag Weidenfeld & Nicolson, London

Bei der Übersetzung wurde auf die im Original benutzten
deutschen Quellen zurückgegriffen. In den wenigen Fällen,
in denen sie nicht zugänglich waren, hat die Autorin
die Rückübersetzungen autorisiert.

1. Auflage Juni 1997

Umschlaggestaltung Ingrid Albrecht (Foto: Manfred Klimek)
Satz aus der Aldus (Linotronic 500)
Gesamtherstellung Clausen & Bosse, Leck
Printed in Germany
ISBN 3 498 05288 8

Meiner Mutter – in Erinnerung

Inhalt

Danksagung

Zwar ist es immer sehr erhellend, eine öffentliche Figur aus der Nähe kennenzulernen, doch war die Arbeit an der Biographie Simon Wiesenthals eine fesselnde Aufgabe und ein einzigartiges Privileg. Ohne die Mitarbeit Simon Wiesenthals wäre es unmöglich gewesen, dieses Buch zu schreiben. Ich habe seine Kooperationsbereitschaft in vollem Maße erfahren. Er war unendlich geduldig und hat sich – obwohl er sehr beschäftigt war – jedes Mal vier Tage freigenommen, wenn ich mit einem Berg von Fragen über sein langes und ereignisreiches Leben nach Wien kam. Schon allein das erfüllt mich mit Dankbarkeit.

Doch das war noch nicht alles: er vertraute mir. Er wußte, daß ich nicht bereit war, eine Hagiographie zu schreiben, aber er begriff offenkundig, daß ich zuhörte, beobachtete, recherchierte, lernte und mein Bestes tun würde, um eine faire Darstellung über sein Leben zu verfassen. Gelegentlich zeigte er etwas Ungeduld und bat um einen Beweis dafür, daß er seine Zeit nicht verschwenden und ich tatsächlich an dem Buch schreiben würde. Nachdem ich ihm das erste Kapitel gezeigt hatte, sagte ich ihm, daß ich gern die gesamte Biographie beenden würde, bevor ich ihm weitere Teile zeigte. Er akzeptierte das bereitwillig und stand mir auch weiterhin zur Verfügung, wenn ich ihn um Informationen bat. Und er versuchte, nicht einzugreifen und seine Neugier zu zügeln. Er schenkte mir die Art von Vertrauen, wie sie normalerweise nur unter engen Freunden herrscht. Das war eine sehr bereichernde Erfahrung.

Es ist unmöglich, Simon Wiesenthal zu danken, ohne auch Rosemarie Austraat Dank zu erstatten. Sie wußte immer, wo sie ein Dokument finden konnte, das ich zu sehen wünschte, und sie half mir, durch sein Archiv zu streifen. Sie war niemals zu beschäftigt, um mir nicht etwas von ihrer Zeit zu widmen, und sie verlor ihre gute Laune auch dann nicht, wenn ich – was häufig vorkam – durch meine Ungeschicklichkeit den Kopierapparat zum Stillstand brachte. Auch Rosemarie Austraats Kollegin Trudi Mergili leistete mir große Hilfe. Sie blieb auch noch nach dem Ende ihrer Arbeitszeit im Büro, um die vielen Bänder zu transkribieren, die ich während meiner langen Gespräche mit dem «Boß» aufgenommen hatte.

Cyla Wiesenthal weist Anfragen nach Interviews normalerweise zurück. In meinem Falle machte sie einmal eine Ausnahme. Vielleicht war sie neugierig, die Person kennenzulernen, die das Leben ihres Mannes beschreiben durfte. Wie dem auch sei – Frau Wiesenthal kam mit ihrem Mann in mein Hotel, und wir hatten ein langes Gespräch. Ihre Tochter Paulinka überwand ihr Zögern schnell und war dann bereit, über die Rolle ihres Vaters zu sprechen. Und obwohl wir uns nur einmal in Israel trafen, telefonierten wir häufig miteinander, und sie ermutigte mich sehr.

Mit Ausnahme von Simon Wiesenthals nächster Umgebung ist es unmöglich, jeden einzelnen der vielen Menschen aufzuzählen, die mir während der beinahe dreijährigen Arbeitszeit an diesem Buch geholfen haben. Besonderen Dank schulde ich Lord Weidenfeld, der soviel Vertrauen in mich setzte, diese Biographie über Wiesenthal zu schreiben.

Um Wiesenthal in einen zeitgeschichtlichen Kontext stellen zu können, ist es notwendig, die israelische und österreichische Politik zu verstehen. Ich schulde Alena Lourie und ihrem verstorbenen Mann Norman großen Dank dafür, daß sie mir die israelischen Horizonte eröffnet haben. Bei den Recherchen zu dieser Biographie verschaffte Alena mir auch die Möglichkeit, mit vielen Leuten zu sprechen, die in einem anderen Falle nicht unbedingt dazu bereit gewesen wären.

In der Einleitung ist die Hilfe und Kooperationsbereitschaft beschrieben, die ich vom Wiener Kreisky-Forum und der Stiftung Kreisky-Archiv erfuhr. Dr. Oliver Rathkolb, Universitätsdozent, Wissenschaftskoordinator beim Forum und Forschungsdirektor beim Kreisky-Archiv, verdient meinen besonderen Dank. Wir kannten uns nicht, als ich mit diesem Projekt begann. Aber er hat mir vom ersten Moment unserer Bekanntschaft an erlaubt, sein Wissen fast schamlos auszunutzen. Durch seine Hilfe konnte ich viel Zeit sparen und einige krasse Fehler vermeiden. Er ermöglichte es mir auch, das (damals noch unveröffentlichte) Manuskript des dritten Bandes der Kreisky-Memoiren einzusehen, die erst im Oktober 1996 erschienen. Dr. Kreiskys Sohn Peter ermutigte meine Arbeit ebenfalls. Zu den zahlreichen Österreichern, die mir ihre Zeit und Erfahrung zur Verfügung gestellt haben und von denen viele seit langem meine Freunde sind, gehören der frühere Bundeskanzler Vranitzky; Heinz Fischer, der Präsident des österreichischen Parlaments; Botschafter Ingo Mussi, der frühere Pressesprecher Kreiskys und heutige Generalkonsul Österreichs in Triest; Dr. Hugo Portisch, der die Geschichte der ersten und zweiten Österreichischen Republik für das Fernsehen aufgezeichnet hat, und seine Frau Trauti; Dr. Hannes Androsch, Kreiskys ehemaliger Vizekanzler und Finanzminister; Frau Swanee Hunt, Botschafterin der Vereinigten Staaten in Österreich; Colonel Richard Seibel, der amerikanische Offizier, der Mauthausen befreite; Botschafter Georg Hennig, Kabinettschef bei Bundespräsident Waldheim und heute bei Bundespräsident Klestil; Johanna Heer; Frau Ella Lingens und ihr Sohn, der Journalist und frühere Mitarbeiter Wiesenthals Peter Michael Lingens; Georg Hoffman-Ostenhof von der Wochenzeitschrift *Profil;* Dr. Irene Montjoy vom Webster College in Wien; und Gideon Yarden, der frühere israelische Botschafter in Österreich. Ich sprach auch mit Dr. Kurt Waldheim und Friedrich Peter, dem früheren Vorsitzenden der FPÖ.

In Israel hätte ich ohne die Hilfe meines Freundes und Kollegen, des Journalisten Eric Siever, nicht so wesentliche Informationen zusammentragen und die für Wiesenthals Leben wichtigen Personen interviewen können. Er überredete den zögernden Isser Harel, den früheren Leiter des Mossad, mir seine Gründe für seine scharfe Kritik an Wiesenthals Rolle bei der Eichmann-Jagd zu erläutern und mich auch sein unveröffentlichtes Manuskript lesen zu lassen. Eric Silver interviewte auch eine Reihe von Personen für mich, u. a. die früheren Botschafter Asher Ben-Nathan, Gideon Raphael und auch Manus Diamant, Tuviah Friedman und Haim Maas, und verschaffte mir Archivmaterial aus Yad Vashem und der *Jerusalem Post*. Zu den vielen anderen Personen in Israel, die mir geholfen und meine Arbeit unterstützt haben, gehören Professor Yehuda Bauer und Professor Robert Wistrich, beide an der Hebrew University, Jerusalem; Efraim Zuroff, der Leiter des Jerusalemer Büros des US-Wiesenthal Center; die Botschafter im Ruhestand Michael Elizur, Mehron Medzini, Moshe Arad und der Journalist Dr. Ari Rath. Dr. M. Schumert und Pinchas Porath gehören zu den wenigen Freunden Wiesenthals aus seiner Schul- und Universitätszeit und empfingen mich mit offenen Armen. In Israel gab es eine Reihe von weiteren wichtigen Kontaktpersonen, die es vorziehen, anonym zu bleiben.

In den Vereinigten Staaten schulde ich Martin Rosen, dem New Yorker Anwalt Wiesenthals, und Frau Rhonda Barad, der Leiterin des New Yorker Büros des Wiesenthal Center, besonderen Dank. Sie verhalfen mir zu vielen Einsichten und öffneten mir wichtige Türen. Mein Dank geht auch an Carlton Sedgeley, Wiesenthals Agent, und Martin Mendelsohn, Wiesenthals Anwalt in Washington.

In Los Angeles haben Rabbi Marvin Hier, der Dean des Wiesenthal Center, Rabbi Abraham Cooper, Associate Dean, und Dr. Gerald Margolies, der Direktor des Wiesenthal Center's Museum of Tolerance, mir alle großzügig ihre Zeit zur Verfügung gestellt und mir Einsicht in die Geschichte und Ziele der ambitionierten Institution und ihre Pläne für den Umgang mit Wiesenthals Erbe verschafft.

Ich danke auch Elan Steinberg, Executive Director des World Jewish Congress, und Eli Rosenbaum, dem Autor von *Betrayal*, der früher beim WJC war und heute das Office of Special Investigations des US Department of Justice leitet, dafür, daß sie bereit waren, mit mir zu sprechen. Ohne die Gespräche mit ihnen hätte ich nicht die

Heftigkeit des Widerstands verstanden, die Wiesenthal auszulösen vermag. Leider schlugen meine Versuche fehl, auch mit Edgar Bronfman, dem Präsidenten des WJC, oder mit Israel Singer zu sprechen, dem Generalsekretär des WJC.

In den Niederlanden erzählte mir Simon Speyer, der Leiter der niederländischen Wiesenthal-Stiftung, die Geschichte der holländischen Bemühungen, Wiesenthal zu unterstützen.

In Deutschland waren der ehemalige Bundespräsident Richard von Weizsäcker und Kanzler Helmut Kohl bereit, mit mir über das Phänomen Wiesenthal zu sprechen. Willy Brandt war nicht mehr am Leben, als ich meine Arbeit an diesem Buch begann, aber die Freundschaft zu ihm hat mir dabei geholfen, mit dem Nachkriegsdeutschland zurechtzukommen, und die Erinnerung an unsere Gespräche erleichterten es mir, mich mit den Fragen des Holocaust zu beschäftigen.

In Polen geht mein besonderer Dank an den ehemaligen Außenminister Wladislaw Bartoszewski. Auf seinem früheren Posten als Botschafter Polens in Österreich organisierte er Wiesenthals Besuch in Polen im Jahre 1994. Ich danke auch Dr. Emil Brix, dem österreichischen Konsul in Krakau und jetzigen Leiter des Österreichischen Kulturinstituts in London; Professor Alexander Koj, Rektor der Jagiellonen-Universität, und Frau Koj; Professor Geozef Gierowski von der Jagiellonen-Universität; Marek Karpinski, Mitarbeiter des früheren Präsidenten Lech Walesa; und meinen langjährigen Freunden in Polen Mira Michalowski, Daniel Passent, Mieczyslaw Rakowski und Audrey Glover, Leiterin des OSCE (Organisation for Security and Co-operation in Europe) Democracy Bureau in Warschau.

Zu denjenigen, die mir in Großbritannien außerordentlich großzügig mit Rat und Informationen zur Seite gestanden haben, gehören Sir Martin Gilbert, Rabbi Albert Friedlander, Frederick Forsyth, Professor David Cesarani, Martin Goldenberg und die Mitarbeiter der Wiener Library. Der Oberrabbiner Jonathan Sacks empfing mich freundlich, und Zvi Aharoni, einer der Mitarbeiter des Mossad, der an der Gefangennahme Eichmanns beteiligt war und heute in Großbritannien lebt, zeigte mir sein Manuskript über die Eichmann-Ereignisse. Prem Dobias, ein weiterer Überlebender von Mauthausen, der 1945 zwischen Wiesenthal und den Amerikanern dolmetschte, stellte mir einige Dokumente aus dieser Zeit zur Verfügung. Tom Bowers Rat lenkte meine Aufmerksamkeit auf Dinge, die ich ohne ihn vielleicht nicht bemerkt hätte. Mein Agent, Mike Shaw, der auf fähige Weise von seiner Assistentin Sophie Janson unterstützt wurde, hat mich immer bei Laune gehalten. Und es war ein großes Glück, mit Ion Trewin als Lektor bei Weidenfeld zusammenzuarbeiten. Das Interesse, das er an diesem Buch gezeigt hat, und die Hilfe, die er und seine Mitarbeiterin Cassia Joll mir haben zukommen lassen, erleichterten meine Aufgabe wesentlich. Besonders danke ich Linda Osband für ihre hilfreiche und ermutigende Art, mit der sie dieses Buch lektoriert hat.

Während des ganzen Abenteuers, dieses Buch zu schreiben, haben mich meine engen Freunde ermutigt, haben sich mit mir über viele das Buch betreffende Fragen unterhalten und es mir erleichtert, die Last zu tragen, mich so lange und so konzentriert mit dem Holocaust auseinanderzusetzen. Einige von ihnen habe ich bereits erwähnt, aber die Liste wäre nicht vollständig ohne Dr. Wolfgang Fischer und seine Frau Jutta, die mir ihr geliebtes Ausseerland zeigten und den Entstehungsprozeß dieses Buches von Anfang bis Ende begleitet haben. In den Vereinigten Staaten bestärkten mich Professor Robert J. Lifton und Betty Jean Lifton und eine andere langjährige Freundin, Professor Gillian Lindt, mich tiefer mit den moralischen und ethischen Implikationen des Wiesenthal-Phänomens auseinanderzusetzen. Erik Amfitheatrof überzeugte mich, dieses Projekt in Angriff zu nehmen, als ich noch viele Zweifel hatte. Hermann und Christa von Richthofens stetige Ermutigung war unschätzbar. Auch Christopher und Pascale Mallaby, Linda Christmas und John Higgins, Richard, Gabriela und Matthew Fyjis-Walker, Paul und Nicola Cheslaw, Ian und Lydia Wright, Ralph und Mary Blumenau ermunterten mich beständig. Und die Kollegen vom *Guardian*, besonders Peter Preston, Martin Woollacott, Ian Traynor und John Gittings ließen mich nicht aus dem Auge. Ebenfalls bedanke ich mich bei der Übersetzerin der deutschen Ausgabe, Susanne Klockmann, und der Lektorin im Rowohlt Verlag, Barbara Wenner.

Jan Margerison, die alle meine Interviews in den Vereinigten Staaten und Israel transkribierte, auch dann noch, als sie bereits ernstlich erkrankt war, lebt nicht mehr und kann diesen Dank für all die Arbeit, die sie mir gewidmet hat, nicht empfangen.

Vor allem möchte ich meiner Freundin Evi Wohlgemuth danken. Sie half mir bei den Recherchen, las alle Kapitel, sobald ich sie geschrieben hatte, überprüfte die Dokumente und machte hilfreiche Vorschläge. Sie war immer für mich da, wenn ich einen mitfühlenden Zuhörer brauchte.

Außer Simon Wiesenthal lasen Frau Wohlgemuth, Dr. Wolfgang Fischer, Baron und Baronin von Richthofen, Eric Silver und Dr. Oliver Rathkolb das Manuskript oder Teile davon. Aber die Verantwortung für den Text trage ich allein.

Hella Pick
London, im Januar 1997

Einleitung

Simon Wiesenthal – der Nazi-Jäger. Wenn man den Namen erwähnt, ruft das bei neun von zehn Personen diese Berufsbeschreibung hervor. Wiesenthal und die Jagd auf Nazis sind Synonyme geworden.

Erst nachdem ich Wiesenthal sehr viel besser kennengelernt hatte, verstand ich, daß das Bild vom Nazi-Jäger zu eng ist – in der Realität tritt es hinter seine Bedeutung als Kämpfer für Gerechtigkeit und gegen das Vergessen des Holocaust zurück. Wenn man ihn als Rächer darstellt, macht man es sich zu einfach. Wenn man ihn als intellektuell schwach abtut, mißversteht man Wiesenthals einzigartigen Charakter, bei dem sich der Kampf gegen das Böse mit dem leidenschaftlichen Glauben an ein Rechtssystem einer demokratischen Gesellschaft verknüpft.

Als Holocaust-Überlebender und Moralist hat er das nahtlose Gewebe zwischen Vergangenheit, Gegenwart und Zukunft erkannt, und er verkündet und lehrt uns kontinuierlich, daß unbestreitbare Wahrheiten nur unter großer Gefahr für die Demokratie und Zivilisation ignoriert werden können. Für begangene Verbrechen muß die Verantwortung übernommen werden. Nationen und Individuen dürfen den Gewalttaten des Holocaust nicht den Rücken zukehren, und ebensowenig darf ihnen gestattet werden, sich der billigen Befriedigung der Rache hinzugeben.

Gerechtigkeit ist immer eins von Wiesenthals Leitmotiven gewesen; Gerechtigkeit, die über das Anerkennen von Schuld und die Entschuldigung hinausgeht. Er hat sein Vertrauen in die Gerichte gesetzt, obwohl er wußte, daß unter den deutschen und österreichischen Richtern und Staatsanwälten der Nachkriegszeit Nazis waren, und er ist immer wieder gegen deren Versuche angegangen, die strafrechtliche Verfolgung von Kriegsverbrechern zu verschleppen.

Wiesenthal hat immer die Ansicht vertreten, daß Bestrafung individuell und nicht kollektiv zu erfolgen habe, daß aber die mutmaßlichen Kriegsverbrecher der Härte des Gesetzes ausgesetzt werden müßten. Keine Strafe könnte jedoch die monströsen Taten, die während des Holocaust begangen wurden, jemals ausgleichen. Daher hat er sich deutlich weniger mit den Urteilen beschäftigt, die von den Gerichten für angemessen erachtet wurden, als mit den Prozessen selbst. Er ist immer gegen die Todesstrafe eingetreten. Vor allem hat er sich für die Aufdeckung des organisierten Massenmordes eingesetzt. Die Erinnerung an den Holocaust ist seiner Ansicht nach eines der sichersten Mittel, um zögernde Nationen davon zu überzeugen, daß sie sich mit ihrer befleckten Vergangenheit beschäftigen sollten. Nur so könne die Welt mit ihrer jüngsten Geschichte ins reine kommen und vielleicht sogar anfangen zu begreifen, daß die ethnischen Säuberungen in Bosnien oder Ruanda die zivile Gesellschaft untergraben und nicht nur den Opfern selbst, sondern uns allen unermeßlichen Schaden zufügen.

Natürlich war mir Simon Wiesenthal seit langem bekannt. Aber erst als ich einen Anruf von Lord Weidenfeld erhielt, der mir vorschlug, Wiesenthals Biographie zu schreiben, lernte ich ihn persönlich kennen und beschäftigte mich intensiver mit seinen Aktivitäten. Im Rückblick erscheint es mir sehr seltsam, daß ich ihn nicht früher aufgesucht habe. Als Journalistin bei der britischen Zeitung *The Guardian*, wo ich mich viele Jahre erst mit Osteuropa und dann mit dem gesamten Bereich der Außenpolitik beschäftigt habe, war Österreich seit langem mein Spezialgebiet gewesen. Ich hatte über österreichische Politik geschrieben, über Wahlkampagnen berichtet und den Kanzler Dr. Bruno Kreisky sehr gut kennengelernt. Auch Kurt Waldheim war ich in den sechziger Jahren begegnet, als er der Botschafter Österreichs bei den Vereinten Nationen war, und ich habe ihn als Generalsekretär der UN und auch später interviewt, als er zu Österreichs umstrittenem Staatsoberhaupt geworden war. Doch meine Artikel hatten sich selten mit dem Konflikt zwischen Simon Wiesenthal und Bruno Kreisky oder mit Wiesenthals unangenehmem Dilemma in der Sache Waldheim beschäftigt. Und ich hatte mich niemals in die Schar der Journalisten eingereiht, die Wiesenthal regelmäßig aufsuchen.

Als das Wiesenthal-Projekt mir im Frühjahr 1993 vorgeschlagen wurde, wußte ich daher, daß ich der Aufgabe relativ freien Sinnes gegenübertreten konnte. Ich sage nur deshalb «relativ», weil ich betonen möchte, daß es genügend Gemeinsamkeiten gab, die es mir erleichterten, Wiesenthals Motive und Handlungen zu verstehen, jedoch nicht so viel, daß ich nicht ein Bündel vorgefaßter Meinungen über Wiesenthals Bedeutung mit mir herumtrug.

Als Flüchtling aus Hitlers Österreich bin ich zusammen mit meiner Mutter – der einzigen anderen Überlebenden unserer kleinen Familie – nach Großbritannien gekommen. Ich hatte das Glück, den Konzentrationslagern selbst zu entkommen, aber ich habe enge Verwandte verloren und auch meinen Teil der Qualen des Holocaust erlitten.

Meine Familie läßt sich väterlicherseits über viele Generationen von in Österreich geborenen Juden und mütterlicherseits auf jüdische Ursprünge in Böhmen zurückverfolgen. Meine Eltern ließen sich scheiden, als ich sehr klein war, vor dem «Anschluß» 1938 (der Annektierung Österreichs durch Deutschland). Meine Mutter hat mich zu einer religiösen Agnostikerin erzogen und – als bewußte Jüdin – dazu, an der Assimilation festzuhalten. Wie so viele andere österreichische Juden hatte sie immer das Gefühl, daß polnische Juden, wie es auch Wiesenthal ist, irgendwie fremde Geschöpfe seien, die sich niemals vollständig in die Völker integrierten, unter denen sie lebten.

Doch ich glaube, daß meine Erziehung und meine Erfahrungen mich nicht dazu verleitet haben, blind gegenüber Wiesenthals Qualitäten und Stärken zu sein oder seine Fehler und Schwächen zu übertreiben, sondern daß sie mich mit der richtigen Mischung von

Verständnis, Sympathie und Distanz versorgt haben, um ein ausgewogenes Bild dieser einzigartigen Persönlichkeit zu gewinnen.

Ich hatte von Anfang an deutlich gemacht, daß ich nicht bereit war, eine autorisierte Biographie zu schreiben, bei der sich Simon Wiesenthal die editorische Kontrolle vorbehielt. Der Verlag schloß sich meiner Meinung vollkommen an. Vor dem endgültigen Entschluß, dieses Buch zu schreiben, mußte ich daher nach Wien fahren, um mich mit Wiesenthal zu treffen. Er mußte entscheiden, ob er dazu bereit war, mit mir zusammenzuarbeiten, obwohl er keine Kontrolle über den Inhalt hatte. Unsere erste Begegnung dehnte sich zu einem Gespräch über mehrere Tage aus – und ich wußte, daß eine packende Reise des Entdeckens und Lernens vor mir lag.

Sehr schnell wurde mir die Menschlichkeit Simon Wiesenthals bewußt. Täglich erlebt er seine Leiden neu, trauert um seine Familie, die im Holocaust ermordet worden ist, und weint auch um all die anderen Opfer. Aber er läßt sich nicht gehen. Seine Trauer ist der Motor, der ihn angetrieben und ihm die Stärke und moralische Unterstützung gegeben hat, seine im wesentlichen einsamen Nachforschungen zu betreiben und gegen das Vergessen des Holocaust anzugehen. Dennoch ist er weder ein trauriger Mensch noch ausschließlich von seinem Ziel getrieben. Wiesenthal findet im Humor Erleichterung. Sein Fundus an Anekdoten ist beeindruckend, und er empfindet ebensoviel Freude beim Erzählen seiner Witze wie diejenigen, denen er sie erzählt.

Wiesenthal ist ein konsistenter Mensch. Privat unterscheidet er sich nicht sehr von der öffentlichen Person. Was er zu der äußeren Welt sagt, gleicht dem, was er innerhalb der Wände seines bescheidenen Büros oder im geselligen Kreis von Freunden äußert. Er unternimmt keinen Versuch, sein Bedürfnis nach öffentlichem Beifall zu verstecken. Das Leben besteht für ihn aus einer Reihe von Kämpfen: vor dem Krieg hat er um seine Ausbildung zum Architekten kämpfen müssen, während des Krieges um das Überleben, und nach dem Krieg, um sich seinen guten Namen und seine Glaubwürdigkeit zu erhalten – gegen eine Reihe von Angriffen, die aus vielen verschiedenen Richtungen kamen, von kommunistischen Regierungen bis hin zu Bruno Kreisky und dem World Jewish Congress (WJC). Wiesenthal ist außerordentlich individualistisch, ungeeignet zur Teamarbeit und nicht bereit, Teil einer organisatorischen Hierarchie zu sein, selbst dann nicht, wenn er sie leitet. Als er älter wurde, wuchs zweifellos auch seine Leidenschaft, sich einen prominenten Platz im Pantheon der Holocaust-Kämpfer zu sichern. Er möchte gern als authentischer jüdischer Held verstanden werden. All dies hat zu einem seiner offensichtlichsten Charakterfehler beigetragen: seiner Tendenz, die Menschen und alle Dinge in Schwarz und Weiß zu betrachten, ohne dabei viel Platz für Grauschattierungen zu lassen.

Wiesenthal ist ein gefühlvoller Mensch, und er findet viel Gefallen an gelegentlichen Zusammenkünften mit seinen noch lebenden Schulkameraden und Kommilitonen. Aber sein Bedürfnis nach engen Freundschaften – oder seine Fähigkeit nachzugeben – ist weniger offensichtlich. Von denjenigen, die sich als seine Freunde verstehen, fordert er Loyalität und Zustimmung von ganzem Herzen. Er bekommt sie von seiner Familie, von seiner Sekretärin Rosemarie Austraat und von einer Handvoll Menschen, die über den Erdball verteilt sind und von Wiesenthal als ihrem «Bruder» sprechen. Trotzdem verstehe ich ihn vor allem als eine «One-Man-Band», als jemanden, der all seine Energien in seine Arbeit steckt und nur wenig Bedürfnis nach Kameradschaft verspürt. Seine Frau, seine Tochter und seine Enkelkinder sind überaus wichtig für ihn. Andere Beziehungen verblassen im Vergleich dazu.

Wiesenthal hat mir sehr viel von seiner Zeit gewidmet und das ganze Ausmaß seines erstaunlichen Gedächtnisses vor mir ausgebreitet. Sein Gedächtnis ist nicht nur deshalb erstaunlich, weil er sich noch weit zurück an seine Kindheit erinnern kann, sondern auch, weil er die – für einen Mann in seinem Alter – seltene Fähigkeit besitzt, sich an die unmittelbare Vergangenheit zu erinnern. Wiesenthal erlaubte mir nicht nur, ihn nach allen Aspekten seines Lebens zu befragen, sondern er verschaffte mir auch ungehinderten Zugang zu all seinen Archiven und Akten und gab seiner Familie, seinen Freunden und anderen zu verstehen, daß er es gern sähe, wenn sie mir helfen würden. Und er sorgte dafür, daß die polnischen Behörden es mir erlaubten, ihn auf seiner ersten Polenreise nach dem Krieg zu begleiten.

Natürlich beschränkte ich meine Recherchen nicht auf die Menschen, die Wiesenthals Ansichten teilten oder sie zumindest anerkannten. Ich brauchte nicht lange, um zu erkennen, daß sich an ihm in vieler Hinsicht die Geister scheiden. Dennoch war ich weder auf die Eifersüchteleien und Rivalitäten zwischen den jüdischen Organisationen vorbereitet noch auf die geschmacklosen Auseinandersetzungen um die Eigentümerschaft am Holocaust. Besonders bestürzt hat mich die Vehemenz der Anti-Wiesenthal-Fraktion im WJC. Eli Rosenbaum äußerte bei unserem ersten Zusammentreffen den Verdacht, daß ich von Lord Weidenfeld beauftragt sei, den Mann – wie er sich ausdrückte – weißzuwaschen, von dem doch klar sei, daß «er ein genialer Lügner ist». Auch Elan Steinberg, der leitende Direktor des WJC, beschrieb Wiesenthal als jemanden, der von Eitelkeit getrieben sei, von sich selbst ein falsches Bild zeichne und dem man weder trauen noch ihn ernst nehmen könne. Diese Menschen sehen Wiesenthal als einen Hochstapler und sprechen von ihm in absoluten Begriffen. Sie machten sehr deutlich, daß sie der Ansicht sind, meine Objektivität beim Schreiben sei nicht gewährleistet, wenn ich nicht ihre Sicht Wiesenthals verträte.

Der Kontrast zwischen der Haltung des WJC meiner Rolle als Biographin Wiesenthals gegenüber und dem Kreisky-Forum in Wien hätte nicht größer sein können. Das Forum ist eine von Bruno Kreisky ins Leben gerufene Stiftung zur Förderung der Erforschung und Diskussion sozialdemokratischer Politik. Nachdem ich mein Interesse an ihrem Archiv signalisiert hatte, wurde ich von Angeboten zur Zusammenarbeit geradezu überwältigt. Kreiskys Sohn Peter und Margit Schmidt, Kreiskys frühere Sekretärin, die heute Generalsekretärin des Forums ist, ermutigten mich beide bei meiner Arbeit. Aber vor allem half mir Dr. Oliver Rathkolb, der Forschungskoordinator des Kreisky-Forums, mit Dokumenten und Archivmaterial und bot mir seinen Rat und seine Einblicke in die österreichische Politik und die Handlungen Kreiskys an. Er war weit davon entfernt, sich zum Hüter von Kreiskys Reputation zu machen und mir eine eindimensionale Sicht der Kämpfe zwischen Wiesenthal und Kreisky zu präsentieren. Statt dessen ermutigten mich Dr. Rathkolb und seine Kollegen im Kreisky-Forum, einen umfassenden und ohne Scheuklappen geschriebenen Bericht der Episode zu verfassen, aus der keiner der beiden Protagonisten ruhmreich hervorgegangen ist.

Beim Schreiben von Wiesenthals Biographie mußte ich mich beschränken. Das erste Kapitel enthält einen vollständigen Bericht über seine erste Reise nach Polen, fünfzig Jahre nachdem er dort als Häftling in einem Konzentrationslager eingesessen hat. In diesem Kapitel möchte ich den Menschen Wiesenthal und seine Überzeugungen vorstellen. Die folgenden Kapitel beschreiben seinen Hintergrund und sein früheres Leben. Die Erzählung, wie Wiesenthal den Holocaust überlebt hat, basiert auf seinen außerordentlich lebendigen Erinnerungen und erklärt, wie es dazu kam, daß er sich nach dem Krieg keine neue Existenz für sich selbst aufbaute, sondern sich statt dessen für ein Leben entschied, das ihn für immer an den Holocaust binden sollte.

Es wäre nicht möglich gewesen, detailliert über alle Nazi-Verbrechen zu berichten, die Wiesenthal untersucht hat. Da der Fall Eichmann früh zu seinem Ruhm beigetragen hat und bis heute in seinem Leben eine wichtige Rolle spielt, mußte ich die Geschichte als ganze erzählen. Zu den anderen «Fallgeschichten», die ich ausgewählt habe, gehören die von Franz Stangl, Franz Murer, Josef Mengele und Hermine Braunsteiner-Ryan. Sie alle sollen sowohl die Methoden illustrieren, mit denen Wiesenthal bei seiner Suche nach Nazi-Verbrechern arbeitete, als auch die Schwierigkeiten, mit denen er – nicht zuletzt von anderen Nazi-Jägern – dabei konfrontiert wurde.

Wiesenthals persönliche Geschichte seit 1945 ist eng an Österreich gebunden, das er zu seinem Zuhause machte. Er widmete der Entnazifizierung in Österreich weit mehr Aufmerksamkeit als der in Deutschland, und sein Bedürfnis, zu sehen, wie sich die Österreicher von ihrer Nazi-Vergangenheit reinigen, hat ihn dazu gebracht, so lange auf österreichische Empfindlichkeiten einzuhämmern, bis er richtig gehört und verstanden wurde. Sein Konflikt mit Bruno Kreisky kann nur in dem Kontext von Wiesenthals Gesamtbeziehungen zu Österreich richtig verstanden werden. Daher habe ich mich entschlossen, auch diese Episode relativ detailliert zu beschreiben.

Wiesenthals Unbehagen an Österreich hatte möglicherweise noch größeren Einfluß auf seinen Umgang mit der Waldheim-Affäre, aber die indirekten Folgen dieser Angelegenheit gingen weit über Österreich hinaus und stellten Wiesenthals internationales Ansehen in Frage. Als ich versuchte, die verknoteten Stränge der Waldheim-Affäre zu entwirren und aneinanderzufügen, war mir bewußt, daß es bei dem Disput über Waldheims Kriegsvergangenheit beinahe so viele Versionen der Geschichte gab wie Parteien. Es ist wahrscheinlich unmöglich, die Geschichte von A bis Z zu erzählen, ohne Einwände zu provozieren, aber ich habe versucht, objektiv zu sein.

Als Autor ist Wiesenthal sehr produktiv gewesen. Seine Bücher sind viel gelesen und in viele Sprachen übersetzt worden. Zur Ergänzung meiner Gespräche mit ihm habe ich großzügig aus seinen beiden wichtigsten Memoiren zitiert – aus *Doch die Mörder leben* und *Recht, nicht Rache*. Seine weiteren Bücher habe ich in einem gesonderten Kapitel dargestellt.

Wenn es nur zwei kurze Kapitel über Wiesenthals privates Leben gibt, dann liegt das zum einen daran, daß er ein sehr privater Mensch ist, und zum anderen daran, daß sein Leben ein offenes Buch ist, in dem es keine schillernden Geheimnisse zu entdecken gibt.

Bei den Recherchen zu diesem Buch ist es mir immer stärker ins Bewußtsein gekommen, daß viele Leute – fälschlicherweise – annehmen, das Wiesenthal Center in Los Angeles und Simon Wiesenthal selbst bildeten ein und dieselbe Institution. Ich habe daher auch die Geschichte erzählt, wie das Los Angeles Center entstanden ist, was es bezwecken will, warum Wiesenthal ihm sein Imprimatur gab und warum er hofft, daß es sein Erbe fortsetzen wird.

Eins

Polen 1994 – die Rückkehr eines Überlebenden

Es war an einem funkelnden Oktobertag in Birkenau, dem Außenlager von Auschwitz, in dem die Krematorien rauchten. Der Himmel war strahlend blau. Die eingleisige, von Unkraut überwucherte Bahnlinie wurde von der Sonne erleuchtet, deren Strahlen lange Schatten auf die zerfallenden Schornsteine in den angrenzenden Feldern warfen. Ein halbes Jahrhundert zuvor waren die darunter liegenden Öfen mit den Körpern von Millionen in den Gaskammern ermordeter Männer, Frauen und Kinder gefüttert worden.

Die Verbrechen, die in Auschwitz begangen wurden, die moralischen und physischen Perversionen übersteigen jedes Verständnis. Kein Denkmal wird jemals die bösen Taten ausdrücken können, die hier zwischen 1942 und 1945 begangen worden sind. Aber eine Handvoll von Steintafeln, die identische Inschriften in den Sprachen der wichtigsten Opfergruppen tragen, ermahnen den Besucher, sich an den Holocaust zu erinnern: «Laß diesen Ort für alle Zeiten einen Schrei der Verzweiflung bleiben und eine Erinnerung an die Menschheit. Hier haben die Nazis Millionen ermordet, in der Mehrheit Juden aus vielen Ländern Europas.»

Ein älterer Herr von imposanter Statur, der sich leicht auf einen Stock stützt und einen einfachen Kranz von purpurfarbenen Chrysanthemen trägt, geht langsam und steif die wenigen Stufen bis zum Denkmal hinauf und bleibt dort für einige Augenblicke stehen – in Gedanken und stummen Tränen verloren.

Das geschah am 20. Oktober 1994. Der Trauernde, Simon Wiesenthal, war fünfundachtzig Jahre alt. Er brauchte keine Erinnerungshilfen an die Leiden an diesem Ort. Fest davon überzeugt, daß die Menschheit dazu erzogen werden kann, derartige Verbrechen nicht mehr zu begehen, hatte dieser Mann seine Jahre seit dem Ende des letzten Krieges der Aufgabe gewidmet, der Welt den Holocaust in Erinnerung zu bringen und sie sein ganzes Ausmaß begreifen zu lassen.

Abgesehen davon war er an diesem Ort schon einmal gewesen – fast auf den Tag genau fünfzig Jahre zuvor.

Damals, im Jahre 1944, war er jedoch in einem Viehwaggon der Eisenbahn so eng eingeklemmt zwischen anderen Menschen, daß er kaum wußte, wer noch am Leben und wer bereits gestorben war. Drei Tage lang wurden sie dort am Ende der Bahnlinie in den Waggons festgehalten, und sie fragten sich nur, wann, nicht ob sie in die Gasöfen umgefüllt würden.

Einer vom Wachpersonal des Lagers, Pery Broad, beschrieb die Situation in einem Bericht kurz nach Ende des Krieges:

«Im Durchschnitt trafen täglich 10000 Menschen in Birkenau ein. ... Viele waren während der Reise vor Durst und seelischen Depressionen wahnsinnig geworden. ... Alle vier Krematorien arbeiteten auf Hochdruck. Doch bald waren von der pausenlosen Höchstbeanspruchung wieder die Öfen durchgebrannt und nur das Krematorium drei rauchte noch. Es half nichts, die Scheiterhaufen mußten wieder errichtet werden, um die sich hinter dem Krematorium zu Tausenden türmenden Leichen verbrennen zu können. Die Gaskammern wurden zur Entlüftung wieder aufgerissen, wenn kaum das letzte Stöhnen verstummt war. ... Es ging pausenlos. Man hatte kaum die letzte Leiche aus den Kammern gezogen und über den mit Kadavern übersäten Platz hinter dem Krematorium zur Brandgrube geschleift, als schon in der Halle die nächsten zur Vergasung ausgezogen wurden.»

Obwohl die Nazis noch immer versuchten, die Endlösung durchzuführen – die Vernichtung der Juden und aller anderen, die als minderwertig angesehen wurden –, beschloß ein Lagerkommandant, daß die Kapazität von Auschwitz, die Menschen zu vergasen und zu verbrennen, überschritten sei. Er ordnete an, daß die Waggons, in denen

Wiesenthal und Hunderte anderer gefangengehalten wurden, auf andere Todeslager verteilt werden müßten. Deshalb wurden die Opfer nach Groß-Rosen gebracht, und nach einer schrecklichen Odyssee von Lager zu Lager kam Wiesenthal – mehr tot als lebendig – in Mauthausen an, einer kleineren österreichischen, aber ähnlich obszönen Ausgabe von Auschwitz.

Mittlerweile war der Krieg fast zu Ende, und Wiesenthal gelang es, bis zu seiner Befreiung durch die Amerikaner im Mai 1945 in Mauthausen zu überleben. Seitdem ist er von einer unerschütterlichen, selbst auferlegten Mission getrieben, die Täter des Holocaust der Gerechtigkeit zu übergeben und ein mächtiges Bollwerk aus Verständnis und Erziehung gegen seine mögliche Wiederkehr zu errichten. Wiesenthals Name ist unauflösbar mit der Verfolgung der nationalsozialistischen Mörder verbunden – der «Schreibtischmörder», die das Töten planten, und derjenigen, die diese bestialischen Aufgaben ausführten.

Als er 1994 nach Auschwitz zurückkehrte, ruhte er sich einen Moment lang auf einem wackligen Stuhl vor einer der mittlerweile renovierten Häftlingsbaracken aus und erinnerte sich seiner Berufung: weder die Hinrichtung noch eine lange Gefängnisstrafe könnten jemals die Verbrechen des Massenmords während des Holocaust wiedergutmachen. Der wirkliche Wert der Kriegsverbrecherprozesse liege darin, die Wahrheit anschaulich und bekannt zu machen und die Nachkriegsgenerationen, denen die direkten Erfahrungen damit erspart blieben, davon zu überzeugen, daß diese schrecklichen Ereignisse tatsächlich stattgefunden haben und niemals wieder geschehen dürfen: «Die Bedeutung meines ganzen Lebens liegt darin: Ich möchte sicherstellen, daß die Mörder von morgen – die vielleicht noch nicht einmal geboren sind – wissen, daß sie keinen Frieden haben werden. Solche Warnungen sind lebenswichtig für künftige Generationen.» Später kam er auf das Thema zurück, als er seine Dankesansprache anläßlich der Verleihung der Ehrendoktorwürde der Ehrwürdigen Polnischen Jagiellonen-Universität von Krakau erhielt.

An diesem Oktobertag im Jahre 1994 blieb Simon Wiesenthal ein

Gefangener seiner Vergangenheit, obwohl er aus freiem Willen und als geschätzter Gast der polnischen Regierung gekommen war. In einer Wagenkolonne fuhr er langsam durch den Torbogen von Auschwitz mit der berüchtigten Inschrift *Arbeit macht frei*. Ja, er war von einer starken Polizeieskorte begleitet, aber sie diente seinem Schutz, nicht seiner Verfolgung. Er wollte die Toten ehren und selbst sehen, wie diese Schreckenskammern des Holocaust erhalten wurden, um künftigen Generationen als Beleg für den akribisch geplanten und methodisch durchgeführten Massenmord der Nazis zu dienen.

Als Wiesenthal die vielen neugierigen jungen Menschen sah, die zufällig am selben Tag das Lager besuchten, bemerkte er bitter: «Für so vieles, was geschehen ist, bin ich einer der letzten Zeugen. Solange ich am Leben bin, kann ich der Jugend als Augenzeuge dienen – wie diesen Menschen, die heute mit uns hier sind. Das ist wirkungsvoller als jeder gelesene Bericht über die schrecklichen Ereignisse.»

Er hat etwas beständig Jugendliches und ein computerähnliches Gedächnis, das ihm hilft, sich gleichermaßen an die Ereignisse der Vergangenheit und der Gegenwart zu erinnern. So fiel ihm in diesem Moment ein, daß «an meinem fünfundsiebzigsten Geburtstag meine Frau mich dazu drängte, endlich aufzuhören, damit wir in den uns noch verbleibenden Jahren ein normales Leben führen könnten. Aber mir erschien so eine Normalität als Verrat, und ich wußte, daß es keine Alternative gab, als weiterzumachen.»

Die Kuratoren von Auschwitz, die geschäftig um Wiesenthal herumeilten, gaben ihm eine Fotokopie seiner Häftlingskarte aus Mauthausen: «Nummer 127.371; Jude; geboren im Distrikt Lwów am 31.12.08». Sie ist zusammen mit den erhaltenen Karten vieler weiterer Millionen Opfer in einen IBM-Computer eingegeben worden, der mit Wiesenthals Hilfe in Auschwitz installiert werden konnte. Die Wissenschaftler dankten ihm. Der Computer erleichtere die Arbeit, aber er mache sie auch unpersönlicher. «Individuelle Leben werden auf Signale auf einem Bildschirm reduziert», murmelte Wiesenthal in sich hinein.

Dennoch gab es nichts Rührseliges an seinem Grundsatz, den er in das Gästebuch der Gedenkstätte schrieb: *Information ist Verteidigung*. Das ist in kurzen Worten seine Überzeugung, daß der Mensch nicht böse geboren wird, sondern zum Guten oder Schlechten erzogen werden kann. Wenn dem so ist, dann wird die historische Wahrheit zu einem wichtigen Abschreckungsmittel gegen Verbrechen.

Als Wiesenthal den höhlenartigen Raum verließ, in dem das Gästebuch aufbewahrt wird, waren seine Gedanken nicht nur bei den jüdischen Opfern, sondern auch bei den vielen anderen Opfern des Holocaust, besonders bei den Polen und Zigeunern – den Roma und Sinti –, die in Auschwitz und anderswo getötet wurden. Selbst an einem so anstrengenden Tag wie diesem hob Wiesenthal hervor, daß Hitler die Zigeuner mit einer ähnlichen Unbarmherzigkeit vernichten wollte wie die Juden. Es war kein Zufall, daß zwei Repräsentanten der Roma anwesend waren, um ihn zu begrüßen.

Diese kurze Rückkehr nach Polen war sehr viel mehr als eine Pilgerfahrt der Trauer nach Auschwitz. Es ging um die feierliche Würdigung von Wiesenthals Errungenschaften und um die Entlastung Polens von all den antisemitischen Beleidigungen und Verdrehungen, die seine frühere kommunistische Regierung Wiesenthal entgegengeschleudert hatte. Er nahm diese Reise zum Anlaß, seinen Landsleuten eine Erklärung zu seiner Person und seinen moralischen Werten abzugeben.

Wiesenthal ist ein Mensch, der seine Gefühle nicht verstecken kann, und sein Verhalten machte deutlich, wie sehr ihn diese Rückkehr in seine Heimat befriedigte. Er genoß die Ehrenbezeugungen und Anerkennung, die ihm erwiesen wurden, auch weil dies – so meinte er fröhlich – seinen früheren polnisch-kommunistischen Peinigern, die noch am Leben seien, «einen Schlag ins Gesicht» bedeute.

In dieser anstrengenden Woche voll privater und öffentlicher Auftritte wurde er auf Schritt und Tritt gefeiert: als ob alle, Juden und Christen und Intellektuelle unterschiedlichster Couleur, zu der Überzeugung gekommen seien, daß dieser galizische Jude, heutiger Bürger Österreichs, wie ein nationaler Schatz behandelt werden müsse.

Sein internationaler Ruf verdiente es, durch öffentliche Anerkennung in seinem Heimatland untermauert zu werden – oder vielleicht sollte man lieber sagen, in dem Land, das sein Heimatland geworden wäre, wenn Galizien nach dem Krieg nicht von Polen abgetrennt und – nicht zum ersten Mal in Wiesenthals Lebenszeit – erneut der Ukraine zugesprochen worden wäre.

Heute bezeichnet Polen ihn als einen seiner Söhne, und Wiesenthal erhebt dagegen keine Einwände. Er spricht von Haus aus Polnisch und fühlt keine Nähe zur Ukraine, obwohl sein Geburtsort Buczacz heute in deren Grenzen liegt. Und so ergab es sich, daß Simon Wiesenthal, der in Galizien geboren wurde, als es noch zum Reich der Habsburger gehörte, der gezwungen war, für sein Architekturstudium nach Prag zu gehen, weil an polnischen Universitäten Zulassungsbeschränkungen für Juden bestanden, der in dem Zwangsarbeitslager von Lemberg und dem noch schlimmeren Konzentrationslager in Plaszow inhaftiert war, der erste «ehemalige» Pole war, dem Polens höchste Auszeichnung, das Kommandeurskreuz des Ordens *Polonia Restituta*, verliehen wurde. Drei Tage später wurde er auch als erster Jude in der 610jährigen Geschichte der Jagiellonen-Universität mit der Ehrendoktorwürde für akademische Verdienste ausgezeichnet.

Als Wiesenthal am 16. Oktober 1994 aus dem Flugzeug aus Wien stieg und seinen Fuß auf Warschaus brandneuen Flughafen setzte, war er sehr ergriffen. Er hatte sich die Entscheidung, ob er kommen sollte, nicht leichtgemacht und lange gezögert, bevor er die Einladung von Präsident Walesa annahm.

Andere hätten sich vielleicht von den Erinnerungen an den polnischen Antisemitismus und die Leiden während der Kriegsjahre abschrecken lassen. Wiesenthals Zögern hatte jedoch mehr mit der bösartigen Kampagne zu tun, die die polnischen Kommunisten in den späten sechziger Jahren gegen ihn lanciert hatten. Sie hatten ihn beschuldigt, ein Geheimagent Israels, der CIA und der Bundesrepublik Deutschland zu sein bzw. – wie Wiesenthal es beschrieb – «für so ungefähr jeden Spionage zu betreiben, mit Ausnahme vielleicht der Japaner».

Wiesenthal, so hatten sie behauptet, habe ein Netz von Agenten errichtet, um eine «antikommunistische Allianz» zu bilden, und sein Büro in Wien sei zu einem «Mekka der revisionistischen Intellektuellen» geworden. Die polnische Propaganda beschuldigte ihn auch der Doppelmoral. Gegenüber den in Westdeutschland nach dem Krieg zu einflußreichen Positionen gelangten Nazis sei er blind, während er zugleich den ostdeutschen Behörden – und ohne den Beweis dafür antreten zu können – unterstelle, sie ließen nicht zu, daß Nazis in ihren Reihen strafrechtlich verfolgt würden.

Am schlimmsten jedoch war, daß sie behaupteten, er habe während des Krieges mit den Nazis kollaboriert. Gefälschte Beweise über seine Beziehungen zur Gestapo wurden fabriziert. Das war eine Beleidigung, die er nicht mehr hinnehmen konnte und die durch den Umstand verschlimmert wurde, daß sie den Weg auf den Schreibtisch Bruno Kreiskys fand. Der österreichische Kanzler behandelte sie als authentisch und benutzte sie während seiner langen, aber am Ende erfolglosen Kampagne, um Wiesenthals Reputation und sein moralisches Ansehen zu unterminieren.

1968 hatte Wiesenthal auf einer Pressekonferenz zu einem Gegenschlag gegen seine polnischen Verleumder angesetzt und die Persönlichkeiten enthüllt, die die Kampagne gegen ihn leiteten. Besonders heftig schwärte der Konflikt mit Kreisky. Ohne die polnische Unterstützung wäre der Privatkrieg des österreichischen Kanzlers gegen Wiesenthal früher zusammengebrochen und sicherlich weniger bösartig verlaufen. Eine Ungerechtigkeit folgte auf die andere, und die ganze Geschichte nahm ihren Anfang in Polen.

1988 wies Wiesenthal eine Geste des kommunistischen Ministerpräsidenten General Jaruzelski zurück. Er weigerte sich, an den Gedenkveranstaltungen zum Jahrestag des Aufstandes im Warschauer Ghetto teilzunehmen. Wiesenthal hatte damals den Eindruck, daß «Polen von einer Sklaverei in die andere gewechselt» habe und man noch nicht sicher sein könne, ob Polen sich tatsächlich zum Besseren verändert habe. Er entschloß sich, «die Entwicklungen abzuwarten».

Diese Entwicklung – das Ende der kommunistischen Regierung – hatte sich nun vollzogen. Seine kommunistischen Feinde hatten die Macht verloren. Als Anfang 1994 polnische Gesandte aus Warschau in sein Dokumentationszentrum nach Wien kamen und erklärten, daß Polen nun seinen Sohn durch die Verleihung seiner höchsten Auszeichnung ehren wolle, war er sehr erfreut.

Zur gleichen Zeit ließ die Jagiellonen-Universität verlauten, daß sie – nach einer unwahrscheinlich langen, drei Jahre dauernden Debatte – wohl zu einer positiven Entscheidung kommen würde, was die Verleihung der Ehrendoktorwürde an Wiesenthal angehe. Die Universität ist stolz auf den hohen Standard, den sie bei der Verleihung des Ehrendoktorgrades hält, und sie verleiht ihn auch nicht aus politischen Gründen. Die offizielle Erklärung für die lange interne Debatte, ob Wiesenthal die Auszeichnung erhalten sollte, ist daher ein Hinweis auf Zweifel an seiner akademischen Qualifikation.

Aber auch der Antisemitismus spielte eine Rolle. Von einigen Professoren war bekannt, daß sie in Frage gestellt hatten, ob ein Jude es verdiene, von einer Institution ausgezeichnet zu werden, die so sehr von polnischer Tradition und Ausbildung durchdrungen sei wie die Jagiellonen-Universität. Der Senat der Universität stimmte schließlich für die Auszeichnung, jedoch nicht einstimmig.

Trotz allem entschuldigte Wiesenthal sie: Sie benötigten eben mehr Zeit, um sich innerlich auf die neue Zeit einzustellen. Er wollte jedoch nur unter der Bedingung nach Polen kommen, daß Lech Walesa als Oberhaupt des Staates ihm die *Polonia-Restituta*-Medaille persönlich verleihe und daß er während desselben Aufenthalts mit der Ehrendoktorwürde der Jagiellonen-Universität ausgezeichnet werden würde. Wenn er noch etwas länger gewartet hätte, wäre seine Frau Cyla zu überreden gewesen, den Kokon ihres bescheidenen Hauses in Wien zu verlassen und ihn bei seinem Besuch in Polen zu begleiten. Eine Hoffnung, die – wie er wußte – beinahe unweigerlich enttäuscht werden mußte. Und so geschah es dann: Sie blieb zurück, fühlte sich nicht wohl genug, um sich dem emotionellen Streß auszusetzen, aber hing während der ganzen Zeit vor dem Fernseher in

Wien, um die Berichte über die Reise ihres Mannes in Polen zu verfolgen.

Als die Termine für den Besuch schließlich endgültig feststanden, bereitete sich der immer noch angespannte Wiesenthal auf die Botschaft vor, die er vor der Jagiellonen-Universität und an anderen Orten verbreiten wollte. Es sollte keinen Versuch geben, die Vergangenheit zu beschönigen, aber er wollte die Fragen hervorheben, die für ihn am meisten zählten: Gerechtigkeit, Fairneß und Integrität.

Dazu paßte es, daß Wiesenthals erste Bemerkungen in Warschau eine versöhnliche Botschaft enthielten, und er wiederholte sie während seines Aufenthalts häufig. Obwohl er so sehr unter den Polen gelitten hatte, weigerte er sich kategorisch, die polnische Nation im ganzen zu verurteilen. Der Begriff der Kollektivschuld ist ihm fremd. Als Individuen – ja – konnten und sollten die Polen ihrer Verbrechen und ihres Antisemitismus wegen angeklagt werden. Aber niemand, und am wenigsten die Juden, die so sehr unter den antisemitischen Generalisierungen gelitten hatten, dürfe jemals eine ganze Nation, ein Volk oder eine Rasse kollektiv auf die Anklagebank setzen. «Ich weigere mich, ein ganzes Volk in eine Kategorie zu fassen. Diese Falle müssen wir vermeiden. Ich bin von dem polnischen kommunistischen Regime ernsthaft angegriffen worden», erinnerte er eine schnatternde Schar von Journalisten, die eifrig darauf bedacht waren, das ehemalige polnische Ungeheuer nun in eine polnische Ikone verwandelt zu sehen. «Aber ich habe niemals vergessen, daß es einen polnischen Untergrund, die Heimatarmee, gab, der es meiner Frau ermöglichte, den Krieg zu überleben.»

Die polnische Untergrundbewegung – und er schloß die kommunistischen Gruppen nicht davon aus – zählte für ihn zu den wichtigsten und tapfersten in Europa. Sie hatte nicht nur Cyla während der letzten Kriegsjahre Schutz gewährt, sondern auch ihm geholfen, sich während einer kurzen Zeit in Freiheit zu verstecken, nachdem er 1943 aus dem Zwangsarbeitslager Janowska in Lemberg geflohen war.

Kein Jude, der in Polen während des Krieges überlebte, so sagte Wiesenthal seinen Zuhörern, hätte dies tun können, ohne wenigstens etwas Hilfe von einem Polen zu bekommen. Und sogar während der Haßkampagne gegen ihn in den sechziger und siebziger Jahren waren einige polnische Freunde so mutig gewesen, ihn öffentlich zu unterstützen.

Er habe die Leiden und die Prüfungen der Vergangenheit akzeptiert. «Alles im Leben hat seinen Preis; selbst das Überleben. Und ich habe diesen Preis in den vergangenen fünfzig Jahren bezahlt.»

Wiesenthals Ansehen hatte viele von Polens streitbaren Intellektuellen, die sich normalerweise weigern würden, sich im selben Raum sehen zu lassen, dazu verführt, sich bei einer überlaufenen, verräucherten Zusammenkunft im Warschauer PEN-Club (der internationalen Vereinigung der Schriftsteller) zu zeigen. Und Wiesenthal versuchte, auch dieser skeptischen Gruppe begreiflich zu machen, daß ihn niemals Vergeltung und Vorurteile geleitet hätten.

Bitterkeit gehöre nicht zu seiner Ausstattung, und er habe die Tatsache akzeptiert, daß weder Eichmann noch irgendein anderer Massenmörder jemals die volle und gerechte Strafe für seine Verbrechen erhalten könne. Alles, was er gewollt habe, sei, dafür zu sorgen, daß «kein Nazi-Mörder, wo immer er sich auch aufhalte, in Frieden sterben» könne. Dies bleibe sein Ziel, auch wenn «sein Leben sich dem biologischen Ende» zuneige.

Aber, so fragte einer der Intellektuellen auf der Suche nach einer vollständigen Verdammung der polnischen Brutalität, er müsse doch ein tiefes Ressentiment gegenüber Polen empfinden – wegen des Antisemitismus und der Diskriminierung, die er seit frühester Kindheit in seiner Heimat Galizien erfahren habe, und wegen seiner Leiden, die in den Kriegsjahren durch Polen verursacht wurden?

«In jedem Land gibt es Narren», lautete seine schnelle Antwort.

Eine Ehrenwache begrüßte Wiesenthal bei seiner Ankunft im Warschauer Koniecpolski-Palast, wo Präsident Walesa ihn auszeichnen sollte. Die kurze Zeremonie fand in demselben Saal statt, in dem die Sowjetunion ihre osteuropäischen Satellitenstaaten dazu verpflichtet hatte, den Warschauer Pakt zu unterschreiben, und in dem Walesa 1989 in seiner früheren, weit bekannteren Funktion als Führer der Solidarność an den Gesprächen am Runden Tisch teilgenommen hatte, die die kommunistische Ära in Polen beendeten.

Walesa, der sich immer noch mit einer kleinen, an seinem Revers befestigten Ansteckfigur der polnisch-katholischen Schwarzen Madonna von Częstochowa gegen böse Geister schützt, mußte sich zu dem größeren, massigeren und ruhig abwartenden Wiesenthal hochstrecken, um ihm das goldene *Polonia-Restituta*-Kreuz an einer roten Kordel umhängen zu können. «Gerechtigkeit besteht darin, keinen Unschuldigen zu bestrafen, sie besteht aber auch darin, daß ein Schuldiger seiner Strafe nicht entgeht», erklärte Walesa und fügte dann hinzu, daß Wiesenthal habe warten müssen, bis Polen nach der kommunistischen Herrschaft wiedererstanden sei, bevor es seine Dienste habe würdigen und anerkennen können.

Wiesenthal, dessen Stimme die Bewegung anzuhören war, akzeptierte die Verleihung des Ordens «nicht nur als persönliche Auszeichnung, sondern als Zeichen des Gedenkens an Millionen unschuldiger Opfer des Naziregimes», unabhängig von ihrer Nationalität und Religion. Als einer, der in Polen aufgewachsen sei und polnische Schulen absolviert habe, wisse er auch, was Polen und Juden seit jeher gemeinsam sei: das Streben nach Gerechtigkeit und das Festhalten an altbewährten Traditionen.

Nach dem feierlichen Toast sprach er einige Augenblicke später erneut von Versöhnung und betonte die kulturelle Nähe zwischen Juden und Polen. «Meine eigene Erziehung und Bildung gründet sich sowohl auf polnische als auch auf jüdische Traditionen», erzählte er Walesa. Aber er warnte auch davor, daß Polens heutige Jugend nicht genügend über den Mut und die Errungenschaften der polnischen Widerstandsbewegung wisse. «Wenn wir darauf bestehen, daß Freiheit von entscheidender Bedeutung ist, müssen wir auch über diejenigen sprechen, die für die Freiheit gekämpft haben.»

Wiesenthal war nur einmal zuvor in Warschau gewesen, in den dreißiger Jahren und nur für wenige Stunden. Aber als er an diesem grauen, nieseligen Tag vom Präsidentenpalast zum Ghetto-Denkmal gefahren wurde, hatte er wenig Interesse an seiner Umgebung. Er hatte einen Kranz weißer Astern und blauer Iris mitgebracht und stand dort, ein verlassener Klagender, der seine Umgebung für einen Moment vergaß.

Aber es blieb ihm nur wenig Zeit. Als nächstes sollten die winzigen Überreste der jüdischen Gemeinde Polens in Warschau und Krakau moralische Unterstützung von Wiesenthal erhalten. Er besuchte die jüdischen Zentren in beiden Städten und versprach, seinen Einfluß geltend zu machen, damit sie mehr praktische Hilfe von jüdischen Organisationen im Ausland bekämen. Im Jüdischen Historischen Institut Warschaus, das um seine Existenz kämpft, wurden ihm einige mitleiderregende Pappkartons mit den Resten von Archiven gezeigt, die aus den Ruinen der jüdischen Gemeinden des Landes gerettet worden waren.

Er nahm das Thema, mit dem er Lech Walesa verlassen hatte, wieder auf und betonte erneut das gemeinsame Erbe von Juden und Polen. Jüdische Kultur habe über tausend Jahre lang einen Anteil an der polnischen Geschichte gehabt. Das Museum, das das Jüdische Institut in Warschau einrichten wolle, müsse sich mit dieser Geschichte beschäftigen und dürfe sich nicht nur auf den Holocaust und die Ereignisse konzentrieren, die ihn hervorgerufen hätten. Die polnischen Juden hätten eine «intellektuelle Aristokratie» gebildet, die im Krieg dezimiert worden sei, und an ihre Stelle sei eine «Aristokratie des Geldes» getreten. Die heutige Welt sei ärmer geworden.

Vor dem Krieg lebten allein in Warschau 350000 Juden. Heute leben in ganz Polen nur 8000 Juden, die meisten von ihnen sind ältere Menschen, Holocaust-Überlebende, die keine Kinder mehr bekommen und nach und nach sterben. Aus Angst vor dem Antisemitismus sind praktisch keine jüdischen Emigranten nach Polen zurückgekehrt, um dort eine neue Generation zu begründen. In Krakau ist die Situation ähnlich. Dort leben nur noch 600–700 Juden, darunter keine Kinder. Während Wiesenthals Aufenthalt in der Stadt fand eine jüdische Hochzeit statt. Das war ein großes Ereignis, denn es war die erste seit vielen Jahren.

Trotzdem bemühen sich die Krakauer Juden tapfer, das «Forschungszentrum für jüdische Kultur» zu vergrößern. Erbaut wurde es auf der Asche von Kazimierz, dem ehemals größten jüdischen Stadtteil Krakaus. Einige Episoden von Steven Spielbergs Film *Schindlers Liste* sind hier gedreht worden. Und Wiesenthal, der 1944 selbst Insasse des nahe gelegenen Konzentrationslagers Plaszow war – von dort aus war er nach Auschwitz deportiert worden –, wußte nur zu gut, wie sehr die Filmszenen, die das wahllose Töten zeigten, der damaligen Wirklichkeit entsprachen.

Wiesenthal kam wieder auf seine beiden Themen zurück: der Bau der Brücke zwischen Polen und Juden und die Gefahren der Verallgemeinerung. «Es gab Kollaboration zwischen polnischen Kommunisten und der Sowjetunion, aber diese Kollaboration war nicht nur gegen die Juden gerichtet, sondern gegen die ganze polnische Nation.» Und nein, «geben Sie keiner besonderen Gruppe die Schuld an den Krematorien. Ganz Europa hat die Todeslager gebaut, weil es schwieg, selbst dann noch, als es erfahren hatte, was dort geschah.»

Unermüdlich scherzte er vor einem überfüllten Saal: «Ich war noch nicht bereit, für Paul Newman zu sterben.» Das war eine Anspielung auf eine einige Jahre zuvor gedrehte Fernsehserie über Wiesenthal. Wiesenthal wollte, daß Paul Newman seine Rolle spielte. Aber der amerikanische Schauspieler hatte abgelehnt – mit dem Argument, daß er niemals die Rolle von jemandem übernehme, der noch am Leben sei. Zum Glück war Wiesenthal auch durch und durch zufrieden mit der Leistung von Ben Kingsley, der schließlich die Rolle Wiesenthals übernommen hatte. «Er hat mich wirklich verstanden», strahlte er.

Ein kurzer Besuch im überquellenden Redaktionsbüro des katholischen Wochenblattes *Trygodnik Powszechny*, das für seine tapfere und unabhängige Haltung während der kommunistischen Herrschaft bekannt ist, führte zu einer weiteren warnenden Erzählung von Wiesenthal. Wiesenthal, der immer dann besonders wirkungsvoll ist, wenn er auf seine bildreiche Sprache zurückgreift, um auf etwas aufmerksam zu machen, beschrieb eine Szene in Mauthausen: Nur noch ein Knochenbündel und dem Hungertod nahe, sei er praktisch zum

Tode verurteilt gewesen. Doch dann habe ihm ein polnischer Sanitäter täglich ein paar Löffel mehr von der wäßrigen Suppe gegeben, von der sich die Häftlinge ausschließlich ernähren mußten.

Er sei immer überzeugt gewesen, so sagte er, daß dieser Akt der Großzügigkeit ihm das Leben gerettet habe. Nach dem Krieg suchte er nach seinem polnischen Retter und spürte ihn schließlich in Poznan auf. Als er ihm einige Pakete mit Nahrungsmitteln schickte, wurde der Mann von der polnischen Sicherheitspolizei verhört und beschuldigt, mit dem Feind zusammenzuarbeiten. Wiesenthal lud den Mann nach Wien ein, aber lange Zeit weigerten sich die polnischen Behörden, ihm einen Paß auszustellen. Schließlich lenkten sie ein. Bevor der Mann nach Hause zurückkehrte, bot Wiesenthal ihm etwas Geld an. Als sein Freund das ablehnte, sagte Wiesenthal: «Geh zu einer Bank und frag nach dem Wert von ein paar Löffeln Suppe ...»

Der 21. Oktober bildete den Höhepunkt von Wiesenthals Aufenthalt in Polen. Es war der Tag, an dem ihm die Ehrendoktorwürde der Jagiellonen-Universität verliehen werden sollte, ein Ereignis, das für ihn noch größere Bedeutung hatte als die Auszeichnung mit dem Orden des polnischen Staates.

Das Collegium Maius der Jagiellonen-Universität wurde im Jahre 1364 gegründet. Kopernikus hat hier studiert, und Karol Wojtyla, besser bekannt als Papst Johannes Paul II., hat in der Theologischen Fakultät unterrichtet. Heute sind die meisten Fakultäten der Universität in dem nahegelegenen Collegium Novum aus dem 19. Jahrhundert untergebracht, aber das Collegium Maius, in dem der Universitätssenat seinen Sitz hat, dient auch als Museum. Dort befindet sich eine einzigartige Sammlung wissenschaftlicher Instrumente.

In der reich möblierten und getäfelten Aula schauten die Porträts der Universitätsgründer, Wladyslaw II. Jagiello und seine Gemahlin, Königin Jadwiga, und der früheren Förderer und wichtigen Persönlichkeiten auf die schmächtige Gestalt des Rektors Alexander Koj herab, der die feierliche Prozession der ranghöchsten Akademiker der Universität anführte. Sie waren in schwarze und rote Roben gehüllt und trugen Umhänge aus Hermelin. Als sie ihre Plätze auf ihren mit

Schnitzwerk verzierten Stühlen einnahmen, gegenüber den geladenen Gästen der Regierung, der Kirche und des Diplomatischen Corps, wurde auch Simon Wiesenthal hineingeleitet. Er trug einen schwarzen Talar über seinem dunklen Anzug – es gab nur einen einzigen Farbschimmer in seiner Kleidung: das goldene Kreuz der *Polonia-Restituta*-Medaille, die er zu dieser Gelegenheit angelegt hatte. In seiner kurzen Empfehlungsrede hob der Rektor hervor:

«Die Jagiellonen-Universität verneigt sich vor der Wahrheit und der Tragödie des jüdischen Volkes, das in seiner Gesamtheit und auf der ganzen Welt vernichtet werden sollte. ... Mit unseren Worten ehren wir einen Menschen, der kompromißlos die Geschichte dokumentiert, deren Kenntnis so wichtig für die künftigen Generationen ist. All das, was geschehen ist, wird nur verständlich, wenn man die ganze historische Wahrheit – der sich Simon Wiesenthal verschrieben hat – kennt.»

Der Subtext seiner Ausführung enthielt eine politische Botschaft: die Verleihung der Ehrendoktorwürde korrigierte das Unrecht, das Polen Wiesenthal in den sechziger und siebziger Jahren angetan hatte. Jetzt folgte die Laudatio, die von dem Dekan der Historischen Fakultät, Professor Maciej Salomon, auf lateinisch gehalten wurde:

«Simon Wiesenthal war sich stets bewußt, daß man nicht nur passiver Zuschauer sein darf, wenn Unrecht geschieht. Man muß gegen das Böse kämpfen, man muß auf das Böse hinweisen und daran erinnern, wenn man künftige Generationen davor bewahren will. ... Wiesenthal hat sich deshalb von Anfang an auf die Zeugenaussagen der Überlebenden gestützt und veranlaßt, daß sie ihre Geschichten niederschreiben oder sie jemandem erzählen, der sie schriftlich festhält – heute nennt man das ‹oral history›. Dank dieser Aussagen gelang es Wiesenthal, eine Reihe von Tätern vor Gericht zu bringen. ... Die Tätigkeit Simon Wiesenthals in allen ihren Facetten ist uns keineswegs fremd oder unverständlich, im Gegenteil, sie ist Ausdruck einer kulturellen Kontinuität, die von polnischen Juden seit Jahrhunderten über die Erste und Zweite Republik hinaus gestaltend mitgetragen wurde – sie wurde unser gemeinsames Erbe.»

Unter würdevollem Applaus wurde die Urkunde überreicht und dem neuen Doktor als Zeichen für die akademische Auszeichnung ein kurzer blauer Umhang um die Schulter gelegt. Dies war nicht der erste Ehrendoktortitel unter Wiesenthals zahlreichen Auszeichnungen, aber es war sicherlich einer der erfreulichsten.

Wiesenthal, der nicht daran gewöhnt ist, eine Brille zu tragen, hatte sich Sorgen gemacht, daß das Licht der Aula nicht ausreichen würde, um seine Dissertation zügig zu verlesen. Er hätte sich keine Gedanken machen müssen. Das Licht war ausreichend, und da ihm erlaubt worden war zu sitzen statt zu stehen, setzte er sich unbeholfen auf die Kante seines Stuhls.

An seiner Rede war nichts Lässiges oder Improvisiertes. Während er alle anderen Erklärungen in Polen frei gehalten hatte, las er diesmal seine Rede ab. In der Absicht, den akademischen Anlaß zu würdigen, nutzte er die Gelegenheit, sowohl über den historischen als auch über den moralischen Kontext seiner Nazi-Jagd zu sprechen.

Und er wollte auch sein persönliches Testament machen:

«Ich habe viel Kraft und Zeit in meinem Kampf gegen das Vergessen und für Aufklärung und Information investiert, denn es geht doch darum, was künftige Generationen von unserem Wissen und unserem Leiden übernehmen werden. Wenn ich heute vor Ihnen stehe, ist mir sehr wohl bewußt, daß ich in einem Lande spreche, in dem nicht nur Millionen Juden, sondern auch viele Polen umgebracht worden sind, so daß es fast keine polnische Familie gibt, die diesen Krieg und das Nazi-Regime ohne Verluste überlebt hat.»

Ein wichtiger Punkt, den Historiker oft übersähen, sei die irreführende Bezeichnung des Massenmords als «Kriegsverbrechen», sagte Wiesenthal. Massenmord und Kriegsverbrechen seien keine Synonyme. Die nationalsozialistische Politik des Massenmords sei dem Krieg vorangegangen. Von Kriegsverbrechen zu sprechen, ohne sich mit den Vorkriegswurzeln des Massenmords zu beschäftigen, bedeute, einen Ausdruck des nationalsozialistischen Propagandaministers Joseph Goebbels zu gebrauchen, der den Ausdruck «Kriegsverbrechen» 1941 für seine eigenen Zwecke prägte.

Wiesenthal erinnerte seine Zuhörer daran, daß die nationalsozialistischen Verbrechen schon sechs Jahre vor Ausbruch des Krieges begannen, als das erste Konzentrationslager gebaut wurde. Die rassistischen Nürnberger Gesetze, die Juden auf legalem Wege aus der Gesellschaft ausstießen, wurden schon 1935 erlassen, in demselben Jahr, in dem jüdische Bücher verbrannt und ihre Autoren aus dem

Lande getrieben wurden. Drei Jahre später, am 9. November 1938, kam die «Kristallnacht». Die Nazis wüteten gegen jüdisches Eigentum und schändeten die Synagogen in Österreich und Deutschland. Schon 1940 begannen die Nazis mit der Entwicklung ihres «Generalplans Ost», der 100 Millionen Polen, Ukrainer und Russen zu unwissenden Sklaven machen sollte und die Vernichtung aller beschloß, die nicht zur Herrenrasse gehörten.

Auf der Wannsee-Konferenz im Jahre 1942 wurden die Pläne für die Endlösung, die systematische Vernichtung von Juden und anderen Minderheiten, weiterentwickelt. Das Töten war kein Nebenprodukt des Krieges, so betonte Wiesenthal, sondern der Zweck an sich. Warum sonst hätten die Züge weiterhin Menschen nach Auschwitz gebracht, selbst dann noch, als sie 1944 dringend benötigt wurden, um die Einheiten an der Front, die sich auf dem Rückzug vor den Alliierten befanden, mit Waffen zu versorgen?

Warum sei es so wichtig, die Schuldigen auch noch 1994 vor ein Gericht zu stellen, mehr als fünf Jahrzehnte, nachdem die Verbrechen begangen worden waren, fragte Wiesenthal rhetorisch. Nach dem Aufschub, den sie durch den Kalten Krieg erlangt hätten, dürfe den Tätern nicht erlaubt werden, in Ruhe zu sterben. Sie mußten fürchten, daß sie selbst in hohem Alter noch riskieren, von einem Gericht zur Rechenschaft gezogen zu werden. Auf dem Höhepunkt des Kalten Krieges, zwischen 1948 und 1960, wurde es durch die Logik der Ereignisse notwendig, die Entnazifizierung der Verteidigung des Westens gegen die sowjetische Bedrohung zu opfern. Um ein angemessenes System der Abschreckung zu schaffen, brauchten die westlichen Alliierten die Unterstützung des neuen Deutschland. Die Jagd auf Nazis stand weit unten auf der Prioritätenliste.

Wiesenthal akzeptierte die Logik der alliierten Politik während des Kalten Krieges. Aber er wies nachdrücklich darauf hin, daß er diese «verlorenen» Jahre immer bedauert hat. Den Verbrechern sei es möglich gewesen, in einem Frieden zu leben, den sie nicht verdient hatten. Überdies wurden sie bei ihrer Flucht nach Übersee sogar unterstützt.

Diese Haltung begann sich mit dem Beginn der Entspannung zwischen Ost und West und dem Eichmann-Prozeß zu ändern. Aber es war unmöglich, das, was in der Zwischenzeit verlorengegangen war, wieder einzuholen. Viele nationalsozialistische Verbrechen konnten nicht länger gerichtlich verfolgt werden, weil sie in vielen Ländern bereits verjährt waren. «Die einzigen Sieger des Kalten Krieges waren die Nazis.»

Mit der Zeit wurden der «Justiz die Augen verbunden». Die Strafgesetze waren nicht geändert worden, so daß auch Schreibtischmörder zur Rechenschaft gezogen werden konnten – diejenigen, die die Massenmorde «mit einem Telefonanruf oder einer Unterschrift organisierten, Tausende von Kilometern von dem Ort des Verbrechens entfernt».

Die Zeugen waren in alle Winde zerstreut, und die kommunistischen Regime – mit Ausnahme Polens – weigerten sich im allgemeinen, einzuwilligen, daß die Zeugen bei den Prozessen in Westdeutschland aussagen konnten. Deutsche Experten hatten die Zahl derjenigen, die sich am Holocaust beteiligt hatten, auf mindestens 150 000 bis 160 000 Personen geschätzt. Nur ein kleiner Teil von ihnen war gefaßt und vor Gericht gestellt worden.

Warum fuhr man mit derartigen Prozessen fort, wenn es für Massenmorde in diesem Ausmaß doch keine angemessene Strafe gab? «Ich bin aber der Überzeugung, daß jeder Naziprozeß aus historischen und moralischen Gründen wichtig ist, und daß er als Lehrstunde für junge Menschen von eminenter Bedeutung ist.»

Gerechtigkeit und Gleichheit, Freiheit und Toleranz verbänden sich zu einem grundlegenden System der Menschenrechte. Aber:

> «Es ist auch sehr wichtig, daß wir den jungen Menschen, die in Freiheit geboren sind, immer wieder von der furchtbaren Unfreiheit erzählen, zumindest versuchen, ihnen den Wert dieses Menschenrechts nahezubringen. Freiheit ist wie Gesundheit, man weiß sie erst zu schätzen, wenn man sie verloren hat. Freiheit ist kein Geschenk des Himmels, die Freiheit ist ein wertvolles Gut, um das wir jeden Tag kämpfen müssen.»

Zum Abschluß der Zeremonie sang der Universitätschor die polnische Nationalhymne. Wiesenthal stand vollkommen aufrecht, zufrieden und stolz, daß er schließlich als Angehöriger seines Heimatlandes gewürdigt worden war und daß es ihm seine Anerkennung an diesem Ort des Lernens hatte zukommen lassen.

Seine Phantasie wurde angefeuert von der Entdeckung, daß es an der Jagiellonen-Universität fast dreihundert Jahre lang und bis zum letzten Weltkrieg eine Fakultät für Hebräische Studien gegeben hatte. Er wollte sogleich nach finanziellen Möglichkeiten suchen, um sie wiederzueröffnen. Vielleicht sei die israelische Regierung bereit, einen Beitrag zu leisten. Vielleicht könne auch das wohlhabende Wiesenthal Center in Los Angeles, das zwar seinen Namen trägt, aber unabhängig von ihm arbeitet, dazu überredet werden, eine Professur zu stiften. Vielleicht sähen seine Freunde eine Gelegenheit darin, seinem Namen ein dauerhaftes Denkmal zu setzen – eine Wiesenthal-Professur an der Jagiellonen-Universität.

Bei einem Trinkspruch auf Wiesenthal sagte der österreichische Botschafter Gerhard Wagner etwas später:

> «Der Preis für Ihr Überleben bestand darin, daß Sie den Holocaust für sich über fünf Jahrzehnte haben verlängern müssen. Sie haben das Leid und die Zerstörung des Geistes von Millionen Menschen auf sich genommen, weil Sie Gerechtigkeit für diejenigen gesucht haben, die gestorben und entehrt worden sind. Sie sind für die Wahrheit und gegen das Vergessen aufgestanden. Sie haben darauf bestanden, daß das Schreckliche immer wiederkehren wird, wenn wir es aus unserem Gedächtnis löschen. Sie haben das Dunkle aus unserem Sein geholt und unsere Zukunft lichter gemacht.»

Wiesenthals Antwort war in ihrer Einfachheit bezeichnend. Sein Leben sei seit 1947 von einem heiligen Vertrauen geleitet worden, und das geschah folgendermaßen: Als er die ersten zaghaften Versuche unternommen habe, ein Dokumentationszentrum für die Suche nach nationalsozialistischen Verbrechern einzurichten und Zeugen für ihre Verbrechen zu finden, seien drei Rabbiner zu ihm nach Linz gekommen.

«Die Rabbiner erzählten mir von einem Bücherlager in der Nähe von Villach in Kärnten, in dem beschlagnahmte jüdische Bibliotheken von den Nazis eingelagert worden waren. Dazu müssen Sie wissen, daß die Beziehung von Juden zu ihren Büchern der gleicht, die sie zu alten Menschen haben: sie ist von Respekt geprägt.

Der älteste der drei Rabbiner erzählte mir, daß ich diese Bücher retten müsse. Ich hatte ein sehr kleines Auto, und zusammen mit dem Fahrer waren wir fünf. Wir quetschten uns in das Auto. Wir kamen erst spät in dem Dorf an und gingen schlafen. Am nächsten Tag fanden wir das Haus, und ich erklärte dem Wärter, daß wir sein Inneres zu sehen wünschten. Wir versicherten ihm, daß wir nichts entnehmen würden.

Ich griff zu einer Notlüge und erzählte, daß die Amerikaner vorhätten, eine jüdische Bibliothek aufzubauen und ich daher wissen müsse, was an Büchern zur Verfügung stehe. Sobald wir in das Haus gelangt waren, entdeckten wir zu unserer Überraschung, daß das Haus vom Fußboden bis zur Decke mit Büchern vollgestopft war. Plötzlich fiel der jüngste der Rabbiner in eine Ohnmacht. Er hielt ein Buch so fest umfangen, daß wir es ihm nicht nehmen konnten, bis er sein Bewußtsein wiedererlangt hatte. Das Buch in einem braunen Umschlag trug auf der ersten Seite den Namen Joshua Seidman.

Das war der Name des Rabbiners. Und unter dem Namen stand ein Befehl: ‹Wer immer dieses Buch findet – gib es unserem Bruder. Die Mörder sind unter uns. Bald werden sie hier sein. Vergeßt uns nicht. Und vergeßt auch unsere Mörder nicht.› Die Handschrift war die der Schwester des Rabbiners.

Ich konnte das Buch mit mir nehmen. Und als wir auf der Rückfahrt zusammensaßen, verstand ich, daß es eine Botschaft für uns war. Die drei Rabbiner zogen in andere Länder, aber ich habe mich immer an diese Botschaft erinnert. Ich habe ihr die Treue gehalten.»

Die letzten Sätze hatte Wiesenthal mit geschlossenen Augen und fast erstickter Stimme gesprochen. Am Tisch herrschte Schweigen.

Er hatte diese Geschichte nicht zum ersten Mal erzählt. Sie verfolgte ihn, und auf dieser Reise nach Polen, auf der er soviel Zeit damit verbrachte, mit seiner Vergangenheit zurechtzukommen, erzählte er sie bei mehreren Gelegenheiten. Sie ließ ihn nicht los.

Simon Wiesenthal war fünf Tage zuvor in Polen angekommen, unsicher, wie er empfangen werden würde. Am Ende seines Besuchs waren all seine Bedenken zerstreut. Die warmherzige Aufnahme hatte ihn überrascht. Seine Verwandten waren im Holocaust ermordet worden. Er hatte es nie zu weltlichem Reichtum gebracht. «Deshalb sind meine Freunde meine Familie, und meine Freunde sind auch mein Reichtum. Und wenn ich nach Wien zurückkomme, weiß ich, daß ich bereichert worden bin. Ich bin ein glücklicher Mensch.»

Nach fünfzig Jahren hatte er den Respekt vor seinem Heimatland wiederentdeckt. Er hatte eine Katharsis durchlaufen. Es war eine lange, komplexe und zumeist einsame Reise des Geistes und des Körpers gewesen, die in dem kleinen galizischen Schtetl Buczacz im Jahre 1908 begonnen hatte und zu einer messianischen Mission geworden war, die Greuel des Holocaust aufzuzeigen und die Schuldigen der Gerechtigkeit zuzuführen. Er hatte das niemals als einen Selbstzweck gesehen, sondern als das mächtige Streben eines einzelnen, darauf Einfluß zu nehmen, daß die Geschichte in Zukunft besser verlaufe. Die Menschheit mußte mit organisierten Massentötungen konfrontiert werden, ob sie nun in Europa oder in entfernten Erdteilen geschahen, denn sie zerstörten das gesamte Gebilde der Gesellschaft, nicht nur der Opfer selbst.

Die Aufgabe, die er sich in der ersten Nachkriegszeit gestellt hatte, war riesenhaft und einschüchternd. Und er gab sich niemals der Illusion hin, daß er allein Berge versetzen könne. Aber er hat immer leidenschaftlich an die Hingabe und Integrität des einzelnen als Motor der Veränderung geglaubt. «Es sind die einzelnen, nicht die Organisationen und Maschinen.»

Wiesenthal wird von vielen bewundert. Aber in seinem ganzen Nachkriegsleben war er auch immer wieder gezwungen, sich mit grimmigen Kritikern auseinanderzusetzen, die eifrig versuchten, seinen Ruf zu zerstören. Seine streitbare Persönlichkeit liefert seit Jahrzehnten Anlaß für Kontroversen, und über seine Bedeutung und Größe wird noch lange debattiert werden, wenn er gegangen ist.

Wenn der Besuch in Polen ein Versuch war, die wichtigsten Umrisse seines Testaments zu entwerfen, dann rührte er nur vorsichtig an die Erfahrungen, Leidenschaften und nie endenden Fragen nach den Grenzen der Justiz und der Vergebung, die mit dem unbequemen «Phänomen Wiesenthal» verbunden sind. Es ist die Geschichte eines wandernden Juden, der 1945 einen Strich unter sein Vorkriegsleben gezogen und sein Leben seitdem so führte, als ob er an den Holocaust gebunden sei. «Ich bin kein jüdischer Don Quixote; nur ein jüdischer Überlebender.»

Obwohl die Erfahrungen Wiesenthals während des Zweiten Weltkriegs seine Existenz definieren, liegen deren entscheidende Voraussetzungen in seinem Hintergrund als osteuropäischer Jude, der im Habsburgerreich geboren wurde. Sie machten ihn zu dem Mann des einfachen Geschmacks und komplexen Charakters, der zu einem geläufigen Begriff wurde.

Zwei

Ein Schtetl in Galizien

In der Welt, wie sie sich nach dem Holocaust entwickelte, wurde Buczacz ein unbedeutender Punkt, nur eine weitere kleine galizische Stadtgemeinde auf der Landkarte Galiziens. Verschwunden, zum größten Teil von den Nazis ermordet, sind die paar tausend Juden, die in diesem Schtetl gelebt hatten, als Simon Wiesenthal in den letzten Stunden des Jahres 1908 geboren wurde. Und mit ihnen ist die konservative jüdische Kultur der chassidischen Wunderrabbiner verschwunden, die das ländliche Galizien geprägt und sich sogar in einigen der größeren galizischen Städte verbreitet hatte. Dies geschah in einer Zeit, die von endlosen Turbulenzen bestimmt war, von immer wiederkehrenden, wellenartig auftretenden Pogromen. Die Rabbiner, die mehr Weise als Geistliche waren, gaben den jüdischen Gemeinden einen Rahmen der Gerechtigkeit und einen mystischen Glauben an ihr unverbrüchliches Recht, nach ihren eigenen moralischen Vorstellungen und religiösen Überzeugungen zu leben.

Wiesenthal war kein religiöser Jude im formalen Sinne und zeigte wenig Interesse an der Synagoge. Doch da er in seinen ersten prägenden Jahren inmitten der chassidischen Kultur seiner Umgebung gelebt hatte, war er niemals in Versuchung, sich wie andere osteuropäische Juden der Mode der Assimilation hinzugeben. Auch ein Teil von Sigmund Freuds Familie stammte aus Buczacz – Wiesenthals Schwiegermutter war mit den Freuds verwandt –, doch der galizische Hintergrund hielt Freud in keiner Weise davon ab, sich in die Wiener Umgebung einzufügen. Rosa Luxemburg, die Personifizierung des sozialistischen Internationalismus, kam aus Galizien, ebenso wie

Joseph Roth, der Romancier, dessen Porträt des europäischen Judentums in dem gesamten religiösen und politischen Spektrum das tiefe Verständnis und die Sympathie des Autors für die Assimilation widerspiegelt.

Auch wenn Wiesenthal die Assimilation ablehnte, blieb er doch zeitlebens zu sehr ein Außenseiter, als daß er im jüdischen Heimatland hätte Wurzeln schlagen können. Er beschreibt sich selbst als Zionist. Doch er ging nicht nach Israel wie ein weiterer Lieblingssohn von Buczacz, Samuel Agnon, der einer der größten israelischen Schriftsteller wurde. Wiesenthal hat die Einwanderung nach Israel niemals erwogen. Nach seiner Befreiung aus Mauthausen 1945 entschied er sich, Österreich zu seinem Heimatstützpunkt zu machen. Das war sinnvoll, denn er war als Untertan des Habsburgerkaisers Franz Joseph geboren worden. Und abgesehen davon, daß er sich selbst ganz der Suche nach Gerechtigkeit für die Opfer des Holocaust verschrieb, erklärte er immer wieder mit vernünftigen Argumenten, warum die Österreicher, die Hitler enthusiastisch begrüßt hatten, gezwungen werden müßten, ihre Schuld anzuerkennen.

Galizien liegt in der strategisch günstigen Mitte des europäischen Kontinents. Die frühe Geschichte dieses Gebiets ist dunkel. Aber im Verlauf der Zeiten haben die Mächte, die ihre Einflußgebiete in Europa nach Westen oder Osten erweitern wollten, mit Galizien Pingpong gespielt. Auf seinem Boden wurden oft bittere Kämpfe ausgetragen. Im 11. Jahrhundert wurde der östliche Teil dessen, was heute Galizien ist, als das slawische Königreich Halicz ausgewiesen. Im 12. Jahrhundert errangen katholische Einflüsse die Oberhand, und der Name des Landes wurde zu Galicia latinisiert. 1205 nahm der König von Ungarn auch den Titel *Rex Galiciae et Ludomeriae* an. In der Mitte des 13. Jahrhunderts überrannten die Mongolen Galizien. Nach ihnen kamen die Tataren.

Die Ruthenen – Ukrainer – blieben auch in den folgenden vierhundert Jahren in Galizien, als das Gebiet zuerst dem polnischen und dann dem polnisch-litauischen Königreich angegliedert wurde. In dieser Zeit, die auch von einer schrittweisen Ausweitung in Richtung

Karpaten gekennzeichnet ist, nahm das Land seinen überwiegend polnischen Charakter an. Die folgenden Teilungen Polens, an denen die Habsburger, die Preußen und die Russen beteiligt waren, begannen 1772. Galizien kam unter die Kontrolle des Habsburgerreichs. Fast ein Jahrhundert später, im Jahre 1867, gewährte der Kaiser Galizien unter seiner Hauptstadt Lwów (bis 1945 unter dem Namen Lemberg bekannt) Autonomie.

Doch obwohl das österreichische Verwaltungssystem weitgehend übernommen wurde und sich die deutsche Sprache verbreitete, blieb Galizien im Wesen polnisch. Auf nationalistischen Druck hin wurde Polnisch 1907 zur Amtssprache, obwohl 42 Prozent der damaligen Bevölkerung Ukrainer waren.

Die strategische Bedeutung Galiziens wurde von seiner ökonomischen niemals eingeholt. Eine große, aber verarmte polnische Aristokratie lebte neben einer noch stärker verarmten polnischen und ukrainischen Bauernschaft. Vom Mittelalter an begannen Juden in immer größerer Zahl, in diesen Kessel zu springen.

In der Zwischenkriegszeit des 20. Jahrhunderts kam der größte Teil Galiziens zu Polen zurück. Nach dem Zweiten Weltkrieg verlagerten sich die polnischen Grenzen nach Westen, und der östliche Teil Galiziens wurde der Ukraine zugesprochen – anfangs als Teil der Sowjetunion und dann als Teil der unabhängigen Republik Ukraine. Polen behielt das westliche Galizien mit den Karpaten.

Wenn Galizien immer ein Grenzland gewesen ist, so lag Buczacz an seiner Scheidelinie. Im östlichen Teil Galiziens gelegen, nicht weit von Lwów, ist es zwischen Polen, dem zaristischen Rußland, der Ukraine, dem Habsburgerreich, Deutschland und der Sowjetunion hin- und hergestoßen worden. In Buczacz sind die ottomanischen Armeen gewesen, die Tataren, die Kosaken und die SS.

Die erste schriftliche Erwähnung von Buczacz geht auf das Jahr 1582 zurück. Der erste jüdische Grabstein trägt das Datum 1633. Die ersten Tötungswellen geschahen 1648, als die Kosaken die Region überrannten. 1672 machte Buczacz als Vertragsort eines kurzlebigen Friedens zwischen den Türken und den Polen Geschichte, der von dem Khan der Krim vermittelt wurde. Damals hatte die Stadt eine weitaus größere Bevölkerung als in diesem Jahrhundert – möglicherweise lebten dort bis zu 20000 Menschen. Der Frieden dauerte nicht einmal ein Jahr, und Buczacz wurde in den Streit zwischen dem polnischen Königreich und Rußland über die Kontrolle der Ukraine hineingezogen, ebenso wie in die Kämpfe zwischen den Tataren und den Kosaken und ihren Schutzherren, den Ottomanen, die ihren Einfluß auf die Region bis ins 18. Jahrhundert hinein behielten.

1908, als Wiesenthal zur Welt kam, bildete Buczacz zusammen mit einem großen Teil Galiziens ein autonomes Gebiet des Königreichs Österreich-Ungarn. Während des Zweiten Weltkrieges fiel Buczacz in die Hände der Nazis. Inzwischen war der Ort zwischen Polen, der Ukraine und Rußland hin- und hergewandert. Schon bevor Wiesenthal erwachsen war, hatte Buczacz sechsmal seinen Herrn gewechselt, und zwischendrin verbrachte seine Familie zwei Jahre, von 1915 bis 1917, auf der Flucht vor den Kosaken in Wien.

Noch bevor er die Nazis kennenlernte, hatte Wiesenthal als Kind und als junger Mann am eigenen Leibe erfahren müssen, daß eine Konstante den Kampf um Gebiete und Einfluß in Galizien kennzeichnete: Seit dem 17. Jahrhundert waren Pogrome in Galizien regelmäßig aufgetreten. Seit dieser Zeit waren die Juden die allgemeinen Prügelknaben, wenn die großen Mächte um die Kontrolle des Gebiets kämpften. Im Buczacz von Wiesenthals Kindheit und Jugend teilten die einander bekriegenden Nationen eine Antipathie gegen die Juden. Die Habsburger, die noch am ehesten bereit waren, assimilierte Juden anzuerkennen, erlaubten ihnen eine Vertretung im *Reichsrat*, dem föderalen Parlament von Österreich-Ungarn, aber auch diese Vertretung war vor allem kosmetischer Natur. Unter den Einwohnern Galiziens zeichneten sich vor allem die Kosaken und Ukrainer durch ihre Antipathie gegenüber Juden aus. Sie waren stets eifrig bemüht, die Juden zu demütigen, und sie taten es mit großer physischer Grausamkeit.

Wie in vielen anderen Teilen Europas hatte auch in Polen der Handel die Juden in das Land gebracht. Ein Bericht über Polen, der 965 von Ibrahim Ibn Ja'qub, einem jüdischen Händler aus Spanien, geschrieben wurde, erwähnt auch Juden unter den Kaufleuten, die den Handel zwischen Westeuropa, Ruthenien und dem moslemischen Osten betrieben. Die erste größere Siedlungswelle von Juden begann Ende des 11. Jahrhunderts und hielt 200 Jahre an. Sie brachte jüdische Flüchtlinge nach Polen, die in West- und Mitteleuropa verfolgt worden waren. Dies war eine der seltenen Zeiten der Toleranz in der polnischen Geschichte. Unter der Politik von König Kazimierz dem Großen erhielten die Juden volle Rechte und Privilegien, obwohl der katholische Klerus und die Bevölkerung oft gegen die jüdische Anwesenheit Einspruch erhoben und immer schnell bereit waren, sie für Naturkatastrophen, Krankheiten und die Ausbreitung der Pest verantwortlich zu machen.

Am Ende des 15. Jahrhunderts hatten sich 24000 Juden in Polen niedergelassen, eine wachsende Anzahl davon in Lwów und den Schtetln Galiziens. Der Zustrom erreichte seinen Höhepunkt im 15. Jahrhundert, als Polen zu einem Schmelztiegel von aschkenasischen und sephardischen Juden wurde, die entweder aus dem Habsburgerreich oder aus Spanien bzw. Portugal vertrieben worden waren.

Das war ein goldenes Zeitalter – die einzige Zeit der relativen Ruhe für die Juden in Polen. Die Einwanderer lebten überwiegend vom Handel, sowohl vom internationalen als auch vom lokalen. Weil es den Christen von der Kirche verboten worden war, Geld zu verleihen, ließen sich die Juden als Bankiers nieder und erwarben sich die Gunst der Könige und ihrer Höflinge. Während dieser relativ freundlichen Periode weiteten die Juden ihre Tätigkeiten schrittweise aus – auf geschäftliche Unternehmungen, auf den Pacht- und Baubereich, auf Mühlen, Brauereien und Destillerien. Sie wurden zum Verbindungsglied zwischen Stadt und Land. Und sie hatten sogar die Erlaubnis, Zölle und Steuern einzuziehen.

Ihr Wohlstand und ihre Sicherheit wuchsen, und ihr kulturelles Leben blühte. Die talmudische Gelehrsamkeit und der Unterricht waren herausragend und durchdrangen langsam alle jüdischen Gemeinden. Traditionen entstanden, die die kommenden harten Zeiten überdauerten und die das Fundament legten für Generationen von bemerkenswerten jüdischen Denkern und führenden Persönlichkeiten, die sich allerdings oft nicht einig waren. In den osteuropäischen Regionen gab es viele Schulen – Jeshivas –, in denen jüdische Gelehrte große Fortschritte in Wissenschaft und Medizin entwickelten. In Krakau entstand 1534 eine jüdische Druckerei. Synagogen wurden gebaut, und wegen ihres architektonischen Geschicks entwarfen Juden auch viele säkulare Gebäude.

Ein päpstlicher Gesandter berichtete dem Vatikan 1565 aus Polen:

«In diesen Gebieten trifft man große Massen von Juden, die nicht so verachtet sind, wie dies anders wohl der Fall ist. Sie leben nicht in einem Zustand der Erniedrigung, und sind auch nicht auf verächtliche Berufe beschränkt. Sie besitzen Land, sie beschäftigen sich mit dem Handel, und sie studieren Medizin und Astronomie. Sie besitzen große Reichtümer, und werden nicht nur zu den anständigen Menschen gerechnet, sondern üben auch manchmal über dieselben Herrschaftsgewalt aus. Sie tragen kein Unterscheidungszeichen, und man gestattet ihnen sogar das Tragen von Waffen. In Kürze, sie verfügen über alle Bürgerrechte.»

Ein jüdischer Historiker der damaligen Zeit, Natan Hanower, bemerkte, daß es «niemals zuvor in der ganzen Diaspora so viele Thoras gegeben» habe, «wie sie in dem Lande Polen gefunden werden».

Das alles war schließlich zuviel des Guten. Das Paradies ging 1648 verloren. Zu dieser Zeit war die Zahl der Juden in Polen auf eine halbe Million angewachsen; sie bildeten fünf Prozent der gesamten Bevölkerung. Im April des Jahres 1648 fegten die über den Dnjepr gekommenen Kosaken über die östlichen Gebiete hinweg, zerstörten die hier liegenden polnischen Armeen und provozierten einen Aufstand der Bauern gegen ihre polnischen Herren. Die Tataren kamen, unterstützt von ottomanischen Soldaten, von der Krim und betraten ebenfalls das Schlachtfeld. Als sich der lokale Zorn gegen die polnischen Landherren und ihre jüdischen Agenten entlud, wurden viele tausend Juden getötet. Die Kriege, das Chaos und die Pogrome dauerten die nächsten 100 Jahre über an.

Aber auch der umfassendere Kontext der polnischen Juden, der seit ungefähr 200 Jahren bestanden hatte, änderte sich im 17. Jahrhundert radikal. 1656 erklärte der polnische König Jan II. Kazimierz die Mutter Gottes zur Königin Polens. Er verschmolz damit säkulare und religiöse Souveränität und ließ nur wenig Raum für andere Glaubensüberzeugungen. Die katholische Kirche wurde bei ihren Angriffen auf die Juden immer bösartiger und beschuldigte sie oft des Ritualmords. Sie drängte die Juden in jeder Hinsicht an den Rand der Gesellschaft. Ihr wirtschaftlicher Tätigkeitsbereich und ihre politischen Rechte wurden ernsthaft beschnitten.

Die jüdische Not rief eine Reihe rivalisierender religiöser Schulen hervor, darunter einige, die angesichts des Antisemitismus intensiv nach jüdischer Solidarität suchten. Drei messianische Bewegungen entstanden. Die erste wurde nach Sabbatai Zwi aus Smyrna, der sich zweimal – 1648 und 1666 – zum Messias erklärte, Sabbatianismus genannt. Die zweite war der Frankismus, angeführt von Jakub Frank aus Podolien. Er lehnte den Talmud ab und befürwortete die Taufe in der katholischen Kirche. Unter dem polnischen Rabbinat rief er eine große Kontroverse hervor. Schließlich ließ er sich in Deutschland nieder, wo er mehr Zustimmung fand als unter den polnischen Juden.

Die dritte Bewegung und zugleich die einzige, deren Bedeutung bis heute anhält, war der Chassidismus, der unter Polens blutenden, von allen Seiten belagerten Juden schnell an Einfluß gewann. Er bot ein psychologisches Bollwerk gegen die Verfolgung und wurde schon bald zu einer akzeptierten Orthodoxie, vor allem in den ländlichen, zurückgebliebeneren jüdischen Gemeinden Galiziens.

Seine geistige Inspiration erhielt der Chassidismus von Israel ben Elieser, der später Baal Schem Tow – Meister des Heiligen Namens – genannt wurde. Er lebte von 1700 bis 1760. Mit seinen Angriffen auf die etablierte rabbinische Hierarchie und ihre Formalität verbreitete Israel ben Elieser eine populäre Botschaft, die die Juden dazu drängte, ihren Glauben durch Gesang, Tanz und gute Taten auszudrücken. Güte und das Vertrauen in den Glauben würden schließlich die Sünde und das Böse überwinden; Freude, nicht Traurigkeit, würde die Oberhand gewinnen. Jeder einzelne Jude, so lehrte er, stehe in einer mystischen Beziehung zu Gott, aber als Sprachrohr zwischen Gott und den einfachen Juden würden die Zaddikim, die «Wunderrabbis», gebraucht. Sie waren diejenigen, die ein Bild des täglichen Lebens zeichneten, die Präsenz Gottes und die Ethik einer persönlichen Verbindung zwischen Gott und Menschen erklären mußten.

Jüdische Schriftsteller wie Schalom Aleichem, Martin Buber, Elie Wiesel, Isaac Bashevis Singer, Schalom Asch, Joseph Roth und viele andere haben sich auf die chassidischen Geschichten bezogen, die ihnen aus dem Schtetl überliefert wurden. Ihre Erzählungen haben dabei geholfen, das Bild des einfachen, ignoranten galizischen Juden in ein Modell des authentisch Jüdischen, der Spiritualität und der jüdischen Nation zu verwandeln.

Viele chassidische Lehren waren gegen die alte Orthodoxie gerichtet und wurden von dem rabbinischen Establishment erbittert debattiert. Später wandte sich der Chassidismus auch gegen die Integration in die moderne Gesellschaft. In Lwów und anderen großen Städten tobten mächtige Kontroversen, denn dort versuchte das jüdische Bürgertum dadurch mehr Sicherheit zu erlangen, daß es sich mit der Aufklärung und im 18. und 19. Jahrhundert mit dem Kampf um die polnische Unabhängigkeit identifizierte. Das jüdische Bürgertum war eher bereit, religiöse Praktiken an die Anforderungen der entstehenden bürgerlichen Gesellschaft anzupassen. Dennoch war der Chassidismus Mitte des 19. Jahrhunderts nicht mehr eine überwiegend ländliche Bewegung, sondern hatte auch unter den feineren Juden der Mittelschicht Anhänger gefunden.

Die «jüdische Frage» war im Verlauf von Polens turbulenter Geschichte niemals weit von der politischen Debatte entfernt. Als Rußland nach dem Wiener Kongreß 1815 die Souveränität über das polnische Königreich (nicht über Galizien) erlangt hatte, wurde der Druck auf die Juden, sich als Vorbedingung für die Erlangung bürgerlicher Rechte zu assimilieren, noch stärker.

Der Wiener Kongreß störte die früheren Teilungen nicht, durch die Habsburg die Souveränität über Galizien errungen hatte. Aber das Reich unternahm wenig, um die Diskriminierung der galizischen Juden zu verringern. Es erlegte ihnen hohe Steuern auf, begrenzte das Recht auf Landeigentum, hielt die vollen politischen Rechte zurück und beschränkte den Zugang zu den Hochschulen und Universitäten Galiziens. Kaiser Franz Joseph lehnte den Antisemitismus persönlich ab und gab einen Erlaß heraus, der seiner jüdischen Bevölkerung die vollen bürgerlichen Rechte gewährte. Doch obwohl dies auch auf Galizien ausgedehnt werden sollte, führte der autonome Charakter Galiziens dazu, daß die De-facto-Restriktionen gegen die jüdische Bevölkerung ungestraft aufrechterhalten werden konnten. Das westliche Galizien wurde 1898 zum Schauplatz schrecklicher Pogrome, und es gab auch wiederholt Boykotte gegen Juden.

Armut und Antisemitismus zusammen führten zu einer massenhaften Auswanderung der Juden aus Galizien. Zwischen 1891 und 1914 kamen 320 000 Juden in die Vereinigten Staaten, 85 Prozent davon – 270 000 – stammten aus Galizien. Auch in Wien wuchs die Zahl der galizischen Juden von 13 880 im Jahre 1880 – 18 Prozent der Wiener Juden – auf 30 325 im Jahre 1910 – 23 Prozent der Wiener Juden. Andere wandten sich früh dem Zionismus zu und gingen trotz der schlechten Aussichten nach Palästina.

Natürlich gab es in Galizien auch eine jüdische Mittelschicht, die sich verwurzelter fühlte und deren Wohlstand wuchs. Das waren die «Krawattenträger», die für Assimilation plädierten und auf ihre chassidischen Glaubensbrüder herabsahen.

Sie nutzten ihre beschränkten Möglichkeiten. Diejenigen, die sich besser standen, schlossen sich politischen Parteien an oder gründeten ihre eigenen. Eine Gruppe trat für politische und kulturelle Autonomie der Juden ein. 1897 gab es einen erfolglosen Versuch, in Galizien eine Sektion der österreichischen Sozialdemokraten zu errichten. Einige Jahre später gab es eine Jüdische Sozialdemokratische Partei in Galizien. Und eine Zeitlang gab es auch eine Zionistische Arbeiterpartei.

Aber nur eine unbedeutende Zahl von Juden konnte sich den Luxus der politischen Aktivität erlauben. Am Ende des 19. Jahrhunderts betrug die Bevölkerung Galiziens ungefähr 800000. Die meisten Menschen waren verarmt. Sie wurden oft als Luftmenschen bezeichnet, weil sie nur von «Luft» lebten, über wenig Erziehung und Bildung verfügten, keine Ausbildung und kaum Möglichkeiten hatten, etwas mehr Geld als unbedingt notwendig zu verdienen.

Sie waren daher um so mehr geneigt, das tröstliche, einigende Netz des Chassidismus noch enger zusammenzuziehen. Jiddisch, das schon von den jüdischen Intellektuellen Polens benutzt wurde, um eine neue Literatur zu schaffen, wurde die erwählte Sprache des Schtetls, in denen die Männer sich auch in die deutlich kenntlichen schwarzen Kaftane kleideten. Der im Mystizismus wurzelnde Glaube gab ihnen Stärke, einen Sinn von Identität und einen Moralkodex, der von der Feindseligkeit der Welt draußen nicht zerstört werden konnte. Die Juden waren ihrer Umgebung so entfremdet, daß sich in der Volkszählung von 1931 nur 31 Prozent als Polen beschrieben – und nur 381000 von drei Millionen Juden in Polen (10 Prozent der gesamten Bevölkerung) erklärten Polnisch zu ihrer Muttersprache.

Doch die geistige Selbstgenügsamkeit trug auch dazu bei, den Antisemitismus zu verstärken. Er schuf den Prototyp einer Haßfigur – den *Ostjuden*, der sich weigerte, seine Identität in der vorherrschenden christlichen und bürgerlichen Kultur aufgehen zu lassen, und der als vielarmiges Unkraut gesehen wurde. Die Antipathie war nicht auf die Christen beschränkt. Wie Simon Wiesenthal 1970 am eigenen Leib erfahren mußte, respektierte der österreichische Bundeskanzler Bruno Kreisky, der selbst Jude war, zwar den individuellen Glauben, hatte jedoch kein Verständnis für diejenigen, die sich für ihre kulturellen Wurzeln und ihr Judentum einsetzen.

«Ich bin ein Ostjude, und wir haben überall dort unsere Heimat, wo wir unsere Toten haben», sagt eine der Figuren in dem Roman *Hotel Savoy* von Joseph Roth. Diese Beschreibung spiegelt Wiesenthals Gefühle genau wider. Seine Ursprünge sind ihm viel wert, und er trägt sie immer mit sich. Bis ins hohe Alter hinein hat er Freude daran, sich an seine Großeltern mütterlicherseits zu erinnern, die tief religiös und von dem Sittenkodex der Wunderrabbis erfüllt waren. Sie glaubten, daß sein Leben besser verlaufen würde, wenn die Familie die Tatsache, daß er am 31. Dezember 1908 kurz vor Mitternacht geboren wurde, nicht verlauten und ihn als den erstgeborenen jüdischen Jungen des Jahres 1909 registrieren ließe.

Das geschah dann auch, und es wäre vielleicht auch so geblieben, wenn es nicht einundzwanzig Jahre später hätte korrigiert werden müssen, damit Wiesenthal dem Militärdienst entgehen konnte. Um zu beweisen, daß seine Mutter ihn vor der entscheidenden Mitternachtsstunde geboren hatte und nicht danach, mußte Wiesenthal zwei Zeugen finden. Das Glück war ihm gesonnen. Nachbarn erinnerten sich an diesen besonderen Silvesterabend, weil es in dem Haus der Wiesenthals eine große Freude gegeben hatte und sie dazu eingeladen wurden, mit einer Flasche Wodka auf die Gesundheit des Neugeborenen anzustoßen.

Als seine Geburtsurkunde dann korrigiert wurde, war seine Großmutter nicht mehr am Leben, aber sie hatte einen lang anhaltenden Einfluß auf den kleinen Jungen. Sie nahm ihn mit zu ihren Besuchen bei den Wunderrabbis und ließ ihn von ihnen segnen. Eine von Wiesenthals überragenden Erinnerungen an seine Kindheit ist eine Fahrt zu dem Rabbiner von Czortkow, einem Weisen, der von vielen Schülern umgeben war. Hinter dem kleinen Fenster seiner Mansarde bemerkte er das Gesicht eines Mannes, der starr vor sich hin sah. Dies sei der «Schweiger», erklärte ihm seine Großmutter. Und dann erzählte sie ihm, daß dieser Mann während eines bitteren Streits mit seiner Frau gerufen hatte: «Verbrennen sollst du.» In dieser Nacht brannte sein Haus tatsächlich nieder, und seine Frau starb. Von Schuld erfüllt ging der Mann zum Rabbi, um sich zu erleichtern. Die Entscheidung des gelehrten Mannes war unmißverständlich: für den Rest seines Lebens dürfe der Schuldige nicht mehr sprechen, und er müsse seine Zeit nutzen, um für Vergebung zu beten.

Buße für Schuld und Umstände, die Vergebung sichern, sind Fragen, die Wiesenthal sein ganzes Leben lang beschäftigt haben. Der Wunderrabbi von Czortkow hatte den Weg gewiesen und für Richtlinien gesorgt, aber das Wesentliche blieb immer unbeantwortet.

Wie in vielen anderen Kleinstädten Galiziens bildeten die Juden im ersten Jahrzehnt des 20. Jahrhunderts die Mehrheit der Bevölkerung von Buczacz. Von seinen 10000 Einwohnern waren ungefähr 6000 Juden, der Rest verteilte sich auf 2000 Polen und 2000 Ukrainer. Aber durch diese Tatsache genossen die Juden weder größere politische Sicherheit, noch machte es ihnen das Leben leichter als zu früheren Zeiten.

Das Buczacz von Wiesenthals früher Kindheit war ein typisches galizisches Schtetl: die Juden lebten nicht in einem Ghetto getrennt von den anderen. Aber die meisten Juden waren dennoch im Zentrum der Stadt konzentriert, während die zumeist wohlhabenderen Polen und Ukrainer in den schöneren Vororten lebten. Die meisten Juden waren Handwerker und kleine Händler. Wiesenthals Onkel war Bäkker. Sein Großvater besaß ein Wirtshaus einige Kilometer außerhalb von Buczacz, in einem kleinen Ort namens Skala, der nur fünfzig Meter von der russischen Grenze entfernt war. Wie auch anderswo in Polen gab es viele Uhrmacher. Doch in den besseren Berufen gab es praktisch keine Juden, und Wiesenthal kann sich nur an einen Lehrer erinnern, der Jude war. Verwaltet wurde die Stadt von Polen. Polnisch war die Amtssprache, und in den Schulen wurde Polnisch gesprochen. Fast alle Beamten waren Polen.

Doch die Juden in Buczacz empfanden keine Nähe zu Polen. Sie sympathisierten nicht mit dem polnischen Nationalismus. Ihr Leitstern war die Hauptstadt des Kaiserreiches: Wien. Sie verstanden sich als Habsburger-Juden. Sie vertrauten darauf, daß sie im Notfall zum Kaiser fliehen könnten. «Wir fühlten uns als Österreicher», beschreibt Wiesenthal seine früheste Loyalität. «Für uns war Kaiser Franz Joseph eine Vaterfigur. Wir maßen alles und jedes an seiner Entfernung zu Wien und redeten, als ob es nur um die Ecke läge. Die Legende besagte, daß der Kaiser seine Hofburg öffnen würde, wenn die galizischen Juden gezwungen wären zu fliehen.»

Wiesenthal hat niemals die Ursprünge seines Familiennamens herausgefunden. Als Student in Prag traf er drei Schwestern, die bekannte Tänzerinnen aus Wien waren und denselben Nachnamen trugen. Er erinnert sich daran, daß sie barfuß tanzten und daß eine von ihnen ihn nach seinen Großeltern fragte. Aus seiner Antwort habe sie auf eine entfernte Verwandtschaft geschlossen. Viele Jahre später traf er in Wien eine Frau, die auch Wiesenthal hieß. «Ich fragte sie, ob sie mit Simon Wiesenthal verwandt sei. Sie kannte mich nicht und erwiderte scharf, das Gesicht rot vor Ärger, daß die Juden schon wieder mit ihren Tricks anfingen und ihr ihren guten Namen Wiesenthal stehlen würden.»

In seinem Elternhaus lebte der kleine Simon in einer traditionellen jüdischen Umgebung und unter relativ wohlhabenden Umständen. Sein Vater Ascher war ein Großhändler, der vor allem mit Zucker handelte. Es war nicht erlaubt, in der Öffentlichkeit Jiddisch zu sprechen. Alle mußten Polnisch lernen. Aber zu Hause bei seinen Großeltern war Jiddisch die Umgangssprache, obwohl seine Mutter Rosa ihm auch das erste Deutsch beibrachte. Sie trug eine große Sammlung deutscher Klassiker zusammen. «Wenn meine Mutter mich belehren wollte, blätterte sie oft so lange in diesen Büchern, bis sie ein entsprechendes Zitat gefunden hatte. Und dann sagte sie zu mir: ‹Ich kann das nicht so gut ausdrücken wie diese Schriftsteller. Alles, was für das Leben gilt, kannst du in diesen großen Schriften entdecken.›»

Der Junge lernte leicht Sprachen, obwohl sein polnischer Akzent noch heute zu hören ist. Bald kam Russisch dazu, und als er in Prag studierte, lernte er auch die Grundlagen des Tschechischen. Jahrzehnte später, in den sechziger Jahren, brachte er sich selbst das Englische so gut bei, daß er Vorträge halten und Interviews geben konnte.

Simon Wiesenthal war das erste Kind seiner Eltern. Zwei Jahre nach ihm wurde sein Bruder Hillel geboren. «Meine erste Erinnerung an ihn und meine Mutter war, daß ich eifersüchtig auf den Kleinen war. Mir schien, daß sich meine Mutter nur mehr meinem jüngeren

Bruder widmete», gestand Wiesenthal viele Jahre später in einer ergreifenden Erinnerung an seine Mutter mit dem Titel *Ohnmacht*, die einen ersten Hinweis auf die Distanz zwischen ihnen in seiner Kindheit enthält. Aber alle Zurückhaltung, die Wiesenthal in seinen frühen Jahren empfunden haben mag, verblaßt gegenüber der Trauer über den Tod seiner Mutter 1942 durch die Hände der Nazis. Das ist einer der schmerzlichsten Schläge geblieben, die er erlitten hat. An das, was damals geschah, erinnert er sich immer noch deutlich – Schlag für Schlag. Es sucht ihn gelegentlich in Alpträumen heim.

«Meine frühen Erinnerungen an meine Mutter sind fast vollständig ausgelöscht worden, nachdem die Nazis 1941 in Lwów einmarschierten.» Damals konnte er noch als Architekt arbeiten und lebte zusammen mit seiner Frau in der galizischen Hauptstadt. Er hatte seine Mutter zu sich geholt, weil er dachte, daß sie bei ihnen in größerer Sicherheit sei. Aber beim Einmarsch der Deutschen wurden alle Juden gezwungen, ins Ghetto zu übersiedeln.

[M]itnehmen durften wir nur das, was wir mit den Händen tragen konnten, meine Frau und ich mußten Zwangsarbeit verrichten. Während wir bei der Arbeit waren, versorgte Mutter unseren Haushalt. Er bestand aus dem Wenigen, was wir hatten mitnehmen können, und auch das mußte sie Stück um Stück verkaufen oder für Lebensmittel eintauschen. Für unsere Arbeit bei den Deutschen bekamen wir in der Mittagspause eine ‹Suppe›.

Es war Anfang 1942, ich kam von der Arbeit nach Hause, und dann erlebte ich einen Augenblick, den ich niemals vergessen werde. Meine Mutter hatte für meine Frau und mich etwas Essen bereitet und brachte es uns auf einem Teller – plötzlich verlor sie das Bewußtsein, und ich fing sie mit meinen Armen auf, bevor sie zu Boden fiel. Da erfuhr ich, daß sie seit Tagen kaum etwas gegessen hatte, um alles für uns Arbeitende aufzusparen. Dieser Augenblick, wie ich meine Mutter ohnmächtig in den Armen halte, kommt mir immer und immer wieder ins Gedächtnis, manchmal träume ich auch davon.

Die Aktionen gegen die nichtarbeitenden Juden im Ghetto waren bereits seit August 1942 im Gange, wir wußten, daß man unsere Mutter – wenn wir bei der Arbeit wären – abholen und deportieren würde. Unser einziger Wertgegenstand, den wir noch besaßen, war eine goldene Uhr, und ich sagte eines Morgens zu meiner Mutter: Wenn ein ukrainischer Polizist (die lokale Polizei bestand nur aus Ukrainern) kommt, dann gib ihm diese Uhr, und er wird dich nicht mitnehmen.

Ich hatte die Vorahnung, daß dies ein Abschied für immer war, doch wollte ich meine Mutter nicht beunruhigen und gab ihr einen Kuß wie immer.

Am Abend von der Arbeit zurück, fanden wir die Wohnungstür offen, meine Mutter war nicht mehr da. Eine Nachbarin, die wegen ihres Nachtdienstes eine Bescheinigung einer Kriegsrüstungsfabrik vorweisen konnte, erzählte uns, daß ein ukrainischer Polizist gekommen war, um meine Mutter abzuholen, sie sich aber mit der Uhr ihr Leben erkaufen konnte. Doch eine halbe Stunde später kam ein anderer Polizist. Sie hatte nichts mehr, womit sie sich hätte freikaufen können.

Ich durchwachte eine schreckliche Nacht mit der Gewißheit, daß sie in den Tod geschickt wurde wie schon viele vor ihr. Ich war im Ostbahn-Ausbesserungswerk beschäftigt und wußte daher auch Bescheid, daß die Züge mit den alten und kranken Ghettobewohnern in die Vernichtungslager fuhren. Ich bat den Werkstättenchef um Erlaubnis, meine Arbeit für kurze Zeit zu verlassen, und lief zum Bahnhof, da mir polnische Arbeiter erzählt hatten, daß dort die Züge mit den Menschen abfahrbereit stünden – ich wußte, meine Mutter war in diesem Zug. Die SS bewachte das Bahnhofsgelände, von wo ich schon von weitem aus den mit Menschen vollgestopften Waggons Schreie und Weinen hörte. Sie bettelten um Wasser. Ein Polizeikordon riegelte die nähere Umgebung ab, so daß sich niemand dem Zug nähern konnte. Ein neben mir Stehender erzählte mir, daß ein polnischer Eisenbahner, der zwei Eimer mit Wasser zu den Waggons bringen wollte, von der SS brutal zusammengeschlagen worden war. Eine halbe Stunde verbrachte ich noch in der Nähe des Zuges, dann mußte ich gehen. Am nächsten Tag stand der Zug immer noch an derselben Stelle, und die Schreie nach Wasser waren noch nicht verstummt.

Ich habe nur die einzige Hoffnung, daß meine Mutter bald gestorben ist, noch bevor sie ihren Bestimmungsort, das Vernichtungslager Belzec, erreicht hat, und daß ihr der Weg in die Gaskammer erspart geblieben ist. Sie hatte ein krankes Herz.

Es war der 23. August 1942. Dieses Datum ist für mich der Sterbetag meiner Mutter. Sie war dreiundsechzig Jahre alt.

Viele Menschen haben ihre Mutter verloren, sie ist eines natürlichen Todes gestorben, durch eine Krankheit oder weil sie eben alt war. Diese Menschen konnten bei ihrem Begräbnis um sie weinen, und sie können immer wieder zu der Grabstätte pilgern, um ihr nahe zu sein. Diese Möglichkeit wurde mir durch die Nazis genommen. Der Grabstein meiner Mutter wurde für immer ein Teil von mir.

Ich habe leider kein Bild meiner Mutter. Denn als ich vom Ghetto ins Konzentrationslager gebracht wurde, ist alles, was ich besessen habe, abhanden gekommen. Ich habe von meinem Zuhause nicht einmal ein Taschentuch und würde sehr viel dafür geben, wenn ich ein Bild meiner Mutter hätte.» Schlimmer noch ist, daß es kein Grab gibt, an dem er trauern kann.

Simon Wiesenthal kann nicht über seine frühe Kindheit sprechen, ohne zu den Jahren zu springen, die zu jenem Augusttag im Jahre 1942 führten, als er seine Mutter verlor. Auch alle anderen nahen Verwandten, die er und seine Frau damals noch besaßen, fielen dem Holocaust zum Opfer. Die Wunder, die ihn und seine Frau retteten, bewahrten seine Familie nicht vor der Vernichtung.

Aber auch bevor Hitler die öffentliche Szene betrat, war Wiesenthal schon mit Gewalt und Krieg konfrontiert worden, hatte seinen Vater verloren, seinen Bruder und sein Elternhaus. Schon als kleines Kind hatte er erfahren, was es heißt, ein Flüchtling zu sein, und als junger Jude war es ihm verwehrt worden, an einer polnischen Universität den von ihm gewählten Beruf des Architekten zu erlernen. Aber er hatte sich nicht beirren lassen, inmitten der tiefsten Trauer verließ ihn sein Humor nicht. Hartnäckige Zielstrebigkeit und sein Überlebensinstinkt sind Eigenschaften, die er früh entwickelt hat. Nur daß diese Eigenschaften vor 1939 auf persönliche Ziele gerichtet waren: auf die Ausbildung, die Heirat mit seiner Liebsten aus Kinderzeiten und darauf, sich selbst als voll ausgebildeter Architekt zu etablieren.

Drei

Der junge Wiesenthal

Simon Wiesenthal war ein kleiner, verwirrter, siebenjähriger Junge, als er zum ersten Mal nach Wien kam. Damals begann eine Haßliebe, zu der Stadt, die sein ganzes Leben lang anhalten sollte. Das war kurz vor Ende des Jahres 1915. Sein Vater Ascher war als Reservist der österreichischen Armee am 14. Oktober an der galizischen Ostfront getötet worden. Buczacz war von den tatarischen Truppen überrannt worden. Um den marodierenden und die Juden quälenden Kosaken zu entkommen, hatte seine Mutter Simon und seinen jüngeren Bruder nach Lwów gebracht, wo ihre Eltern lebten. In Lwów beschloß die kleine Familie, dem Beispiel Tausender besorgter galizischer Juden zu folgen und aus Sicherheitsgründen nach Wien zu gehen.

Zusammen mit anderen osteuropäischen Einwanderern ließen sie sich in der Leopoldstadt nieder, in dem Stadtteil, in dem die ärmeren und religiöseren Juden lebten. Die Konzentration der Juden war so hoch, daß er – wenn auch ohne Mauern – allein durch seinen Namen zu einem Ghetto geworden war. Viele der Bewohner waren ohne Arbeit, dazu gehörten auch die Wiesenthals. Viele waren von der Wohlfahrt und Fürsorge abhängig. In der Leopoldstadt lebte die Unterschicht der Wiener Juden, und den wohlhabenden und assimilierten Wiener Juden war die auffällige Anwesenheit ihrer ärmeren Glaubensbrüder nicht recht. Nur der schmale Donaukanal trennte die Leopoldstadt von der Innenstadt Wiens und der kaiserlichen Hofburg. Aber die beiden Stadtteile waren Welten voneinander entfernt.

Simon und sein Bruder wurden zur Volksschule in der Bäuerlegasse geschickt, in der fast alle Schüler Juden waren. Der Unterricht war auf deutsch, aber zu Hause sprachen sie weiterhin Jiddisch. Die Familie hatte nur wenig Geld und lebte zusammengedrängt in einer engen Wohnung, doch ihre kulturelle Umgebung unterschied sich nicht sonderlich von der, die die beiden kleinen Jungen aus Buczacz kannten.

Das Wien des Jahres 1915 war ein Durcheinander der Nationalitäten, aber es war weit entfernt von den Phantasien, die die osteuropäischen Juden sich von der Metropole gemacht hatten. Sie hatten geglaubt, in einem sicheren Hafen zu sein, an einem idealen Zufluchtsort und Schmelztiegel, an dem der freundliche, allmächtige Kaiser Franz Joseph, der den Status der österreichischen Juden verbessert hatte, auch die Anwesenheit seiner loyalen jüdischen Untertanen aus den fernen Gebieten begrüßen würde. Diese Vorstellung war immer schon mehr das Ergebnis von Wunschdenken als von realer Erfahrung gewesen.

Trotz der Aufklärung und anderer Zeiten, in denen die Haltung gegenüber Juden großzügiger war, war die Geschichte des österreichischen Antisemitismus fast so lang wie die des galizischen. Obwohl der Erste Weltkrieg noch nicht einmal halb vorbei war, blies nun der Wind der Niederlage; das Ende der Monarchie und der entstehende deutsche Nationalismus waren schon spürbar.

Wiesenthal war zu jung, um die politische Strömung zu verstehen, die den österreichischen Antisemitismus der damaligen Zeit nährte.

Aber in seinem späteren Leben verstärkten seine Kindheitserfahrungen die kritische Wahrnehmung der österreichischen Gesellschaft. Das Wien, das Wiesenthal 1915 erlebte, war vom Antisemitismus Karl Luegers geprägt, dem langjährigen Bürgermeister der Stadt, der 1910 in seinem Amt verstorben war. Als Führer der radikalen rechten Christlichsozialen Partei hatte er den Antisemitismus zu einer populären politischen Kraft gewandelt. Der Samen des Nazismus war schon reichlich und sorgsam gesät worden und hatte in dem Geist des jungen Adolf Hitler bereits erste feste Wurzeln geschlagen.

Hitler war zu dieser Zeit, als Wiesenthal in Wien zur Schule ging, ein unbekannter Freiwilliger der Armee. Aber er hatte als junger Einzelgänger aus der österreichischen Provinz bereits sechs Jahre in Wien hinter sich, die ihn zu einem überzeugten Pangermanen und Antimarxisten gemacht und seinen Antisemitismus so angefacht hatten, daß er nach rassischer Reinheit um jeden Preis suchte. Hitler wurde 1889 in Braunau am Inn geboren, das nicht weit von Linz entfernt in der Nähe der deutschen Grenze liegt. Er wollte Künstler werden, aber er bestand die Aufnahmeprüfung an der Wiener Akademie der Bildenden Künste nicht. 1907 kam er nach Wien, und während der nächsten sechs Jahre lebte er zumeist mittellos und ziellos unter den Ärmsten der Wiener Armen in einem Männerheim.

Mit dem Malen von Postkarten verdiente er gerade genug, um zu überleben. Er blieb bis 1913 in Wien. Ihm fehlten die Mittel, aber vor allem die Neigung und Neugierde, um in die künstlerisch und intellektuell aufregende Welt der kosmopolitischen Eliten der Stadt einzutauchen, die damals die Wiener Sezession und den Jugendstil hervorbrachten. Zu den Schöpfern dieser Bewegungen gehörten Schriftsteller, Künstler und Musiker wie Arthur Schnitzler, Karl Kraus, Ludwig Wittgenstein, Theodor Herzl, Sigmund Freud, Gustav Mahler, Arnold Schönberg, Gustav Klimt, Egon Schiele, Otto Wagner, Adolf Loos und Kolo Moser. Viele von ihnen waren Juden, aber lange nicht alle.

Hitler kam zunehmend zu der Überzeugung, daß die kulturelle Gärung um ihn herum auf eine jüdische Verschwörung gegen die deutsche Nation hinauslief, deren Tentakel die ganze Gesellschaft umfaßten. Nach Hitlers Ansicht waren die Geschäftswelt, die Medien, die Künste und auf der politischen Ebene die Sozialdemokraten von Juden «verseucht», die sich verschworen hatten und darauf vorbereiteten, die Entstehung einer deutschen Nation aus den Ruinen des Habsburgerreiches zu verhindern. Die zionistische Bewegung war in seinen Augen nur ein weiterer unheilvoller Ausdruck der jüdischen Rasse.

Er fing an, das Leben als einen Kampf zu sehen, vor allem als einen Kampf des deutschen Herrenvolks, das seiner Meinung nach das Recht hatte, seinen Lebensraum durch die Vernichtung der biologisch Unreinen zu erweitern und auf diese Weise die Zukunft seines Reiches sicherzustellen. Die deutsche Wiedergeburt, so folgerte er, erfordere die Auslöschung der Juden, Marxisten, Homosexuellen und anderer, die er als minderwertig einstufte.

Zusammengefaßt gaben Hitlers Wiener Erfahrungen ihm das, was er das «Fundament aus Granit» seiner Ideologie nannte, eine Mischung, zu der pangermanischer Nationalismus, biologischer Rassismus und Slawophobie gehörten. Im 1925 veröffentlichten *Mein Kampf* bezeichnete Hitler die Juden bereits als «lebende Leichen», ein Rassengemisch, das der Vernichtung anheimfallen müsse. Er beschrieb sie als eine unvermeidlich fehlerhafte, degenerierte, dekadente Rasse. Durch den Anblick der chassidischen Juden in der Leopoldstadt mit ihren traditionellen schwarzen Kaftanen fühlte er sich in seinen schlimmsten Vorurteilen bestätigt. Sie seien so schmutzig, daß sie sogar die Luft verseuchten, behauptete er.

Hitler wurde in Wien in wenigen Monaten zu einem erbitterten Antisemiten. Aber das Bild des Juden, der für alle Übel der Welt verantwortlich sei, verfestigte sich erst während seiner letzten drei Jahre in Wien, als er in einem Männerheim für Obdachlose leben mußte. Er beschuldigte jüdische Kapitalisten, die armen Deutschen – das Lumpenproletariat – auszubeuten. «Ich begann die Juden in Wien allmählich zu hassen», schrieb Hitler in *Mein Kampf*. Er bezeichnete sie als «Völkerparasiten» und «Vampire» und erzählte, daß seine Wiener Erfahrungen ihn zu dem Glauben gebracht hatten, «im Sinne des allmächtigen Schöpfers zu handeln: indem ich mich des Juden erwehre, kämpfe ich für das Werk des Herrn».

Zwei Politiker, die den Antisemitismus predigten und betrieben, beeinflußten Hitler zutiefst: Georg von Schönerer und Karl Lueger. Hitler ging zu Luegers politischen Kundgebungen und lernte viel von der Sprache und dem Verhalten dieses wirkungsvollen politischen Demagogen. Und er sah auch, wie freudig die Wiener Bürger Luegers wiederkehrende Behauptungen aufnahmen, die jüdischen Kapitalisten trügen die Schuld an ihrem Leid.

Als Bürgermeister von Wien hatte Karl Lueger den Antisemitismus seit 1895 zu seinem politischen Thema gemacht. In diesem Jahr wurde er zum ersten Mal zum Bürgermeister gewählt und bei späteren Wahlen sechsmal im Amt bestätigt, so daß er bis zu seinem Tode im Jahre 1910 das prestigereiche Wiener Rathaus besetzt hielt. «Der große Karl» wußte, wie er die Unterstützung der Wiener Wahlberechtigten gewinnen konnte. Kaiser Franz Joseph weigerte sich dreimal, seine Wiederwahl zu bestätigen, aber nachdem die Meute auf der Straße ihn als «Kaiser der Juden» bezeichnet hatte, lenkte er ein und ernannte Lueger zum Bürgermeister. Lueger verhinderte dann durch seine Macht als Bürgermeister, daß Ämter an Juden vergeben wurden, obwohl er sich – auf typische Wiener Art – weigerte, didaktisch zu sein. Auf die Anschuldigungen, daß er entgegen seinen Grundsätzen einen jüdischen Rechtsanwalt beschäftige, eine Zeitlang einen jüdischen Stellvertreter hatte und sich gelegentlich von Juden einladen ließ, antwortete Lueger mit der klassischen Erwiderung: «Wer ein Jud ist, bestimme ich.»

Die Christlichsoziale Partei war Luegers Vehikel, um die Eroberung Wiens zu sichern. Sie zog die unzufriedenen Kleinbürger an, die Handwerker, kleinen Geschäftsleute und die unteren akademischen Grade. Sie war antiliberal und antisemitisch, trat für die Monarchie ein, war jedoch ihrem Charakter nach volkstümlich. Nach dem Zusammenbruch des Hauses Habsburg wurde die Christlichsoziale Partei in der ersten Österreichischen Republik zu einer national gesinnten, konservativen, katholischen und für die entstehende nationalsozialistische Bewegung offenen Massenpartei.

Hitler lernte von Lueger, daß der Antisemitismus verbreitet und politisch populär war und daß er von allen Schichten und unabhängig von Alter oder Einkommen geteilt wurde. Er bewunderte Luegers Techniken und Taktiken, war jedoch der Ansicht, daß er sich bei ihrer Anwendung zu viele Ausnahmen herausnahm und daß die breitenwirksame Durchführung der antisemitischen Doktrinen verbessert werden müsse. Ein konsistenteres Rollenmodell für Hitler war Georg von Schönerer. In den Augen Hitlers war von Schönerer ein wirklich überzeugter Rassist und Pangermane, dessen ausgeprägte antislawischen Ansichten sich mit einem tief empfundenen, gewaltigen und wohldurchdachten Antisemitismus verbanden. Von Schönerer vertrat die Überzeugung, daß die multinationale Monarchie der Habsburger dem Untergang geweiht sei, und war seit den achtziger Jahren des 19. Jahrhunderts dafür eingetreten, sie durch eine engere Verbindung zwischen Österreich und Deutschland zu ersetzen.

1882 gründete von Schönerer den Deutschnationalen Verein und stellte ein pangermanisches Programm auf, das als Linzer Programm bekannt wurde, weil es erstmals in der Provinzhauptstadt veröffentlicht wurde. Das Programm forderte vor allem auch eine engere Zollunion zwischen den beiden Ländern. In seiner ursprünglichen Form fehlte der Antisemitismus in diesem Grundsatzpapier weitgehend. Die antisemitischen Forderungen wurden erst 1885 in das Linzer Programm aufgenommen, und seitdem sind sie immer als seine wichtigste, offensivste Seite angesehen worden. Der neue Punkt zwölf des Linzer Programms forderte: «Zur Durchführung der angestrebten Reformen ist die Beseitigung des jüdischen Einflusses auf allen Gebieten des öffentlichen Lebens unerläßlich.»

Als sich Hitler das Linzer Programm erstmals zu eigen machte, war ihm sicherlich nicht bewußt, daß zwei der Mitautoren von Schönerers bei der ursprünglichen Fassung von 1882 jüdischer Herkunft waren: Viktor Adler und Heinrich Friedjung. Sie unterstützten von Schönerers pangermanische Politik, weil sie der Ansicht waren, daß Deutschland progressiver als das Regime der Habsburger sei und Österreich von einer Verbindung mit seinem deutschen Nachbarn profitieren würde. Beide waren keine praktizierenden Juden (Adler war getauft). 1882 hatten sie von Schönerers Antisemitismus nicht zur Kenntnis nehmen wollen, obwohl auch damals schon offensichtlich gewesen sein muß, daß er zu dem entscheidenden Element seiner politischen Strategie werden sollte. Als ob sie den Riß zwischen dem assimilierten jüdischen Wiener Bürgertum und den Einwanderern aus dem Osten hätten bestätigen wollen, unterstützten Adler und Friedjung sogar einmal von Schönerers Vorschlag, die Einwanderung von osteuropäischen Juden zu verbieten. Diese Forderung wurde nicht angenommen. Aber als Phänomen belastet der Mangel an Solidarität und die Antipathie zwischen den beiden jüdischen Gruppen die Beziehungen zwischen Juden in Österreich bis heute.

Als von Schönerer 1885 den antisemitischen Zusatz in das Linzer Programm aufnahm, verloren Adler und Friedjung ihren Platz in der pangermanischen Bewegung. Juden waren im deutschnationalen Verein nicht länger willkommen.

In den verbleibenden Jahren vor dem Zusammenbruch der Monarchie wurden die politischen Aktivitäten von Schönerers von der Christlichsozialen Partei Luegers in den Schatten gestellt. Dennoch blieb er bis zu seinem Tode im Jahre 1921 das Sprachrohr für die virulenteste Form des Antisemitismus. 1887 bildete von Schönerer die Deutschnationale Partei als Koalition gegen den Einfluß von Juden in der Politik. Ihr erstes Manifest strotzte vor wütendem Antisemitismus und forderte Sanktionen wie den Ausschluß von Juden aus dem öffentlichen Dienst, dem Offizierskorps und dem Justizapparat, eine Beschränkung der Studienplätze und ein Einwanderungsverbot für Juden.

Politisch engagierte Juden wandten sich immer mehr den Sozialdemokraten zu, der einzigen Partei, die bereit war, ihnen eine politische Heimat zu geben – und auch der einzigen Partei, die von einer größeren Zahl von Juden unterstützt wurde. Jüdische Intellektuelle und die österreichische Arbeiterklasse fühlten sich gleichermaßen vom Bürgertum abgelehnt. Der sozialistische Internationalismus, der Marxismus, schien die einzig mögliche positive Antwort zu sein, besonders für die Juden, die im Zionismus und in der Forderung nach einer nationalen Heimat für Juden keinen Sinn erkennen konnten.

Indem sie sich den Sozialdemokraten anschlossen, bekundeten die jüdischen Intellektuellen auch ihren Protest gegen das vorherrschende christliche Establishment, das sie ablehnte und das offenkundig ebenfalls faschistische Tendenzen hegte. Viktor Adler durchlief nach seinem ersten Flirt mit von Schönerers pangermanischer Bewegung eine politische Kartharsis und wurde zu einem führenden Politiker der Sozialdemokratischen Partei.

In der Zwischenkriegszeit wählten die Sozialdemokraten jüdische Parteiführer, und nach dem Zweiten Weltkrieg gelang es Bruno Kreisky, sich in der Partei nach oben zu arbeiten. Das heißt keineswegs, daß die Partei zu einem Vehikel der Verteidigung jüdischer Interessen wurde. Im Gegenteil: Angesichts des Sperrfeuers von der politischen Rechten zogen es die meisten jüdischen Sozialdemokraten Österreichs in der Zeit vor 1938 vor, ihre jüdische Herkunft nicht öffentlich zu machen. Und auch als Kreisky 1967 Parteivorsitzender wurde, sah er es sicherlich nicht als einen Teil seiner politischen Mission an, den jüdischen Opfern der nationalsozialistischen Verfolgung besondere Berücksichtigungen widerfahren zu lassen. Der Weg zur politischen Macht erforderte selbst im Lager der Sozialdemokraten keine besonders verbindliche Haltung gegenüber dem Antisemitismus. Die Sozialdemokratische Partei Österreichs fand es selbst dann noch schwierig, den Antisemitismus kompromißlos zu verurteilen, nachdem Hitler an die Macht gekommen war und die Verfolgung der österreichischen Juden immer gewalttätiger wurde. Viele Kritiker der Partei – darunter auch Simon Wiesenthal – behaupten, daß dies immer der Fall gewesen sei.

Doch Wiesenthals Mutter und Großeltern verstanden wahrscheinlich nicht die Feinheiten der sozialdemokratischen Taktiken während des Ersten Weltkriegs, als sie damals in der Leopoldstadt Zuflucht suchten. Aber als Wiesenthal erwachsen und erfahrener wurde, gelangte er zu der Überzeugung, daß die Sozialdemokraten, unterstützt oder sogar ermutigt von der jüdischen Intelligenz, die realen Gefahren nicht begriffen, denen die österreichischen Juden ausgesetzt waren. Seiner Ansicht nach gingen die jüdischen Sozialdemokraten ungerechtfertigte Kompromisse ein, die auf die jüdische Gemeinde – also auch auf sie selbst – zurückfallen konnten.

Wiesenthal hat immer die Meinung vertreten, daß die Ereignisse des Zweiten Weltkriegs nicht zu einer grundlegenden Neubewertung der Haltung der Sozialdemokratischen Partei gegenüber den Nazis geführt haben. Es gibt zahlreiche Belege dafür, daß die SPÖ selbst nach dem Zweiten Weltkrieg und dem Holocaust nicht abgeneigt war, mit ultrarechten Politikern zusammenzuarbeiten.

Es war an Wiesenthal, dieses Verschulden offenzulegen. Die wahren Dimensionen seines brachialen Zusammenstoßes mit Bruno Kreisky in den siebziger und achtziger Jahren muß vor dem Hintergrund des Flirts der SPÖ mit der ultrarechten FPÖ (Freiheitliche Partei Österreichs) gesehen werden, die nach dem Krieg gegründet und zu einer natürlichen Heimat für viele hochrangige ehemalige Mitglieder der Nazi-Partei wurde. Noch heute als alter Mann und nachdem er mehr als 30 Jahre in Wien gelebt hat, erklärt Wiesenthal, daß er in Wien geblieben sei, weil «es die beste Möglichkeit» war, «die Mörder, die unter uns leben, im Auge zu behalten».

Wiesenthals erste Begegnung mit Wien dauerte von 1915 bis 1917, bis die Russen sich aus Galizien zurückziehen mußten und die Sicherheit der Familie in Galizien wieder gewährleistet zu sein schien. Sein Großvater war im Frühling desselben Jahres in Wien gestorben. Seine Mutter wollte wie viele andere Flüchtlinge, die sich in der Stadt mühsam durchschlugen, herausfinden, was von ihrem früheren Besitz in Buczacz gerettet werden konnte. Die Familie beschloß, daß die verwitwete Großmutter zurückbleiben und sich um ihren jüngeren Enkelsohn kümmern sollte, während Rosa und ihr ältester Sohn Simon im Oktober einen Zug nach Polen und dann weiter nach Buczacz bestiegen. Ihr altes Haus war erhalten geblieben. Aber das Lagerhaus der Wiesenthals war ausgebrannt, und seine Mutter «focht einhändig, um der Familie wieder eine bescheidene Lebensgrundlage zu sichern». Sie hatte wenig Zeit für ihren Sohn, und Simon fühlte sich einsam und unglücklich. Er war jetzt acht Jahre alt und vermißte seine Schulfreunde und seine Großmutter in Wien. Acht Jahrzehnte später erinnert er sich: «Ich war allein in Buczacz, ohne Freunde. Ich hatte niemanden, wenn meine Mutter mit ihren Geschäften beschäftigt war.» Er bettelte darum, daß sie ihn nach Wien zurückfahren ließ.

Zu seinem Erstaunen gab sie nach und vertraute ihn einem nach Wien reisenden Soldaten an. «Er war Sanitäter und hatte einen großen Hund, einen Bernhardiner. Ich bekam einen Zettel mit meinem Namen und meiner Anschrift in Wien, die in Großbuchstaben geschrieben war. Der Soldat hatte einen Platz in einem Militärzug, und nach viel Überredung wurde auch mir erlaubt einzusteigen. Die Reise dauerte zwischen fünfundzwanzig und dreißig Stunden. Und die meiste Zeit davon hatte der Hund seinen Kopf in meinem Schoß.» Der Achtzigjährige lächelt wie ein kleines Kind, wenn er sich an die Szene erinnert: «Ich konnte mich überhaupt nicht bewegen.»

«Als ich in Wien angekommen war, behielt ich – nachdem ich meine Fahrkarte für die Straßenbahn nach Leopoldstadt gekauft hatte – noch etwas Geld übrig. Als ich ausstieg, bemerkte ich, daß mein Geld gestohlen worden war. Aber ich war wenigstens bei meiner Großmutter.» Als das Habsburgerreich sechs Monate später am Ende war und Österreich in den Geburtswehen seiner Ersten Republik lag, kam seine Mutter, um sie alle nach Buczacz zurückzuholen. Das schien das Ende von Wiesenthals Leben in Wien zu sein. Er hätte sich niemals träumen lassen, daß er zurückkommen würde, um dort zu leben.

Nach dem Waffenstillstandsabkommen sollte Ostgalizien unabhängig werden und den Namen West-Ukrainische Volksrepublik tragen. Aber der unabhängige Staat erwies sich als ein Übergangsphänomen. Er hielt nur drei Monate. Dann beschlossen die Polen, daß sie die rechtmäßigen Besitzer des Landes seien, und marschierten mit ihren Truppen ein. Wiesenthals Schulbildung wurde nun auf polnisch weitergeführt, und obwohl er als Untertan Österreich-Ungarns geboren worden war, wurde er nun als polnischer Bürger gezählt. Seit dieser Zeit haben die Polen – in guten wie in schlechten Tagen und obwohl die Kommunisten ihn als Verräter ansahen – Wiesenthal als einen der ihren betrachtet: dabei spielte es keine Rolle, daß sich Ostgalizien in der Zwischenzeit für Polen als unhaltbar erwies und es das Gebiet nach dem Zweiten Weltkrieg an die Ukraine abgeben mußte.

Nach 1918 hielt der Griff Polens nach der westlichen Ukraine nur zwei Jahre. Dann brach der Krieg mit der Sowjetunion aus. Die Bolschewiki marschierten in Galizien ein. Die Polen, die einen Rückzug vermeiden wollten, versicherten sich der Unterstützung der ukrainischen Kavallerie Petljuras – marodierender Banden von Soldaten, die noch brutaler waren als die Bolschewiki. Wenn Wiesenthal über diese Zeit spricht, fällt es ihm schwer, die Daten des dauernden Autoritätenwechsels in Buczacz zu nennen. «Wenn wir aufstanden, wußten wir nicht, welches Regime gerade an der Macht war», sagt er und übertreibt dabei nur wenig. In der Schule sahen sie das aufgehängte Bild hinter dem Pult des Lehrers: Wenn es ein polnischer Führer war, dann mußte angenommen werden, daß Polen gerade die Kontrolle ausübte. Wenn es ein bolschewistischer Führer oder ein Ukrainer war, hieß das, daß Buczacz neue selbsternannte «Beschützer» gefunden hatte.

Wiesenthals Erinnerungen an die Plünderungen durch die Truppen Petljuras haftet nichts Verschwommenes an. «Sie müssen das verstehen. Das war ein Pogrom. Manchmal sehe ich das noch so lebendig vor mir, als ob es gestern geschehen wäre. An einem Tag forderten sie hundert Liter Schnaps, der vor dem Anbruch der Dunkelheit ausgehändigt werden müsse. Falls das nicht geschehe, so drohten sie, würde die Stadt niedergebrannt werden. Nun – wer von uns hatte schon hundert Liter Schnaps? Niemand. Deshalb gingen zwei Juden mit einem Faß auf einem kleinen Wagen von Haus zu Haus. Jeder, der Schnaps oder ähnlichen Alkohol hatte, goß ihn in das Faß. ... Die Truppen Petljuras blieben eine ganze Zeit, und wir waren praktisch Gefangene in unseren eigenen Häusern. Wir konnten nichts zu essen einkaufen, und meine Mutter schaffte es, einer Frau auf der anderen Seite der Straße ein Zeichen zu geben, daß sie mich nach drüben schikken würde, um etwas Mehl zu holen, so daß wir Brot backen konnten. Sie dachte, daß ein Kind schnell und sicher über die Straße laufen könnte. Ich rannte ohne Probleme hinüber. Und sie gab mir das Mehl.

Plötzlich erschien ein Kosak auf einem Pferd. Ich stand auf dem Bürgersteig und rührte mich nicht. Ich weiß nicht, ob er betrunken war. Auf jeden Fall ritt er direkt auf mich zu, zog seinen Säbel heraus und stach auf mich ein. Ich hatte Glück, daß er die Spitze seiner Waffe in mein Bein trieb und nicht in mein Herz. Ich fiel zu Boden. Die Leute in den Häusern rundherum schrien. Und der Kosak verschwand. Jemand wagte sich auf die Straße und trug mich nach Hause. Schließlich kam ein Arzt. Er hatte die Straßen gemieden und war durch die Gärten und Höfe gegangen. Die Wunde ging bis zum Knochen. Der Arzt verband sie. Es blieb eine Narbe, und als ich älter und größer wurde, wurde auch die Narbe größer.» Wiesenthal ist darüber nicht ärgerlich. Im Gegenteil: Für ihn ist die Narbe das erste Glied in einer Reihe von Beweisen, daß er seit langem durch eine unsichtbare Macht, die ihn für ihre Zwecke am Leben halten möchte, vor einem gewaltsamen Tod beschützt wird. Aber die von dem Ukrainer verursachte Narbe erinnert ihn auch daran, daß die Nazis nicht das Monopol für brutale Gewalt besaßen.

Dieser Vorfall geschah 1920, kurz bevor die Bolschewiki Wiesenthal «befreiten», als sie Buczacz einnahmen. Die neuen Besatzer waren weniger grausam als die Truppen Petljuras, aber sie machten wenig Unterschiede zwischen Juden und Nichtjuden. Abgesehen von der territorialen Eroberung war ihr Hauptziel die Mittelschicht, das Bürgertum. Zu dieser Kategorie gehörte Wiesenthals Mutter. Sie mußte nun die Schulgebäude saubermachen und ähnliche niedere Aufgaben übernehmen. Die Russen blieben ein halbes Jahr, und dann kamen die Polen zurück.

In dieser ganzen Zeit hielt Wiesenthals Mutter das Familienunternehmen am Laufen und begann sogar neue Unternehmungen. «Sie war eine Geschäftsfrau, und ich sah sie selten», sagt er traurig. 1923 wurde Wiesenthal im Alter von fünfzehn Jahren ins Gymnasium aufgenommen. Drei Viertel der Schüler dort waren Juden. In seiner Klasse war auch ein schönes Mädchen, das für eine Jüdin ungewöhnlich blond war. Sie hieß Cyla Müller. Simon und Cyla wurden Freunde, und sie wurde seine künftige Frau.

Das Jahr 1923 war für Wiesenthal auch in anderer Hinsicht ungewöhnlich, denn in diesem Jahr hatte sein Bruder einen schrecklichen

Unfall, der einige Monate später zu seinem Tode führte. Wiesenthal erinnert sich an seinen Bruder Hillel als ein Kind, das «lebendig, aber kein Draufgänger war. Eines Tages rannte er beim Spielen, stolperte und fiel aus einer Höhe von zehn Metern. Sein Rücken war gebrochen. Meine Mutter entschloß sich, ihn zu einem Kinderspezialisten nach Wien zu bringen, zu einem Professor Lorenz, und ließ mich mit meiner Großmutter in Buczacz zurück.»

In diesem kritischen Augenblick erschienen erneut die Bolschewiki in der Stadt. Die Verbindung zu Wien war abgebrochen. Sechs Monate lang hörte Wiesenthal nichts von seiner Mutter. Dann eroberten die Polen die Stadt zurück. Rosa konnte mit Hillel zurückkehren. Der Junge war gelähmt, und ihm konnte nicht mehr geholfen werden. Wenigstens sollte er in seiner heimatlichen Umgebung sterben können. Bevor das Jahr um war, war er tot.

Wiesenthal ist immer den Tränen nahe, wenn er von diesen Ereignissen spricht. Doch während er den Verlust seiner Mutter als irreparabel empfindet, weil sie kein Grab hat und daher keine Spur hinterließ, hat Wiesenthal bei seinem Bruder wenigstens den Trost, daß etwas von ihm geblieben ist: «Der Friedhof in Buczacz wurde während des Krieges entweiht, aber der Grabstein meines Bruders hat das überlebt. Ich habe ein Foto davon.»

In der Zwischenkriegszeit schrumpfte die Familie Wiesenthal noch weiter. Zuerst starb seine Großmutter, die er so innig geliebt hatte. Und Anfang 1926 heiratete seine Mutter erneut. Sein Stiefvater, der aus Wien kam, hatte eine Ziegelfabrik in Dolina, einem kleinen Landstädtchen im karpatischen Vorgebirge. Das bedeutete, daß Rosa aus Buczacz fortzog. Wiesenthal war damit einverstanden, in Dolina die Ferien zu verbringen, wollte aber nach Buczacz zurückkehren, um das Gymnasium zu beenden. Seine Mutter war einverstanden und sorgte dafür, daß er bei den Eltern von Cyla Müller unterkam.

Simon und Cyla waren beide gerade siebzehn Jahre alt. Sie sahen sich nun weitaus häufiger und gingen immer noch in dieselbe Schulklasse. Jiddisch war verboten, deshalb übten sie miteinander Polnisch, um sich auf ihren Abschluß vorzubereiten. «Cyla bestand die

Matura, aber ich fiel das erste Mal durch und mußte sie im folgenden Jahr, 1928, noch einmal wiederholen.» Als Cyla ihrem Mann zuhört, erklärt sie, daß er das erste Mal nicht deshalb durchfiel, weil er faul oder unfähig war, sondern weil er so oft die Schule schwänzte. Er blieb lieber zu Hause und konzentrierte sich auf seine Zeichnungen. Außerdem lernte er eifrig Klavier, aber er hatte niemals Zeit genug.

Wiesenthal kannte sich gut in der Kultur des Judentums und seinen Traditionen aus, und er sprach auch schon etwas Hebräisch. Er hatte es von den Rabbinern und von seiner Familie gelernt. Was jedoch seine Allgemeinbildung anbelangt, so meint er, daß er sie sich zum größten Teil selbst beigebracht hat. Er bezeichnet sich als ein «Kind der Straße», ist jedoch überzeugt, daß seine bedingungslose Hingabe an den Begriff von Gerechtigkeit und sein Widerstand gegen alle Verallgemeinerungen, was kriminelles Verhalten anbelangt, in der galizisch-jüdischen Kultur wurzelt.

Schon in ihrer Schulzeit waren sich Cyla und Simon so nahe, daß alle selbstverständlich annahmen, sie würden einmal heiraten. Aber die Familien sahen es auch als selbstverständlich an, daß Simon seine Studien beendet haben müsse, bevor sie heiraten könnten.

Welchen Beruf sollte er wählen? «Ich hatte schon immer gezeichnet. Ich wollte gern Kunst studieren, aber meine Mutter und mein Stiefvater bestanden darauf, daß ich etwas Praktisches studieren sollte. Durch meinen Stiefvater und seine Ziegelei wußte ich schon einiges vom Hausbau.» Die Kombination dieser beiden Faktoren führte zu dem Entschluß, Architektur zu studieren.

Aber wo? Lwów lag in der Nähe, und es gab dort entsprechende Ausbildungsmöglichkeiten. Es wäre am günstigsten gewesen, dort zu studieren – nur daß es in Lwów in dieser Zeit, als es zu Polen gehörte, Zulassungsbeschränkungen für Juden gab. Nur zehn Prozent der verfügbaren Studienplätze wurden an Juden vergeben. Und darüber hinaus standen ihnen nur bestimmte Fakultäten offen. Philosophie und Jura zu studieren, war unter Umständen möglich, aber die Fächer Architektur und Medizin waren Juden vollkommen verschlossen.

Wenn er Architektur studieren wollte, mußte er ins Ausland gehen. Prag mit seinen liberalen Ansichten nahm ihn auf. Sein erstes Semester verbrachte er an der Deutschen Technischen Hochschule. Der Unterricht war auf deutsch, was es ihm leicht machte.

Als er jedoch in den Ferien in Buczacz war, überzeugten ihn seine Freunde davon, daß es für ihn später schwierig werden könnte, seinen Beruf auszuüben, wenn er sein Diplom an einer deutschen und nicht an einer tschechischen Hochschule ablegte. Und es gab noch einen weiteren, zwingenderen Grund für den Wechsel zu einer tschechischen Hochschule: Hitler fing schon an, nach der Macht zu greifen. Wiesenthal erinnert sich: «Die Sudetendeutschen in der Tschechoslowakei waren regelrecht von ihm betäubt. Ich erinnere mich an den Tag, an dem Hitler eine große Rede hielt. Das war in Reichenberg, und die Sudetendeutschen öffneten alle ihre Fenster und stellten ihre Radios an, so laut sie konnten. Die ganze Stadt hallte von Hitlers Worten wider.» Wiesenthal erinnert sich auch an das Haus *Germania,* das nicht weit vom Wenzelsplatz in Prag entfernt lag: «Wir wurden gewarnt, nicht an dem Gebäude vorbeizugehen, weil es unter seinen studentischen Bewohnern viele gab, die Spaß daran hatten, Juden anzugreifen.»

Obwohl er diese Anzeichen für den beginnenden Nationalsozialismus nicht vergessen hat, haben sie nur kleine Narben in einer durch und durch glücklichen Zeit hinterlassen. Prags künstlerischer Reichtum überwältigte ihn mit seiner Schönheit und Vielfalt. Während seiner Kinderjahre in Wien war er noch zu jung gewesen, um die Architektur der Stadt oder einen Gang durch ihre Galerien zu schätzen. In Prag war er nun alt genug, um sie zu verstehen, und sorglos genug, um sich an ihren Darbietungen zu weiden. Aber die Wunder von Prag gingen noch tiefer. Hier in dieser Stadt schlüpfte Simon Wiesenthal aus seinem Kokon und fing an, seinen Horizont auf neue Bereiche außerhalb der engen Welt des galizischen Judentums zu erweitern.

Wiesenthal hatte niemals zuvor ein so unbeschränktes Leben geführt. Das Verhalten der Prager Polizei war eine Offenbarung. Verglichen mit allem, was er von zu Hause kannte, waren die Polizisten außerordentlich freundlich. «Können Sie verstehen, was es für einen Juden aus Polen bedeutete, einen Polizisten zu sehen, der nicht mehr als einen ziemlich harmlos aussehenden Gummiknüppel trug und nicht die Absicht hatte, Leute zusammenzuschlagen? ...

Das war eine neue Welt für mich. Es gab dort mehr als 30000 ausländische Studenten.» Das waren Juden und Nichtjuden; und unter den jüdischen Studenten sprachen die meisten als erste Sprache Deutsch oder Tschechisch und nicht Jiddisch. «Das Zusammenleben mit so einer gemischten Gruppe in den engen Unterkünften war eine vollkommen neue Erfahrung für mich. Und sie war belebend.» Er lernte die Bedeutung von Freiheit kennen, aber bei seinem Hintergrund blieb Freiheit immer mit Verantwortung verbunden.

Wiesenthal hatte den Chassidismus seiner galizischen Umgebung hinter sich gelassen, ebenso wie den alles durchdringenden, unterdrückenden Antisemitismus, den er immer gekannt hatte. Zum ersten und möglicherweise einzigen Mal in seinem Leben fühlte er eine Woge der persönlichen Befreiung, er konnte sich seiner Umgebung erfreuen und das tun, was ihm am meisten Spaß machte: lesen, Kunst und Architektur studieren, zeichnen und seiner Begabung zur Karikatur und dem humoristischen Schreiben freien Lauf lassen.

«Die Tschechische Technische Hochschule war für die Architektenausbildung besser ausgestattet als ihr deutsches Gegenstück. Wir zeichneten, malten und hatten Unterricht in der Bildhauerei. Einmal fuhren wir sogar nach Barandow, wo die tschechische Filmindustrie ihre Studios hatte, und wir arbeiteten an der Ausstattung eines Films. Das war alles wunderbar.»

Wiesenthal war ziemlich groß, sah gut aus und war vergnügt. Er hatte sein Talent, amüsante Geschichten im Gedächtnis zu behalten und zu erzählen, bereits entdeckt. Er war arm, aber er war auch beliebt, und er schloß dauerhafte Freundschaften. Noch in seinen Achtzigern lacht Wiesenthal, wenn er sich an die Geschichten erinnert, die er und seine Freunde sich während der Zugfahrten erzählten, wenn sie in den Ferien wieder nach Hause fuhren. Die Reise war lang, die Sitze waren hart, aber wenn sie bei ihrer Ankunft erschöpft waren, dann lag das vor allem daran, daß sie sich die ganze Fahrt über Witze erzählt hatten: «Achtzehn Stunden des Gelächters», sagte seine Mutter jedesmal, wenn sie ihn in Dolina begrüßte.

Wiesenthals Erinnerungen an die vier Studentenjahre in Prag sind in ein rosiges Licht getaucht, und er läßt absichtlich die Tatsache unerwähnt, daß viele der tschechischen und slowakischen Juden an einer akuten Identitätskrise litten und sich ihres Platzes in der posthabsburgischen Republik unsicher waren. Die kafkaeske Quälerei und Nabelschau über die Assimilation, von der so viele tschechische Juden ergriffen waren, hatte wenig Einfluß auf Wiesenthal, der sich seiner Identität sicher fühlte.

Eine Zeitlang hatte er sich von der zionistischen Leidenschaft einiger Studentenfreunde anstecken lassen. Wieder zurück in Buczacz schloß er sich dem HaShomer an, einer zionistischen Jugendorganisation. Aber die Gruppe erschien ihm zu linksradikal, obwohl er dem Konzept einer nationalen Heimat für die Juden verbunden blieb. HaShomer lehnte sich zu sehr an den Kommunismus an, meinte er. In Prag hatte er die Arbeiten Karl Marx' kennengelernt und entschieden, daß Marxismus nichts für ihn sei. Das erforderte nicht viel Nachdenken: «In Galizien hatten wir zu viele Erfahrungen aus erster Hand mit dem Kommunismus.» Abgesehen davon war er an einer Auswanderung nach Palästina nicht ernsthaft interessiert. «Ich hatte eine Liebste aus meiner Kindheit, meine zukünftige Frau. Sie mußte arbeiten, weil ihr Vater im Krieg gestorben und ihr Bruder ein Komponist, ein Träumer war. Wenn ich nach Palästina gegangen wäre, hätte ich sie zurücklassen müssen.»

Unter seinen neuen jüdischen Freunden in Prag waren auch Mitglieder der rechtsgerichteten Revisionisten. Das war eine Gruppe, die von Wladimir Jabotinsky gegründet worden war. Eine Zeitlang schloß sich Wiesenthal ihnen an. Ihr Ziel war die Emigration aller Juden aus Osteuropa und die Errichtung eines unabhängigen jüdischen Staates beidseitig des Jordans. Jabotinski verachtete die Juden aus dem Schtetl und trat für einen Kampf mit harten Bandagen ein, um eine moderne, säkulare jüdische Nation zu schaffen. Er betrieb eine Politik der Körperschaft und entfremdete sich von den linksgerichteten Zionisten.

Wiesenthal, dem die Militanz der Revisionisten immer ziemlich unbehaglich war, blieb zwei Jahre lang bei ihnen, aber er wurde immer unzufriedener. «Sie waren arrogant und benahmen sich, als ob sie ein Monopol auf die Wahrheit hätten.» Er verließ die Revisionisten ohne Schwierigkeiten, als sich die Prager Gruppe aufsplitterte. Nun wurde er zum Mitbegründer einer neuen Gruppe, der Judenstaatspartei, die einen moderaten Ansatz verfolgte. Er kam Wiesenthals Überzeugung – die sich schon damals herausgebildet hatte – näher, daß die Juden das Recht niemals in ihre eigenen Hände nehmen dürften, ganz gleich, wie sehr sie auch verfolgt würden.

Wiesenthal blieb bis 1939 ein Mitglied dieser Gruppe. Das war das letzte Mal, daß er einer politischen Gruppierung angehörte. Er behauptet, keine starken politischen Tendenzen zu haben und auch nicht heimlich die konservative Österreichische Volkspartei (ÖVP) unterstützt zu haben, nachdem er sich 1961 in Wien niedergelassen hatte. «Ich habe immer für Individuen gestimmt, nicht für politische Parteien.» Aber während er sagt, daß er sich in sozialen Fragen immer dem linken Teil des politischen Spektrums näher gefühlt hat, ist es doch offensichtlich, daß er sich seit seinen Prager Tagen bei der Politik rechts vom Zentrum wohler gefühlt hat.

Die Prager Idylle endete 1932. Er war vierundzwanzig Jahre alt. Er hatte das «Absolutorium» bestanden, aber er brauchte noch ein polnisches Diplom, um als vollständig qualifizierter Architekt arbeiten zu können. Er ging nach Polen zurück, jedoch nicht nach Buczacz, sondern nach Lwów. Die dortige Technische Universität war schließlich bereit, ihn als Studenten aufzunehmen – er wurde jedoch nur geduldet und ständig daran erinnert, daß Juden an der Universität nicht willkommen waren. Zur gleichen Zeit begann er, bei einer lokalen Baufirma zu arbeiten, und schnell erhielt er die Erlaubnis, Häuser für einige der wohlhabenderen Juden Lwóws zu entwerfen. Das ließ ihm wenig freie Zeit.

Obwohl dem so war und er sich der Anzeichen für die aus Deutschland kommende Gefahr durchaus bewußt war, gab er eine jüdische satirische Studentenzeitung heraus, den *Omnibus*. Sie nahm vor allem die Nazis und ihren Antisemitismus aufs Korn. Und sie segelte auch nah am Wind. Wiesenthals Pseudonym für Hitler war «Musso-Lenin». Er karikierte ihn in Zeichnungen und erinnert sich besonders an eine «Heil-Hitler»-Karikatur, die den Führer zeigte, wie er auf Juden herumtrampelte. Wiesenthal führt das als einen Beleg dafür an, daß er von Anfang an genau begriffen habe, daß Hitler umfassende Pläne für die Juden hatte. Eine andere Karikatur mit dem Titel «Die Welt hat Kopfschmerzen» zeigte den Kopf eines Mannes, der unsicher ein Hakenkreuz balancierte. Nach dem österreichischen «Anschluß» 1938 veröffentlichte der *Omnibus* eine Wiesenthal-Karikatur des Schönbrunner Palasts, auf dem ein Wort stand: «Konfisziert.» Diese Karikaturen wurden oft zensiert, und der *Omnibus* erschien dann mit leerem Titelblatt.

«Sie müssen das verstehen, ich hatte immer eine gute politische Antenne», sagt Wiesenthal. Der *Omnibus* mußte nach zwei Jahren wegen Geldmangels sein Erscheinen einstellen, aber einige der Karikaturen werden in der Polnischen Nationalbibliothek aufbewahrt.

Im September 1936 hatte Wiesenthal das Gefühl, daß er mit seinen Studien gut vorangekommen war und sich eine so gute berufliche Position aufgebaut hatte, daß er Cyla Müller heiraten konnte. Einige Tage vor der Hochzeit rief der leitende Architekt seiner Firma Wiesenthal in sein Büro. «Gestern war Jom Kippur, der Versöhnungstag, und jetzt sehe ich Sie Arm in Arm mit einer Schickse (einer nichtjüdischen Frau).» Wiesenthal lächelte und antwortete: «Das blonde Mädchen mit den graublauen Augen ist meine Braut.» Die Hochzeit am 9. September 1936 fand nicht in Buczacz, sondern in dem Haus eines Rabbiners in Lwów statt.

Lwów ist eine ansehnliche Stadt, typisch für die von den Habsburgern gebauten Provinzstädte. Eine Zeitlang lebte Wiesenthal in der Janowska-Straße, nicht weit entfernt von dem kleinen Bahnhof Kleparow, den die Deutschen später benutzten, um ihre Opfer – darunter

Wiesenthals Mutter – in das Vernichtungslager Belzec zu deportieren. Der Janowska-Distrikt wurde unter den Nazis berüchtigt, und zwei Jahre lang war dies der Ort von Wiesenthals Martyrium in der Kriegszeit. Am Ende der Straße bauten die Deutschen das Konzentrationslager Janowska, in das beide Wiesenthals kamen.

Doch auch das Glück der ersten Ehejahre wurde von der wachsenden Bedrohung durch den Nationalsozialismus und dem immer militanter werdenden Antisemitismus in Lwów überschattet. 1935 hatte Hitler-Deutschland die Nürnberger Gesetze erlassen, die Vorboten für die «Endlösung». Die Nürnberger Gesetze enthoben die Juden ihrer normalen Bürgerrechte, schlossen sie aus dem öffentlichen Dienst aus und verboten Ehen mit deutschen «Ariern». Die Gesetzgeber erklärten, daß «die Reinheit des deutschen Blutes eine Voraussetzung für das Weiterbestehen des deutschen Volkes» sei, und versprachen, daß sie von der «unerschütterlichen Bestimmung» erfüllt seien, «das Fortbestehen des deutschen Volkes für alle Zeiten» sicherzustellen. Ein Jahr später wurde den Juden das Stimmrecht entzogen, und sie mußten zusätzlich zu ihrem eigenen Vornamen entweder den Namen Israel oder Sarah annehmen.

In den Jahren vor dem Zweiten Weltkrieg gehörte Lwów zu Polen, und die deutschen Erlasse wurden – noch – nicht angewendet. Aber der Widerhall Nürnbergs fiel in Polen auf einen fruchtbaren Boden, und der Antisemitismus wurde stärker. Die Technische Universität, ein neoklassizistischer Bau in den Farben Terracotta und Gelb, lag in der Sapiehi-Straße. «Schicksalsstraße» wurde sie von den jüdischen Studenten genannt, die sich oft durch Straßensperren von antisemitischen Demonstranten schlagen mußten, die mit Stöcken bewaffnet waren, an deren Spitzen sie Rasierklingen befestigt hatten. Mitte der dreißiger Jahre bürgerte sich an den polnischen Universitäten die Praxis der sogenannten judenfreien Tage ein. Oft fanden sie in den Zeiten der Prüfungen statt, und sie dienten dem doppelten Zweck, jüdische Studenten von der Universität fernzuhalten und ihre Versuche, einen Abschluß zu erlangen, zu verzögern. Der akademische Lehrkörper, der zum überwiegenden Teil ebenfalls antisemitisch eingestellt war, unterstützte diese Kampagnen gegen jüdische Studenten offen.

In den jüdischen Gemeinden wuchs Wiesenthals Reputation als Architekt. Besonders seine Familie lobte ihn für den Entwurf einer großen Villa in Dolina, die sein Stiefvater 1937 bauen ließ. Wiesenthal meint, es sei ein sehr elegantes Haus geworden. Ihm gefällt der Gedanke, daß sich der Kommandant der Roten Armee in Dolina unter allen Häusern die von Wiesenthal entworfene Villa als Hauptquartier aussuchte. Die Villa überstand den Krieg, und seine Anwälte meinen, daß er sie wahrscheinlich zurückbekommen könne. «Aber», sagt er, «ich möchte nicht einmal wissen, wer da heute wohnt. Dieses Kapitel meines Lebens ist vorbei.»

Obwohl er ein gesuchter Architekt war, kam Wiesenthal – wegen der Diskriminierung von Juden an der Universität – mit seinem Diplom nur langsam voran. Erst Ende 1939 wurde ein Sanatorium für Tuberkulosekranke, das unter seiner Leitung gebaut worden war, als Beweis für seine akademische Befähigung anerkannt. Von nun an durfte er sich auch Bauingenieur nennen. Es war jedoch zu spät, um in seinem beruflichen Leben noch einen Unterschied zu machen, denn der Holocaust hatte ihn fast eingeholt. Doch der Titel hat ihm wenigstens in Österreich geholfen, wo Titel immer noch außerordentlich entscheidend für den sozialen Status sind. In Wien wird Wiesenthal gewöhnlich als «Herr Ingenieur» angesprochen, obwohl er niemals wieder als Architekt oder Ingenieur gearbeitet hat.

1939 unterzeichneten Hitler und Stalin den Nichtangriffspakt, der auch die Teilung Polens beschloß. Galizien, dessen Hauptstadt Lwów blieb, kam unter sowjetische Souveränität, so daß Wiesenthal Mitte September eine erneute «Befreiung» erlebte. Diesmal war es die Rote Armee, begleitet vom Geheimdienst NKDW, der sich der «bürgerlichen» jüdischen Händler, Ärzte, Rechtsanwälte und Lehrer annahm. Wiesenthals Stiefvater war unter den ersten, die verhaftet wurden, und starb bald darauf in einem sowjetischen Gefängnis. Auch sein Stiefbruder wurde verhaftet, blieb jedoch bis 1941 am Leben und wurde dann von den Russen während ihres Rückzugs vor der vorrückenden deutschen Armee erschossen.

Alle nicht verhafteten bürgerlichen Juden wurden in ihrem Status und in ihren Bewegungsmöglichkeiten stark eingeschränkt. Sie wurden offiziell zu Bürgern zweiter Klasse erklärt und mit Identitätskarten ausgestattet, die es ihnen verboten, in größeren Städten und weniger als 100 Kilometer von der Grenze entfernt zu leben. Nach dieser Verordnung hätte Wiesenthal Lwów verlassen müssen, aber er hatte ein gewisses Glück. Es gelang ihm, den NKWD-Beamten zu bestechen und für sich, seine Frau und seine verwitwete Mutter, die jetzt bei ihm lebte, reguläre Ausweise ohne Beschränkungen des Wohnorts zu bekommen. Nicht lange darauf wurden viele der Juden, die Ausweise zweiter Klasse bekommen hatten, nach Sibirien deportiert, wo viele von ihnen starben.

Das war die «Schwindel-Kriegszeit» für Simon Wiesenthal, in der er ein wenig Kontrolle über sein Leben zurückerhalten konnte – obwohl er schon ahnte, daß noch weitaus Schlimmeres folgen sollte. Es gelang ihm, noch oft genug zur Universität zu gehen, um seine Kurse zu beenden und den Abschluß des Bauingenieurs zu erhalten. Aber er konnte nicht länger in seinem «bürgerlichen» Beruf arbeiten und mußte sich damit zufriedengeben, als Arbeiter in einer Fabrik, die Federbetten herstellte, etwas Geld zu verdienen.

Ein Bericht des israelischen Geheimdienstes über Wiesenthal, geschrieben im Jahre 1952 und aufbewahrt in der Akte, die der CIC (der US-amerikanische Counterintelligence Corps) über ihn angelegt hat, behauptet, daß Wiesenthal lange Zeit in sowjetischen Händen gewesen sei, nachdem die Russen Lwów besetzt hatten. Der Bericht sagt:

«Wiesenthal wurde von den Sowjets in Obhut genommen und ins russische Inland gebracht. Nach mehreren Monaten in einem Arbeitslager wurde er als Ingenieur in einer Füllfederhalterfabrik in Odessa beschäftigt. Später rückte er in die Stellung des leitenden Ingenieurs auf. In einigen Fällen wurde er vom ukrainischen Industrieministerium als technischer Berater herangezogen.»

Wiesenthal sagt, das sei alles reine Erfindung.

Im Jahre 1952 hatte der israelische Geheimdienst noch nicht lange genug bestanden, um seine eindrucksvolle Fähigkeit, geheimdienstliche Informationen zu sammeln, entwickeln zu können. Viele seiner Berichte beruhten auf Gerüchten und waren oft unwissentlich von der Desinformationspolitik des kommunistischen Blocks beeinflußt. Die Quellen des israelischen Geheimdienstes, die den Fehler erkannt haben, betrachten ihren Wiesenthal-Bericht aus dem Jahre 1952 mittlerweile mit Vorbehalt. Seine Glaubwürdigkeit wird von der Zusammenfassung von Wiesenthals Tätigkeiten in der Zeit zwischen 1941 und 1945 noch weiter in Zweifel gezogen, in der die Israelis die meisten wesentlichen Dinge ausließen und ein äußerst verdrehtes Bild zeichneten. Der Bericht sagt: «Nach dem deutschen Einmarsch in Rußland schloß sich Wiesenthal den Partisanen an und wurde später zum Leutnant befördert. 1944 wurde er als Partisanenoffizier erkannt, von der deutschen Armee gefangengenommen und in einem Konzentrationslager inhaftiert, aus dem er 1945 von den Amerikanern befreit wurde.» All dies scheint aus einem Transkript der Befragung durch den CIC im Jahre 1948 destilliert zu sein, dessen Richtigkeit Wiesenthal bestreitet und den er als eine fast unmerkliche Verdrehung der wirklichen Tatsachen bezeichnet.

Wiesenthals eigener Bericht über seine Besuche in Odessa lautet vollkommen anders. Sein Chef in der Federbettenfabrik in Lwów sei ein Jude aus Odessa gewesen, der ihn mehrfach ans Schwarze Meer geschickt habe, um die architektonischen Pläne für den Neubau der Fabrik in Lwów auszuarbeiten. Er denkt gern an Odessa zurück und hat die Stadt als schön und pulsierend in Erinnerung behalten. Er sei nie von den Sowjets verhaftet worden oder in einem sowjetischen Arbeitslager gewesen. Und er sagt, daß alles, was er in der Sowjetunion gesehen habe, dazu geführt habe, daß seine «Aversion gegen den Kommunismus, wie er im Ostblock praktiziert wurde, nur noch von seiner Aversion gegen den Nazismus übertroffen» werden konnte.

Am 22. Juni 1941 marschierte Hitler in den sowjetisch besetzten Teil Polens ein. Vier Tage später riefen die Ukrainer noch einmal eine nationale Regierung in Galizien aus und schrieben an Hitler. Sie teilten ihm ihre Bewunderung mit und boten ihre Unterstützung an. Aber Hitlers Armee nahm darauf keine Rücksicht und stürmte weiter vorwärts. Die unabhängige Republik hielt nur drei Tage. Am 28. Juni marschierten die Wehrmacht und die SS in Lwów ein.

Die Marter begann.

VIER
Die Kriegsjahre – die Wunder des Überlebens

HOLOCAUST-ÜBERLEBENDE glauben an das Glück, an Wunder. Simon Wiesenthal tut das ganz sicher. Er wird niemals verstehen, wie es dazu kam, daß ihm sein Leben blieb, während alles um ihn herum nur aus unaussprechlicher Grausamkeit und sinnlosem Töten bestand. Er hat dafür keine Erklärung und erkennt darin keine andere Rechtfertigung. Aber wer oder was hat diese Wunder bewirkt? Was er als Kind von den Wunderrabbis Galiziens erfahren hatte, schien angesichts solcher Ungeheuerlichkeiten irrelevant. Natürlich gab es viele Opfer, deren Glaube unerschütterlich blieb und die in dem Glauben Trost fanden, daß sie ihre gerechte Belohnung im Himmel empfangen würden. Wiesenthal erlaubte sich den Luxus derart unerschütterlicher Gewißheiten nicht. Seine Zweifel drückten sich in dem Satz aus: «Gott muß während des Holocaust abwesend gewesen sein», der aus dem für ihn wichtigsten seiner Bücher stammt: *Die Sonnenblume*. Denn wäre Gott da gewesen, hätten dann nicht die Nazis geschlagen werden müssen, bevor sie die Maschinerie zur Ermordung von Millionen Männern, Frauen und Kindern hätten organisieren können?

Wunder ohne einen Gott, der sie vollbringen kann, gehören zu den Unwägbarkeiten, an denen Wiesenthal schon bei dem ersten Pogrom in Lwów 1941 zu leiden begann. Er, der sich selbst als einen «unbequemen Philosophen» bezeichnet, konnte das Dilemma niemals auflösen und zu einem seelischen Frieden gelangen. Daraus ergab sich für ihn ein weiterer Grund dafür, sein Leben den Opfern zu widmen, denjenigen, die das Wunder nicht erfahren hatten, das ihm das Überleben ermöglichte.

Die Erfahrung hat gezeigt, daß die meisten Überlebenden der Todeslager an einem Schuldgefühl leiden: Sie entkamen den Lagern, während so viele andere starben. Auch wenn es Wunder gibt, oder einfach nur Glück, so führt doch die bloße Tatsache des Überlebens dazu, daß sie sich fragen, ob sie nicht einen ihrer toten Kameraden irgendwie betrogen haben.

Die unablässige Suche nach Antworten auf diese bedrückenden Rätsel wird so lange dauern wie der Versuch der Menschheit, die Realität der Todesfabriken des Holocaust zu verstehen. Wiesenthal hat sich mit der Frage der Schuld oft beschäftigt. Er war schon immer ein Mensch, der die Dinge lieber tatkräftig anpackt, als nachzugrübeln. Doch obwohl er kein Intellektueller ist, offenbart sich in allen seinen Aktivitäten, und dazu gehören auch die vielen Bücher, die er geschrieben hat, die unaufhörliche Suche nach Antworten auf den systematisch organisierten Massenmord und die Frage, wie mit den Tätern umgegangen werden soll.

Viele Überlebende haben sich moralische Sicherheiten zurechtgelegt. Doch Wiesenthal, der Rache ausgeschlossen hat und auch in Frage stellt, ob die Seele durch Vergeben gereinigt werden kann, blieb mit einem Dilemma zurück, das er niemals befriedigend lösen konnte. Wem soll man die Schuld geben? Wie soll man für Gerechtigkeit und Bestrafung sorgen und mit Wiedergutmachung, Verantwortung, Rache, Mitleid und Vergebung umgehen?

Die Schrecken, die Wunder – und das unendliche Fragen – begannen für Wiesenthal an einem Sonntagnachmittag im Sommer, am 6. Juli 1941. Acht Tage zuvor hatten die Deutschen den Nichtangriffspakt mit der Sowjetunion gebrochen und waren auch in den sowjetisch kontrollierten Teil Polens einmarschiert. Während ihrer letzten Tage in Lwów hatten die Sowjets auf klassische Weise ihre Feindseligkeit gegenüber den Ukrainern entfaltet und 3000 Personen in ein Gefängnis des KGB getrieben und erschossen. Aber das trug nicht dazu bei, die Juden von den ukrainischen Peinigern zu befreien. Als die russischen Truppen davonliefen, erschienen die ersten deutschen Uniformen in Lwów. Ihre Träger waren ukrainische Hilfstruppen, Kollaborateure, die nach Deutschland geflohen waren, nachdem die Sowjetunion 1939 die westliche Ukraine annektiert und Galizien besetzt hatte. Die Ukrainer feierten diese neue «Befreiung» der galizischen Hauptstadt mit einem dreitägigen Pogrom. Mindestens 6000 Juden wurden getötet. Sie zwangen auch zwei Gruppen von jüdischen Schülern aus dem nahegelegenen jüdischen Gymnasium, die Leichen aus dem KGB-Gebäude zu holen und in der Straße aufzuschichten. Viele der jungen Juden wurden von Ukrainern getötet, die sie «bolschewistische Mörder» nannten und als Komplizen des KGB verleumdeten.

Hinter den Ukrainern war noch Schlimmeres auf dem Weg. Die Einsatzgruppen der SS unter dem Kommando von Reinhard Heydrich kamen in die Stadt. Sie hatten den Befehl, die bolschewistische Intelligenz hinzurichten. Damit meinten sie vor allem Juden. Sie besorgten sich die Namen und Adressen aus dem Telefonbuch, in dem auch Wiesenthals Name stand.

Die Erinnerung spielt manchmal auch unter normalen Umständen Streiche. Daher überrascht es nicht, daß das Trauma der Holocaust-Erfahrung die Störungen des Gedächtnisses vervielfacht. Einige Überlebende brauchten Jahre, bevor sie darüber sprechen konnten, was ihnen geschah; andere blieben stumm. Die Überlebenden waren nur selten konstant beim Erzählen ihrer Geschichten – und spätere Berichte waren manchmal genauer als die ersten. Einige Ereignisse haben vielleicht nicht so stattgefunden, wie die Erinnerung sie zeigt; einige mögen phantasiert sein, Parabeln der wirklichen Erfahrung.

Wiesenthal hat niemals Hemmungen gehabt, seine Kriegszeit-Saga zu erzählen. Im Gegenteil: sie ist ihm immer ein wirkungsvolles Mittel gewesen, die Erinnerung an den Holocaust lebendig zu erhalten – und er hat immer Ereignisse ausgewählt, von denen er glaubte, daß sie an das Unerklärbare, Wunderbare grenzten und die ihn unerbittlich in die Position stellten, sein Leben der Enthüllung der nationalsozialistischen Verbrechen und des Antisemitismus und dem Kampf gegen das Vergessen des Holocaust zu widmen. Aber wie bei anderen Überlebenden auch sind einige Aspekte der Geschichte in seiner Erinnerung gestört.

Vieles hat Wiesenthal im Verlauf der Zeit immer wieder erzählt. Gelegentliche Variationen überraschen daher nicht. Er spricht selten in der Öffentlichkeit, ohne die springenden Punkte mit einer Schilderung dessen zu illustrieren, was ihm während des Krieges widerfahren ist. Seine eigenen Bücher sind von Reminiszenzen durchzogen. Er hat Filmproduzenten dazu ermutigt, seine Erfahrungen im Krieg darzustellen, und selten Einwände erhoben, wenn ihnen die Szene zu dramatisch oder zu sentimental geriet.

Dem zum Skelett abgemagerten Wiesenthal, der sich 1945 seinen amerikanischen Befreiern offenbarte, fehlte sicherlich die Distanz und innere Ruhe, die folgenreichen Ereignisse seiner Kriegszeit-Odyssee in der Erinnerung aufzurufen. Wiesenthal begriff schnell, daß er sich Zeit lassen mußte, um zu einer wahrhaftigen Perspektive zu gelangen. Erst 1961, als er zum Eichmann-Prozeß nach Jerusalem kam, unternahm er einen ersten Versuch zu einem vollständigen Bericht. Für einen Oral-History-Bericht über seine Kriegsjahre arbeitete er mit Yad Vashem zusammen, dem israelischen Holocaust-Zentrum. Dieser Bericht enthält viele lebendige Einzelheiten, die Wiesenthal erst nach seinem Tode veröffentlicht sehen möchte. Wiesenthals Darlegungen wurden von Haim Maas, einem angesehenen israelischen Journalisten aufgenommen, der Wiesenthal später dazu überredete, über seine eigene Rolle bei der Jagd nach Adolf Eichmann zu schreiben. Maas, der sich an den Wiesenthal von 1960 erinnert, sprach von einem «phänomenalen Gedächtnis für Namen und Umstände, selbst Daten», und notierte, daß Wiesenthal in diesen Tagen «bescheidener und weniger egozentrisch schien als später, nachdem er berühmt geworden war».

In zwei halb-autobiographischen Büchern – *Doch die Mörder leben*, geschrieben zusammen mit Joseph Wechsberg, und *Recht, nicht Rache* zusammen mit Peter Michael Lingens – hat Wiesenthal die

Ereignisse der Kriegszeit beschrieben, die auf ihn den tiefsten Eindruck gemacht haben. 1994, im Alter von 84 Jahren bei der Entstehung dieser Biographie, beschrieb Wiesenthal noch einmal seine Erlebnisse in der Kriegszeit. Aber um die Geschichte zu ergänzen, wurden auch seine früheren Berichte verwendet, besonders seine Akte im Archiv von Yad Vashem.

Als Achtzigjähriger erinnert er sich immer noch lebhaft daran, wie knapp er dem Tode schon zu Anfang des Jahres 1941 entrann, als der erste Pogrom in Lwów tobte. Er hielt sich in dem Keller seines Hauses versteckt und spielte mit einem jüdischen Freund Schach. Ein ukrainischer Hilfspolizist fand sie und brachte sie in das Brigidki-Gefängnis. Im Hof waren schon etwa vierzig Juden, Rechtsanwälte, Lehrer, Ärzte – Angehörige der verhaßten Bourgeoisie. Sie wurden angewiesen, sich in einer Reihe an der Wand aufzustellen und ihre Arme im Nacken zu verschränken. Neben jedem stand eine Holzkiste. Dann begann die Erschießung; von der linken Seite angefangen wurde jedem Juden der Reihe nach in den Nacken geschossen. Nach jedem Schuß wurde eine Pause gemacht, der Körper in die Holzkiste geworfen und entfernt. Gerade als Wiesenthal an die Reihe kommen sollte, läuteten die Kirchenglocken.

Ein Ukrainer brüllte: «Genug. Die Abendmesse.» Und die Erschießungen wurden für diesen Tag beendet. Die zwanzig verbliebenen Juden wurden in zwei Zellen gebracht, man nahm ihnen die Schuhbänder und Gürtel ab, damit sie nicht Selbstmord begehen konnten. Wiesenthal döste ein und wurde plötzlich von dem Licht einer Taschenlampe und einer polnisch sprechenden Stimme geweckt, die erstaunt darüber war, daß er sich hier unter den Opfern befand, die am Morgen erschossen werden sollten. Es stellte sich heraus, daß die Stimme einem ukrainischen Bauarbeiter namens Bodnar gehörte, dem Wiesenthal einmal eine Wohnung in einem der von ihm gebauten Häuser hatte zukommen lassen. «Er war ein anständiger, ehrlicher Mann», erinnert sich Wiesenthal, und das bewies er auch in dieser Nacht. Der Mann bot Wiesenthal an, ihm und seinem Freund zur Flucht zu verhelfen. Er würde den Ukrainern sagen, daß er unter den Juden zwei russische Spione entdeckt hätte. Sie würden geschlagen werden, aber er war gewiß, daß sie dann seiner Obhut überlassen wären, um sie dem ukrainischen Armeekommissar zum Verhör bringen zu können. Die beiden wurden tatsächlich geschlagen. «Die Ukrainer rannten in die Zelle. Das Geräusch war so ähnlich wie bei einem Cowboy-Film, wenn die Rinder in wilder Flucht davonjagen.» Wiesenthal verlor zwei Vorderzähne. Aber Bodnar gelang es, ihn und seinen Freund aus dem Gefängnis zu holen. Und nach einer langen abenteuerlichen Nacht auf den Straßen und im Büro des Kommissars, in der ihr Leben an einem dünnen Faden gehangen hatte, schafften es beide Juden, kühn und wagemutig genug zu sein, um schließlich wieder nach Hause zu gelangen.

Doch lange dauerte der Aufschub nicht. Eine Woche später wurde Wiesenthal wieder gefangengenommen – diesmal nicht, um sofort erschossen zu werden, sondern um Zwangsarbeit für die Besatzungsmacht zu verrichten. Er wurde den OAW – den Ostbahn-Ausbesserungswerken – zugeteilt, aber während er dort arbeitete, durfte er abends nach Hause zurückkehren, erschöpft von dem Schleppen schwerer, scharfkantiger Panzerplatten und Sauerstoffflaschen. Sie arbeiteten ohne Pause, und die deutschen Soldaten machten kurzen Prozeß mit jedem, der vor Erschöpfung zusammenbrach. Wiesenthal hatte Glück – es gab eine freie Stelle für Schildermaler. Er gab sich viel Mühe, genommen zu werden, und hatte Erfolg.

Aber die allgemeine Situation der Juden verschlechterte sich rapide. Die Deutschen befahlen den Juden, die Gegend um die Zamarstynowska-Straße einzuzäunen. Das sollte das Ghetto werden, wo dann alle Juden hinziehen mußten. Die drei Wiesenthals waren zu Hause, als ein SS-Mann zusammen mit einer Prostituierten zur Besichtigung ihres Heims kamen. Die Wohnung gefiel ihr. Die Wiesenthals hatten eine Stunde, um ins Ghetto zu ziehen. Sie durften nur das mitnehmen, was sie tragen konnten. Im Ghetto teilten sie sich die Räume in Block 2 mit einer anderen Familie namens Segel.

Das Leben wurde ein täglicher Kampf ums Überleben. Doch Wiesenthal und seine Leidensgenossen im Ghetto von Lwów hatten immer noch keine wirkliche Ahnung von dem ungeheuerlich Bösen, das die Nazis entfesseln wollten. Ihre Welt war drastisch zusammengeschrumpft. Es dauerte bis 1943, bis sie sicher wußten, daß Belzec, das Lager, in das auch Wiesenthals Mutter gebracht worden war, ein Vernichtungslager mit Gaskammern und Krematorien war. Und auch dann noch begriffen sie nicht, daß Belzec nur eine von Hunderten ähnlicher Tötungseinrichtungen war. Es war ihnen nicht bewußt, daß Generalfeldmarschall Hermann Göring am 31. Juli 1941 eine Vollmacht unterzeichnet hatte, die den SS-Führer Reinhard Heydrich mit der «Endlösung» der Judenfrage beauftragte. Heydrich sollte – so schnell wie möglich – «alle erforderlichen Vorbereitungen in organisatorischer, sachlicher und materieller Hinsicht treffen». Hitler wollte, daß alle Juden Europas getötet wurden.

Die Nazis begriffen, daß es viel zu lange dauern würde, wenn sie alle Opfer einzeln töteten, und daß sie eine industrielle Methode benötigten. Am 3. September 1941 wurden die ersten Experimente mit Zyklon B in Auschwitz durchgeführt. Mehrere hundert sowjetische Kriegsgefangene wurden dabei getötet. Auschwitz war der Hauptschauplatz der «Endlösung». Dort bestand schon ein Konzentrationslager, um Siemens, IG Farben und andere Unternehmen, die an der Kriegsproduktion beteiligt waren, mit Arbeitssklaven zu versorgen. Ein Vernichtungslager war die logische Ergänzung – wegen der ausgezeichneten Eisenbahnverbindungen nach Ost- und Mitteleuropa, wo die Juden bereits zusammengetrieben wurden.

Heydrich brauchte weniger als fünf Monate, um einen detaillierten Plan für die Errichtung von Vernichtungslagern und der Infrastruktur vorzulegen, die nötig waren, um Millionen zu töten und Deutschland den Ariern zu sichern. Am 20. Januar 1942 arbeiteten Hitlers Lakaien am Wannsee in Berlin aus, wie das Todesurteil für die europäischen Juden ausgeführt werden sollte. Adolf Eichmann, der bei der Wannsee-Konferenz Aufzeichnungen machte und enger Mitarbeiter Heydrichs war, wurde die Aufgabe übertragen, sich eine möglichst kostengünstige Maschinerie für die Auslöschung der europäischen Juden in Deutschland und in den von Deutschland besetzten Gebieten auszudenken. Der Bau der Todeslager sollte beschleunigt werden. Chelmno arbeitete bereits. Belzec war im März fertig. Sobibor und Treblinka folgten kurz darauf. Auschwitz wurde vergrößert.

Konzentrationslager gab es schon seit Mitte der dreißiger Jahre. Die Insassen mußten Zwangsarbeit verrichten. Sie bekamen so wenig zu essen, daß nur wenige länger als drei oder vier Monate überlebten, und viele wurden willkürlich getötet. Schon 1940 wußten die westlichen Regierungen von der Existenz dieser Lager, und Winston Churchill erklärte 1941, daß die «Vergeltung für diese Verbrechen zu den wichtigsten Kriegszielen gehören» müsse.

Doch die unstrittige Bestätigung des Vorhabens, alle europäischen Juden zu töten und zu diesem Zweck die Vernichtungslager zu errichten, erreichte die Außenwelt im August 1942. Gerhart Riegner, der in Genf stationierte Vertreter des WJC, hatte nach London gemeldet, daß er «einen alarmierenden Bericht» erhalten habe. Im Hauptquartier des Führers sei ein Plan besprochen worden, so schrieb Riegner,

> «nach dem alle Juden in den von Deutschland besetzten oder kontrollierten Ländern, insgesamt dreieinhalb bis vier Millionen an der Zahl, nach ihrer Deportation und Konzentration im Osten auf einen Schlag vernichtet werden sollten, um ein für alle Mal die jüdische Frage in Europa zu lösen. Die Aktion ist nach diesem Bericht für den Herbst geplant. Die Wege der Hinrichtung werden noch diskutiert – gesichert ist schon der Einsatz von Blausäure.»

Riegner fügte hinzu, daß er die Genauigkeit dieses Berichts nicht bestätigen könne, er wies aber darauf hin, daß sein Informant Verbindungen zu den höchsten deutschen Behörden habe. Tatsächlich war der Bau der Todeslager viel weiter fortgeschritten, als Riegner annahm, und die Juden wurden bereits in Massen in die Gaskammern geschickt. Doch sowohl die US-amerikanische als auch die britische Regierung blieben skeptisch. Riegners Appelle an den Vatikan, sich gegen die Endlösung auszusprechen, trafen auf taube Ohren. Jan Kozielewski, der in London für die polnische Exilregierung arbeitete, schmuggelte sich in das Warschauer Ghetto und in ein Konzentrationslager. Aber selbst diese Berichte aus erster Hand überzeugten nicht. Sie gingen weit über die Normen der Brutalität hinaus, so daß selbst Felix Frankfurter, der Richter am Obersten Gerichtshof der USA, auf Kozielewski mit der Bemerkung reagierte: «Ich kann Ihnen nicht glauben.»

Im November 1942 übergab Sidney Silverman, ein Abgeordneter der Labour-Partei und Jude, dem Außenministerium in London einen Bericht mit Einzelheiten über Auschwitz und wenigstens drei weitere Todeslager. Aber (Sir) Frank Roberts, damals noch ein Diplomat mittleren Ranges, empfahl der Regierung, sich nicht einzumischen. Er fürchtete, daß die öffentliche Verurteilung «Herrn Hitler irritieren» könne, «der bezüglich der britischen Kriegsgefangenen in einer schwierigen Stimmung» sei. Und dazu kam eine weitere Überlegung: Großbritannien wollte die jüdische Auswanderung nach Palästina begrenzen. Wenn die Regierung anerkannt hätte, daß die europäischen Juden sich in einer derartigen Lage befanden und alle ermordet werden sollten, dann hätte sie ihre Bestimmungen für die Einwanderung nach Palästina lockern müssen. Die US-amerikanische Regierung beschäftigte sich intern mit der Frage, zögerte aber, sich öffentlich dazu zu äußern.

Diese Vogel-Strauß-Politik wurde schnell unhaltbar. Der WJC mit Sitz in New York hatte ein detailliertes Dossier zusammengestellt, das bewies, daß in Deutschland ein Vernichtungsplan bestand. Im Dezember veröffentlichte Churchill schließlich mit Billigung der Vereinigten Staaten und der sowjetischen Regierung eine dramatische Erklärung:

> «Juden werden unter entsetzlich brutalen und schrecklichen Umständen nach Osteuropa transportiert. In Polen, schon seit langem das Hauptschlachthaus der Nazis, werden die von den deutschen Besatzern eingerichteten Ghettos systematisch von allen Juden geräumt, mit Ausnahme von wenigen hochausgebildeten Facharbeitern, die für die Kriegsindustrien benötigt werden. Die Arbeitsfähigen arbeiten sich langsam in den Lagern zu Tode. Die Arbeitsunfähigen erfrieren, verhungern oder werden vorsätzlich bei Massenexekutionen hingerichtet. ... Die Regierung verurteilt diese bestialische Politik der Massenvernichtung mit dem stärkstmöglichen politischen Ausdruck.»

Doch die Alliierten weigerten sich immer noch, den Bitten derjenigen nachzukommen, die nach mehr als einer verbalen Verurteilung riefen und vorschlugen, daß die Lager vorsichtig bombardiert werden sollten. Statt dessen ging das Töten weiter. Es wurde sogar beschleunigt, und als der Krieg sich seinem Ende näherte, wurden viele Vernichtungslager schrittweise aufgelöst, damit die vorrückenden alliierten Armeen keinen Beweis in den Händen hielten.

Ungefähr zwei Monate, nachdem Göring den Erlaß zur «Endlösung» unterzeichnet hatte, holte die SS Simon und Cyla Wiesenthal und brachte sie in das Konzentrationslager Janowska in den westlichen Vororten von Lwów. Sie wurden getrennt in den jeweiligen Abteilungen für Männer und Frauen untergebracht. Ihre Essensrationen waren minimal; die Baracken überfüllt. Die Wärter schossen regelmäßig aufs Geratewohl auf die Gefangenen und töteten willkürlich viele von ihnen. Das Lager wurde vergrößert, und die Insassen mußten Steine brechen und schleppen. Sie mußten auch große Gruben in den Sandhügeln ausheben, in die die wachsende Zahl von Leichen geworfen wurde. Die Reste von mindestens 140000 Leichen wurden 1943 von einem Häftlings-Sonderkommando «Blobel» ausgegraben, das dann große Scheiterhaufen errichten mußte, um die Skelette zu verbrennen. (Nach dem Krieg benutzten die Sowjets das Lager Janowska als Gefängnis für überführte Verbrecher, und eine der Gruben wurde zu einem Trainingsplatz für Spürhunde.)

Die Wiesenthals kamen im Oktober 1941 ins Lager Janowska. Wiesenthal zählte zu den ersten Insassen, und er bekam die Nummer 504. Nach wenigen Wochen geschah ein Mini-Wunder. Sie wurden in ein kleines Arbeitslager überstellt, das von den wichtigen OAW-Eisenbahnwerken errichtet worden war. Dort gab es Platz für 300 Gefangene. Sie wurden gebraucht, um die normalen polnischen Arbeitskräfte bei den Bahnreparaturen zu unterstützen. Die für diese Ausbesserungswerke zuständigen Deutschen hielten es offenbar für Verschwendung, die ihnen aus dem Janowska-Lager zugeteilten Häftlinge täglich von neuem anzulernen, nur um dann feststellen zu müssen, daß viele von ihnen kurz darauf ausfielen, weil sie entweder erschossen oder zusammengeschlagen worden waren oder vor Hunger starben. Dadurch, daß sie ihre Häftlinge bei sich unterbrachten, konnte die Arbeit besser organisiert werden.

Cylas Arbeit bestand darin, Messing und Nickel zu polieren. Simon behielt seine Arbeit als Schildermaler. Das Lager war nicht groß, die Atmosphäre entspannter. Die Verantwortlichen erwiesen sich als unerwartet anständig und versuchten, ihre Häftlinge vor dem langen Arm des Kommandanten des Janowska-Lagers zu schützen.

Daß Wiesenthal den Begriff der Kollektivschuld immer so eisern abgelehnt hat, beruht zu einem großen Teil auf den Erfahrungen in dieser Zeit im Eisenbahnlager und auf seinem Verhältnis zu den Nazis, die das Ausbesserungswerk leiteten. Ihr Verhalten gegenüber den Häftlingen, und besonders gegenüber ihm und seiner Frau, hat ihn immer daran erinnert, daß alle Menschen, auch Nazis, als Individuen beurteilt werden müssen. Das Sprichwort, daß die Ausnahme die Regel bestätige und daß individuelle Güte kein Argument gegen die These von der Kollektivschuld sei, läßt er nicht gelten.

In diesem OAW-Arbeitslager gab es keine SS-Wärter, nur Eisenbahnwärter. Wiesenthal sah Cyla beinahe täglich. Hin und wieder – und das heißt, bis seine Mutter im August nach Belzec deportiert wurde – durften sie die Nacht bei seiner Mutter im Ghetto verbringen.

Wiesenthal erzählt die Geschichte weiter, und so unwahrscheinlich einige Aspekte von Wiesenthals Erfahrung bei den OAW auch zu sein scheinen, so hat doch ein deutscher Rechtsanwalt, der die Kriegsbedingungen dort untersucht hat, bestätigt, daß es keinen Grund gibt, Wiesenthals Bericht anzuzweifeln. Bei den OAW gab es viele von den Russen erbeutete Lokomotiven. Wiesenthal beschreibt nun, wie er als Schildermaler «die sowjetischen Insignien durch das Hakenkreuz ersetzen mußte – wir nannten es ‹Pleitegeier›. Nach einer Weile wurde das Schildermalen so sehr zur Routine, daß ich die Hakenkreuze malen konnte, ohne sie vorher überhaupt zu markieren. Eines Tages kam der Leiter der Ausbesserungswerke Heinrich Günthert vorbei und schaute mir bei der Arbeit zu. Er fragte mich nach meiner Ausbildung. Da ich wußte, daß bei den Nazis alle jüdischen Intellektuellen ganz oben auf der Liste standen, sagte ich, daß ich keine besondere Ausbildung hätte.

Aber ein polnischer Arbeiter, der das nicht gehört hatte, erzählte ihm, ich sei ein bekannter Architekt aus Lwów. Günthert beschuldigte mich der Lüge – das war eine strafbare Beleidigung – und befahl mich in sein Büro.

Er wollte nun zum zweiten Mal wissen, warum ich über meine Ausbildung gelogen hätte. Ich fragte ihn, ob er die Wahrheit oder eine Entschuldigung hören wollte. ‹Erzähl mir die Wahrheit.› So erzählte ich ihm, daß ich Architekt sei, aber da die Intelligenz immerzu bedroht sei, hätte ich ihm meine Qualifikation verschwiegen. Günthert ging auf und ab. Dann rief er Adolf Kohlrautz, seinen Stellvertreter. Sie beschlossen, mich von nun an als technischen Zeichner einzusetzen, und brachten mich in einen großen Saal, in dem etwa zwanzig polnische und deutsche Ingenieure daran arbeiteten, das Eisenbahnwerk zu vergrößern. Das war 1942, und die Deutschen nahmen an, daß die Besetzung Polens bis in alle Ewigkeit dauern würde. Kohlrautz erklärte mir, was getan werden mußte, und dann ging ich an die Arbeit.

Am nächsten Morgen wartete Kohlrautz am Tor auf mich und sagte: ‹Diese verdammten Polen. Gestern abend haben sie uns eine Delegation geschickt, die dagegen protestierte, daß sie mit einem Juden im selben Raum arbeiten müßten. Ich muß Sie irgendwo anders unterbringen.› Das tat er. Er brachte mich zu einer kleinen Baracke, installierte ein Telefon und sagte, daß ich dort auch schlafen könne, statt ins Lager zurückzugehen. Jeden Morgen brachte er mir die Anweisungen für meine Zeichnungen, und am Ende des Tages holte er die Arbeit ab. Cyla durfte auch zu mir kommen und brauchte nicht länger in den Frauenbaracken zu schlafen.»

Wiesenthals Yad-Vashem-Erinnerungen enthalten die lebendigste Schilderung dieser Zeit bei den OAW. Dort beschreibt er, wie er zu einem stillschweigenden Einverständnis mit Kohlrautz gelangte: Er zeichnete alle Pläne, und Kohlrautz unterschrieb sie. Wiesenthal wurde für den Deutschen unverzichtbar, und umgekehrt genoß er Kohlrautz' Schutz. Bevor Wiesenthals Mutter deportiert wurde, ging Kohlrautz sogar manchmal ins Ghetto, um ihr etwas zu essen zu bringen.

«Ich hatte lange Unterhaltungen mit Kohlrautz. Er war ein Mitglied der SA, aber nicht der SS. Es war zwischen uns beiden irgendwie so ein Abkommen geschlossen ohne Worte. Eines Tages sprach er von seinen Bedenken, daß die verschiedenen Baugesellschaften in den Eisenbahnwerken die deutschen Arbeitgeber betrogen. Er wollte, daß ich die Rechnungen überprüfte. So konnte ich dann frei in den ganzen Werken umhergehen.»

Wiesenthal hatte Zugang zu allen Archiven und geheimen Plänen der strategisch wichtigen OAW. Er konnte direkt mit den polnischen Arbeitern verhandeln und dadurch herausfinden, wer für den polnischen Untergrund arbeitete, und Kontakt zu ihnen aufnehmen. Sie gehörten zu der nichtkommunistischen AK (Armija Krajowa), der Heimatarmee, die unter der Kontrolle der polnischen Exilregierung in London stand. Er übergab ihnen detaillierte Pläne, die es ihnen ermöglichten, wichtige Eisenbahnpunkte zu sprengen. Als Gegenleistung erwartete er, daß sie seine Frau aus dem Lager und in Sicherheit brachten.

Das war Anfang 1943. Bei Cylas blondem Haar und ihren graublauen Augen würde niemand annehmen, daß sie Jüdin sei. Die Partisanen gingen nur ein geringes Risiko ein, wenn sie sie aus dem Lager herausbrachten und eine Unterkunft für sie suchten. Schon bald bot einer der Bauunternehmer ihm an, sie herauszuschmuggeln und zu seinen Freunden nach Lublin zu bringen. Sie würden sich um sie kümmern.

In den Yad-Vashem-Erinnerungen geht es so weiter:

«Nun sagte ich zu Kohlrautz, ich möchte, daß Sie etwas für mich tun. Ich möchte, daß Sie meine Frau retten. Er antwortete mir, daß ich eine von den Kennkarten nehmen solle, die normalerweise den polnischen Arbeitern ausgestellt wurden. ‹Schreiben Sie irgendeinen Namen, der Ihnen einfällt. Da Sie meine Unterschrift gut kennen, wird es Ihnen nicht schwerfallen, sie einzuschreiben.› So kam ich dazu, der Cyla einen Ausweis zu verschaffen. Auf diesem Werk war eine Baufirma aus Lublin tätig, und die kam mit mir oft in Verbindung; wahrscheinlich war der Chef der Firma auch bei der polnischen Untergrundbewegung. Auf alle Fälle, er hat eines Tages meine Frau mitgenommen und hat sie bei sich als seine Schwester angemeldet. Für eine gewisse Zeit zumindest war sie in Sicherheit.»

Jahre später, als Wiesenthal von der kommunistischen Regierung Polens angegriffen wurde, erschien der Enkelsohn von Cylas Rettern in seinem Büro in Wien. Er wollte ihn wissen lassen, daß seine Großmutter, die immer noch lebte, niemals die wenigen Monate des Jahres 1943 vergessen hatte, als Cyla bei der Familie unterkam. Es war gut, daran erinnert zu werden, daß es immer Polen gegeben hatte, die bereit waren, für Juden ein Risiko einzugehen.

Es war nicht die Schuld der Familie, daß Cyla nicht mehr länger in Lublin bleiben konnte. Eines Tages im Juni 1943 rief einer der Eisenbahnwärter Wiesenthal an den Zaun des Werks:

«Die Wärter achteten mich, weil sie sahen, daß alle hochgestellten Leute zu mir in mein Büro kamen. Meine Frau stand vor dem Zaun. Sie erzählte mir, was passiert war: daß sie aus Lublin hatte fliehen müssen, weil die Gestapo alle zusammentrieb, die nicht in der Stadt registriert waren. Cyla hatte gesagt, sie sei die Frau eines polnischen Offiziers, der von den Russen gefangengehalten wurde. Sie begriff, daß sie die SS mit ihrer Geschichte nicht würde überzeugen können, und sie wußte auch, daß die Frauen, die die SS vor ihr mitgenommen hatte, direkt ins Konzentrationslager Majdanek gekommen waren. Deshalb entschloß sie sich, wieder nach Lwów zu kommen. Die letzten beiden Nächte hatte sie bei der Aufseherin der Damentoilette des Bahnhofs verbracht.»

Zum zweiten Mal bat Wiesenthal seine Kontaktleute zum polnischen Untergrund, seine Frau in Sicherheit zu bringen:

«Eine Stunde später kamen sie zurück und erzählten mir, daß meine Frau einen bestimmten Zug nach Warschau nehmen solle. In einer Ecke der Ankunftshalle würde sie eine Kontaktfrau finden, die ihr falsche Papiere und eine Unterkunft verschaffen würde. Es geschah alles so, wie die Partisanen es versprochen hatten. Sie nahm den Namen Irena Kowalska an, schlief in einer Küche, in der auch die Kaninchen gehalten wurden. Die Zerstörung des Warschauer Ghettos hatte im April 1943 begonnen, und als Cyla im Juni des Jahres in der Stadt ankam, jagten die Nazis immer noch nach Juden. Einmal wurde sie verhört, aber sie ließen sie laufen. Niemand durfte ihre jüdische Identität kennen; nicht einmal die andere Jüdin, die sich am selben Ort versteckt hielt. Sie war die Ehefrau des polnischen Dichters Jerzy Lec. Cyla fand eine Arbeit in einer Radiofabrik.»

Einige Wochen, nachdem Cyla in Warschau angekommen war, konnten sie und ihr Mann auch miteinander kommunizieren – und nicht nur durch die Freundlichkeit des polnischen Untergrunds. Wiesenthal genoß so viel Freiheit, daß er sie vom Telefon seines Büros aus anrufen konnte. Nachdem er dann geflohen war, verloren sie den

Kontakt zueinander, und er war überzeugt davon, daß sie tot sei – 1944 getötet beim Warschauer Aufstand, als die Straße, in der sie wohnte, während der Kämpfe gesprengt wurde. Das hatte er inzwischen erfahren. Aber die Deutschen hatten Cyla, nicht wissend, daß sie Jüdin war, zusammen mit anderen polnischen Frauen aus Warschau in eine Fabrik nach Solingen verschleppt, wo Maschinengewehre hergestellt wurden. Dort blieb sie bis 1945.

Wiesenthal erfuhr vom Überleben seiner Frau erst einige Monate nach Ende des Krieges. Ihre Wiedervereinigung war eines der großen Wunder ihres Lebens. Aber damit es geschehen konnte, waren noch viele Wunder vonnöten. Wiesenthal entkam dem Tod viele weitere Male. Er war der größten Brutalität der Nazis ausgesetzt, und doch gab es auch Deutsche, deren Handlungen ihn davon überzeugten, daß es falsch ist, jeden Nazi mit dem Quast der Kollektivschuld zu teeren.

In dem Maße, in dem der Holocaust an Triebkraft gewann, erscheint Wiesenthals Errettung vom Tode wunderbarer, und oft kam Hilfe aus dem Lager der Nazis, von denen er sie am wenigsten erwartet hätte. Hitlers 54. Geburtstag, der 20. April 1943, war eins dieser Geschehnisse. Cyla hatte das Lager bereits verlassen, und Wiesenthal glaubte sie sicher in Lublin. Die Deutschen in den OAW wollten eine große Geburtstagsfeier für den Führer veranstalten, und Wiesenthal, der zeitweilig wieder damit beschäftigt war, Nazi-Embleme zu malen, machte die Plakate für die Feier. Plötzlich kam ein SS-Offizier und verlangte, daß Wiesenthal und zwei weitere Juden in das Konzentrationslager Janowska gebracht wurden. Achtunddreißig jüdische Männer und acht jüdische Frauen wurden in dem Lager zusammengetrieben und zu dem «Schlauch» gebracht, einem schmalen Korridor, der zu den Sandhügeln führte, wo die SS ihre Opfer erschoß. Die Leichen wurden dann mit Sand bedeckt, und auf diese Weise schuf die SS Schichten von Skeletten. Alle mußten sich ausziehen und standen in einer Reihe. Wiesenthal dachte an das erste Mal, als er erschossen werden sollte – den Tag im Jahre 1941, als die Nazis in Lwów einmarschiert waren. Damals hatte ihn eine freundliche Hand gerettet, aber nun hatte er keine Hoffnung mehr.

Wiesenthal war überzeugt, nun sterben zu müssen. Die toten Körper fielen bereits. Bald sollte er an die Reihe kommen. Plötzlich entstand eine Aufregung. Sein Name wurde gerufen. Nackt, wie er war, mußte er stramm stehen. Er hörte, wie ein SS-Offizier dem Schützen befahl, mit der Erschießung der anderen weiterzumachen, aber Wiesenthal gehen zu lassen, weil er anderswo gebraucht würde.

Der Überlebensinstinkt in den Lagern war so groß, daß Wiesenthal wie die meisten anderen Insassen keine Gewissensbisse empfand, als er die anderen zurückließ. Die Gewissensbisse scheinen erst später gekommen zu sein, als er diese Begebenheit 1961 in seinem Oral-History-Bericht für Yad Vashem erzählte. Als er später eine umfassendere Sicht der Kriegszeit gewonnen hatte, konnte er wieder darüber sprechen und schreiben. Er erinnerte sich daran, wie ihm an diesem Apriltag erlaubt wurde, seine Kleider wieder anzuziehen, und er zurück zu den Eisenbahnwerken gebracht wurde, wo Kohlrautz auf ihn wartete. «Wir brauchen ihn, um die Plakate für Hitlers Geburtstag fertig zu malen», hatte Kohlrautz zu dem SS-Offizier gesagt. Wiesenthal wurde angewiesen, ein übergroßes Poster mit einem Hakenkreuz und der Inschrift «Wir danken unserem Führer» anzufertigen. Dies war das erste und einzige Mal, daß Wiesenthal eine winzige Spur von Dankbarkeit gegenüber Hitler empfand.

Wieder zurück in der größeren Sicherheit der Eisenbahnwerke, arbeitete Wiesenthal noch enger mit den Menschen der Untergrundbewegung zusammen. Er verdiente jetzt beträchtlich an den Bestechungsgeldern, die ihm die Baufirmen dafür zahlten, daß er seinen Einfluß bei Kohlrautz geltend machte, damit sie die Aufträge bekamen. In seinen Yad-Vashem-Erinnerungen beschreibt Wiesenthal das sehr offen: Wie er das Geld dazu verwandte, sich um einen kleinen Jungen, Olek, zu kümmern, den der Untergrund ihm eines Tages gebracht hatte, und wie er damit zwei oder drei Familien im Ghetto half. Er beschreibt auch, wie er sein Telefon dazu benutzte, um die Untergrundkontakte im Ghetto und anderswo anzurufen, und wie es ihm sogar gelang, einige Waffen in das Janowska-Lager zu schmuggeln, wo sie in den Baracken versteckt wurden, in denen das Orchester untergebracht war. Für sich selbst organisierte er zwei Revolver, die er in seinem Schreibtisch versteckte.

Verglichen mit seinen Mitgefangenen genoß Wiesenthal große Privilegien. Aber sie waren nicht von langer Dauer. Die Bauunternehmer bestachen ihn mit Geld und Nahrungsmitteln, und daher war er gut genährt. Er hatte Geld und damit auch etwas Macht, und weil er über beides verfügte, hatte er auch Einfluß. Aber er hätte niemals gedacht, daß die Kommunisten das später dazu verwenden würden, um ihn der Kollaboration mit der Gestapo zu beschuldigen, und, schlimmer noch, daß der österreichische Kanzler Bruno Kreisky diese schwarze Propaganda aufgreifen und ihm ähnliches zur Last legen würde.

Kohlrautz bewies seine Fürsorge für Wiesenthal noch ein weiteres Mal. Im September 1943 wurde Kohlrautz gesagt, daß die Eisenbahnwerke demnächst mit jüdischen Zwangsarbeitern betrieben werden müßten. Die Juden sollten zurück ins Konzentrationslager kommen und wieder täglich zur Arbeit in die OAW gebracht werden. «Worauf warten Sie noch?» fragte Kohlrautz und deutete damit an, daß er bereit war, ihn fliehen zu lassen.

Seit den Ereignissen an Hitlers Geburtstag hatte Wiesenthal den Eindruck, daß er nur bei den Eisenbahnwerken die Möglichkeit haben würde zu fliehen. Nun lud ihn Kohlrautz praktisch dazu ein. Und er tat es. Er hatte bereits Verbindung zu den Partisanen des Untergrunds. Er würde eine Unterkunft brauchen. Deshalb fragte er ein junges polnisches Mädchen, Danuta, die ebenfalls bei den Eisenbahnwerken arbeitete, ob ihre Eltern ihn in ihrem kleinen Haus in Kulparkow, einem Dorf in der Nähe von Lwów, verstecken könnten. Kohlrautz hatte ihm oft erlaubt, nur von einem Wärter begleitet nach Lwów zu gehen, um Utensilien für die Eisenbahnwerke einzukaufen. Nun bat er Kohlrautz erneut um Erlaubnis, in die Stadt gehen zu dürfen. Und er traf die Vorbereitungen dafür, dem Wärter zusammen mit einem weiteren jüdischen Gefangenen, Arthur Scheimann, entkommen zu können. Arthur Scheimann war mit einer ukrainischen Frau verheiratet, die als Schneiderin arbeitete. Als Kohlrautz aus dem Raum ging, um einen Wärter zu besorgen, nahm Wiesenthal die Pistolen aus der Schreibtischschublade.

«Wir umarmten uns nicht», erzählt Wiesenthal über seine letzte Begegnung mit Kohlrautz. (Sein Nazi-Freund wurde 1944 an der russischen Front getötet. Aber Günthert überlebte; Wiesenthal fand ihn nach dem Krieg und traf sich wiederholt mit ihm; er lud ihn sogar zu der Hochzeit seiner Tochter ein, die 1965 stattfand. Zu Wiesenthals fünfundachtzigstem Geburtstag schickte ihm Günthert einen langen Gratulationsbrief mit einem Lob für das, was er erreicht hatte.)

Wiesenthal entkam am 6. Oktober 1943 aus den Eisenbahnwerken. «Kurz vor eins nahmen wir die Straßenbahn nach Lwów. Wir sagten unserem Wärter, einem Ukrainer, der die Stadt nicht kannte, daß wir ungefähr 20 Minuten in der Schreibwarenhandlung brauchen würden und daß er draußen warten solle. Er wußte nicht, daß es dort einen Hinterausgang gab. Durch den gingen wir und nahmen dann eine andere Straßenbahn, die uns dorthin brachte, wo wir Danuta treffen wollten. Sie brachte uns zu sich nach Hause, und ihre Eltern versteckten uns auf ihrem Dachboden.» Nach einer Woche holte Scheimanns Frau ihren Mann ab, und Wiesenthal blieb allein in seinem Versteck. Aber zehn Tage später schlug seine Gastgeberin Alarm. Das Dorf wurde von Ukrainern umzingelt; er solle fliehen. «Ich versteckte mich mit meinen beiden Revolvern unter dem Stroh, bereit, mein Leben teuer zu verkaufen. Aber als die beiden Ukrainer näher kamen, verlor ich die Nerven, schoß aus beiden Pistolen gleichzeitig, konnte aber nur einen von ihnen am Arm verwunden.» Die Ukrainer ergriffen die Flucht; auch Wiesenthal floh und schaffte es, das Haus von Scheimann zu erreichen. Noch in hohem Alter erinnert er sich lebhaft an die Klaustrophobie, die ihn verfolgte, als Frau Scheimann ihn zusammen mit ihrem Mann im Kleiderschrank versteckte. Der Schrank stand in dem Raum, in dem sie auch die Kleider aufbewahrte, die sie für ihre Kunden fertiggestellt hatte. Das war so unbequem, und die Luft war so stickig, «daß ich vielleicht sogar das Konzentrationslager vorgezogen hätte».

Nach vier Tagen im Schrank beschloß Wiesenthal, daß er das nicht länger aushalten könne. In seinen Yad-Vashem-Erinnerungen beschreibt er, wie er seine beiden Revolver, einige Nahrungsmittel, eine Decke und einen Kompaß nahm und dachte, er könne vielleicht ukrainisches Gebiet erreichen. Es war mittlerweile November 1943. Alles war mit Schnee bedeckt. Vor Hunger und Erschöpfung brach er nach acht Tagen in den Wäldern um Lwów fast bewußtlos zusammen. Als er allmählich wieder von seiner Umgebung Notiz nahm, bemerkte er, daß es ihm gelungen war, eine buntgemischte Gruppe von Partisanen zu erreichen. In der Gruppe gab es ein paar Juden, einen polnischen Priester und eine Reihe weiterer Polen, einige entflohene französische und belgische Kriegsgefangene und ein paar Russen und Ukrainer.

Ob sie überleben würden, war sehr fragwürdig. Der Vormarsch der Roten Armee veranlaßte sie dazu, die Wälder in Zweiergruppen zu verlassen. Wiesenthal schaffte es, Kontakt zu Olek aufzunehmen, dem jüdischen Jungen von der Heimatarmee, dem er bei den Eisenbahnwerken geholfen hatte zu überleben. Wiesenthal und sein Freund wurden zu einer «sicheren Wohnung» der AK gebracht, in der zwei Frauen wohnten. Die Besucher schufen sich selbst ein Versteck im Zwischenboden. Darauf wurde ein Teppich gelegt und ein Tisch gestellt. Das schien ein Sarg zu sein. Aber Wiesenthal hatte wenigstens Papier und Bleistift und verbrachte die langen Stunden damit, eine Liste von SS-Offizieren aufzustellen, an deren Namen er sich erinnern konnte und bei deren Verbrechen er Zeuge gewesen war. In der Annahme, daß die sowjetische Armee Lwów schon bald zurückerobern würde, zeichnete Wiesenthal auch Pläne von den Geschützstellungen der Partisanen, um den Befreiern von der Roten Armee hilfreiche Informationen geben zu können. «Ich mußte mit meiner Zeit etwas Nützliches anfangen.»

Die Zeit im Bunker kam am 19. Juni 1944 zu einem plötzlichen Ende. Im Nachbarhaus hatte es eine Schlägerei unter Betrunkenen gegeben, und ein Oberinspektor der Deutschen Reichsbahn war zusammengeschlagen worden. Das führte zu einer Razzia von Haus zu Haus. Als sie auf den Boden über dem Versteck traten, entdeckten die

Deutschen, daß er hohl war. Sie erzwangen seine Öffnung und fanden Wiesenthal, der darin so eingeengt lag, daß er keine Möglichkeit hatte, seine Waffen zu benutzen. Bei den deutschen Gestapobeamten waren auch zwei Polen, die sich die Waffen schnappten, bevor die anderen sie bemerkten. Aber die Deutschen fanden Wiesenthals Zeichnungen und über hundert Skizzen von dem Ghetto Lwów und dem Janowska-Lager, die er in den sechs Monaten seit seiner Flucht gezeichnet hatte.

Wiesenthal wurde zusammengeschlagen und zusammen mit anderen auf das Polizeirevier gebracht. Er dachte sofort an Selbstmord. In seinen Yad-Vashem-Erinnerungen erklärt er, er sei davon überzeugt gewesen, daß die Deutschen – auch wenn sie seine Waffen nicht gefunden hatten – ihn über seine Zeit bei den Partisanen und die Dokumente, die er bei sich hatte, verhören würden. Er war sicher, daß er gefoltert werden würde, und bezweifelte, ob er es schaffen würde, nichts preiszugeben. Da er die Stellungen der Partisanen kannte und fürchtete, daß er sie verraten könnte, hatte er das Gefühl, es sei seine Pflicht, sich selbst aus dem Wege zu schaffen.

Er erzählte einer Frau, Lola Friedmann, mit der zusammen er im Versteck war, was er vorhatte. Sie protestierte und meinte, daß er immer noch genug Zeit haben würde zu sterben. Sie wurden ins Janowska-Lager gebracht. Als ehemaliger Insasse hatte er immer noch seine ursprüngliche – niedrige – Gefangenennummer 504: «Ich hatte das Gefühl, ein Museumsstück zu sein.» Einige Tage lang ignorierte die SS ihn. Dann kam plötzlich die Anweisung, in einen Gefangenenwagen zu steigen. Zusammen mit anderen Häftlingen sollte er in das Gestapo-Hauptquartier in Lwów gebracht werden. Der berüchtigte Judenreferent der Gestapo in Lwów, Oskar Waltke, erschien und erklärte fröhlich, welchen Gefallen er daran gefunden habe zu sehen, wie robust Wiesenthal sei. Es war offensichtlich, daß nun die Folter drohte. Wiesenthal hatte noch eine Rasierklinge und schnitt sich die Pulsadern auf. Als sie den Gefängnishof erreichten, hatte er das Bewußtsein verloren und blutete heftig.

«Sie haben 2800 Gramm Blut verloren», erzählte ihm der Gefängnisarzt. Wiesenthal wäre beinahe gestorben. Da die Juden so gut wie nie behandelt wurden, war Wiesenthal überrascht, daß er in das Gefängniskrankenhaus gebracht worden war und ernsthafte Versuche unternommen wurden, sein Leben zu retten. Er glaubt, daß dies deshalb geschehen sei, weil die Deutschen seine Pläne von den Partisanenstellungen entdeckt hatten und ihn nun weiter verhören wollten.

Er blieb fast fünf Wochen lang in dem Krankenhaus. Wiesenthal wird immer noch von der Erinnerung an den Gestapo-Mann Waltke verfolgt. «Er kam täglich und warnte mich, daß er nur darauf warte, daß mein Gesundheitszustand sich verbessere, so daß ‹wir uns besser unterhalten› könnten. Ich wußte, daß er die Verantwortung dafür trug, daß der ganze Judenrat von Lwów gehängt worden war. Der Judenrat war von den Nazis eingesetzt worden, um die Ghettos in den polnischen Städten besser überwachen zu können. Waltke hatte sogar dafür gesorgt, daß die Juden die Stricke bezahlten, mit denen sie gehängt wurden. Ich habe dafür Beweise – Quittungen, die ich in der Nachkriegszeit ausfindig machen konnte.» Nach dem Krieg suchte Wiesenthal mit Erfolg nach Waltke und sorgte dafür, daß er verhaftet wurde. Er wurde angeklagt und zu acht Jahren Haft verurteilt.

Waltkes Besuche im Gefängnis waren so bedrohlich, daß Wiesenthal zwei weitere Selbstmordversuche unternahm. Das erste Mal stahl er eine Flasche mit Pillen und schluckte hundert davon, ohne zu wissen, was es war. «Ich nahm einfach an, daß so viele Pillen die erwünschte Wirkung haben würden.» Er lacht immer noch, wenn er sich daran erinnert, daß die scheinbaren Todespillen sich als Saccharin herausstellten. Doch in solchen Mengen eingenommen kann sogar Saccharin tödlich sein. Aber bevor sie ihre Wirkung entfalten konnten, mußte er sich übergeben und behielt nur einen bitteren Nachgeschmack. Ein weiteres kleines Wunder, das Wiesenthal beweist, daß er überleben sollte.

Das zweite Mal versuchte er, sich aufzuhängen. Es war mittlerweile Mitte Juli 1944. Er hatte seine Hose zu einem Strick gedreht, sich auf einen Stuhl gestellt und den Strick am Rahmen seiner kleinen

Fensteröffnung befestigt. Dann versuchte er, ihn sich um den Hals zu legen und den Stuhl wegzustoßen. Aber er war dazu zu schwach. «Meine Adern waren noch nicht verheilt, und deshalb fiel ich herunter.» Bevor er einen weiteren Versuch unternehmen konnte, fiel er in Ohnmacht. Nach diesem Vorfall wurden ihm Handschellen angelegt, so daß er sich nicht bewegen konnte.

Während Wiesenthal im Gefängniskrankenhaus lag, gewann die sowjetische Offensive an Stoßkraft, und die sowjetischen Truppen näherten sich Lwów. Am 19. Juli, eine Woche bevor die Rote Armee schließlich die Stadt einnahm, wurden die Gefängnisinsassen, auch die im Krankenhaus, in den Gefängnishof gebracht, wo die SS und die Gestapo auf sie wartete. Waltke war auch dabei. «Es war sieben Uhr früh. Plötzlich waren sowjetische Flugzeuge über uns. Bomben fielen, und es entstand eine große Staubwolke. Überall flog Papier herum. In dem allgemeinen Gedränge suchte die Gestapo Schutz. Ich wagte es, mich zu einer kleinen Gruppe von Juden zu stellen.»

In seinem Yad-Vashem-Bericht spricht Wiesenthal davon, daß er an diesem Tag von einem Gefühl überwältigt worden sei: Wenn er sterben müsse, so wollte er zusammen mit Juden und nicht mit Russen, Ukrainern oder Schwarzhändlern in einem Massengrab liegen. Als die Gestapo ihre Opfer wieder sortierte, blieb er bei der jüdischen Gruppe. Sie waren die ersten, die vom Hof zurück in das Gefängnisgebäude der Gestapo gestoßen wurden. Dann kam ein neuer Bombenalarm. Ein Polizeiwagen mit Sirenen fuhr herum. Nach einer Stunde war der Alarm vorbei. Den Juden wurde befohlen, in den Hof zurückzukehren. Und von dort wurden sie erneut in das Janowska-Lager gebracht.

Da die Sowjets so nahe waren, sollte das Lager geschlossen und seine Einrichtungen zerstört werden. Die meisten der Gefangenen waren schon getötet oder in andere Konzentrationslager deportiert worden. Wiesenthal glaubte nicht, daß er mit seinen Kenntnissen über den polnischen Untergrund das Lager ein zweites Mal lebend verlassen könnte. Er drängte den Lagerkommandanten, Friedrich

Warzok, ihn sofort zu erschießen. «Juden können sich nicht aussuchen, wann sie sterben dürfen», war die Antwort.

Eine Gruppe von sechzehn oder siebzehn Juden unter der Leitung von Wiesenthal glaubte, daß sie einen Fluchtversuch unternehmen könnten, wenn die Russen die Stadt nachts bombardierten. Während dieser Angriffe gingen die SS-Wachleute in einen Bunker und stellten den Strom ab. Das verschaffte den Gefangenen die nötige Dekkung, um ein Loch in die Umzäunung des Lagers zu schneiden. In der ausersehenen Nacht waren einige schon durch das Loch gekrochen, als die Wachen anfingen zu schießen. Wiesenthal und der Rest blieben im Lager. Sie mußten sich zu ihrer Erschießung aufstellen, sich ausziehen und standen nackt auf den Planken, die über einen Graben gelegt waren. Das war das Massengrab, in das sie fallen sollten. Nach zweieinhalb Stunden erschien Warzok erneut. Er habe ihnen das Leben gerettet, erklärte er. Um den Russen zu entkommen, würden sie bald alle zusammen das Janowska-Lager verlassen und das Ende des Krieges gemeinsam erleben.

In dieser Nacht fielen Bomben rund um das Lager. Am nächsten Morgen nahm Warzok die Gefangenen mit zum Vorratsgebäude des Lagers. Sie konnten sich nehmen, was sie wollten. Wiesenthal erinnert sich, daß sie vollkommen verwirrt waren. «Einige nahmen Kohl, andere Brot, einer nahm ein Faß Salz, und noch ein anderer eine Holzkiste mit Butter. Ich hatte gerade ein Kästchen mit Süßigkeiten genommen, als die SS-Wachen eine Dose Benzin darüber gossen und dann meinten, nun dürfte ich es gerne essen.»

Nach diesem Ereignis mußten die sechsunddreißig Gefangenen – alle, die von den Juden Lwóws übriggeblieben zu sein schienen – zum Bahnhof Kleparow marschieren. Sie konnten das Artilleriefeuer der vorrückenden sowjetischen Truppen deutlich hören. Auf dem Bahnhof wurden die Gefangenen, darunter mittlerweile auch Ukrainer und Polen, in einen Güterwaggon gezwängt. Sollten sie jetzt in die Gaskammern gefahren werden? Wiesenthal glaubte das nicht. Der Grund? Weil auch ein Kanarienvogel und ein Hund in den Güterwagen gebracht wurden und sie von einem SS-Mann gewarnt wurden, daß sie dafür büßen würden, wenn dem Vogel etwas zustoßen würde. Das war vielleicht nicht ganz logisch, aber Wiesenthal sollte recht behalten.

In einer dieser surrealen Situationen, die entstanden, als die deutsche Niederlage unausweichlich schien, hatte die SS-Abteilung von Warzok beschlossen, die Juden dazu zu benutzen, ihren eigenen Befehl zum Fronteinsatz zu verzögern. Solange sie behaupten konnten, daß sie Gefangene bewachten, konnten sie sich aus den Gefechten heraushalten. So wurden die Juden für eine Zeitlang zum Schutzschild der SS. In Przemysl wurden sie umgeladen, und die SS sagte ihnen, daß sie nun zu einer «Organisation Todt» gehörten, die für den Bau von Befestigungsanlagen für die Armee verantwortlich war. Auf diese Weise waren sie zu «nichtdeutschen Zwangsarbeitern» geworden. Warzok warnte sie, jeder, der verlauten ließe, er sei Jude, würde sofort erschossen werden.

Wiesenthal ruft sich die Ironie ins Gedächtnis, die darin bestand, nun verstecken zu müssen, daß sie Juden seien, und den gelben Stern abzunehmen. Die SS-Wachen und ihre Gefangenen gingen zu Fuß, als sie sich vor der vorrückenden russischen Armee zurückzogen, und sie suchten sich Verstecke in den Wäldern. Die Russen waren so nahe, daß die SS die Gefangenen schlug, damit sie schneller liefen. Sie trafen mit einer Einheit von regulären Wehrmachtssoldaten zusammen, die dagegen protestierten, daß die SS die Juden schlug. Sie schrien, daß sie nun genug hätten von der Verfolgung der Juden. Es sei höchste Zeit, daß die SS endlich an die Front käme und erlebe, wie der Krieg wirklich aussehe.

Als nächstes trafen sie eine Gruppe von flüchtenden Volksdeutschen. Warzok beschlagnahmte ihre Pferdewagen, so daß sie nun nicht mehr zu laufen brauchten. Auf jedem Wagen saßen zwei Juden und ein Wachmann. Dann beschloß die SS, mehr Gefangene zu brauchen, um ihre Behauptung zu rechtfertigen und der Front zu entkommen. In Dobromil umzingelten sie eine Kirche und nahmen mehr Leute gefangen. Nun waren sie ungefähr fünfhundert.

Als sie sich Sanok näherten, geriet Warzoks buntgemischte

Gruppe in einen Streit mit einer Panzerkompanie der Wehrmacht. Die Frage war, wer zuerst über die Brücke dürfe. Warzok zog seine Pistole und sagte dem kommandierenden Wehrmachtsoffizier, daß die Pferdewagen Priorität hätten. Die Russen waren weniger als eine Meile entfernt. Die SS und ihre Gefangenen gingen weiter; die Brücke, die bereits vermint war, wurde von Warzok gesprengt, als sie alle sicher auf der anderen Seite waren. Die Panzer waren auf der falschen Seite und wurden bereits von den Russen überwältigt.

Wiesenthal gibt zu, daß das alles seltsam erscheinen muß, aber er sagt, daß die Geschichte nach dem Krieg durch die Verhöre eines SS-Wachmanns bestätigt wurde, der an den Ereignissen beteiligt war. Die Situation wurde noch surrealer. Die Gruppe schlug ihr Lager in der Nähe von Grybow auf, ungefähr fünfunddreißig Meilen von der Front entfernt. Ein großes Feld wurde als «SS-Baustab Venus» bezeichnet, und Wiesenthal mußte ein passendes Schild dafür malen. Niemand wußte, was das bedeuten sollte.

Mittlerweile war es September. Eines Nachmittags wurde Wiesenthal von einem Rottenführer beiseite genommen. Sein Name war März. Sie gingen zusammen auf die Suche nach etwas Eßbarem und fanden zwei Säcke Kartoffeln. Dann schlug März vor, sich etwas auszuruhen. Und dann kam es zu einem dieser Gespräche, die einen unauslöschlichen Eindruck bei Wiesenthal hinterließen. Er erinnert sich daran mit derselben Eindringlichkeit – wenn auch nicht mit demselben Schmerz – wie an die Entdeckung des Buches nach dem Krieg, das den Auftrag «Vergeßt uns nicht – und vergeßt auch unsere Mörder nicht» der Schwester des Rabbiners enthielt, die wußte, daß sie bald von den Nazis ermordet werden würde. Nun in Grybow sagte März zu Wiesenthal: «Stellen Sie sich vor, ein fliegender Teppich würde Sie in die Vereinigten Staaten bringen. Was würden Sie dort erzählen? Wie das in den Konzentrationslagern war? Wie die Juden behandelt worden sind?» Wiesenthal zögerte. Wenn er die falsche Antwort gäbe, würde er vielleicht auf der Stelle erschossen werden. Er entschloß sich, offen zu sein. «Ich glaube, ich würde die Wahrheit sagen», meinte er schließlich.

März antwortete: «Man würde annehmen, daß Sie verrückt sind. Niemand würde Ihnen glauben.»

In diesem Moment beschloß Wiesenthal, daß er – wenn er überlebte – dafür sorgen würde, daß die Greuel der Nazis der Welt bekannt und bewiesen würden und es keine Revision der Geschichte geben würde.

Die Gruppe war wieder unterwegs. Warzok versuchte, die Slowakei zu erreichen. Er konnte nicht länger verhindern, daß einige der Juden flohen. Wiesenthal entschied sich gegen die Flucht. Er nahm an, daß er zu dieser kritischen Zeit bei der SS sicherer sei, als wenn er allein und auf sich gestellt herumziehen würde. Auf dem Weg nach Zakopane brachte Warzok die Gefangenen zu einer abgelegenen Lichtung und befahl ihnen, Panzerabwehrsperren zu bauen – ungeachtet dessen, daß sie sich in einer Sackgasse befanden, durch die die Russen kaum kommen würden. Der SS erschien das als ein ausreichender Vorwand, um sich von den Kämpfen fernzuhalten.

Obwohl der Krieg schon so lange dauerte, hatte Wiesenthal noch keine eigenen Erfahrungen mit den Todeslagern und wußte nur durch Gerüchte von den Tötungsmaschinen in den Vernichtungslagern. Diese Wissenslücke sollte nun gefüllt werden.

Die SS versuchte immer noch, sich von den Russen zu entfernen, und setzte die Gruppe wieder in Bewegung. Diesmal ging es in die Nähe von Krakau. Dort flog Warzoks Vorwand schließlich am 15. September 1944 auf. SS-Offiziere aus Krakau fanden Warzok mit seinen Männern und Häftlingen. Sie begriffen sofort, was vor sich ging, und entfernten die Juden. Einige wurden sofort erschossen. Der Rest – dazu gehörte Simon Wiesenthal – wurde in das Konzentrationslager Plaszow gebracht, in dem noch über tausend Juden gefangen waren. Das berüchtigte Lager war in jeder Hinsicht so brutal, wie es in Steven Spielbergs Film *Schindlers Liste* dargestellt wurde, aber als sich im Herbst 1944 die Rote Armee näherte, versuchte die SS, die schlimmsten Exzesse zu vertuschen. Wiesenthal wurde einem Sonderkommando zugeteilt, das die Leichen aus den Massengräbern entfernen und verbrennen sollte. Ihre Unterkünfte lagen ganz in der

Nähe. Der Gestank war so schrecklich, daß es unmöglich war zu schlafen.

Am 15. Oktober wurden die jüdischen Häftlinge von Plaszow, die noch am Leben waren, Männer, Frauen und Kinder, auf Züge verladen und ins nahegelegene Auschwitz gebracht. Nachdem sie drei Tage lang darauf gewartet hatten, daß in den Gaskammern Platz für sie frei werden würde, kamen sie weiter nach Groß-Rosen, einem Konzentrationslager in der Nähe von Breslau, das zu einem großen Steinbruch gehörte.

«Da gab es keine Arbeit für uns. Deshalb wurden wir bald das ‹Steh-Kommando› genannt. Das hieß, daß wir vor den Baracken stillstehen mußten, den ganzen Tag lang. Nachts war in den Baracken kein Platz für uns. Wir mußten zusammengekrümmt schlafen und uns gegen die Beine unseres Vordermannes lehnen. Dann wurde ich eingeteilt, Kartoffeln zu schälen. So konnte ich ein paar rohe Kartoffeln essen – aber ich mußte vorsichtig sein, daß mich niemand dabei sah. Auf dem Weg zurück zur Baracke sah ich eine Zwiebel auf dem Boden. Ich hasse Zwiebeln. Aber ich nahm sie dennoch. Und am nächsten Tag aß ich sie mit einem kleinen Stück Brot ... ach ja, das sind Erinnerungen ...»

Als er Kartoffeln schälte, lernte Wiesenthal einen neu angekommenen Häftling kennen, der aus Warschau kam. Es war kurz nach dem Warschauer Aufstand, und Wiesenthal fragte den Mann, ob er jemanden in der Topiel-Straße (wo Wiesenthals Frau versteckt war) gekannt habe, vielleicht eine «Irena Kowalska», die in der Nummer 5 gewohnt habe. Die Antwort war brutal: Er kenne den Namen nicht, und die ganze Straße sei ohnehin von den Deutschen gesprengt worden; niemand könne das überlebt haben. Die Straße sei ein Massengrab. Von diesem Moment an nahm Wiesenthal an, daß seine Frau tot sei.

«Dann sollte ich bestraft werden, weil ich einen SS-Mann angesehen hatte, ohne ihn zu grüßen. Er schrieb sich meine Nummer auf, und am selben Abend wurde ich der Strafeinheit zugeteilt, die barfuß in dem Steinbruch arbeiten mußte. Als wir am nächsten Morgen losgingen, schrie der Wächter am Tor: ‹Neunundneunzig kommen zurück.› Am Anfang verstand ich nicht, was das bedeutete. Der Mann neben mir erklärte es mir: ‹Das bedeutet, daß einer von uns getötet werden muß.› Dann hörte ich einen Schrei. Jetzt waren wir die geforderten neunundneunzig. Am fünften oder sechsten Tag sagten sie, daß am Ende des Tages nur sechsundneunzig zurückkehren sollten. Also mußten mehrere von uns getötet werden.

Und nun geschah ein weiteres Wunder. Ich fühlte instinktiv, daß ich das nächste Opfer sein würde. Mein Henker stand hinter mir, bereit, meinen Kopf mit einem Stein zu zertrümmern. Ich drehte mich um, und der Mann ließ überrascht seinen Stein fallen. Er zerschmetterte meinen Zeh. Ich schrie. Das rettete mir das Leben, denn es gab eine Art von Besichtigung, ich glaube, vom Internationalen Roten Kreuz. Ihnen wurde gesagt, daß es einen Arbeitsunfall gegeben hätte. Eine Tragbahre wurde gebracht, und man trug mich zu einer Ambulanz. Der Arzt dort war ebenfalls ein Häftling. Nach dem Krieg habe ich ihn gesucht, aber ich habe niemals herausgefunden, ob er überlebt hat. Er sagte mir, daß er meinen Zeh würde amputieren müssen, daß er aber keine Anästhetika habe.

Sie legten mich auf einen Tisch; banden mich daran fest. Zwei saßen an jedem Ende, um mich ruhig zu halten. Dann legten sie etwas Papier unter meinen Fuß, und er schnitt meinen Zeh einfach ab.

Dann brachten sie mich in einen Raum, in dem schon viele andere Kranke lagen. Am nächsten Tag bekam ich hohes Fieber. Der Schmerz war schrecklich. Der Arzt kam wieder und sah, daß ich eine Eiterbeule unter meiner Fußsohle hatte. Sie schnitten sie auf, und der Eiter spritzte heraus und in den ganzen Raum. ... Aber jetzt kam die Evakuierung: Einer der Kapos [Häftlinge, die von den Deutschen als ihre Hilfskräfte ausgewählt worden waren und die oft mit kleinen Privilegien ‹belohnt› wurden; sie waren oft Kriminelle, aber einige von ihnen waren auch Juden], sein Name war Granitsch und er kam aus Wien. Dieser Kapo kam zu uns und sagte: ‹Liebe Freunde, die Krankenstation ist schon vermint (um sie zu zerstören, bevor die Rote Armee Groß-Rosen erreichte). Diejenigen, die laufen können, sollen sich anziehen.› Und Granitsch drehte sich zu mir, er hatte den Ärmel eines alten Mantels, den er mir mit Draht um den Fuß wikkelte. Das war eine Art Schuh für meinen schlimmen Fuß. Jemand anders, ich erinnere mich nicht mehr, wer das war, brachte mir einen Besenstiel, und so schaffte ich es herauszuhumpeln.

Von Groß-Rosen – das war entweder der 7. oder 8. Januar – gingen wir in Richtung Chemnitz. Jeden Tag schafften wir ungefähr dreißig Kilometer. Wir schliefen im Schnee, und alles, was wir auf diesem Marsch, der vier oder fünf Tage dauerte, zu essen hatten, war ein Kilo Brot für jeden. Zu Beginn des Marsches waren wir 6000 Häftlinge. Als wir in offene Eisenbahnwaggons verfrachtet wurden, waren wir nur noch 4800. Wir hatten weder etwas zu essen noch zu trinken. Die Menschen starben, zu Statuen gefroren. Wir versuchten, sie hinunterzuwerfen; oder wir benutzten die Leichen als Bänke und saßen auf ihnen. So kamen wir in Buchenwald an. Dort brachte man uns in das sogenannte Kleine Lager, in dem es nur Stroh gab. Darauf legten sie uns. Wir blieben, schon halbtot, ungefähr eine Woche.»

Der Krieg war jetzt in der Endphase. Die deutsche Niederlage war sicher, und die amerikanischen und britischen Kräfte marschierten von Westen her in Deutschland und Österreich ein – um die Wette mit der Roten Armee, die von Osten kam. Doch obwohl Auschwitz und viele andere Lager schon von den Russen befreit worden waren, mordeten die Nazis in den Lagern weiter, die noch unter ihrer Kontrolle standen.

An einem bitterkalten Tag, dem 3. Februar 1945, die Rote Armee war nah, wurden die Häftlinge von Buchenwald wieder auf offene Eisenbahnwaggons geschichtet und langsam fortgefahren. Das Ziel derjenigen, die überleben würden, war Mauthausen. Dieses berüchtigte Lager in Österreich, das gleich nach dem Anschluß gebaut wurde, war ursprünglich für politische Häftlinge; später war es zu einem Konzentrationslager für Zwangsarbeiter erweitert worden, die der Kriegswirtschaft als Sklaven dienten, und zuletzt wurde es auch mit Gaskammern und Krematorien ausgerüstet. Der letzte

Häftlingstransport kam am 9. Februar 1945 auf dem Bahnhof von Mauthausen an. Wiesenthal war darunter, die Verbandsfetzen, die er einen Monat zuvor in Groß-Rosen angelegt hatte, dienten ihm immer noch als Behelfsschuhe.

Als sie Mauthausen erreichten, wurden sie gezählt; jetzt waren nur noch 1100 bis 1200 übrig von den ursprünglich 6000, die Groß-Rosen verlassen hatten. Sie waren fast verhungert. Es war drei Uhr morgens, als der Zug sie ausspuckte. Der Boden war tief mit Schnee bedeckt. Alles andere war pechschwarz. Sie konnten das einer Festung gleichende Lager Mauthausen nicht sehen, denn es lag hoch oben auf einem Hügel. Den Häftlingen wurde befohlen, in Gruppen zu fünft zu gehen, und sie waren umgeben von Lagerwärtern und knurrenden Hunden.

«Regelmäßig waren Schüsse um uns zu hören. Diejenigen, die stolperten und hinfielen, wurden einfach getötet. Auf dem Marsch vom Bahnhof zum Lagertor starben ungefähr 180. Ich verdanke es einem anderen Häftling, Graf Radziwill, daß ich es schaffte, mich weiterzubewegen. Er war an meiner Seite, hielt mich und befahl mir immer wieder, den Schmerz zu ignorieren und mich weiter zu bewegen. Nach einer Weile war ich zu müde, um weiterzugehen. Wir setzten uns, um auszuruhen. Ein SS-Wächter, der uns sah, schoß auf uns, und die Kugel flog zwischen uns hindurch.»

Das Paar döste ein und wäre zweifellos erfroren, wenn nicht noch ein Zufall geschehen wäre. Ein Lastwagen des Krematoriums von Mauthausen, der am frühen Morgen die Toten einsammelte, machte Wiesenthal und Radziwill ausfindig, lud sie als tot auf und brachte sie zum Krematorium. Gerade rechtzeitig tauten die beiden auf. In seinem Yad-Vashem-Bericht sagt Wiesenthal, daß sie es schafften, bis zum nächsten Gebäude zu kommen, dem Badehaus. Dort nahm Wiesenthal schließlich seinen Behelfsverband ab. Sein Fuß war schlimm geschwollen, blau-grün, und die Infektion ging hoch bis zum Knie. Ein jugoslawischer Häftling, ein Arzt, sah die ausgemergelte Gestalt und zeichnete auf Wiesenthals Brust das Zeichen, das in Mauthausen benutzt wurde, um anzuzeigen, daß ein Häftling am

Sterben und bereit war, in den Totenblock des Lagers geworfen zu werden, wo er auf sein Ende wartete.

Und so kam es, daß Wiesenthal in Raum B von Block VI kam. In der vollkommen überfüllten Baracke stand der Geruch des Todes, aber Wiesenthal war zu krank, um das alles wahrzunehmen. Soweit er noch fähig war zu denken in seinem hungrigen, verwirrten Zustand, konnte er sich nicht vorstellen, daß er noch viele Tage des Lebens vor sich hatte. Und ganz bestimmt konnte er nicht wissen, daß er drei Monate später noch leben würde, als Mauthausen schließlich befreit wurde.

FÜNF
Befreiung

MAUTHAUSEN LIEGT in der Nähe von Linz in Oberösterreich. Die Landschaft ist sanft, üppig und grün. Einst war sie ein Wanderparadies, unter den Nazis wurde Mauthausen der «Totenberg». Als General Pattons Einheiten das Lager am 5. Mai 1945 erreichten, war es das letzte Vernichtungslager, das befreit wurde.

Das Lager lag hoch über dem Obstanbaugebiet am Nordufer der Donau. Wie Auschwitz gehörte es zur Kategorie 3, der höchsten Klasse der Vernichtungslager, und es hatte vier Außenlager, die in der Nähe lagen: Gusen, St. Valentin, Gunskirchen und Ebensee. Mauthausen stellte die Sklavenarbeiter für eine Waffenfabrik von Messerschmitt und den Granitsteinbruch Wiener Graben. Der Steinbruch hatte traditionellerweise Wien mit Pflastersteinen versorgt, war aber von den Nazis als Eigentum der SS beschlagnahmt worden, um die Versorgung mit Granit für die monumentalen Gebäude sicherzustellen, die Hitler in seiner zukünftigen Metropole Linz bauen wollte. Entkräftete Häftlinge mußten sich die 138 Stufen der «Todesstiege» hinunterschleppen, nur um den Steinbruch zu erreichen. Jeder, der stolperte, wurde geschlagen und oftmals getötet. An einem Ende der Umzäunung von Mauthausen gibt es einen Felsen, der bis zum Steinbruch hinunterreicht und über den zahllose körperlich erschöpfte Häftlinge hinuntergeschleudert wurden. Das war die «Fallschirmspringerwand».

Mauthausen war in viele Abteilungen unterteilt. Die politischen Häftlinge trugen rote Dreiecke, die Juden gelbe. Zu den anderen Häftlingskategorien gehörten «normale Kriminelle»: Zigeuner,

Homosexuelle, Zeugen Jehovas und spanische Republikaner. Gegen Ende des Jahres 1944 teilte Adolf Eichmann Mauthausen 10 000 ungarische Juden zu, die in Zelten lebten. In der bitteren Kälte hatten sie keine Hosen, sondern nur Unterwäsche zum Anziehen.

Himmler hatte den Ort 1938 persönlich ausgesucht. Um ein Zeichen für einen seiner Besuche zu setzen, wurden 1000 holländische Juden die «Fallschirmspringerwand» hinuntergeworfen. Eichmann und andere führende Nazis interessierten sich ebenfalls sehr für Mauthausen und kamen, um es zu inspizieren. Mauthausen wurde ein Vorzeige-Ort, ein Modell dafür, wie Sklavenarbeit eingesetzt und eingeteilt werden konnte. Die ersten Öfen nahmen ihre Arbeit 1941 auf, aber viele Häftlinge wurden auch erschossen oder sogar mit der Axt erschlagen. Und einige Opfer wurden lebend in den Steinbruch hinabgeworfen. Gas-Lastwagen, die später durch Gaskammern ersetzt wurden, wurden seit 1942 eingesetzt. In diesem Jahr veröffentlichten sowohl die *Sunday Times* als auch der *Daily Telegraph* Berichte über die Qualen in dem Lager, aber die volle Bedeutung dessen, was in Mauthausen geschah, wurde in Großbritannien nicht verstanden, und den Nachrichten wurde keine ernsthafte Aufmerksamkeit geschenkt.

Außenstehende konnten damals nicht wissen, daß das Lager auch enge Verbindungen zum nahegelegenen Renaissanceschloß Hartheim unterhielt, einer der nationalsozialistischen Einrichtungen für die «Euthanasie». Dort wurden unter dem Vorwand der «Gnadentötung» schreckliche Experimente an Menschen und Pilotprojekte für die Massenvernichtung durchgeführt. Die Gaskammern von Hartheim waren zwar klein, konnten aber auch von Mauthausen benutzt werden, wenn die dortigen Kapazitäten «überlastet» waren. Aus Hartheim ist kein Häftling jemals lebend entkommen. Doch im Dezember 1944, als die Nazis versuchten, die Beweise für ihre Euthanasie-Experimente zu beseitigen, sollten Häftlinge aus Mauthausen dem Hartheimer Schloß sein früheres Erscheinungsbild wiedergeben. Bei Ankunft der Alliierten hatte sich dieser berüchtigte Ort in ein Kinderheim verwandelt.

In anderen Vernichtungslagern hatten die Nazis versucht, vor der Ankunft der Alliierten wenigstens einige Spuren zu verwischen, in

Mauthausen ging das Töten bis zum Einmarsch der Amerikaner unvermindert weiter. Als in den chaotischen letzten Kriegsmonaten immer mehr Häftlinge aus den Konzentrationslagern im Osten kamen, wurden die Leichen vor den Blocks und selbst innerhalb der Baracken aufgeschichtet. Es gab Pläne, die 30000 Häftlinge von Ebensee in verminte unterirdische Tunnel zu treiben und alles zu sprengen. Aber die Häftlinge, die die nahe Befreiung spürten, weigerten sich hineinzugehen. Die SS-Wächter, die mittlerweile mehr darauf bedacht waren, ihre eigene Haut zu retten als noch mehr Häftlinge zu töten, ließen von ihrem Vorhaben ab.

Trotzdem berichtete die SS über mehr als 30000 Tote zwischen Januar und Mai 1945, und als die Amerikaner das Lager erreicht hatten, fanden sie mindestens 10000 Leichen in einem Massengrab. In der ganzen Geschichte von Mauthausen hat nur ein Kind von den vielen Hunderten, die dorthin gebracht wurden, das Lager überlebt.

Als Wiesenthal im Februar 1945 dort Häftling wurde, arbeiteten die Gaskammern rund um die Uhr mit voller Kapazität. Tag und Nacht kam eine große Rauchwolke aus dem Krematorium. Die Häftlinge aus Block VI, dem Todesblock, in den Wiesenthal gebracht worden war, waren zu krank, um zu arbeiten. Sie hatten nur eine Aufgabe: jeden Tag die Toten zu entfernen, um Platz für die Neuankömmlinge zu machen.

Wiesenthal glaubt, daß wieder einmal das Glück auf seiner Seite war. «Der Block war als Unterkunft für Tiere, nicht für Menschen gebaut worden. Er war so überfüllt, daß die Schlafstellen, in denen die Häftlinge lagen, drei Schichten hatten. Am schlimmsten waren die dran, die ganz unten lagen. Der Gestank war schrecklich. Aber ich wurde nach oben in die Nähe eines Fensters gelegt, und so bekam ich wenigstens etwas frische Luft. Die SS kümmerte sich nicht um uns, da sie annahm, daß wir ohnehin sterben würden. Sie wollten nur wissen, wieviel an einem Tag gestorben waren. Jeden Morgen kam ein Kapo, um uns zu zählen. Der ‹Revierschreiber› gab ihm die Information. Im März starben von den 1500 im Block 930. Sie wurden durch Neuankömmlinge ersetzt.»

«Die tägliche Nahrung bestand aus einer wäßrigen Suppe und einem kleinen Stück Brot, das normalerweise schon alt und schimmelig war. Der Hunger war fast unerträglich.» Gelegentlich durften sie für kurze Zeit die Baracken verlassen. Dann warfen sie sich auf den Boden und rissen die wenigen Grashalme, die sie sehen konnten, heraus. Sie verschlangen sie wie Vieh.

«Ich hatte praktisch alle Hoffnung aufgegeben, am Leben zu bleiben. Und dann kam eines Morgens der Suppenträger herein und fragte, ob es unter uns jemanden gäbe, der zeichnen könne. Ich lag auf meiner Pritsche, die ich mit drei anderen teilte – es gab so wenig Platz, daß wir in Schichten schlafen mußten, zwei auf einmal – und ich antwortete mit schwacher Stimme: ja, ich könne zeichnen.»

Der Mann – sein Name war Eduard Staniszewski – kam ein Stück weiter herein, um herauszufinden, zu wem die Stimme gehörte. Dann sagte er Wiesenthal, daß er als Geburtstagsgeschenk für den ‹Ober-Kapo› eine schöne Zeichnung brauche. Wiesenthal hält das für ein weiteres Wunder, das ihm das Leben gerettet hat. In einem Lager, wo die Häftlinge nur so wenig zu essen bekamen, daß sie langsam verhungerten, gab ihm Staniszewski ein wenig zusätzliche Nahrung; nicht viel, aber genug, um ihn so weit zu erhalten, daß er zeichnen konnte. Von der Geburtstagskommission bekam Wiesenthal als Voraushonorar ein großes Stück Brot und – Luxus über Luxus – ein Stück Wurst. Dann brachte ihn Staniszewski zu einem besseren Schlafplatz, den er sich nur mit einem anderen teilen mußte. Als der Mann starb, durfte Wiesenthal die Pritsche für sich allein behalten.

Staniszewski kam mit immer weiteren Zeichnungsaufträgen für Geburts- und Namenstage und bezahlte ihn mit Nahrungsmitteln. Obwohl Wiesenthals große Statur sich in einen geschwächten Knochensack verwandelt hatte, war dies bißchen zusätzliche Nahrung zusammen mit seiner Entschlossenheit und seiner Weigerung aufzugeben genug, um den Tod fernzuhalten. Als Wiesenthal 1994 Polen besuchte, sprach er viel darüber, was er Staniszewski verdanke, etwas, was er niemals würde zurückzahlen können.

Als Wiesenthal in der Todesbaracke vor sich hin vegetierte, gelang es ihm, einen Aufseher zu überreden, ihm ein wenig Papier zu geben, um für sich zeichnen zu können. Und Staniszewski brachte ihm sogar einige alte Zeitschriften. Ein Lagerarzt, der gelegentlich einen Blick auf die menschlichen Wracks wagte, gab ihm Bleistifte. Wiesenthal skizzierte nun eine Reihe von grausigen Karikaturen und Kollagen aus dem Konzentrationslager. Einige davon konnte er retten, um sie nach dem Krieg zu veröffentlichen. Eine zeigt den Wachturm am Eingang des Lagers, der ganz und gar mit Schädeln bedeckt ist; auf einer anderen mit dem Titel «Teuflische Symphonie von Mauthausen» weist ein SS-Offizier mit einer Peitsche statt einem Dirigentenstock auf die Häftlinge, die an die Notenlinien geknüpft sind. Eine weitere Zeichnung zeigt eine fast freundlich guckende Hitler-Maske mit einem SS-Totenkopf dahinter, der bedrohlich seine vorstehenden Zähne fletscht. Diese Zeichnung wurde für den Umschlag der italienischen Ausgabe von Wiesenthals Buch *Doch die Mörder leben* verwendet.

Kurz nach seiner Befreiung aus dem Lager zeichnete Wiesenthal noch viele weitere Mauthausen-Karikaturen, einige davon auf die Bitte von amerikanischen Soldaten hin, die «Souvenirs» von den Schrecken haben wollten, die sie in den Lagern vorgefunden hatten. Aber die sprechendsten Karikaturen behielt er, verbesserte die Kollagen und veröffentlichte sie 1946 in dem kleinen Band *KZ Mauthausen*. Wiesenthal wies stets alle Anschuldigungen zurück, er habe die Karikaturen nicht in Mauthausen gezeichnet, sondern Photographien kopiert, die nach dem Ende des Krieges in der Zeitschrift *Life* erschienen waren. Er sagt, daß solche Behauptungen zu der Rufmordkampagne gegen ihn gehörten, die von bestimmten Kreisen in den USA initiiert worden sei.

Die Karikaturen drücken die Leiden im Konzentrationslager und die Bitterkeit der Opfer unmittelbar aus. Und sie beweisen Wiesenthals solide Fähigkeiten als Zeichner und Satiriker. Aber damals hat er diese Talente praktisch zum letzten Mal eingesetzt. Wie er sich weigerte, seinen Beruf als Architekt wiederaufzunehmen, verbot er sich auch die Befriedigung, die er immer daraus gezogen hatte, die Grausamkeiten der antisemitischen Welt satirisch darzustellen.

Wiesenthal weiß nichts über den Verbleib der Originale seiner Mauthausen-Karikaturen. Doch es ist ihm bekannt, daß zumindest ein Amerikaner versuchte, drei seiner Karikaturen für je 20000 Dollar an das Wiesenthal Center in Los Angeles zu verkaufen. Das hat ihn sehr betrübt. Seine Karikaturen aus dem Konzentrationslager sind nicht als Kapitalanlage gedacht gewesen. Später erwarb ein Freund sie für das Center, aber für sehr viel weniger Geld: «Ich wollte, daß irgendwas von dem ganzen überlebte.»

In den ersten Wochen als Häftling von Mauthausen verlor Wiesenthal das Bewußtsein von der Zeit und der Realität außerhalb seiner schrecklichen Umgebung. Dennoch versuchte er, seinen Geist und sein Gedächtnis gesund zu erhalten und sich an alles Furchtbare zu erinnern, das er erfahren oder gesehen hatte, und die Namen und Ränge der Täter aufzulisten. Auch als er sich den Partisanen angeschlossen hatte, tat er das schon einmal. Obwohl er schwach und wesentlich entkräfteter war als damals, arbeitete sein außerordentliches Erinnerungsvermögen gut. Er konnte nicht wissen, daß die Liste, die er vor seinem geistigen Auge hatte, sein Ausweis für das US War Crimes Office und für sein neues Leben auf der Suche nach NS-Verbrechern sein würde.

Während er auf seiner Pritsche lag, wanderten seine Gedanken zurück durch sein ganzes Leben und besonders zu den Leiden der letzten vier Jahre. Das meiste davon sah er wie durch einen Nebelschleier. Zuweilen muß er auch halluziniert haben. Ein prophetisches Ereignis ragt aus allen anderen heraus: eine Begegnung mit einem im Sterben liegenden blinden SS-Offizier, von der er meint, sie habe sich im Konzentrationslager Janowska zugetragen. Der Kopf des Mannes war mit einem Verband umwickelt, und es waren nur seine Augen zu sehen, als er den Namen und die Adresse seiner Mutter nannte und Wiesenthal gestand, wie er Juden niedergeschossen habe, die aus einem von seiner SS-Einheit in Brand gesetzten Haus flohen. Er erzählte diese Geschichte einem Fremden, weil er Vergebung von einem Juden wollte. Der SS-Offizier meinte, daß er ohne eine Antwort nicht in Frieden sterben könne. «Ich habe mich danach gesehnt, mit einem Juden zu sprechen und ihn um Vergebung zu bitten», erinnert sich Wiesenthal gehört zu haben. «Nur wußte ich nicht, ob überhaupt noch Juden am Leben waren. Ich weiß, daß ich Sie um etwas bitte, was beinahe zuviel für Sie sein muß, aber ohne eine Antwort kann ich nicht in Frieden sterben.»

Wiesenthal, der die Verbrechen dieses Mannes nicht gesehen und nicht persönlich unter ihm gelitten hatte, ging von dem Krankenbett fort, ohne eine Antwort zu geben. Er konnte dem sterbenden Mann seine letzte Stunde nicht erleichtern. Er fühlte sich nicht in der Lage, Vergebung auch nur in Betracht zu ziehen.

Aber er fragte sich immer wieder, ob seine Reaktion nicht durch seine religiöse Unterweisung vorherbestimmt gewesen sei, denn das Judentum hält, in scharfer Abgrenzung vom Christentum, die Regel, daß die Vergebung nur durch Gott allein und nicht durch die Menschheit geschehen kann. Juden glauben, daß auch dann, wenn es ein Bewußtsein über eine falsche Tat gibt, kein Mensch allein oder im Namen Gottes das Recht hat, die Absolution zu erteilen – mit der einzigen Ausnahme, daß ein Opfer selbst seinem Täter vergeben kann. Vergebung kann nicht von Vertretern gewährt werden. Trotzdem quält Wiesenthal sich mit der Frage, ob seine Weigerung, die Absolution zu erteilen, einen Wunsch nach Rache spiegelt. Waren die Verbrechen der Nazis so abscheulich, daß jeder Gedanke an Vergebung zwingend verbannt werden mußte? Wäre Vergebung möglich gewesen, wenn der SS-Mann nicht im Sterben gelegen und dazu hätte bewegt werden können, seine Sünden zu büßen? Hatte er, Wiesenthal, einen Mangel an Mitleid gezeigt? Aber durfte Mitleid überhaupt ein Teil des Ausgleichs sein? Warum gibt es kein allgemeines Gesetz von Schuld und Sühne? Hat jede Religion ihre eigene Ethik, ihre eigenen Erklärungen?

Viel später in seinem Leben konnte Wiesenthal nur vermuten, ob all dies so geschah, wie er es sich in Mauthausen eingeprägt hatte, aber er zweifelte nie daran, daß es eine Begegnung mit einem deutschen Offizier gegeben und eine Herausforderung der Art, wie er sie erinnerte, stattgefunden hatte. Was zählt, ist Wiesenthals Wahrnehmung eines einzelnen und einzigartigen Ereignisses, das ihn demütigte und ihn dazu brachte, die moralischen Imperative in Frage zu stellen, die ihn bis dahin geleitet hatten. Es ging um die Beziehung zwischen Täter und Opfer, um die Natur der Vergebung, um Glauben und den Verlust der Hoffnung, um Widersprüche und Verwirrung.

Er hatte den Namen des Offiziers im Gedächtnis behalten und 1946 sogar nach dessen Mutter in Stuttgart gesucht. In den sechziger Jahren beschloß Wiesenthal, angetrieben von dieser seltsamen Begegnung während des Krieges, ein Buch zu schreiben, das 1969 veröffentlicht wurde: *Die Sonnenblume*. In dem Buch wird die Szene am Totenbett zu einer Parabel für das moralische Dilemma, das Wiesenthal nicht lösen konnte. Dieses Buch, das in einem Zug geschrieben wurde, hat Wiesenthal immer sein wichtigstes genannt: wegen der Fragen, die es stellt, und weil es versucht, das zu zerstören, was er als eine «verbreitete Wahrnehmung des Juden als Hasser» beschreibt. «Ich wollte zeigen, daß – wenn Juden nicht vergeben – es daran liegt, daß sie nicht das Recht besitzen, es zu tun, weil sie glauben, daß Vergebung nur Gott allein obliegt. ... Als ich *Die Sonnenblume* schrieb, folgte ich mehr meinem Instinkt als langgezogenen Reflektionen», erklärt Wiesenthal. Das Buch wurde in viele Sprachen übersetzt, u. a. ins Französische, Deutsche, Italienische und Japanische, und immer wieder nachgedruckt.

Die Sonnenblume selbst gehört zum Symbolismus der Erzählung: Als er zusammen mit anderen Häftlingen vom Konzentrationslager in Lwów zu seiner Arbeitsstelle marschierte, sah er, wie die Sonnenblumen auf den Gräbern des Soldatenfriedhofs von Lwów wuchsen:

«Mein Blick wanderte von der Sonnenblume zum Grab hinab. Und dann weiter ins Erdreich hinein, in die Gruft, und auf einmal sah ich vor mir keine Sonnenblume, keinen Friedhof, sondern ein Periskop. Bunte Schmetterlinge flattern von Blume zu Blume. Brachten sie nicht Botschaften von Grab zu Grab? Flüsterten sie nicht jeder Blüte etwas zu, das diese nach unten weitergab? Ja, das taten sie sicher; so empfinden die Toten Licht und Botschaften.

Und plötzlich beneidete ich die toten Soldaten. Jeder hatte eine Sonnenblume, die ihn irgendwie noch mit der Welt verband, hatte Schmetterlinge, die sein Grab besuchten. Mich erwartete keine Sonnenblume. Ich würde in ein dürftig geschaufeltes Grab kommen, auf Leichen liegen, und über mir würden sich andere Leichen türmen. Keine Sonnenblume würde jemals Licht in dieses Dunkel bringen, und Schmetterlinge würden die Stelle meiden.»

Christen glauben an die Wiederauferstehung, aber für einen Juden ist das Grab sein letztes und ewiges Zuhause. Aus diesem Grund betont Wiesenthal immer, daß für einen Juden die Bedeutung seines Bildes von der Sonnenblume so wichtig sei.

Das Motiv der Sonnenblume kehrt wieder, wenn Wiesenthal die Szene am Totenbett beschreibt. Der SS-Mann erzählt ihm, daß er aus Stuttgart kommt und erst einundzwanzig Jahre alt ist.

«Ich starre auf einen verbundenen Kopf. Ich weiß noch nicht, welches Verbrechen er mir gestehen will, aber ich weiß, daß nach seinem Tod eine Sonnenblume auf seinem Grab wachsen wird. Ich sehe sie ganz deutlich, wie sich bereits jetzt die Blüte zum Fenster zuwendet, dem Fenster, durch das die Sonne ihr Licht in dieses Sterbezimmer sendet.

Warum zeigt sie sich schon jetzt? Sie wird ihn bis zum Friedhof begleiten, bei seinem Grab stehen und die Verbindung zum Leben herstellen.

Ich beneide ihn darum.

Und ich beneide ihn, weil er in seinen letzten Minuten an eine lebendige Mutter denken kann, die sich in der Heimat um ihn sorgt.»

In seinem Buch beschreibt Wiesenthal ein Picknick in den Hügeln bei Linz. Seit dem Ende des Krieges ist ungefähr ein Jahr vergangen. «Ich sah mich um und sah plötzlich hinter mir einen Busch und hinter dem Busch eine Sonnenblume. Ich stand auf und ging langsam auf sie zu. Ich sah auch andere Sonnenblumen dort und auf einmal war ich ganz in Gedanken verloren. Ich erinnerte mich an den Soldatenfriedhof in Lwów, das Krankenhaus und den toten SS-Mann, auf dessen Grab nun eine Sonnenblume wachsen würde.» Diese Sonnenblumen belebten seine Beschäftigung mit der «gespenstischen Szene im Krankenhaus von Lwów» wieder. Er fragt: «Gab es irgend etwas, was ich mir selbst vorzuwerfen hatte?» und beschließt, nach Stuttgart zu der Familie des Mannes zu fahren. Ganz hinten in seinem Kopf erscheint erneut die Frage, ob er auf die Bitte des sterbenden Mannes hin Vergebung hätte gewähren können oder sollen. Würde er eine Antwort erhalten, wenn er der Familie des Mannes begegnete? Sollte er ihnen von der Begegnung erzählen?

Wiesenthal empfand ein gewisses Mitleid mit der Mutter des Mannes, und in seinem Buch beschreibt er, wie er es nicht übers Herz brachte, die Illusionen der alten Frau über die grundsätzliche Gutherzigkeit ihres Sohnes zu zerschlagen. Deshalb schwieg er zum zweiten Mal:

«Ich kenne ziemlich genau die Lebensgeschichte vieler Nazi-Mörder – keiner von ihnen ist als Mörder geboren worden. Sie alle waren vorher Bauern, Handwerker, Angestellte oder Beamte gewesen, wie sie einem tagtäglich auf der Straße begegnen. In ihrer Jugend hatten sie den Religionsunterricht besucht, keiner entstammte dem Verbrechermilieu. Und doch sind sie Mörder geworden, Mörder aus Überzeugung. Sie hatten, als sie sich aus der Kleiderkammer ihre SS-Uniform holten, dort zusammen mit ihren Zivilkleidern auch ihr Gewissen deponiert.

Ich weiß nicht, wie sie auf ihr erstes Verbrechen reagiert haben, aber ich weiß, daß keiner von ihnen «nur» einen Mord auf dem Gewissen hat.

Wenn ich die aufsässigen Antworten und das höhnische Grinsen vieler Angeklagter sehe, dann kann ich mir nur schwer vorstellen, daß auch jener junge SS-Mann so reagiert hätte ...

Das alles sind Überlegungen, die für ihn sprechen. Und dennoch – hätte ich, hätte überhaupt jemand ihm verzeihen sollen, verzeihen dürfen?

Aber die Welt von heute verlangt von uns, daß wir auch denjenigen verzeihen, die uns durch ihre Haltung immer wieder provozieren. Sie verlangt von uns, daß wir einen Schlußstrich ziehen, als sei nichts Wesentliches geschehen.

Und viele von uns, die in jener grauenvollen Zeit gelitten haben und die sich manchmal noch in ihren Gedanken jener Hölle verhaftet fühlen, sind vor diesem Verlangen nach Verzeihen verstummt.

Diese Frage wird alle Prozesse überleben und auch dann noch aktuell sein, wenn die Verbrechen der Nazis längst der fernen Vergangenheit angehören.

Dürfen Verbrechen gegen die Menschlichkeit unbehelligt und vielleicht vergessen unter einer Sonnenblume ruhen?»

Mit dieser Frage wendet sich Wiesenthal an seine Leser und bittet sie, seinen Platz einzunehmen und sich selbst die entscheidende Frage zu stellen: «Was hätte ich getan?»

Bevor die Geschichte veröffentlicht wurde, sandte er das Manuskript an bedeutende Denker der Zeit, die sich den mit dem Holocaust verbundenen moralischen und ethischen Fragen widmeten. Dazu gehörten Primo Levi, Salvador de Madariaga, Herbert Marcuse, Hannah Arendt, Léopold Sédar Senghor, Canon John Östreicher, Jacob Kaplan und Friedrich Torberg. Elie Wiesel, der ausführlich über das Thema Vergebung im Zusammenhang mit dem Holocaust geschrieben hat, habe auf die Bitte um einen Kommentar nicht geantwortet, sagt Wiesenthal.

Diejenigen, die auf Wiesenthals Fragen antworteten, verstanden die Geschichte von der Sonnenblume als eine Parabel, die in einer denkwürdigen, zugänglichen Form fundamentale Fragen stellte. Durch dieses Buch gesellte sich Wiesenthal an die vorderste Front derjenigen, die das Bewußtsein an den Holocaust und seine Bedeutung jenseits der Tagespolitik wachriefen.

Die Antworten, die auch veröffentlicht wurden, enthalten ein Spektrum von Meinungen zu der Herausforderung, die das Buch stellt. Die meisten Beitragenden, zu denen auch prominente Katholiken gehörten, äußerten aus verschiedenen Gründen das Gefühl, daß Wiesenthal sich richtig verhalten habe, als er der Bitte des sterbenden Soldaten nach Vergebung nicht nachkam. Selbst wenn er das getan hätte, wäre es eine Lüge gewesen, versicherte Primo Levi. Aber die meisten legten auch nahe, daß niemand das Recht habe, sich selbst an die Stelle Wiesenthals in eine derartige Lage zu setzen. Nur er könne das Dilemma lösen.

Wiesenthal hat versucht, damit zurechtzukommen, indem er die Frage der Vergebung mit dem Vorsatz «Recht, nicht Rache» umging, von dem er behauptet, daß er seine Handlungen und Haltung bei der Verfolgung der Nazi-Verbrecher geleitet habe.

Anfang Mai 1945 und sich der Tatsache, daß die Amerikaner schon ganz nahe waren, nicht bewußt, wagte Wiesenthal kaum mehr sich vorzustellen, daß er lebend entkommen könnte. Wiederholt träumte er von dem SS-Offizier mit dem Kopfverband. Als er einmal aufwachte, lag direkt neben ihm auf der Pritsche ein Mann, dessen Kopf verbunden war. Wiesenthal begann zu zittern. Der andere Mann, ein Christ, wollte wissen, warum. Deshalb erzählte er ihm die Geschichte von der Sonnenblume. Die Antwort war unmißverständlich: «Du hast eine große Sünde begangen. Der SS-Mann zeigte Reue, und du hast ihm nicht vergeben.» Wiesenthal antwortete, daß es doch zumindest verständlich sein müsse, daß er als Jude, dem selbst von diesem SS-Mann nichts angetan worden sei, gezögert habe zu vergeben. Noch lange nach dieser Debatte bedauert er diesen «ewigen Disput zwischen den Religionen».

Wiesenthal wog kaum 45 Kilogramm, als der Colonel der amerikanischen Armee Richard Seibel am 5. Mai 1945 seine Einheiten der 11. Panzerdivision nach Mauthausen führte. Die Gegend war zur sowjetischen Zone bestimmt worden, aber die Amerikaner erreichten das Konzentrationslager kurz vor der Roten Armee und behielten es fünf Wochen lang unter ihrer Kontrolle. Dann wurde das Gebiet um Mauthausen in der Folge der Aufteilung Österreichs unter den vier Mächten zur sowjetisch besetzten Zone. Wiesenthals Leben wäre sicherlich ganz anders verlaufen, wenn er von den Sowjets befreit worden wäre. Es ist zweifelhaft, ob die Russen so wie die Amerikaner versucht hätten, seine Gesundheit wiederherzustellen, und daß sie ihm erlaubt hätten, sich an der Suche nach den Nazi-Verbrechern zu beteiligen.

Colonel Seibel fand das Lager in einem Tumult vor, die Häftlinge liefen Amok. Ein russischer Lagerinsasse, ein Major, hatte sich selbst zum Kommandanten ernannt und ein Tribunal für die Hinrichtung bestimmter Kapos eingerichtet. Eine Pistole wurde auf den Kopf des Colonel gerichtet, bevor er überredet werden konnte, sich zu den sowjetischen Truppen zu begeben, die bei Mauthausen lagen. Es wurde Abend, bis Seibel seine Aufmerksamkeit dem Chaos zuwenden konnte, mit dem er konfrontiert war. Und erst am nächsten Morgen realisierte er, wie schrecklich, wie qualvoll die Situation war.

Der Horror, auf den Seibel nichts vorbereitet hatte, hat ihn niemals verlassen. Obwohl sein kalifornischer Hintergrund nichts mit dem von Wiesenthal gemein hat, hat er sein ganzes Leben lang dasselbe dringliche Gefühl gehabt, der Welt begreiflich zu machen, welche Verbrechen von den Nazis begangen worden waren. Als er vor seiner Entlassung aus dem Militärdienst sah, welche Versuche mittlerweile unternommen wurden, um den Holocaust herunterzuspielen und sogar die Massenvernichtung zu leugnen, handelte der Colonel, um «eine gewisse Verwirrung hinsichtlich der Einnahme und Befreiung von Mauthausen zu klären». Er berichtete seinen Vorgesetzten im Militär ausführlich «die Höhepunkte» der Szenen, die ihn und seine Truppen so schockiert hatten. Dieser Augenzeugenbericht allein sollte ausreichen, um Wiesenthals Kritiker zum Verstummen zu bringen, die behaupteten, daß er die Brutalitäten in Mauthausen sehr übertrieben habe, und die ihn mit diesen Behauptungen als einen Heuchler und Lügner darstellen. Seibel schrieb:

«Plötzlich wurden Tausende von Menschen, die kurz vor dem Verhungern waren, die geschlagen und grausam gefoltert worden waren, befreit. Sie hatten nichts zu essen, keine sanitären Einrichtungen, keine Kleidung, keine Elektrizität. Die Spannung, die bestand, war unglaublich und machte sich am nächsten Tag in einem Aufstand Luft, bei dem vier Kapos hingerichtet wurden. Die Häftlinge schnitten ihre Kehlen durch. ... Nachdem wir etwas Ordnung in das Lager bringen konnten, fanden wir heraus, daß sich dort ungefähr 18000 Häftlinge aus 20 Nationen befanden ... aber 1500 von ihnen konnte nicht mehr geholfen werden. Sie starben in den ersten Tagen.»

Seibel beschreibt, wie sie die Überlebenden langsam mit Suppe und Brot fütterten, um ihr Verdauungssystem vor einem plötzlichen «Schock» zu bewahren. Der deutsche Kommandant von Mauthausen, Franz Ziereis, hatte versucht zu fliehen, aber er wurde von den Amerikanern gefangengenommen und später hingerichtet. «Während des ganzen Verhörs leugnete er, irgend etwas getan zu haben.» Doch:

«Die Krematorien existierten tatsächlich, ich habe sie persönlich gesehen und konnte nicht glauben, daß es eine solche Unmenschlichkeit geben sollte, bei der Häftlinge im Winter mit einem Feuerwehrschlauch bespritzt und draußen liegengelassen wurden, so daß sie langsam starben. Ich habe auch die Gaskammern gesehen, in denen Menschen so dicht gepackt waren, daß sie sich nicht mehr bewegen konnten. Kleine Kinder wurden obenauf geworfen, bevor alle vergast wurden. Ich habe die Sezierräume gesehen und die Kühlräume, in denen die Leichen wie Holzscheite aufgeschichtet waren und auf das Sezieren oder das Krematorium warteten. Ich habe die privaten Hinrichtungsräume gesehen, in denen Häftlinge vom Kommandanten gehängt oder erschossen wurden. Ich habe die elektrischen Zäune mit Hochspannung gesehen, gegen die sich die Häftlinge warfen, die ihre Leiden nicht länger ertragen konnten und die einen schnellen Tod wollten. Ich habe die Bettgestelle in den Baracken gesehen, die für eine Person gemacht waren und auf denen entkräftete Häftlinge zu dritt auf einer Pritsche schliefen. Und ich habe die Menschen gesehen und das, was ihnen angetan wurde, und ich habe verstanden, in welchem Ausmaß sie mißhandelt worden waren.

Mauthausen hat existiert. Die menschliche Unmenschlichkeit hat existiert. Damit dies nicht noch einmal geschieht, darf der Welt nicht erlaubt werden zu vergessen, wie weit die Menschheit sinken kann.»

Um alle verbleibenden Zweifel zu zerstreuen, hat Seibel eine Fußnote angefügt, daß «die US War Crimes Commission festgestellt hat, daß die Größe des Lagers und die Verbrechen, die dort begangen wurden, zu den schlimmsten gehörten, die untersucht wurden».

Colonel Seibel ist für Wiesenthal ein Held – nicht nur, weil er anfing, den zusammengewürfelten, desorientierten Überlebenden einen gewissen Sinn von Menschlichkeit zurückzugeben, sondern vor allem, weil er Wiesenthals Empfinden für seine eigene Würde wiederherstellte und ihn davon überzeugte, daß sein Leben einen Zweck habe. Wiesenthal hat in zwei seiner Bücher sehr bewegend über Seibel geschrieben – in *Doch die Mörder leben* und *Recht, nicht Rache* – und spricht von ihm oft mit unverminderter Dankbarkeit als dem Mann, dessen Handlungen ihn gelehrt haben, daß Recht und Gerechtigkeit lebendig und gut seien.

Wiesenthal ist immer in Verbindung mit Seibel geblieben und hat dafür gesorgt, daß er als Gast der österreichischen Regierung im Mai 1995 zum 50. Jahrestag der Befreiung von Mauthausen eingeladen wurde. Seibel kam tatsächlich, umgeben von seinen Kindern und Enkeln. An dem Ort, an dem er einmal von Angesicht zu Angesicht den Haufen von Leichen und Beinahe-Toten gegenübergestanden hatte, waren nicht nur Würdenträger zusammengekommen, sondern über 30000 Menschen, die den Überlebenden ihren Respekt erweisen wollten. Es war ein warmer Sommertag, der auf verwirrende Weise nicht zu den düsteren Erinnerungen dieses Anlasses paßte. Seibel sprach kurz und mit kräftiger Stimme vom Holocaust. Er hob hervor, wie unvorbereitet er auf die unmenschlichen Umstände gewesen sei, die er in Mauthausen vorgefunden hatte. Auch fünfzig Jahre später blieben sie ihm so unerklärlich wie an jenem Maitag 1945. Wie sein Freund Wiesenthal drängte er die Jugend, niemals zu vergessen.

Der 5. Mai 1945 hat sich für immer in Wiesenthals Bewußtsein eingeprägt. Der bis zum Skelett abgemagerte Mann lag auf einer Pritsche, umgeben von Leichen, die nicht herausgetragen wurden, weil die SS geflohen war und das Krematorium endlich stillstand. Er stolperte nach draußen auf den sonnenüberfluteten Hof und sah einen großen Panzer, auf dem die amerikanische Flagge wehte. Er wollte ihn berühren, aber er war so schwach, daß er ohnmächtig wurde und auf seine Pritsche zurückgebracht wurde. Als er das Bewußtsein wiedererlangte, war der Block gesäubert worden, die Leichen waren entfernt, der alte Gestank war durch den Geruch von Desinfektionsmitteln ersetzt worden. Und es gab einen amerikanischen Soldaten, der Suppe brachte – richtige Suppe, nicht bloß gefärbtes Wasser.

«Zwei Tage nach der Befreiung wurde mir gesagt, daß man Ausweise bekommen konnte, um aus dem Lager zu gehen und zurückzukehren. Der Mann mit den Ausweisen war einer von den polnischen Häftlingen, der ein Helfer im Lager geworden war. Es war Kazimierz Rusinek, der später Präsident des Polnischen Kulturrats wurde und auch noch andere Funktionen in dem kommunistischen Regime einnahm. Langsam, langsam stolperte ich über die Höfe zu dem Büro von Rusinek und klopfte an die Tür. Im Vergleich zu uns war er gut genährt. Er sah mich an und rief ‹du verdammter Muselman› – das war der Ausdruck für die Häftlinge, die für die Öfen bestimmt waren. Als ich ihn um einen Ausweis bat, erwiderte er, daß ich tot wäre, wenn die Nazis noch da wären. Dann schlug er mich und warf mich auf den Hof.

Ich bin frei und werde immer noch geschlagen? Am nächsten Morgen sagte ich zu einem amerikanischen Arzt, daß ich gern mit dem US-Kommandanten sprechen wollte. Der Arzt meinte, ich sei zu schwach, aber ich habe darauf bestanden, daß er und eine weitere Person mir helfen sollten. So trugen sie mich zu Oberst Seibel. Er sprach kein Polnisch, und ich konnte kein Englisch. Aber er hatte einen Dolmetscher [einen weiteren Mauthausen-Häftling, Prem Dobias, der Wiesenthals ergebener Freund wurde], und so erfuhr ich, daß die Amerikaner schon damit begonnen hatten, mutmaßliche Kriegsverbrecher zu verhören. Sie benutzten das Büro des früheren Kommandanten, und dahin brachte man auch mich.»

Colonel Seibel hat ein erschreckendes Bild von Wiesenthals Erscheinung an diesem Tag in Erinnerung behalten. Er sah aus wie «ein Skelett, das von zwei Männern gestützt wurde, ein Skelett, an dem ein gestreifter Pyjama hing. Ein Mann, der dennoch mit seinen Augen sprechen konnte.»

Wiesenthal fand einen freien Stuhl im Verhörzimmer und ließ sich darauf fallen. «Es gab dort zwei uniformierte Amerikaner und einen in Zivil, und sie brachten eine Anzahl von SS-Männern in Ketten herein und verhörten sie. Das war die US War Crimes Unit bei der Arbeit. Die SS-Leute kamen und gingen, und ich war so davon eingenommen, daß ich vollkommen vergaß, daß ich eigentlich gekommen war, um mich über Rusinek zu beschweren. Nach einer Weile fragte mich ein deutschsprechender Lieutenant, warum ich dort sei, und ich erklärte es ihm. Der Name des Amerikaners war Abbie Mann, und er sagte mir, daß Rusinek am nächsten Tag geholt werden würde, um wegen seines Verhaltens Rede und Antwort zu stehen.

Ich fragte den Lieutenant, ob ich noch eine Weile in dem Verhörzimmer bleiben könne, weil ich gerade Zeuge dessen geworden sei, was der Inhalt meiner Träume gewesen sei, etwas, von dem ich während der ganzen Zeit in den Lagern niemals geglaubt hätte, daß es einmal wahr werden könne. Glauben Sie mir [sagt Wiesenthal 49 Jahre später], ich weiß immer noch nicht, wie ich es geschafft habe, aufzustehen, den Raum zu verlassen und zu meiner Pritsche zurückzukehren.

An diesem Abend bat mich eine Reihe von Polen, darunter der künftige polnische Premierminister Josef Cyrankiewicz und Graf Radziwill, die auch alle Häftlinge in Mauthausen gewesen waren, mich nicht weiter über Rusinek zu beschweren. Sie bestritten nicht, daß er sich wirklich schlecht benommen hatte, aber jemand, der Jahre als Häftling von Mauthausen verbracht habe, verdiene es nicht, mit SS-Leuten in einen Topf geworfen und vor die War Crimes Unit gebracht zu werden. Sie meinten alle, daß ich nach den Nazis suchen solle, nicht nach den Opfern.

Am nächsten Morgen war mein Verlangen, wieder den Verhören beizuwohnen, stärker als das, Rusinek bestraft zu sehen. Ich fand jemanden, der mir half, dorthin zu kommen, und ich saß wieder auf demselben Stuhl. Abbie Mann sah mich und fragte mich, ob ich gekommen sei, weil mich noch jemand geschlagen habe. Im Gegenteil, sagte ich ihm, ich möchte meine Anschuldigung zurückziehen. Der Lieutenant fand das nicht komisch. Glauben Sie vielleicht, wir sind Kinder, die Krieg und Gerichtshof spielen, fragte er mich. Deshalb erklärte ich ihm, daß so viele Polen mich gedrängt hätten, nicht nachtragend gegenüber jemandem zu sein, der ebenfalls in den Lagern gelitten habe.

Lieutenant Mann beschloß dann, daß Rusinek sich wenigstens öffentlich entschuldigen müsse. Nach einer halben Stunde begleitete er mich in den Hof hinaus. Er war voll mit Überlebenden, die in einem Halbkreis saßen. Ich wurde in die Mitte gebracht, Rusinek wurde geholt, erklärte, daß er unter großem Streß gestanden habe und erklärte, warum er so gehandelt habe. Er entschuldigte sich. Die Amerikaner baten uns, uns die Hände zu schütteln. Ich war bereit, die Entschuldigung anzunehmen, aber ich konnte ihm nicht die Hand schütteln, weil ich nicht wußte, ob er nicht auch noch viele andere geschlagen hatte. Jahre später war Rusinek einer der polnischen Kommunisten, die die Verleumdungskampagne gegen mich anführten.

Jeden Tag ging ich zu den Verhören, und jeden Tag bat ich darum, mich für die Kriegsverbrecher-Einheit arbeiten zu lassen. Die Amerikaner fragten mich immer wieder, wieviel ich wiegen würde, und ich antwortete, ungefähr 55 Kilo. Sie lachten. Ich war von diesem Gewicht noch weit entfernt. Ich fand eine Spiegelscherbe und verstand, was sie meinten. Ich war so weiß wie Zucker. Aber nur um mich loszuwerden, gaben sie mir einen Stift und Papier und sagten, ich solle alles aufschreiben, was ich wisse, und dann würden sie nochmal darüber nachdenken. Zurück auf meiner Pritsche machte ich eine Liste all der Lager, in denen ich gewesen war, und eine der Namen aller Nazis, an die ich mich zusammen mit ihrem Rang und ihren Verbrechen erinnerte. Ich schrieb sie auf polnisch und übergab sie Colonel Seibel. Ich war zu müde, um noch eine Abschrift für mich zu machen.»

Jahre später ging Abbie Mann, der mittlerweile ein Drehbuchautor für einen amerikanischen Fernsehfilm über Wiesenthal war, auf der Suche nach Material in das amerikanische Nationalarchiv und fand das Original von Wiesenthals Liste aus dem Jahr 1945. Sie enthält 91 Namen, und Mann wurde gesagt, daß das Dokument einzigartig sei, keine andere Person sei in der Lage gewesen, eine ähnlich lange Liste der Nazi-Verbrecher zu erstellen. Wiesenthal berichtet dies mit besonderem Stolz: «Mein Gedächtnis war damals ausgezeichnet.»

Es ist auch ausgezeichnet geblieben, ebenso wie seine detektivischen Instinkte. «Wiesenthals wichtigstes Archiv ist sein Gedächtnis», behauptet einer seiner engen Mitarbeiter in Wien. Die Lagerinsassen, die ihm in den Kriegsjahren begegnet waren, erinnern sich ebenfalls daran, wie Wiesenthal sie ständig nach Informationen über die Massenmörder befragt habe. Damals konnten sie nicht verstehen, warum er daran so interessiert war. Warum wollte er in Zeiten, in denen der Tod unausweichlich schien, die Namen von Nazis und ihrer Opfer im Gedächtnis behalten? Später begriffen sie seine Leidenschaft für Namen und Tatsachen.

Wiesenthals Mauthausen-Liste trägt das Datum vom 25. Mai 1945. Ein Begleitbrief zeigt, daß Wiesenthal schon beschlossen hatte, sich der Aufgabe zu widmen, die Nazi-Verbrecher der Gerechtigkeit zu übergeben, obwohl er den Gedanken an eine eventuelle Rückkehr nach Polen noch nicht vollständig aufgegeben hatte. Er schrieb:

«Ich habe eine Reihe von Jahren in dreizehn nationalsozialistischen Konzentrationslagern verbracht ... und in dem Verlangen, den US-Behörden bei ihren Anstrengungen zu helfen, die Nazi-Verbrecher zu überführen, erlaube ich mir, das Folgende beizufügen:

1. Da alle Lager, in denen ich gefangen gehalten wurde, in den Gebieten liegen, die von der sowjetischen Armee eingenommen wurden, bin ich überzeugt davon, daß diejenigen, die für die Schrecken verantwortlich sind, nicht im östlichen Teil Europas zu finden sind, sondern sich entweder in Süd- oder Westdeutschland aufhalten.

2. Ich lege eine kurze Liste derjenigen bei, die ich in den verschiedenen Lagern gesehen habe und die ich wiedererkennen würde. Viele von ihnen haben mir und meinen Mithäftlingen unsagbares Leid zugefügt. Viele von ihnen habe ich persönlich dabei gesehen, wie sie Morde begangen haben, die sowohl von der Anzahl als auch der Art her phantastisch waren. Wie gezeigt haben einige von ihnen ein Zuhause oder Verwandte in den Orten, die nun unter alliierter Besatzung stehen.

3. Da alle Mitglieder meiner Familie und meine engsten Verwandten von den Nazis getötet worden sind, bitte ich darum, mich den US-Behörden zur Verfügung stellen zu dürfen, die die Kriegsverbrechen untersuchen. Obwohl ich polnischer Staatsbürger bin und gern an meinen Heimatort zurückkehren würde, glaube ich, daß die Verbrechen dieser Männer von einem derartigen Ausmaß sind, daß keine Anstrengung unterlassen werden sollte, um sie zu verhaften. Ich glaube auch, daß es meine Pflicht ist, meine Dienste anzubieten, entweder, um die Beschreibung ihrer Missetaten zu vervollständigen, oder – falls eine Identifizierung gebraucht wird – als Augenzeuge.

Es folgt eine kurze Liste der SS- und Gestapo-Männer und Parteimitglieder, die ich dabei beobachtet habe, wie sie sich an Morden und anderen Verbrechen gegen das menschliche Leben beteiligt haben. In dieser Liste sind sie in zwei Gruppen unterteilt – diejenigen, die in Galizien waren, und diejenigen des Lagers Krakau-Plaszow.»

Diese Liste wird zu einem Profil von Brutalität, das um so bestürzender ist, weil es erstellt wurde, als Wiesenthal sich den Ereignissen noch so nahe fühlte und sich noch nicht an die Tatsache gewöhnt hatte, daß seine Qualen ein Ende hatten. Ganz oben auf der Liste stand der Name des SS-Majors General Katzmann, der von Wiesenthal als «verantwortlich für den Tod von wenigstens einer Million Menschen» beschrieben wurde. Oder nehmen wir Gestapo-Kommissar Shöls: «tonangebend bei dem Massenmord in ganz Galizien und verantwortlich für die Planung». Er nennt Friedrich Warzok, den Kommandanten des Lagers Janowska, der Wiesenthal und seine Mithäftlinge als Schutzschild gegen die vorrückende Rote Armee benutzte. Das Dokument beschreibt ihn als «ein Biest, der mindestens

60 000 Juden liquidiert hat und Häftlinge lebendig in ihren Baracken zu verbrennen pflegte». Amon Göth, der Kommandant des Lagers Plaszow, war der «größte Mörder von allen. Die Zahl seiner Opfer beläuft sich auf Tausende. Meister der Grausamkeiten.» Und Leo John, ebenfalls aus Plaszow, dessen «Spezialität es war, Frauen und Kinder zu töten. Seine Opfer gehen in die Tausende.»

Zu Wiesenthals Plaszow-Liste gehört auch der SS-Wächter Hujar, «Gewinner zahlreicher Wetten, weil es ihm gelang, eine Kugel durch zwei Köpfe gleichzeitig zu jagen»; ein weiterer mit dem Namen Lied, ein «degenerierter Sammler der Schädel seiner Opfer»; und Kurt Becher, «ein Mörder der Kranken im Krankenhaus». Einige Wachleute werden schlicht als «Sadisten» beschrieben.

Doch auch in dieser entscheidenden Zeit war Wiesenthal schon darauf bedacht, ebenfalls von den Nazis zu berichten, die sich anständig benommen hatten. Das Dokument von 1945 nennt zwei Männer von den OAW in Lwów, die sich Wiesenthal gegenüber anständig verhalten hatten, als er dort Zwangsarbeit verrichtete. Einer davon ist Adolf Kohlrautz, der so viel dazu beigetragen hat, daß Wiesenthal überlebte, und der andere ist Werner Schmidt, den er aus derselben Zeit kannte. «Diese beiden Männer waren unsere Freunde und waren eine große Hilfe dabei, viele Grausamkeiten zu verhindern», schrieb Wiesenthal in seinem Memorandum.

Einige Tage später fragte Wiesenthal Mann erneut, ob sie nun bereit seien, ihn in der Kriegsverbrecher-Einheit arbeiten zu lassen. Die Antwort war positiv. Er wurde Hauptmann Tarracusio zugewiesen, im zivilen Leben Professor für Internationales Recht an der Harvard University, und zusammen durchforsteten sie die Umgebung auf der Suche nach Nazis. In diesen Tagen war die Nazi-Jagd einfach. Sie waren überall zu finden, und Wiesenthal konnte sich bald Dutzende von erfolgreichen Fängen zugute halten. So einfach und direkt sollte es nie wieder werden.

Sechs

Die Wiedervereinigung mit Cyla

Für mich gab es kein Zuhause, in das ich hätte zurückkehren können. Polen war ein Friedhof, und wenn ich ein neues Leben anfangen wollte, dann wollte ich das nicht auf einem Friedhof tun, auf dem jeder Baum, jeder Stein mich an die Tragödie erinnerte, die ich nur knapp überlebt hatte. Und ich wollte auch nicht denjenigen begegnen, die die Schuld an unseren Leiden trugen.» Immer noch traumatisiert, wollte Wiesenthal bei seinen Befreiern in Österreich bleiben.

So reagierte er auf die Vorschläge von Colonel Seibel und Lieutenant Mann und all den anderen, nach Lwów zurückzukehren – in diesen ersten Tagen im befreiten Mauthausen, als er langsam seine physische Kraft wiedergewann und sich an den Gedanken gewöhnte, daß er seine Freiheit wiedererlangt hatte. Seine neuen amerikanischen Freunde, die von seinen Lagerzeichnungen beeindruckt waren, entlockten ihm, daß er in seiner früheren Existenz Architekt gewesen war. Die amerikanischen Soldaten, die die Tage zählten, bis sie wieder nach Hause zurückkehren konnten, hielten es für selbstverständlich, daß auch Wiesenthal in seine frühere Heimat zurückkehren wollte, um Leben und Beruf wiederaufzunehmen, die er 1941 zurückgelassen hatte.

Wiesenthal sah das ganz anders und ließ sich nicht von seiner Meinung abbringen. Er sagte ihnen, seine ganze Familie sei von den Nazis ermordet worden und er glaube, daß auch seine Frau beim Warschauer Aufstand getötet worden sei. Galizien besaß für ihn keine andere Bedeutung mehr als die der Bedrohung und des Todes und der

Zerstörung aller Illusionen, die er einmal gehabt haben mochte: daß Juden dort als gleichwertige Bürger leben könnten. Es hätte ihm sicherlich offengestanden, anderswo als Architekt zu arbeiten, aber er hatte kein Interesse mehr an seinem früheren Beruf. Intuitiv fühlte er, daß er die Uhr nicht zurückstellen konnte. Für Wiesenthal hat es niemals eine andere Option gegeben als sein sich selbst gegebenes Versprechen: sich darauf zu konzentrieren, die Täter des Holocaust zu stellen und der Öffentlichkeit zu übergeben.

In diesen späten Frühlingstagen des Jahres 1945 war das alles noch etwas unklar. Der Schock der Freiheit war schwer zu verkraften. Alles um ihn herum war in Unordnung geraten. Für die alliierten Kräfte bestimmte Improvisation die Tagesordnung. Die befreiten Lager waren eine düstere, zwielichtige Welt mit Menschen, die nicht nur displaced, sondern auch desorientiert waren, mit Menschen, die nicht wußten, wo sie ihre zukünftige Existenz führen sollten. Die Überlebenden wählten ganz unterschiedliche Wege, um mit dem zurechtzukommen, was sie erlitten oder mit eigenen Augen gesehen hatten. Die meisten von ihnen wollten sich physisch und geistig distanzieren und die Schrecken hinter sich lassen. Viele sahen ihre Rettung in Palästina, das bald zu Israel werden sollte.

Wiesenthal hob sich insofern von den anderen Lagerinsassen ab, als er sich ganz sicher war, was er nicht tun wollte. Und er besaß auch eine recht genaue Ahnung davon, was er wollte. Aber wenn ihn jemand im Sommer 1945 gefragt hätte, was genau er sich unter seiner künftigen Tätigkeit des Nazi-Jagens vorstellte oder wo er leben würde, wenn die amerikanische Sicherheitsdecke verschwunden sei, hätte er sicher keine klare Antwort geben können.

Doch zurück zu dem, was damals geschah. Er schloß sich dem US War Crimes Office an und war vorläufig damit zufrieden, mit Captain Tarracusio auf die Suche nach SS-Aufsehern zu gehen, die aus Mauthausen flohen. Tarracusio war von der Herkunft her ein Aristokrat aus Georgien (Sowjetunion), der im Jahre 1918 als Kind in die Vereinigten Staaten gekommen war. Die beiden mochten und respektierten sich. Tarracusio begriff, wie wichtig es für Wiesenthal war, eigenhändig Verhaftungen vorzunehmen. Wiesenthal war immer noch schwach und entkräftet und hatte beträchtliche Schwierigkeiten, die beiden Treppen eines kleinen dörflichen Hauses hinaufzusteigen, um einen SS-Wächter aus Mauthausen zu verhaften – nur eine kleine Figur bei der Marter, die er dennoch niemals vergessen hat, denn die Verhaftung war eine erste Trophäe.

Das Team Wiesenthal-Tarracusio erwies sich nur als vorübergehende Partnerschaft. Sie dauerte kaum drei Wochen, dann wurde Mauthausen zur sowjetisch besetzten Zone, und die Amerikaner zogen ab. Aber die Amerikaner verließen Wiesenthal nicht. Sie ermöglichten es ihm, nach Linz zum OSS (Office of Strategic Services) zu kommen, dem amerikanischen Militärgeheimdienst und Vorläufer der CIA (Central Intelligence Agency). Die Amerikaner verfolgten eine Politik der Entnazifizierung und suchten nach Kriegsverbrechern. Aber der OSS hatte auch die Aufgabe, Agenten der Spionageabwehr mit Verbindungen in die Sowjetunion und zu den osteuropäischen Kommunisten zu rekrutieren. Gleichzeitig versuchte der CIC (der US-amerikanische Counter Intelligence Corps), Informationen über nationalsozialistische Waffenprojekte und wissenschaftliche Entwicklungen zu erhalten.

Im Ergebnis konkurrierte selbst in der unmittelbaren Nachkriegszeit, als die Entnazifizierung für die vier Alliierten offiziell noch höchste Priorität hatte, die Suche nach Naziverbrechern mit der versteckten Agenda, Geheimagenten zu rekrutieren und wichtige deutsche Wissenschaftler dazu zu veranlassen, für den Westen zu arbeiten, damit ihr Wissen nicht der Sowjetunion zugute kam.

Als Wiesenthal anfing, für den OSS zu arbeiten, hatte er keine genaue Kenntnis von diesen Dingen, aber er begriff sehr schnell, daß es ein Fehler wäre, sich zu sehr auf die Amerikaner zu verlassen. Beim Sammeln von Dokumenten über Kriegsverbrechen und bei der Spurensuche zur Familienzusammenführung von Überlebenden wurde Privatinitiative nötig. Er mußte sein eigenes Netzwerk organisieren, selbst wenn er bei den Amerikanern blieb. Gemeinsam mit anderen ehemaligen Mauthausen-Häftlingen gründete er ein Jüdisches Komitee von Überlebenden, dessen Mitarbeiter sich in den Camps for Displaced Persons um die Familienzusammenführung bemühten.

Aber Wiesenthal war auch so weitblickend, möglichst viele Belege von Kriegsverbrechen zu sammeln, solange die Erinnerungen daran noch frisch und – vor allem – solange die Zeugen noch nicht in alle Welt verstreut waren. Wenn die Mitarbeiter des Jüdischen Komitees in den Camps waren, erstellten sie Listen von Überlebenden und drängten sie, ihre Nazi-Peiniger zu identifizieren und deren Verbrechen zu beschreiben. Die beiden Räume in Linz, in denen sich das Jüdische Komitee niedergelassen hatte, waren überfüllt von Menschen, die die Listen nach Verwandten und Freunden durchsuchten und ihnen neue Namen hinzufügten.

Und wieder einmal geschah Simon Wiesenthal ein Wunder – oder vielleicht kann man es auch Glück nennen: Er entdeckte, daß seine Frau überlebt hatte und er nach ihrem Aufenthaltsort suchen könne. Die Geschichte ihrer Wiedervereinigung ist ein Stoff, aus dem Romane geschrieben werden können. Doch man sollte auch nicht vergessen, daß in diesen chaotischen Nachkriegsmonaten das Unwahrscheinliche eine tagtägliche Erscheinung war und die Menschen durch eine Reihe von zufälligen Begegnungen zueinander fanden, die weder geplant noch vorhergesagt werden konnten.

Er hatte seine amerikanischen Freunde bereits darum gebeten, ihm dabei zu helfen, herauszufinden, was mit seiner Frau geschehen sei. Dann entdeckte Wiesenthal eines Abends, als er eine Liste von Überlebenden aus Krakau durchsah, den Namen eines Rechtsanwalts, eines Dr. Biener aus Buczacz, den er vor dem Krieg gekannt hatte. Wiesenthal schrieb ihm sofort einen Brief und bat ihn, in Warschau zur Topiel-Straße zu gehen, in der Cyla untergekommen war, und herauszufinden, an welcher Stelle ihr Körper unter den Ruinen liegen könnte. Dann könnte er wenigstens für ein Begräbnis sorgen und eine Sonnenblume auf ihrem Grab pflanzen. Der Postverkehr funktionierte noch nicht wieder, aber es gab viele Schmuggler und Schwarzmarkthändler, die bereit waren, als Kuriere zu dienen. Die

Wege nach Polen waren gewunden, oft gingen sie über Ungarn und die Tschechoslowakei, es waren die Routen, auf denen Zigaretten, Leder, Waffen, Gold und andere Wertgegenstände transportiert wurden. Wiesenthals Brief erreichte Krakau im Oktober 1945. Zwei oder drei Tage später klopfte es bei Dr. Biener an der Tür. Er öffnete sie einen Spalt weit, und dort stand – blaß, zerzaust, aber unverkennbar – Cyla, die Frau, nach deren sterblichen Resten er gerade gebeten worden war, in Warschau zu suchen. Überrascht murmelte der Anwalt, daß sie für tot gehalten worden sei; jedenfalls sei gerade ein Brief von ihrem Mann eingetroffen, der annehme, daß sie mit großer Wahrscheinlichkeit unter den Trümmern der Topiel-Straße liege.

Cyla konnte kaum glauben, was sie hörte. Wie Simon, dem von einem Überlebenden des Ghetto-Aufstandes erzählt worden war, daß sie tot sein müsse, hatte Cyla noch vor Kriegsende gehört, daß ihr Mann aus Lwów verschwunden und sicher tot sei. Sie versuchte nun, nach Lwów zurückzugelangen, das jetzt zur Sowjetunion gehörte, um wenigstens herauszufinden, was wirklich mit Simon geschehen war, seit sie sich von ihm am Zaun der OAW verabschiedet hatte.

Wiesenthal erzählte die Geschichte im Jahre 1994 weiter. Die wichtigsten Dinge sind unverändert geblieben, aber, verglichen mit der Version in seinem Buch *Doch die Mörder leben*, gibt es ein paar kleine Variationen.

Kurz nachdem er den Brief an Dr. Biener auf den Weg gegeben hatte, überredete er einen Bauern in der Nähe von Linz, ihn ein Pferd reiten zu lassen. «Als junger Mann war ich ein leidenschaftlicher Reiter gewesen. Jetzt wog ich nur noch ungefähr fünfzig Kilo. Ich wollte nur für zehn Minuten auf einem Pferd sitzen, um herauszufinden, ob ich immer noch reiten könne. Der Bauer hatte Zweifel, aber er schickte seinen Sohn, einen Sattel zu holen. Ich sagte, daß ich keinen Sattel bräuchte, schwang mich hinauf und weg war ich. Nur wenige Augenblicke später hatte das Pferd mich abgeworfen, und ich hatte einen gebrochenen Knöchel.

Mein Bein wurde gerichtet, und ich wurde ins Bett gelegt und durfte mich nicht bewegen. Und dann kam plötzlich diese vollkommen unerwartete Überraschung: ein Brief von meiner Frau. Es stellte sich heraus, daß die Deutschen einige Leute aus der Topiel-Straße zusammengetrieben hatten, bevor sie die Gebäude sprengten. Die Papiere, die meine Frau von der Untergrund-Heimatarmee erhalten hatte, waren gut genug, um die Deutschen glauben zu machen, daß sie echt waren und sie eine Arierin sei. Sie wurde zusammen mit anderen Frauen als Zwangsarbeiterin nach Solingen in Deutschland gebracht, wo sie in einer Waffenfabrik arbeiten mußte. Solingen wurde 1945 früh von den Briten befreit, als Mauthausen noch von der SS besetzt war.

In dem Lager in Solingen waren viele hundert polnische Frauen. Sechs von ihnen, dazu gehörte meine Frau, hatten falsche Papiere. Diese sechs beschlossen, sich auf eigene Faust auf den Weg nach Polen zu machen. Es gab keine Transportmöglichkeiten. Sie gingen zu Fuß und trampten. Und stellen Sie sich vor, einmal waren sie ganz in der Nähe von Linz, wo ich war. Aber natürlich konnten sie nicht wissen, daß ich noch am Leben und dort war. Denn bevor sie nach Solingen gebracht wurde, hatte einer der Partisanen zu Cyla gesagt, daß sie aufhören solle, mir zu schreiben, denn er wisse, daß ich getötet worden sei.

Aber eine der polnischen Frauen sagte immer wieder zu Cyla, daß sie die Hoffnung nicht aufgeben solle. Wenn Simon noch lebt, ist er sicherlich in Lwów, dachte meine Frau. Dorthin wollte sie, als sie in dem ersten Herbst nach dem Krieg Krakau erreichte. Die Stadt stand unter sowjetischer Besatzung. Sie erfuhr, daß in einigen Stunden ein Zug nach Lwów fahren sollte, und so ließ sie ihr Bündel am Bahnhof und ging spazieren. Plötzlich hörte sie, wie ihr Name gerufen wurde. Es war ein Zahnarzt, den sie aus Lwów kannte. Er erzählte Cyla, ja, er wisse auch, daß Simon tot sei, aber die näheren Umstände kenne er nicht.

Normalerweise hätte er über seine Kontakte zur Heimatarmee genau herausfinden können, was passiert war. Aber alle Mitglieder der Heimatarmee galten als unerwünschte bürgerliche Elemente, und die Sowjets versuchten, sie aufzuspüren. Der Zahnarzt hatte nicht gewagt, mit ihnen in Kontakt zu treten. Er riet Cyla, zu Dr. Biener zu gehen, der vielleicht mehr wisse. Er gab ihr die Adresse, und weil es keine Verkehrsmittel gab, lief sie durch die ganze Stadt, um seine Wohnung zu finden.

Nachdem Dr. Biener seinen Schock überwunden hatte, daß Cyla noch lebte und vor ihm stand, zeigte er ihr meinen Brief. Aber sie nahm weiterhin an, daß ich tot sei, und sagte sogar, daß sie meine Handschrift nicht wiedererkenne. Dr. Biener meinte, sie solle ihr Bündel am Bahnhof vergessen und bei ihm bleiben, bis sich die Dinge geklärt hätten. Zusammen schrieben sie einen Brief und schickten ihn, wieder durch einen Kurier, an das Jüdische Komitee in Linz.

Ich pflegte immer noch meinen gebrochenen Knöchel, als der Brief ankam. Ich konnte mich kaum bewegen, aber ich schaffte es, hinunterzugehen und Captain O'Meara zu rufen, meinen Vorgesetzten in dem Büro des OSS. Ich sagte ihm, daß ich nach Polen müsse, aber natürlich war ich durch meine physische Kondition gehindert. Der Captain schlug vor, jemanden zu finden, der ohnehin nach Polen fahre und der meiner Frau die Erlaubnis zur Einreise in die US-amerikanische Zone und andere Dokumente bringen könnte, die sie benötigte, um zu mir zu kommen.

Ich kannte einen Dr. Weissberg, ein Mann, der seine Frau in Auschwitz verloren hatte und der die Absicht hatte, nach Polen zurückzukehren. Ich sagte ihm, daß ich nur wenig Geld hätte, um seine Reisekosten zu bezahlen. Es fuhren immer noch keine Züge nach Polen, und er fuhr auf einem Lastwagen mit. Weissberg war gewarnt worden, daß die Kontrollposten der Sowjets bei der Einreise normalerweise alles durchsuchten. Nur ein paar Tage zuvor war ein anderer Mann, der mit englischsprachigen Dokumenten gereist war, als Spion verhaftet worden. Deshalb zerriß Weissberg mit Ausnahme seiner eigenen Reisedokumente alle Papiere, die er mitnahm. Cylas amerikanisches Einreisedokument wurde wie auch ihre Krakauer Adresse zerstört.

Aber Weissberg wurde nicht durchsucht; er wurde einfach durchgewunken und kam unbehelligt in Krakau an. Doch er wußte nun nicht mehr, wo er Cyla finden konnte. Am nächsten Tag ging er zum Jüdischen Komitee und brachte eine Notiz am Schwarzen Brett an, in der er eine Frau Wiesenthal suchte, deren Mann in Linz sei und sie suche, damit sie zu ihm kommen könne.

Einige Wochen später, im Dezember, kam Weissberg nach Linz zurück. Er kam zu mir und erzählte mir die Geschichte, daß drei Frauen auf seine Anzeige reagiert hätten, die alle behauptet hätten, Cyla Wiesenthal zu sein. Die Aussicht, nach Österreich zu gelangen, muß ihnen als Erlösung erschienen sein, als eine Möglichkeit, aus Polen und vielleicht in die Vereinigten Staaten zu kommen. Weissberg erzählte mir, daß er sich entschlossen habe, eine der drei mitzubringen. Er hatte diejenige ausgewählt, die ihm am besten gefiel; wenn sich herausstellen sollte, daß es nicht meine Frau sei, wolle er sie vielleicht heiraten.

Ich fragte ihn, wo die Frau sei. Unten, war seine Antwort. So bat ich Weissberg, sie in mein Zimmer zu bringen. Und als ich sie sah, sagte ich Weissberg, daß er sich eine andere Frau suchen müsse. Diese hier war meine.

Das war das Ende eines weiteren Kapitels in meinem Leben. Wunder und noch mehr Wunder, vielleicht mehr, als ein einzelner Mensch sie verdient.»

Simon war fast siebenunddreißig Jahre alt und Cyla einige Monate älter. Sie hatten vor dem Krieg keine Kinder gehabt. Nun beschlossen sie, eins zu bekommen, bevor es zu spät sei. Ihre Tochter Paulinka wurde im September 1946 geboren. Nach den langen Leiden und der Trennung erschien ihnen das Kind wie ein weiteres Wunder. Ihre Tochter war und ist ihnen ein großes und anhaltendes Glück.

Simon hätte gern noch ein weiteres Kind gehabt, aber Cyla war dagegen. Paulinkas Geburt war nicht leicht gewesen. Und abgesehen davon wollte sie auch lieber den Weg der meisten Überlebenden gehen, den Holocaust hinter sich lassen und versuchen, eine neue Normalität in ihr Leben zu bringen. Aber ihr Mann wollte nichts davon wissen. Simon ahnte um seine Berufung und war nicht bereit, sie aufzugeben, auch als er bemerkte, daß Cyla ihn dabei nicht aktiv unterstützen konnte. Sie liebte ihn und konnte ihn nicht ändern. Aber es macht immer den Eindruck, als ob sie in einer Falle gefangen sei, gezwungen, gegen ihren Willen und gegen ihre Neigung auf Ewigkeit mit dem Holocaust zu leben.

Da Cyla das Leben mit Wiesenthal teilte, gab es für sie keine Fluchtmöglichkeiten vor den Dämonen des Kriegs, mit der Ausnahme, sich von seiner Arbeit zu isolieren und in eine kleine eigene Welt zu flüchten. Cyla konzentrierte ihre Energien darauf, ein friedliches Zuhause zu schaffen und Paulinka aufzuziehen und zu beschützen. Aber ihre Unzufriedenheit mit den Umständen ihres Lebens und die Angst, daß Wiesenthals Feinde der Familie physischen Schaden zufügen könnten, hinterließen ihre Spuren in einer angegriffenen Gesundheit. Als die Familie später von Linz nach Wien zog und Wiesenthal seine Aktivitäten noch intensivierte, um sich gegen den anhaltenden Strom verbaler und physischer Drohungen zu verteidigen, ging es ihr gesundheitlich selten gut. «Natürlich wußte ich, daß es nicht leicht war, mit mir zusammen zu leben», gibt Wiesenthal zu. Er zitiert seine Frau, die einmal gesagt hat: «Ich bin nicht mit einem Mann verheiratet. Ich bin mit Tausenden, vielleicht Millionen von Toten verheiratet.»

Die Ehe schien langsam zu einer leeren Hülle zu werden, oder so erschien es zumindest Wiesenthals Freunden. Doch die unbändige Hingabe und Loyalität zueinander und ihre gegenseitige Abhängigkeit blieben paradoxerweise unvermindert. Von Anfang an hatte Wiesenthal beschlossen, seine Fälle und Probleme nicht mit nach Hause zu seiner Frau zu nehmen. Er wollte sie damit nicht belasten, und sie wollte davon auch nichts wissen. «Ich habe mit ihr niemals besprochen, was im Büro los war – ob es nun positiv oder negativ war», gibt Wiesenthal zu. «Aber es war auch schwer, diese Last allein zu tragen, besonders am Anfang, und es kostete mich immer wieder schlaflose Nächte.»

Als sein Ruhm wuchs und der Beifall zunahm, konnte auch Cyla ihren Stolz auf das, was er erreicht hatte, nicht mehr verbergen. Seine

Feinde wurden auch ihre Feinde. Als der gute Name ihres Mannes vom österreichischen Kanzler Kreisky angegriffen wurde, reagierte sie darauf mit ebenso tiefer Feindseligkeit wie Simon selbst. Aber sie sah auch oft Feinde, wo keine waren.

Frau Wiesenthal ist nur selten bereit, ihre Solidarität mit ihrem Mann dadurch zu zeigen, daß sie ihn bei öffentlichen Auftritten begleitet. Sie weigert sich, Interviews zu geben, weil sie den Motiven der Journalisten mißtraut. Nur wenige Freunde werden zu ihnen nach Hause eingeladen. Wegen ihrer angegriffenen Gesundheit hat sie auch nur wenige Reisen mit ihm zusammen unternommen, und sie begleitet ihn auch selten, wenn er nur in Österreich unterwegs ist. Nach Wiesenthals Weigerung, ihrer Bitte nachzukommen und sich im Alter von 75 Jahren zur Ruhe zu setzen, zog sie sich noch mehr zurück, wurde noch kränker und abhängiger von ihrem Mann. Außenstehenden erscheint das Paar wie durch eine Nabelschnur verbunden: Sie stellen niemals ihre tiefe gegenseitige Liebe in Frage – und sind doch unfähig, ihrer Beziehung mehr Substanz zu geben.

Simon und Cyla sprechen mit Außenstehenden nicht über ihre Ehe. Auch ihre Tochter Paulinka ist nicht bereit, Außenstehende an familiären Dingen teilhaben zu lassen. Sie ist viel zu loyal und zugewandt, als daß sie Indiskretionen begehen würde. Paulinka teilt die Ansicht ihrer Eltern, daß nur Simons öffentliches Leben von Interesse für andere ist. Zusammen mit ihrem Ehemann und ihren erwachsenen Kindern lebt sie in Israel, doch ist sie mit ihren Eltern in dauerndem Kontakt, sie telefonieren fast täglich, und die Familie trifft sich drei- bis viermal im Jahr.

Wiesenthal hat sich immer dazu entschlossen, die Liebe zu seiner Frau zu idealisieren. Er äußert keinerlei Kritik, deutet nicht einmal an, daß er vielleicht eine erfüllendere Beziehung vorgezogen hätte. Er zeigt sich immer wieder besorgt um ihre angegriffene Gesundheit und vermittelt den Eindruck, daß ein Leben ohne sie für ihn zu leer wäre, um es ertragen zu können. Er hat immer darauf bestanden, daß er die umstrittene Kontroverse mit Bruno Kreisky im Jahre 1975 vor allem deshalb fallen ließ, weil Cyla einem Nervenzusammenbruch nahe war. «Ich hätte mit dem Kampf weitermachen können, wenn ich allein gewesen wäre. Aber ich konnte nicht kämpfen, wenn meine Frau zu Hause wegen Depressionen hätte behandelt werden müssen. Sie weigerte sich, zu unserer Tochter, die damals noch in Holland lebte, zu fahren und dort zu bleiben. Deshalb hatte ich keine andere Wahl, als die Aktion gegen Kreisky fallen zu lassen.»

Als Cyla sich in ihrem 85. Lebensjahr einer langen Operation unterziehen mußte, sagte ihr Mann, daß die drei Stunden des Wartens, bis er das Ergebnis erfuhr, ihm wie drei Tage oder viel mehr erschienen waren.

Das größte Zugeständnis Wiesenthals, daß in ihrer Ehe vielleicht etwas fehlen könnte, besteht in seinen gelegentlichen traurigen Kommentaren, daß sehr wenig Kommunikation zwischen ihnen übriggeblieben sei. Statt eine bedeutungsvolle Partnerschaft zu sein, scheint die Ehe nur die Einsamkeit von Wiesenthals selbstauferlegter Mission verstärkt zu haben.

Es ist unmöglich, sich nicht zu fragen – wie es enge Freunde sicherlich tun –, wie sich Wiesenthals Arbeit und Charakter entwickelt hätten, wenn er eine Frau an seiner Seite gehabt hätte, die stärker in seine Arbeit involviert gewesen wäre. Nur wenige Menschen kennen Cyla gut oder haben versucht, die geheimen Winkel der Ehe zu ergründen, aber es wird dennoch genug sichtbar, um zu fragen, ob die offensichtlichen Beschränkungen seine Persönlichkeit nicht beschädigt haben. Wäre er weniger aggressiv, weniger zielstrebig geworden? Wäre es ihm weniger wichtig gewesen, sein öffentliches Image zu pflegen? Hätte er mehr Vertrauen gefaßt? Wäre er weniger emotional gewesen? Wäre er ein ebensolcher Kreuzritter geworden?

Oder ist Wiesenthals Wesen schon in den Kriegsjahren so sehr geprägt worden, daß er durch keine Enttäuschung erschüttert werden konnte, die seine Ehe vielleicht hervorgerufen hat?

Frauen finden ihn immer attraktiv, sowohl wegen seiner physischen Erscheinung als auch wegen der Mythen, die sich um ihn ranken. Er reagiert darauf mit warmer und altmodischer Höflichkeit. Aber es hat niemals Klatsch über ihn gegeben: keine Andeutung, daß er anderswo Trost gesucht oder gar gefunden habe. In der Treibhausatmosphäre von Wien, in der es öffentlichen Persönlichkeiten unmöglich ist, ihre Privatsphäre zu erhalten, wurde über Wiesenthal nie geredet.

Aber Wiesenthals eigentliche Leidenschaft, die sich nach der Wiedervereinigung mit Cyla und bei seiner Arbeit bei den amerikanischen Einrichtungen zur Untersuchung von Kriegsverbrechen entwickelte, war die Suche nach etwas Dauerhaftem, das die Erinnerung an den Holocaust für die künftigen Generationen lebendig halten könnte. Sein Privatleben hatte nur wenig Bedeutung verglichen mit der riesigen Aufgabe, genügend Bewußtsein über das Böse zu schaffen und den Völkermord zu beenden.

Sieben

Das erste Dokumentationszentrum

Simon Wiesenthal brauchte achtzehn Monate, um sich vom Insassen eines Konzentrationslagers zum Gründer eines unabhängigen Instituts, des «Historischen Dokumentationszentrums» in Linz zu wandeln. Das Ziel des Instituts war es, nach Kriegsverbrechern zu suchen und unter den Überlebenden in den Camps for Displaced Persons Beweise gegen sie zu sammeln. Vor der Institutsgründung arbeitete Wiesenthal an ähnlichen Aufgaben bei den Amerikanern und betätigte sich in jüdischen Organisationen. Er arbeitete auch mit der «Brichah» (Flucht) zusammen, einer Rettungsorganisation, die die illegale Einwanderung von Juden in das Land betrieb, das damals noch Palästina war.

Von dem Moment an, in dem er seine Freiheit wiedergewann, suchte Wiesenthal nach Möglichkeiten, die nationalsozialistischen Verbrecher vor Gericht zu bringen, und er begriff, wie dringlich es war, Beweise für ihre Verbrechen zu sammeln, bevor die Überlebenden sich über die ganze Welt verstreuen würden. Er wußte, daß er sich eine Aufgabe gestellt hatte, für deren Erfüllung er sein ganzes Leben brauchen würde. Dennoch reagierte er in diesen Tagen auf Bitten seiner Frau, damit aufzuhören, noch mit der Versicherung, daß die Arbeit in zwei oder drei Jahren getan sei. Zwar war er sich sicher, daß er nicht in das jüdische Heimatland, damals noch Palästina, emigrieren wollte, aber er war immer noch Zionist genug, um andere zur Auswanderung dorthin zu drängen.

Wiesenthal war energisch, hochmotiviert und spürte, daß diese Arbeit sein Kriegstrauma würde erleichtern können. Er entdeckte, daß er ein Gespür dafür hatte, wie man ein Netzwerk aufbaute und Kontakte zu sensiblen Stellen herstellte. Schon in dieser Anfangszeit begriff er, wie wichtig es war, die Medien für seine Ziele zu nutzen. Sich selbst sah er vollkommen selbstverständlich als eine führende Persönlichkeit, ihm war allerdings klar, daß es ihm immer leichter fallen würde, unabhängig und nur auf sich gestellt zu arbeiten als im Rahmen einer Organisation.

Der hyperaktive Wiesenthal fand sich in einer zutiefst gestörten politischen Umgebung wieder. Österreich war ein besetztes Land. Er verlor sich bei dem Versuch, seinem Leben eine neue Bedeutung zu geben, nicht in Illusionen, er wußte, daß er sich durch rauhe Gewässer würde schlagen müssen. Wahrheit, Vertrauen und Integrität waren Mangelware. Die Jagd nach den nationalsozialistischen Mördern durfte sich nicht auf das Aufräumen in der Übergangszeit der ersten Nachkriegszeit beschränken. Wiesenthal fühlte sich niemals wohl mit den Kompromissen, die er eingehen mußte, um sein Ziel weiterhin verfolgen zu können. Sein Selbstbewußtsein wuchs, er nahm kein Blatt vor den Mund und war oft aggressiv, und so wurde es mit der Zeit unvermeidlich, daß Wiesenthal in dem Maße, in dem er die Aufmerksamkeit auf sich zog, auch zu einem Magnet für heftige Kontroversen wurde. Manchmal stießen Temperamente zusammen, oder es entstand eine Rivalität mit anderen Nazi-Jägern, was eine bittere Spur von Feindseligkeit hinterließ. Aber oft standen auch Prinzipien auf dem Spiel: mit amerikanischen Kollegen geriet er in Konflikt, als er realisierte, daß sie das Interesse an der Entnazifizierung und den Gerichtsverfahren gegen Kriegsverbrecher verloren. Ohne eine Würdigung des politischen Kontexts von Wiesenthals Arbeit kann man nicht verstehen, wie sich sein grimmiges Streben nach Unabhängigkeit entwickelte, das zur Gründung des Linzer Dokumentationszentrum führte. Österreich war damals noch weit davon entfernt, eine blühende und stabile Demokratie zu sein. 1945 war es unvorstellbar, daß das Land fünfzig Jahre später zu den wohlhabendsten Mitgliedern der Europäischen Union zählen würde und schließlich – nachdem das Land jahrzehntelang Ausflüchte gesucht hatte –

seine Verantwortung für die nationalsozialistische Vergangenheit akzeptieren würde.

Ähnlich wie in Deutschland reicht die Wandlung so weit, daß es denjenigen, die die Verwüstung am Ende des Krieges nicht miterlebt haben, schwerfällt, sich vorzustellen, wie das tägliche Leben nach der Niederlage Hitlers aussah: das Ausmaß der physischen Zerstörung, die Millionen von Displaced Persons, die auf der Suche nach ihren Verwandten und einem neuen Halt im Leben waren, die Konfusion und Improvisation, die politischen Manöver, die Spannungen zwischen den vier alliierten Besatzungsmächten, die sich schon zeigten, bevor der Kalte Krieg seinen Höhepunkt erreicht hatte, die Korruption, die Schwarzmarkthändler, die überhandnehmenden Fälle von Intrige und Spionage. Österreichs Wunden und Narben waren – nachdem es sich Nazi-Deutschland angeschlossen und als «Ostmark» den Krieg mitgeführt hatte – weit tiefer als diejenigen, die dem Land durch das Ende der Habsburgermonarchie nach dem Ersten Weltkrieg zugefügt worden waren. Die zweite Österreichische Republik auf solideren Grundlagen als die erste zu errichten war eine Aufgabe, die einem Marathonlauf glich.

Die vier Alliierten stimmten darin überein, daß der «Anschluß» Österreichs an Deutschland im Jahre 1938 null und nichtig sei. Doch sie waren noch zu keiner Entscheidung gelangt, wie Österreich nun regiert werden solle, welche politische Aktivitäten erlaubt, welche Parteien zugelassen werden, wie weit die Entnazifizierung gehen und auf welchen verfassungsrechtlichen Grundlagen das alles beruhen sollte. Doch am 29. April 1945 durfte der Vorsitzende der Sozialdemokraten, Karl Renner, als Oberhaupt einer provisorischen Regierung in dem von Bomben zerstörten Wiener Parlamentsgebäude die Zweite Republik ausrufen. Ein großer Teil der Hauptstadt lag in Trümmern; die Menschen waren niedergeschlagen und hungrig, es gab keinen öffentlichen Verkehr und kaum sauberes Wasser. Die Rote Armee kontrollierte die Stadt, schwerbewaffnete sowjetische Soldaten umstellten das Parlament, und auf den Bänken saßen schließlich fast ebenso viele Offiziere der Roten Armee wie Politiker.

Die westlichen Alliierten nahmen an, daß Stalin die Absicht hatte, Österreich in den kommunistischen Einflußbereich zu ziehen, und vermuteten, daß Renner sich als gefügiger Handlanger in Stalins Diensten erweisen würde. Sie begriffen schnell, daß sie sich in beidem geirrt hatten: Renner war entschlossen, in Österreich eine Demokratie aufzubauen, und Stalins Hauptziel bestand 1945 darin, die österreichischen Industrien als Kriegsbeute zu erhalten. Er wollte die österreichische Wirtschaft ausbluten lassen. So wäre es dem Land nicht mehr möglich, sowjetische Interessen durch Verbindungen zu Süddeutschland oder seinen Donau-Nachbarn zu bedrohen.

Stalin hätte sein Ziel, Österreich zu schwächen, vielleicht erreicht, wenn es ihm gelungen wäre, das Land ausschließlich unter sowjetische Besatzung zu stellen. Das wäre beinahe auch gelungen, denn Präsident Roosevelt zog die Vorschläge kurz in Betracht, den amerikanischen Vormarsch auf Österreich zu stoppen, um seine Truppen in Norddeutschland konzentrieren zu können. Schließlich aber kamen alle vier alliierten Armeen in Österreich zusammen und besetzten Zonen, deren Grenzen erst nach Kriegsende im Juli 1945 festgelegt wurden. Die Besatzung durch die vier Mächte dauerte bis zum Friedensvertrag von 1955, den die Sowjetunion unterzeichnete, weil Österreich seine Neutralität zugesichert hatte.

Schon sofort nach dem Ende des Krieges begann Österreich, sich vom Nationalsozialismus zu distanzieren und zu leugnen, daß es der Übernahme des Landes durch Hitler 1938 willig gefolgt war. Die Österreicher wollten von den Besatzungsmächten als Hitlers erste Opfer behandelt werden, die endlich befreit worden waren, und nicht als ein feindliches Land, das Komplize Hitlers gewesen war und sich deshalb mit seiner eigenen nationalsozialistischen Vergangenheit auseinandersetzen müsse. Wiesenthal fand das verwerflich und war von der Uneindeutigkeit der Alliierten angesichts der ebenso eindeutigen wie grundlegenden Tatsachen schockiert.

Die vier Alliierten reagierten in der Tat unterschiedlich auf die Österreicher. Großbritannien und die Vereinigten Staaten hätten es vorgezogen, der Entnazifizierung eine Priorität einzuräumen und die

Errichtung von nationalstaatlichen Strukturen zu verschieben, bis sich die demokratischen Parteien, von Nazis gesäubert, fest etabliert hatten. Die französische Haltung war anders. Frankreich wollte Österreich als einen befreundeten Staat behandeln und sah in den Österreichern eher Opfer als Sünder. Die Entnazifizierung erschien ihnen weniger dringlich als die Wiedererrichtung einer souveränen Nation. Stalin, dem mehr daran gelegen war, seine Hände auf Österreichs industrielles Vermögen zu legen, kümmerte sich weder um das eine noch um das andere.

Die französische und die sowjetische Strategie ähnelten sich: beide beschäftigten sich weniger mit der Entnazifizierung als mit der Installation von Freunden in Schlüsselpositionen der österreichischen Regierung – mit dem Unterschied natürlich, daß Frankreich eine prowestliche Demokratie wollte und die Sowjetunion eine Regierung, die gefügig genug war, um ihren Interessen zu dienen.

Großbritannien und die Vereinigten Staaten beharrten nicht lange darauf, die Errichtung einer nationalen Regierung in Österreich zu verschieben. Alle vier Alliierten erkannten die provisorische Regierung von Renner im Oktober 1945 an. Es folgten nationale Wahlen, und am 20. Dezember wurde Renner von den Besatzungsmächten als rechtmäßig gewähltes Staatsoberhaupt akzeptiert. Obwohl die Alliierten sich die Beobachtung vorbehielten, wurde die Verantwortung für die Entnazifizierung an die österreichischen Behörden übergeben. In der Praxis hieß dies, daß der Prozeß sich verlangsamte und viele Nazis in einflußreichen Positionen blieben.

Bei den ersten Anzeichen des Kalten Krieges wurde die Entnazifizierung in Österreich ebenso wie in Deutschland zweitrangig. Sie stand hinter dem Ost-West-Wettlauf zurück, sich die nationalsozialistische Waffentechnologie zu sichern und die wichtigsten Wissenschaftler und die Entscheidungsträger der Industrie zu rekrutieren. Zwar war in Österreich der Expertenfundus nicht annähernd so bedeutend wie in Deutschland, doch hatten die westlichen Alliierten und auch die Sowjetunion wenig Bedenken, die im Krieg eingegangene Verpflichtung zur Entnazifizierung von Österreichs politischen und wirtschaftlichen Machtstrukturen fallenzulassen. Wiesenthal verlor alle Illusionen. Er hatte etwas anderes erwartet, zumindest von den Amerikanern, die er kennen- und bewundern gelernt hatte. Da sie nicht länger dasselbe Ziel verfolgten, wurde es unvermeidlich, daß sich ihre Wege langsam trennten.

Wiesenthal verdankt es den Amerikanern im OSS, daß er nur kurz in einem Camp für Displaced Persons leben mußte. Als der OSS im Juni 1945 seiner Mitarbeit zustimmte, zog er in ein Behelfscamp um, das im Schulgebäude von Leonding, einer kleinen Stadt in der Nähe von Linz, eingerichtet worden war. Die Betten waren in die Klassenzimmer gestellt worden, und einige Tage lang schlief Wiesenthal unter einem Fenster, von dem aus er das kleine Haus sehen konnte, in dem Adolf Hitlers Eltern gelebt hatten. Die Aussicht störte ihn, und er bekam statt dessen ein kleines möbliertes Zimmer, das einfach als zum Camp gehörend deklariert wurde. Als Wiesenthals Frau zu ihm kam, fanden sie eine größere Unterkunft in der nahen Uhlandgasse, und das blieb seine Basis, bis sie 1961 nach Wien umzogen.

Wiesenthal unterschied sich schnell von den anderen Überlebenden, als er eine individualistische, militante Ader an den Tag legte, die nationalsozialistischen Greuel öffentlich machte und sich zu einem selbsternannten Sprecher der in der amerikanischen Zone lebenden Juden wandelte.

Bis zum Jahresende 1945, als der OSS sein Büro in Linz schloß, arbeitete Wiesenthal mit den OSS-Agenten zusammen, sammelte Informationen und verhaftete SS-Angehörige. Schon am 27. August 1945 gab ihm Captain O'Meara, der kommandierende Offizier des OSS in Linz, ein Laissez-Passer, das ihn befugte, vertrauliche Untersuchungen für den OSS durchzuführen und sich in der amerikanisch besetzten Zone Österreichs ungehindert zu bewegen.

Als der OSS einige seiner Aufgaben an den CIC weitergab, wurde auch Wiesenthal vom CIC übernommen. Er blieb dort einige Monate und verrichtete dieselbe Arbeit. In dieser ganzen Zeit beim OSS und CIC hatte Wiesenthal die Befugnis, Verhaftungen vorzunehmen. Viele der schätzungsweise 2000 «Fälle», zu deren Veröffentlichung er beigetragen hat, gehen auf diese ersten Nachkriegsmonate zurück, als die SS-Leute noch relativ leicht zu finden waren. «Es war, als ob man einer Fliege hinterherlaufe. Wenn ich einen Nazi verfolgte, konnte ich drei weitere auf dem Weg dorthin aufsammeln. Ich traf Leute, die mir Geschichten über ihre Nachbarn erzählten. Nach regnerischen Sonntagen, an denen die Leute zu Hause geblieben waren, erhielt ich ganze Stapel von Briefen mit Informationen. Die meisten von ihnen waren anonym.» Zu seiner großen Enttäuschung wurden die meisten von denen, die er verhaftete, nur kurz festgehalten, und nur wenige wurden angeklagt.

Der CIC bekam neue Mitarbeiter aus den Vereinigten Staaten, und Wiesenthal erkannte, daß dies zu grundlegenden Veränderungen in der Kriegsverbrecher-Agenda führen würde. «Diejenigen, die in Europa gekämpft hatten, verstanden uns ehemalige Lagerinsassen. Ihre Nachfolger, die den Krieg nicht aus erster Hand kannten, waren anders», erinnert sich Wiesenthal. «Sie verstanden unsere Haltung gegenüber den Nazis nicht wirklich. Sie sagten normalerweise: ‹O ja, es gibt einige Nazis und einige Anti-Nazis, ganz so wie es bei uns in den Vereinigten Staaten Republikaner und Demokraten gibt.› Sie wußten nicht, welchem Trugschluß sie aufsaßen, wenn sie solche Parallelen zogen.»

Das war noch nicht das schlimmste. Der Prozeß der Entnazifizierung und die Suche nach Kriegsverbrechern verlief immer inkonsequenter. Die Amerikaner hatten mittlerweile vier getrennte Organisationen, deren Aufgaben sich überschnitten, die aber nicht ausreichend koordiniert waren: den OSS, den CIC, die War Crimes Group und den militärischen Geheimdienst. Wiesenthal glaubte, daß die linke Hand nicht wußte, was die rechte tat. Abgesehen davon war er frustriert, weil es ihm nicht gelungen war, die Amerikaner dazu zu überreden, eine intensive Suche nach Adolf Eichmann in Gang zu setzen, von dem er annahm, daß er sich in der amerikanischen Zone von Österreich versteckt hielt. Wiesenthal hatte angefangen, ein Bild von Eichmann aufzubauen, und obwohl er 1946 noch nicht das ganze Ausmaß von Eichmanns Verantwortung für die

«Endlösung» kannte, wußte er genug, um zu erkennen, daß er einer der Hauptkriegsverbrecher war. Und er argumentierte, daß die weitreichenden Ressourcen der Amerikaner benötigt würden, um ihn aufzuspüren.

«Die Amerikaner wurden neugierig, weil sie sahen, daß ich an den meisten Tagen schon im Büro war, wenn sie morgens kamen, und daß ich am Abend noch lange blieb, nachdem sie gegangen waren. Sie fragten mich oft, warum ich nicht wenigstens Zigaretten von ihnen annehmen würde. Ich sagte ihnen, daß ich keine Bezahlung für meine Arbeit wollte.» Die Spannungen erreichten den Höhepunkt an dem Tag, als Wiesenthals Vorgesetzter beim CIC, ein Amerikaner deutscher Abstammung, Wiesenthal dazu drängte, in die Vereinigten Staaten zu emigrieren. «Warum sollte ich gehen, fragte ich ihn. Die Antwort war knapp und lakonisch. ‹Mit ihren Ideen und ihrer Energie können Sie es weit bringen, auch wenn Sie jetzt noch schwach sind. Sie sollten wissen, daß in Amerika der Verkehr durch rotes und grünes Licht reguliert wird. Alles andere wird von Juden kontrolliert.›»

Das kurze Geplänkel war ein Warnsignal für Wiesenthal. Er interpretierte die Bemerkung seines Vorgesetzten als ein Zeichen von tiefsitzendem Antisemitismus. Auch wenn das ein Scherz war, wie der amerikanische Offizier behauptete, so zeugte er doch von einer Denkweise, die er nicht hinnehmen mochte. «Morgen müssen Sie sich nach einem Ersatz umschauen», sagte Wiesenthal in seinem rudimentären Englisch. «Wenn Leute wie Sie, die daran arbeiten sollen, den Nationalsozialismus zu bekämpfen, solche Scherze machen können, dann ist unsere Arbeit nicht in guten Händen.» Andere Offiziere des CIC versuchten, Wiesenthal von seinem Entschluß, den CIC zu verlassen, abzubringen. «Aber ich war nicht mehr zu halten.»

Es hatte auch andere Reibereien gegeben. Die Fraternisierung zwischen Amerikanern und Österreichern brachte immer wieder Frauen in die Szenerie. Wiesenthal hatte mehrere Male einen mutmaßlichen Nazi verhaftet, nur um später feststellen zu müssen, daß eine Ehefrau oder Tochter einen freundlichen CIC-Offizier darum bat, sich für seine Freilassung einzusetzen. Wiesenthal mußte sich dann an eine der anderen US-amerikanischen Instanzen wenden, um die Berechtigung für eine erneute Verhaftung zu erwirken.

Wiesenthal ging nicht leichten Herzens. Er wußte, wieviel er von den Amerikanern gelernt hatte, und sagte ihnen, daß er niemals etwas tun würde, was gegen ihre Interessen verstieß. «Aber ich sagte ihnen auch, daß es unsere, der Überlebenden, Verpflichtung sei, die Arbeit von nun an selbst weiterzuführen.»

Am selben Abend sprach Wiesenthal mit den Mitgliedern des Jüdischen KZ-Verbands der Überlebenden, weil er einige junge Leute auswählen wollte, um ein Historisches Dokumentationszentrum einzurichten. «Ich fragte, wer von ihnen mit mir zusammenarbeiten wolle. Natürlich hoben alle ihre Hand. Ich war beliebt, und sie glaubten an unsere Arbeit. Ich wählte achtundzwanzig aus, und zwei weitere baten so nachdrücklich darum, daß wir in unserer Gruppe schließlich dreißig waren.

Ich hatte keine Erfahrung. Ich versuchte, mit derselben Organisationsstruktur zu arbeiten, mit der ich zuvor Gebäudepläne gezeichnet hatte. Ich wußte, daß sich immer noch zwischen 150000 und 160000 Menschen in den Camps für Displaced Persons in Österreich, Deutschland und Italien aufhielten. Ich ging oder schrieb dorthin und suchte in jedem Camp ein oder zwei Personen als Mithelfer aus. Ihnen gab ich Fragebögen, und sie saßen Tag und Nacht und notierten die mündlichen Aussagen der Überlebenden: wo sie gewesen waren, wen und was sie gesehen hatten. Sechs Monate später sammelte ich die Fragebögen ein, und wir hatten eine Liste von tausend Orten, an denen Verbrechen begangen worden waren, für die es Augenzeugen gab. Ich schickte alles an die Alliierten, und niemand fragte mich, wer mich berechtigt habe, all das zu tun. Als Juden hatten wir ein moralisches Recht. Und nach einer Weile kamen die Alliierten zu uns und fragten, ob wir ihnen die Zeugen für den einen oder anderen Kriegsverbrecher-Prozeß besorgen könnten ...

Wir hatten nichts, keinen Groschen. Deshalb ging ich zu dem Landeshauptmann von Oberösterreich, Dr. Heinrich Gleissner, und sagte ihm, daß ich die Amerikaner verlassen würde und zwei Büroräume bräuchte. Ich erzählte ihm, sie seien für das Dokumentationszentrum, aber ich beschrieb ihm nur einen Teil unseres Vorhabens. Er meinte, daß alle nationalen Delegationen, die sich mit Flüchtlingsproblemen beschäftigten, in der Goethestraße 63 untergebracht seien und man dort für uns Platz schaffen werde.

Viele Leute, von denen nicht alle jüdisch waren, hatten unserem Verband der Überlebenden Hilfe angeboten. Nun sagte ich zu einem von ihnen, einem Österreicher namens Polaczek, daß wir Stühle, Tische und die Grundausstattung für ein Büro bräuchten. Er verschaffte sie uns, ohne Geld dafür zu verlangen.»

Wiesenthal zeichnet ein bezeichnendes Porträt von sich selbst in der Zeit, in der er sich unabhängig machte. In seinem Buch *Ich jagte Eichmann* berichtet er:

«Unter den Juden war mein Name nunmehr bekannt. Sie wußten, daß ich außer meiner Arbeit für jüdische Institutionen, und außer der Hilfe, die ich der ‹Bricha› geben konnte, mich auch mit Kriegsverbrecherfragen befaßte. Ich bekam laufend Informationen von Juden, die in der Amerikanischen Zone Österreichs lebten, und später auch aus ganz Österreich. Ich brachte Ordnung in das Material und gab es an verschiedene Dienststellen weiter, darunter auch an den CIC. Mit der Zeit gewöhnten sich die Beamten an mich, obwohl ich mit ihnen ständig Konflikte – meistens wegen Kleinigkeiten – hatte. Ich war in meinen Handlungen oft unklug und bereute später meine Unnachgiebigkeit, durch die ich mir so manchen von ihnen zum Feinde machte. Mein selbstgewählter Auftrag war mir heilig, und je mehr ich über das Unrecht, das den Juden zugefügt wurde, erfuhr, desto eifriger verfolgte ich ihn [Eichmann] und desto energischer war mein Auftritt. Ich war nicht mehr der schüchterne Mann, der vor den Fenstern des ‹War Crimes› in Mauthausen gestanden ist und es als große Gnade angesehen hatte, wenn man ihn zu dieser Arbeit, die nun seinen Lebensinhalt bildete, zuließ. Mein Selbstbewußtsein steigerte sich.»

Es war mittlerweile Ende 1946. Das Geld blieb knapp. Damit das Dokumentationszentrum seine Arbeit wirklich aufnehmen konnte, mußten weitere Geldquellen aufgetan werden. Wiesenthal kannte einen anderen Polen, einen Anwalt namens Adolf Silberschein, der in Genf lebte und Relico gegründet hatte, eine kleine Organisation, die jüdischen Intellektuellen half. Ihm schrieb er und bat um finanzielle

Unterstützung. Silberschein war bereit, kleine Summen beizutragen, weil er – wie er an Wiesenthal schrieb – «sowohl Ihre Arbeit als auch die Methoden, die Sie anwenden» schätzte. Aber im selben Brief bestand er darauf, daß Wiesenthal einen Etat aufstellen müsse, der sehr viel spezifischer sei, als er es offensichtlich für notwendig hielt.

Schließlich kamen sie überein, daß Silberschein das Historische Dokumentationszentrum mit einer monatlichen Summe von 50 Dollar unterstützen solle, und das blieb so bis zu Silberscheins Tod. Damit konnten die Telefonrechnungen und das Porto bezahlt werden. Alles andere mußte zusammengekratzt werden. Obwohl es eine Hilfe war, daß die meisten von Wiesenthals Mitarbeitern noch freie Kost und Logis in den Camps for Displaced Persons erhielten, wurde das Muster für die Zukunft gelegt: Wiesenthal arbeitete immer mit ein paar Groschen und war zumeist von kleinen freiwilligen Spenden abhängig. Um seinen Lebensunterhalt zu finanzieren, fing er an, Bücher und Zeitungsartikel zu schreiben. Abgesehen von seinen Sekretärinnen konnte er sich niemals weitere bezahlte Mitarbeiter leisten.

Als Vorsitzender des Dokumentationszentrums war Wiesenthal auf der Seite der Überlebenden, die dafür eintraten, daß jüdische Kollaborateure nicht vor der Strafverfolgung geschützt werden sollten. Andere meinten hingegen, daß Juden schon genug gelitten hätten und daß diejenigen, die als SS-Hilfskräfte gearbeitet hätten, nicht weiter beachtet werden sollten. Obwohl Wiesenthal sehr genau wußte, daß viele Juden gezwungen worden waren, mit der SS in den Konzentrationslagern zusammenzuarbeiten, ging er einen Kompromiß ein: Jüdische Kapos, die für die SS als Vermittler zwischen den Lagerinsassen gearbeitet hatten, waren von der Mitgliedschaft in allen jüdischen Komitees und Organisationen ausgeschlossen, die sich mit dem zukünftigen Leben und Wiederansiedlung von Displaced Persons in der amerikanischen Zone Österreichs beschäftigten. Um sicherzustellen, daß Komiteemitglieder «sauber» waren, mußten sie, so legte Wiesenthal fest, mindestens zwei Bürgen beibringen, die bezeugen konnten, daß sie unter der SS keine Funktionen eingenommen hatten. Diese Regelung wurde unter den Überlebenden als «Lex Wiesenthal» bekannt.

«Es braucht nicht viel Vorstellungskraft, um zu verstehen, daß mir das viele Feinde eingebracht hat», lautet sein Kommentar. Es sagt jedoch viel über seinen energischen Charakter, daß es Wiesenthal dennoch gelang, eine Schlüsselfigur in der jüdischen Politik in der amerikanisch besetzten Zone Österreichs zu bleiben und von den Amerikanern auch entsprechend wahrgenommen zu werden.

Wiesenthals Aktivismus und die Rigidität seines ethischen Credos, die seine Haltung formten, mußten extreme Reaktionen hervorrufen. Wer ihn kannte, hieß seine Haltung gut oder schlecht, nur wenige waren indifferent. Er hatte glühende Bewunderer unter den anderen Überlebenden und US-Offizieren, die in ihm einen einfallsreichen, intelligenten und mutigen Menschen sahen, der sich mit überraschender Hingabe dafür einsetzte, daß das Gesetz endlich auch für die schlimmsten Täter des Holocaust seinen Lauf nahm. Für sie war er ein zielstrebiger Einzelgänger, der so von seiner Aufgabe besessen war, daß er von seiner unverbindlichen, düsteren Umgebung der damaligen Zeit weitgehend unbeeinflußt blieb. Integrität stand hoch im Kurs, und Wiesenthal schien sie zu haben. «Er ist wie ein Bruder zu mir; ich wußte, daß er einmal ein großer Mann werden würde», behauptet Prem Dobias immer, wenn er Wiesenthals Aktivismus nach der Befreiung beschreibt.

Wiesenthal hielt seine enge Verbindung zu den Amerikanern auch nach seiner formalen Trennung vom CIC Ende 1946 aufrecht. Obwohl er angesichts der nachgiebigen US-Politik der Entnazifizierung alle Illusionen verlor, nahm er das Angebot an, für die amerikanische Militärregierung in Oberösterreich als Berater in Fragen von «verfolgten Minderheiten» zu arbeiten. Die Amerikaner schienen sich allerdings weder für die Informationen, die er über die Entstehung neonazistischer Organisationen zusammenstellte, noch für die Immunität zu interessieren, die führende österreichische Nazis noch immer genossen. Wiesenthal schwor sich, einen privaten Krieg gegen ihren erneuten Aufstieg im politischen Leben Österreichs zu führen.

Nachdem das Dokumentationszentrum seine Türen Anfang 1947 geöffnet hatte, bekam Wiesenthal die ersten Drohbriefe. Er hatte den Verdacht, daß dies eine Reaktion auf die Artikel in Lokalzeitungen war, in denen er Namen genannt und behauptet hatte, daß sie zu Unrecht freigelassen worden waren. Die Drohungen veranlaßten ihn, die US-Behörden darum zu bitten, «zum Schutz meines Hauses» ein Gewehr oder ein Maschinengewehr tragen zu dürfen. Seiner Bitte wurde stattgegeben, und er zeigt seinen Waffenschein oft mit großem Stolz – nicht weil er die Waffe jemals benutzt hätte, sondern als Beleg für das Vertrauen, das die Amerikaner zu ihm hatten.

Nach Wiesenthals Vorgaben verfaßte Lieutenant-Colonel W. I. Wright, der für den CCC verantwortliche US-Kommandant, ein Referenzschreiben über seine Fähigkeiten, das Dokumentationszentrum zu leiten:

> «To whom it may concern: hiermit wird Herrn Simon Wiesenthal, Präsident der International Concentration Camp Organisation, bescheinigt, daß er dieser Organisation unschätzbare Hilfe geleistet hat, indem er die Belege für den Prozeß um das Konzentrationslager Mauthausen sicherte. Herr Wiesenthal hat viel seiner freien Zeit dazu verwandt, die Arbeit dieser Organisation in Österreich zu erleichtern, und er hat auch bewirkt, daß sie zügig zu weiteren Gruppen Verbindung aufnahm, um unsere Aufgabe hier schnell ausführen zu können. Herr Wiesenthal hat sich jederzeit als ehrlich und ernsthaft erwiesen und verdient jede Hilfe, die es ihm ermöglicht, seine Arbeit in Österreich fortzusetzen.»

Wiesenthal war ein beschäftigter Mann geworden. Das amerikanische Referenzschreiben geht auf das Jahr 1945 zurück, als er den jüdischen KZ-Verband für Überlebende gegründet hatte, der später zur Internationalen KZ-Union in der amerikanischen Zone Österreichs wurde. Er wurde zum Vizepräsidenten ernannt und förderte die Zusammenarbeit mit einer Schwesterorganisation in Deutschland. Im Juni 1946 wurde Wiesenthal auch in den Pariser Vorstand des Internationalen Verbandes der Widerstandskämpfer und Deportierten gewählt, dem elf nationale Komitees angehörten. Der französische Name war «Union International des Résistants et Deportés» (UIRD).

Wiesenthal verbrachte geraume Zeit bei den Nürnberger Kriegsverbrecherprozessen. Dort war er vor allem damit beschäftigt, in den von der Staatsanwaltschaft zusammengestellten Archiven für Kriegsverbrechen nachzuforschen. Er wollte Beweise finden, die auch in anderen Prozessen verwandt werden konnten. 1946 veröffentlichte er auch sein erstes Buch: die Sammlung seiner Karikaturen aus Mauthausen.

Er war Abgeordneter auf dem ersten Zionistischen Kongreß nach dem Krieg, der 1946 in Basel abgehalten wurde. Dort wurde Gerhart Riegner auf ihn aufmerksam, der Vorsitzende der europäischen Sektion des World Jewish Congress (WJC), die in Genf ihren Sitz hatte. Riegner hatte vielleicht beschlossen, daß der WJC Distanz zu Wiesenthal halten solle. Der Präsident des WJC war Nachum Goldmann. Riegner war einer seiner engsten Mitarbeiter. Seine Einschätzung von Wiesenthals Charakter und seinen politischen Ansichten über die zionistische Sache mag der Ursprung für die bittere Fehde sein, die sich später zwischen dem WJC und Wiesenthal entwickelte. Noch 1994, als Riegner in seinen Achtzigern war, rief die bloße Erwähnung von Wiesenthals Namen bei ihm großen Ärger hervor – aber auch die strikte Weigerung, die Gründe dafür zu erklären. Er sagte zu einem Freund: «Ich bin zu alt, um mich mit den Emotionen zu befassen, die die Erinnerung an Wiesenthal in mir weckt. Alles, was ich sagen will, ist, daß die Schwierigkeiten mit ihm nicht erst bei dem Fall Eichmann begannen. Sie begannen viel früher, in den vierziger Jahren.»

Wiesenthal selbst hat nur vage Erinnerungen an das Zusammentreffen mit Riegner auf dem Basler Zionisten-Kongreß und sagt, er persönlich sei davon überzeugt, daß Riegners Verärgerung über ihn aus Ereignissen herrührt, die viel später stattgefunden haben: 1991 war Riegner für kurze Zeit direkt in die bittere Auseinandersetzung verwickelt, die sich zwischen dem WJC und Wiesenthal über den Ablauf der Ereignisse entspann, die 1960 zu der Festnahme von Adolf Eichmann geführt hatten. Riegner verursachte offensichtlich mit einem in der *Jerusalem Post* veröffentlichten Brief großen Ärger im Hauptquartier des WJC, weil er Wiesenthals wichtigste Behauptungen über seine Beziehungen zu Nachum Goldmann zu bestätigen schien. Es gab Gerüchte, daß Riegners Pension vom WJC kurzzeitig bedroht war. Auf jeden Fall schickte Riegner wenige Tage später einen zweiten Brief ab, der seine früheren Behauptungen zurücknahm – und faßte den Entschluß, daß Wiesenthal für ihn, Riegner, ein abgeschlossenes Kapitel sei.

Als ob diese vielen Aktivitäten Wiesenthals in der frühen Nachkriegszeit noch nicht genug gewesen wären, arbeitete er auch eine Zeitlang mit der Schattenorganisation Brichah zusammen, deren wichtigstes Ziel es war, jüdische Flüchtlinge nach Palästina zu schmuggeln. Es gab Zehntausende von Displaced Persons in Österreich und viele weitere in Deutschland. Neue Pogrome in Polen und die wachsende Sorge, daß Osteuropa dem sowjetischen Block einverleibt werden würde, ließen die entwurzelten Juden zögern, in ihre frühere Heimat zurückzukehren. Viele wollten nach Palästina gehen, aber Großbritannien, das immer noch gegen die Schaffung eines jüdischen Staates war, blieb entschlossen, die jüdische Bevölkerung in Palästina gering zu halten. Die Einwanderungsquoten, die die Briten festlegten, blieben winzig. Die Situation veranlaßte die Haganah, aus der später der israelische Geheimdienst hervorgehen sollte, über den ‹Mossad le' Alia Bet› (das Büro für illegale Einwanderung) Mitarbeiter nach Österreich zu schicken, die dort die Brichah einrichteten. Österreich wurde zu einer vielbenutzten Transitstrecke, um Flüchtlinge aus Europa zu schmuggeln. Von 1944 bis zur Gründung des Staates Israel 1948 wurden mindestens 200 000 Juden von der Brichah über die österreichischen Routen herausgeholt.

Aber die Agenten der Brichah waren auch in weit umstrittenere und hochgeheime Operationen verwickelt, um SS-Offiziere, die für die nationalsozialistischen Greuel verantwortlich waren, zu identifizieren und zu liquidieren. Später hat Israel zugegeben, daß standrechtliche Hinrichtungen von mutmaßlichen Nazis in Europa nach dem Krieg vorgenommen wurden, aber es hat über alles, was mit diesen Aktionen verbunden ist, Stillschweigen bewahrt. Der einzige Hinweis auf das, was stattgefunden haben mag, ist das Verschwinden von Nazis mittlerer Ränge, bei denen es unwahrscheinlich ist, daß sie Zugang zu den Nazi-Fluchtrouten nach Lateinamerika hatten, und deren Schicksal niemals geklärt wurde. Wie dem auch sei – Wiesenthal war entschieden gegen die Liquidierung – auch unter den halb anarchischen Bedingungen der ersten Nachkriegsjahre. Er bestand darauf, daß die Massenmörder vor ein Gericht gestellt wurden.

Der Kommandant der Brichah in Österreich operierte von Wien aus mit Abteilungen in Salzburg, Linz, Graz und Innsbruck. Asher Ben-Nathan (der während seiner Zeit in Österreich den Namen Arthur Pier benutzte) war ein junger Mann in den Zwanzigern. Zusammen mit Gideon Raphael und Ehud Avriel, zwei erfahrenen Geheimagenten, die ihm zur Seite standen, war er zwischen 1945 und 1947 für den illegalen Exodus von Flüchtlingen verantwortlich. Alle drei wurden später hochrangige israelische Diplomaten. Ein weiterer Mitarbeiter war Tuviah Friedman, der bis 1952 in Wien blieb und ein ähnliches Dokumentationszentrum wie Wiesenthals Linzer Gruppe betrieb. (Friedman zog später nach Israel und arbeitete anfänglich am Yad Vashem in Jerusalem; dann zog er nach Haifa, wo er ein weiteres, wenig bekanntes Dokumentationszentrum eröffnete. Eine Zeitlang waren die beiden Männer befreundet, aber sie entzweiten sich über die Frage, wieviel sie jeweils zur Jagd auf Adolf Eichmann beigetragen hatten.)

Ben-Nathan und seine Mitarbeiter reagierten auf Wiesenthals Aktivismus in Linz kühl, obwohl Wiesenthal sich nur an eine freundschaftliche Zusammenarbeit mit ihnen erinnert. In Palästina gab es scharfe Spaltungen über Strategie und Taktik, die zur Gründung des jüdischen Staates Israel führen sollten. Ben-Nathan und seine Kollegen gehörten zur Hauptrichtung der Haganah: Sie nahmen an, daß Wiesenthal ein Revisionist sei, ein Anhänger Jabotinskys, und verdächtigten ihn sogar, heimlich die militante Organisation Irgun Zvai Leumi zu unterstützen, den militärischen Arm der revisionistischen Partei. Das bedeutete, daß sie ein tiefliegendes Mißtrauen ihm gegenüber hegten. Verstärkt wurde es noch durch die Sorge, daß Wiesenthal den Amerikanern zu nahe stünde. In mindestens einem Bericht des Geheimdienstes, der in US-Archiven zu finden ist, gibt es Hinweise, daß die Leute von der Brichah Wiesenthal verdächtigten, Informationen über ihre Operationen an den CIC weitergegeben zu haben.

Ben-Nathan sagt heute, wenn er auf diese Zeiten zurückschaut, daß er auch im Jahre 1946 keinen Zweifel hatte, daß Wiesenthal als «eine jüdische Persönlichkeit» unter den Juden Österreichs ernstgenommen werden mußte. Er war jedoch eine Persönlichkeit, die ihm keine Begeisterung entlockte. Dasselbe gilt für Gideon Raphael und Ehud Avriel.

Persönliche Eifersüchteleien, die in jüdischen Organisationen niemals fernliegen, mögen dabei auch eine Rolle gespielt haben. Doch Wiesenthal besteht darauf, prinzipielle Einwände gegen die Brichah entwickelt zu haben, als ihm bewußt wurde, daß SS-Verbrecher liquidiert wurden. Dennoch kann er nicht begreifen, warum sie – fälschlicherweise – annehmen konnten, daß er Verbindungen zu den Revisionisten hatte oder mit ihnen sympathisierte. Sein kurzer Flirt mit ihnen vor dem Krieg hatte für ihn keine weitere Bedeutung mehr. Dennoch erkennt er an, daß er bei den Leuten von der Brichah protestierte: «Ihr könnt nicht nur Mapai-Leute [Mitglieder der Zionistischen Sozialistischen Partei] nach Palästina bringen. Bei der Hilfe zur illegalen Einwanderung dürft ihr zwischen den Displaced Persons keine Unterschiede machen.»

Wiesenthal hat eine wesentlich persönlichere Erklärung für die Kühle, die sich zwischen ihm und Ben-Nathan entwickelte. Er versichert, daß sie über einen Juden entstand, der die Jewish Agency betrogen hatte, indem er Waffen für die Organisation in Prag kaufte. Wiesenthal war der Ansicht, daß der Mann strafrechtlich verfolgt werden sollte. Ben-Nathan entschied anders, und das Ergebnis war, daß die beiden jahrelang nicht mehr miteinander sprachen.

1994 danach gefragt, wie er Wiesenthal im Gedächtnis habe, erinnert sich Gideon Raphael, der später der Leiter des israelischen Außenministeriums wurde, an eine Begegnung mit ihm 1946 im Displaced Persons Camp Bindermichel bei Linz: «Ich kam zusammen mit Ben-Nathan dorthin. Wir fragten die DPs, wohin sie wollten, und hofften, daß die allermeisten von ihnen den Wunsch äußern würden, nach Palästina zu gehen. Der Sprecher der DPs war der Ingenieur Simon Wiesenthal. Es schien, als ob er die führende Persönlichkeit des Camps sei, und er war als glühender Revisionist bekannt. In meiner Gegenwart hielt er den DPs eine begeisterte Rede, in der er sagte, daß alle nach Palästina gehen müßten.

Als er sprach, konnte ich keinen Anhaltspunkt für die Bedenken finden, daß er einer von jenen Zionisten sein könne, die Geld von einem Juden nehmen, um es einem anderen in Israel zu schicken. Alles war ‹wir, wir ...› Er hat sich vollkommen mit diesen Menschen identifiziert. Er war ein glühender Aktivist.»

In einem Brief, der nach dieser Zusammenkunft geschrieben wurde, dankte Wiesenthal Raphael für die «wichtige Arbeit», die er mit der Brichah ausführe, und deutete eine künftige Zusammenarbeit an.

Doch wie Ben-Nathan kam auch Raphael zu der Schlußfolgerung, daß Wiesenthal ganz sicher eine führende Persönlichkeit sei, eine enge Zusammenarbeit lehnte er jedoch ab. Raphael entschied, ihn nicht als Kontaktperson in dem Camp einzusetzen oder ihn anderweitig in die Aktivitäten der Brichah einzubeziehen. «Ich habe keine Empfehlung dafür ausgesprochen, ihn für irgend etwas einzusetzen. Er war nicht wichtig, bis er sich selbst zu einer wichtigen Persönlichkeit machte.»

Mit der Weisheit des «Hinterher ist man klüger» beschreibt Raphael Wiesenthal im Jahre 1994 als «einen Tramper, der den Sitz des Fahrers übernahm und dann mit dem Auto davonfuhr». Wiesenthal, überrascht von dieser harschen Einschätzung, tat sie als die «Verdrehung eines alten Mannes» ab.

Die plausibelste Erklärung für die gegenseitige Ablehnung liegt darin, daß sich ihre Wege nach den chaotischen und schwierigen ersten Nachkriegsjahren trennten. Ben-Nathan, Raphael und Avriel gehörten alle zu den politischen Eliten des neuen Landes. Wiesenthal stand abseits, er zog es vor, in den Eingeweiden der nationalsozialistischen Partei zu schuften und nach den Massenmördern zu suchen – und ein Auge auf den Hauptgewinn hatte er schon geworfen: Adolf Eichmann.

ACHT

Die Suche nach Eichmann beginnt

SIMON WIESENTHALS Name ist unentwirrbar, doch auch äußerst kontrovers mit dem Adolf Eichmanns verbunden. Er selbst ist wie auch seine Bewunderer überzeugt davon, daß ohne seine Beharrlichkeit in den späten vierziger und frühen fünfziger Jahren die Suche nach Eichmann 1948 oder 1949 leicht aufgegeben worden wäre und Israel, beschäftigt mit dem Aufbau des neuen Staates, die Jagd nach ihm 1957 nicht wieder aufgenommen hätte. Und ohne den Eichmann-Prozeß und die Greuel, die er bestätigte, wäre das volle Ausmaß des Holocaust vielleicht niemals begriffen worden und die Erinnerung daran verblaßt.

Wiesenthal ist stolz darauf, daß er Vera Eichmann davon abhielt, ihren Mann im Jahre 1947 für tot erklären zu lassen, ein Schritt, von dem er glaubt, daß er die Jagd nach ihm hätte beenden können. 1953 folgerte er auch richtig, daß Eichmann nach Argentinien geflohen war. Das war fünf Jahre, bevor der israelische Geheimdienst, der Mossad, den entscheidenden Tip von dem Frankfurter Staatsanwalt Fritz Bauer bekam, daß Eichmann in Argentinien sei. Und Wiesenthal bleibt auch davon überzeugt, daß Eichmann schon in den frühen fünfziger Jahren hätte gefaßt werden können, wenn man seinen Informationen nachgegangen wäre.

Ohne Zweifel entspringt Wiesenthals Ruhm und sein legendärer Ruf als unerschrockener Jäger von Nazi-Verbrechern dem Fall Eichmann. Doch hier beginnen auch die Versuche, seinen Beitrag an der

Ergreifung Eichmanns 1960 durch den Mossad mit Fragezeichen zu versehen. Seine Kritiker, allen voran der WJC, behaupten, daß Wiesenthal seine Laufbahn auf den Fall Eichmann aufgebaut habe, und deuten seine Ansprüche als einen Beleg dafür, daß die ganze Skala seiner Aktivitäten voller Schönheitsfehler sei.

Wahrscheinlich hat sich mehr als alle anderen Isser Harel, der frühere Leiter des Mossad und des Teams, das Eichmann 1960 aus Argentinien entführte, über den Beifall geärgert, den Wiesenthal in diesem Fall erhalten hat. Er versucht zu belegen, daß Wiesenthal bei der Festnahme von Eichmann keine Rolle gespielt habe und ihm auch nicht das Verdienst zukomme, ihn in Argentinien aufgespürt zu haben. Ein weiterer Israeli, Tuviah Friedman, der in der Nachkriegszeit ebenfalls am Rande in die Suche nach Eichmann verwickelt war, hat sich mit Wiesenthal auf eine öffentliche Auseinandersetzung eingelassen. Er meint, daß Wiesenthal seine eigene Rolle übertrieben und – schlimmer noch – die Friedmans dabei nicht anerkannt habe.

Wenn es nicht auch um den WJC ginge, könnten Harels Donnerwetter und Friedmans Sehnsüchte nach größerer Anerkennung als interessante, aber relativ unwichtige Nebengleise der gewundenen Straße verstanden werden, die zu der Gefangennahme eines der größten Mörder des 20. Jahrhunderts führte. Aber Harel hat im Hauptquartier des WJC willige Zuhörer gefunden: Dort wurden seine Argumente als nützliche Munition gegen Wiesenthal begrüßt. In der Kampagne, die der WJC gegen Wiesenthal wegen seiner Weigerung führte, Kurt Waldheim als Kriegsverbrecher zu brandmarken, tauchten diese Argumente wieder auf. Nachdem sie ihn einstmals als eine heroische Persönlichkeit gefeiert hatten, hätte die gegenwärtige Führung des WJC es lieber, wenn die Welt ihn als einen Scharlatan ansehen würde.

Harels Weigerung, Wiesenthals Rolle anzuerkennen, wird leichter nachvollziehbar, wenn man darin die Eifersucht und die Vorurteile eines älteren Mannes sieht, dessen Mossad-Laufbahn kurz nach der Ergreifung von Eichmann aus einer Vielzahl von Gründen einen unwiderruflichen Bruch erfuhr, von dem er sich nie wieder erholt hat.

Harel mußte den Mossad wegen scharfer politischer Differenzen verlassen, die über die Frage entstanden waren, wie Israel sich zur Anwesenheit deutscher Raketenexperten in Ägypten verhalten solle. Auch Friedman hatte viele persönliche Enttäuschungen erlitten, weil es ihm nicht gelungen war, sich in der Gemeinde der Nazi-Jäger deutlicher zu behaupten. Aber die Haltung des WJC läßt sich sehr viel schwerer rechtfertigen.

Eichmann war ein Teilnehmer der Wannsee-Konferenz und protokollierte 1942 die Minuten, als die nationalsozialistische Führerschaft die «Endlösung» zur Vernichtung der Juden im Deutschen Reich beschloß. Folglich wurde er der ultimative «Schreibtischmörder», der den Massenmord in eine organisierte Industrie verwandelte und sich der Millionen rühmte, die vergast, erschossen, zu Tode geschlagen oder gehungert wurden. Dieses Monster zu finden und einem Gericht auszuliefern, wurde zu einer Obsession von Wiesenthal, die schon bald nach Kriegsende einsetzte und nicht nachließ, bis Eichmann schließlich in Argentinien vom Mossad gefaßt worden war. Später wurde Wiesenthal ähnlich obsessiv, wenn es um seinen eigenen Beitrag zur Ergreifung Eichmanns ging.

In gewisser Hinsicht lud Wiesenthal zu Angriffen gegen sich mit seinem 1961 erschienenen Buch *Ich jagte Eichmann* geradezu ein, dessen Titel die verbreitete Auffassung belieferte, daß er für das Ausfindigmachen von Eichmanns Versteck in Argentinien verantwortlich war. Doch *Ich jagte Eichmann* erkennt mit einer akribischen Beschreibung von Wiesenthals Welt zwischen 1945 und 1960 an, daß sich seine Rolle auf die Identifizierung einiger früher Teile des verschlungenen Puzzlespiels beschränkte, das nicht zusammengefügt werden konnte, bevor Eichmanns Aufenthaltsort bekannt war. Wiesenthal hatte nichts mit der Suche des Mossad nach Eichmann in Argentinien zu tun, die 1957 begann und 1960 zur Gefangennahme Eichmanns führte. Auch ein späterer, kürzerer Bericht in seinem Buch *Doch die Mörder leben* betont, daß Wiesenthal einer von vielen war, die dabei halfen, Eichmann aufzuspüren.

Wie bei den meisten Geschichten aus dem wirklichen Leben, in die

Geheimdienste verwickelt sind, ist nicht immer ganz klar, wer in dem Fall Eichmann was und wann tat. Die Einzelheiten sind wieder und wieder durchforstet worden. Es überrascht daher nicht, daß es Unstimmigkeiten und Unterschiede bei der Betonung und Interpretation gibt. Eine der umstrittensten Fragen betrifft das Dossier mit Beweisen, in dem sich Hinweise auf Eichmanns Anwesenheit in Argentinien befanden, die Wiesenthal gesammelt und im Jahre 1954 an Nachum Goldmann, den damaligen Präsidenten des WJC, auf dessen eigenen Wunsch hin geschickt hatte. Goldmann hat niemals direkt zugegeben, daß er diesen Brief erhalten hat, und Wiesenthal war immer überzeugt davon, daß der Präsident des WJC ihm eine Abfuhr erteilte, weil er lieber unabhängig blieb, als direkt für den WJC zu arbeiten. Goldmann lebt nicht mehr, und seine Nachfolger beim WJC behaupten ebenfalls, daß Goldmann Wiesenthal zu keiner Zeit ernstgenommen und den Verdacht gehegt habe, daß er von ihnen bloß finanzielle Unterstützung wollte. Es mag sein, daß Goldmanns schlechte Meinung über Wiesenthal auf das Jahr 1946 zurückgeht, als sein damaliger enger Mitarbeiter Gerhart Riegner sich offenkundig eine ungünstige Meinung von Wiesenthal bildete.

Ohnehin behauptet der WJC, daß er niemals eine Organisation zur Nazi-Jagd und daher die falsche Adresse gewesen sei, wenn Wiesenthal Unterstützung für seine Jagd nach Eichmann gesucht habe. Der WJC versichert, daß in seinem genau geführten Archiv keine Spur von Wiesenthals Berichten zu finden sei. Dies ist um so kurioser, als es Kopien von dieser Korrespondenz im Zionistischen Zentralarchiv in Israel gibt.

Die Suche nach Eichmann begann, bevor das letzte Konzentrationslager befreit worden war und seine wirkliche Rolle bei der Organisation der Vernichtung von Millionen Juden und anderen «Unerwünschten» vollständig bekannt war. Sein Name stand auf der Liste der «meistgesuchten Anstifter und Täter der Verbrechen gegen Juden», die von der Jewish Agency for Palestine aufgestellt worden war. Vertreter der Organisation waren erstmals 1938 in Wien auf Eichmann gestoßen, als der Massenmord noch nicht zu der von Hitler bevorzugten Möglichkeit geworden war, das Deutsche Reich «judenfrei» zu machen. Zu dieser Zeit war die nationalsozialistische Politik vor allem mit der Beschlagnahme jüdischen Eigentums befaßt und förderte die Auswanderung von Juden. Eichmann war schon 1932 in nationalsozialistische Würden gekommen. Nach dem «Anschluß» wurde er zum Leiter der Wiener Zentralstelle für jüdische Auswanderung, das im Palais Rothschild untergebracht war. Ehud Avriel, der damals noch seinen ursprünglichen Namen Überall verwandte, arbeitete für die Jewish Agency und half, die illegale Auswanderung von Juden nach Palästina zu organisieren und über die Evakuierung von jüdischen Kindern, die «Kindertransporte», zu verhandeln. Niemals hat er die kalte, klinische Persönlichkeit vergessen, die Eichmann in schwarzer SS-Uniform, schwarzen Stiefeln und der Peitsche in der Hand zur Schau stellte.

In den späteren Phasen des Krieges, als mehr und mehr über die «Endlösung» bekannt wurde, erschien Eichmanns Name oft als der einer Schlüsselfigur. Weitere Belege für seine hohe Stellung in der Nazi-Hierarchie gab es in den letzten Kriegsmonaten, als sich die Alliierten weigerten, auf seinen Vorschlag einzugehen, eine Million ungarischer Juden im Austausch gegen 10000 Lastwagen und andere Güter freizulassen, die die Deutschen für den Krieg benötigten. Eichmann, der sich in Budapest aufhielt, führte seine Operation stromlinienförmig weiter und schickte die ungarischen Juden nach Auschwitz in den Tod.

Wiesenthal hörte Eichmanns Namen zum ersten Mal von einem ungarischen Mithäftling, als er in Mauthausen im Todesblock lag. Damals bedeutete er ihm nicht viel. Selbst Monate nach seiner Befreiung, als er schon für die Amerikaner arbeitete, interessierte er sich kaum für eine Anfrage von einem Mitarbeiter des Brichah-Büros in Wien, ob er von Eichmann gehört habe. Er antwortete, daß er mehr an den Kriegsverbrechern interessiert sei, deren Handlungen er selbst bezeugen könne.

Doch seine Neugier war geweckt worden, und er fragte nach, ob er in dieser Sache Einsicht in die US-War-Crimes-Akten erhalten könne. Dort stand nur wenig: Eichmann wurde als ein SS-Obersturmbannführer beschrieben, der in Österreich, der Tschechoslowakei, Frankreich, Griechenland und Ungarn tätig gewesen sei, aber die Akten enthielten keine genaue Beschreibung seiner Arbeit und kein Foto.

Kurz darauf, im Juli 1945, fuhr Wiesenthal zum ersten Mal nach dem Krieg nach Wien, wo er sich mit Ben-Nathan und Avriel im Büro der Brichah traf. Sie wußten wesentlich mehr über Eichmanns Rolle. Ihre Geheimdienstberichte besagten, daß Eichmann in Sarona geboren sei, in der Kolonie der Deutschtempler in Palästina, und daß er Hebräisch und Jiddisch ebenso fließend spreche wie Deutsch. Tatsächlich war Eichmann in Solingen geboren worden, in Linz aufgewachsen und hatte sich nur zwei Tage in Palästina und wenige Stunden in Sarona aufgehalten, verfügte nur über geringe Kenntnisse des Hebräischen und sprach kein Jiddisch. Aber er hatte sich mit jüdischen Angelegenheiten befaßt und sich schon vor dem «Anschluß» zu einem führenden Experten der Nazis für das Judentum gemacht.

Später konnte das alles zu einem Bild zusammengesetzt werden. Eichmann war erst zweiunddreißig Jahre alt, als er die «Zentralstelle für jüdische Auswanderung» in Wien übernahm. Ein Jahr später, 1939, wurde Eichmann nach der Besetzung der Tschechoslowakei durch Hitler-Deutschland nach Prag geschickt, und nach dem Beginn des Krieges wurde er in die «Reichszentrale für jüdische Auswanderung» in Berlin versetzt. Eine seiner Aufgaben bestand darin, ein machiavellistisches Projekt auszuarbeiten; ungefähr vier Millionen Juden aus Polen und anderen Gebieten Mitteleuropas sollten nach Madagaskar deportiert werden. Dieser Plan wurde niemals ausgeführt, doch bis Mitte des Jahres 1941 verschärfte sich die nationalsozialistische Politik drastisch: Die jüdische Arbeitskraft sollte ausgebeutet werden, solange die Menschen noch arbeiten konnten, anschließend sollten alle vernichtet werden. Eichmann wurde befördert, der Gestapo zugeordnet und zum Leiter der Sektion IV-B-4, dem «Judenreferat». Sein Chef war Reinhard Heydrich, der ihn darüber informierte, daß der «Führer die physische Vernichtung der Juden» angeordnet habe.

Nach Wiesenthals Begegnung mit Ben-Nathan dauerte es nicht mehr lange, bis er bei der Suche nach Eichmann angebissen hatte. Allmählich machte er sich eine Vorstellung von den grauenhaften Dimensionen, in denen Eichmann an der «Endlösung» beteiligt war. Dieser Mann mußte ebenso wie die anderen führenden Nazis, die beim Kriegsverbrecherprozeß in Nürnberg angeklagt worden waren, Rechenschaft über sein Tun ablegen. Aber wo war er? Er war weitaus schwerer zu fassen als diejenigen, deren Befehle er mit soviel Hingabe und Begeisterung ausgeführt hatte.

Zurück in Linz gab Wiesenthals Vorgesetzter, Captain O'Meara, ihm ein mageres Dossier, das von den US-Behörden zusammengestellt worden war. Es enthielt auch die Anweisung, die Suche nach Informationen über Eichmanns nationalsozialistische Aktivitäten und seinen gegenwärtigen Aufenthaltsort zu intensivieren. Wiesenthal besteht unnachgiebig darauf, der erste gewesen zu sein, der entdeckte, daß Eichmann in Linz aufgewachsen war und daß Verwandte von ihm auch noch nach dem Krieg dort lebten. Von diesem Punkt an war es nicht schwierig zu folgern, daß es in der Gegend auch Spuren des gesuchten Mannes geben mußte.

Durch einen weiteren Zufall fand Wiesenthal heraus, daß die Familie Eichmanns praktisch vor seiner Nase lebte. Der OSS hatte ihm ein Zimmer wenige Häuser entfernt von seinem Büro in der Landstraße 36 gegeben. Um von einem Haus zum anderen zu gelangen, mußte er an einem Elektrogeschäft in der Nummer 32 vorbeigehen. Der Name des Eigentümers, Adolf Eichmann, stand offen am Haus. «Ich dachte, daß Eichmann kein häufiger Name sein könne. Und ich kritzelte den Namen wiederholt gedankenlos vor mich hin. Eines Tages brachte mir meine Wirtin, Frau Sturm, etwas Tee und bemerkte den Namen auf meinem Notizblock. ‹Wenn Sie nach Eichmann suchen, das ist nur ein paar Türen von hier›, sagte sie. Ich sagte, nein, das sei nicht derjenige, nach dem ich suchte. Ich glaubte immer noch, daß die Familie Eichmann in Palästina sei. Aber Frau Sturm erzählte mir, daß diese Eichmanns einen Sohn hätten, der ein hohes Tier in der SS gewesen sei. ‹Ich bin mir ganz sicher, schauen Sie da mal nach›, drängte sie mich.»

Wiesenthal bat Captain O'Meara, ihm eine Patrouille der Militärpolizei zur Verfügung zu stellen, um das Haus der Eichmanns zu durchsuchen. «Als wir zu dem Haus kamen, konnte ich plötzlich die Klinke nicht berühren. Es war mir zutiefst zuwider zu denken, daß der Mann, der für den Tod von Millionen Juden verantwortlich war, seine Hand darauf gelegt haben könnte. Ich bin zu sehr Gefühlsmensch. Ich mußte die Militärpolizisten vor mir ins Haus gehen lassen. Ich bat sie, das Haus zu durchsuchen, und ich wartete. Als sie zurückkamen, erzählten sie mir, daß sie mit dem Vater gesprochen hätten, der gesagt habe, sein Sohn sei nicht aus dem Krieg zurückgekehrt, und sie wüßten nicht, was mit ihm geschehen sei.

Die Familie hatte den Militärposten auch erzählt, daß sie kein Foto von ihrem Sohn hätten, nicht einmal eins aus seiner Kindheit. Als sie gefragt wurden, wo ihr Sohn sich aufgehalten habe, als sie das letzte Mal von ihm gehört hatten, meinten sie: in Prag. Und fügten hinzu, sie vermuteten, daß er von den Russen verhaftet worden sei. Aber die Militärpolizei holte wenigstens eine wichtige Information aus ihnen heraus: Der Vater bestätigte, daß sein ältester Sohn tatsächlich ebenfalls Adolf Eichmann heiße.» Das legte nahe, daß sie auf der richtigen Spur waren. «Aber es war immer noch nicht ganz sicher, daß der Eichmann, nach dem wir suchten, aus dieser Familie kam.»

Wiesenthal hat sich oft gefragt, ob Eichmann auch anderswo hätte aufgespürt werden können, wenn er sich nachhaltiger dafür eingesetzt und die Familie des Mannes und ihre Nachbarn persönlich befragt hätte. Es gibt darauf keine sichere Antwort, obwohl Eichmann damals noch recht nahe war, denn er bewegte sich unter einer Reihe falscher Namen in Bayern. Aber Wiesenthal hat auch immer gesagt, daß Eichmanns wahre Bedeutung von den frühen NS-Verbrecherprozessen verschluckt worden wäre und die außerordentliche Verantwortung, die er für den Holocaust trug, der Welt nicht so hätte dargestellt werden können, wie es dann durch den Prozeß 1960 geschah.

Am 1. August kam ein OSS-Informant, der schon seit langen darauf insistiert hatte, daß der gesuchte Mann aus Linz stammte, aufgeregt in Wiesenthals Büro. Er hatte gehört, daß Adolf Eichmann sich in einem Dorf am Altaussee versteckt halte. Und er wußte sogar die Hausnummer: Nummer 8, Fischerndorf. Linz war über hundertfünfzig Kilometer entfernt, deshalb bat Wiesenthal den CIC, der ein Büro in Bad Aussee hatte, in dem Haus in Fischerndorf zu suchen. Sie fanden einen anderen SS-Offizier, Anton Burger, der mit Eichmann zusammengearbeitet hatte – nicht aber Eichmann. Doch sie hatten das falsche Haus durchsucht, die Nummer 38. Wiesenthal bat den CIC, einen weiteren Versuch zu unternehmen. Dieses Mal gingen die Amerikaner selbst zu der Nummer 8, statt die Angelegenheit den Österreichern zu überlassen. Sie fanden Frau Veronika Liebl und ihre drei Söhne. Frau Liebl gab zu, daß sie die Ehefrau von Eichmann gewesen sei, aber sie behauptete, daß sie sich im März 1945 von ihm in Prag habe scheiden lassen und nicht wisse, wo er sich seitdem aufhalte.

Eine Woche später fuhr Wiesenthal selbst in das Ausseerland, die Gegend, die als Salzkammergut bekannt ist, weil ihre Salzvorkommen eine ständige Einkommensquelle für die Habsburger waren. Er wollte mehr über diesen alpinen Landstrich herausfinden, in dem Eichmanns Frau und seine Kinder offenkundig ein ungestörtes Leben in einer Gemeinschaft führen konnten, wo keine unbequemen Fragen gestellt wurden.

Altaussee selbst ist ein kleines Dorf am südlichen Ufer eines dunkel schimmernden, fast vollkommen runden Sees. Die Berge ragen steil über den größten Teil der Ufer. Fischerndorf, das einen Teil des Dorfes Altaussee bildet, besteht aus einer Reihe einfacher traditioneller Holzhäuser, die am Hang stehen. Die Nummer 8, Haus Wimmer, ist eines der kleinsten Häuser, das letzte Gebäude an einer steilen, gewundenen Straße. Veronika Liebl und ihre Kinder teilten sich das Haus mit der Eigentümerin, Frau Wimmer. Es hatte den strategischen Vorteil, daß von dort aus die Straße und alle Bewegungen leicht zu beobachten waren. Und natürlich hätte Frau Liebl sich an der Aussicht aus ihrem Fenster weiden können, wenn sie ein Auge für ihre Umgebung gehabt hätte.

Das Ausseerland ist von der Stadt Salzburg und seinen umliegenden Seen durch die Berge abgeschnitten. Seine Abgeschiedenheit und Schönheit haben die größten deutschsprachigen Schriftsteller zu Beginn dieses Jahrhunderts angezogen. Theodor Herzls *Judenstaat*, sein Konzept für einen jüdischen Nationalstaat, nahm während wiederholter Ferienaufenthalte in Altaussee Form an. Richard Strauss kam, um Hugo von Hofmannsthal zu besuchen, der hier seine Sommer verbrachte und eine Reihe von Libretti für die Strauss-Opern schrieb. Auch Sigmund Freud begleitete manchmal seine Freunde nach Altaussee. Eine eindrucksvolle Karikatur wird im örtlichen Museum aufbewahrt: sie zeigt Jakob Wassermann, Hugo von Hofmannsthal, Raoul Auernheimer und Arthur Schnitzler, die am See sitzen und ihre Federn in das dunkle Wasser, den «Tintentopf», tunken.

Der «Anschluß» zerstörte dieses Schriftstellerparadies. Das Ausseerland wurde ein Nazi-Gehege, das Hitler zur «Alpenfestung» bestimmte, als die militärische Niederlage 1944 immer näher kam. Er malte sich aus, seine Elitetruppen in diesen Bergen zu versammeln und von hier auszuziehen, um das Dritte Reich wiederauferstehen zu lassen.

Die Frau und die Kinder von Joseph Goebbels besetzten eine große Villa am Grundlsee, der nicht weit von Altaussee entfernt ist. Sie blieben dort bis zu ihrer Abfahrt nach Berlin, wo sie gemeinsam Selbstmord verübten. Die gegenwärtigen Eigentümer des Hauses haben noch ein Foto von Frau Goebbels, auf dem sie – umgeben von ihren sechs kleinen Kindern – im Garten posiert.

Hitlers Wissenschaftler wurden in der Gegend verteilt, um die ersten Missiles zu entwickeln, die U-Boote treffen konnten. Millionen von gefälschten britischen Geldnoten, die dazu beitragen sollten, die britische Wirtschaft zu ruinieren, wurden im Toplitzsee versenkt, wo es auch eine Marineforschungsstation gab. Es wird allgemein angenommen, daß die Nationalsozialisten große Mengen von Wertgegenständen hier in den Bergen vergruben und auch eine Liste der

Schweizer Bankkonten mit Einzelheiten über die Zugangsmöglichkeiten versteckten. Das Falschgeld wurde gefunden. Doch die lokale Legende besagt, daß die wirklichen Schätze immer noch nicht aufgestöbert worden sind.

Es ist eine Tatsache, keine Legende, daß die Nationalsozialisten tief in den Salzminen der Berge über Altaussee einige der berühmtesten Kunstwerke der Welt versteckten, viele davon waren von Juden konfisziert oder während des Krieges geraubt worden. Hitler sammelte seine Lieblingskünstler für das von ihm geplante grandiose Museum in Linz, das in der Nähe seines Geburtsorts Braunau liegt. Linz wollte er in eine Stadt verwandeln, die Wien in den Schatten stellte. Die Werke von Rubens und Michelangelo, Tizian, Dürer, Cranach und vielen anderen großen Meistern wurden in den Salzstöcken eingelagert.

Dieser Schatz entging 1945 der Zerstörung. Als die US-Einheiten schnell vorrückten, ließ der nationalsozialistische Gauleiter Adolf Eigruber die Stellen verminen, um sie zu sprengen. Die Kunstkuratoren appellierten zusammen mit den Minenarbeitern, die darauf bedacht waren, ihren Arbeitsplatz zu erhalten, an Ernst Kaltenbrunner, dieses Sakrileg zu verhindern. Kaltenbrunner war der Chef des «Sicherheitsdienstes» (SD) in Österreich und besuchte eine Geliebte in Altaussee. Zwischen den beiden Nazi-Häuptlingen brach ein wütender Krach aus. Kaltenbrunner ordnete an, das Dynamit zu entfernen, Eigruber ließ es wieder ins Innere zurückbringen. Am Ende sprengten Minenarbeiter oder Angehörige des österreichischen Widerstands (bis heute ist umstritten, wer) den Eingang zu den Salzwerken und blockierten den Zugang bis zur Ankunft der amerikanischen Armee.

Viele prominente Nazis befanden sich im Ausseerland, als die Niederlage kam. Ein prominenter SS-Offizier, Wilhelm Höttl, lebt dort immer noch ungestört. Höttl hatte Eichmann in Budapest kennengelernt. Er erkaufte sich seine Freiheit, indem er bei den Nürnberger Kriegsverbrecherprozessen gegen die Nazi-Führung aussagte und danach noch dem CIC als Informant diente. Auch Wiesenthal hatte Kontakt zu Höttl, traute ihm aber nie.

Eichmann selbst hielt sich am Ende des Krieges kurz in Altaussee auf, als sich die führenden Nazis schon alle auf der Flucht befanden. Die örtliche Legende erzählt, daß er sich einige Tage in einer Hütte versteckte, die abgeschieden liegt und nur zu Fuß oder mit dem Boot erreicht werden kann. Er war sicherlich mit der Gegend gut genug vertraut, um zu wissen, daß seine Familie hier würden leben können, ohne riskieren zu müssen, verraten zu werden.

Wiesenthal kam bei verschiedenen Gelegenheiten ins Ausseerland. Aber schon bei seinem ersten Besuch erhielt er Informationen, die seinen Eindruck verstärkten, daß Frau Liebl (Eichmann) mit der Wahrheit über die Aufenthaltsorte ihres Mannes sehr sparsam umging und daß ihre Versicherungen, sie hätte von ihm seit ihrer Scheidung in Prag nichts mehr gehört, gelogen waren. Im Parkhotel in Altaussee erzählte die Eigentümerin, Maria Bucher, daß Frau Eichmann im Mai 1945 dort gewesen und Eichmann selbst in Uniform erschienen sei, einen Anzug gestohlen habe und in Richtung Blah-Alm verschwunden sei. Das war ein nahegelegenes Restaurant. Es lag an einem Weg, den Eichmann benutzt haben könnte, um aus dem Ausseerland herauszukommen. Die Blah-Alm wurde zu einer Zwischenstation für fliehende Nazis, ihre Eigentümer waren bekannte Nazis aus Linz.

Drei Monate später, im Dezember 1946, war Wiesenthal Abgeordneter auf dem ersten Nachkriegskongreß der Zionisten in Basel. Dort sprach er mit Dr. Rezső Kasztner, dem früheren Vorsitzenden des Budapester Komitees Waad Haezra Wehazala. Kasztner hatte Eichmann 1944 von Angesicht zu Angesicht gegenübergestanden und mit ihm die erfolglosen Verhandlungen zur Rettung der ungarischen Juden geführt. Ihr Leben sollte gegen Güter getauscht werden, die von der deutschen Kriegswirtschaft benötigt wurden. Wiesenthal bemühte sich darum, aus Kasztner auch noch das kleinste Detail seiner Erinnerung an Eichmann herauszubekommen.

Kurz darauf war Wiesenthal in Nürnberg, um als Augenzeuge auszusagen über die Verbrechen der Nationalsozialisten in Lwów. Der Hauptprozeß gegen führende Nationalsozialisten war im vorangegangenen September abgeschlossen worden. Er verbrachte jede freie

Minute mit dem Durchforsten der unermeßlichen Stapel von nationalsozialistischen Dokumenten, die für die Prozesse gesammelt worden waren. Viele seiner Nachforschungen hatten das Ziel, mehr über Eichmanns Vernichtungsmaschine und die Männer und Frauen, die für ihn arbeiteten, in Erfahrung zu bringen. Das war ihm wichtiger, als dem Fortgang des Kriegsverbrecherprozesses beizuwohnen. «Die Staatsanwälte sagten immer zu mir, daß es mir große Befriedigung geben müsse zu sehen, wie diese Verbrecher der Justiz überstellt wurden. Aber sie hatten kein Verständnis für meine Haltung. Diejenigen, die bereits vor Gericht standen, interessierten mich nicht mehr. Ich war nur an denen interessiert, die noch in Freiheit lebten, und wenn die Nürnberger Archive mir dabei helfen konnten, sie zu finden, dann war es das, was ich zu tun hatte.»

Im Dokumentationszentrum in Linz wurde Wiesenthals Fixierung auf Eichmann allgemein bekannt. Überlebende aus den Konzentrationslagern erzählten von den Leiden, die sie auf Eichmanns Veranlassung hin erfahren hatten. Berichte und Hinweise auf Eichmanns Aufenthaltsort wurden Wiesenthal zugeschickt, und manches war vergebliche Mühe. Durch einen dieser Hinweise aber ging ein anderer Gesuchter, Franz Murer, ins Netz, aber diese Geschichte führte auch zu Wiesenthals kurzfristiger Inhaftierung durch die britischen Militärbehörden. Das Ereignis begann eines späten Abends, als drei Männer, einer von ihnen war Wiesenthal bekannt, an seine Tür klopften und sagten, daß sie von einem sehr wichtigen Nazi gehört hätten, der auf einem Bauernhof arbeite, dem Gaishorn in der Nähe von Admont in der britischen Zone. Sie meinten, es könne Eichmann sein. Wiesenthal entschloß sich sofort, mit ihnen zu kommen.

Als sie dort ankamen, stellte sich heraus, daß der Bauernhof Murer gehörte, dem «Schlächter von Wilna», der für den Tod von 80000 litauischen Juden verantwortlich gemacht wird. Er war es, und nicht Eichmann. Er lebte offen unter seinem eigenen Namen. Im Displaced Persons Camp in Admont gab es viele Frauen aus Polen, die direkte Erfahrungen mit Murers Foltermethoden gemacht und einige seiner Morde beobachtet hatten. Mit ihren Aussagen bewaffnet erreichte

Wiesenthal, daß Murer verhaftet wurde. Aber er war außer sich vor Zorn, daß die Briten diesen Mann so lange in Freiheit gelassen hatten. Sie hätten wissen müssen, daß er dort war. Auf seine hartnäckige Weise beschloß er, mit den Vertretern des British Field Security Service (FSS) in Admont zu sprechen. Wiesenthal war ihnen kein Unbekannter. Der Offizier, der ihn empfing, hörte ihm ohne großes Interesse zu und fing dann an, ihn über die illegalen Transporte von Juden aus Österreich nach Palästina zu befragen. «Ich bin gekommen, um über Murer zu sprechen und über nichts anderes», beharrte Wiesenthal. Aber der Offizier fuhr fort. Er nahm an, daß Wiesenthal ihnen mit Informationen über die österreichischen Aktivitäten der radikalen Irgun Zvai Leumi helfen könnte. Die Briten hatten den Verdacht, daß er dieser Organisation angehörte. Doch Wiesenthal antwortete, daß er an diesem Tag nur über eins sprechen wolle: Murer.

Die Stunden vergingen, die Fragen wurden wiederholt. Aber die Nachricht, daß Wiesenthal festgehalten wurde, hatte das Displaced Persons Camp in Admont erreicht. Hunderte von DPs kamen auf dem Gelände des FSS zusammen und forderten seine Freilassung. Nachdem die Gewehre geschwungen und viel geschrien worden war, ließen ihn die Briten gehen. Über die Demonstration freute sich Wiesenthal, aber das Verhalten der Briten war deprimierend und überzeugte ihn davon, daß Großbritannien weit mehr daran interessiert war, ein Rückzugsgefecht gegen die Errichtung des Staates Israel auszutragen, als die Massenmörder der Justiz zu überstellen.

Nachdem Wiesenthal durch Zufall Murer gefunden hatte, gab er acht, daß die Briten ihn nicht wieder freiließen. Er mobilisierte seine Freunde, hochrangige und weniger hochrangige, um Murer wegen seiner Kriegsverbrechen anklagen zu lassen. Aber obwohl Murer in der Sowjetunion zu fünfundzwanzig Jahren Haft verurteilt wurde, wurde er 1955 nach Österreich entlassen, wo er ein ruhiges Leben als angesehenes Mitglied der bäuerlichen Gemeinschaft von Admont führen konnte. Die Geschichte von Wiesenthals andauernden Versuchen, Murer wieder ins Gefängnis zu bringen, gehört in eine spätere Zeit, als er nach der Gefangennahme Eichmanns 1960 schon zu einem bekannten Nazi-Jäger geworden war.

Doch zurück zur Suche nach Eichmann in den späten vierziger Jahren. In Wien waren Ben-Nathan und seine Kollegen ebenso eifrig dabei wie Wiesenthal in Linz, die wichtigsten Nazi-Verbrecher aufzuspüren und – allen voran – Eichmann zu finden. Um einen offiziellen Status zu erhalten, schloß sich Ben-Nathan der Jüdischen Kultusgemeinde in Österreich an, in der sich Wiesenthal bereits als prominenter Aktivist hervorgetan hatte. Ben-Nathan richtete ebenfalls ein kleines Dokumentationszentrum ein, das als Aushängeschild für die Aktivitäten der Brichah diente, und übergab Tuviah Friedman die Leitung. Sie rekrutierten eine kleine Gruppe von jungen Leuten als Mitarbeiter des Dokumentationszentrums, zumeist polnische Juden, die in Wien studierten. «Es war ein Forschungsteam, keins, das zuschlagen konnte», betont Ben-Nathan. Aber viele der von der Wiener Gruppe Aufgefundenen wurden den polnischen Behörden überstellt, die mit ihnen kurzen Prozeß machten und sie hinrichteten, ohne sich lange um die notwendigen rechtlichen Schritte zu kümmern.

Im Sommer 1946 schlug Friedman, der nach Linz geschickt worden war, um seine Informationen mit denen Wiesenthals – den er gern als Freiberufler beschreibt – zu vergleichen, vor, Frau Eichmann und ihre drei Kinder aus Altaussee zu entführen. Das würde Eichmann vielleicht motivieren, sein Versteck zu verlassen. Aber Wiesenthal wollte damit nichts zu tun haben. Friedman erinnert sich, daß Wiesenthal ihm gesagt habe: «Das kann ich nicht tun. Ich lebe hier. Geh zu Arthur [Asher] Ben-Nathan und erzähle ihm die Idee. Wenn die Haganah das tun will, okay. Aber ich glaube nicht, daß die Haganah die Methoden der Gestapo übernehmen will.» Wiesenthal hatte richtig geurteilt. Bei derartig wichtigen Kriegsverbrechern sagte Ben-Nathan zu Friedman: «Wir benutzen die englische Methode. Eichmann muß gefaßt und vor Gericht gestellt werden, wir können nicht seine Frau und seine Kinder verhaften.»

Nach Eichmann zu suchen, war schon schwer genug; zu suchen, ohne zu wissen, wie er aussah, machte alles noch schlimmer. Deshalb mußte ein Foto gefunden werden. In Wiesenthals frühen Berichten darüber, wie endlich ein gutes Abbild beschafft wurde, legte er nahe, daß er eng in dieses Projekt eingebunden gewesen war. Doch Ben-Nathan, Friedman und Manus Diamant – ein weiterer polnischer Überlebender und Mitarbeiter, der die Feldarbeit übernommen hatte – bestehen alle darauf, daß Wiesenthal damit nichts direkt zu tun hatte. Als Wiesenthal 1995 wieder über diese Geschehnisse sprach, gab er zu, daß sein Anteil sich weitgehend darauf beschränkte, genau darüber informiert zu werden, was vor sich ging.

Der Plan nahm Form an, als Ben-Nathan in das Gefängnis von Bratislava fuhr, wo Dieter von Wisliceny, einer von Eichmanns Mitarbeitern, auf seine Hinrichtung wartete. Ben-Nathan hatte keinen offiziellen Status, aber der Staatsanwalt in Bratislava war Jude und ermöglichte es ihm, Wisliceny zu befragen. Er wußte zwar nicht, wo Eichmann sich versteckt hielt, aber doch eine ganze Menge über seine Fluchtstrategie. Von ihm stammte auch der Hinweis auf einen der Fahrer Eichmanns, der in Wien im Gefängnis saß: Er könne die frühere Geliebte von Eichmann identifizieren – eine von vielen –, die in der Nähe von Linz lebe.

Als nächstes befragte Ben-Nathan den Fahrer und fand heraus, daß die frühere Geliebte Eichmanns Maria Mistelbach hieß und in Urfahr wohnte. Er beschloß, daß sich Diamant bei der Dame einschmeicheln sollte in der Hoffnung, daß sie ein Foto von Eichmann besäße. Diamant war vierundzwanzig, blond, sah gut aus und wurde nicht für einen Juden gehalten. Ben-Nathan versorgte ihn mit Geld und schickte ihn los, um der Frau «den Hof zu machen». Diamant stellte sich als holländischer SS-Angehöriger vor, der nicht in die Niederlande zurückgehen könne. Er hatte einen holländischen Paß, der auf den Namen von van Diamant ausgestellt war, und sprach deutsch. (Diamant sagt, es ärgere ihn, daß eine kleine Fernsehserie über Wiesenthals Leben, die in Zusammenarbeit mit Wiesenthal erstellt wurde, ihn als einen jungen Deutschen darstellt, dessen Vater in der SS gewesen sei und der das Foto besorgt habe, um seinem Vater eins auszuwischen. «Das ist reine Phantasie.»)

Diese Mission dauerte sechs Monate. 1994 beschreibt Diamant das in einem Interview folgendermaßen: Er wurde «Marias Liebhaber». «Es war schwer. Ich trug ständig eine Kamera bei mir und behauptete, mein Hobby sei die Fotografie. Eines Tages zeigte sie mir ein Fotoalbum, wies auf ein besonderes Foto und sagte: ‹Das ist mein Adolf.› Ich ging direkt zur Polizei. Sie durchsuchten das Haus und nahmen das Album mit.» Von dem Foto, das ungefähr zwölf Jahre zuvor entstanden war, wurden Kopien angefertigt, die an Ben-Nathan weitergereicht wurden. Die Frau bekam ihr Album zurück, so daß sie keinen Verdacht hegte. Diamant besteht eisern darauf, daß «Wiesenthal mit der Entdeckung des Fotos nichts zu tun» hatte. Diamant beharrt auch darauf, Ben-Nathan direkt berichtet zu haben, und er sagt, daß er zu dieser Zeit den Eindruck hatte, Wiesenthal gehöre zu den Revisionisten und vielleicht sogar zur Irgun. Ben-Nathan und seine Freunde in der Brichah waren alle Mitglieder der moderaten Haganah, und Diamant vermutet, daß die Mitarbeiter der Brichah und Wiesenthal einander niemals sehr nahe gestanden haben können, weil es «einen Krieg zwischen den beiden Gruppen» gab.

Trotzdem lernte Diamant Wiesenthal recht gut kennen, und sie diskutierten oft über Eichmann. Wiesenthal bezeichnet Diamant gern als seinen Schützling. Diamant verbrachte ungefähr zwei Jahre auf der Suche nach Eichmann und wurde von Ben-Nathan nach Bad Aussee geschickt, um sich mit Frau Eichmann anzufreunden – in der Hoffnung, einen Hinweis auf den Aufenthaltsort ihres Mannes zu finden. «Ich wohnte bei einer Freundin von Eichmanns Frau. Durch sie lernte ich Frau Eichmann kennen. Ich ging mit der Familie wandern. Ich besuchte sie, spielte mit den Kindern. Ich brachte ihnen Schokolade mit. Frau Eichmann behauptete, daß ihr Mann im Krieg gefallen sei. Alles, was ich hörte, leitete ich an Arthur weiter.

Einmal hörten wir, daß Eichmann in den Bergen sei. Eine Gruppe von Leuten kam herein, holte einen Deutschen heraus und tötete ihn. Sie sagten, es sei Eichmann gewesen. Aber er war es nicht. Ich war verärgert wegen dieser Verfahren. Arthur auch. Es richtete einen großen Schaden an, wenn Leute wie diese von außerhalb kamen.»

Nach einer Weile kam Diamant zu dem Schluß, daß Frau Eichmann nicht wußte, wo ihr Mann war, und Ben-Nathan rief ihn vom Altaussee zurück. Wiesenthal behauptet dagegen, daß Diamant nur deshalb vom Altaussee abgezogen werden mußte, weil er unter zu großen Streß geriet.

In *Ich jagte Eichmann* und *Doch die Mörder leben* schmückt Wiesenthal seine Beziehungen zu Diamant weiter aus, als sie wirklich waren. Er beschreibt, wie er in der Frage, was Manus Diamant tun sollte, eng mit Ben-Nathan zusammenarbeitete. Er behauptet, daß der junge Mann Frau Eichmann niemals kennenlernte, aber die Belastungen, sich bei ihren Freunden und Kindern einschmeicheln zu müssen, für ihn zu groß wurden. Er, Wiesenthal, habe ihm ausreden müssen, Eichmanns Kindern etwas Furchtbares anzutun. Einmal sei Diamant zu ihm gekommen und habe gesagt, «daß er, wenn er daran denke, wie viele Kinder Eichmann getötet hatte, Eichmanns Kinder erwürgen könnte». Wiesenthal schrieb, daß er daraufhin Ben-Nathan dazu überredete, Diamant von seinen Pflichten am Altaussee zu befreien, daß sie Eichmanns Geliebte gemeinsam gefunden hätten und Diamant losschickten, um das Foto zu bekommen. Im Widerspruch zu Diamants Bericht schreibt Wiesenthal auch, daß – als Diamant das Foto gefunden hatte – er «es triumphierend zu mir brachte».

Ben-Nathan sagt heute, daß Wiesenthals Darstellung verzerrt sei: «Seine Erinnerung täuscht ihn», und er fügt hinzu: Wiesenthal behauptet zuviel über Eichmann. Er hat Größe genug, um nicht auf dem Gebiet von anderen wildern zu müssen.»

Bei so vielen Egos, die sich an der Jagd nach Eichmanns Abbild beteiligten, muß jeder, der dabei mitgemacht hat, seine eigene Ausbeute betonen. Was zählt, ist, daß sie schließlich ein Foto hatten und es bei der Identifizierung Eichmanns helfen konnte – obwohl es ihn als einen wesentlich jüngeren Mann zeigte. Ob es wirklich die Anstrengung wert war, ist eine andere Frage: Kurze Zeit später fanden die Deutschen in Nürnberg Eichmanns SS-Akte mit zwei Fotos jüngeren Datums, auf denen er eine Uniform trug. So gab es endlich ein Gesicht zu dem Namen, das auf dem neuesten Stand war.

Aber all das wäre beinahe unwichtig geworden, dank Wiesenthals schneller Kombinationsgabe. Wenigstens sieht er das so. Ende 1947 entdeckte Wiesenthal, daß Frau Eichmann, die sich immer noch als Veronika Liebl ausgab, beim Bezirksgericht in Bad Ischl einen Antrag stellte, ihren geschiedenen Ehemann Adolf Eichmann für tot erklären zu lassen. Als Beleg für den Tod ihres Mannes hatte sie eine eidesstattliche Erklärung von einem Karl Lukas in Prag beigelegt, der behauptete, gesehen zu haben, wie Eichmann während der Kämpfe in Prag Ende April 1945 gefallen sei. Einmal für tot erklärt, wäre Eichmann von der Liste der «gesuchten Personen» verschwunden und sein Fall wäre abgeschlossen worden. Er wäre in Sicherheit gewesen. Die Geschichte von Eichmanns angeblichem Tod war Wiesenthal von Anfang an verdächtig – sie überzeugte ihn nur um so mehr davon, daß es sich um eine vorbereitete List handelte. Wie Wiesenthal wußte, hatte Wilhelm Höttl in Nürnberg unter Eid ausgesagt, daß er Eichmann am 2. Mai 1945 lebend in Altaussee gesehen hatte.

Dazu kam noch, daß Wiesenthal, kurz bevor er von Frau Eichmanns Versuch erfuhr, ihren Mann für tot erklären zu lassen, noch einmal nach Nürnberg gefahren war. Dort hatte er das Protokoll vom Verhör eines deutschen Informanten, Rudolf Scheide, gelesen, der Eichmanns Bewegungen seit seinem Verschwinden in Einzelheiten beschrieb. Das bewies, daß Eichmann am 30. Juni 1945 noch am Leben war, lange nach dem Tag, an dem er – wie Frau Eichmann behauptete – getötet worden sei.

Mit der Hilfe eines amerikanischen Geheimdienstoffiziers gelang es Wiesenthal, die Antwort auf Frau Eichmanns Antrag so lange zu verzögern, bis er mehr über Karl Lukas herausgefunden hatte. Eine Woche später hatte er genügend Informationen, um den örtlichen Richter davon zu überzeugen, daß Frau Eichmanns Erklärungen wertlos waren. Lukas erwies sich als der Ehemann ihrer Schwester, und die Korrespondenz zwischen Lukas und einer weiteren Schwester wies darauf hin, daß die Familie sich verschworen hatte, um Eichmann zur Flucht zu verhelfen.

Es gab keine offizielle Todeserklärung. Eichmann blieb auf der Liste der «Gesuchten». Wiesenthal hat immer wieder betont, daß sein bedeutendster Einzelbeitrag zum Aufspüren Eichmanns darin bestand, die Legende seines Todes zu zerstören. Der Trick hätte funktionieren und die Suche nach Eichmann beenden können. Wiesenthal glaubt, daß viel zu viele SS-Verbrecher sich fälschlicherweise für tot erklären ließen und dadurch der Verfolgung entkamen. Auf diese Weise konnten sie in Sicherheit unter einem angenommenen Namen weiterleben. Er wird das niemals beweisen können – mit einer einzigen Ausnahme: Er hätte recht, wenn ihn persönlich eine Todeserklärung von der Suche nach Eichmann abgehalten hätte. Aber da man seine Ausdauer kennt, erscheint das unwahrscheinlich.

Wiesenthals entschiedenster Kritiker, Isser Harel, wischt den erfolglosen Versuch, Eichmann für tot erklären zu lassen, ebenso verächtlich vom Tisch, wie er alles andere wegfegt, was Wiesenthal über seine Beteiligung an der Jagd nach Eichmann schreibt. Er bezweifelt, daß der ganze Vorfall jemals stattgefunden hat, und meint, Wiesenthal habe ihn später erfunden, um seinen Status in der ganzen Eichmann-Angelegenheit zu vergrößern. In seinem unveröffentlichten Manuskript «Simon Wiesenthal und die Gefangennahme Eichmanns» behauptet Harel, daß es Unsinn sei zu glauben, der Mossad hätte sich 1957 von seiner Suche nach Eichmann durch einen Totenschein abhalten lassen. «Ich hätte mich nicht darum gekümmert, wenn irgend jemand in Österreich Eichmann in den späten vierziger Jahren für tot hätte erklären lassen.»

Aber natürlich provoziert das geradezu die Frage, ob der Staat Israel in den späten fünfziger Jahren zur Wiederaufnahme der Suche hätte aufgestachelt werden können, wenn die Geschichte von Eichmanns Tod in Prag 1947 durch einen Totenschein besiegelt worden wäre.

Neun

Eichmann flieht nach Argentinien

Eichmann war am Leben. Irgendwie schaffte er es, mit seiner Frau in Altaussee in Kontakt zu bleiben; und wahrscheinlich auch mit seiner Familie in Linz. Aber wo hielt er sich versteckt? Die Alliierten suchten nach ihm, ebenso die Österreicher und die Juden; vielleicht sogar seine früheren Nazi-Komplizen, die ihn verdächtigten, Zugang zu dem Schatz der Nationalsozialisten zu haben, der vor ihrer Niederlage an einem geheimen Ort versteckt worden war.

Wiesenthals Zeit schien von früh bis spät davon eingenommen zu sein, mehr über Eichmann erfahren zu müssen und ihn Rechenschaft ablegen zu lassen. Es war, als ob ein Monster von ihm Besitz ergriffen hätte. Er konnte kaum schlafen. Er sprach mit Überlebenden der Todeslager; er bat alle, die jemals mit Eichmann zusammengetroffen waren, um eine Beschreibung; er las alles, was für die Nürnberger Kriegsverbrecherprozesse zugänglich gemacht wurde. Er fuhr noch viele weitere Male nach Nürnberg, suchte sich Stück für Stück alle Informationen zusammen, die über Eichmann erhältlich waren. Es war von außerordentlicher Bedeutung für Wiesenthal zu begreifen, wie aus einem scheinbar gewöhnlichen Bürokraten ein Massenvernichter geworden war. Dieses Wissen half ihm sicherlich auch, sich ein Bild von Eichmanns Gewohnheiten zu machen. In einem unveröffentlichten Dokument, *Meine Suche nach Eichmann* (1961), hat er beschrieben, wie er begriff, daß Eichmann, «der Millionen Kinder kaltblütig umbringen ließ, eine starke Zuneigung für seine eigenen

Kinder hat. Und ich hatte irgendwie die Hoffnung, daß eben die Frau und die Kinder uns nach einer Zeit zu Eichmann führen» würden. Doch vor allem überzeugten ihn seine Nachforschungen davon, daß seine Eichmann-Obsession gerechtfertigt war und er sich keiner normaleren Existenzform zuwenden dürfe.

Gegen Ende des Jahres 1947 fuhr Wiesenthal nach Paris zu einer Konferenz, die vom französischen *Centre de Documentation Juive Contemporaine* organisiert worden war und auf der die Forschungen dargestellt wurden, die bisher in den verschiedenen Teilen Europas zum Holocaust stattgefunden hatten. Sein Beitrag war wie immer streitbar und unabhängig. Er argumentierte, daß die Wichtigkeit von Dokumenten nur gerechtfertigt sei, wenn die Verbrecher verhaftet würden. «Denn nur die Verhaftung eines Verbrechers und die durch Gericht durchgeführte Klärung verschiedener Zusammenhänge kann ein objektives Bild der Zusammenhänge geben.» Er würdigte die Arbeit, die von dem Pariser Centre geleistet worden war:

> «Ich hatte viel Bewunderung für den Umfang der dort geleisteten Arbeit und war glücklich, als ich Ende 1947 zu einer Konferenz der historischen Dokumentationen eingeladen wurde. Meinem Temperament und meiner Unruhe entsprach aber nicht die besonnene, ruhige, wohlüberlegte wissenschaftliche Tätigkeit. Ich war für eine aktive Dokumentation, indem ich das Primäre sah in der Notwendigkeit der Bestrafung der Kriegsverbrecher und nicht im Bücherschreiben. Denn schließlich war für mich das jüdische Volk noch nicht ganz ausgestorben, das man nun unter Büchern verewigen mußte.»

Er zweifelte keinen Moment daran, daß die Verhaftung der Massenmörder die grundlegende Bedingung und Basis der moralischen Wiedergutmachung an den Juden sei. Und ebensowenig hatte er Zweifel daran, daß dies die Hauptaufgabe seines Lebens bleiben müsse.

Zu Beginn des Jahres 1948 wurde Eichmann auf eine österreichische und eine deutsche Liste der gesuchten Kriegsverbrecher gesetzt. Nun wollten ihn Juden auf der ganzen Welt verhaftet sehen. 1949 fuhr Wiesenthal das erste Mal nach Israel. Er nahm als einer der Überlebenden von Mauthausen an einer Gedenkzeremonie für die Opfer der Konzentrationslager teil. Und er gab die Informationen, die er über Eichmanns Leben gesammelt hatte, an einen Agenten des israelischen Geheimdienstes weiter. Als Anerkennung seiner Arbeit und zur Erleichterung seiner Reisen und Nachforschungen in Europa erhielt er einen israelischen Laissez-Passer.

Die Eichmann-Jäger, Wiesenthal eingeschlossen, hatten die Bewegungen ihres Jagdobjekts in den ersten Nachkriegsjahren zusammentragen können, doch dann seine Spur verloren. Es stand fest, daß Eichmann und seine engsten Mitarbeiter im Mai 1945 in Altaussee gewesen waren – Höttl und Wisliceny hatten das beide als Zeugen in Nürnberg ausgesagt. Danach hatte er in den Jahren 1945 und 1946 offensichtlich einige Zeit unter falschem Namen in der amerikanischen Zone Westdeutschlands verbracht und sich freiwillig in drei Internierungslagern für mutmaßliche Nazis aufgehalten. Immer, wenn er befürchtete, daß seine wahre Identität entdeckt werden könnte, war er weitergewandert. Später war er augenscheinlich als Landarbeiter in Bayern und als Forstarbeiter in Niedersachsen untergekommen, und es gab weitere Hinweise, daß er sich weiter im Norden aufgehalten hatte. Aber die Eichmann-Jäger kannten den genauen Ort nicht und wußten nicht einmal, welchen Tarnnamen er verwendete.

Veronika Eichmann, die gegen Ende 1945 in Altaussee aufgespürt worden war, wurde pausenlos beobachtet. Ihre Briefe wurden vom CIC abgefangen und ihr Telefon im Haus Wimmer abgehört. Die Familie Eichmann gab nicht viel Geld aus, und die Kinder waren ärmlich gekleidet, aber sie verfügten offensichtlich über finanzielle Mittel. Wenigstens einmal wurde ein mysteriöser Mann, der einen Trenchcoat trug und einen schwarzen Mercedes fuhr, bei dem Haus beobachtet. Wiesenthal war überzeugt, daß Eichmann früher oder später wieder in Altaussee erscheinen würde, um Frau und Kinder zu sehen. Und tatsächlich gab es Berichte aus der Umgebung, es sei ein Mann gesehen worden, auf den die Beschreibung Eichmanns passe. Einige Informanten gaben sogar seinen Decknamen an: Alfred Veres. Aber Wiesenthal war niemals ganz sicher, bis plötzlich eines kalten Dezembertages 1949 ein österreichischer Polizeibeamter im Dokumentationszentrum in Linz erschien. Er erzählte Wiesenthal, es gebe gute Gründe für die Annahme, daß Eichmann sich irgendwo in einem der Häuser versteckt halte, die um den Grundlsee verstreut lagen, fünfzehn Minuten Fahrt von Altaussee entfernt.

Der Polizeibeamte kam am nächsten Morgen wieder. Die Polizei hielt ihre Information, daß Eichmann den Silversterabend bei seiner Familie in Altaussee verbringen wolle, für richtig. Sie planten eine Hausdurchsuchung und luden Wiesenthal ein, daran teilzunehmen. Er wurde gebeten, absolutes Stillschweigen darüber zu bewahren. Normalerweise gehört Diskretion zu seiner zweiten Natur, sie ist in seinem Fach unabdingbar. Doch bei dieser Gelegenheit beging er vielleicht einen Fehler. In seinen Büchern und bei anderen späteren Gelegenheiten beschreibt Wiesenthal einen jungen Israeli, der eine Bildungsreise durch Europa machte und ein häufiger Besucher des Linzer Dokumentationszentrums war. Wiesenthal sagt, daß er sich gegenüber diesem jungen Freund verplaudert habe, lange bevor er glaubte, daß Eichmann ins Netz gehen würde. Doch als Wiesenthal die anstehende Fahrt ins Ausseerland erwähnte, wollte der Israeli unbedingt mitkommen.

Es gibt eine andere Version Wiesenthals über dieses Ereignis. In einem unveröffentlichten Bericht an einen Freund in Paris schrieb er 1960: «Es war auch ein israelischer Freund mit. Wir hatten vor, Eichmann zu fassen und ihn zu den amerikanischen Behörden zu bringen, da wir gefürchtet haben, daß die Verhaftung durch lokale Behörden schiefgehen konnte.»

Wiesenthal und der Israeli bezogen ein Zimmer im Hotel Erzherzog Johann in Bad Aussee, der «Hauptstadt» des Ausseerlands. Der Israeli wurde gebeten, unauffällig zu bleiben und vor allem mit niemandem zu sprechen, während Wiesenthal fortging, um die Maßnahmen zur Verhaftung Eichmanns zu besprechen. Die österreichische Polizei hatte ihren Stützpunkt in einem kleinen Gasthof an der Straße vom Grundl- zum Altaussee aufgeschlagen. Am späten Nachmittag des 31. Dezember riefen sie Veronika Eichmann an, in der Hoffnung, daß sie ihre Verabredung mit ihrem Mann verraten würde. Als sie den Hörer abnahm, schwiegen sie, und Wiesenthal behauptet, daß sein österreichischer Kontaktmann hörte, wie sie wisperte: «Sag mir, kommst du wirklich?»

Als der Abend kam, gingen Wiesenthal und der Österreicher hinaus, um nachzusehen, ob alles in Ordnung sei. Schon bei dem ersten Gasthof warnte ein Polizist sie; alle Einheimischen schienen zu wissen, daß sich ein Israeli in Bad Aussee aufhalte. Bald entdeckten sie, daß sich die Nachricht wie ein Lauffeuer verbreitet hatte. Wiesenthals Freund war trinken gegangen, hatte seine Herkunft lässig verraten und die Sehenswürdigkeiten Israels beschrieben. 1949 kamen nicht gerade viele Israelis in diesen abgeschiedenen Teil Österreichs, und er wurde sofort zu einem verdächtigen Objekt.

Daher war es wahrscheinlich, daß Eichmann, wenn er sich tatsächlich in der Gegend aufhielt, einen Tip bekommen hatte. Einer der Polizisten berichtete später, daß er spät in der Nacht zwei Männer auf der Straße bei Grundlsee gesehen habe, denen ein dritter hinterherlief, sie aufhielt und ihnen etwas zuflüsterte. Alle drei hätten sich dann umgedreht und seien davongegangen. Der Polizist glaubte, daß er nur wenige Meter von Eichmann entfernt gewesen sei, aber er hatte nichts unternommen, um die drei aufzuhalten. In dieser Nacht wurde niemand verhaftet, und Eichmann, wenn er es tatsächlich gewesen war, verschwand im Schnee.

Wiesenthal war sehr enttäuscht. Zu der Zeit war er überzeugt davon, daß Eichmann sich tatsächlich in der Nähe aufgehalten hatte, daß er selbst nur wenige hundert Meter von seiner Beute entfernt gewesen war. Tatsächlich hatte es nur einen sehr dürftigen Hinweis darauf gegeben, daß Eichmann sich am Grundlsee aufhielt bzw. daß er einen Versuch unternehmen würde, seine Familie in diesem Winter zu besuchen. Doch erst nach Eichmanns Verhaftung 1960 stellte sich heraus, daß die Person, die in den späten vierziger Jahren im Ausseerland gesehen worden war, in Wirklichkeit Eichmanns Bruder Otto gewesen war, der ihm sehr ähnlich sah. Eichmann selbst hielt sich Ende 1949 in Norddeutschland auf und lebte unter dem Tarnnamen Otto Hendiger. Er traf die Vorbereitungen für seine Flucht. Unterstützt wurde er dabei von der geheimen SS-Organisation

ODESSA (Organisation der ehemaligen SS-Angehörigen), die Nazis dazu verhalf, aus Europa zu entkommen.

Vielleicht hat Wiesenthal deshalb soviel von der Expedition am Silvesterabend 1949 gesprochen – in *Ich jagte Eichmann* und *Doch die Mörder leben* beschrieb er alle Einzelheiten –, weil er zeigen wollte, daß die österreichischen Behörden ihn als eine Schlüsselfigur bei der Suche nach Eichmann respektierten.

Doch am Silvesterabend 1949 hatte er nur das Gefühl, daß seine Suche erneut in eine Sackgasse geraten war. «Der Schock des Mißerfolgs deprimierte mich jahrelang, und er hielt an, bis ich erfuhr, daß die israelischen Behörden Eichmann gefaßt hatten», schrieb er in *Meine Suche nach Eichmann*.

Wiesenthal konzentrierte sich von nun an mehr auf die Maßnahmen der Nazis, die sie ergriffen, um sich einer Verhaftung durch Flucht ins Ausland zu entziehen. Er sammelte Informationen darüber, welche Gelder auf welchen geheimen Wegen beiseite geschafft wurden, um die Flucht aus Europa und den Beginn eines neuen Lebens zu finanzieren. Am meisten bestürzte ihn das Protokoll einer Konferenz von führenden deutschen Industriellen, die im August 1944 in einem Straßburger Hotel, dem «Maison Rouge», zusammengekommen waren. Die Gruppe war sich einig gewesen, daß die Niederlage Deutschlands bedrohlich näherkam. Es wurde beschlossen, alle Baupläne, Patente und vor allem eine Reihe von Geldern ins Ausland zu schaffen und in legitime Geschäfte zu investieren. Das Protokoll besagt:

> «Die Parteileitung ist sich dessen bewußt, daß nach der Niederlage Deutschlands einige ihrer bekanntesten Führer als Kriegsverbrecher zur Aburteilung kommen könnten. Es sind daher Vorkehrungen getroffen, um die weniger prominenten Parteiführer bei verschiedenen deutschen Betrieben als ‹technische Sachverständige› unterzubringen. Die Partei ist bereit, den Industriellen große Beträge vorzuschießen, damit jeder einzelne eine geheime Nachkriegsorganisation im Ausland aufziehen kann, verlangt jedoch als Gegenleistung die Zurverfügungstellung der vorhandenen finanziellen Reserven im Auslande, damit nach der Niederlage wieder ein starkes Deutsches Reich entstehen kann.»

Als sich das amerikanische Finanzministerium 1946 mit dieser Zusammenkunft befaßte, entdeckte es, daß seit Kriegsende mindestens 750 Firmen von Deutschen im Ausland gegründet worden waren. Wieviel Geld und Gold tatsächlich herausgeschafft wurde, ist niemals vollständig herausgefunden worden. Schätzungen belaufen sich auf weit über eine Milliarde Dollar (im Wert von 1945). Es bleibt auch unklar, wieviel Geld, Schmuck und Gold die Nazis tatsächlich im Ausseerland verstecken konnten. Die Amerikaner fanden mindestens eine Liste mit einer überraschenden Aufzählung dessen, was nach Altaussee gebracht worden war. Die Franzosen entdeckten getarnte Goldbarren, die in das Dach eines Bauernhauses in Tirol eingelassen waren. Und Wiesenthal glaubt die Geschichte über eine Gruppe von Männern, die an einem Junitag in Altaussee ankamen und behaupteten, Franzosen zu sein. Sie legten eine Taucherausrüstung an und verschwanden kurze Zeit darauf mit zwölf eisernen Kästen. Später stellte sich heraus, daß es Deutsche gewesen waren. Es gibt noch viele weitere Berichte von mysteriösen Tauchern, und Wiesenthal spekuliert, daß die Hauptliste im Toplitzsee versenkt wurde und niemals gefunden worden ist. Er ist auch überzeugt davon, daß Eichmann entweder seine Hände auf eine beträchtliche Menge Goldes legen konnte oder wenigstens wußte, wo es versteckt war.

Tatsachen und Fiktion lassen sich schwer voneinander trennen. Vieles davon gehört in das Reich der Legenden. Es ist jedoch unbestreitbar, daß die Nazis über die Organisation und die Mittel verfügten, zu fliehen und ihr Leben neu zu gestalten. Wiesenthal hegte auch den Verdacht, daß ihnen genügend Geld zur Verfügung stand, um angeklagte Kriegsverbrecher verteidigen zu lassen und den Neonazismus in Deutschland und Österreich zu fördern.

Wiesenthal sammelte viele, zur damaligen Zeit noch hochvertrauliche Informationen über die Organisationen, die unter den Namen *ODESSA* oder *SPINNE* bekannt wurden und von den Nazis gegründet worden waren, um Leute aus Deutschland und Österreich herauszuschleusen. Es waren wohldurchdachte, gut funktionierende und geschmierte Organisationen, die unter der Nase der Besatzungsmächte arbeiteten. Wiesenthal fertigte eine Karte von den Routen an, die *ODESSA*, die wichtigste Fluchtorganisation, benutzte. Zu seiner Überraschung handelte es sich bei einigen der Routen um dieselben, die auch die Brichah für die illegale Auswanderung von Juden gebrauchte. Beide verwandten als Hauptader die «B-B»-Linie (Bremen – Bari), die mitten durch Deutschland, Österreich und Italien führte. Gelegentlich können Juden und Nazis in denselben Gasthöfen untergebracht worden sein, ohne von der Anwesenheit der anderen zu wissen. Wiesenthal erfuhr auch, daß *ODESSA* nur die Nazis nach Bari schickte, die in den Mittleren Osten gingen. Dieser Gruppe wurde – vor allem bei den entscheidenden Reisedokumenten – vom ägyptischen Roten Halbmond geholfen, der mit der Liga der weltweiten Rotkreuzorganisation verbunden war (League of Red Cross Societies). Obwohl die Liga ihren Sitz in Genf hat, hat sie keine direkte Verbindung zum Internationalen Komitee des Roten Kreuzes (IKRK).

Diejenigen, deren Ziel Südamerika war, wurden nach Rom gebracht und unter die Protektion von Mitgliedern der Kurie des Vatikans gestellt. Von einem Komitee, das ein deutscher Bischof in Rom – Alois Hudal – gegründet hatte, wurden sie in Klöstern versteckt, bis sie auf Schiffe nach Argentinien, Brasilien und anderswo in Lateinamerika gebracht werden konnten. In vielen Fällen sorgte der Vatikan auch für die Reisedokumente.

Wiesenthal erhielt seine Informationen durch die Kontakte zu amerikanischen und britischen Geheimdiensten, von seinen Freunden in der Regierung Oberösterreichs und von einzelnen Informanten. Er fand heraus, daß viele der Fahrer, die bei den Amerikanern angestellt waren, in Wirklichkeit Kuriere für *ODESSA* waren und für die Flucht von Nazis US-amerikanische Fahrzeuge benutzten, die nicht durchsucht wurden. Manchmal transportierten sie auch neonazistische Literatur. Er gab den Amerikanern die Namen zweier Fahrer, die daraufhin verhaftet wurden – was *ODESSA* jedoch nicht sonderlich behindert hat.

Doch Wiesenthal hegte keinen Verdacht – oder vielleicht erlaubten es ihm seine pro-amerikanischen Loyalitäten nicht, Verdacht zu hegen –, daß die Amerikaner selbst in *ODESSA* verwickelt waren. Er sagt, daß er davon erst erfuhr, als sich in den achtziger Jahren herausstellte, wie die amerikanischen Geheimdienste die Flucht von prominenten Nazis gefördert hatten – jedoch nicht die von Eichmann. Manchmal war es die Belohnung für Informationen über sowjetische Aktivitäten, und manchmal waren Wissenschaftler verwickelt, deren Know-how vor den Kommunisten gesichert werden mußte. Wiesenthal hat gegenüber den Amerikanern eine philosophische Haltung und empfindet angesichts ihrer Komplizenschaft bei den Nazi-Fluchten mehr Trauer als Ärger. Er versteht sie als eine logische Erweiterung des Kalten Krieges.

Aber er war niemals in der Lage, auch nur die kleinste Rechtfertigung für die Handlungen des Vatikans zu finden, ebensowenig wie für gewisse Organisationen des Roten Kreuzes. Beide ermöglichten es den nationalsozialistischen Mördern zu fliehen. Wiesenthal weist auf Papst Pius XII. hin, dessen ambivalente Haltung gegenüber Hitlers Verfolgung der Juden so viele Kontroversen hervorgerufen hat. Während seiner Regentschaft verurteilte der Vatikan die nationalsozialistischen Greuel nicht, obwohl der Vatikan 1942 durch die polnische Kirche über eindeutige Informationen verfügte, daß die Juden in Polen hingeschlachtet wurden. Pius XII. verstand Hitler als Bollwerk gegen den Kommunismus, und er glaubte auch, daß es im weiteren Interesse der Kirche läge, Hitler nicht zu einer Vergeltung an den deutschen Katholiken zu provozieren. Nebenbei: Manche der führenden Persönlichkeiten in der deutschen katholischen Kirche unterstützten Hitler, und der Papst wollte sie nicht der katholischen Kirche entfremden.

Während des Krieges mögen derartige Argumente noch eine Berechtigung gehabt haben, nach dem Kriegsende waren sie hinfällig. Doch es steht außer Frage, daß hochgestellte Mitglieder des Vatikans den Nazis halfen, in den Mittleren Osten und nach Lateinamerika zu entkommen. Bischof Hudal, der zwischen 1923 und 1955 Rektor der deutschen römisch-katholischen Stiftung Anima in Rom war, stand im Zentrum dieser Aktivitäten, die in engem Zusammenhang mit der Schattenorganisation *ODESSA* gestanden haben müssen. Er war auch derjenige, der die Rotkreuz-Organisationen dafür gewann, ihn mit Pässen zu versorgen, die dann an die Flüchtenden ausgegeben wurden. Zu ihrer Verteidigung haben die Organisationen angeführt, daß sie Hilfsorganisationen seien, kein Detektivbüro, und in der Nachkriegszeit in Italien 500 Hilfspässe pro Tag ausgestellt haben. Viele dieser Ausweise seien für ehrliche Flüchtlinge bestimmt gewesen, und es habe keine Möglichkeit gegeben, die Namen von gesuchten Kriegsverbrechern aus denen der ehrlichen Flüchtlinge herauszufiltern.

Es ist bis heute umstritten, in welchem Ausmaß Papst Pius XII. von den Aktivitäten Bischof Hudals wußte. Hochgestellte Personen aus der vatikanischen Hierarchie versicherten, daß Hudal auf den Papst großen Einfluß gehabt habe und seine Argumente zur Unterstützung des nationalsozialistischen Deutschland beim Papst auf offene Ohren stießen.

Andere behaupten, daß der Vatikan Hudal nicht sehr ernst genommen habe. Als Gitta Sereny für ihr Buch *Am Abgrund* über den Prozeß gegen Franz Stangl, den Kommandanten der Konzentrationslager Sobibor und Treblinka, recherchierte, erzählte ihr ein hoher Archivar des Vatikans folgendes:

«Bischof Hudal ... stand dem Vatikan nicht sehr nahe. Er bewegte sich am äußersten Rand. Und er stand gewiß nicht dem Heiligen Vater nahe. Er war ... wie soll ich es sagen ... sogar etwas suspekt – man nahm ihn nicht ernst. Natürlich war er kein *Nazi*. Als Österreicher hatte er sich jahrelang für den Anschluß Österreichs an Deutschland eingesetzt – schließlich kein so unvernünftiger Vorschlag. Aber am Ende ging er dann noch einen Schritt weiter; der dachte, daß es Möglichkeiten der Zusammenarbeit zwischen den Nazis und der Kirche geben könne. Und daß diese Zusammenarbeit über ihn – als Mittelsmann – erreicht werden könne.»

Wie immer auch die Wahrheit über Hudals Stand im Vatikan ausgesehen haben mag, es kann keinen Zweifel an Hudals eigenen perversen politischen Überzeugungen geben, die ihn dazu motivierten, Männern wie Eichmann und Stangl und möglicherweise auch Josef

Mengele ebenso wie einer Reihe weiterer prominenter Architekten des Holocaust zur Flucht nach Übersee zu verhelfen. Er offenbart sich durch seine eigenen Schriften, die seinen extremistischen Glauben an die Größe der deutschen Nation belegen, und durch die vielen Beweise für seine tatkräftige Unterstützung der SS-Mitglieder, Ukrainer und anderer, denen er dazu verhalf, der Verhaftung zu entgehen und nach Lateinamerika oder in den Mittleren Osten zu gelangen.

Hudal war eine aggressive und umstrittene Figur. Obwohl er sich immer als Gegner der rassistischen Ideologie des Nationalsozialismus bezeichnete, schrieb er oft abwertend über den Zionismus und die galizischen Juden Österreichs. Er bezeichnete sie als Kräfte des Bösen, die den deutschen Staat und die Kirche unterminierten. Er gehörte auch zu der Fraktion des römischen Episkopats, die zwei aufeinanderfolgenden Päpsten, Pius XI. und Pius XII., rieten, Hitler als legitimen Regierungschef anzuerkennen, um so das nationalsozialistische Deutschland als Bollwerk gegen den drohenden Bolschewismus zu unterstützen.

Wiesenthal ist überzeugt davon, daß Hudal hinter der letzten, römischen Etappe von Eichmanns Flucht nach Argentinien steckte. Durch seine Hilfe konnte Eichmann 1950 Rom passieren. In einem Kapuzinerkloster versteckte ihn einer von Hudals Priestern, der Pallottiner-Pater Anton Weber, der den St.-Raphaels-Verein leitete. Dort wurde er mit einem Paß des Vatikans ausgestattet, der es ihm ermöglichte, als Ricardo Klement nach Argentinien zu reisen. Mit großer Wahrscheinlichkeit benutzten Frau Eichmann und ihre drei Kinder dieselbe Route, als sie ihm drei Jahre später folgten.

1950 war für Wiesenthal kein glückliches Jahr. Er schaffte es kaum, sich das Eichmann-Dossier anzuschauen. Aber die Drohbriefe, die er immer wieder erhielt, seit bekannt geworden war, daß er mit der Jagd nach Eichmann befaßt war, hörten nicht auf. «Tod dem Juden, Unterschrift ‹Eichmann›» stand auf einem der typischen Blätter, die auf seinem Schreibtisch im Linzer Dokumentationszentrum landeten.

Das Zentrum sammelte weiterhin Zeugenaussagen in den Camps for Displaced Persons und war auch immer noch mit der Familienzusammenführung beschäftigt. Es suchte nach Kriegsverbrechern und versuchte, die Besatzungsmächte auf die Manifestationen des Neonazismus aufmerksam zu machen, es drang auf mehr Achtsamkeit bei dem Prozeß der Entnazifizierung. Das war zu einem Wettlauf gegen die Zeit geworden. Die Camps for Displaced Persons leerten sich, die Menschen dort erhielten Visa für ihre Auswanderung und waren froh, gehen zu können. Mit der Gründung des Staats Israel im Mai 1948 konnten Juden auf legalem Wege dorthin auswandern. Wiesenthals eigenes Team in Linz zerfiel allmählich, seine jungen Helfer fanden es ebenfalls attraktiver, sich anderswo eine neue Existenz aufzubauen.

Wiesenthal war dem Druck seiner Frau ausgesetzt, daß auch er sich den neuen Realitäten stellen und weitergehen solle. Hartnäckig weigerte er sich. Aber er wurde von Tag zu Tag deprimierter. Die Eichmann-Obsession verließ ihn nie. Es gab alle Arten von haltlosen Gerüchten, daß Eichmann im Mittleren Osten gesehen worden sei. Wiesenthal konnte niemals sagen, wieviel davon schlicht Falschinformationen waren, aber in der ersten Hälfte des Jahres 1951 glaubte er, zwei verläßliche Hinweise darauf zu haben, daß sich Eichmann in Südamerika aufhielt. Der erste kam von einem deutschen Kontakt, der der Organisation *ODESSA* nahestand. Er hatte herausgefunden, daß Eichmann im Jahr zuvor nach Rom geschickt worden war und daß ihm von Ante Pavelic geholfen worden war, dem Führer der kroatischen Kriegsregierung und Nazi-Kollaborateur, und daß er einen Ausweis des Vatikans erhalten habe, der es ihm ermöglicht hätte, nach Südamerika zu gehen.

Der zweite Hinweis kam von einer unerwarteten Quelle, dem Großmufti von Jerusalem, der die Nationalsozialisten immer unterstützt und enge Verbindungen zu Eichmann hatte. Wiesenthal sah den Großmufti als eine besonders finstere und gefährliche Figur, die die alliierten Interessen während des Krieges unterlaufen hatte und eine große Gefahr für Israel und einen umfassenden Frieden blieb. 1947 hatte Wiesenthal versucht, durch eine kurze Biographie mit dem Titel *Groß-Mufti: Großagent der Achse* mehr Aufmerksamkeit auf ihn zu lenken.

Wiesenthals Freunde, die von seiner Beschäftigung mit dem Großmufti wußten, versichern, daß ihm ein Brief gezeigt wurde, der von dem Großmufti an einen türkischen Freund in München, Dr. Ibn Ajsma Bey Bigi, geschrieben worden war und in dem er nach Neuigkeiten über Eichmann fragte. «Das war ein offensichtlicher Hinweis darauf, daß Eichmann nicht im Mittleren Osten zu finden war.» Wiesenthal versichert, daß er versucht gewesen sei, nach Südamerika zu fahren, um nach Eichmann zu suchen, daß er dazu aber Gelder benötigt hätte, über die er nicht verfügte. Wie immer war er mittellos. Er hatte kaum genug, um den Lebensunterhalt seiner Familie zu bestreiten. An teures Fährtenverfolgen in entfernten Ländern war nicht zu denken.

Um Geld zu verdienen, verkaufte er im Herbst des Jahres 1951 eine Reihe von Artikeln über die Geheimnisse des Ausseerlandes und seine verborgenen Schätze. Das führte zu einem interessanten Besuch von einem Mann mittleren Alters mit offenkundigem militärischem Hintergrund, der sich als Heinrich von Klimrod vorstellte. Er erklärte, daß er eine Gruppe von ehemaligen SS-Offizieren aus Wien vertrete und Wiesenthal einen Vorschlag machen wolle. Wenn er ihnen helfen könnte, das Gold zu finden, das Eichmann versteckt hatte, wollten sie ihm helfen, den Mann selbst zu finden. Um zu belegen, daß die Gruppe, die er vertrat, mit der Flucht von Eichmann vertraut war, beschrieb der Besucher Wiesenthal die Route, die Eichmann benutzt hatte, und sagte, daß sie ehemalige Kameraden in Südamerika hätten, die dabei helfen könnten, Eichmann dort aufzuspüren.

Ohne Zögern sagte Wiesenthal nein. Die bloße Vorstellung von einem Deal mit Gold, das vielleicht aus den Fingern oder den Zähnen der Opfer Eichmanns gerissen worden war, stieß ihn ab. Das wäre ein faustischer Pakt mit dem Teufel geworden. Und mehr noch: dieser Vorschlag machte deutlich, daß die Motive der SS-Männer, nach Eichmann zu suchen, nichts mit Reue über die begangenen Verbrechen zu tun hatten. Wiesenthal glaubt, daß seine Reaktion sogar dann genauso ausgefallen wäre, wenn Klimrod ihn direkt zu Eichmann hätte führen können. Dann wäre er jedoch in ein schreckliches Dilemma geraten. Vielleicht war es gut so, daß er nicht in diese Lage kam.

Einige Monate später, um Ostern 1952, erfuhr Wiesenthal, daß Veronika Eichmann und ihre Kinder Altaussee verlassen hatten. Es stellte sich heraus, daß das deutsche Konsulat in Graz ihr einen Paß auf ihren Mädchennamen Liebl ausgestellt hatte. Es wurde angenommen, daß sie nach Deutschland gegangen sei. Aus verschiedenen Andeutungen, die die Kinder gegenüber ihren Freunden gemacht hatten, schloß er, daß sie vielleicht in Norddeutschland sein konnten. Später entdeckte er, daß die Familie sechs Monate im Odenwald verbrachte, wo Veronika Liebls Mutter lebte, und dann mit unbekanntem Ziel weitergereist war.

Auf der Suche nach Hinweisen suchte er in den Schulakten der Kinder. Es war keine Bitte um Zeugnisse vermerkt worden. Da er wußte, daß es unmöglich war, in Deutschland oder Österreich ohne Zeugnis zur Schule zugelassen zu werden, nahm er an, daß die Familie Europa verlassen hatte. «Da mir die Schulverhältnisse in Europa bekannt sind und zwei Eichmannkinder in schulpflichtigem Alter waren, stand es fest, daß die Familie sich nicht in Europa befindet.»

Ein weiteres Jahr später, Ende 1953, glaubte Wiesenthal, endlich am Ziel zu sein. Zu seiner Befriedigung konnte er nun sicher annehmen, daß Eichmann in Buenos Aires war. Das kam durch einen puren Zufall bei einem Treffen mit einem österreichischen Baron in Tirol heraus. Sein Arzt hatte ihm als Mittel gegen seine Schlaflosigkeit empfohlen, Briefmarken zu sammeln, und Wiesenthal war davon begeistert. Es paßte zu seiner Art, Informationen zusammenzutragen: weit gestreute Kontakte und das sorgfältige Sammeln von Fakten, Fotos und Statistiken, um Hinweise zu verstehen und ein größeres Bild zu zeichnen.

Briefmarkensammler wissen voneinander. Wiesenthal wurde von Baron Mast eingeladen, sich seine Sammlung anzuschauen. Wiesenthals Aktivitäten waren Mast bekannt, und sie sprachen eine Weile darüber. Als er einen Stapel Briefumschläge durchsah, um Wiesenthal einige seiner seltenen Briefmarken zu zeigen, holte der Baron plötzlich einen Brief hervor, den er kürzlich von einem Freund aus der Wehrmacht erhalten hatte, der jetzt in Buenos Aires lebte. Er schrieb, daß er eine Reihe gemeinsamer Bekannter aus ihrem alten Regiment wiedergetroffen habe. «Aber einige andere hast Du niemals kennengelernt. Stelle Dir vor, wen ich hier gesehen habe... Ich sah dieses elende Schwein Eichmann, der die Juden kommandierte. Er lebt in der Nähe von Buenos Aires und arbeitet für ein Wasserwerk.»

Wiesenthal erinnert sich – als wäre es gestern gewesen – an den plötzlichen Schauer, den er damals empfand. Er prägte sich jedes einzelne Wort ein und notierte alles, sobald er wieder im Hotel war. Er schrieb auch einen Brief mit dem Datum vom 24. März 1953 an den israelischen Generalkonsul Arie Eshel in Wien, um den Israelis seine neuesten Informationen über Eichmanns Aufenthalt zukommen zu lassen. Wiesenthal berichtete Eshel von dem einen Monat alten Brief an Baron Mast, in dem stand, daß Eichmann «sich in der Nähe von Buenos Aires befindet und öfters in der deutschen Kolonie... zu sehen ist.» Wiesenthal bot an, die Angelegenheit weiter zu verfolgen, aber er wollte abwarten, bis er wußte, wie Eshel auf diese Information reagierte. Wiesenthals Brief bezieht sich auch auf frühere Verständigungen mit dem israelischen Konsulat über das Verschwinden von Frau Eichmann aus Altaussee. Darüber hinaus bestätigt sich hier Wiesenthals Kontakt zu dem Sicherheitschef im Ausseerland, der die Familie Eichmann ebenfalls im Auge behalten und entdeckt hatte, daß Briefe aus Südamerika an Veronika Eichmanns Schwester geschickt worden waren.

Auf das Hochgefühl über die Entdeckung des Aufenthalts seiner Beute folgte schnell eine deprimierte Stimmung. Wiesenthal erinnert sich an die Ernüchterung, die er empfand, als er sich seine weiteren Schritte überlegte. «Meine Arbeit war an ihr Ende gekommen», schrieb er in seinem Eichmann-Buch und in einem privaten Bericht über seinen Anteil an der Jagd nach dem Verbrecher. Das scheint verwirrend zu sein, wenn man daran denkt, daß die Jahre der Hingebung ihn schließlich so nahe an das Geheimnis von Eichmanns Aufenthaltsort geführt hatten. Isser Harel argumentiert in seiner harten Kritik an Wiesenthal, die unveröffentlicht blieb, daß seine Glaubwürdigkeit entscheidend unterminiert worden sei, weil er nicht sofort gehandelt habe, als er die Information des Barons erhalten hatte.

Doch so, wie sich die Dinge Wiesenthal 1953 darstellten, überstieg die ganze Angelegenheit durch die erfolgreiche Flucht Eichmanns nach Argentinien seine Möglichkeiten und Ressourcen. Der Direktor des österreichischen Geheimdienstes erzählte Wiesenthal einige Wochen später von Hinweisen auf Eichmanns Aufenthaltsort in Argentinien, daß er aber nicht wisse, welchen Tarnnamen er verwende.

Die Suche nach Eichmann war nun in Europa zu einem abgeschlossenen Kapitel geworden. Wiesenthal war sich im klaren darüber, daß er nicht über die organisatorischen Möglichkeiten verfügte, die nötig gewesen wären, um Eichmann in Argentinien zu identifizieren und seinen genauen Aufenthalt feststellen zu können. Und er wußte, daß es bei der Auslieferung Eichmanns nun auf den Einfluß der Regierungen ankäme. An diesem kritischen Zeitpunkt hatte er nichts mehr zu tun, als sein Eichmann-Dossier durchzusehen und alles zusammenzustellen, in der Hoffnung, daß es vielleicht denen nützen könnte, die von nun an den Fall verfolgen würden.

Vielleicht hätte sich Wiesenthal besser gefühlt, wenn sein Dokumentationszentrum noch so funktioniert hätte wie zu seinen Hochzeiten, aber gegen Ende des Jahres 1953 existierte es praktisch nicht mehr. Sein Wohltäter in der Schweiz, Herr Silberschein, war gestorben, und seine Witwe hatte die Zahlungen an das Dokumentationszentrum eingestellt. Doch Geld war das geringste seiner Probleme. Der Kalte Krieg war nach der Berlinblockade 1948 in Gang gekommen. Die Teilung Deutschlands und ganz Europas in Ost und West hatte sich verfestigt. Die westlichen Alliierten brauchten die neue Bundesrepublik Deutschland, Westdeutschland, als Bollwerk gegen die Sowjetunion. Das alliierte Interesse an der Verfolgung von Kriegsverbrechern war verflogen. Österreich und Deutschland brauchten lebensfähige staatliche Strukturen, und das brachte die Einstellung von Nazis in Positionen des öffentlichen Lebens mit sich.

«Der Westen hielt die Nazis nach dem Krieg am Leben: sie glaubten, daß keine Schule, kein Gericht, keine Polizei ohne sie funktionieren könne», meint Wiesenthal. Es war nun Sache des deutschen und österreichischen Staates, die Prozesse anzustrengen und die Verantwortung für die Entnazifizierung selbst zu übernehmen. Wiesenthal machte sich keine Illusionen: Österreich war alles andere als eifrig dabei, in dieser Hinsicht auf die Barrikaden zu gehen.

In Nürnberg packten die Amerikaner ihre Archive ein. Der verantwortliche Offizier sagte zu Wiesenthal: «Europa kann nicht ohne die Deutschen gegen die Russen verteidigt werden. Wir müssen eine neue deutsche Armee aufbauen, und wir können das nicht tun, wenn die deutsche Offiziersschicht in den Gefängnissen sitzt.» Und wenn der Westen ehemalige Nazis für seinen Geheimdienst rekrutierte, dann deshalb, weil Informationen «für die Zukunft, und nicht über die Vergangenheit» gebraucht würden.

Wiesenthal sagt, daß er derartige Bemerkungen, die er häufig hörte, als vernichtend empfand. Aus diesem Grunde schluckte er die bittere Lektion, daß «die Nazis zwar den Krieg verloren hatten, wir aber die Nachkriegszeit». Doch er begriff immer noch nicht die Dimension dieser Vorgänge – das Anwerben von Nazis als Geheimagenten in großem Stil, die Rekrutierung von Wissenschaftlern für den Westen, die Geheimgeschäfte, die abgeschlossen wurden, um die Nazis aus Europa entkommen zu lassen. «Ich war mir damals bei weitem nicht so im klaren darüber wie heute», sagt er viele Jahre später. Doch auch 1953 wußte er schon genug, um daraus den Schluß zu ziehen, daß die «Nachkriegsphase der Nazi-Jagd vorbei» war und das Linzer Dokumentationszentrum abgewickelt werden mußte.

Wiesenthal wußte immer noch nicht genau, was er mit dem Eichmann-Dossier machen sollte – dem Bericht über seine Jagd nach Eichmann zusammen mit den Fotos und Akten, die er über ihn zusammengetragen hatte –, als ihn ein Telefonanruf von Arie Eshel aus Wien erreichte. Dr. Nachum Goldmann, Präsident des WJC, der gerade Österreich besuchte, wollte über den Fall Eichmann sprechen. Nun wußte er, wohin er das Eichmann-Dossier schicken konnte.

ZEHN
Sechs Jahre am Rande

SIMON WIESENTHAL verliert selten seine Heiterkeit und sein Selbstvertrauen, aber zu Beginn des Jahres 1954 war er sicher an einem Tiefpunkt angelangt. Wie konnte er seine Suche nach den nationalsozialistischen Verbrechern fortsetzen, wenn das Linzer Dokumentationszentrum schließen mußte? Wie konnte er genug Geld verdienen, um seine Familie zu ernähren? Und wie konnte er mit der Jagd nach Eichmann weitermachen?

Die ersten beiden Fragen beantworteten sich schrittweise von selbst: für beinahe die nächsten sechs Jahre blieb er in Linz und verdiente seinen Lebensunterhalt teilweise als freiberuflicher Journalist mit Artikeln, die die öffentliche Aufmerksamkeit auf neonazistische Aktivitäten lenken sollten. Er arbeitete auch für eine Reihe von jüdischen Organisationen, u. a. die ORT (Organisation for Rehabilitation and Training). Seine Aufgabe bestand darin, Berufsausbildung und Sprachunterricht für Displaced Persons und neue Wellen von Flüchtlingen zu organisieren, die aus Ungarn und anderen Teilen Osteuropas geflohen waren und von Österreich aus in ihre neue Heimat weiterzogen.

Die Eichmann-Frage beantwortete sich ebenfalls sehr schnell – jedenfalls meinte er das damals. Er kannte Arie Eshel schon, aber er war überrascht, als Eshel unerwartet nach Linz kam, um mit ihm über eine Bitte Nachum Goldmanns zu sprechen. Auch zu Goldmann waren Informationen über Eichmanns Versteck gelangt, und das machte den Präsidenten des WJC neugierig auf das, was Wiesenthal ihm erzählen konnte. Goldmann bat Wiesenthal daher um einen Bericht über die Arbeit, die er geleistet hatte. Eshel scheint indessen nicht deutlich gemacht zu haben, daß Goldmanns eigene Quellen immer noch überzeugt davon waren, daß Eichmann in den Mittleren Osten geflohen war. So unternahm Wiesenthal bei seiner Reaktion keinen Versuch zu erläutern, warum er die These vom Mittleren Osten schon einige Zeit zuvor als falsch abgelehnt hatte.

Es freute Wiesenthal natürlich sehr, daß der eindrucksvolle Nachum Goldmann ihn in die Suche nach Eichmann einbezog. Er war der Leiter einer Organisation mit weltweiten Verbindungen, die offenbar bereit war, ihre Kräfte dafür einzusetzen, daß dieser Vernichter des Judentums der Gerechtigkeit zugeführt wurde. Und mehr noch: Wiesenthal scheint von der falschen Annahme ausgegangen zu sein, daß Goldmann auch der mächtigen Jewish Agency for Israel vorstand. Goldmann verfügte über eben die Mittel und Verbindungen, die Wiesenthal fehlten, um die Jagd nach Eichmann fortzusetzen. Erst später begriff Wiesenthal, daß der WJC eine wesentlich begrenztere und weniger repräsentative Organisation ist, als der Name zu behaupten scheint.

Sobald Eshel gegangen war, setzte sich Wiesenthal hin und schrieb einen vierseitigen Brief an Goldmann. Er faßte zusammen, was er bisher über Eichmanns früheres Leben bestätigen konnte, beschrieb seinen eigenen Anteil an der Suche nach Eichmann und erklärte die Gründe für seine Annahme, daß Eichmann zusammen mit seiner Familie in der Nähe von Buenos Aires lebte. Dieser Brief, der am 30. März 1954 auf deutsch geschrieben und an Nachum Goldmann adressiert wurde, enthält folgende Passage:

«Aufgrund des Geschilderten kann ich selbstverständlich keine hundertprozentige Garantie dafür übernehmen, dass Eichmann tatsächlich in Argentinien ist oder im Jahre 1953 war. Alle aufgezählten Indizien haben in mir die Überzeugung jedoch geschaffen, dass die Wahrscheinlichkeit eines Aufenthaltes Eichmanns in Argentinien gegeben wäre.

Ich lege Ihnen, sehr verehrter Herr Präsident, den Personalakt Eichmanns mit seinem von ihm eigenhändig geschriebenen Lebenslauf bei (sehr wichtig für die Schriftprobe), seine Fotografien in Uniform und Zivil, allerdings aus dem Jahre 1938, die Fotografien seiner Frau und wünsche mir nur, dass der Mann, dem Sie

die Sache in die Hand geben, eine glücklichere Hand haben soll wie ich. Ich bin jedenfalls mit ganzem Herzen bereit, noch etwas in der Sache zu tun, wenn dies von Interesse wäre.
Mit vorzüglicher Hochachtung
Ihr ergebener Dipl. Ing. Simon Wiesenthal»

In seinem Buch *Ich jagte Eichmann* schrieb Wiesenthal: «Eine grosse Last fiel mir vom Herzen, als der Präsident des Jüdischen Weltkongresses, Dr. Goldmann, die Sache übernahm, der sie bestimmt einem geeigneten Manne übergeben würde. Ich fasste neuen Mut und neue Hoffnung. Ich wartete geduldig auf eine Bestätigung des Berichts und auf eine Reaktion.» Er gab eine Kopie des Briefes an den israelischen Generalkonsul und nahm an, daß die Reaktion aus New York eine Frage von wenigen Tagen wäre. Er glaubte, daß der Präsident des WJC ihn bitten würde, Kontakt zu dem deutschen Offizier in Buenos Aires aufzunehmen, der an Baron Mast über Eichmann geschrieben hatte.

Keine derartige Bitte erreichte ihn. Goldmann war weit entfernt davon, die Information zu begrüßen, die Wiesenthal ihm hatte zukommen lassen, oder sein Angebot nach Zusammenarbeit aufzugreifen. Er schickte nicht einmal eine Antwort. Zu der damaligen Zeit war das schon der Enttäuschung genug, aber Wiesenthals Bitterkeit war grenzenlos, als viele Jahre später, 1991, von den Nachfolgern Nachum Goldmanns im WJC selbst die Existenz eines derartigen brieflichen Berichts von Wiesenthal über Eichmann in Frage gestellt wurde.

In der Waldheim-Affäre hatte der WJC eine Kampagne gegen Wiesenthal begonnen, weil er sich weigerte, den österreichischen Präsidenten als Kriegsverbrecher zu bezeichnen. Wenn der WJC Wiesenthals Reputation als Nazi-Jäger zerstören wollte, war es nützlich zu leugnen, daß der WJC den Brief Wiesenthals aus dem Jahre 1954 erhalten hatte. Denn daraus geht hervor, daß er Eichmanns Aufenthalt in Argentinien fünf Jahre vor dem Mossad herausgefunden hatte. So erschien es Wiesenthal wenigstens 1991, als Elan Steinberg, der geschäftsführende Direktor des WJC, seinem Zweifel daran

Ausdruck verlieh, daß dieser Brief damals abgeschickt worden sei, und behauptete, ihn in den Akten des WJC nicht finden zu können. Er ist bei dieser Aussage geblieben und sagt, daß die Korrespondenz mit Wiesenthal minuziös abgelegt worden sei. Nach Steinberg heißt dies, daß – wenn der Wiesenthal-Brief nicht zu finden ist – Goldmann auch keinen erhalten haben könne. In einem Interview mit mir äußerte er auch Zweifel daran, daß Goldmann Wiesenthal jemals um Informationen gebeten hat.

Aber solange der WJC nicht belegen kann, daß die Korrespondenz in Wiesenthals eigenem Archiv (und die Kopien im Zionistischen Zentralarchiv und anderswo) Fälschungen sind, ist es absurd zu behaupten, daß Goldmann Wiesenthal weder um das Eichmann-Dossier gebeten noch es erhalten habe. Die Korrespondenz bestätigt auch, daß Goldmann den Brief Wiesenthals an andere weiterleitete. Und mehr noch: Goldmann selbst enthüllte in einem Zeitungsinterview, daß er eine Kopie an den US-Geheimdienst weitergereicht hatte, und behauptete, daß dies auf Bitten Wiesenthals geschehen sei.

Zwei Monate, nachdem er das Dossier abgeschickt hatte, erhielt Wiesenthal in der Tat eine Empfangsbestätigung. Sie kam nicht vom Präsidenten des WJC, sondern von Rabbi Abraham Kalmanowitz, dem Präsidenten des Mirrer Yeshiva Central Institute in New York. Wiesenthal hatte nie zuvor von ihm gehört, obwohl das Institut Mir Yeshiva, wie es im allgemeinen genannt wird, bereits zu den wichtigsten Zentren des Talmudstudiums gehörte. Seine Mitglieder waren zumeist Überlebende aus Ost- und Mitteleuropa. In einem Brief vom 21. Mai 1954 schreibt der Rabbiner, daß Dr. Nachum Goldmann Wiesenthals Brief an ihn weitergereicht habe, weil er «ebenfalls an der Festnahme dieses Verbrechers interessiert» sei. Es wäre hilfreich, weitere Informationen zu erhalten. Ob Wiesenthal die genaue Adresse von Frau Eichmann und ihr Pseudonym kenne? Das wäre wichtig, da Wiesenthal «kein[en] genauer[en] Aufenthaltsort von Adolf Eichmann in ... [seinem] Briefe genannt» habe. Und unter Bezug auf das schiefgelaufene Treffen am Grundlsee im Winter 1949, als Wiesenthal glaubte, daß Eichmann vor einer Falle gewarnt worden sei, wollte Kalmanowitz wissen, ob Wiesenthal den Mann tatsächlich mit eigenen Augen gesehen habe. «Es ist naehmlich von grosser Wichtigkeit, ein zuverlaessiges Zeugnis zu haben, dass Eichmann nach dem Kriege gesehen worden ist.»

Wie auch Kalmanowitz, habe Goldmann einige Tage zuvor eine Information erhalten, die darauf hinwies, daß Eichmann in Syrien sei. Er gestand zu, daß der «Ursprung dieser Meldung ... nicht verläßlich» sei, obwohl sie von einem früheren Mitarbeiter des Document Center in Berlin stamme und von dem Rabbiner an das State Department weitergeleitet werde.

Wiesenthals Antwort war beflissen höflich, obwohl er sich vor den Kopf gestoßen fühlte, weil er sich statt mit dem WJC mit einem Rabbiner befassen mußte, der offensichtlich keine Ahnung hatte und mit dem von Wiesenthal erstellten Dossier auch nicht vertraut zu sein schien. Kalmanowitz mußte Wiesenthals Bericht an den Präsidenten des WJC mißverstanden oder gar nicht gelesen haben, wenn er naiverweise annahm, daß Wiesenthal bereits Eichmanns Adresse in Argentinien kannte. In seiner Antwort an Kalmanowitz bestätigte Wiesenthal, daß Eichmann von mehreren Leuten seit dem Ende des Krieges gesehen worden und daß der Hauptzeuge Wilhelm Höttl sei. Er fügte hinzu, er persönlich habe Zweifel, daß Eichmann in Syrien sein könne.

Und Wiesenthal erklärte erneut, er sei überzeugt davon, in jener Nacht am Grundlsee in Eichmanns Nähe gewesen zu sein, aber daß er ihn nicht mit eigenen Augen gesehen habe. Bei seinem Versuch zu erklären, warum nichts unternommen worden war, die im Schatten lauernde Figur zu fassen und zu verhaften, sagt Wiesenthal etwas, was er an keiner anderen Stelle behauptet hat: daß die österreichische Polizei zu der damaligen Zeit weniger interessiert daran gewesen sei, Eichmann zu fassen, als die Pläne der Nazi-Untergrundbewegung und die Identität der daran beteiligten Personen aufzudecken.

Wiesenthal schrieb Kalmanowitz, daß er Frau Eichmanns Adresse nicht kenne, er aber glaube, sie mit Hilfe eines pensionierten Gendarmeriekommandanten des Ausseerlandes herausfinden zu können. Dazu benötige er jedoch einen Betrag von 500 Dollar, um die Reisekosten des Mannes zu decken. «Wenn Sie glauben, dass Ihr Institut oder irgendeine andere Organisation sich diese Ausgabe leisten kann, bin ich bereit, diese Recherchen über diese Person oder auch noch über andere Personen einzuleiten», schrieb er am 12. Juni.

Kalmanowitz' Antwort zeigt, daß Wiesenthals Bemühungen auf taube Ohren stießen. Im Brief vom 25. Juni unterstreicht der Rabbiner, daß er «sehr interessiert an einem klaren Beweis von Adolf Eichmanns Aufenthaltsort» sei, weil «unsere Regierung nur daraufhin in Aktion treten wird». Er antwortet nicht auf die Anfrage nach Geld, um Frau Eichmann aufzuspüren. Statt dessen hebt er hervor, daß er «an Eichmanns Frau nur interessiert» sei, «wenn durch sie herauszufinden ist, wo er sich versteckt». Und obwohl er zuvor geschrieben hatte, daß die Meldung, Eichmann sei in Syrien gesehen worden, wenig glaubwürdig sei, schlägt er nun vor, daß Wiesenthal dieser Information nachgehen solle.

Wiesenthals Antwort vom 30. Juni war ein knapper Brief mit fünf Punkten; keine Freundlichkeiten mehr für den Rabbiner. Im Kern besagte der Brief, daß Wiesenthal glaube, Eichmann habe seit dem Ende des Krieges häufig Kontakt zu seiner Frau gehabt. Sie zu finden, bedeute, ihn zu finden. «Ich ersuche Sie daher zu meinem Vorschlag (für Geld um die Suche zu fördern), den ich Ihnen in meinem Brief vom 12. Juni gemacht habe, Stellung zu nehmen, damit evtl. Schritte zur Erreichung der Adresse von Frau Eichmann eingeleitet werden können.»

Es kam kein Geld, und die Korrespondenz versickerte. Am 21. September 1954 schrieb Wiesenthal ein weiteres Mal an Nachum Goldmann. Er schlug einen freundlichen Ton an und sprach den Präsidenten des WJC nicht darauf an, daß er in Sachen Eichmann nicht gehandelt hatte. Aber er lenkte seine Aufmerksamkeit auf eine Nachricht der Agentur Reuter, die besagt, daß der «ehemalige SS-General Adolf Eichmann in einem Wald bei Linz von einer jüdischen Rächergruppe ermordet aufgefunden» worden sein soll. Wiesenthal schrieb, dies sei deutlich Teil einer bewußten Desinformationskampagne, und der Bericht sei von den österreichischen Behörden bereits zurückgewiesen worden.

Er fügte hinzu, daß er – nachdem er einige Male mit Kalmanowitz korrespondiert hatte – zu der Entscheidung gekommen sei, daß der Rabbiner nicht in der Lage sei, irgendeine Hilfe beim Aufspüren Eichmanns zu leisten. Darauf bekam er keine Antwort.

Wenn Wiesenthals Ton auch freundlich gewesen war, so war er doch zutiefst desillusioniert über Nachum Goldmann. «Er war kein Freund», schloß Wiesenthal. Das wäre vielleicht anders gewesen, so dachte er, wenn er sich bereit erklärt hätte, innerhalb des organisatorischen Rahmens des WJC zu arbeiten. Aber solange er unabhängig blieb, schien Goldmann keine Verwendung für ihn zu haben. Wiesenthal glaubt, daß Goldmann wenig Interesse daran hatte, die Nazi-Mörder aufzuspüren. Und er wollte auch nicht, daß andere, die unabhängig handelten, diese Aufgabe übernahmen. Wiesenthal vermutet, daß Goldmann die Haltung gehabt hat: «Wenn er Geld braucht, soll er unter dem WJC arbeiten.» Nach dem, was Elan Steinberg heute sagt, ist Wiesenthal von der Wahrheit nicht sehr weit entfernt. Es war der unversöhnliche Zusammenstoß von einem Ego, hinter dem erhebliche Ressourcen standen, mit einem anderen Ego, das über ebensoviel Selbstvertrauen verfügte, aber nicht über die entsprechenden Gelder.

In *Ich jagte Eichmann* hat Wiesenthal ein scharfes Bild seiner Stimmung gezeichnet. Er fragt sich selbst:

> «War ich einem Phanton nachgejagt und von einer fixen Idee besessen? Alle Bemerkungen, Vorwürfe, Beleidigungen, die mich in allen diesen Jahren aus meiner Umwelt begleitet hatten, kamen mir jetzt in Erinnerung. Vielleicht hatten alle diese Leute doch recht gehabt. All das ärgerte mich so sehr, und ich hatte niemanden, mit dem ich mich richtig hatte aussprechen können. Zu Hause spielte ich die Komödie, da ich meine Frau nicht mit meinen Sorgen und Enttäuschungen belasten wollte. Von Zeit zu Zeit musste ich ohnehin Bemerkungen über die Vernachlässigung meines Berufs einstecken. Sollte das Kapitel Eichmann auf diese Weise beendet werden? Das wollte und konnte ich nicht zugeben.»

Wiesenthals Nazi-Jagd hing nun in der Schwebe. Er war deprimiert, um so mehr, als er das Gefühl hatte, mit seiner Frau nicht über seine Frustrationen wegen des Verhaltens des WJC sprechen zu können. Zu Hause gab er sich den Anschein von Heiterkeit, die er nicht empfand. Nicht zum ersten und nicht zum letzten Mal gab es niemand, dem er seinen Streß mitteilen konnte. Hatte er neun Jahre damit verbracht, einer Chimäre, einem Geist hinterherzujagen? Er wurde immer niedergeschlagener; er erlitt einen physischen Zusammenbruch. Ein Arzt verordnete ihm vollkommene Ruhe: noch mehr Zeit zum Grübeln und für dunkle Gedanken. Schließlich faßte er einen Entschluß: er wollte alle seine Akten, die er im Linzer Dokumentationszentrum zusammengestellt hatte, Yad Vashem übergeben.

Das Archiv enthält viele hundert Kilogramm Dokumente, es enthält Material über 365 Kriegsverbrecher und nimmt zehn Meter Regalfläche in Yad Vashem ein. Natürlich ist das Wiesenthal-Material nur ein Teil eines wesentlich größeren Archivs, aber Shmuel Krakowski, der von 1978 bis 1993 dort Archivar war, sagt, daß «es eine wertvolle Quelle» sei, «besonders weil viele Dokumente Originale sind. Das Wiesenthal-Material war eine große Hilfe bei der Vorbereitung des Eichmann-Prozesses. Damals stand viel weniger aus anderen Quellen zur Verfügung als heute.» Zum Wiesenthal-Archiv gehören die Berichte von Überlebenden über die Bedingungen in den Vernichtungslagern und auch eine Korrespondenz und Telegramme innerhalb der deutschen Bürokratie, die sich mit der «Endlösung» befassen. Das Archiv und die sorgfältige Arbeit, die dahinter steckt, war einer der Gründe dafür, daß Yad Vashem und die israelischen Behörden Wiesenthal als eine Schlüsselfigur im Fall Eichmann bezeichneten.

Das Linzer Archiv wurde 1955 nach Israel gebracht. Das Dokumentationszentrum hatte seine Tore geschlossen, die meisten von Wiesenthals Freunden aus der Nachkriegszeit waren in alle Winde zerstreut. Aber er konnte den Gedanken nicht aufgeben, zu seiner Suche nach Gerechtigkeit zurückzukehren. Im Jahr 1955 fiel auch das Regime Perons in Argentinien, der die deutschen Immigranten geschützt hatte. Wiesenthal spekulierte, daß Perons Nachfolger weniger interessiert daran wären, den Nazi-Immigranten einen Unterschlupf zu bieten. Sie wären wahrscheinlich zur Zusammenarbeit beim Aufspüren von gesuchten Personen und ihrer Auslieferung zum Zwecke von Prozessen bereit. Allerdings hatte er keine Möglichkeit, das auszuprobieren. Und es gab kein Anzeichen dafür, daß die Deutschen oder Österreicher und selbst die Israelis ein Interesse daran hatten, Argentinien wegen der nationalsozialistischen Kriegsverbrecher zur Rede zu stellen. Der Kalte Krieg warf seine Schatten auf alles, und Wiesenthal erfuhr von den westlichen Alliierten keine Unterstützung. Unter den gegebenen Umständen konnte er nicht einmal auf die Israelis zählen, und er war darüber bitter enttäuscht.

Wiesenthal überdachte die Situation und begriff, daß Israel andere Prioritäten setzte. Der massive Zustrom von Flüchtlingen, die in dem Land ankamen, mußte aufgefangen werden. Das Land mußte einen militärischen Apparat aufbauen, der mächtig genug war, um den arabischen Feind abzuschrecken. Während des Unabhängigkeitskrieges 1948 waren die ägyptischen Kräfte bis auf zwanzig Kilometer an Tel Aviv herangekommen. Terroranschläge waren an der Tagesordnung. Israels entstehende Geheimdienste waren mit dem Terrorismus und der Palästinensischen Befreiungsorganisation (PLO) beschäftigt. Außerdem halfen nationalsozialistische Wissenschaftler Ägypten bei der Entwicklung von Raketensystemen, die Israel bedrohen konnten. Im Rückblick 1994 meinte einer der wichtigsten Mitarbeiter des Mossad-Teams, das Eichmann in Argentinien faßte, daß Israels damaliger Ministerpräsident David Ben-Gurion «erheblichen Mut» gezeigt habe, als er «1957 rare Ressourcen des israelischen Geheimdienstes von ihrer Hauptaufgabe abzweigte, den neuen Staat Israel vor seinen Feinden zu schützen, die es umgaben, und das Augenmerk auch auf die Suche und Gefangennahme Eichmanns zu richten. Er hatte einen wesentlich stärkeren Sinn für Geschichte als die meisten anderen von uns.»

Israel sorgte sich in den fünfziger Jahren vor allem über gegenwärtige und künftige Gefahren: sein Überleben. Die meisten Israelis hatten – und das überrascht nicht – das Gefühl, daß die Vergangenheit warten könne, um so mehr, als in Israel die Ansicht verbreitet war, daß die Opfer des Holocaust sich wie Schafe zur Schlachtbank hatten führen lassen und daß sie stärkeren Widerstand hätten leisten können und sollen. Ben-Gurion war einer der wenigen israelischen Persönlichkeiten, die begriffen, daß die seit langem ansässigen jüdischen Siedler in Israel mit der Art von Beweisen konfrontiert werden mußten, wie sie nur ein Eichmann-Prozeß liefern konnte. Dann erst könnten sie akzeptieren, daß die Juden in Europa sich alles andere als feige verhalten hatten und die Macht, der sie gegenüberstanden, um so viel stärker gewesen war, daß sie nicht mit Mut überwunden werden konnte.

Ben-Gurion hatte richtig geurteilt. Erst der Eichmann-Prozeß führte dazu, daß die Israelis einsahen, wie falsch sie die Sache beurteilt hatten, und anfingen, alles mehr mit den Augen Wiesenthals zu sehen: daß die Opfer des Holocaust niemals eine Chance gegen die Vernichtungsmaschine der Nazis gehabt hatten; daß die Überlebenden entgegen jeder Voraussicht aus den Vernichtungslagern entkommen und schwer traumatisiert waren; und daß die Erinnerung an diejenigen, die gelitten hatten, nicht nur respektiert, sondern als eine Lektion für die künftige Generation bewahrt werden müsse.

Zum ersten und letzten Mal nach dem Krieg ließ sich Wiesenthal stärker auf die administrative Arbeit in einer mittelgroßen Organisation ein. Nach allen Berichten legte er dabei ein beträchtliches Geschick an den Tag. ORT, eine weitverzweigte jüdische Organisation zur Förderung der Berufsausbildung, hatte Kurse in Wien eingerichtet, um Displaced Persons und Flüchtlingen zu helfen, sich leichter an die Arbeits- und Lebensbedingungen in den Ländern anzupassen, in die sie emigrieren wollten.

«Ein Herr Goldmann vom ORT (nicht zu verwechseln mit Nachum Goldmann) kam zu mir nach Linz mit dem Vorschlag, ich solle Berufsausbildungsmöglichkeiten in der Nähe des Camps for Displaced Persons in Linz organisieren. Er wies darauf hin, daß ich die Bedingungen in den Camps kenne. Ich kannte die Probleme der Emigranten; ich konnte ihre Sprachen sprechen – Polnisch, Tschechisch, Jiddisch. Ich stimmte zu und zog ein Pilotprojekt in Linz auf. Aber dann kam 1956 der Aufstand in Ungarn, der die Zahl der Flüchtlinge auf mindestens 180 000 ansteigen ließ, und so war ich bald damit beschäftigt, praktisch überall in Österreich Kurse zu organisieren, wo immer auch Flüchtlinge waren. Mein Gehalt wurde vom ORT bezahlt, aber die Amerikaner finanzierten das ganze Projekt. Die Mehrheit der Flüchtlinge waren in Linz, Salzburg und Innsbruck. ... Nach einem sechsmonatigen Kursus konnten diese Menschen ein Diplom erwerben, das von dem Direktor der Berufsschule unterzeichnet war. Ich habe wahrscheinlich 6000 solcher Diplome unterzeichnet, und später habe ich auf meinen Reisen oft Leute getroffen, die auf mich zukamen und mich daran erinnerten, daß ich ihnen auf diese Weise geholfen hatte. Ich konnte sehen, daß ich mich an etwas sehr Positivem beteiligte.»

Das war eine andere Form von Aktivismus. Aber Wiesenthal verstand es nicht als eine Trennung von seiner bisherigen oder künftigen Arbeit. Wie die Überlebenden des Holocaust waren auch diese Menschen, denen vom ORT auf ihrem Weg geholfen wurde, aufgrund von nationalsozialistischen Taten zu Flüchtlingen geworden. Wiesenthal erklärt: «Hitler hatte Stalin Appetit gemacht, neues Land zu erobern. Hitler war verantwortlich dafür, daß die Rote Armee in Mitteleuropa einmarschierte. Hitler gab Stalin das Baltikum, lud ihn dazu ein, Polen zu teilen, und gab ihm einen Teil von Rumänien. Der sowjetische Imperialismus war eine direkte Folge des Hitler-Stalin-Pakts ... das Flüchtlingsproblem war eines seiner Folgen.»

In dieser Zeit, gegen Ende des Jahres 1956, fuhr Wiesenthal erneut zu einer Konferenz nach Paris, an der auch Nachum Goldmann teilnahm. Wiesenthal stellte sich vor und erzählte Goldmann, daß er derjenige sei, der ihm zweieinhalb Jahre zuvor das Dossier über Eichmann zugesandt habe. Aber die Augen des großen Mannes ruhten bereits auf der nächsten Person, und er ging weiter. Er hatte keine Zeit für Wiesenthal.

Während Wiesenthal für die ORT arbeitete, besuchte er von Zeit zu Zeit Israel. Seine Frau wäre gern emigriert, aber er weigerte sich weiterhin. «Ich hatte das Gefühl, daß ich von außerhalb mehr für Israel tun könnte, als wenn ich dort lebte.» Obwohl er nun in einer verantwortlichen und zufriedenstellenden Position in einer jüdischen Organisation arbeitete, wußte er, daß dieses Leben auf die Dauer nichts für ihn sein würde. Seine Ziele hatten sich nicht verändert. Er wollte das Versprechen an die Opfer des Holocaust einlösen, das er sich selbst gegeben hatte, und mußte sein eigener Herr sein. Wiesenthal konnte sich nicht in dem Kodex sehen, den ein Umzug nach Israel mit sich gebracht hätte, auch wenn er in einem selbst gewählten Beruf hätte arbeiten können. Er zog es vor, in Österreich zu bleiben, selbst wenn das zur Folge hatte, daß er sich dauerhaft entwurzelt fühlte.

Die Tatsache, daß so viele Nazi-Verbrecher, allen voran Eichmann, in Freiheit blieben, warf einen ständigen Schatten auf seine Arbeit für das ORT. Er beobachtete genau, wie die Regierungen in Deutschland und Österreich die Entnazifizierung und die Frage der Kriegsverbrechen handhabten. Das war kein guter Anblick. Kriegsverbrecherprozesse waren eingestellt worden, es gab wenige Verhaftungen. Mehr und mehr Menschen mit einer nationalsozialistischen Vergangenheit gelangten in Schlüsselpositionen in der Verwaltung und im Gerichtswesen und wurden Mitglieder großer politischer Parteien. Nationalsozialistische Industrielle konnten mit der Hilfe des Marshall-Plans ihre Fabriken wiederaufbauen.

Es gab immer noch einige Menschen in Aussee und Linz, die ihm Informationen über die Eichmann-Familie zukommen ließen. Es gab Gerüchte, daß Veronika Liebl erneut geheiratet hatte, einen neuen, aber unbekannten Namen trug, immer noch in Südamerika lebte und daß ihre Verwandten in Linz nichts mehr von ihr gehört hätten, seit sie einen neuen Ehemann hatte. Wiesenthal brachte es nicht über sich, seinen Informanten zu erklären, daß er für solche Meldungen keine Verwendung mehr hatte.

Wiesenthal hatte keine Ahnung, daß sich in Israel in Sachen Eichmann etwas bewegte. Ende 1957 erfuhr der Leiter des israelischen Außenministeriums, Walter Eytan, daß der Frankfurter Staatsanwalt

Fritz Bauer behauptete, Eichmanns Anwesenheit in Argentinien bestätigen zu können, und daß er seine genaue Adresse hatte. Nur sein Tarnname fehlte noch. Israel entschloß sich zu weiteren Nachforschungen, und der Leiter des Mossad, Isser Harel, wurde mit der Aufgabe betraut. Die Information stammte von einem in Argentinien lebenden blinden Deutschen mit teilweise jüdischer Herkunft, Lothar Hermann, dessen Tochter sich mit einem jungen Mann angefreundet hatte, von dem er glaubte, er sei Eichmanns Sohn. Bauer, selbst Jude und offensichtlich sehr interessiert daran, Eichmann zu finden, war sich nicht sicher, ob er den deutschen Diplomaten in Buenos Aires die weiteren Nachforschungen anvertrauen könne. Deshalb hatte er sich entschlossen, die Information an die Israelis weiterzuleiten.

Der Mossad nahm Kontakt zu Hermann auf, schickte einen verdeckt ermittelnden Agenten, um seine Behauptungen zu überprüfen, gab ihm Geld, konnte aber keinen schlüssigen Beweis für Eichmanns Anwesenheit in Argentinien liefern. In seinem Buch *Das Haus in der Garibaldistraße*, seinem Bericht darüber, wie Eichmann endlich aufgespürt und gefaßt wurde, schrieb Isser Harel über den Beginn des Jahres 1959: «Nichts war von den Hoffnungen übriggeblieben, die wir anfangs auf Hermann gesetzt hatten.» Ein weiterer hoher Mitarbeiter des Mossad, Zvi Aharoni, der nach Buenos Aires geschickt wurde, um die Gefangennahme Eichmanns zu leiten, kritisierte Harel scharf. In seiner Version über die Suche des Mossad nach Eichmann, «Operation Eichmann», versichert Aharoni, daß «Isser bereits beschlossen hatte, daß die ganze Sache es nicht wert sei, sie weiter zu verfolgen». Er beschreibt, wie Bauer im Herbst 1959 nach Israel kam und sich beschwerte, daß der Mossad «ein großes Durcheinander bei den Eichmann-Nachforschungen» angestellt habe. Bauer überredete die israelischen Behörden, die Suche zu verstärken. An diesem Punkt kam Aharoni hinzu. Und zu dieser Zeit erfuhr auch Wiesenthal, daß Israel mit der Suche nach Eichmann in Argentinien ernst machte.

Aharoni möchte «die Dinge richtigstellen» und sagte in einem Interview mit mir, daß Harel seine Geschichte von der Gefangennahme

Eichmanns «geschönt» habe. Auf seine Kritik habe er nicht geantwortet, weil der frühere Leiter des Mossad «nicht auf Behauptungen niedriger gestellter Wesen reagiere».

Einige Monate zuvor, im April 1959, erschien in einer Linzer Lokalzeitung die Todesanzeige von Adolf Eichmanns Stiefmutter. Es ist üblich, daß die Anzeigen im Namen aller engen Verwandten gemacht werden. Wiesenthal sah, daß Adolfs Name fehlte, aber Veronika Eichmann war als Trauernde verzeichnet. Das schien keinen Sinn mit ihrer angeblichen Wiederheirat zu ergeben. Wiesenthal hielt das für bedeutsam und schloß daraus, daß die Geschichte ihrer Wiederheirat eine absichtliche Fälschung sei. Aber weil er annahm, daß Israel kein Interesse hätte, leitete er die Information nicht weiter.

Im August machten er und Cyla Ferien in der Schweiz. Eines Tages klingelte das Telefon in seinem Hotelzimmer. Es war ein Journalist aus Linz am Apparat, der Wiesenthal wissen lassen wollte, daß Eichmann in Bad Aussee gesehen worden sei. Cyla sah keinen Grund, ihre Ferien zu unterbrechen. Wiesenthal dachte anders. Er mußte seine eigenen Nachforschungen anstellen, aber er schrieb auch an den israelischen Botschafter in Wien, Yecheskel Sahar, um ihn über diese neuen Gerüchte zu informieren. Wiesenthal zog seine Erkundigungen ein, doch das war ein vergebliches Unterfangen. Der Mann, der gesehen worden war, so schloß er später, mußte erneut Eichmanns Bruder gewesen sein. Aber Botschafter Sahar antwortete Wiesenthal und betonte, wie sehr Israel seine Hilfe in der Sache schätze. Er fügte hinzu, daß «[g]emaess den letzten Meldungen, die sich bei ihnen [den israelischen Behörden] befinden, ... die Familie Eichmann in Argentinien [ist]. Seine Frau tut so, als ob Eichmann nicht mehr am Leben waere. Sie hat sich sogar wiederverheiratet und zwar mit einem deutschen Buerger. Jedoch alle Anzeichen weisen darauf hin, dass die Heirat fiktiv ist, um ‹den Feind zu verwirren›». Das bestätigte nur, was Wiesenthal schon seit langem behauptet hatte. Aber der Brief enthielt noch eine weitere Überraschung – eine angenehme: der Brief des Botschafters zeigte, daß Israel Adolf Eichmann dicht auf den Fersen war.

Es hatte gerade wieder neue Gerüchte gegeben, daß Eichmann in Kuwait sei. Sie stammten aus einem Brief von Dr. Erwin Schüle, dem Leiter der neu eingerichteten zentralen Stelle der Landesjustizverwaltungen zur Aufklärung nationalsozialistischer Verbrechen in Ludwigsburg, den er an Tuviah Friedman in Israel geschickt hatte. Friedman, der ziemlich unabhängig von den israelischen Behörden agierte, hatte es auf sich genommen, die Geschichte in Israel zu veröffentlichen, und die israelische Presse hatte daraus große Titelgeschichten gemacht und das Interesse an der Eichmann-Jagd geweckt. Dr. Schüle intervenierte schnell. Er behauptete, daß er falsch zitiert worden sei und die Kuwait-Gerüchte alt seien, seit langem fallengelassen. Aber der öffentliche Druck in Israel stieg. Ben-Gurion hatte den Eindruck, daß er die Monster nicht länger friedlich in ihrem Exil schlafen lassen konnte. Israels Ministerpräsident beschloß, daß Eichmann gefunden werden müsse.

Eine Spezialeinheit des Mossad wurde gegründet, die sich auf den Fall Eichmann konzentrierte. Zwei Mitarbeiter des Mossad kamen nach Österreich – zum Teil, um die Gerüchte zu untersuchen, daß Eichmann gesehen worden sei, aber auch mit einer Menge Fragen an Wiesenthal. Sie zeigten, daß der Mossad ihn damals als Eichmann-Experten einschätzte. Die beiden Mitarbeiter des Mossad baten Wiesenthal, mehr über die Kontakte der Familie Eichmann nach Argentinien herauszufinden, vor allem über Veronika Eichmanns Aktivitäten. Sie wollten z. B. eine Kopie von Veronika Eichmanns Antrag aus dem Jahre 1947, ihren Mann Adolf für tot erklären zu lassen, und Einzelheiten über die Reisedokumente, die sie 1950 erhalten und mit denen sie Österreich verlassen hatte. Die Kontakte zwischen Wiesenthal und den beiden israelischen Agenten zogen sich über mehrere Wochen hin. Er bekam Fragebögen, die beträchtliche Nachforschungen erforderten, und er traf sich mehrmals mit ihnen.

Isser Harel bezeichnete später jede Hilfestellung, die Wiesenthal geleistet hatte, als wertlos, aber die Informationen, die seine Agenten von Österreich aus nach Israel schickten, legen etwas anderes nahe. Harel hat Auszüge aus diesen Agentenberichten in einer unveröffentlichten, außerordentlich kritischen Studie über Wiesenthals Geschichte seiner Eichmann-Jagd verwandt. Aus den Berichten des Mossad Anfang 1960 läßt sich schließen: Wiesenthal erschien den israelischen Agenten als so nützlich, daß sie ihn um weitere Hilfe baten. In einem für sich sprechenden Bericht vom 19. Februar 1960, der von Harel zitiert wird, sagt der Mossad-Agent:

«In jedem Gespräch wiederholt Wiesenthal die Notwendigkeit, daß die israelische Regierung eine hohe Belohnung für jede Enthüllung, die zu Eichmanns Aufenthaltsort führt, aussetzen müsse. Er ist überzeugt davon, daß sie nützlich sein wird und uns unserem Ziel schnell näherbringen wird. Es gibt, so behauptet er, eine Reihe von Nazi-Gruppen, die von Eichmann betrogen worden sind und froh über die Belohnung wären.»

Wiesenthal hatte entdeckt, daß Frau Eichmanns Akte im deutschen Konsulat in Graz, von dem sie ihre Reisedokumente erhalten hatte, geleert worden war. Der Mossad-Agent berichtet:

«Alle Anstrengungen, die Wiesenthal in dem deutschen Konsulat unternommen hat – er übte Druck aus und drohte, die Affaire öffentlich zu machen – erwiesen sich als fruchtlos, und die Akte ist immer noch so leer wie zuvor. Das belegt, daß Eichmanns Frau weitreichende Hilfe erhielt, nicht von einem einzelnen, sondern von einer verzweigten Gruppe mit langem Arm. Die Aussichten, irgend etwas zu entdecken, sind gering, denn es ist bekannt, daß der ganze öffentliche Dienst in Deutschland eine große Anzahl von Nazis beschäftigt, die jede Suche oder Ermittlung in Bezug auf Nazis sabotieren. Und da der Schulleiter der Schule, in die Eichmanns Kinder gegangen sind, ein fanatischer Nazi ist, gibt es auch keine Aussichten, eine Probe von der Handschrift seines Sohnes oder ein Photo zu bekommen. Wiesenthal wird dennoch versuchen, irgend etwas zu unternehmen.»

Wie Wiesenthal wußte, hatte der Mossad festgestellt, daß Eichmann in Argentinien unter dem angenommenen Namen Ricardo Klement lebte, aber er wußte auch, daß sie ihm keine weiteren Einzelheiten über ihre Suche nach Eichmann mitteilen würden. Und er wußte ganz sicher nichts von dem Plan, ihn zu entführen, und nahm immer noch an, daß entweder Israel oder Deutschland um seine Auslieferung nachsuchen würden, wenn er einmal gefunden sei. Der Mossad-Bericht weiter:

«Im Verlaufe eines kürzlich geführten Gesprächs drückte sich Wiesenthal folgendermaßen aus: Ebenso wie es Dinge gibt, die Sie wissen und von denen ich nichts weiß, so gibt es auch Dinge, die ich weiß und von denen Sie nichts wissen. Wir betonten, daß wir offen gesprochen und nichts verborgen hatten und daß wir hofften, er habe dieselbe Haltung.»

Sie verzeichneten nicht, wie seine Antwort ausfiel. Der Mossad-Bericht fährt fort:

«Ich kann nicht sagen, ob das bloßer Stolz war oder irgendeinen anderen Grund hatte. In jedem Fall boten wir ihm an, ihm seine Ausgaben für Reisen, Telefon oder Photos zu ersetzen. Er weigerte sich und sagte, daß er uns seine Abrechnung am Ende zukommen lassen würde, wenn das Ziel erreicht sei.»

In diesem Mossad-Bericht gibt es auch einen Bezug auf das Begräbnis von Adolf Eichmanns Vater am 9. Februar 1960 in Linz. Wiesenthal hatte vorgeschlagen, die Trauernden fotografieren zu lassen, nur für den Fall, daß Adolf Eichmann erscheinen sollte. Er kam nicht. «Er behauptete, daß die Fotografie ihn 600 Schilling gekostet habe, aber als wir ihm anboten, die Kosten zu ersetzen, weigerte er sich wie zuvor.» Als Wiesenthal die Fotografie näher betrachtete, bemerkte er, daß Otto Eichmann eine erstaunliche Ähnlichkeit mit Adolf besaß, und schloß daraus, daß die zahlreichen sogenannten Sichtungen von Adolf in Wirklichkeit die seines Bruders Otto gewesen sein mußten. In einem vertraulichen Memorandum für den Eichmann-Prozeß behauptete Wiesenthal kategorisch, daß Eichmann seit 1945 keinen Fuß mehr auf österreichischen Boden gesetzt habe. Aber wegen der Ähnlichkeit der beiden Brüder gab er den beiden Agenten das Foto und hatte den Eindruck, daß sie äußerst erfreut waren über das, was er erreicht hatte.

Das stimmt nicht mit Harels Version der Ereignisse überein. Er zitiert einen Abschlußbericht von seinen Mitarbeitern in Wien, der nahelegt, daß die beiden Mossad-Agenten im März 1960 Wiesenthal gegenüber ungeduldig wurden. Sie verdächtigten ihn einer Indiskretion: daß er einem Informanten den Hinweis gegeben hatte, die israelische Regierung habe ein Interesse daran, Eichmann zu finden. Wiesenthal war nicht ausdrücklich gebeten worden, vollkommene

Diskretion zu bewahren. Er verneint, daß er irgend etwas habe verlauten lassen. Laut der Version von Harel kommt der Mossad-Bericht vom 3. März 1960 zu dem Schluß, daß «wir erneut fanden, daß Wiesenthal volle und ernsthafte Zusammenarbeit vermied, obwohl er bereit ist, den [israelischen] Botschafter von Zeit zu Zeit mit kleinen Brocken von Information zu füttern. ... Wie beschlossen betrauten wir ihn [Wiesenthal] mit keiner Aufgabe. Wir trennten uns sehr kühl von Wiesenthal.»

Eichmann wurde am 11. Mai entführt. Der Mossad behielt ihn neun Tage lang in einem «sicheren Haus» in Buenos Aires. Am 20. Mai wurde er mit einem Sonderflugzeug der El Al weggeschafft, das eine israelische Delegation zum 150. Jahrestag der argentinischen Unabhängigkeit ins Land gebracht hatte. Am 23. Mai berichtete der israelische Ministerpräsident David Ben-Gurion der Welt, daß Eichmann sich in einem israelischen Gefängnis befinde.

Das war das erste, was Wiesenthal von der Gefangennahme Eichmanns erfuhr. Er war nicht in die Tatsache eingeweiht worden, daß Eichmanns Versteck festgestellt und die Entführung geplant worden war. Aber das machte nichts: «Mein Gebet war erhört worden ... Die Jahre der Arbeit waren nicht umsonst gewesen.»

Stunden später kam in Linz ein Telegramm vom Yad Vashem an: «Herzlichste Glückwünsche zu Ihrem glänzendsten Erfolge.» Es war eine Anerkennung, die ihn auf den Geschmack brachte – und die er später immer dann hervorholte, wenn jemand sein Recht in Frage stellte, als einer von denjenigen akzeptiert zu werden, die sich an der Eichmann-Jagd beteiligt hatten.

Yad Vashem war von den israelischen Behörden nicht vollständig über die Umstände informiert worden, die dazu führten, daß Eichmann gefaßt wurde. Seine Mitarbeiter ehrten Wiesenthal für das Archiv des Linzer Dokumentationszentrums, das er ihnen 1954 übergeben hatte und das sie begreifen ließ, welche Ausdauer seit 1946 vonnöten war, um Eichmann ins Visier zu bekommen. Ihre Anerkennung führte zu einer Einladung nach Jerusalem, um die Jahre zu beschreiben, die er der Suche nach Eichmann gewidmet hatte. Nachdem

Eichmann fünf Monate in Israel in Haft gesessen hatte, war Wiesenthal Gast des Holocaust-Zentrums in Jerusalem. Er wurde viel gefeiert und fand, zum ersten Mal, Geschmack am Ruhm. Er liebte es, im Mittelpunkt zu stehen. Es war eine Entschädigung für all die Verzögerungen, Enttäuschungen und Kränkungen, die er erlitten hatte, als er seine Sache verfolgte.

Wiesenthals Hochstimmung machte ihn blind für die Frustrationen, die Isser Harel und andere im Mossad empfunden haben müssen. Er konnte nur vermuten, daß der Mossad dafür verantwortlich war, aber er war immer noch nicht vollständig informiert worden und kannte die Identität derjenigen nicht, die daran beteiligt waren, Eichmann in Argentinien aufzustöbern. Der Mossad selbst wurde darauf verpflichtet, Schweigen zu bewahren. Die israelische Regierung bestimmte, daß das Team von Harel sich fünfzehn Jahre lang nicht zu dem Fall äußern dürfe. Aus offenkundigen Gründen fürchtete Ben-Gurion, daß der internationale Status des Landes und seine Beziehungen zu lateinamerikanischen Staaten Schaden nehmen würden, wenn die Rolle des Mossad bei der Entführung Eichmanns publik gemacht werden würde. Es war nicht die Zeit, um den Ruhm für große Leistungen einzustecken, die ausgezeichnet ausgeführt worden waren. Ben-Gurions Taktik bestand darin, so zu tun, als ob alles eine Sache von Freiwilligen gewesen und nicht von der israelischen Regierung angeordnet worden wäre. Wiesenthal wurde gebeten, nicht einmal verlauten zu lassen, daß er die israelische Botschaft in Wien als Kanal für die Kommunikation über Eichmann benutzt hatte. Jede Erwähnung des Mossad von seiner Seite war ein Tabu. Allein durch die öffentliche Spekulation über die Rolle von Israels Geheimdienst hätte er die Regeln gebrochen.

Aber im Gegensatz zu anderen hatte der unabhängige Wiesenthal die Freiheit, zu beschreiben, was er über Eichmanns Bewegungen seit 1945 gewußt hatte, und seinen eigenen Beitrag beim Aufspüren zu erläutern. Wenn er auch nicht abgeneigt war, sich als Held feiern zu lassen, so ergriff er doch Vorsichtsmaßnahmen und betonte, daß auch viele andere Personen am Fall Eichmann beteiligt waren. Auf einer

Pressekonferenz in Jerusalem, die unter der Schirmherrschaft von Yad Vashem stand, sagte Wiesenthal:

«Die Ergreifung ist keineswegs das Verdienst einer Person, sondern es war eine Gemeinschaftsarbeit im besten Sinne des Wortes. Es war ein Mosaik, zu dem, besonders in der letzten Phase, viele Leute, die einander zumeist gar nicht kannten, Steinteilchen zusammentrugen. Ich kann hier nur über meine Tätigkeit berichten, und ich weiss nicht einmal, ob sie besonders wichtig war.»

Mit diesem letzten Satz trieb Wiesenthal die Bescheidenheit zu weit. Das paßte auch nicht zu ihm, denn er war seit langem davon überzeugt gewesen, daß sein Beitrag von großem Wert gewesen war, obwohl er an den letzten Phasen nicht teilgenommen hatte. Und seitdem er das Telegramm von Yad Vashem in den Händen hielt, fühlte er sich deutlich unterschätzt. Er hatte nicht bloß eine kleine Nebenrolle bei einem todernsten Unternehmen gespielt, sondern war eine unentbehrliche Hauptfigur gewesen.

Unter den auf Wiesenthals Pressekonferenz anwesenden Journalisten war auch Haim Maas. Er blieb auch nach der Pressekonferenz und lud Wiesenthal zu sich nach Hause ein. «Ich war sehr beeindruckt von Wiesenthal und fragte ihn, ob er daran gedacht habe, ein Buch über die Jagd nach Eichmann zu schreiben», erinnert sich Maas. Anfänglich habe die Idee Wiesenthal überhaupt nicht gefallen, und er habe sich nicht vorstellen können, daß ein derartiges Buch ihn zu einer international gefeierten Persönlichkeit machen würde. Auch Wiesenthal betont, daß er gezögert habe, ein Buch zu schreiben: «Ich wollte es nicht tun, weil so viele Menschen involviert waren, die ich nicht einmal kannte. Und abgesehen davon war ich niemals in Argentinien gewesen und hatte mit seiner eigentlichen Gefangennahme nichts zu tun.»

Aber Maas' Ansicht setzte sich durch, und Wiesenthal fuhr nach Österreich zurück, um zu schreiben. So dicht gedrängt, wie sein Gedächtnis war, sprudelten die Sätze nur so aus ihm heraus, sagt Wiesenthal. Maas beschrieb das in einem Interview so: «Er schickte mir immer ein Kapitel nach dem anderen. Sie waren auf deutsch geschrieben, und ich übersetzte sie ins Hebräische und ins Englische.» Maas suchte in Israel auch nach einem Verlag. «Schließlich fand ich einen kleinen hebräischen Verleger, Weiss. Aber das Buch wurde so schlecht gemacht, daß es kaum bemerkt wurde. Zur selben Zeit veröffentlichte Moshe Pearlman ziemlich unerwartet sein Buch über Eichmann. Es enthielt ganze Kapitel, die auf dem Material beruhten, das Wiesenthal an die israelische Botschaft zur Weitergabe an den Mossad geschickt hatte. Pearlman hatte das Mossad-Material benutzt. Wiesenthal war darüber sehr sauer. Und ich auch.»

Wiesenthal, der Eigentümer an dem Material, hatte nun wirklich das Gefühl, daß seine Version der Geschichte veröffentlicht werden mußte. Er überredete daher einen deutschen Verlag, Bertelsmann, sein Buch zu veröffentlichen. Das sagt viel über Wiesenthals Hintergrund und Erfahrungen während des Krieges und danach und bringt die Eichmann-Geschichte an einen Punkt, an dem seine persönliche Beteiligung zu einem Ende kam. Man kann ihm keine Indiskretion vorwerfen, da er nicht einmal auf die Rolle des Mossad hinwies und keinen Versuch unternahm, Eichmanns Entführung zu beschreiben oder verlauten zu lassen, wie Eichmann nach Israel gebracht wurde. Das Buch war seiner Tochter Paulinka gewidmet, «zum besseren Verständnis, warum ihr Vater sich in ihren Kinderjahren ihr so wenig widmen konnte».

Ich jagte Eichmann wurde 1961 veröffentlicht, als Wiesenthal erneut als Gast der Regierung in Israel war, um den Verlauf des Eichmann-Prozesses zu beobachten. «Ich werde niemals den ersten Verhandlungstag vergessen», sagt Wiesenthal. «Neben mir saß ein amerikanischer Schriftsteller, Harry Golden. Jedes Mal, wenn der Richter Eichmann gefragt hat, ob er sich schuldig fühle, hat er mit Nein geantwortet. Da flüsterte ich meinem Nachbarn zu: ‹Wissen Sie, der Richter müßte ihn das sechs Millionen Mal fragen.›»

Wiesenthal ist stolz darauf, daß er während des Eichmann-Prozesses in der Lage war, dem Staatsanwalt Gideon Hausner eine Reihe authentischer Aufzeichnungen zu übergeben, die Eichmann in Argentinien geschrieben hatte. Wiesenthal bleibt bei seiner Regel der strikten Vertraulichkeit und weigert sich bis heute zu sagen, wie er an diese handgeschriebenen Aufzeichnungen gekommen ist, die Eichmann offenkundig für das berüchtigte «Sassen»-Interview gemacht hatte, das er 1955 in Argentinien gab. Willem Sassen war ein holländischer Journalist, der sich während des Krieges der SS angeschlossen hatte und in Belgien in Abwesenheit als Kriegsverbrecher zum Tode verurteilt worden war. Sassen erschien in Buenos Aires, mischte sich unter die deutsche Nazi-Kolonie und überredete Eichmann, ihm einen ausführlichen Bericht über sein Leben zu geben, der praktisch ein Buch hätte füllen können. Eichmann war ein zwanghafter Redner, aber Sassen redigierte und kürzte einen großen Teil des aufgenommenen Materials. 1956 versuchte er erstmals, Teile davon an den Korrespondenten von *Time-Life* in Buenos Aires zu verkaufen, ohne ihm den Namen seiner Quelle zu nennen. Jeder, der einigermaßen mit den Vernichtungslagern vertraut war, wäre in der Lage gewesen, aus dem Manuskript zu schließen, daß Eichmann in Argentinien war.

Aber diese Information erreichte die Israelis nicht, oder sie waren noch nicht wirklich daran interessiert, Eichmann zu fassen. Auszüge aus dem Sassen-Interview wurden schließlich 1960 unter Eichmanns Namen veröffentlicht, als er bereits in Haft saß, zuerst im *Stern* und später in *Life*. Doch das ursprüngliche Material, Eichmanns eigene Version – dessen Genauigkeit er bestätigte –, bevor Sassen es redigierte, ist niemals vollständig veröffentlicht worden. Eine Fotokopie des Transkripts mit handgeschriebenen Notizen von Eichmann befindet sich in Wiesenthals Büro in Wien.

Auf einer Pressekonferenz anläßlich der Veröffentlichung seines eigenen Eichmann-Buches wies Wiesenthal darauf hin, daß Nachum Goldmann es unterlassen hatte, seine Information über Eichmann, die er ihm 1954 hatte zukommen lassen, die angemessene Aufmerksamkeit zu schenken. Er bedauerte nie, daß er seiner Verstimmung über Goldmanns Verhalten öffentlich Ausdruck verlieh, aber dieser Umstand behinderte ihn, als er ungefähr zur selben Zeit hörte, daß Alois Brunner und andere Anhänger Eichmanns planten, Goldmann zu entführen. Brunner hatte kalkuliert, daß die Entführung einer prominenten jüdischen Persönlichkeit wie Goldmann dazu benutzt werden könne, um Eichmann freizupressen oder wenigstens seine Hinrichtung zu verhindern. Es stellte sich dann heraus, daß der Plan fallengelassen wurde. Aber Wiesenthal unternahm keinen Versuch, den WJC zu informieren, und erst 1962, als eine österreichische Zeitung einen Bericht über die mißlungene Verschwörung veröffentlichte, erklärte er, davon gewußt zu haben. Er habe diesmal nicht geschrieben, weil er bereits gewußt habe, daß der Plan nicht ausgeführt werden würde, aber auch, weil er fürchtete, daß Goldmann jede weitere Kommunikation mit ihm als eine «Belästigung durch einen Übereifrigen» auffassen würde.

In Deutschland machte *Ich jagte Eichmann* Wiesenthal über Nacht berühmt, und die Legende vom unerschrockenen Nazi-Jäger war geboren.

Das trug ihm nicht die Zuneigung von Isser Harel und Tuviah Friedman ein. Seit der Yad-Vashem-Pressekonferenz waren beide unabhängig voneinander mißtrauisch und ärgerlich auf Wiesenthal. Friedman ging fest von der falschen Überzeugung aus, er habe als erster entdeckt, daß Lothar Hermann in Argentinien Eichmanns Aufenthaltsort kannte und daß der Mossad ihn nur aufgrund der Informationen gefunden hatte, die er an die israelischen Behörden weitergegeben hatte. Weil der Mossad in die Angelegenheit verwickelt war, durfte Friedman 1960 seinen Anspruch nicht öffentlich machen. Um so stärker glaubte er, seine Beteiligung an den Anfängen der Suche nach Eichmann in Österreich verdienten weitaus mehr Aufmerksamkeit, als Wiesenthal sie ihm zukommen ließ.

Wiesenthal, der seine Ansprüche verteidigen wollte, reagierte darauf ärgerlich mit einem Brief an den israelischen Botschafter in Wien, Yecheskel Sahar. Im Juni 1960 schrieb er:

«Im März 1954 kam zu mir der damalige israelische Generalkonsul, Arie Eshel mit einer Bitte von Nahum Goldmann, ich möge ihm einen abschliessenden Bericht über die Suche nach Eichmann geben. Ich möchte diesen Moment hervorstreichen, weil ja heute der Herr Tuviah Friedman behauptet, sich in Österreich mit der Sache Eichmann befasst zu haben, was überhaupt nicht stimmt. Wenn ausser mir irgend jemand sich mit der Sache Eichmann befasst hat, dann war es nur Asher Ben-Nathan, dem zwar Friedman unterstand, aber – und das weiss ich genau – der in der Sache Eichmann nicht das kleinste während seines Aufenthaltes in Österreich geleistet hat.»

Dies war zumindest eine Verdrehung der Wahrheit, die Friedman nicht vergeben kann. «Er [Wiesenthal] ist ein Egoist, der Bücher schreiben darf und sagt, daß ich nicht existiere», sagt Friedman. «Er kann eine Rede vor 200 Menschen halten, und ich darf dasitzen, und er wird nichts über mich sagen. Er hat große Arbeit geleistet; alles was ich will, ist Anerkennung und daß er meinen Namen erwähnt.»

Zvi Aharoni, der in seinem Urteil über Wiesenthal weitaus großzügiger ist, besteht darauf, «daß wir es ihm anrechnen müssen, daß er der einzige gewesen ist, der mit der Suche nach Eichmann weitergemacht hat, als alle anderen aufgegeben hatten». Ein weiteres Mitglied des Mossad-Teams, der mit Wiesenthal über den Fall Eichmann gesprochen hatte, hat «überhaupt keinen Zweifel daran, daß das, was Wiesenthal über seine Rolle bei der Suche sagt, richtig ist. Ich habe niemals verstanden, warum es nötig sein sollte, Wiesenthal kleiner zu machen. Isser Harel ignoriert die Fakten.»

Harel bleibt jedoch ein frustrierter Eichmann-Krieger, und er zollt Wiesenthal keinen Beifall. Harel hatte die führende Rolle bei der Entführung Eichmanns inne, plante die gesamte komplexe Operation, Eichmann aufzuspüren, ihn so lange in Buenos Aires versteckt zu halten, bis er an Bord des El-Al-Flugzeuges geschmuggelt werden konnte, und ihn sicher nach Israel zu bringen. Er hatte das Team ausgesucht, seine Mitarbeiter in die Materie eingeführt, war zusammen mit ihnen nach Argentinien geflogen und hatte eine außerordentlich gefährliche Mission durchlebt.

Nachdem er all das erreicht hatte, mußte er schweigen, während Wiesenthal die Freiheit hatte, über seine eigenen Leistungen zu sprechen, und sich als moralische Autorität in Sachen Holocaust und als internationale Figur bei der Jagd auf Nazis etablieren konnte. Harel mußte bis 1975 warten, um seinen eigenen Bericht über die Gefangennahme Eichmanns zu veröffentlichen: *Das Haus in der Garibaldistraße*. Aber zu der Zeit war er schon lange nicht mehr Leiter des

Mossad und lebte zurückgezogen in einem Vorort von Tel Aviv. Harels Verleger bat Wiesenthal um ein Foto von Eichmann, doch Wiesenthal wird in seinem Buch nicht einmal erwähnt. Das Geheimnis des «Wer tat was und wann, um Eichmann zu finden und ihn vor Gericht zu stellen» ist auch heute noch alles andere als gelöst. Es schwirrt immer noch bitter herum und verfolgt die älteren Herren, die einmal die Leidenschaft geteilt haben, den Mörder daran zu hindern, der Gerechtigkeit zu entkommen.

Elf

Wiesenthal zieht nach Wien

Nach sechzehn Jahren in Linz kappten Simon Wiesenthal, Cyla und ihre vierzehnjährige Tochter Paulinka ihre Wurzeln und zogen in die österreichische Hauptstadt Wien. Das war im Sommer 1961. Der Prozeß gegen Adolf Eichmann in Jerusalem mit der schockierenden Enthüllung von teuflischen Taten war auch außerhalb der Grenzen Israels begierig verfolgt worden. Er hatte die schwindende Erinnerung an den Holocaust neu aufleben lassen, nicht zuletzt in Österreich, wo Eichmann nach dem «Anschluß» 1938 als Leiter der «Zentralstelle für jüdische Auswanderung» die Grundlagen für seine spätere Laufbahn als Vernichter von Millionen von Menschen gelegt hatte. Wiesenthal rechnete damit, daß das politische Klima günstiger werden würde, den Österreichern um das große Ausmaß der nationalsozialistischen Verbrechen klarzumachen. Er hielt auch an der Ansicht fest, daß Österreich juristisch energischer gegen die NS-Verbrecher vorgehen müsse. Die führenden politischen Persönlichkeiten Österreichs stellten sich blind gegenüber der wachsenden Zahl von Nationalsozialisten in Positionen von Einfluß; ja, sie förderten sogar ihre politische Laufbahn. Mit seinem außerordentlichen Selbstvertrauen hatte Wiesenthal das Gefühl, daß er geradezu dazu bestimmt sei, das zu ändern.

Als die Österreicher von Eichmanns Gefangennahme und dem Prozeß erfuhren, wurden sie vertraut mit dem Namen Wiesenthal. Da die israelischen Behörden immer noch Stillschweigen über ihre eigene entscheidende Rolle in der Eichmann-Saga bewahrten, war Wiesenthals Yad-Vashem-Pressekonferenz einer der wenigen autorisierten Berichte von der Suche nach diesem «Schreibtischmörder». Wiesenthals Prominenz wuchs sprunghaft, als *Ich jagte Eichmann* kurz nach der Urteilsverkündung im Eichmann-Prozeß veröffentlicht wurde. In Deutschland wurde das Buch sofort zum Bestseller, und Österreich blieb nicht weit dahinter zurück. Wiesenthal wurde weit über den kleinen Kreis von Menschen hinaus bekannt, die sich der Nazi-Jagd widmeten.

Es war Zeit, so meinte Wiesenthal, seine Hauptbeschäftigung in den letzten Jahren, die Ausbildung von Flüchtlingen, anderen zu überlassen und die Holocaust-Raumkapsel erneut zu betreten, in der er seine Aufmerksamkeit ungeteilt der Aufgabe zuwenden konnte, die Erinnerung an die Opfer am Leben zu erhalten und die Mörder der Gerechtigkeit zuzuführen. Bis dahin waren erst zwei Extreme der nationalsozialistischen Verbrechensmaschinerie vor Gericht gestellt worden: die NS-Führung bei den Nürnberger Kriegsverbrecherprozessen und, in einer Reihe weiterer Prozesse, die leichter zu fassenden niederen Ränge der SS. Nürnberg war ein großes Drama gewesen, aber die anderen Prozesse hatten keine große öffentliche Aufmerksamkeit hervorgerufen. In beiden Fällen waren weder die Lagerkommandanten noch das ganze Heer von weiteren «Schreibtischmördern» aufgespürt worden. Der Eichmann-Prozeß hatte die Aufmerksamkeit auf Mengele und Stangl gelenkt und auf viele weitere wichtige Nazis, die in Freiheit geblieben waren. Nun war die Zeit gekommen, den Druck auf die Regierungen zu erhöhen, damit sie handelten.

Das Dokumentationszentrum in Linz konnte nicht wiedereröffnet werden. Die Camps for Displaced Persons waren verschwunden – und mit ihnen die Augenzeugen der Greuel. Die Stadt selbst, aus der die Besatzungsmächte schon vor langer Zeit abgezogen waren, war wieder politische Provinz geworden. Wenn er in Österreich bleiben wollte, so erkannte Wiesenthal, dann mußte er seine Basis nach Wien verlegen. Aber ihm fehlten die Mittel. Wieder einmal drängte ihn Cyla, einen klaren Schnitt zu setzen und nach Israel zu ziehen. Dort würde die kleine Familie endlich die Befreiung von der Vergangenheit erfahren können, argumentierte sie, nach der sie sich so sehnte. Er war auf Kosten der israelischen Regierung zum Eichmann-Prozeß eingeladen worden. Das bewies, daß ihr Mann außerordentlich angesehen war. Sie zweifelte nicht daran, daß ihm eine lohnende, befriedigende Arbeit in Israel angeboten werden würde.

Doch Wiesenthal war nicht dazu zu bewegen. Er nahm an, daß er in Israel für Yad Vashem oder den Mossad oder irgendeine andere halboffizielle Institution würde arbeiten müssen. Dann würde er unvermeidlich von der Bürokratie aufgesogen werden. Er würde seine Unabhängigkeit opfern müssen und die Möglichkeit verlieren, frei zu handeln. Das wäre ein zu großes Opfer. Cyla würde sich damit abfinden müssen, weiterhin in Österreich zu bleiben. Ihr blieb nichts anderes übrig als zuzustimmen. Aber sie ahnte Schlimmes. Sie war überzeugt davon, daß das Leben von nun an immer voller versteckter Gefahren wäre; daß die Dämonen der Vergangenheit niemals weit entfernt wären; daß ihr Mann sie zwar weiterhin lieben, seine Leidenschaft jedoch den Opfern des Holocaust zuwenden würde.

So ging es also nach Wien. Sie mieteten eine Wohnung im unattraktiven X. Bezirk. Wiesenthal konnte es sich nicht leisten, sein eigenes Büro einzurichten, und er beschloß daher, ein Angebot von der jüdischen Kultusgemeinde Wiens anzunehmen, in ihren Räumen ein Dokumentationszentrum einzurichten. Die Gemeinde bezahlte ihm eine Teilzeitsekretärin und übernahm einige andere Ausgaben. Sein Status war unklar: Er wurde quasi Angestellter der Kultusgemeinde, was ihm die Berechtigung entzog, sich für den hochpolitisierten Rat der Organisation zur Wahl zu stellen.

In dem ersten Rundbrief, der über die Aktivitäten des neuen Dokumentationszentrums seit seiner Gründung am 1. Oktober 1961 bis Ende März 1962 berichtete, erläuterte Wiesenthal, was er als seine drei nicht voneinander zu trennenden Aufgaben verstand:

«Die Aufgaben, die sich das Dokumentationszentrum gestellt hat, waren:

1. Der Vertretung des Judentums in Österreich im Kampfe gegen Antisemitismus, Neonazismus und antijüdische Erscheinungen beizustehen durch Bereit-

stellung von Dokumenten, durch Nachforschungen und auch durch historisches Material.

2. Die Zusammenarbeit mit den Justizbehörden in Österreich und Deutschland wie auch mit den jüdischen Organisationen in der ganzen Welt, die sich mit der Bereinigung der Kriegsverbrecher-Frage befassen.

3. Ablage von Dokumenten für die zukünftige Geschichtsschreibung.»

Wiesenthal fügte hinzu, daß die Priorität des Dokumentationszentrums darin bestehe, «neues Licht auf die immer noch verborgenen Prozesse zu werfen, die zu der Vernichtung der österreichischen Juden geführt haben, und diejenigen, die dafür verantwortlich sind, der Gerechtigkeit zu übergeben». Er verlieh seinem Optimismus Ausdruck, daß Österreich dem Beispiel Deutschlands folgen würde und eine zentrale Stelle für die Koordination bei der Ermittlung und der Prozeßvorbereitung einrichten würde und die beiden Institutionen zusammenarbeiten könnten. Er erwähnt, daß sich unter den 100 000 der Kriegsverbrechen Verdächtigen in den Akten der deutschen Zentralstelle in Ludwigsburg schätzungsweise 15 000 Österreicher befanden. Er hatte auch einen hohen österreichischen Richter dazu überreden können, Ludwigsburg zu besuchen, nachdem er ihm die Namen von 200 weiteren mutmaßlichen Kriegsverbrechern aus Österreich übergeben hatte.

Als sechs Monate später der nächste Rundbrief veröffentlicht wurde, hatte Wiesenthal alles Vertrauen in die österreichischen Behörden verloren. Er glaubte nicht mehr, daß sie so energisch handeln würden wie die deutschen. Er schrieb, ihm sei deutlich geworden, daß jeder einzelne Fall sorgfältig vorbereitet werden müsse und das Dokumentationszentrum seine eigenen Beweise sammeln müsse, bevor die Aussicht bestehe, die Behörden dafür zu interessieren. Von nun an listete er regelmäßig die von ihm vorbereiteten Fälle auf und leitete sie an das österreichische Justizministerium weiter.

Seinen Standort in der Kultusgemeinde aufzuschlagen, war keine glückliche Entscheidung gewesen: «Ich habe immer unter den Eifersüchteleien unter Juden gelitten, und dies war keine Ausnahme.» Es kam bald zu einem Zusammenstoß zwischen dem traditionalistischen galizischen Juden, der sich seiner Kultur sicher und des österreichischen Antisemitismus zutiefst bewußt war, und den Persönlichkeiten des assimilierten jüdischen Establishments, die die Wiener Kultusgemeinde dominierten und damit zufrieden waren, ihre Flagge an den Mast der Sozialdemokratischen Partei Österreichs, der SPÖ, zu binden. Es war zwar nicht mehr das Wien des Jahres 1915, das Wiesenthal als Flüchtlingskind erlebt hatte, aber es war nahe genug daran, um alle gegenseitigen Verdächtigungen zwischen dem aus dem Osten eingewanderten Juden und den Wiener Assimilierten wieder anzufachen.

Wiesenthal besteht darauf, daß er nichts gegen die Sozialdemokratie hatte und seine politischen Ansichten nicht zur Debatte standen. Seine kritische Haltung gegenüber den stark politisierten Wiener Juden geht auf die sehr begründete Annahme zurück, daß, während die Sozialdemokraten mit der extremen Rechten, der von Nazis infiltrierten FPÖ, flirteten, die Kultusgemeinde weiterhin die SPÖ unterstützte. Die FPÖ zu ermutigen, war ein Teil der sozialdemokratischen Strategie geworden, um die Machtverteilung von der regierenden konservativen Volkspartei, der ÖVP, zu ihren Gunsten zu verschieben.

Wiesenthal führte ständig Auseinandersetzungen und focht unglückliche Meinungsverschiedenheiten mit seinen Quasi-Arbeitgebern in der Kultusgemeinde. Er konnte nicht akzeptieren, daß sie die SPÖ bevorzugten. Die Wiener Juden hatten bittere Erinnerungen an die faschistischen Neigungen der konservativen Christlich-Sozialen Partei, des Vorläufers der ÖVP während der Zwischenkriegszeit, und konnten nicht vergessen, daß der zu Beginn des Jahrhunderts regierende Wiener Bürgermeister, Karl Lueger, ein leidenschaftlicher Antisemit und ein Vorbote des Nationalsozialismus gewesen war. Sie fanden es schwer, der ÖVP zu trauen, und zögerten, ihre Parteiführung zu unterstützen.

In den dreißiger Jahren zeichneten sich die Sozialisten durch die deutlich liberalere Haltung gegenüber den Juden aus als die politische Rechte. Nach dem Krieg blieb die kleine Zahl von Überlebenden des mächtigen alten jüdischen Establishments in Wien davon überzeugt, daß die Sozialdemokraten ihnen eine größere Hilfe dabei wären, sich in die Zweite Österreichische Republik zu integrieren. Es gab jedoch wenig Unterschiede zwischen der SPÖ und der ÖVP, wenn es um die Frage der Entnazifizierung oder um die Rückgabe jüdischen Eigentums ging. Aber Wiesenthal war nicht nur unzufrieden mit der politischen Lernfähigkeit der Kultusgemeinde. Er kritisierte auch, daß sie der Entschädigung für jüdische Eigentumsverluste unter Hitler soviel Gewicht beimaßen. Seiner Ansicht nach lenkte das von Wichtigerem ab. Statt dessen sollte der umfassenden Entnazifizierung der bürgerlichen Gesellschaft und des öffentlichen Lebens absolute Priorität eingeräumt und mehr Druck ausgeübt werden, um gerichtliche Schritte gegen die nationalsozialistischen Mörder einzuleiten. Wiesenthal hatte recht mit seiner instinktiven Ansicht, daß der Kampf für Entschädigung eine Verschwendung von Zeit und Kräften sei: Protokolle der Kabinettssitzungen, die viele Jahre später von Robert Knight herausgegeben wurden, haben bewiesen, daß der ÖVP-Kanzler Leopold Figl, der einem Kabinett aus ÖVP und SPÖ vorstand, die Ansichten seines Innenministers, SPÖ-Mitglied Oskar Helmer, begrüßte, jede Regelung in der Entschädigungsfrage «in die Länge zu ziehen».

Wiesenthal, der bis heute darauf besteht, daß ihn keine politische Sympathie für die ÖVP geleitet habe, war wütend über das, was er als Kurzsichtigkeit der Kultusgemeinde bezeichnet. Er war überzeugt davon, daß alle politischen Parteien sich heimlich verschworen hatten, die Rolle der Nazis bei der Vernichtung der Juden herunterzuspielen. Aber er bezeichnete die Sozialdemokraten als die schlimmsten Missetäter. Er versuchte, der jüdischen Kultusgemeinde in Wien klarzumachen, daß die Nazis im Nachkriegs-Österreich über beträchtlichen politischen Einfluß verfügten, während die Juden, nur wenige an der Zahl und bei den Wahlen von zu vernachlässigender Bedeutung, praktisch keinen hatten. Es gab endlose Auseinandersetzungen. Nerven wurden verschlissen. Wiesenthals Aggressivität steigerte sich, verstärkt durch die gerechtfertigte Frustration. Der gegenseitige Respekt schwand dahin. «Ich gab ihnen immerzu die

Schuld daran, daß sie die Ziele der jüdischen Gemeinde verschenkten und verschwendeten», gibt Wiesenthal zu.

Aber Wiesenthal erinnert sich mit Begeisterung an einen epischen Streit mit einem besonderen Beigeschmack. Die jüdische Kultusgemeinde besaß ein Grundstück neben dem alten jüdischen Friedhof. «Die SPÖ begann ein Manöver und ließ das Stück Land zu einem Schutzgebiet erklären, auf dem keine Gebäude gebaut werden durften. Die Kultusgemeinde verkaufte es dann für einen Apfel und ein Ei an die Sozialdemokraten, für ungefähr 50 000 österreichische Schilling. Sobald sie das Land erworben hatten, wurde der Platz neu ausgewiesen und darauf ein vierzehnstöckiges Gebäude errichtet. Ich habe so einen Aufstand veranstaltet», sagt Wiesenthal, «daß sie der Kultusgemeinde eine Entschädigung in der Größenordnung von 500 000 Schilling zu zahlen hatten.»

Um seine Möglichkeiten zu verbessern, die Politik der Kultusgemeinde zu durchkreuzen, gründete Wiesenthal den Bund der Jüdischen Verfolgten des Hitler-Regimes. Er hatte nur wenig Mitglieder, aber Wiesenthal war sein Präsident, und das erhöhte seinen Status. Er konnte nun seine Sendschreiben auf Bögen mit einem eindrucksvollen Briefkopf abschicken. Bei den Wahlen für den Vorstand der Kultusgemeinde im Jahre 1963 gewann seine Gruppe sechs von vierundzwanzig Sitzen. «Ein respektables Ergebnis», meint Wiesenthal. Aber da er nun eine Art von offizieller Opposition gegen die führende Körperschaft der jüdischen Gemeinde gebildet hatte, mußte sich das Dokumentationszentrum ein anderes Zuhause suchen. Wiesenthal bringt es auf den Punkt: «Ich stürmte aus.»

Er fand eine kleine Wohnung am Rudolfsplatz im Herzen von Wiens Textilbezirk, nicht weit von der Kultusgemeinde und immer noch in der Innenstadt. Es war ein schäbiger Ort, aber er sollte der Inbegriff von Wiesenthals neuem Dokumentationszentrum werden. Die Wohnung war schnell überfüllt, auf Behelfsregalen stapelten sich Bücher und Referenzmaterial. Es gab kaum noch Platz für Wiesenthals Schreibtisch und für die beiden Sekretärinnen und die gelegentlichen Mitarbeiter. In der Wohnung gab es keine Zentralheizung –

nur einen Ölofen, der von einer kalten Ecke zur nächsten herumgeschoben werden mußte. Auf dem Fußboden lag schmutziges, abgenutzes Linoleum. Die Aussicht von Wiesenthals Schreibtisch ging in einen dunklen Schacht zwischen zwei Gebäuden. Die Sonne kam niemals in seinen Raum. Kurz gesagt: es war genau das Gegenteil dessen, was sich Außenstehende unter dem Dokumentationszentrum vorstellen: ein pulsierendes, geräumiges Hauptquartier, wie es einer großen Organisation angestanden hätte, die sich mit der Nazi-Jagd beschäftigte und ihre Tentakel in viele Länder ausstreckte. Das Dokumentationszentrum am Rudolfsplatz war sogar noch bescheidener als die Räumlichkeiten, die Wiesenthal in Linz gehabt hatte. Und die politische Umgebung, in der er nun in Wien arbeitete, war auch weitaus weniger zuträglich.

Das Österreich der frühen sechziger Jahre kämpfte noch darum, seine Wirtschaft wiederaufzubauen und seinen internationalen Status als kleine, unabhängige und neutrale Nation zu sichern. Die Alliierten der Kriegszeit waren gegangen. Mit dem Staatsvertrag von 1955 hatte Österreich – im Gegensatz zu Deutschland – sich ein formales Friedensabkommen gesichert. Das Land mußte erhebliche Reparationszahlungen an die Sowjetunion und den anderen drei Alliierten die Kosten für ihre Besatzung zahlen. Die Österreicher hatten jedoch die Freiheit, sich selbst nicht als ein geschlagenes Land, sondern als eines der Opfer der Nazis darzustellen, das 1945 befreit worden war und endlich seine Freiheit und Demokratie wiedergewonnen hatte. Weit davon entfernt anzuerkennen, wie begeistert sie den «Anschluß» 1938 gefeiert hatten, zogen sie es vor, alle Mitverantwortung für Hitlers Politik zu leugnen.

Offiziell war das Land von den ersten Tagen der neuen Republik an verpflichtet, die Entnazifizierung mit großem Nachdruck zu verfolgen und öffentliche und private Institutionen gleichermaßen von der hohen Anzahl von Österreichern zu säubern, die mit dem Nazi-Regime verbunden gewesen waren. Aber die beiden großen Parteien, die SPÖ und die ÖVP, spielten das große Ausmaß der Verbrechen, die von den Nazis an den Juden begangen worden waren, mit Absicht herunter. Wiesenthal schlug sich einen einsamen Pfad durch das, was praktisch auf eine Verschwörung der beiden Volksparteien zum Leugnen von Schuld hinauslief. Alte Wunden sollten heilen, und für die Erneuerung der Demokratie mußte eine saubere Weste geschaffen werden, erklärten die österreichischen Politiker. Aber sie wurden auch von zynischen politischen Berechnungen getrieben: Sie waren sich alle nur zu bewußt, daß es eine erhebliche Anzahl von ehemaligen Mitgliedern der NSDAP gab, die an ihren alten Überzeugungen festhielten. Diesen Menschen war 1949 das Wahlrecht zurückgegeben worden, und es wurde allgemein angenommen, daß sie über 500 000 Stimmen verfügten, genug, um bei den frühen Nachkriegswahlen das Zünglein an der Waage zu sein.

Beide großen Parteien versuchten in ihren Wahlkämpfen, die Unterstützung der extremen Rechten für sich zu gewinnen, und achteten daher darauf, alles zu vermeiden, was ihnen die ehemaligen Nazis abspenstig machen könnte. In den ersten Nachkriegsjahren versuchten sowohl die ÖVP als auch die SPÖ, diese Stimmen zu gewinnen. Die Amerikaner und – in einem geringeren Ausmaß – die Briten und Franzosen tolerierten und unterstützten dies als eine Möglichkeit, den Einfluß der Sowjets und der österreichischen Kommunisten zu minimieren. Der amerikanische CIC rekrutierte nicht nur ehemalige Nazis als antikommunistische Informanten, sondern benutzte sie auch, um mit den Entwicklungen in der österreichischen Innenpolitik Schritt zu halten.

Die Amerikaner wußten ganz sicher von einem geheimen Treffen, das am 28. Mai 1949 in Oberweis in der Nähe von Gmunden stattfand und auf dem die Führungsebene der ÖVP Gespräche mit einer Gruppe von ehemals hochrangigen Mitgliedern der NSDAP führte. Es wurde besprochen, wie die «deutschnationale» Wählerschaft überredet werden könne, für die konservative ÖVP zu stimmen. Die Verhandlungen scheiterten, weil die Bedingungen, die von den Nazis gestellt wurden, so hoch waren, daß die ÖVP sie nicht akzeptieren konnte.

Das hinterließ ein offenes Feld für die SPÖ und ihre Führung, die nicht abgeneigt war, es sich zunutze zu machen. Ein Grund dafür bestand darin, daß die Sozialdemokratische Partei eine intellektuelle Lücke ausfüllen mußte, die durch den Verlust ihrer jüdischen Mitgliederschaft vor dem «Anschluß» entstanden war. Sie war daher bereit, neue Mitglieder aus den gebildeten Schichten der extremen Rechten zu rekrutieren. Noch wichtiger waren Erwägungen über das Wählerverhalten. Die Sozialdemokraten waren offensichtlich nicht zufrieden damit, der kleinere Partner der Großen Koalition zu bleiben, und kalkulierten, daß die Stimmen der extremen Rechten benutzt werden könnten, um die parlamentarische Balance zugunsten der SPÖ zu verschieben. Im Unterschied zur ÖVP dachten die Sozialdemokraten nicht an programmatische Zugeständnisse, um bei Wahlen die Stimmen der ehemaligen Nazis zu erhalten. Das hätte zu großen Auseinandersetzungen mit Teilen der SPÖ geführt, deren Parteisekretär, Erwin Scharf, den heftig umstrittenen Slogan lanciert hatte: «Kriegsgefangene nach Hause, Nazis nach Sibirien».

Die bevorzugte Taktik der Linken – die anfänglich nur heimlich besprochen wurde – bestand darin, die Parteien der extremen Rechten zu stärken, um so die konservativen Stimmen aufzuspalten und die Vorherrschaft der ÖVP zu stürzen. Dies könne, so kalkulierten einige Parteiführer, die Machtverteilung zwischen den beiden Volksparteien umkehren und eventuell zu einer absoluten Mehrheit der Sozialdemokraten führen.

Der erste Schritt in diese Richtung wurde während des Wahlkampfes 1949 gemacht. Das SPÖ-Mitglied Oskar Helmer ließ heimlich dem Verband der Unabhängigen (VdU), der offen seine Nähe zur Nazi-Partei zur Schau stellte, Hilfe in Form von Papierlieferungen für die Wahlbroschüren, allerdings kein Geld, zukommen. Wiesenthal hatte durch seine Kontakte zum CIC von diesen Schritten Helmers gehört, aber er verfügte weder über den Einfluß noch über eindeutige Beweise, um darüber öffentlich zu sprechen. Obwohl die Alliierten in der unmittelbaren Nachkriegszeit zögerten, den VdU anzuerkennen, hatten sie seine Aktivitäten nicht verboten. Und obwohl diese Frage zwischen dem Establishment der US-amerikanischen Militärs und dem State Department heiß diskutiert wurde, gab es sogar finanzielle Hilfe vom CIC für den VdU.

1955 wurde der VdU in die Freiheitliche Partei Österreichs (FPÖ) umgewandelt, und obwohl die neue Partei außerordentlich darauf bedacht war, ein größeres, liberales Spektrum von Konservativen anzusprechen, bestand der Kern ihrer Mitglieder immer noch aus ehemaligen Nazis und Nazi-Sympathisanten. Eines ihrer erklärten Ziele bestand darin, das Muster der großen Koalitionsregierungen von ÖVP und SPÖ aufzubrechen, die Österreich seit 1945 regiert hatten.

Doch die Große Koalition hielt bis 1966, und selbst dann schlug die Taktik der Sozialdemokraten, die FPÖ zu ermutigen, auf sie selbst zurück. Denn 1966 erzielte die ÖVP ihr bestes Wahlergebnis seit dem Kriege; sie gewann die absolute Mehrheit. Zum ersten Mal seit 1945 waren die Konservativen in der Lage, allein die Regierung zu bilden. Sie hielt vier Jahre bis zu den nächsten Wahlen. Von 1970 bis 1983 gewannen die Sozialdemokraten unter Bruno Kreisky vier Wahlen nacheinander und konnten ohne Koalitionspartner regieren. Die FPÖ schaffte es erst 1983, zum Koalitionspartner zu werden, als die Sozialdemokraten die absolute Mehrheit verloren und unter dem Kanzler Fred Sinowatz eine Koalition mit der FPÖ bildeten.

Gerüchte über sozialdemokratische Gelder hinter der FPÖ hatten in Wien schon seit dem Entstehen der Partei die Runde gemacht, aber in den frühen sechziger Jahren verdichteten sie sich. Das war einer der Gründe, warum Wiesenthal so deutlichen Einspruch dagegen erhob, daß die jüdische Gemeinde die SPÖ unterstützte. Aber es war ihm damals nicht bekannt, bis zu welchem Grad die Führung der Sozialdemokratie das politische Glück der FPÖ gefördert hatte. Das kam erst durch die Enthüllungen zweier führender Persönlichkeiten ans Licht, die in die geheimen Verhandlungen involviert waren: durch den Sozialdemokraten Franz Olah und den früheren Vorsitzenden der FPÖ Friedrich Peter, der keine Hemmungen mehr hatte, die Geschichte der Absprachen mit der SPÖ zu offenbaren. Sehr zu Wiesenthals Befriedigung bestätigten die Insider, daß die Affären der Sozialdemokratischen Partei mit der FPÖ noch weiter gingen, als selbst er es in der Zeit seiner Auseinandersetzungen mit der Kultusgemeinde vermutet hatte.

In seinen Memoiren *Die Erinnerungen* hat Olah bestätigt, daß es 1959 zu ersten Kontakten zwischen den Sozialdemokraten und der FPÖ kam, als die beiden Parteien sich auf eine Fünf-Prozent-Klausel für die Wiener Kommunalwahlen einigten, eine Maßnahme, die es der FPÖ ermöglichte, in der Hauptstadt Fuß zu fassen. Aber es gab auch geheime Absprachen darüber, «die Unterstützung der SPÖ für diverse Dissidentengruppen am Rande der FPÖ einzustellen». Und es gab einen kleinen Geldtransfer von 150000 Schilling, damit die FPÖ ihre Ausgaben für die Wahlen desselben Jahres zur Arbeiterkammer begleichen konnte.

Die nächste Phase der Zusammenarbeit von SPÖ und FPÖ setzt 1962 ein. Friedrich Peter, der von 1958 bis 1983 Parteivorsitzender der FPÖ war, wartete bis 1994, um diese Seite der geheimen Absprachen mit der SPÖ-Führung zu beschreiben. Er erläuterte auch, wie alles während des Wahlkampfs für die Nationalratswahlen 1963 begonnen hatte, als die FPÖ finanziell am Ende war. Peter ist derselbe Mann, dessen SS-Vergangenheit eine bereits gärende Fehde zwischen Bruno Kreisky und Simon Wiesenthal in einen offenen Krieg verwandelte.

Der frühere Vorsitzende der FPÖ erinnert sich, wie verzweifelt er war, als er herausfand, daß er ungefähr eine Million Schilling – eine für damalige Verhältnisse recht hohe Summe – benötigen würde, um die Kosten für die Wahlen 1963 zu bestreiten, und daß er nach schlaflosen Nächten plötzlich auf die Idee kam, zu Franz Olah zu gehen, dem damaligen Vorsitzenden der österreichischen Gewerkschaftsbewegung, die eng mit der SPÖ verbunden war. Peter erklärte seine mißliche Lage. Olah antwortete daraufhin: «Wenn sich die FPÖ [bei den Wahlen] neutral verhält, kann sie auf eine finanzielle Hilfe von uns rechnen.» Kurz darauf geschah folgendes, so sagt Peter:

> «Olah übergab mir zwei Sparkassenbücher auf über 500000 Schillinge, lautend auf ‹Edelweiß› und ‹Enzian›. Es wurde weder eine falsche noch eine echte Unterschrift geleistet, und die Verbindlichkeit, die ich übernommen hatte, lautete aus

dem Munde Franz Olahs: Verwende sie zum Nutzen und zum Wohl der Demokratie. Meine Ergänzung: als demokratische Oppositionspartei. Ja, so kam es zur Olah-Million, die ich persönlich übernommen und empfangen habe.»

Laut Peter bestand Olah darauf, daß die Sozialdemokraten nicht versuchten, die FPÖ zu kaufen; sie waren nicht an Satelliten interessiert, sondern an Partnern. Aber Olahs Erinnerungen erzählen eine etwas andere Geschichte und zeigen, wie weitgehend die SPÖ zu Verhandlungen bereit war: Er habe Peter gesagt, wenn die Konservativen die FPÖ für eine Koalition zu gewinnen versuchten, indem sie ihnen zwei Ministerposten anböten, dann wären die Sozialdemokraten bereit, noch weiter zu gehen und ihnen drei Ministerposten anzubieten. Olah meint, daß «wir diese Spende nicht gerade an die große Glocke gehängt haben»; daß aber Kreisky und andere hohe Mitglieder der Parteiführung immer ausführlich über seine Verhandlungen mit Peter informiert worden seien und die Partei mit dem Verhalten der FPÖ im Wahlkampf zufrieden gewesen sei. Das Ergebnis dieses Kaufens der FPÖ war, daß «wir den Rücken frei hatten».

Peter sagt, daß er Olah nicht gefragt habe, woher die Million stamme, daß er aber überzeugt gewesen sei, das Geld sei von der Sozialdemokratischen Partei gekommen und nicht einfach von der Gewerkschaft. Zur gleichen Zeit kamen die beiden Männer überein, daß sie über ihren Deal striktes Schweigen bewahren müßten. Aber Geheimnisse sind in Österreich schwer zu bewahren, und Gerüchte über die «Olah-Million» tauchten schon kurz darauf auf. Peter rettete die Sozialdemokraten, indem er eisern leugnete, daß zwischen den beiden Parteien Geld geflossen sei.

Aber nun, mehr als drei Jahrzehnte später, da er sich frei fühlt zu sprechen, hat er auch bestätigt, daß regelmäßige Geldverbindungen zwischen der FPÖ und der SPÖ eröffnet wurden, für deren detaillierte Ausarbeitung im Hauptquartier der Sozialdemokraten einer seiner Stellvertreter verantwortlich war. Er sagt, daß die SPÖ 1964 eine weitere Million zahlte, und er deutet an, daß noch weitere beträchtliche Summen aus demselben Lager geflossen sind.

Olah hat in seinen Memoiren enthüllt, daß alle «Finanzspritzen» zusammen, die in den sechziger Jahren aus SPÖ-Truhen an die FPÖ gingen, sich auf sechs Millionen Schilling beliefen. Er beschreibt auch, wie die SPÖ die Berufung von FPÖ-Mitgliedern auf wichtige öffentliche Posten begrüßte, und bestätigt, daß es regelmäßig Gespräche über die politische Vorgehensweise gab, die in einem Zweiparteien-«Kontakt-Komitee» stattfanden, das 1963 eingerichtet wurde. Bruno Kreisky, der bereits eine freundliche, persönliche Verbindung zu Peter entwickelt hatte, war Mitglied dieser Gruppe. Und Peter sagt, von der SPÖ-Führung seien informelle Zusagen gemacht worden, das Wahlsystem zugunsten der FPÖ zu reformieren, daß aber vor 1970 nichts unternommen wurde, um die Zusage in die Tat umzusetzen.

Wiesenthal verachtete den Opportunismus der SPÖ, aber er war immer weniger besorgt über die Einzelheiten dessen, was zwischen den Sozialdemokraten und der FPÖ abgesprochen wurde, als darüber, ob ihre Machenschaften den Einfluß verstärken könnten, den die Nationalsozialisten sich in Österreich ohnehin erhalten hatten. Er fand es schockierend, daß sie in Österreich weitaus ungestrafter operieren und ihren Einfluß ausnutzen konnten als in Deutschland. Daher sammelte er Beweise dafür, in welchem Ausmaß die Nazis – er weigerte sich immer, sie als Neonazis zu bezeichnen – wieder in alle Bereiche des öffentlichen Lebens eingedrungen waren und wie viele Kriegsverbrecherprozesse mit Begnadigungen oder Freisprüchen geendet hatten. Gleichzeitig führte er natürlich die langsame und sorgfältige Suche nach seiner Beute fort, nach den Massenmördern: Er durchsiebte Informationsbrocken nach Hinweisen auf ihren Aufenthaltsort und drängte, sobald sie einmal geortet waren, auf ihre Auslieferung und einen Prozeß. Ganz oben auf seiner Liste standen Josef Mengele, Franz Stangl, Hermine Braunsteiner, Eric Rajakovich, Martin Bormann und Franz Murer, aber er suchte auch nach vielen anderen, die weniger bekannt waren. Ebenso war er bestrebt, den Polizisten zu identifizieren und zu finden, der für die Verhaftung Anne Franks verantwortlich war.

Wiesenthals Aktivitäten führten unvermeidlich dazu, daß er weiterhin mit Drohungen, Beschimpfungen und Feindseligkeit konfrontiert war. Schon in Linz hatte er viele Drohbriefe erhalten, und das nahm auch in Wien kein Ende. Soweit seine eigene Person betroffen war, hatte er keine Angst. «Wenn ich Angst gehabt hätte, hätte ich meine Arbeit nicht fortführen können. Aber ich habe immer Kraft aus dem gezogen, was ich für die Toten und die Lebenden tat.» Für seine Frau war das anders. Er wußte, daß sie nicht über dieselben inneren Ressourcen verfügte, die ihm geholfen hatten, und fürchtete ständig um ihre Sicherheit. Nichts machte ihm das so deutlich wie ein Ereignis, das sich 1963 zutrug.

Er war auf der Suche nach einem von Eichmanns Mitarbeitern in Mailand gewesen. Seine Sekretärin holte ihn bei seiner Rückkehr in Schwechat ab, dem Flughafen von Wien, und erzählte ihm, daß seine Frau in der Nacht zuvor einen Drohanruf erhalten habe. Eine unbekannte Stimme hatte ihr gedroht, daß ihre Tochter getötet werden würde, wenn ihr Mann nicht mit seinen Aktivitäten aufhöre. Cyla habe mit einem Nervenzusammenbruch reagiert.

«Als sie sich erholt hatte, sprachen wir lange miteinander.» Sie wiederholte ihre Bitte, nach Israel zu gehen. «Sie sagte zu mir: ‹Du mußt darauf reagieren. Wenn das Leben unseres Kindes einbezogen wird, darfst du das nicht einfach als leere Drohung abtun.› Meine Antwort bestand darin, meiner Frau vorzuschlagen, unsere Tochter nach Israel zu bringen. Dort wäre sie sicher, und ich könnte hierbleiben. Und dann wollte ich auch keinen Verrat an den Toten begehen. Nach einigen Tagen sagte meine Frau zu mir: ‹Wo du bist, da werde auch ich sein.›»

ZWÖLF

«Moral Duties Have No Terms»

Robert Kennedy

DIE ÖSTERREICHER wollten vergessen, aber da gab es diesen unbequemen Menschen, Simon Wiesenthal, der sie immer wieder an ihre Mitschuld an den nationalsozialistischen Verbrechen erinnerte. Nichts illustriert das Duell zwischen einer Nation und seinem unwillkommenen Gedächtnis besser als der Fall von Franz Murer, dem «Schlächter von Wilna». Murer war Kommandant des Ghettos Wilna. Vor dem Krieg lebten in der Stadt fast 60000 Juden; bei Kriegsende hatten nur 250 überlebt. Daß er seiner Verbrechen nicht überführt und nach seinem Prozeß 1963 nicht verhaftet wurde, zeigte auf dramatische Weise die Zögerlichkeit der Österreicher bei der Bestrafung von Kriegsverbrechern. Der Freispruch Murers überzeugte Wiesenthal davon, daß im österreichischen Gerichtswesen ungeheuer viele ehemalige Nazis tätig waren, nicht einmal die vielen Augenzeugenberichte bewegten die Richter und Staatsanwälte dazu, einen der Ihren ins Gefängnis zu schicken. Er hatte den Eindruck, daß die Murer-Saga ein Sinnbild dafür darstellte, wie schwach das Engagement der österreichischen Führung bei der Entnazifizierung war. Der Ausgang des Falles Murer war auch ein persönlicher Rückschlag, denn Wiesenthal hatte sich jahrelang darum bemüht, «den Schlächter von Wilna» lebenslänglich hinter Gitter zu bringen.

Wiesenthal hatte Murer 1947 zufällig aufgestöbert: er war zu einem Bauernhof in Admont in der Steiermark geführt worden, in der falschen Annahme, daß der sich dort aufhaltende «große Fisch» Adolf Eichmann sei. Wiesenthals Intervention bei den britischen Militärbehörden hatte zu Murers Verhaftung geführt. Der Inhaftierte behauptete jedoch, nicht mit dem gesuchten Murer identisch zu sein. Wiesenthal, der den Briten jeden Vorwand für seine Freilassung nehmen wollte, hatte dann die Richter des Internationalen Militärgerichtshofs in Nürnberg überredet, Murer als möglichen Augenzeugen für den Kriegsverbrecherprozeß in Gewahrsam zu behalten. Schließlich wurde Murer der Sowjetunion übergeben – weil die Sowjets Litauen während des Krieges annektiert hatten, fiel er unter ihre Gerichtsbarkeit – und 1948 in Wilna vor Gericht gestellt. Für den Mord an «sowjetischen Staatsbürgern» wurde er zu 25 Jahren Zwangsarbeit verurteilt.

Das schien eine gerechte Strafe zu sein, und Wiesenthal glaubte, nun einen der nationalsozialistischen Verbrecher von seiner Suchliste streichen zu können. Er hatte sich geirrt. Nach dem österreichischen Staatsvertrag 1955 willigte die Sowjetunion ein, österreichische Kriegsgefangene in die Heimat zu entlassen. Dazu gehörten auch Kriegsverbrecher, deren Fälle an österreichischen Gerichten neu verhandelt werden sollten. Der Vertrag sicherte jedoch keine Generalamnestie zu, Moskau hatte sich genügend Schlupflöcher offen gelassen, um einzelne zurückhalten zu können. Wiesenthal hatte nicht bemerkt, daß Murers Name auf der Liste der Personen stand, die nach der Unterzeichnung des Staatsvertrages repatriiert werden sollten. Das ist nicht überraschend, denn damals arbeitete er für die ORT, die Organisation, die sich der Berufsausbildung von Flüchtlingen angenommen hatte. In dieser Zeit befaßte er sich nicht ausschließlich mit dem Schicksal von NS-Verbrechern. Seine Neugier, was wohl mit Murer geschehen sei, wurde erst wieder geweckt, als Eichmann gefaßt worden war. Er entdeckte, daß Murer – weit davon entfernt, in einem sowjetischen Gefängnis zu schmachten oder gestorben zu sein – am Leben und wohlauf auf seinen Bauernhof in Admont zurückgekehrt war. 1956 war er ohne großes Aufhebens zurückgekommen und hatte in seinem Leben eine neue, saubere Seite aufgeschlagen. Er war ein prominentes Mitglied der ÖVP in der Steiermark und zum Vorsitzenden der regionalen Landwirtschaftskammer gewählt worden – eine beliebte Figur des öffentlichen Lebens, die eingeladen wurde, wenn prominente Politiker aus Wien die Gegend besuchten.

Sobald Wiesenthal das begriffen hatte, beschloß er, keinen Stein auf dem anderen zu lassen, um Murers Taten der Öffentlichkeit bekannt zu machen und die österreichische Justiz zu beschämen, damit sie ihm endlich den Prozeß machte. Schließlich hatte sich Österreich dazu verpflichtet, gegen alle überführten Kriegsverbrecher, die von den Besatzungsmächten zurückgeschickt worden waren, erneut zu ermitteln. In einem ersten Schritt schrieb Wiesenthal an den österreichischen Justizminister, um herauszufinden, wann und wie der Minister gegen Murer vorgehen wolle. Als er um relevantes Material gebeten wurde, sandte Wiesenthal ihm zweiunddreißig beeidigte Zeugenerklärungen zu. Nach vielen Wochen und zahllosen Telefonanrufen wurde ihm mitgeteilt, daß diese Aussagen nicht verwendet werden könnten, weil sie bereits in dem sowjetischen Prozeß in Wilna berücksichtigt worden waren. Wiesenthal änderte seine Taktik und argumentierte, daß Murer von seinem Wilnaer Urteil nur sieben Jahre abgesessen habe. Darauf wurde ihm erwidert, daß die sowjetischen Gefängnisse dreimal so schlimm seien wie die österreichischen und man Murer daher eine einundzwanzigjährige Haftstrafe anrechnen könne – und die sei sicher angemessen.

Die österreichische Justiz kannte Wiesenthal noch nicht gut genug, um zu begreifen, daß er sich mit solchen Scheinargumenten nicht zufriedenstellen ließ. Er wolle keine Rache, sondern Gerechtigkeit, insistierte er. Die Briefe und Telefonanrufe gingen weiter, bis aufgebrachte Beamte Wiesenthal schließlich erklärten, er müsse frische Beweise liefern, bevor ein weiterer Prozeß in Erwägung gezogen werden könne. Nach all diesen Jahren mußten erneut Zeugen gefunden werden; und, was noch problematischer war, diese Überlebenden mußten dazu überredet werden, ihre schrecklichen Erfahrungen noch einmal zu durchleben, möglicherweise sogar vor einem

Gericht, und sich einem Kreuzverhör durch einen alles andere als freundlich gesonnenen Anwalt der Verteidigung zu unterziehen.

Unverzagt suchte Wiesenthal in dem Register des Dokumentationszentrums nach den Namen von Überlebenden aus Wilna und konnte – zu seiner Überraschung – eine wichtige Sammlung von Augenzeugenberichten über die Greuel zusammenstellen, die von Murer begangen worden waren. Es war die allzu bekannte Geschichte von Frauen und Säuglingen, die unterschiedslos erschossen, von Männern, die gehängt worden waren – und die, wenn sie nicht beim ersten Versuch starben, ein zweites Mal gehängt wurden. Diese Beweise wurden dem Justizministerium übergeben, aber eine Reaktion blieb aus. Das war Anfang 1961. Wiesenthal war immer noch eine Art Novize bei Pressekonferenzen, aber sein Instinkt sagte ihm, daß er die Medien informieren müsse – besonders die Korrespondenten der ausländischen Presse in Wien. Die Medien wurden in die Kultusgemeinde eingeladen, scheinbar zu einem Vortrag Wiesenthals über *Doch die Mörder leben*, in Wirklichkeit jedoch, um sich anzuhören, wie typisch der Fall Murer für die österreichische Krankheit von vorgeschobener Blindheit gegenüber dem Bösen sei.

Kurz darauf kamen während des Eichmann-Prozesses weitere Einzelheiten über das Wilnaer Ghetto ans Licht, und auch Murers Name fiel. Darüber wurde in den österreichischen Medien berichtet. Murer war nun kein unbedeutender Provinzpolitiker mehr. Die Nachsicht, die die österreichischen Behörden ihm gegenüber walten ließen, wurde in Berichten und Leitartikeln in Österreich und im Ausland einer scharfen Kritik unterzogen. Endlich handelten die Behörden, Murer wurde verhaftet und wegen Mordes in siebzehn Fällen angeklagt, was zu einem Protestgezeter von seiten der Rechten führte.

Es dauerte mehr als ein Jahr, bevor der Prozeß in Graz begann. Wiesenthal war bei der Verhandlung anwesend. Einer der Augenzeugen, so sagt er, kam mit der deutlichen Absicht, sich an Murer zu rächen: Er wollte ihn töten. Wiesenthal redete dem Mann gut zu und brachte ihn schließlich von seinem Vorhaben ab: Sein Argument lautete, daß Juden nicht andere des Mordes anklagen dürften, wenn sie selbst Morde begingen. Die Rechtssprechung müsse den Gerichten überlassen werden. Aber Wiesenthal war sich nicht sicher. Die Atmosphäre stimmte nicht, die Sympathie war auf seiten des Angeklagten. Der Prozeß dauerte eine Woche, und eine Reihe der Geschworenen bestanden darauf, ihre traditionellen Lodenanzüge zu tragen. Man konnte das als Ausdruck ihrer antisemitischen Gefühle deuten. Außerdem ließen sich die Geschworenen auch durch die Fülle von Beweisen nicht davon überzeugen, daß sie über einen Mann zu urteilen hatten, der die schändlichsten Kriegsverbrechen begangen hatte. Nach vier Stunden Beratung erklärten sie Murer für «nicht schuldig». Es gab Hochrufe im Gerichtssaal, und der Angeklagte wurde mit Blumen überschüttet.

Doch das Urteil löste auch Proteste aus. Es wurde als Skandal bezeichnet, und in Wien war man nicht wenig besorgt, daß eine derartig offenkundige Mißachtung der Zeugenaussagen Österreichs gutem Namen schaden könne. Katholische Studenten demonstrierten in Wien und forderten, daß Murer erneut der Prozeß gemacht werden müsse. Der Staatsanwalt legte gegen das Urteil Berufung ein. Obwohl der Oberste Gerichtshof den Freispruch aufhob, wurde nichts weiter gegen Murer unternommen. Wiesenthal setzte sich jahrelang für einen neuen Prozeß ein. Jahr für Jahr sammelte er neue Beweise gegen Murer, veröffentlichte sie und gab die Einzelheiten an die Justizbehörde weiter. Aber nichts davon veranlaßte sie zum Handeln. Alle Versuche Wiesenthals, Murer erneut anklagen zu lassen, wurden ignoriert.

Diese Ambivalenz gegenüber der nationalsozialistischen Vergangenheit Österreichs schürte Wiesenthals Mißtrauen in die führenden Nachkriegspolitiker des Landes. Sie steigerte seine Entschiedenheit, die nationalsozialistische Vergangenheit von Personen bekannt zu machen, die in verantwortungsvollen Positionen untergekommen waren. Und ebenso wichtig: Wiesenthal ging gegen die in Österreich herrschende Meinung an, daß für die Durchführung weiterer Kriegsverbrecherprozesse bereits zu lange Zeit verstrichen sei.

Da Wiesenthal bei seiner Geburt Angehöriger des habsburgischen Kaiserreiches war, fühlte er sich berechtigt, die österreichische Staatsbürgerschaft zu erwerben. Doch er hatte oft das Gefühl, sein Zelt in einem feindlichen Gebiet aufgeschlagen zu haben. Prozentual gesehen waren wesentlich mehr Österreicher als Deutsche in die SS eingetreten und hatten Schlüsselpositionen in der nationalsozialistischen Hierarchie innegehabt. «In dieser Hinsicht war Hitler, der gebürtige Österreicher, nicht untypisch.» Wiesenthal hält nichts von dem Argument, daß Österreicher zwanghafte «Vereinsmeier» seien, die sich oft Vereinen, Klubs und selbst politischen Parteien anschließen, ohne sich viele Gedanken darüber zu machen, worauf sie sich einlassen. Er versichert: «Selbst dann, wenn man zugibt, daß eine Menge Österreicher nicht viel über die Nationalsozialisten wußten, als sie der Partei beitraten, haben sie als Mitglieder bald genügend über sie erfahren – und haben dann weiterhin begeistert um neue Mitglieder geworben.»

Die Österreicher hätten diese unschönen Dinge lieber vergessen. Wiesenthal erlaubte ihnen das nicht. Österreich müsse sich selbst von seiner Schuld reinigen und seine wahre Geschichte anerkennen, verkündete er. Das Beispiel des Murer-Urteils brannte in seinem Kopf, und Wiesenthal machte sich wie besessen an die Arbeit. Damit schuf er die Voraussetzungen für die mehr als ein Jahrzehnt dauernden Auseinandersetzungen mit Bruno Kreisky, die 1970 begannen und nicht vor Kreiskys Tod im Jahre 1986 endeten. Charakteristisch für seine Gründlichkeit ist, daß er erst die überzeugenden Fakten antreten läßt, bevor er zum Angriff übergeht. So verbrachte Wiesenthal zum Beispiel drei Jahre damit, von 1963 bis 1966, Daten über die Durchsetzung Österreichs mit Nationalsozialisten zu sammeln und zu versuchen, stillen Druck auf Minister und Beamte auszuüben, um sie zum Handeln zu bewegen.

Doch seine Berichte führten zu nichts. Sein nächster Schritt im Oktober 1966 bestand darin, dem österreichischen Kanzler, Dr. Josef Klaus, ein sorgfältig zusammengestelltes Memorandum zukommen zu lassen, das den Titel *Schuld und Sühne der NS-Täter aus Öster-*

reich trug. Nachdem er darauf keine Antwort erhalten hatte, hielt Wiesenthal eine Pressekonferenz ab, die inner- und außerhalb Österreichs große Beachtung fand. Die Tatsachen, Zahlen und Argumente, die er dargelegt hatte, schockierten viele Österreicher und verursachten bei anderen tiefen Unmut. Wiesenthals Bericht wurde ein oft zitierter Mini-Klassiker, mit dessen Hilfe gezeigt wurde, welchen Weg Österreich noch zurücklegen müsse, um seinen guten Namen wiederherzustellen.

Die Wiesenthal-Bilanz war kühl. Österreicher hatten 8,5 Prozent der Bevölkerung von «Großdeutschland» gebildet, doch «ich verfügte über ausführliche Belege darüber, daß Österreicher für den Tod von drei Millionen Juden verantwortlich waren [von geschätzten sechs Millionen ermordeter Juden].» Er räumte ein, daß dies eine Schätzung sei. Aber es konnte kein Zweifel daran herrschen, daß die Zahl strafrechtlicher Verfolgungen von Österreichs Kriegsverbrechern erbärmlich gering war. Und gewiß nicht nur, weil die Justiz unter erheblichem Personalmangel litt, sondern weil sie ehemalige Nazis beschäftigte, die den Lauf der Gerechtigkeit absichtlich behinderten. Er wies darauf hin, daß es keinen Vergleich geben könne zwischen den ganzen Abteilungen der Staatsanwaltschaft, die sich mit den Ermittlungen bei Kriegsverbrechen in Deutschland beschäftigten, und den wenigen überarbeiteten Einzelpersonen, die in Österreich versuchten, dieselbe Arbeit zu leisten.

Wiesenthal hatte mit dem Justiz- und dem Innenminister Österreichs über diese Frage gesprochen. Er erkannte an, daß sie das Problem begriffen hatten, sie hätten darauf jedoch nicht mit den notwendigen Maßnahmen reagiert. Er rief nach einer substantiellen Vergrößerung der Abteilungen, die sich mit den Kriegsverbrechen beschäftigten, nach einer Erhöhung ihres Budgets, damit sie Zeugen im Ausland suchen konnten, und nach denselben großzügigen Ressourcen, die ihren Kollegen in Deutschland zur Verfügung standen. Auch forderte er, die Zahl der Staatsanwälte zu erhöhen. Vor allem drang er auf eine Rechtsreform, um bei Kriegsverbrechen alle ehemaligen Nationalsozialisten aus dem Verfahren ausschließen zu können. Ihre Voreingenommenheit war offenkundig. «Die Bewältigung dieses Problems kann nicht bloß als Frage der innerösterreichischen Rechtsstaatlichkeit aufgefaßt werden. Bei den Opfern der Verbrechen handelt es sich um Angehörige verschiedener Staaten. Und damit wird jeder Prozeß, auch wenn er unterbleibt, zu einem internationalen Fall, bei dem das Ansehen Österreichs in einer aufmerksamen Welt auf dem Spiel steht.»

In seinem Brief an Kanzler Klaus versicherte Wiesenthal auch, daß er bei seinen Vorträgen und Besuchen im Ausland «immer wieder peinlichen Fragen ausgesetzt ist, welche die traurige Lage auf diesem Gebiet in Österreich betreffen. Damit wird mit Recht immer wieder der internationale Charakter der Angelegenheit vorgehalten.» Österreich habe die Pflicht, die Kriegsverbrecherprozesse mit größtem Nachdruck zu führen. «Wenn aber dieses Problem ungelöst bleibt, macht sich Österreich eines Versäumnis' der Geschichte schuldig und belastet sein Ansehen für alle Zeit.»

Darauf folgte ein Kapitel über die Verwicklung von Österreichern in nationalsozialistische Verbrechen und die Unterlassungen Österreichs, sie nach dem Krieg strafrechtlich zu verfolgen. Er endete mit folgender Ermahnung:

> «Nur rasche und energische Maßnahmen können das bereits stark geschädigte internationale Ansehen Österreichs wiederherstellen. Nur eine eindeutige Haltung der führenden Repräsentanten unseres Landes kann das öffentliche Gewissen wieder wachrufen; nur das bedingungslose Bekenntnis zur Gerechtigkeit jene zum Verstummen bringen, die aus durchsichtigen Gründen einer Amnestie für alle Nazi-Verbrecher das Wort reden.»

Es dauerte fast drei Jahrzehnte, bevor der österreichische Kanzler Franz Vranitzky Schritte unternahm, um die österreichische Ambivalenz bei dem Umgang des Landes mit seiner nationalsozialistischen Vergangenheit zu beenden – und in diesem Prozeß Simon Wiesenthal zu einer lebenden Ikone erhöhte, ihn mit Ehren überhäufte und der Dankbarkeit der Nation dafür Ausdruck verlieh, daß er das österreichische Gewissen wiedererweckt habe.

Aber dieser Beifall kam erst viel später, sicher nicht in den sechziger Jahren, als Wiesenthal eine einsame Furche pflügte. Er stand in der Blüte seiner Jahre, und bei seiner Arbeit schoß er aus allen Rohren. Die Welt, in der er lebte, war nicht mehr die feste Gemeinschaft seines ersten Dokumentationszentrums in Linz, in der Jäger und Gejagte, Augenzeugen und Staatsanwälte durch die Unmittelbarkeit der vergangenen Brutalität und in vielen Fällen durch physische Nähe eng verbunden waren. Täter und Opfer hatten sich auf viele Ecken der Welt verteilt, kollegiale Haltungen unter Nazi-Jägern, die niemals sehr ausgeprägt waren, hatten sich aufgelöst; der moralische Impetus hinter der Entnazifizierung war schwächer geworden. Die Alliierten der Kriegszeit hatten ihr Interesse an den Kriegsverbrecherprozessen weitgehend verloren und zögerten, auf Deutschland oder Österreich Druck auszuüben, damit sie stärkere Maßnahmen zur Entnazifizierung ergriffen. Die Bundesrepublik Deutschland stand nun an entscheidender Stelle bei der Verteidigung der NATO gegen den sowjetischen Expansionismus, und die Integration des Landes in die Europäische Wirtschaftsgemeinschaft (die Vorläuferin der Europäischen Union) war weit wichtiger als jede Abrechnung mit der Vergangenheit. Österreich mußte unterstützt werden, da es eine neutrale Position an der Grenze zum schwierigen Balkan und den mitteleuropäischen Bruchlinien errichtet hatte. Wie Titos Jugoslawien wurde auch Österreich als Bollwerk gegen die Sowjetunion gebraucht. All dies wurde noch wichtiger, nachdem die Sowjetunion 1968 in die Tschechoslowakei einmarschiert war, den Prager Frühling, die Reform des Kommunismus, zerstört und Leonid Breschnew seine Doktrin von der begrenzten Souveränität der Warschauer-Pakt-Staaten verkündet hatte.

Wiesenthal, fast ganz auf sich allein gestellt, war entschlossen, die internationale Gemeinschaft davon zu überzeugen, daß die gegenwärtigen Spannungen keinesfalls die Vergangenheit tilgen dürfen. Die Geschichte hatte nicht mit dem Kalten Krieg begonnen. Alle Staaten könnten die gegenwärtigen Gefahren nur anpacken, wenn sie sich auch mit der Vergangenheit beschäftigten. Seine Beuteliste mit den Namen der von ihm gesuchten Nazis wurde immer länger; sein

Netzwerk von Kontakten und Informanten weitete sich aus; er verfeinerte sein Wissen und die Analyse der Dokumente; er reiste durch Westeuropa und die Vereinigten Staaten – doch er fuhr niemals nach Lateinamerika, wo sich so viele der von ihm Gesuchten niedergelassen hatten; er schrieb zahllose Artikel und bearbeitete die Presse; er veröffentlichte einen zweimal jährlich erscheinenden Rundbrief; er berührte unzählige Menschen mit seinem vielgelesenen Buch *Doch die Mörder leben*; er bombardierte Regierungen mit Eingaben, die Ausweisungsverfahren für diejenigen NS-Verbrecher voranzutreiben, deren Aufenthaltsort mittlerweile bekannt war, und mit Argumenten, die Verjährungsgesetze aufzuheben, damit NS-Verbrecher auch nach Ablauf von zwanzig Jahren strafrechtlich verfolgt werden konnten.

Wiesenthal lernte aus der praktischen Erfahrung und baute seine Fähigkeiten Stein für Stein weiter aus. Er sagt, daß seine Berufsausbildung als Architekt ihm dabei zustatten gekommen sei. Aber es war mehr als das: instinktiv begriff er, wie wichtig es war, durch einen klugen Einsatz der Medien politischen Druck und Publizität zu erzeugen. Er ist ein geborener Kommunikator. In einem anderen Leben könnte Wiesenthal ein populistischer Politiker oder eine führende Persönlichkeit in der Welt von Public Relations und Werbung sein. Er machte sich zu einer verläßlichen Quelle für bedeutende Journalisten und entwickelte einen exzellenten Sinn für Timing, so daß seine häufigen Pressekonferenzen ein Maximum an Einfluß erreichten.

Da er viele Beiträge für deutsche und österreichische Zeitschriften und Zeitungen schrieb, besaß Wiesenthal einen Presseausweis, den er gelegentlich dazu benutzte, um umstrittene Persönlichkeiten bei Pressekonferenzen mit unangenehmen Fragen zu konfrontieren. Er wußte seine Argumente immer mit einer so lebendigen Bildlichkeit zu illustrieren, daß ihm die Aufmerksamkeit sicher war. Und trotz seiner Leidenschaftlichkeit und Emotionalität war er fair und integer und glaubte fest an das Gesetz und die Justiz. Das brachte ihm eine Glaubwürdigkeit ein, die seinen Geldmangel etwas ausglich und dazu

Der fünfzehnjährige Wiesenthal, der sich immer weigerte, eine Uniform zu tragen, mit seiner Pfadfindergruppe in Buczacz. Das Foto wurde 1923 aufgenommen und Wiesenthal nach 1945 geschickt. Es ist das einzige Vorkriegsbild, das er besitzt.

Oktober 1945. Simon und Cyla feiern kurz nach ihrer Wiedervereinigung mit anderen Überlebenden und ihren neuen amerikanischen Freunden.

1947. Wiesenthal drängt die Überlebenden auf einer Veranstaltung von Displaced Persons, nach Palästina zu emigrieren. Das Spruchband, das hinter ihm hängt, unterstreicht seine Aussage: Israel ruft dich!

1948. Wiesenthal wartet auf einer Veranstaltung von Displaced Persons in Linz, mit der die Gründung des Staates Israel gefeiert wurde, neben dem improvisierten Rednerpult darauf, seine Rede halten zu können.

Cyla Wiesenthal läßt sich nur selten fotografieren. Dieses Foto, das 1947 aufgenommen wurde, zeigt, warum sie sich während des Krieges als Arierin ausgeben konnte.

Wiesenthal bei einer Bestattungszeremonie in Israel für die unbekannten Opfer der Todeslager, deren Asche er in den neuen Staat begleitet hat.

«Wenn Steine reden könnten … Alles im Dritten Reich soll schön sein. Auch das KZ, das Sanatorium für die ‹Unterwelt›, muß architektonisch vollkommen wirken. Die schöne Fassade soll den grausamen Inhalt verbergen … Jeder Stein war ein menschliches Leben, das ihn getragen hat, das durch ihn fiel.»
Eine Zeichnung Wiesenthals von dem Wachturm, der über die Schrecken des Konzentrationslagers Mauthausen wachte, aus dem Jahre 1945.

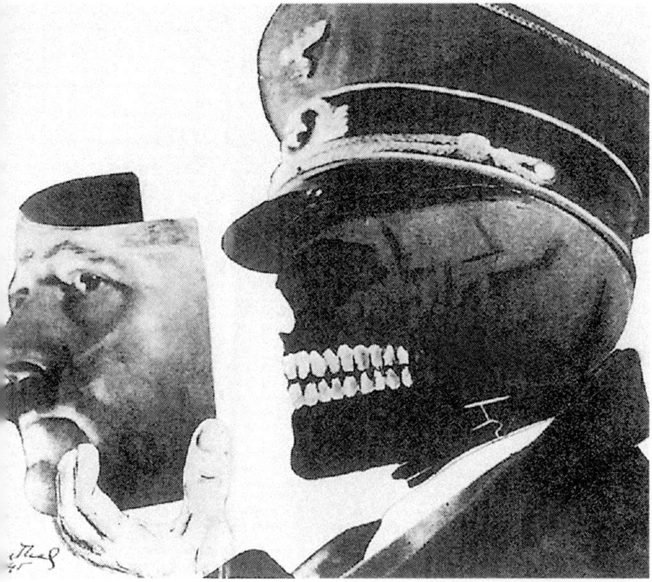

«Das Spiel ist beendet! Die Maske fällt. ‹Hitler› ist der Tod mit allen seinen Schrecken. ‹Hitler› bedeutet Sterben, Vernichtung und Ausrottung alles Menschlichen mit unausdenkbarem Sadismus, welcher zuletzt zum Tode führt.»
Wiesenthals Zeichnung trägt den Titel «Ohne Maske».

«Beängstigend schmal war der Winkel, von hohen Mauern umschlossen der Horizont. Wenn nach getaner Sklavenarbeit der Zug gepeinigter, bis zum Zusammenbruch erschöpfter Menschen mühsam den steilen Weg nach Mauthausen ging, sahen die gesenkten Köpfe nichts als die Schafte der schweren SS-Stiefel, die Pistolen und Peitschen der Sklavenhalter. Den Kopf höher zu heben war man zu müde. Es war auch uninteressant, denn maßgebend war nur jenes …»
Wiesenthals Zeichnung über die Aussicht eines Insassen von Mauthausen.

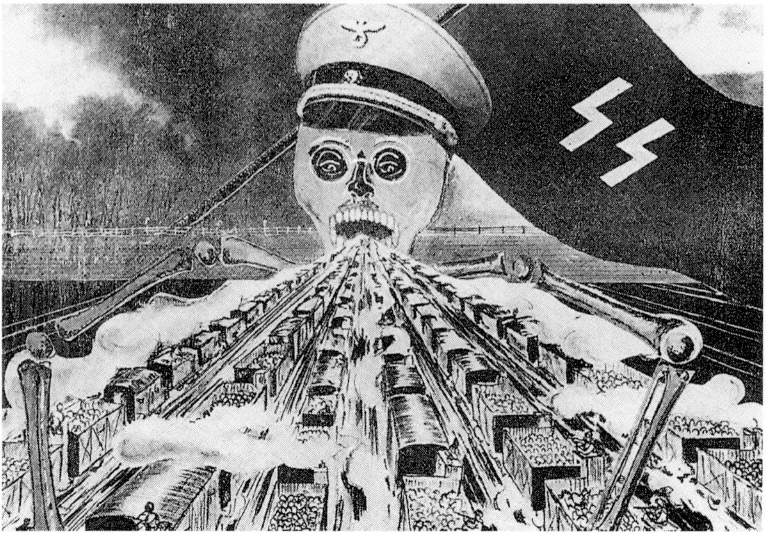

«Wird uns jemand glauben oder auch nur begreifen, fragten wir uns... wochenlang in einen Viehwaggon eingezwängt, ohne Nahrung, Wasser oder sanitäre Einrichtungen, in unerträglicher Hitze oder bitterer Kälte... Von den 6000 Häftlingen, die im Februar 1945 aus dem Konzentrationslager Groß-Rosen nach Mauthausen gebracht wurden, waren am 5. Mai 1945, dem Tag der Befreiung, nur noch 32 am Leben.»
Wiesenthal stellte diese Erfahrung in einer Zeichnung dar, die er «Transporte» nannte.

Wiesenthals Projekt für ein Mausoleum in Israel, in der Asche aus allen Konzentrations- und Vernichtungslagern eine letzte Heimat finden sollte. 1948 zeichnete er detaillierte Pläne für ein derartiges Mahnmal. Nur dieses eine Mal griff er nach dem Krieg auf seine Ausbildung als Architekt zurück.

Wiesenthal fährt jedes Jahr im Mai zum Jahrestag der Befreiung nach Mauthausen, um an einer Gedenkveranstaltung der Überlebenden teilzunehmen. Dieses Foto wurde 1963 aufgenommen.

1965 war Wiesenthals Ruf fest etabliert. Das Foto zeigt ihn in einer typischen Haltung: Er erklärt, erläutert, deklamiert.

Während eines kurzen Besuchs in London im Jahre 1975 steht Wiesenthal auf der South Bank. Im Hintergrund Big Ben und die Houses of Parliament.

Wiesenthal hat bei seiner Suche nach den Massenmördern gelernt, geduldig zu werden. Dieses Bild hat ein Fotograf unbemerkt aufgenommen, als er im kalten Winter 1975 in einem kahlen Stockholmer Korridor auf einen Termin wartet.

Wiesenthals geliebte Familie

Paulinka als kleines Kind und als Erwachsene in Israel.

1967 reiste Wiesenthal in die Vereinigten Staaten, um für sein Buch *Doch die Mörder leben* zu werben. Das war eine der wenigen Gelegenheiten, bei der ihn seine Frau Cyla auf einer Arbeitsreise begleitete.

Wiesenthal mit seinen beiden Enkelsöhnen in Israel nach der Verleihung der Jerusalem Medal durch die Stadt Jerusalem im Jahre 1980.

In Wiesenthals Dokumentationszentrum

Wiesenthal in seinem Büro: hinter ihm ein überfülltes Bücherregal, neben ihm sein Schreibtisch, auf dem sich so viele Papiere häufen, daß ihm kaum Platz zum Arbeiten bleibt. An der Wand hängen einige der Urkunden und Auszeichnungen, die ihm verliehen wurden.

Wiesenthal spricht in seiner kleinen Bibliothek zu einer der vielen Schülergruppen, die im Dokumentationszentrum immer willkommen sind.

Wiesenthal 1983 am Ende eines Arbeitstages in dem schmalen Flur des Dokumentationszentrums.

Show Business

Wiesenthal posiert zufrieden in seinem Büro neben einem Plakat für die Fernsehverfilmung von *Doch die Mörder leben* mit Ben Kingsley. Obwohl Wiesenthal und Kingsley sich physisch nur wenig ähneln, hat sich Wiesenthal über den Film sehr gefreut. Er fühlt sich von Kingsley vollkommen verstanden und genau und einfühlsam dargestellt.

Die Premiere von *Schindlers Liste* 1994 in Wien. Wiesenthal, der Häftling in Plaszow war, dem in dem Film dargestellten Todeslager, war einer der Ehrengäste bei der Premiere. Das Foto zeigt ihn zusammen mit dem Regisseur Steven Spielberg, Swanee Hunt, der amerikanischen Botschafterin in Österreich, und dem Autor des Drehbuchs, Thomas Keneally.

Mit den Großen und Berühmten

Mit Präsident Reagan im Weißen Haus.

1980 im Weißen Haus; nach der Verleihung der Congressional Gold Medal durch Präsident Jimmy Carter. Als Carter dieses Foto für Wiesenthal signierte, ergänzte er spontan die Widmung um das Wort «admiration» (Bewunderung).

Wiesenthal und der Dalai Lama unterhalten sich über ihre Philosophien (1993).

Königin Juliana der Niederlande begrüßt Wiesenthal 1970 auf einem Empfang für die Internationale Vereinigung der Widerstandskämpfer.

Wiesenthal in Hollywood: hier zusammen mit Elizabeth Taylor und Rabbi Marvin Hier, dem Leiter des Wiesenthal Center in Los Angeles.

In Hollywood mit Anatoly Scharansky und Jane Fonda.

Noch mehr berühmte Zeitgenossen

Wiesenthal mit seinem Freund, dem deutschen Kanzler Helmut Kohl. Wiesenthal und Kohl lernten sich privat während der Ferien Kohls in Österreich kennen; aber dieses Foto wurde bei einem offiziellen Abendessen 1991 aufgenommen.

Mit dem österreichischen Bundespräsidenten Thomas Klestil, der Wiesenthal als eine nationale Ikone behandelt.

Mit dem israelischen Ministerpräsidenten Menachem Begin im Wiesenthal Center

Die Rückkehr nach Polen

Oktober 1994, bei seinem ersten Besuch in Polen nach fünfzig Jahren. Wiesenthal legt einen Kranz am Warschauer Denkmal der Helden des Ghettos nieder.

Präsident Lech Walesa bringt einen Trinkspruch auf Wiesenthal aus, nachdem er ihm die höchste Auszeichnung Polens, die *Polonia-Restituta*-Medaille, verliehen hat.

Wiesenthal bei der Verleihung der Ehrendoktorwürde durch die Jagiellonen-Universität Krakau. Er trägt seine polnische Auszeichnung.

Wiesenthal kommt nach Auschwitz, nicht als Gefangener, sondern als freier Mann, der von einer respektvollen Menge begleitet wird.

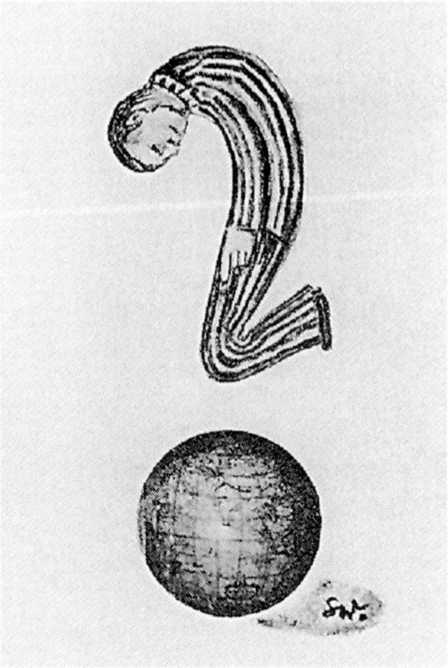

WELT, GIB ANTWORT!
VIELLEICHT BIST DU AUCH MITSCHULDIG?

«Welt, gib Antwort! Vielleicht bist du auch mitschuldig?» Mit dieser Ermahnung beendete Wiesenthal seine Zeichnungen und Karikaturen über die Hölle des ‹KZ Mauthausen›. Er hat seitdem immer wieder verkündet, daß die Menschheit nicht die Augen vor dem Bösen verschließen dürfe und daß Wachsamkeit lebensnotwendig sei, um gegen Unrecht zu kämpfen.

Wiesenthal in seinem 87. Lebensjahr.

beitrug, ihn zu einer überlebensgroßen Figur zu machen – zu einem Bild, an dem er Geschmack fand, weil es seiner Sache diente, aber auch, weil es sein Selbstwertgefühl hob.

Wiesenthals größtes Handicap in den sechziger Jahren war sein Mangel an Geld für das Dokumentationszentrum. Die persönlichen Geldsorgen für die Familie waren leichter geworden, da er nun von einer Rente profitierte, die die deutsche Regierung – unabhängig von der Nationalität – an Überlebende der Konzentrationslager zahlte, um ihnen als Ausgleich für ihre gesundheitlichen Schäden ein Basiseinkommen zukommen zu lassen. Aber Wiesenthal fehlten die Mittel, um das Wiener Dokumentationszentrum in eine gut ausgestattete Organisation mit einer ausreichenden Zahl von Mitarbeitern zu verwandeln. Von der Kultusgemeinde erhielt er keine Unterstützung mehr. Der Umzug an den Rudolfsplatz bedeutete Unabhängigkeit, aber auch neue Ausgaben. Dann gab er der *New York Times* ein Interview über seine Tätigkeiten, das mit einer Schlagzeile veröffentlicht wurde, die vielen im Gedächtnis blieb: «Ein Schnüffler mit sechs Millionen Klienten.» Es führte zu einer Geldspritze von 3000 Dollar in Form von freiwilligen Spenden. Das war in zweierlei Hinsicht nützlich: als Spende und als Beispiel für die Nebenprodukte von Publizität.

Aber natürlich reichte das nicht. In jedem Falle mußte Wiesenthal die laufenden Kosten seines Büros aufbringen: für Miete, die Gehälter der Sekretärinnen, Porto, Telefon, für ein arg mitgenommenes Auto und die Reisekosten. In der Hauptsache erzielte er sein Einkommen durch Veröffentlichungen und kleine Spenden, die als Reaktion auf seine Rundbriefe, Vorträge und seine Popularität kamen. Ab 1965 erhielt Wiesenthal auch eine bescheidene, aber stetige jährliche Spende aus den Niederlanden, wo Bewunderer in seinem Namen eine Stiftung gegründet hatten. Zwei Jahre später wurde eine ähnliche Körperschaft in New York ins Leben gerufen, die einige der Ausgaben des Dokumentationszentrums für Nachforschungen außerhalb Österreichs abdeckte, aber keine Gelder nach Österreich überweisen konnte. Israel hat dem Dokumentationszentrum niemals irgendeine materielle Hilfe angeboten, und Wiesenthal bat auch nicht darum. Für solche Arrangements war er viel zu unabhängig. Jüdische Organisationen versprachen oft Geld, aber, so sagt Wiesenthal mit einer beträchtlichen Bitterkeit, die Versprechen wurden nie eingehalten.

Zu seinen finanziellen Sorgen kam, daß die Allgemeine Wirtschaftsbank, die österreichische Bank, bei der das Dokumentationszentrum seine mageren Reserven hinterlegt hatte, 1974 in Konkurs ging. Erst als das neue Wiesenthal Center in Los Angeles – über das Wiesenthal selbst keine Kontrolle hat – sich gegen Ende der siebziger Jahre entschloß, einen Teil der laufenden Kosten des Dokumentationszentrums zu übernehmen, wurde seine Existenz des «Von-der-Hand-in-den-Mund» ein bißchen leichter. Die Betonung liegt auf «ein bißchen». Im Gegensatz zu den Versicherungen von Wiesenthals Kritikern im WJC, die gern behaupten, daß Wiesenthal auf einem Haufen Geld sitze, verfügte er auch dann niemals über ausreichende Mittel.

Mit nachträglicher Weisheit bezeichnet es Wiesenthal viele Jahre später als einen seiner größten Fehler, daß er sich nach seinem Umzug nach Wien nicht stärker dem Fundraising gewidmet hat. Heute ist er überzeugt davon, es wäre gescheiter gewesen, selbst eine Stiftung zu gründen, als sich stets auf andere zu verlassen. Ständig rieb er sich wegen kleiner Summen auf, nur um die Telefonrechnung oder seine Reisekosten zu begleichen, aber er dachte sich niemals eine Strategie aus, um sein Unternehmen auf eine solide finanzielle Basis zu stellen. Er erklärt, daß er es falsch gefunden hätte, die übliche hohe Kommission für professionelle Fundraiser auszugeben, und er unternahm nur wenig, um potentielle Spender in den Vereinigten Staaten um Geld zu bitten.

«Im Kielwasser des Eichmann-Falles in den sechziger Jahren, als viele Nazi-Verbrecher noch relativ leicht gefaßt werden konnten, hätten wir so viel mehr tun können», klagt er heute. Doch obwohl er nun glaubt, daß er mehr hätte bewirken können, wenn ihm mehr Geld zur Verfügung gestanden hätte, war er niemals der Erbauer eines Reiches in dem Sinne, daß er versuchte, die Kontrolle über eine

Armee von Helfern zu erhalten. Und er war auch nicht darauf erpicht, Autorität zu delegieren oder zu teilen. Das ging seinem Charakter zutiefst gegen den Strich. Er weiß, daß er am besten ist, wenn er auf sich allein gestellt arbeitet und seine eigenen Entscheidungen trifft, ohne Rücksicht auf Berater und Mitarbeiter nehmen zu müssen. Er war niemals für kollegiale Zusammenarbeit geeignet. In den sechziger Jahren gefiel ihm wohl auch sein Image als Don Quixote, das er genoß und kultivierte. Einer größeren Operation hätten seine besonderen Talente nicht viel nutzen können. Er behält so viele Informationen im Gedächtnis, daß es ihm immer leichter erschien, selbst alle Nachforschungen zu unternehmen. Und, wie es oft bei Persönlichkeiten der Fall ist, die größer als ihr lebendiges Abbild zu sein scheinen, haben die meisten Menschen darauf bestanden, mit ihm persönlich Kontakt zu haben, nicht mit einem Assistenten.

Damals und später gab es immer eine Reihe von Sekretärinnen und gelegentliche Helfer, die unterschiedslos als Freunde und mit großer Warmherzigkeit behandelt wurden und darauf mit ungewöhnlicher Loyalität und glühender Hingabe reagierten. In den sechziger Jahren stellte Wiesenthal einen jungen Mann, Peter Michael Lingens, als seinen wichtigsten Sekretär ein. Er wurde später einer der bekanntesten Journalisten Österreichs und führte in den Spalten der Wochenzeitung *Profil* einen Kreuzzug, um Wiesenthals guten Namen gegen alle Versuche Bruno Kreiskys zu verteidigen, seine Reputation zu zerstören. Zwischen ihnen gab es eine natürliche Nähe. Lingens, der kein Jude ist, ist der Sohn von Dr. Ella Lingens, einer ehemaligen Insassin von Auschwitz, die von Wiesenthal nicht nur wegen ihrer Schriften über den Holocaust sehr bewundert wird, sondern auch, weil sie viel unternommen hat, um den Überlebenden der Lager zu helfen.

Peter Michael Lingens beschrieb die Atmosphäre im Büro am Rudolfsplatz in einem Interview mit mir so:

«Es war wie in einem Briefkasten: Von den Zeitungen kamen Anfragen; Fremde schrieben, wenn sie der Meinung waren, daß sie einen Verdächtigen gefunden hatten; andere schickten Augenzeugenberichte von ihren Erfahrungen. Die

Menschen schrieben an Wiesenthal, weil sie seinen Namen kannten oder weil sie ihm mehr vertrauten als den öffentlichen Institutionen. Wenn irgend etwas wichtig zu sein schien, leitete er es an Yad Vashem oder nach Ludwigsburg weiter [wo Deutschland eine Zentralstelle aller Landesjustizbehörden eingerichtet hatte]. Dann wieder schrieb er an Kontaktpersonen – deren Namen er uns niemals preisgab –, um die Glaubwürdigkeit derjenigen zu überprüfen, die uns Informationen geschickt hatten.»

Lingens und die Sekretärinnen lernten zu beurteilen, welche Briefe sie selbst beantworten konnten, ohne sie vorher Wiesenthal zu zeigen. Aber wenn es irgend etwas Interessantes gab, «schrie er nach einer Akte. Wenn wir sie in dem ganzen Durcheinander um uns herum nicht gleich finden konnten, wurde er ärgerlich – und er selbst fand sie immer sofort.» Der Ärger bedrückte sie nicht. «Wir wußten, daß er es nicht so meinte.» Selbst in diesen frühen Tagen agierte er wie ein Computer, der sich ein Netzwerk von Informationen in seinem eigenen Geist schuf. «Er hatte ein fotografisches Gedächtnis; aber vor allem konnte er Verbindungen herstellen. Er besaß alle Eigenschaften eines klassischen Kriminalkommissars.» Lingens betont, daß Wiesenthal selten vorschnelle Urteile fällte. Wiesenthal hörte immer zu, informierte sich und dachte nach, bevor er Vorwürfe erhob. Obwohl Lingens ganz und gar nicht unkritisch ist und Wiesenthals Selbstgefälligkeit und Tendenz zur Selbstüberschätzung unterstreicht, beschreibt er ihn als eine herausragende Persönlichkeit, als einen «Gerechtigkeitsfanatiker, der zu keiner Unehrlichkeit fähig ist und über ein ungewöhnliches Ausmaß an Wärme und Ernsthaftigkeit verfügt».

Ungefähr zur selben Zeit, als Lingens im Wiener Dokumentationszentrum arbeitete, freundete sich Simon Speyer mit Wiesenthal an und entschloß sich, sein Wohltäter in Holland zu werden. Speyer ist zu einer ähnlichen Einschätzung wie Lingens über den imposanten, energischen und engagierten Mann gekommen, dem er 1964 erstmals begegnete. Speyer ist ein holländischer Textilhändler, weder besonders reich noch bekannt; aber er ist ein Vertreter der holländischen Tradition von Toleranz und Liberalität, die noch von einer weiteren nationalen Tugend unterstützt wird: der Verpflichtung zu

Moralität im politischen Handeln. Wiesenthal war mit einer doppelten Absicht nach Holland gekommen: Er wollte die Identität des SS-Mannes herausfinden, der Anne Frank verhaftet hatte, und er wollte für Spenden werben. Die Aussicht, daß Deutschland sein Gesetz über die Verjährung von Straftaten auf die Kriegsverbrechen anwenden könnte – was bedeutet hätte, daß nach 1965 keine entsprechenden Anklagen mehr hätten erhoben werden können – besorgte Wiesenthal. Er mußte seine Ermittlungen beschleunigen, um – bevor die Axt fiel – gegen so viele Kriegsverbrecher wie möglich Anklage erheben zu lassen. Und um seine Kampagne gegen die drohende Verjährung zu unterstützen, brauchte er Geld. In Holland fand er willige Zuhörer.

Speyer übertraf Wiesenthals Erwartungen bei weitem. Er hatte Wiesenthal aus der Ferne bewundert, und als er ihm vorgestellt wurde, holte Wiesenthal ein Foto von Franz Stangl hervor, dem Kommandanten der Vernichtungslager Sobibor und Treblinka, und sagte, er brauche 7000 Dollar, um ihn in Südamerika aufzuspüren. Speyer, dem mehr daran gelegen war, Wiesenthal dauerhaft zu helfen, schlug vor, eine Stiftung zu gründen, die Wiesenthal politisch und finanziell unterstützte. Er sprach in dieser Sache mit der Vereinigung ehemaliger politischer Häftlinge und einer Reihe von holländischen Journalisten, die durch ihre Artikel über Wiesenthals Aktivitäten das Interesse an ihm belebt hatten. Das führte zu einer einstündigen Radiosendung über Wiesenthal, in der eine Telefonnummer für Spender genannt wurde. Mit einem Schlag erhielten sie 400 000 Gulden, für damalige Zeiten eine große Summe und genug, um eine Stiftung zu gründen, die Wiesenthal von 1964 an mit einem monatlichen Betrag von 7000 Dollar unterstützen konnte. Später flossen die Spenden spärlicher, und die Summe mußte auf 5000 Dollar monatlich reduziert werden. Heute beträgt der Wert weniger als die Hälfte von dem in den sechziger Jahren. Trotzdem: «Es ist eine einzigartige Stiftung», meint Speyer, «denn sie hat keinerlei laufende Ausgaben.» Er selbst kümmert sich ehrenamtlich um ihre Angelegenheiten, veröffentlicht regelmäßig ein Mitteilungsblatt und finanziert gelegentlich auch Forschungsprojekte. Er hat auch dafür gesorgt, daß Wiesenthal Zugang zu dem staatlichen Institut der Niederlande für die Dokumentation von Kriegsverbrechen erhielt, eine Annehmlichkeit, die Wiesenthal oft Zeit und Geld erspart hat.

Die Niederländer sind auch zu glühenden Wächtern von Wiesenthals gutem Namen geworden. Die Stichting Bestrijding Antisemitisme, eine Stiftung zum Kampf gegen den Antisemitismus, hat ihn gegen alle Angriffe auf seine Integrität verteidigt, besonders dann, wenn sie aus jüdischen Kreisen wie dem WJC kamen. Der Präsident der Stiftung, Richard A. Stein, hat eine umfangreiche Korrespondenz mit Wiesenthals Kritikern geführt. 1992 stellte Stein unter dem Titel *Documents against Words* einen Dokumentationsband über Wiesenthals Konflikt mit dem WJC zusammen. Wiesenthal meint, daß Steins Band überzeugende Belege enthält, die – sowohl in der Frage Eichmann als auch in der Sache Waldheim – seine Sicht der Dinge stützen.

Speyer ist stolz auf die Hingabe der Niederlande an Wiesenthal. «Hier in Holland hatten wir das moralische Rückgrat und die Ausdauer, um Wiesenthal zu unterstützen. Wir haben ihn als einen Mann der Überzeugungen verstanden, der sich der Aufgabe gewidmet hat, der Welt zu beweisen: Wir dürfen es nicht zulassen, daß unter uns Mörder leben», betont er. Der Wiesenthal, den er anfänglich kennenlernte, besaß ein beträchtliches Maß an Charisma und Charme. Wie Lingens nennt Speyer als seine Charakterfehler ebenfalls Selbstgefälligkeit und den Hang zu öffentlichem Beifall. «Doch wenn er nicht an sich selbst glauben würde, dann hätte er nicht das erreichen können, was er erreicht hat.» Und wie Lingens betont auch er Wiesenthals Warmherzigkeit und Bescheidenheit in seinem eigenen Lebensstil. Speyer hat eine philosophische Erklärung für die heftige Kritik, der Wiesenthal immer aus verschiedenen Lagern ausgesetzt war: «Hohe Gipfel ziehen viel Wind an.»

In den Augen vieler Niederländer, allen voran die frühere Königin Juliana und die heutige Königin Beatrice, ist Wiesenthal zu einer heroischen Figur geworden. Sie teilen seine Werte und schätzen seine Bemühungen. Seine Tochter heiratete einen Niederländer, und sogar Wiesenthals Frau, die nur ungern reist, fühlt sich in den Niederlanden wohl und fuhr vor dem Umzug ihrer Tochter und ihrer Familie nach Israel von Zeit zu Zeit dorthin, um sie zu besuchen.

Wiesenthal ist mit dem prestigeträchtigen Erasmus-Preis des Landes ausgezeichnet worden, der ihm von Königin Juliana persönlich übergeben wurde, die – so erzählt Wiesenthal allen Holländern – «eine meiner großen Lieben» war. Niederländische Schulkinder besuchen regelmäßig sein Büro in Wien, und Wiesenthal fühlt sich bei seinen Besuchen in Holland wohl und entspannt. Es ist sein Rückzugsland, die einzige europäische Nation, von der er weiß, daß sie seine Arbeit versteht und schätzt und die ihre Kinder über den Holocaust unterrichtet, um sie auf ihr erwachsenes Leben vorzubereiten.

In den Niederlanden, wo das *Tagebuch der Anne Frank* in den Schulen zur Pflichtlektüre gehört, ist seine Authentizität niemals angezweifelt worden. Das gilt nicht für Österreich und Deutschland. Wiesenthal verstand den langen Arm des Holocaust-Revisionismus zum ersten Mal, als 1958 in Linz die Aufführung eines Stückes, das auf dem *Tagebuch von Anne Frank* basierte, von antisemitischen Demonstranten unterbrochen wurde, allesamt Teenager, Gymnasiasten. Sie riefen «Schwindel» und buhten laut: Die Geschichte der Anne Frank sei eine Fälschung. Ein paar Tage später sprach Wiesenthal zufällig mit einem Schüler, der bedauerte, bei der Demonstration nicht dabei gewesen zu sein. Der Junge meinte, es gebe nichts, was belege, daß Anne Frank jemals gelebt habe, und das *Tagebuch* sei mit großer Wahrscheinlichkeit eine Fälschung. Es könne eine große Lüge genannt werden. Dann forderte er Wiesenthal heraus: «Können Sie nicht den Mann finden, der Anne Frank verhaftet hat; erst dann würden wir Ihnen glauben, daß Anne Frank wirklich existiert hat.»

Wiesenthal interpretierte derartige Bemerkungen als einen Beleg dafür, daß die neue Generation von ihren Lehrern und Eltern, die ängstlich darauf bedacht waren, die Vergangenheit zu tilgen, mit Lügen gefüttert wurde. Er mußte den SS-Mann finden, der Anne Frank verhaftet und sie in das Durchgangslager Westerbork geschickt hatte. Sie starb 1945 in Bergen-Belsen.

Es brauchte dazu fünf Jahre. Niederländische Schulkinder hören immer hingerissen und aufmerksam zu, wenn er ihnen die Geschichte seiner Suche erzählt. Am Anfang bestand der einzige Hinweis, den er hatte, aus einem Bericht im Anhang des Tagebuchs von Anne Frank, in dem Paul Kraler, ein Angestellter des Frankschen Geschäfts, beschreibt, wie er versuchte, nach der Verhaftung der Franks bei der Gestapo ihre Freilassung zu erreichen. Er hatte keinen Erfolg, aber er erwähnte, daß er mit dem Offizier gesprochen habe, der die Verhaftungen vorgenommen hatte. Es sei ein österreichischer SS-Mann gewesen, und der erste Teil seines Namens habe «Silver» gelautet. Das konnte nicht stimmen, denn «Silver» ist ein englisches Wort, es war unwahrscheinlich, daß es Teil eines deutschsprachigen Namens war. Aber vielleicht, überlegte Wiesenthal, lautete der erste Teil des Namens «Silber», was in Österreich häufig vorkommt. Wiesenthal sah das Wiener und weitere österreichische Telefonbücher durch. Das war wie die Suche nach einer Stecknadel im Heuhaufen. Er fand acht «Silbernagels», die Mitglieder der NSDAP oder der SS gewesen waren, aber keiner von ihnen paßte auf das Profil des gesuchten SS-Mannes.

Wiesenthal sagt, daß er versucht gewesen sei, Kontakt zu Otto Frank aufzunehmen, dem Vater von Anne Frank, der überlebt hatte und in Basel lebte. Er fürchtete jedoch, daß er der unerwünschten Einmischung in private Trauer beschuldigt werden würde. Herr Frank hatte seine Bereitschaft zur Vergebung und sein Verlangen nach Versöhnung bereits öffentlich erklärt. Wiesenthal, der gegen Vergebung war und die Bestrafung der Schuldigen wollte, fürchtete, daß Herr Frank ihn drängen könnte, die Suche nach dem SS-Mann aufzugeben.

Bei einem Besuch in Amsterdam im Jahre 1963 erwähnte Wiesenthal, daß er nach einer Reihe von bekannten Mitgliedern der Gestapo in den Niederlanden suchte, und als Abschiedsgeschenk gab ihm einer seiner neuen holländischen Freunde für den Rückflug etwas zu lesen: eine Kopie des Verzeichnisses des SS-Personals in Holland im Jahre 1943. Als das Flugzeug abhob, überflog Wiesenthal die Namen. Es war ermüdend, und Wiesenthal wurde schläfrig. Aber plötzlich setzte er sich auf, überrascht. Seine Augen waren auf einer Seite hängengeblieben, die den Titel «IV b 4 Joden [Juden]» trug. Dort war das Personal aufgelistet, das mit den Razzien nach Juden beschäftigt war. Unter den vier Namen stand auch der Name «Silberbauer». Das mußte der betreffende Mann sein, aber wo war er jetzt? Allein im Wiener Telefonbuch standen zahlreiche Silberbauers. Selbst das Bekleidungsgeschäft am Rudolfsplatz hieß Silberbauer.

Wiesenthal bat einen freundlich gesinnten Beamten des österreichischen Innenministeriums, Dr. Josef Wiesinger, um Hilfe. Das Ministerium identifizierte den Mann schnell, er war mittlerweile Inspektor bei der Wiener Polizei geworden. Silberbauer wurde von seinen Aufgaben suspendiert. Aber auf Anweisung höherer Stellen des Innenministeriums, die Wiesenthals Aktivismus nicht gern sahen, wurde Wiesenthal nicht darüber informiert. Er las zum ersten Mal von Silberbauers Suspendierung in der Zeitung der Kommunistischen Partei Österreichs, der *Volksstimme,* die einen großen Knüller aus der Geschichte machte: Karl Silberbauer sei vom Dienst suspendiert worden, es werde gegen ihn ermittelt, und möglicherweise müsse er sich wegen seiner Rolle bei der Verhaftung Anne Franks verantworten. Radio Moskau und die sowjetische Parteizeitung *Iswestija* folgten mit Behauptungen, daß Österreichs Widerstandskämpfer und «wachsame Kameraden» den Mann entdeckt hätten, der Anne Frank verhaftet hatte. Wiesenthal war ärgerlich: Das Innenministerium hatte ihn und sein Streben mißachtet, um es milde auszudrücken. Er würde mit gleicher Münze zurückzahlen. Er lud einen freundlich gesonnenen holländischen Journalisten ein und berichtete ihm, wie er Silberbauers Identität herausgefunden hatte. Die Geschichte fand überall auf der Welt große Beachtung. Anne Franks Vater scheint die Einmischung Wiesenthals jedoch nicht begrüßt zu haben. Otto Frank reagierte auf die Publicity mit der Versicherung, er habe schon seit langem gewußt, daß seine Tochter von einem SS-Mann namens Silberbauer verhaftet worden war. Wiesenthal hat immer Zweifel daran gehabt, daß Frank die Wahrheit sagte. Er merkt kritisch an, daß Anne Franks Vater alle Vorschläge, der Mann solle strafrechtlich verfolgt werden, mit der klassischen Entschuldigung abtat, Silberbauer habe nur seine Pflicht getan.

Das war auch die Ausflucht, die sowohl Silberbauer selbst als auch die österreichischen Behörden vorbrachten: Die Verhaftung Anne Franks reiche nicht aus, um Silberbauer als Kriegsverbrecher anzuklagen, weil es keinen Beweis dafür gebe, daß er auch für ihre Deportation verantwortlich sei. Wiesenthal glaubte, vielleicht noch etwas erreichen zu können, wenn er dafür sorgte, daß der öffentliche Druck stärker würde. Dann käme es vielleicht doch noch zu einer Anklage. Er berief eine weitere Pressekonferenz ein. Am nächsten Tag suchte er nach den Schlagzeilen in der österreichischen Presse, aber zum ersten Mal gab es keine. Es war etwas weitaus Wichtigeres geschehen: Präsident Kennedy war ermordet worden.

In seinem Bericht über die Aktivitäten des Dokumentationszentrums in der zweiten Hälfte des Jahres 1963 nannte Wiesenthal an erster Stelle seine Versuche, den Mann zu identifizieren, der Anne Frank verhaftet hatte. Er schrieb, daß die Suche nach Beweisen weitergehen müsse, damit Silberbauer der Prozeß gemacht werden könne. Es bestand immer die Möglichkeit, daß ein Leser über belastende Informationen verfügte. Doch augenscheinlich wurde nichts weiter gefunden, und Wiesenthal akzeptierte, daß es keine andere Möglichkeit gab, als die Kampagne zur strafrechtlichen Verfolgung Silberbauers fallenzulassen. Wenigstens, so meinte er, hätte er sein wichtigstes Ziel erreicht: Der Mann war gefunden worden, und die Welt hatte nun einen lebendigen Beweis für die Verhaftung Anne Franks. Jetzt stand fest, daß ihr Tagebuch authentisch war. Wiesenthal war zufrieden, daß wenigstens «die Neonazis aufhörten, die Authentizität ihres Tagebuchs in Frage zu stellen, um den Holocaust zu leugnen».

In *Doch die Mörder leben* gibt Wiesenthal jedoch einen Hinweis darauf, wie frustriert er war, daß Silberbauer sich niemals vor Gericht verantworten mußte: «Natürlich ist Silberbauer, im großen gesehen, nicht so wichtig. Verglichen mit anderen Namen in meinen Akten ist er ein Niemand, eine Null. Aber die Ziffer vor dieser Null war Anne Frank.»

Doch die Mörder leben, eines der wichtigsten Bücher Wiesenthals, wurde 1967 zuerst in den Vereinigten Staaten veröffentlicht. Das Projekt hatte begonnen, nachdem Wiesenthal einen Besuch von Charles Ronsac von der französischen Literaturagentur und dem Verlag Opera Mundi erhalten hatte. «Er sagte zu mir: ‹Herr Wiesenthal, in Ihrem Eichmann-Buch ist Ihnen vom israelischen Geheimdienst die Auflage gemacht worden, sich auf die Ereignisse zu beschränken, an denen Sie direkt beteiligt waren. Seitdem haben Sie noch sehr viel mehr erlebt und viel erreicht. Die Zeit ist gekommen, über all das zu schreiben.› Mir wurde geraten, *Doch die Mörder leben* zuerst auf englisch für den amerikanischen Markt zu veröffentlichen. Deshalb schrieb ich nur einen Entwurf auf deutsch.» Er berichtete von seinen Erfahrungen in der Kriegszeit, von der Suche nach Eichmann, Josef Mengele und Franz Stangl und über die Euthanasie-Experimente auf Schloß Hartheim. Die Schrecken des Holocaust wurden in Geschichten übertragen, die sich als Parabeln für Wiesenthals unbeirrbare Verpflichtung an die Gerechtigkeit lasen, die er mit Energie und Logik verfolgte.

Der amerikanische Schriftsteller Joseph Wechsberg kam dazu. Sein Name erscheint als der des «Herausgebers», der auch eine Einleitung geschrieben hat. In Wirklichkeit war Wechsberg weitaus mehr. Das Buch enthält eine ziemlich lange Darstellung von Wiesenthals Person und eine Reihe von lebendig geschilderten Ereignissen aus seinem Leben und Begegnungen mit den Mördern, die Wechsberg nach Wiesenthals Aufzeichnungen schrieb, um sie «lesbarer» zu machen. *Doch die Mörder leben* eröffnete dem Leser einen Zugang zu der Realität des Holocaust in einer so lesbaren Form, wie sie seitdem nur von wenigen Büchern erreicht wurde.

Das Buch machte Wiesenthal in den Vereinigten Staaten bekannt, öffnete ihm die Türen zu den höchsten Ebenen der Regierung und verwandelte ihn in eine gefeierte und häufig zu Vorträgen angefragte Persönlichkeit. Aber das Buch wurde auch in mindestens zwölf weiteren Sprachen veröffentlicht und ist immer wieder neu aufgelegt worden. Als es ins Deutsche übersetzt wurde, war Wiesenthal «freudig überrascht, als ich die Wechsberg-Version von dem, was ich ursprünglich skizziert hatte, las. Er hat nichts erfunden und die Tatsachen so geschildert, wie ich sie aufgeschrieben hatte. Aber er gab dem ganzen eine gute literarische Form. Er war ein wunderbarer Mensch.»

Wiesenthal fuhr in die Vereinigten Staaten, um für sein Buch zu werben. Dort, so sagt er, sei es eine «Sensation» gewesen. Er sprach kaum Englisch und griff gegenüber seinen amerikanischen jüdischen Freunden auf das Jiddische zurück. Aber bei seinem Talent für Sprachen – nicht unbedingt für die Aussprache – verbesserte er sein Englisch in kürzester Zeit, und obwohl er langsam und mit einem deutlichen Akzent spricht, der verrät, daß seine Muttersprachen Polnisch und Jiddisch sind, konnte er sich schnell fließend ausdrücken und hat heute keine Probleme, auch Vorträge und Interviews auf englisch zu geben.

Wiesenthals wachsender Ruhm in Europa war ihm nicht in die Vereinigten Staaten vorausgeeilt, aber er hatte Glück mit seinen Freundschaften, die er früh dort schloß. Hy Katz, ein wohlhabender New Yorker Geschäftsmann, hatte von Wiesenthal gehört und bewunderte ihn. Er kam nach Wien, um sich mit ihm zu treffen, und beschloß dann, eine kleine Stiftung ins Leben zu rufen, um Wiesenthal bei seinen Projekten gelegentlich finanziell unter die Arme greifen zu können. Er kam zusammen mit seinem Steuerberater Martin Rosen, der Wiesenthals engster und vertrautester Freund wurde und über seine Interessen und seine Reputation in den Vereinigten Staaten wachte. Nach der Gründung des Los Angeles Wiesenthal Center war Rosen auch immer gut über dessen Aktivitäten informiert, und es ist bekannt, daß er hinter den Kulissen agierte, um gelegentliche

Differenzen zwischen Wiesenthal und dem Center aufzulösen. Beide beschreiben ihre Beziehung zueinander so: «Wir sind Brüder.»

Carlton Sedgeley, einer der führenden Agenten in den Vereinigten Staaten für die Organisation von Vortragsreisen, wurde zu einem weiteren engen Freund Wiesenthals. Wie Rosen ist er sehr fürsorglich gegenüber seinem Freund und Klienten. Er wurde erstmals auf Wiesenthal aufmerksam, als einer seiner Mitarbeiter ihm berichtete, daß er einen Vortrag Wiesenthals über seine Erfahrungen während des Holocaust gehört habe und zutiefst bewegt gewesen sei. Das war bei Wiesenthals Lesereise für *Doch die Mörder leben*. Sedgeley bot ihm an, in Zukunft seine Vortragsreisen zu organisieren, damit er mehr Zuhörer erreichte und seine Vorträge einträglicher würden. «Ich bin kein Jude. Aber er spricht immer mit mir, weil er der Meinung ist, daß der Holocaust nicht nur eine jüdische Tragödie gewesen sei, sondern auch viele andere Menschen betroffen habe, die anderer Rasse seien oder einen anderen Glauben hätten. Er kümmerte sich nicht nur um den Antisemitismus; er setzte sich für die Menschenrechte ein. Im Laufe der Jahre wurde er einer der wenigen Menschen, die authentisch genug sind, um den Holocaust auch für diejenigen verständlich werden zu lassen, die keine direkte Erfahrung mit dem Leid in Europa haben.»

Der Erfolg kam nicht über Nacht. Anfänglich kamen die Einladungen zu Vorträgen von kleinen Gruppen KZ-Überlebender. Es waren nur wenige, und das Honorar hatte nur symbolischen Charakter. Doch als sein Ruhm wuchs und er besser Englisch sprach, wurde Wiesenthal zu einem der gesuchtesten Vortragenden in den Vereinigten Staaten, besonders an den Universitäten. Sedgeley begleitete ihn immer, weil er bei diesen anstrengenden Vortragsreisen «seine Freunde um sich herum brauchte». Trotzdem ist Wiesenthal mit zunehmendem Alter zu müde geworden, um die Einladungen aus den Vereinigten Staaten anzunehmen, und 1994 und erneut 1996 hat er eine von Sedgeley organisierte Reise durch die Vereinigten Staaten abgesagt.

Amerika hat in Wiesenthals Herzen einen besonderen Platz inne.

Die Amerikaner hatten sein Kriegsmartyrium 1945 in Mauthausen beendet und ihm die erste Gelegenheit gegeben, nach NS-Verbrechern zu suchen. Beides zusammen ermöglichte ihm, ein neues Leben anzufangen und ihm einen neuen Sinn und ein Ziel zu geben. Doch seine Liebe zu Amerika geht darüber hinaus. Die in den Vereinigten Staaten so viel deutlichere Tendenz, der Politik eine moralische Dimension zuzugestehen, kommt seinem Denken sehr nahe. Die offene amerikanische Gesellschaft hat ihn sofort angezogen. Durch seine Bücher, seine Kontakte zu den Medien und seine Freunde erhielt er schnell Zugang zu den Berühmten und Einflußreichen. Er genoß das zumeist, weil es sein Selbstvertrauen und den Glauben stärkte, daß sein Einsatz für die Erinnerung an den Holocaust und die Menschenrechte bemerkt wurde. Er hat auch festgestellt, daß er seinen Zugang zu einflußreichen Mitgliedern des Kongresses und der Administration einsetzen konnte, um seine Sache zu unterstützen.

Robert Kennedy, von dem die kluge, doch schwer ins Deutsche zu übertragende Bemerkung stammt «moral duties have no terms» (in etwa: moralische Pflichten kennen keine Grenzen), war eine außerordentlich nützliche Verbindung für Wiesenthal. Später lernte er auch die Präsidenten Carter, Reagan und Bush kennen, und sie alle haben ihre Bewunderung für das ausgedrückt, was er erreicht hat. Aber die Anerkennung, die alles krönt und die er wahrscheinlich mehr als alle anderen Auszeichnungen schätzt, kam 1980, als Präsident Carter ihm die «Congressial Golden Medal» als «nationales Symbol der Anerkennung für Ihren außerordentlichen Beitrag zur Förderung der menschlichen Freiheit» überreichte. Veranlaßt worden war die Geste von Senator George McGovern und dem Abgeordneten Christopher Dodd.

Wiesenthal wird in den Vereinigten Staaten jedoch nicht allgemein bewundert. In jüdischen Organisationen und unter jüdischen Intellektuellen gibt es einflußreiche Stimmen, die ihn als jemand darstellen, der sich in fremde Angelegenheiten einmischt und Ansprüche stellt, die er sich niemals verdient hat. Wiesenthal läßt sich leicht verletzen von den Kränkungen – den eingebildeten oder den realen –, die aus diesen Kreisen kommen. Boshafte Gegner hat er auch unter den neonazistischen Emigrantengruppen in den Vereinigten Staaten, die gehässige Artikel und Pamphlete gegen ihn verbreiten. Er ignoriert sie als Ergüsse von kranken Gemütern. Sie schaffen es nicht mehr, ihn zu entmutigen, und er reagiert nicht mehr darauf.

Nach seinen wiederkehrenden Besuchen in den Vereinigten Staaten erhielt Wiesenthal eine Reihe von Briefen, deren Schreiber behaupteten, mit ihm verwandt zu sein. Einmal lud er alle auf seiner Liste Verzeichneten ein. Die achtzig, die erschienen, wurden von ihm gebeten, sich in ein Gästebuch einzutragen und ihren Verwandtschaftsgrad zu erläutern. «Ich erklärte ihnen, ich stünde ohne einen Penny da, und deshalb sei ich an ‹meine Verwandten› herangetreten, damit sie mich unterstützen könnten. Ich hätte mich gefragt, wie viele wohl kommen würden.» Schüchtern gaben die meisten zu, daß sie nur zur Gemeinde der Wiesenthal-Bewunderer gehörten. Es gab auch einige Cousins ersten und zweiten Grades, aber er hat niemals enge Verwandte gefunden. Sie wurden alle während des Holocaust vernichtet.

Dreizehn

Der Schnüffler bei der Arbeit

Die überfüllten Aktenordner im Wiener Dokumentationszentrum am Rudolfsplatz enthielten die Namen von mehr als 22 000 Männern und Frauen, die zumeist Mitglieder der SS waren und der aktiven Beteiligung am Holocaust verdächtigt wurden. Weniger als 1000 von ihnen sind verhaftet worden; noch weniger wurden verurteilt. Aber Wiesenthal hatte niemals angenommen, daß alle von ihnen gefaßt werden würden, und er wußte auch, daß noch weniger sich vor Gericht verantworten müßten. Wenn er den Verdächtigen nur ein Gefühl der Unsicherheit, des Gejagtwerdens vermittelte, war das besser, als wenn sie sich sicher fühlten und ein friedliches Alter genießen konnten, meinte er. In den Rundbriefen des Dokumentationszentrums rief er weiterhin dazu auf, ihm Informationen und Augenzeugenberichte zur Verfügung zu stellen, um seine Möglichkeiten bei den dringenden Aktionen gegen diese Menschen zu stärken.

Er bombardierte die österreichischen Behörden mit den Dossiers von mutmaßlichen NS-Verbrechern, aber seine Informationen schienen auf taube Ohren zu stoßen. Es gab kein Bedürfnis nach Kriegsverbrecherprozessen. In Deutschland war die Haltung gegenüber der Verfolgung von NS-Verbrechern weniger einheitlich. Die 1964 erfolgte Ernennung von Adalbert Rückerl zum Leiter der Ludwigsburger Zentralstelle für die Verfolgung von NS-Verbrechen war eine günstige Entwicklung. Rückerl war ein stärkerer Aktivist als sein Vorgänger Edwin Schüle. Wiesenthal hatte den Eindruck, daß er mit Rückerl in Ludwigsburg zumindest einen Verbündeten in einer einflußreichen Position hatte, der sich der Sache verpflichtet fühlte. Darüber hinaus schenkte Rückerl dem Fachwissen und den Informationen, die das Wiener Dokumentationszentrum bereitstellen konnte, die nötige Aufmerksamkeit. Aber in allen deutschen Regierungen hatten Nationalsozialisten Positionen von Einfluß inne. Rückerl sah sich wie Wiesenthal Landesregierungen gegenüber, die grundsätzlich zögerten, weitere Kriegsverbrecherprozesse zu führen, und die bei den laufenden Verfahren dazu neigten, ein Urteil hinauszuzögern.

In den sechziger Jahren wuchs Wiesenthals Reputation stetig, und es war eine Zeit, in der Wiesenthal relativ herzliche Beziehungen zum WJC in New York unterhielt. Aber selbst wenn Informationen ausgetauscht wurden, war die Beziehung recht einseitig. So drängte Wiesenthal den WJC in einer dornigen Frage; er meinte, man solle die Vereinigten Staaten, die einigen Kriegsverbrechern Schutz gewährten, unter Druck setzen. Umgekehrt bat der WJC ihn selten um Hilfe.

Wiesenthal richtete einen großen Teil seiner erstaunlichen Energie auf die größten NS-Verbrecher. Dazu gehörten Mengele, Stangl, Alois Brunner, Hermine Braunsteiner und Martin Bormann (bis 1973, als Wiesenthal neue Belege dafür akzeptierte, daß Bormann seit 1945 tot war). Aber Wiesenthal war kein Name zu unbedeutend, um sich nicht die Frage zu stellen, ob die Person nicht doch der Kriegsverbrechen angeklagt werden sollte. Viele Menschen kamen mit Informationen zu ihm oder schrieben ihm. Aber sein wichtigstes Quellenmaterial bestand aus zwei seltenen Dokumenten. Er besaß eines von nur fünfzig Exemplaren des kompletten Verzeichnisses von SS-Offizieren, inklusive denen, die zu den mörderischen Einsatzgruppen gehört hatten. Mehr noch: er wußte, wie er das Dokument zu lesen und zu deuten hatte. Und nachdem Wiesenthal gebeten worden war, seine Echtheit zu überprüfen, hatte er auch Zugang zu dem berüchtigten SS-Kriegstagebuch, in dem die Aktivitäten von Hitlers SS-Division «Das Reich» aufgeführt sind.

In Wiesenthals Pantheon von NS-Verbrechern rangiert Franz

Stangl fast ebensohoch wie Eichmann. Wiesenthal hat immer behauptet, daß seine Bemühungen mehr als die aller anderen zu Stangls Verhaftung in Brasilien, seiner Auslieferung nach Deutschland, seinem Prozeß und seiner Verurteilung beitrugen. Der Fall ist sicherlich ein klassisches Beispiel für die Methoden, die Wiesenthal anwandte, um dem Aufenthalt von Kriegsverbrechern in Südamerika ein Ende zu setzen und sie mit ihren Anklägern vor einem Strafgericht zu konfrontieren. Obwohl die Ergreifung Stangls viel Zeit in Anspruch nahm – was vor allem deshalb überrascht, weil Stangl weitaus weniger als andere Nazis darum bemüht war, seine Identität zu verbergen –, ließ Wiesenthal, sobald er wußte, daß er offen in Brasilien lebte und arbeitete, nicht mehr von seiner Beute ab, bis Stangl sicher hinter Düsseldorfer Gittern saß. Es war die perfekte Gelegenheit, das zu tun, was er am besten kann: im Hintergrund und öffentlich Druck zu organisieren, um einen NS-Verbrecher der Gerechtigkeit zu übergeben.

«Das war der größte Kriminalfall in der Geschichte der deutschen Rechtssprechung und mit Ausnahme des Eichmann-Prozeß' der wichtigste Prozeß gegen einen einzelnen Verbrecher», schrieb Wiesenthal Anfang 1971, kurz nachdem Stangl zu einer lebenslänglichen Haftstrafe verurteilt worden war, im Rundbrief seines Dokumentationszentrums.

Im Unterschied zu den Kontroversen, die sich um die Eichmann-Jagd gebildet haben, ist er sich seiner Reputation hinsichtlich des Falles Stangl sicher. Wenn Wiesenthal seine Arbeit bewertet, zitiert er die Jagd auf Stangl als etwas, das ihn mit Stolz erfüllt: «Mein größter Fall war der Kommandant von Treblinka. Im Gegensatz zu Adolf Eichmann wurde Stangl ausschließlich als Ergebnis meiner Nachforschungen und meiner Intervention ausgeliefert und vor Gericht gestellt. Damals glaubten wir, daß er verantwortlich war für 700000 in Treblinka. Jetzt wissen wir, daß es etwa 870000 waren. Ich wollte den Mann lebendig haben. Wir brauchten ihn aus historischen, nicht nur aus juristischen Gründen. Es hatte eine moralische Bedeutung, und als Stangl ausgeliefert wurde von Brasilien nach Düsseldorf, hat er dort am ersten Tag erzählt, daß seine Freunde ihm immer wieder im Spaß gesagt haben: ‹Ja, der Wiesenthal, der wird dich noch mal holen.›» Ohne Wiesenthal hätte Stangl vielleicht bis zum Ende seiner Tage als freier Mann gelebt.

Stangl lebte seit 1951 unter seinem eigenen Namen in Brasilien. Zu der Zeit war Wiesenthal bereits auf Stangl aufmerksam geworden, aber sein Linzer Dokumentationszentrum sah sich vor eine Vielzahl wichtigerer Probleme gestellt. Auch nachdem er die Nazi-Jagd 1961 wiederaufgenommen hatte und Stangl auf seiner Liste der wichtigsten Kriegsverbrecher an prominenter Stelle stand, gelang es erst 1964, Stangls Adresse ausfindig zu machen. Die Verzögerung brachte nicht nur eine deutliche Schwäche bei seinen Nachforschungsmethoden zum Ausdruck, sondern zeigt auch, wie sehr seine Arbeit durch den anhaltenden Geldmangel behindert wurde. Doch die Staaten, auf deren Suchliste Stangl ebenfalls vermerkt war, fanden ihn nicht schneller, obwohl es für sie leichter gewesen wäre, herauszufinden, daß Stangl schon seit geraumer Zeit beim österreichischen Konsulat in São Paulo gemeldet war.

Stangl gehört zu den Übeltätern, die Wiesenthal 1962 in seinem ersten Arbeitsbericht für das Wiener Dokumentationszentrum nannte. Damals wußte Wiesenthal bereits, daß Stangl Kommandant des Vernichtungslagers Treblinka und in das Euthanasieprogramm auf Schloß Hartheim verwickelt gewesen war. Er wußte noch nicht, daß Stangl eine Auszeichnung als «bester Lagerkommandant in Polen» erhalten hatte und daß er ein klassischer «Schreibtischmörder» gewesen war, der sich selten in die Nähe seiner Opfer begeben hatte. Er habe nur ein System bedient, sagte Stangl dazu, und weil sein System so gut funktionierte, waren die Folgen «irreversibel».

In seinem Rundbrief von 1962 gab Wiesenthal nur wenig Hinweise auf die enormen Verbrechen von Stangl. Er bemerkte nur, daß Stangl aus Linz stamme, der letzte Kommandant von Treblinka gewesen, nach dem Krieg verhaftet worden, aber zusammen mit seiner Familie nach Damaskus geflohen sei. Er schrieb, Stangl sei im Zusammenhang mit seiner Tätigkeit auf Schloß Hartheim für die österreichischen Behörden «von Interesse».

Wiesenthal hatte erstmals 1948 von Stangl gehört, als ihm eine Liste der Auszeichnungen gezeigt wurde, die an höhere SS-Offiziere verliehen worden waren. Hinter dem Eintrag Kriegsverdienstkreuz «für über die Pflichterfüllung hinausgehende Leistungen» stand mit Bleistift geschrieben der Zusatz «Geheime Reichssache» und «für seelische Belastung».

Er wußte, wie das zu verstehen war: Stangl hatte die Auszeichnungen für eine hochqualifizierte Arbeit beim Massenmord in den Vernichtungslagern erhalten. Hier waren intensive Ermittlungen für eine strafrechtliche Verfolgung erforderlich.

In derselben Zeit bekam er ein weiteres Dokument zu sehen: Ein Bericht von Stangl an seine Vorgesetzten in Berlin enthüllte in erschreckenden Einzelheiten, wie Stangl zwischen Oktober 1942 und August 1943 Treblinka als Fabrik unterhielt: Menschen wurden wie Ware dorthin gebracht; sie wurden getötet, während ihre Wertgegenstände, ihr Haar, ihre Goldzähne und alles andere, was irgend verwendet werden konnte, gesammelt und an die Kunden der Fabrik geschickt wurden. Diejenigen, die noch arbeiten konnten, blieben für kurze Zeit verschont und mußten als Sklaven arbeiten, bis sie vollkommen erschöpft waren. In Stangls Zeit als Kommandant von Treblinka wurden dort über 800 000 Menschen vernichtet. Der Ort glich «Dantes Inferno», das «lebendig geworden [war]», wie Stangl selbst Gitta Sereny in einer Reihe von Interviews erzählte, die sie nach seiner Verurteilung 1970 mit ihm führte.

Auf der Beuteliste von Treblinka, die Wiesenthal zu sehen bekam, standen Posten wie 25 Güterwagen Frauenhaar, 145 000 Kilogramm goldene Eheringe, 100 Güterwagen Schuhe, mehrere tausend Perlenketten und Millionen von Dollar, polnischen Zloty und Pfund Sterling.

Als Stangl gegen Ende seiner Amtszeit in Treblinka langsam die Opfer ausgingen, wurden Maßnahmen ergriffen, um die Vorgänge im Lager vor der vorrückenden Roten Armee zu verschleiern. Eine Scheintankstelle wurde errichtet und bepflanzt, ja selbst ein kleiner Zoo wurde eingerichtet. Aber es gab immer noch genügend Zeit, um neue Methoden zu ersinnen, wie man die Toten in Treblinka verbrennen konnte. Die Leichen wurden auf Holzgestelle geschichtet, die Kinder zwischen die Erwachsenen gepreßt. Die letzten Transporte kamen Mitte August 1943 an. Dann wurde der Befehl gegeben, das Lager zu schließen und die schlimmsten Spuren zu verwischen. Die Gebäude wurden zerstört; Blumen und junge Kiefern gepflanzt; aus den Ziegelsteinen der abgerissenen Gaskammern wurde ein Bauernhof gebaut.

Die österreichischen Behörden hatten Stangls Namen erstmals auf einer Liste bemerkt, auf der die Mitarbeiter von Schloß Hartheim in Oberösterreich, nicht weit von Mauthausen, verzeichnet waren. Hartheim war eins von vier «Sanatorien», in denen die Nazis Experimente mit Geistes- und Schwerkranken durchführten, die ihnen als «nutzlose Esser» galten. Diese Experimente stellten ein Pilotprojekt für die Massenvernichtung dar. Hartheim wurde auch als «Ausbildungsort» benutzt, dort erlernte das Personal das technische Knowhow und wurde psychisch auf die Posten in den Vernichtungslagern vorbereitet. Stangl behauptet, daß er als Polizeioffizier in Hartheim gewesen sei und mit den Morden nichts zu tun gehabt habe. Tatsächlich war er einer derjenigen, die von dem sadistischen Hauptmann Christian Wirth ausgebildet wurden, dem Mann, der für die Euthanasie-Institutionen verantwortlich war. Als Stangl versetzt wurde, kam er nach Chelmno, wo die ersten Gaskammern errichtet wurden. 1942 wurde er zum Kommandanten des Vernichtungslagers Sobibor ernannt und wenige Monate später zum Kommandanten von Treblinka befördert.

Nach seiner Zeit in Treblinka wurde Stangl an die jugoslawische Front versetzt, wo schwere Kämpfe tobten. Tito nahm keine Gefangenen. Stangl überlebte jedoch und kehrte zu seiner Frau nach Österreich zurück. Er verbarg seine Identität nicht. Die Amerikaner, die offenkundig wußten, daß er in Sobibor und Treblinka gewesen war, steckten ihn in ein Internierungslager bei Glasenbach, aber da sie wenig über ihn wußten, übergaben sie ihn 1947 den österreichischen Behörden, die ihn nur gesucht hatten, weil er Polizeibeamter auf

Schloß Hartheim gewesen war. Über die tatsächliche Bedeutung des Ortes war damals wenig bekannt. Stangl erhielt Hafterleichterung und kam in ein halboffenes Gefängnis in Linz. Die Gefangenen wurden jeden Tag zur Arbeit außerhalb des Lagers gebracht, und so konnte er im Mai 1948 ohne Schwierigkeiten fliehen.

Die Österreicher waren an Stangls Verschwinden nicht sonderlich interessiert und berichteten der amerikanischen Besatzungsmacht nicht davon. Wiesenthal, der damals sein noch in den Anfängen begriffenes Dokumentationszentrum in Linz unterhielt und sowohl zu den höheren Beamten in Oberösterreich als auch zu den Amerikanern in engem Kontakt stand, erfuhr mehrere Monate lang nichts von Stangls Flucht. Wenn er es gewußt hätte, hätte er sofort Alarm geschlagen; er hatte bereits den Verdacht, daß Stangl eine außerordentlich finstere Gestalt war: Über die Morde in Sobibor und Treblinka war genügend ans Licht gekommen, um Wiesenthal begreifen zu lassen, daß Stangl als einer der größten NS-Verbrecher eingestuft werden mußte.

Stangls Fluchtroute verlief von Österreich aus über Rom nach Syrien. In Damaskus fand er Arbeit in einer Textilfabrik, und später wurde er Mechaniker bei der dortigen Imperial Knitting Company. Seine Frau kam 1949 nach; auch sie reiste unter ihrem richtigen Namen. 1951 zog die Familie nach Brasilien, wo sie weiter unter dem Namen Stangl lebten. Frau Stangl behauptet, daß die Flucht ihres Mannes aus Österreich improvisiert gewesen sei und daß sie erst nach einem zufälligen Zusammentreffen mit einem alten Nazi-Freund nach Brasilien umgezogen seien.

Doch Wiesenthal ist vollkommen davon überzeugt, daß die Flucht sorgfältig geplant war. «Was für ein Unsinn, zu behaupten, daß er einfach aus Österreich herausgelaufen sei. Das sind alles Lügen. Er hatte offenkundig Papiere, die von der Organisation ausgestellt worden waren, die Nazis zur Flucht verhalf: *ODESSA*. Sobald er in Rom war, wurde er von Bischof Hudal geschützt, der Stangl auch einen Paß des Roten Kreuzes beschaffte, mit dem er von Genua nach Syrien fahren konnte.» Hudal mußte von Stangls Vergangenheit gewußt haben, denn er besorgte an Stangls Stelle die Papiere des Roten Kreuzes, wohl mit dem Gedanken, daß Stangl, wenn er sich selbst anstellen müßte, vielleicht von Überlebenden erkannt werden könnte, die ebenfalls auf Papiere des IKRK warteten.

Stangl, der immer einige Schritte voraus war, entging Wiesenthal bis 1966. Frau Stangl hatte den Mittleren Osten bereits wieder verlassen, als Wiesenthal ihre frühere Adresse in Österreich herausfand. Die Nachbarn hatten ihm erzählt, daß sie entweder nach Beirut oder nach Damaskus gegangen sei. Aber da er über keine Kontakte in diesen Ländern verfügte, konnte er nichts anderes tun, als abzuwarten.

Um 1959, so sagt Wiesenthal, habe er mit Sicherheit gewußt, daß «Stangl die arabischen Länder verlassen hatte und in Südamerika lebte. Aber ich hatte immer noch keinen Anhaltspunkt, wo er sich aufhielt.» Der Durchbruch kam erst 1964, als jemand ins Dokumentationszentrum kam und behauptete, er kenne Stangls Adresse und würde sie gegen eine Belohnung preisgeben. In seinen Büchern zeichnet Wiesenthal ein aufregendes Bild von der Begegnung mit diesem Informanten. Es ist charakteristisch für seine Fähigkeit, jeden einzelnen Vorfall dramatisch zu gestalten. In *Recht, nicht Rache* schreibt er, daß ein «übel aussehender, ungepflegter Kerl in abgerissener Kleidung» in sein Büro kam, einen Monat, nachdem er eine Pressekonferenz über die Morde auf Hartheim und in den anderen Euthanasie-Institutionen abgehalten hatte. In seinem früheren Buch *Doch die Mörder leben* sagt Wiesenthal, daß ein «ungepflegt aussehender Mann» im Februar 1964 bei ihm auftauchte, einen Tag, nachdem eine aufgeregte Frau in sein Büro gekommen war, die seine Erklärungen über Stangl gelesen hatte und nicht glauben konnte, daß ihre Kusine Theresa mit einem solchen Mann verheiratet sei. Sie hinterließ einen Hinweis darauf, daß Theresa sich in Brasilien befand.

Wiesenthal erinnert sich immer noch lebhaft an die nun folgende Verhandlung über die Belohnung. «Er verlangte den Preis von 25 000 Dollar. Ich erklärte mich außerstande, diesen Preis zu bezahlen. Dann reduzierte er. Als ich ihm sagte, daß ich auch nicht 1000 Dollar zahlen kann, fragte er mich, für den Tod von wie vielen Juden Stangl verantwortlich sei. Ich sagte, wie ich es damals noch unterschätzte, es geht auf 700000. Darauf sagte er: ‹Dann verlange ich einen Cent per Tausend.› Ich hatte drei Möglichkeiten. Den Mann aus dem Büro zu schmeißen, ihm an die Gurgel zu springen, oder drittens das Angebot anzunehmen, weil die Verhaftung des Völkermörders Stangl von großer Bedeutung ist», schrieb Wiesenthal in einem Brief an die *Süddeutsche Zeitung* vom 20. März 1967. «Ich wählte die dritte Möglichkeit. Der Mann bekam von mir die Verpflichtung auf den Überbringer, die er bei einem Notar in Deutschland unterlegt hat.» Wiesenthal nahm eine von seinen Visitenkarten und schrieb darauf, «daß $ 7000 ausgezahlt werden an denjenigen, der mir Auskunft gibt, die es ermöglicht, Stangl in Brasilien zu verhaften». Sein Informant erzählte ihm daraufhin, daß Stangl in einer Volkswagen-Fabrik in São Paulo arbeite.

Wiesenthal hat die Identität seines Besuchers niemals enthüllt. Der Informant hatte verlangt, daß kein Versuch unternommen werde, seine Identität herauszufinden. «Ich habe mein Wort gehalten, obwohl ich glaube, daß ich weiß, wer es war», versicherte Wiesenthal. Er spottet über alle Spekulationen, daß Stangls verstimmter Schwiegersohn Herbert Havel hinter der Enthüllung stehen könnte. Dazu zitiert er einen Brief, den er an einen kanadischen Anwalt geschickt hatte, der Stangls Schwiegersohn vertrat, um «ihm zu versichern, daß ich ihn nicht in Verdacht habe». Wiesenthal weigert sich zu sagen, ob dies bloße Taktik war, um sein Versprechen an den mysteriösen Besucher zu erfüllen. Frau Stangl war mit Sicherheit nicht überzeugt. Sie erzählte Gitta Sereny, sie glaube, Havel sei darin verwickelt gewesen. Sie sagt, daß Havel gedroht habe, die Familie Stangl zu zerstören, wenn seine Frau Renate (die Tochter der Stangls) nicht zu ihm zurückkehre. Frau Stangl behauptet, daß Havel auch gedroht habe, einen jüdischen Onkel mit der Adresse der Stangls zu Wiesenthal zu schicken. Kurz nach dem Ende von Stangls Prozeß im Dezember 1970 veröffentlichte auch der *Daily Express* eine Geschichte, in der behauptet wurde, Wiesenthal habe Stangls Schwiegersohn 3000 Dollar für Informationen gezahlt. Wiesenthal entgegnete darauf, indem er alle Verbindungen zu Havel abstritt: er habe ihn niemals getroffen, niemals Informationen von ihm erhalten und ihm auch niemals angeboten, eine Belohnung zu zahlen.

Sobald Wiesenthal Stangls Zufluchtsort kannte, wollte er selbst nach Brasilien fahren, aber wieder behauptet er, daß er nicht genügend Geld zusammenbekam, um die Reisekosten zu bestreiten. Doch das hielt ihn nicht davon ab, alle anderen Register zu ziehen: Pressekonferenzen, Briefe an und Gespräche mit Justizbehörden in Deutschland und Österreich, Anfragen nach Beweisen von den Regierungen, nach Zeugenaussagen von Überlebenden in Israel und den Niederlanden, Kontakte zu brasilianischen Politikern und schließlich die Bitte an US-amerikanische Politiker – der bekannteste von ihnen ist Robert Kennedy –, den Druck auf Brasilien zu verstärken, Stangl nicht nur zu verhaften, sondern vor allem auch auszuliefern. Polen wies Wiesenthal ab und teilte ihm mit, daß es über keine Beweise gegen Stangl verfüge – obwohl Polen 1970, als der Prozeß stattfand und die Beziehungen zwischen Ost und West leichter geworden waren, seine eigene dürre Anklageschrift gegen Stangl beibrachte, besorgt darum, nun doch mehr Kooperationsbereitschaft zu zeigen.

Bevor Stangl ausgeliefert wurde, mußten drei große Hindernisse aus dem Weg geräumt werden. Erstens mußte Brasilien dazu gebracht werden, ihn zu verhaften; zweitens war Wiesenthal der Ansicht, daß es von entscheidender Bedeutung sei, die Verhaftung unter größtmöglicher Geheimhaltung vorzunehmen – wenn sie bekannt würde, fürchtete er, daß der lange Arm von *ODESSA* sich ausstrekken könnte, um Stangl dem Zugriff der Polizei zu entziehen; und drittens mußten die brasilianischen Behörden überzeugt werden, Stangl auszuliefern, anstatt ihn mit dem Verweis auf die Verjährungsfristen im Lande wieder freizulassen.

Österreich und Deutschland verlangten seine Auslieferung, aber würden sie genug Druck ausüben? Brasilien hatte bisher niemals einen NS-Verbrecher ausgeliefert; und es wurde gezögert, zuviel Druck auf Brasiliens wenig gefestigte Demokratie auszuüben. Deutschland hatte 1960 einen Haftbefehl ausgestellt. Österreich hatte Stangl 1961 auf seine Liste gesuchter Personen gesetzt, die an alle österreichischen Botschaften und Konsulate verteilt wurde. Dennoch hatte Stangl sich beim Konsulat in São Paulo registrieren lassen – anfänglich als Paul Franz Stangl, doch nachdem er gebeten worden war, seine Geburtsurkunde vorzulegen, hatte er seinen Namen zu Franz P. Stangl korrigiert – und es wurde keine Verbindung zu dem Namen auf der Liste gesuchter Personen hergestellt. Ob dies mit Absicht oder durch Inkompetenz geschah, bleibt im dunkeln.

Als Wiesenthal den Ring betrat, um Stangl verhaften und ausliefern zu lassen, wußte er, daß der Kampf sehr lange dauern würde, aber es wäre ihm niemals in den Sinn gekommen, daß er fast drei Jahre dauern könnte. Unter anderem gewann er die Hilfe eines jüdischen Rechtsanwalts in Rio de Janeiro und die eines Mitglieds des brasilianischen Senats. Briefe in seinem Archiv zeigen, daß verschiedene Zahlungen geleistet wurden, um die «Auslagen» des Senators zu bestreiten, obwohl Wiesenthal später sagte, die Rolle des brasilianischen Senators sei «marginal» gewesen.

Schließlich wurde Stangl am 27. Februar 1967 verhaftet. Dennoch war es unsicher, ob er auch ausgeliefert werden würde. Wiesenthal schloß daraus, daß noch mehr öffentlicher Druck mobilisiert werden müsse. Er nahm Kontakt zu seinen Freunden auf, um Demonstrationen vor den brasilianischen Botschaften zu organisieren. Da er fürchtete, daß Österreich selbst dann, wenn Stangls Auslieferung sicher war, den Prozeß verschleppen könnte, setzte er sich für ein energisches Auslieferungsersuchen der deutschen Regierung ein. Und als er nach New York reiste, um für sein Buch *Doch die Mörder leben* zu werben, bat er um einen Termin bei Senator Robert Kennedy. Wiesenthal bereitete einen dreiseitigen Bericht vor, um ihm zu erläutern, wie wichtig Stangls Auslieferung sei. Kennedy «las und begriff den Bericht in 30 Sekunden». Seine Reaktion bestand darin, den brasilianischen Behörden deutlich zu machen, daß das Land die einzigartige Gelegenheit habe, Millionen Menschen zu Freunden zu gewinnen, wenn es Stangl ausliefere. Das reichte aus, um Wiesenthal zu überzeugen, daß Robert der größte unter den Kennedys sei.

Am 8. Juni beschloß das Oberste Gericht Brasiliens, daß Stangl an Westdeutschland ausgeliefert werden solle, für ein anschließendes zweites Verfahren in Österreich wurde der Weg offengelassen. Am 22. Juni 1967 wurde Stangl nach Deutschland geflogen. Kurz darauf erhielt Wiesenthal einen Anruf von einem Notar in Deutschland. Er war im Besitz von Wiesenthals Visitenkarte, auf der er versprochen hatte, eine Belohnung für die Entdeckung von Stangls Aufenthaltsort zu zahlen. Wiesenthal informierte seinen Freund in New York, Hy Katz, der dem Notar das Geld überwies.

Der Stangl-Prozeß wurde drei Jahre lang vorbereitet und schließlich am 13. Mai 1970 eröffnet. Kurz vor Prozeßbeginn schrieb Wiesenthal eine Reihe von Fernsehsendern an und machte sie darauf aufmerksam, daß in Düsseldorf ein größeres Ereignis, nur vergleichbar mit dem Eichmann-Prozeß, stattfinden würde. Er fügte hinzu, daß er an den ersten beiden Prozeßtagen anwesend sein werde und für Kommentare bereitstünde. Die Geschichte, die sich dann entwickelte, konnte es mit den Zeugenaussagen beim Eichmann-Prozeß durchaus aufnehmen, vielleicht deshalb, weil Stangl in der Mitte der Mordmaschine gestanden und seine Fachkenntnisse immer mehr ausgebaut hatte, obwohl er den Tod seiner Opfer sehen, hören und riechen konnte.

Am 22. Dezember 1970 wurde Stangl zu lebenslanger Haft verurteilt. Am nächsten Tag zerriß Wiesenthal Stangls Foto, das er jahrelang mit sich herumgetragen hatte. Wiesenthal war sich sicher, daß «Stangls Strafe sicherlich teilweise erlassen werden würde», und da er bereits zweiundsechzig Jahre alt war, «nahmen wir an, daß ein späterer Prozeß in Österreich niemals stattfinden würde». Er sollte recht behalten. Stangl starb 1971 in einem deutschen Gefängnis.

Wiesenthal entwickelte eine philosophische Haltung gegenüber Stangls kurzem Gefängnisaufenthalt. Für einen Verbrecher vom Ausmaß Stangls konnte es keine angemessene Strafe geben. Und wie bei den anderen Massenmördern war Wiesenthals Absicht erreicht, als Stangl vor Gericht stand und seine Ankläger wenigstens in der Lage waren, ihm einige seiner Verbrechen vorzuwerfen, in ihrer ganzen fürchterlichen Widerlichkeit, und die Welt darauf aufmerksam zu machen. Die Zeugenaussagen brachten die Ungeheuerlichkeit ans Licht; die Interviews, die Gitta Sereny mit Stangl im Gefängnis führte, ihre Artikel und schließlich ihr Buch *Am Abgrund* ergaben zusammen ein sprechendes Bild von Hartheim, Sobibor und Treblinka. Nach Wiesenthals Ansicht bestand der Hauptzweck des Stangl-Prozesses ebenso wie bei allen anderen Kriegsverbrecherprozessen darin, die Tatsachen bekanntzumachen, von den unaussprechlichen Ereignissen zu berichten und Quellenmaterial zur Verfügung zu stellen, das überzeugend genug war, um diejenigen zu widerlegen, die den Holocaust leugnen wollten. Aus dieser Sicht war der Stangl-Prozeß außerordentlich erfolgreich.

Wiesenthal hat immer eine besondere Befriedigung aus seiner Beteiligung am Fall Stangl gezogen. Er drückt das so aus: «Wenn ich in meinem Leben nichts anderes erreicht hätte, als diesen bösartigen Mann vor Gericht zu bringen, dann habe ich nicht umsonst gelebt.»

Die Suche nach Stangl hatte sich lange genug hingezogen, doch auch zu einem Ergebnis geführt, das es alles wert war. Wiesenthal kann über seine ausgedehnte Suche nach Josef Mengele, dem «Todesengel», nicht dasselbe sagen. Der Fall Mengele ist bekannter für die Eifersüchte und Brüche unter den verschiedenen Nazi-Jägern als für ihren Scharfblick. Noch komplizierter wird er durch die sehr unterschiedlichen Berichte über die Suche nach ihrer Beute.

Wiesenthal sah sich schließlich im Epizentrum dieser Auseinandersetzungen, vielleicht nicht zuletzt deshalb, weil Hollywood sich entschloß, ihn als eine heroische Gestalt darzustellen, die gegen eine Übermacht kämpft und mit den magersten Mitteln versucht, einen bösen Verschwörer zu bezwingen. Der auf Ira Levins Buch *Die Boys aus Brasilien* basierende populäre Film, in dem Laurence Olivier die Rolle von Wiesenthal spielt (in dem Film trägt er den Namen «Liebermann»), basiert auf einer erfundenen und abenteuerlichen Science-

Fiction-Geschichte, in der Mengele versucht, seine genetischen Experimente weiterzuführen und eine Phantomrasse von gleich aussehenden, blonden, blauäugigen Ariern zu züchten.

In dem Film findet Wiesenthal-Liebermann in der letzten Minute heraus, was Mengele plant, und der Film endet mit einem Kampf um Leben und Tod zwischen Wiesenthal und Mengele, in dem der Arzt scharfe Hunde auf seinen Jäger ansetzt, am Ende jedoch selbst gebissen und in Stücke gerissen wird. Wiesenthal-Liebermann entkommt blutüberströmt, aber siegreich. Der Film wurde geplant, um über die populäre Vorstellungskraft das Interesse am Holocaust zu wecken, und so grotesk die Handlung auch ist, er half, Wiesenthals Image als unerschrockener Detektiv und oberster Nazi-Jäger zu festigen.

Aber der Film trug kaum dazu bei, seine Popularität unter den wetteifernden Nazi-Jägern zu erhöhen. Wiesenthal selbst war von seinem Hollywood-Porträt peinlich berührt. Ihm wurde eine frühe Version des Drehbuchs vorgelegt, und er strich große Passagen aus. Und «als Olivier kam, um mit mir zu sprechen», erinnert sich Wiesenthal, «habe ich ihm gesagt, daß er einen fiktiven Charakter spielen und die Rolle nicht an mir ausrichten solle».

In der realen Welt wurde Mengele niemals gefaßt. Aber die Suche nach ihm war intensiv, und es wurde selbst dann noch angenommen, daß er am Leben sei, als er schon Jahre zuvor an der brasilianischen Küste ertrunken, seine Leiche geborgen und beerdigt worden war. Ja selbst dann noch, als eine Gruppe von medizinischen Sachverständigen aus den Vereinigten Staaten, Deutschland und Brasilien zu dem Schluß gekommen war, daß die Überreste der Leiche, die aus einem Grab des Friedhofes in Embu geholt worden waren, zweifellos zu Mengele gehörten. Wiesenthal hat sich – und den anderen Nazi-Jägern – niemals vollkommen vergeben, Mengele nicht zu seinen Lebzeiten gefunden zu haben. Der Abscheu, den Mengele hervorrief, brachte Wiesenthal beinahe dazu, in Widerspruch zu einem seiner wichtigsten Grundsätze zu geraten: Mengele war ein Massenmörder, dem gegenüber Wiesenthal augenscheinlich ein tiefes Bedürfnis nach Rache empfand.

Er gibt zu, daß er einen Fehler bei der Suche nach Mengele gemacht hat. Immer wieder hat er auf seine fehlenden Geldmittel hingewiesen und argumentiert, daß ihn der Geldmangel davon abgehalten hat, Hinweisen aus Südamerika nachzugehen. Doch ist es auch offenkundig, daß er niemals ein großes Bedürfnis empfunden hat, den Dschungel der lateinamerikanischen Nazi-Satelliten persönlich zu erforschen.

Nazi-Jäger geben sich oft gegenseitig die Schuld an ihren verpatzten Versuchen, Mengele zu fassen. Es gab zahllose falsche Spuren. Wiesenthal wird von Isser Harel dafür verantwortlich gemacht, die Hoffnungen des Mossad zunichte gemacht zu haben, ihn während der Eichmann-Entführung 1960 zu fassen; Wiesenthal behauptet, daß Harel ihn dazu benutze, seine eigenen Fehler zu kaschieren. Zvi Aharoni, einer der Mossad-Agenten, die an der Entführung Eichmanns beteiligt waren, glaubt, daß Harel sie auf eine unsinnige Jagd nach Mengele geschickt habe, die die Entführung Eichmanns nach Israel gefährdete, und er sagt auch, daß Harel zwei Jahre später, 1962, eine von Aharoni geleitete Operation des Mossad gestoppt habe. Aharoni war damals überzeugt, Mengele in Brasilien aufgespürt zu haben. Anstatt sich auf Mengele zu konzentrieren, leitete Harel das Mossad-Team nach Europa um, auf die Suche nach einem entführten achtjährigen Kind, Yossele Schumacher. Aus politischen Gründen gab der Mossad dieser Affäre eine besondere Priorität.

Beate Klarsfeld, die Nazi-Jägerin mit Stützpunkt in Paris, trübte die Angelegenheit noch weiter, als sie versuchte, Mengele durch die Anwendung ihrer Routinetaktik auszuräuchern: Sie organisierte provokante öffentliche Proteste gegen die Behörden, die sie im Verdacht hatte, ihrer potentiellen Beute Unterschlupf zu gewähren. Wiesenthal klagt, daß ihre Demonstrationen in Paraguay die Sache nur schwieriger und die Suche nach Mengele noch komplizierter machten.

Viel später, im Jahre 1984, organisierte das Wiesenthal Center in Los Angeles mit Wiesenthals Unterstützung eine Kampagne, um eine offizielle Untersuchung der Berichte der US-Militärbehörden in

Deutschland zu fordern, die Mengele 1946 tatsächlich in ihren Händen hielten, ihn aber kurz darauf wieder freiließen. Das führte zu einer groß angelegten Menschenjagd durch die Regierungen der Vereinigten Staaten, der Bundesrepublik Deutschland und Israels, die 1986 mit der Entdeckung von Mengeles Überresten endete, sieben Jahre nach seinem Tod. Efraim Zuroff, der heute für das Büro des amerikanischen Wiesenthal Center in Israel verantwortlich ist, hat über Wiesenthal und andere private Jäger nach Mengele gespottet. In seinem Buch *Beruf: Nazi-Jäger* sagt er: «Was in den letzten 20 Jahren ergebnislos ausschließlich von privaten Nazi-Jägern betrieben worden war, wurde plötzlich zur Angelegenheit mehrerer Regierungen, da Westdeutschland und Israel, durch die amerikanischen Anstrengungen angespornt und in eine peinliche Lage versetzt, sich den USA anschlossen und an der gründlichen Suche nach dem berüchtigtesten Nazi-Verbrecher, den man noch am Leben erwähnte, beteiligten.» Solche Argumente werfen unvermeidlich die Frage auf, warum die Regierungen nicht früher gehandelt haben und ob sie überhaupt interveniert hätten, wenn die Sache nicht von unabhängigen Nazi-Jägern in Gang gehalten worden wäre.

Mengele war der gefürchtete Lagerarzt in Auschwitz, der zwei Leidenschaften hegte: die Opfer auszusuchen, die für den sofortigen Tod in den Gaskammern bestimmt waren, und die Zwillinge auszusondern, besonders die Kinder, die er für seine außerordentlich bestialischen genetischen Experimente «rettete». Mengele, der gut aussah und einen mondänen Eindruck erweckte, bestimmte über Leben und Tod und weidete sich an der Gelegenheit, eine unbegrenzte Menge von Menschen für seine Forschungen nach dem perfekten arischen Exemplar benutzen zu können. Überlebende Zwillinge waren so traumatisiert, daß sie erst viele Jahre nach dem Krieg über ihre Erfahrungen und Erinnerungen sprechen konnten. Einige blieben für den Rest ihres Lebens unfähig, darüber zu erzählen.

Wiesenthal glaubt, daß Mengeles Name bekannter als der Eichmanns oder Stangls war, aber daß seinen Experimenten nur wenig Aufmerksamkeit geschenkt wurde. Ella Lingens, die selbst Ärztin und ein relativ privilegierter Häftling in Auschwitz gewesen war und Mengele aus der Nähe hatte beobachten können, veröffentlichte 1946 das Buch *Menschen aus Auschwitz*, in dem sie Mengeles Untaten in allen Einzelheiten beschrieb. Wiesenthal las es und wird seitdem von der Gefühllosigkeit des Mannes verfolgt. Aber Lingens Buch wurde kaum beachtet, und weil nur wenige der Zwillinge über ihre Erfahrungen sprachen, dauert es länger als bei den anderen Baumeistern der «Endlösung», bis Mengeles Bedeutung begriffen wurde.

Als Wiesenthal noch in Linz war, schloß er sich bei seiner Suche nach Mengele Hermann Langbein an, dem Vorsitzenden des Internationalen Auschwitz-Komitees. Beide waren überzeugt, daß Mengele sich bis 1950 unbehelligt in Deutschland aufgehalten hatte und dann die Fluchtroute der *ODESSA* über den Vatikan nach Südamerika genommen hatte, aber sie kannten keine Einzelheiten. 1954 meinte Langbein, Mengeles Adresse in Buenos Aires ausfindig gemacht zu haben, und überredete die Deutschen, um seine Auslieferung nachzusuchen. Argentinien behauptete, ihn nicht finden zu können. 1959 erfuhr Wiesenthal zwei Adressen in Buenos Aires, die er an die israelische Regierung und an Yad Vashem weiterleitete. Er schrieb auch an einen freundlich gesonnenen Rechtsanwalt in Buenos Aires und bat ihn, weitere Nachforschungen anzustellen. Er fügte hinzu, daß «die Information vorläufig nicht an die Presse weitergegeben» werden dürfe. Die Angelegenheit sei, so schrieb er, außerordentlich delikat und sehr schwierig, Mengele sei jedoch so wichtig, daß es den Aufwand wert sei. In einem Jahresbericht für das Dokumentationszentrum vom Jahre 1986 behauptete Wiesenthal dann, daß «die ersten Meldungen über Mengeles Aufenthaltsort in Argentinien aus unserem Büro [dem Wiener Dokumentationszentrum] stammten».

Zum zweiten Mal bat Bonn um seine Auslieferung, aber sie wurde erneut abgelehnt – dieses Mal mit der Begründung, daß Mengeles angebliche Verbrechen politischer, nicht krimineller Natur seien. Das war zu der Zeit, als der Mossad seine Vorbereitungen für die Gefangennahme Eichmanns in Argentinien traf. Wiesenthal verstand Mengele als einen Testfall.

Wenn Argentinien bereit gewesen wäre, ihn auszuliefern, dann wäre ein Präzedenzfall geschaffen worden und Israel hätte um Eichmanns Auslieferung nachsuchen können, statt ihn zu entführen. «Und ich kann heute offen gestehen», schrieb er in *Doch die Mörder leben*: «Hätte Argentinien Mengele Anfang 1960 ausgeliefert, wäre Eichmann nicht im Mai desselben Jahres entführt worden.» Entführungen waren niemals ein Teil der Strategie von Wiesenthal, NS-Verbrecher der Gerechtigkeit zu übergeben.

Isser Harel interpretierte Wiesenthals Handlung ganz anders: «Ein unheilvolles Ergebnis [des Auslieferungsbegehrens] bestand darin, daß Mengele eindeutige Warnungen erhielt und sich wenige Wochen, bevor wir für die letzten Phasen unserer Operation zur Gefangennahme Eichmanns nach Buenos Aires kamen, aus dem Staube machte», schrieb Harel in seinem unveröffentlichten Manuskript über Wiesenthal und den Fall Eichmann. «Das machte den Plan zunichte, Mengele zu fassen und ihn zusammen mit seinem engen Freund Adolf Eichmann nach Israel zu bringen.» Andere Quellen des Mossad sagen, daß Mengeles Gefangennahme deshalb zurückgezogen wurde, weil alle Anstrengungen darauf konzentriert werden mußten, Eichmann zu fassen.

Zvi Aharoni meint in seinem Manuskript, daß Harel die falsche Entscheidung getroffen habe. Er versichert, daß «Mengeles Name Harel absolut nichts bedeutet» habe, als der Mossad damit begann, die Eichmann-Operation zu planen. «Durch puren Zufall war der Name in einem Gespräch zwischen Harel und dem Leiter des Shin Beth [des innerisraelischen Sicherheitsdienstes] gefallen, nur einige Tage vor dem Abflug Harels nach Buenos Aires. ... Bis zu der eigentlichen Entführung Eichmanns hielt Harel das Thema Mengele auf kleiner Flamme.» Aber sobald Eichmann in dem «sicheren Haus» versteckt war, wies Harel sein Mossad-Team an, die Suche nach Mengele zur obersten Priorität zu machen, so daß auch er gefaßt und mit demselben Flugzeug wie Eichmann nach Israel gebracht werden könne. Es entstand keine Begeisterung über eine derartige Razzia auf Kommando, weil die anderen den Eindruck hatten, daß sie der Eichmann-Operation schaden könnte. «Aber Harel bestand hartnäckig darauf.»

Aharoni, der mit anderen Eichmann verhört hat, als er sich in dem «sicheren Haus» in Buenos Aires befand, sagt, daß Eichmann zugab, Mengele in Argentinien getroffen zu haben, aber leugnete, seine Adresse zu kennen. Eichmanns Aussage war für Harel nicht glaubwürdig. «Mengele zu finden, war eine Obsession [für Harel] geworden», sagt Aharoni. Doch als Aharoni zwei Jahre später Mengele tatsächlich «auf einem Dschungelpfad fünfundzwanzig Meilen von São Paulo entfernt» zu sehen bekam, blies Harel die Jagd plötzlich ab und befahl seinen Mitarbeitern, nun mit dem Schumacher-Fall zu beginnen, der zur obersten Priorität des Mossad geworden war.

Harel verließ den Mossad im März 1963. Aharoni war nicht weiter mit dem Fall Mengele beschäftigt. Aber einige Monate später versuchte ein anderer Mossad-Agent, bis zu Mengeles Versteck in der vorwiegend deutschen Gemeinde in Paraguay durchzudringen. Er verlobte sich sogar mit einem der deutschen Mädchen, in der Hoffnung, Mengele würde zur Verlobungsfeier erscheinen. Aber er kam nicht. Der Mossad-Agent war nicht bereit, bis zur Hochzeit weiterzumachen – nur auf die schwache Erwartung hin, daß Mengele diesmal auftauchen würde. Das Mossad-Team wurde zurückgezogen, und die Suche des Mossad nach Mengele eingestellt. «Nicht jede Operation des Mossad führt zu einem erfolgreichen Ende», meint die Person, die von dieser wenig bekannten Episode berichtete.

Der unabhängig arbeitende Wiesenthal kam ebenfalls zu dem Schluß, daß Mengele in Paraguay sei, und er überzeugte Bonn davon, zwei Auslieferungsbegehren zu stellen – 1962 und 1964. Beide blieben ohne Erfolg. 1962 hatte Wiesenthal auch Hinweise auf zwei bevorstehende Treffen zwischen Mengele und seiner Frau erhalten. Das erste sollte in Kythnos stattfinden, und er überredete den *Spiegel*, einen Reporter auf die Insel zu schicken. Als der Journalist ankam, wurde ihm gesagt, daß ein Deutscher und seine Frau die Insel zwölf Stunden zuvor verlassen hätten. Es gibt keinen eindeutigen Beweis dafür, daß es sich bei dem Paar tatsächlich um Mengele und seine Frau handelte.

Die andere Information von 1962 legte nahe, daß Mengele plante, seine Frau in ihrem Haus in der Nähe von Zürich zu besuchen. Wiesenthal bat die Schweizer Behörden, sie zu beobachten. Statt dessen ordnete die Schweiz ihre Ausweisung an. Niemand wird jemals erfahren, ob Wiesenthal recht mit seiner Meinung hatte, daß Mengele andernfalls erschienen wäre.

Im Jahre 1963 gab es dann ein seltsames Vorkommnis bei einer Gruppe von Auschwitz-Überlebenden, die erzählten, wie sie zu einem gewissen Hotel Tyrol in Paraguay gegangen seien, in der Annahme, Mengele dort finden zu können. Sie wollten ihn rechtzeitig fassen, damit ihm zusammen mit dem Rest des Auschwitz-Personals der Prozeß gemacht werden konnte. Der Auschwitz-Prozeß sollte im Dezember 1963 in Frankfurt beginnen. Sie fanden Mengele nicht, und Wiesenthal hat immer die Ansicht vertreten, daß ihre Absichten besser waren als ihre Pläne.

Auf soliderem Boden bewegte sich Wiesenthal 1964, als er entdeckte, daß Mengele in regelmäßigem Kontakt zu Hans Sedlmeier stand, dem langgedienten und vertrauten Prokuristen der Landmaschinenfabrik der Mengeles im deutschen Günzburg. Aber als Dr. Fritz Bauer, der zum Generalstaatsanwalt des Landes Hessen ernannt worden war, eine Durchsuchung von Sedlmeiers Haus anordnete, wurde nichts gefunden. Sedlmeier, so sickerte durch, war im Vorfeld von einem örtlichen Polizeibeamten gewarnt worden. Wiesenthal nahm fälschlicherweise an, daß die deutschen Behörden Sedlmeier als wahrscheinlichstes Verbindungsglied zu Mengele überwachen ließen.

Das geschah jedoch nicht.

Die Unsicherheit über Mengeles Aufenthaltsort war nicht ausgeräumt. Wiesenthal sagt, er habe erfahren, daß Sedlmeier nach jemandem suchte, der Mengele den Haushalt führte. Er versuchte, eine

Frau einzuschleusen, die als Informantin agieren konnte. Aber dieser Plan schlug fehl, und Wiesenthal hatte erneut Teile der deutschen Polizei in Verdacht, den Plan zunichte gemacht zu haben.

Wiesenthal schrieb in dem Bericht des Wiener Dokumentationszentrums im Jahr 1967, daß Mengele «immerzu seinen Unterschlupf wechselt und um sein Leben zu fürchten scheint. Wir sehen dies als einen kleinen Teil der Strafe an, die er verdient.»

1969 wurde ein deutscher Untersuchungsrichter mit dem Fall Mengele betraut. Sedlmeier wurde verhört, und diesmal gab er zu, sich mit Mengele getroffen zu haben. Wiesenthal nahm an, daß Sedlmeier wenigstens von nun an observiert werden würde, aber er hatte sich erneut geirrt.

In den sechziger und siebziger Jahren tat Wiesenthal alles, was in seiner Macht stand, um das weltweite Interesse am Fall Mengele wachzuhalten. Er drängte Israel und Deutschland, sich stärker damit zu befassen und Hinweisen zu folgen, wenn das die Mittel des Dokumentationszentrums überschritt. Auch versuchte er, den öffentlichen Druck zu verstärken, indem er Pressekonferenzen abhielt, Interviews gab und Artikel über Mengele schrieb. Israel reagierte darauf wenig begeistert. Die israelische Regierung meinte, mit der Gefangennahme Adolf Eichmanns und dem Prozeß ihre Pflicht getan und die Welt auf den Greuel des Holocaust aufmerksam gemacht zu haben. Die erste Priorität des Landes bestand darin, seinem Überleben als Nation ungeteilte Aufmerksamkeit zukommen zu lassen. In jedem Falle waren die Ressourcen des Mossad begrenzt: Es gab das Problem der deutschen Wissenschaftler, die in Ägypten Raketen entwickelten; der Mossad mußte sich mit dem arabischen Terrorismus befassen, der noch dramatischer geworden war, nachdem die PLO einen Anschlag auf die israelische Mannschaft bei den Münchener Olympischen Spielen 1972 verübt hatte. Mengele war für Israels vitale Interessen weniger wichtig.

Die Deutschen ihrerseits verhielten sich zwiespältig. Obwohl sie zweifellos ein lebhaftes Interesse daran hatten, Mengele den Prozeß zu machen, wurden die Ermittlungen durch Nazi-Sympathisanten, die Mengele zu schützen versuchten, immer wieder verzögert.

Deshalb arbeiteten die Nazi-Jäger ohne große Unterstützung von seiten der Regierungen weiter. 1977 erfuhr Wiesenthal, daß Mengeles Sohn Rolf nach Brasilien fahren wollte. Wiesenthal wollte ihn observieren lassen, aber er konnte sich keinen Detektiv leisten. Als er einer niederländischen Zeitung vorschlug, im Tausch für die Exklusivrechte an der Story seine Ausgaben zu übernehmen, wurde das mit der Begründung abgelehnt, daß das Risiko des Mißerfolges die Ausgabe von 8000 Dollar nicht wert sei. Rolf hat später zugegeben, daß er seinen Vater 1977 getroffen hat.

Langsam ebbte das öffentliche Interesse ab. «Wiesenthal saß in Wien in seinem muffigen, mit Akten vollgestopften und von einem mürrischen österreichischen Polizisten bewachten Büro und träumte davon, eines Tages den Todesengel zur Strecke zu bringen und mit ihm abzurechnen», schrieb eine der Überlebenden von Auschwitz in dem Buch *Die Zwillinge des Dr. Mengele.* «Ich hatte ein starkes, fast irrationales Bedürfnis danach», sagt Wiesenthal, ihn lebend zu finden, anklagen zu lassen und dem Gericht die Beweise vorzulegen. In *Recht, nicht Rache* schrieb er: «Die Vorstellung jedoch, daß ein Massenmörder nach dem Krieg einfach weiterlebt, alt wird und am Ende sanft einschläft, ist unerträglich. ... Er sollte wenigstens zur Rechenschaft gezogen werden.»

Dieses Bedürfnis steigerte sich noch, nachdem er an einem «Mengele-Hearing» teilgenommen hatte, einem symbolischen Prozeß, der im Januar 1985 in Jerusalem abgehalten und von Yad Vashem in Zusammenarbeit mit dem Wiener Dokumentationszentrum organisiert worden war. Wiesenthal, der viel dafür gelobt wurde, daß er das Interesse an der Angelegenheit aufrechterhielt, war Mitglied des Präsidiums. Dreißig Zwillingspaare, die Mengeles Experimente überlebt hatten, bezeugten seine Untaten. Die Berichte ihrer Leiden entfachten das Interesse erneut, um so mehr als der symbolische Prozeß mit einer Entdeckung des Wiesenthal Center in Los Angeles zusammenfiel. Ein alter Brief war gefunden worden, der darauf hinwies, daß die amerikanischen Behörden in Deutschland Mengele 1946 kurz in ihrer Gewalt hatten. Der Schreiber, Benjamin Gorby, 1947 US-Geheimdienstoffizier in Deutschland, hatte berichtet, daß Mengele festgehalten und anschließend in Wien freigelassen worden sei. Das Wiesenthal Center nahm diesen Fund zum Anlaß, die amerikanische Regierung daran zu erinnern, daß sie – nachdem sie Mengele bereits einmal gefaßt hatte, nun eine um so größere Verpflichtung hätte, alle Bemühungen zu unterstützen, ihn zu finden und vor Gericht zu stellen. Diese Taktik zahlte sich aus, obwohl sich durch gründliche Nachforschungen von Efraim Zuroff, damals Mitarbeiter des US Office of Special Investigations (OSI), also der Stelle, die sich mit der Suche nach NS-Verbrechern befaßte, herausstellte, daß Mengele niemals in Haft gewesen war. Zuroffs Untersuchung, die er in seinem Buch beschreibt, brauchte jedoch Zeit. In der Zwischenzeit verstärkten die Regierungen der Vereinigten Staaten, Deutschlands und Israels ihre Anstrengungen herauszufinden, was wirklich mit Mengele geschehen war. Deutschland setzte eine Belohnung von einer Million Mark für Informationen aus. Das OSI zog alle Register.

Niemand begriff, daß es zu spät war, weil Mengele bereits gestorben war. Ganz sicher nicht Beate Klarsfeld, die im Mai 1985 in Paraguay auf der Bildfläche erschien. Sie war schon einmal dort gewesen, im Jahre 1979. Wie Wiesenthal nahm sie an, daß Mengele in Paraguay lebte und von Präsident Stroessner geschützt wurde. Anders als Wiesenthal reiste sie persönlich nach Ascunción, um zu demonstrieren und die Behörden auf diese Weise zu veranlassen, Mengeles Aufenthaltsort zu offenbaren. Im Stadtzentrum entrollte sie ein Transparent: «Präsident Stroessner, Sie lügen, wenn Sie behaupten, nicht zu wissen, wo Mengele ist.» Sie wurde genötigt, ihre Sachen zu packen und das Land zu verlassen.

Wiesenthal beschreibt Klarsfeld als «auf Mengele fixiert». Dasselbe kann man jedoch auch von ihm behaupten. Doch während er nicht daran zweifelt, daß sein Umgang mit der Suche von Erfolg hätte gekrönt sein können, so ist er überzeugt davon, daß alle ihre Bemühungen kontraproduktiv waren. «Am Anfang habe ich mich direkt gefreut, daß es noch jemanden gibt, der sich damit befaßt», aber er verlor schnell alle Illusionen und verdammte sie als «Publicity-Jägerin», die nichts von den komplexen Schwierigkeiten der Arbeit verstehe.

Ganz sicher ist nie eine Liebe zwischen Wiesenthal und Beate Klarsfeld und Serge, ihrem französischen Mann, entstanden. Wiesenthal urteilt, daß die von ihnen bevorzugten herausfordernden Methoden, die Aufmerksamkeit des Publikums zu erringen, kontraproduktiv seien. Aktionen wie 1968, als Beate Klarsfeld den deutschen Kanzler Kiesinger auf einem Parteitag der CDU ohrfeigte und «Kiesinger, Sie Nazi» rief, unterminierten alle ernsthaften Bemühungen, die Deutschen begreifen zu lassen, daß sie sich mit ihrer Vergangenheit auseinandersetzen müßten. Beate Klarsfeld und ihr Mann behaupten das Gegenteil. Sie glauben wahrscheinlich, daß Wiesenthal eifersüchtig auf ihre Erfolge ist, eine ganze Reihe von ehemaligen deutschen Nazis aus dem Amt getrieben zu haben. Sie haben auch deutlich gemacht, daß sie Wiesenthal als einen Egomanen ansehen, der keine Konkurrenz dulde. Wer immer auch recht hat, die Auseinandersetzungen zwischen Wiesenthal und den Klarsfelds wurden bitterer. Jeder Kontakt endete, als Wiesenthal nach der deutschen Vereinigung Beschuldigungen in der deutschen Presse aufgriff, Beate Klarsfeld und ihr Mann hätten es gelegentlich zugelassen, von der Stasi, dem ostdeutschen Geheimdienst, benutzt zu werden (*Der Spiegel*, 22. Juli 1991). Die Klarsfelds nehmen keine Verunglimpfungen ihres guten Namens hin. Aber Wiesenthal porträtiert Beate Klarsfeld, wenn er heute von ihr spricht, immer als schwer belasteten Menschen.

Ironischerweise erhielt die deutsche Regierung nur wenige Tage nach Beate Klarsfelds Demonstration in Paraguay im Mai 1985 einen weiteren Hinweis darauf, daß der Weg zu Mengele über Hans Sedlmeier führe. Sein Haus wurde ein weiteres Mal durchsucht. Und statt Hinweisen auf den Aufenthaltsort des lebenden Mengele wurde eine Benachrichtigung über seinen Tod sieben Jahre zuvor, im Jahre 1979, gefunden. Sein Sohn bestätigte, daß er tot war, und offenbarte, wo sein Grab lag. Nach der Untersuchung seiner Überreste kam eine internationale Kommission zu dem Schluß, daß es sich tatsächlich um Mengeles Leiche handelte.

«Für uns ist der Fall abgeschlossen», schrieb Wiesenthal in seinem Bericht für das Dokumentationszentrum vom 31. Januar 1986. Doch ganz so war es doch nicht. In den folgenden Monaten versuchte er vergeblich, die deutschen Behörden davon zu überzeugen, daß sie das Geld, das sie als Belohnung für Hinweise zur Ergreifung Mengeles ausgesetzt hatten, einigen der überlebenden Zwillinge als Entschädigung für ihre Leiden überlassen sollten. Und in *Recht, nicht Rache*, das 1988 veröffentlicht wurde, schrieb er, daß es eine Reihe von Ungereimtheiten in den Berichten über Mengeles Tod gebe: «‹Es spricht mehr für einen lebenden Mengele als einen toten.› ... Für mich bedeutet das, daß ich die Suche nach Mengele fortsetzen ... werde.»

Das beweist Wiesenthals Frustration über seinen Mißerfolg, Mengele lebend zu finden. In Wirklichkeit hatte er das Gefühl, daß die Suche vorbei war. Aber er war erst bereit anzuerkennen, daß Mengele tot war, nachdem ihm der Staatsanwalt in Frankfurt die Ergebnisse der Blutuntersuchung geschickt hatte, die mit Hilfe von Mengeles Sohn durchgeführt worden war. Rolf Mengeles Blut gehörte zu derselben Gruppe wie das der in Brasilien exhumierten Leiche. Im April 1992 folgten noch weitere Knochenuntersuchungen, und Wiesenthal erklärte sich «schließlich zufriedengestellt». Die Mengele-Jagd wurde für immer eingestellt.

Weniger Schwierigkeiten hatte Wiesenthal mit einem Sachverständigengutachten, das feststellte, die Skelettreste, die 1973 in Berlin gefunden wurden, gehörten Martin Bormann und dies sei ein überzeugender Beweis dafür, daß Hitlers Stellvertreter am 2. Mai 1945 Selbstmord begangen hatte. In dem Jahresbericht des Dokumentationszentrums von 1973 bestätigt Wiesenthal, daß es eine ausgedehnte Korrespondenz über «Klarstellungen und Verifikationen» mit dem Büro des Frankfurter Staatsanwalts gegeben hatte. «Schließlich war auch Herr Wiesenthal der Ansicht, daß Bormann für tot erklärt und die Akten geschlossen werden sollten.» Auf einer Pressekonferenz in Frankfurt bestätigte Wiesenthal, daß er nun von Bormanns Tod vollkommen überzeugt sei und das Skelett für das richtige halte.

In jüngster Zeit aufgestellte Behauptungen, Winston Churchill habe Bormann 1945 nach Großbritannien geholt und ihm eine neue Identität verschafft, hält Wiesenthal wie andere Experten nicht für glaubwürdig.

Doch auch er fragte sich, warum er Jahre damit verbracht hatte, Hinweisen und Gerüchten über Bormanns Bewegungen nachzugehen und niemals irgendwelche Zweifel daran hegte, daß Bormann noch am Leben und nach Südamerika gelangt war. Seine Erklärung ist zum größten Teil selbstgefällig: Er und andere seien von Nazis benutzt worden, denen Bormanns Name als Symbol für ihre Rückkehr zur Macht diente. Deshalb erweckten sie den Eindruck, daß Bormann noch am Leben sei. Auch die Kommunisten hätten geglaubt, ihre Darstellung Bormanns als Flüchtling könne ihre Propagandakampagne stärken, die Westdeutschland als revanchistische Macht bezeichnete, die Nazis Unterschlupf gewährte.

Aber Wiesenthal räumte ein, daß er Fehler gemacht und bei seinen Nachforschungen oberflächlich gehandelt haben müsse. Bormann hatte ein derart typisches deutsches Gesicht, daß diejenigen, die behaupteten, ihn aufgrund von Fotografien erkannt zu haben, sich leicht geirrt haben konnten. Einmal gab es auch einen Rollentausch zwischen Wiesenthal und den Medien. Statt daß Wiesenthal sie auf eine Geschichte aufmerksam machte, hatte er allzu schnell angenommen, daß die Sensationsberichte über Bormanns angeblichen Aufenthaltsort genügend Substanz enthielten. Ja, er hatte sich geirrt, aber er war nicht der einzige gewesen, sondern hatte sich in guter Gesellschaft befunden.

Im Verlaufe der Jahre hatte es häufig und aus ganz unterschiedlichen Quellen Berichte gegeben, daß Bormann gesehen worden sei. Und die Medien griffen diese Berichte oft auf. Doch Wiesenthal interessierte sich für Bormann erst, nachdem Eichmann gefaßt worden war. Damals versuchte er zu rekonstruieren, was möglicherweise geschehen war, nachdem Bormann Hitlers Bunker in der Nacht vom 1. Mai 1945 verlassen hatte. In *Doch die Mörder leben* berichtet er von seinen Zweifeln, aber er wog sie gegen die Fakten auf, die das Wiener Dokumentationszentrum von 1960 an aus zahlreichen überzeugend klingenden Berichten über Sichtungen Bormanns erhielt. Informanten erzählten ihm Einzelheiten über Bormanns mutmaßliche Flucht aus Deutschland; ein anderer meinte, er habe Bormann und Mengele zusammen in Paraguay beim Angeln gesehen.

Eine Frau kam zu Wiesenthal und behauptete, daß Bormann Land in Chile gekauft habe, in der Nähe von Bariloche, dem argentinischen Zufluchtsort einer Reihe von ehemaligen Nazis. Und so ging es weiter. Wiesenthal empfand im Fall Bormann nicht dieselbe Leidenschaft wie bei Eichmann und Mengele; möglicherweise, weil Bormann weniger direkt in die Vernichtungsindustrie verwickelt war, aber vielleicht auch, weil an ihm immer der Zweifel nagte, ob der Mann tatsächlich am Leben war.

Nachdem Bormann für tot erklärt worden war, setzte sich Wiesenthal auch dafür ein, daß seine Überreste nicht der Familie übergeben und beerdigt wurden. Er wollte verhindern, daß sie zu einem Anziehungspunkt für Neonazis wurden. Dies war eines der wenigen Male, bei denen er Kontakt zu Willy Brandt aufnahm. Die beiden waren sich nie persönlich begegnet. Aber bei dieser Gelegenheit appellierte Wiesenthal brieflich an Brandt, als Bundeskanzler zu intervenieren, selbst wenn die Knochen Bormanns rechtmäßig der Familie gehörten. Brandt schloß sich dieser Ansicht an. Es wurde beschlossen, das Skelett versiegelt im Forensischen Institut Frankfurt aufzubewahren.

Nicht alle Flüchtlinge, die von Wiesenthal und seinem Dokumentationszentrum gesucht wurden, waren Männer. Einer seiner bedeutendsten Fälle betraf Hermine Braunsteiner-Ryan, eine ehemalige KZ-Aufseherin. Obwohl sie keine Massenmörderin vom Range Eichmanns oder Mengeles war, enthielt der Fall neue Herausforderungen für Wiesenthal und erweiterte seinen Horizont.

Nachdem Braunsteiner-Ryan ohne große Probleme in New York aufgespürt worden war, lehrte die Kampagne für ihre Auslieferung

Wiesenthal viel darüber, wie er sich seiner Beziehungen zu einflußreichen Schichten der amerikanischen Gesellschaft bedienen und sich neue Freunde in hohen Positionen verschaffen konnte. Der Fall machte auch deutlich, daß die Vereinigten Staaten einer Vielzahl von Kriegsverbrechern Unterschlupf geboten hatten. Um das Problem wirkungsvoller angehen zu können, wurde außerdem das OSI als Ableger des Department of Justice gegründet. Als Braunsteiner schließlich der Prozeß gemacht wurde, brach Wiesenthal mit seiner normalen Praxis, an dem Verfahren nicht teilzunehmen. Er erschien bei vielen Gelegenheiten zu dem Prozeß in Düsseldorf, weil er glaubte, daß das Gericht voreingenommen zugunsten der Angeklagten sei. Die öffentliche Meinung mußte aufgerüttelt werden, und er war dort, um die Medien aufmerksam zu machen.

Braunsteiner, eine Österreicherin, war Aufseherin im Konzentrationslager Majdanek in Polen gewesen. Ihre Grausamkeit war selbst inmitten der allgemein herrschenden Bestialität sprichwörtlich geworden. Diejenigen, die ihre Peitsche und ihre Kugeln überlebten, konnten sie niemals vergessen. Während eines Besuches in Israel 1964 wurde Wiesenthal von drei Frauen angesprochen, die wissen wollten, was mit «Kabyla» geschehen sei. «Kabyla» – polnisch für Stute – wurde Braunsteiner genannt, weil sie die Frauen immerzu brutal herumstieß. Er mußte zugeben, daß er nicht allwissend war und daß er ihnen nichts dazu sagen konnte, weil er niemals von ihr gehört hatte.

Doch der Köder war ausgeworfen. Er machte es sich zur Aufgabe, der Braunsteiner nachzuforschen, um so mehr, als seine Frau Cyla der Deportation nach Majdanek nur knapp entgangen war. Als erstes suchte er in den Listen der Angeklagten des Majdanek-Prozesses, den die Polen im Oktober 1944 abgehalten hatten, kurz nach der Befreiung des Lagers durch die Rote Armee. Braunsteiners Name war nicht darunter.

Dann durchsuchte Wiesenthal eine Liste von Personen, die aufgrund von NS-Verbrechen in Österreich verurteilt worden waren. Zu seiner Überraschung fand er heraus, daß sie 1948 wegen roher Behandlung von Häftlingen in Ravensbrück, einem kleineren Konzentrationslager in der Nähe von Sachsenhausen bei Berlin, angeklagt und zu einer milden Haftstrafe von drei Jahren verurteilt worden war.

Majdanek wurde in der Anklageschrift nicht erwähnt. Weil sie während der Prozeßvorbereitung in Untersuchungshaft gesessen hatte, war sie kurz nach der Verurteilung freigelassen worden. Es gab keinen Hinweis darauf, was seitdem aus ihr geworden war. Aber Wiesenthal hatte feststellen können, daß sie aus Wien stammte. Das führte ihn zum Melderegister der Stadt Wien, dem ihre frühere Adresse entnommen war. Die Suche ging weiter: Wiesenthal ging in die entsprechende Straße, sprach mit einer alten Frau, die immer noch in dem Gebäude wohnte und ihm erzählen konnte, daß Verwandte von Hermine in einem Dorf in Kärnten lebten.

Wiesenthal bezweifelte, daß die Familie bereit wäre, mit ihm persönlich zu sprechen. Doch er hatte einen jungen Freund, der gelegentlich im Dokumentationszentrum aushalf, und ihn sandte er zu einer Charme-Offensive aus. Es funktionierte. Braunsteiner hatte einen amerikanischen Bauarbeiter geheiratet, Russell Ryan, und lebte in Halifax, Kanada. Ein Brief an eine Kontaktperson in Toronto, einen Auschwitz-Überlebenden, führte zu der Information, daß die Ryans nach New York gezogen waren, wo sie gerade ein kleines Haus im Stadtteil Queens gekauft hatten.

Als nächstes standen Auslieferung und Prozeß an. Doch Wiesenthal wußte noch nicht, wie er seinen Weg durch die komplexen US-amerikanischen Rechtsprozeduren bahnen sollte, und beschloß, die Medienroute zu nehmen. Er wandte sich an den Wiener Korrespondenten der *New York Times* Clyde Farnsworth, der bereits ein Feature über Wiesenthal für das *New-York-Times*-Magazin geschrieben und ihn darin – zu seiner großen Genugtuung – als «Schnüffler mit einer Million Klienten» beschrieben hatte. Farnsworth roch eine gute Story, als er von Braunsteiner-Ryan hörte. Die *New York Times* schickte einen Reporter nach Queens, um mit den Ryans zu sprechen. Zufällig war es Jo Lelyveld, der heutige Chefredakteur der *New York*

Times. Am 14. Juni 1964 veröffentlichte die Zeitung folgende Geschichte: «Ehemalige KZ-Aufseherin heute Hausfrau in Queens.» Lelyveld hatte eine «großknochige Frau mit einem harten Mund und blondem Haar» gefunden, «das langsam grau wurde». Sie trug rosaweiße Shorts und eine kurzärmelige Bluse und strich gerade die Wände des kleinen Wohnzimmers. Sie sprach mit einem schweren deutschen Akzent und gab zu, Aufseherin gewesen zu sein, aber bestand darauf, daß sie ihre Zeit im Gefängnis abgesessen habe. Lelyveld erwähnte, daß er nicht nur etwas über Ravensbrück wissen wollte, sondern auch über Majdanek. Sie brach in Tränen aus: «Das ist das Ende, das Ende von allem für mich.»

Aber vom Ende war es noch weit entfernt. Daß Frau Braunsteiner-Ryan noch neun Jahre lang ein freies Leben, wenn auch umkämpft, in den Vereinigten Staaten führen konnte, beweist, daß das amerikanische Rechtssystem darauf achtet, jede Form von Mißbrauch auszuschließen. Aber es schürte auch den Verdacht, daß hochrangige nationalsozialistische Wissenschaftler aus Deutschland, die nach dem Krieg in die Vereinigten Staaten gebracht worden waren, um an der Waffenentwicklung zu arbeiten, bei den US-Behörden zu ihren Gunsten intervenierten.

Frau Braunsteiner-Ryan war 1963 US-Bürgerin geworden, und das ermöglichte es ihr, gegen ihre Auslieferung zu kämpfen. Bevor sie ausgewiesen werden konnte, mußte ihr die Staatsbürgerschaft entzogen werden. Laut US-Bundesgesetz kann die Staatsbürgerschaft nur aufgehoben werden, wenn das Department of Justice gerichtlich beweist, daß sie unrechtmäßig oder in betrügerischer Absicht erworben wurde. Da Braunsteiner ihre Verurteilung in Österreich nicht angegeben hatte, als sie sich um die Staatsbürgerschaft bewarb, hätte es allein aus diesem Grund leicht sein sollen, ihr die Staatsbürgerschaft wieder zu entziehen. Doch der Fall geriet in ein bürokratisches Labyrinth. Das Einwanderungsamt des Immigration and Naturalisation Service (INS) bat die österreichischen Behörden um eine Beglaubigung des gegen Braunsteiner verhängten Urteils aufgrund von Kriegsverbrechen. Doch Kriegsverbrecher und Ausbürgerungsverfahren waren in den Satzungen der österreichischen Behörde nicht vorgesehen. Es dauerte ein Jahr, bevor Österreich die Verurteilung Braunsteiners formell bestätigte. Im Juni 1965 schickte der INS Mrs. Braunsteiner-Ryans Akte an das Department of Justice mit der Empfehlung, sie auszuweisen. Sechs Monate später gab das Department of Justice die Papiere an den INS zurück und bat um weitere Informationen über ihre Aktivitäten während des Krieges.

Wiesenthals Name tauchte sofort auf. Der gewaltige INS wandte sich an ihn mit der Frage, ob er weitere Zeugen finden könne. Die alte Routineprozedur wurde wieder in Gang gesetzt, obwohl Wiesenthal sich fragte, warum die Amerikaner noch mehr Augenzeugenberichte brauchten. Schließlich sollten sie der Frau nicht den Prozeß machen. Wiesenthal schrieb an alle Vereinigungen von KZ-Überlebenden und legte ein Foto von Braunsteiner bei. Schließlich fand er zwei Zeugen in Jugoslawien und zwei in Polen, die bereit waren, für ihre Aussage in die Vereinigten Staaten zu reisen.

Am 7. Mai 1965 schrieb er auch an Senator Hugh Scott und drängte ihn zu einer Intervention, um das Verfahren gegen Braunsteiner zu beschleunigen. Nachdem er erläutert hatte, wer Braunsteiner-Ryan war, schrieb Wiesenthal:

> «Wir wissen, daß der INS eine Untersuchung in der Angelegenheit durchführt; aber wir wissen nicht, wie die Dinge im Moment stehen und nehmen an, daß die amerikanischen Behörden nichts von ihrer Schuld gewußt haben, als sie die amerikanische Staatsbürgerschaft erhielt. Wir können uns kaum vorstellen, daß ein Land, das gekämpft hat, um die Welt von der Barbarei zu befreien, seine Staatsbürgerschaft Nutznießern dieser Barbarei gewährt.»

Das hatte wenig Wirkung. Das Karussell der juristischen Nachforschungen drehte sich weiter. 1966 schickte der INS die Akte wieder an das Department of Justice und legte zwei Augenzeugenberichte von Wiesenthal bei. Das Department of Justice sandte erneut alles zurück mit der Frage, ob in Österreich ein Verfahren gegen Braunsteiner-Ryan anhängig sei. Das war nicht der Fall. Sieben Monate später, drei Jahre nachdem der Artikel in der *New York Times* erschienen war, reiste die Akte erneut ins Department of Justice.

Bevor das Department of Justice den nächsten Schritt unternahm, verging ein weiteres Jahr. Dieses Mal wurden die Unterlagen an den Staatsanwalt in Brooklyn gesandt. Am 23. August 1965 reichte er beim Bundesgericht in Long Island den Antrag ein, Braunsteiner die Staatsbürgerschaft zu entziehen, da sie das Land illegal betreten habe. «Das ist nur aufgrund Deiner Hilfe geschehen», schrieb Wiesenthals New Yorker Freund Hy Katz in einem Telegramm nach Wien. Aber der Fall dämmerte noch drei weitere Jahre in den Gerichten vor sich hin – bis zum 28. Juli 1971, als Braunsteiner endlich schriftlich einwilligte, daß sie auf ihre US-Staatsbürgerschaft freiwillig und ohne Verfahren verzichte.

Jetzt war sie Ausländerin, und der INS war nun wenigstens in der Lage, offiziell zu untersuchen, ob die Ausweisung gerechtfertigt sei. Einige der Beamten waren gegen eine Untersuchung. Warum sollte Braunsteiner zweimal bestraft werden, wenn sie in Österreich schon einmal verurteilt worden war? Das sei illegal, so argumentierten sie, aufgrund der «Woody»-Regel – einem Gesetz zum Schutz von Ausländern, die wegen kleinerer Verbrechen verurteilt worden waren und einen US-Staatsbürger geheiratet hatten. Doch eine kleine Gruppe von Mitarbeitern des INS, die sich der Sache verschrieben hatten, arbeitete weiter, manchmal, indem sie die Anweisungen ihrer Vorgesetzten ignorierten, damit aufzuhören oder langsamer vorzugehen.

Nach der anfänglichen Aufregung über die Enthüllung der *New York Times* war das öffentliche Interesse an dem Fall abgeflaut. Dem quälenden Prozeß war nur wenig öffentliche Aufmerksamkeit zuteil geworden, und die Ryans hatten weiterhin ein unauffälliges Leben geführt. Im Februar 1972 eröffnete der INS ein öffentliches Anhörungsverfahren. Einige der von Wiesenthal beigebrachten Zeugen waren anwesend. Sie berichteten anschaulich von den Grausamkeiten Braunsteiner-Ryans. Aber das Anhörungsverfahren wurde mehrere Male unterbrochen; zwischen Oktober 1972 und März 1973 fanden keine Sitzungen mehr statt.

In der Zwischenzeit hatte Wiesenthal angefangen, am anderen

Ende zu graben, in Österreich und Deutschland. Da Braunsteiner Österreicherin war, war er der Ansicht, daß die Österreicher ihre Auslieferung verlangen sollten. Nachdem er drei Jahre lang versucht hatte, die österreichischen Behörden dazu zu bewegen, gab er auf und wandte sich an die Deutschen. Seine wiederkehrenden Nachfragen halfen dabei, die deutschen Behörden davon zu überzeugen, daß es langfristig richtig war, Braunsteiners Auslieferung zu verlangen, um sie mit in dem in Vorbereitung befindlichen Majdanek-Prozeß anklagen zu können. Nun mußte die Unentschlossenheit von seiten der Vereinigten Staaten ein Ende haben. Am 1. Mai 1973 unterzeichnete der amerikanische Richter Jacob Mishler schließlich den Auslieferungsbefehl. Braunsteiners Einspruch dagegen wurde abgelehnt, und am 6. August wurde sie schließlich per Flugzeug nach Deutschland gebracht. Sie mußte jedoch nicht im Untersuchungsgefängnis auf den Beginn ihres Prozesses in Düsseldorf warten. Der «Hermine Ryan Defense Fund», der in den Vereinigten Staaten gegründet worden war, verfügte über genügend Geld, um die von den deutschen Behörden ausgesetzte Kaution von 17000 Dollar aufzubringen. Zudem engagierte er ihr einen Verteidiger. Schon im April des Jahres hatte sich Wiesenthal an den WJC gewandt und ihn gedrängt herauszufinden, «mit welchen Kräften wir zu rechnen haben».

Der Majdanek-Prozeß war der letzte große Prozeß über NS-Verbrechen in Deutschland – und der längste, er dauerte fünf Jahre und sieben Monate. Wiesenthal argumentierte, zwei der Verteidiger seien als ehemalige Nazis so kompromittiert, daß sie vom Verfahren ausgeschlossen werden sollten. Einer von ihnen, so sagte er, schütze einen gesuchten Kriegsverbrecher. Seine Interventionen wurden damals ignoriert, aber 1981, nach den umstrittenen Urteilen, wurde die Öffentlichkeit an seine Einwände erinnert. Es hatte zu lange gedauert, den Prozeß vorzubereiten, und zu lange hatte sich sein Ende hinausgezögert. Und die Urteile waren viel zu milde ausgefallen: von den neun Angeklagten wurde einer freigesprochen, sieben wurden zu Haftstrafen unter zwölf Jahren verurteilt, und nur Braunsteiner erhielt «lebenslänglich».

Wiesenthal war ärgerlich. «Die Urteile im Majdanek-Prozeß bedeuten für mich eine Verminderung von Lebenswerten», erklärte er und verlangte einen weitreichenden Austausch der Verantwortlichen in der deutschen Justiz. «Man fragt sich, ob es noch einen Sinn hat, länger mit einer Jusitz zusammenzuarbeiten, die Beihilfe zum Mord in einer unbestimmten Zahl von Fällen mit dreieinhalbjährigem Freiheitsentzug – wie einen Einbruchdiebstahl – bestraft.» Der deutsche Justizapparat sei, mit wenigen ehrenhaften Ausnahmen wie Adalbert Rückerl, zu sehr mit ehemaligen Nazis durchsetzt. Was Deutschland anging, so war es für Wiesenthal ein unglückliches Ende der Braunsteiner-Ryan-Saga, die sich unentschuldbar lang hingezogen hatte.

Aber mit einem untrüglichen Blick für Eigenwerbung zieht Wiesenthal in dem Buch *Jüdische Lebenswege* eine positive Gesamtbilanz des Falls Braunsteiner: «Mit dem Fall Braunsteiner, eine Österreicherin, die im Majdanek-Prozeß lebenslänglich bekommen hat und die ich 1964 in einer New Yorker Vorstadt gefunden habe, habe ich in den USA eine Tür aufgestoßen. Sie lebte mit ihrem Mann und keiner wußte, wer sie war. Ich habe auf einmal die ganze Sache aktualisiert. Aufgrund meiner Popularität, die ich wegen meiner Vorträge in Amerika genieße, hat Präsident Carter zugestimmt, daß beim Justizminsterium ein spezielles Amt mit 50 Staatsanwälten und einem hohen Budget geschaffen wurde.» Natürlich verdienen auch viele andere – jüdische Organisationen und Mitglieder des Kongresses wie Elizabeth Holtzman – Anerkennung für die Einrichtung des OSI und die Einsicht, daß die Vereinigten Staaten die Anwesenheit von Kriegsverbrechern in ihrer Mitte untersuchen müssen. Der Fall Braunsteiner hat all das in Gang gesetzt – und Wiesenthal war der Auslöser, der die Aufseherin von Majdanek zu einem Fall von öffentlichem Interesse machte.

Vierzehn

Das Rote Kreuz und die Wiedergutmachung

Simon Wiesenthal verlor allen Respekt vor dem Internationalen Komitee des Roten Kreuzes mit Sitz in Genf, nachdem er erfahren hatte, daß es sich dem Holocaust gegenüber absichtlich blind stellte. Obwohl Gerhart Riegner vom WJC dem Roten Kreuz 1942 Beweise für die «Endlösung» vorlegte, hatte das IKRK bis zum Jahre 1944 gewartet, ehe es einen Versuch unternahm, gegen die weiterlaufenden Massendeportationen in die Konzentrationslager zu protestieren. Nach dem Krieg trübten einige der nationalen Gesellschaften des Roten Kreuzes den allgemein schlechten Ruf noch weiter, indem sie zusammen mit Bischof Hudal und dem Vatikan die Reisedokumente für NS-Verbrecher bereitstellten, die in den Mittleren Osten und nach Südamerika flohen.

Obwohl Wiesenthal, was das Rote Kreuz anbelangte, gründlich desillusioniert war, überraschte es ihn doch, als er 1967 zufällig entdeckte, daß das Österreichische Rote Kreuz tatsächlich gesuchte Nazis vor ihrer Verhaftung warnte. Kurz darauf erfuhr er, daß das Deutsche Rote Kreuz ebenfalls involviert war, und er mutmaßte, daß gutgestellte deutsche Beamte die Quelle sein müßten: «Eine weitere Liste mit gesuchten Männern, die sich immer noch in Freiheit befanden», seufzt er, als er sich daran erinnert.

Getreu seiner üblichen Vorgehensweise mußte er einen hohen Gang einlegen und bei denen protestieren, die in diesen Mißbrauch der Rote-Kreuz-Vereinigungen verwickelt waren. Noch ärgerlicher und aggressiver als gewöhnlich stimmte ihn die Annahme, daß die Warnungen des Roten Kreuzes die Verhaftung von Alois Brunner zunichte gemacht hatten, einem von Eichmanns berüchtigtesten Helfern. Brunner hatte in Österreich, der Tschechoslowakei, Frankreich, Griechenland und Ungarn operiert – wo immer es Juden gab, die in die Konzentrationslager getrieben wurden. Brunner «erfand» das berüchtigte Kapo-System, das zahlreiche jüdische Häftlinge durch Einschüchterung dazu veranlaßte, ihre Mithäftlinge zu verraten, indem sie der SS bei den Deportationen und der Arbeit in den Konzentrationslagern halfen. Diese Erfindung Brunners war, so denkt Wiesenthal, fast ebenso bösartig wie seine eigenen Taten als Deportationsspezialist.

Brunner hatte in den Mittleren Osten fliehen können und lebte unter dem Namen Georg Fischer in Damaskus. Aber er unternahm nur wenig, um seine wahre Identität zu verbergen. In Frankreich war er 1954 wegen seiner Beteiligung an den Massakern und Deportationen der französischen Juden in Abwesenheit zum Tode verurteilt worden. Es lagen tatsächlich französische und deutsche Haftbefehle gegen ihn vor.

Ende 1967 erfuhr Wiesenthal, daß Brunner offensichtlich plante, für eine Augenoperation in die Schweiz zu kommen. Zusammen mit seinem Freund in Ludwigsburg, Adalbert Rückerl, versuchte Wiesenthal, Brunners Verhaftung nach der Operation zu organisieren. Aber dazu sollte es nicht kommen. Es gibt keine Möglichkeit zu beweisen, daß Brunner tatsächlich eine Reise nach Europa riskiert hätte. Wie dem auch sei, er war gewarnt worden und blieb in Syrien. 1994, im Alter von zweiundachtzig Jahren, wurde berichtet, daß er das Land verlassen und verspätet die klassische Nazi-Route nach Lateinamerika eingeschlagen habe und sich vermutlich in Argentinien verstecke.

Niemals hat Wiesenthal aufgehört, sich über die Warnungen vom Roten Kreuz zu erregen. Brunner war einer der wichtigsten Kriegsverbrecher. Fast als einziger unter den Hauptbaumeistern der «Endlösung» konnte er ungestört bis ins hohe Alter weiterleben. Wiesenthal erinnert sich stets daran, wie verblüfft er war, als er eines Tages die Reisewarnung des Roten Kreuzes schwarz auf weiß vor sich sah. Er sah gerade den *Linzer Turm* durch, eine Veteranenzeitung, als ihm plötzlich auf Seite drei der Ausgabe vom Februar 1968 folgende Notiz ins Auge fiel: «Eine Warnung der Österr. Ges. vom Roten Kreuz». Darunter stand folgendes: «Aus politischen Gründen wird nachfolgenden ehem. Angehörigen der deutschen Wehrmacht nahegelegt, franz. Boden nicht mehr zu betreten, da sie mit Schwierigkeiten rechnen müssen.»

Unter den zehn Namen, die dann genannt wurden, war der von Alois Brunner. Durch eine Fußnote erklärte der *Linzer Turm*, daß das Rote Kreuz nicht wisse, wo sich diese Männer aufhielten, «[s]ollte aber einem unserer Kameraden eine der oben genannten Personen bekannt sein, so bitten wir um Bekanntgabe der Daten, damit wir diese dem Roten Kreuz weiterleiten können».

Wiesenthal nahm sofort Kontakt zu dem Leiter des Österreichischen Roten Kreuzes auf, Hans Sefcik. Seine Erklärung lautete, daß das Deutsche Rote Kreuz ihm eine Liste mit dreißig Österreichern gegeben habe mit der Bitte, sie davor zu warnen, nach Frankreich zu reisen. Auf der Liste standen offensichtlich die SS-Ränge der entsprechenden Männer und das Urteil, das sie in Frankreich erwartete. Aber Sefcik behauptete, die Namen hätten ihm nichts gesagt. Bei zehn dieser Männer hatte er die Familien nicht ausfindig machen können, und deshalb hatte er diese Anzeige in den *Linzer Turm* gesetzt. Wiesenthal gab sich damit nicht zufrieden. Er glaubte, daß die Warnungen nicht nur Frankreich betrafen, sondern sich auch auf andere Länder bezogen, in denen die Männer gesucht wurden. Er vermutete eine Verschwörung.

Er entschloß sich dann das zu tun, was er eine «vielgleisige» Operation nennt. Er schrieb an den österreichischen Justizminister und forderte eine Untersuchung; er bat den deutschen Kanzler Kurt-Georg Kiesinger um Klärung; er legte beim deutschen Bundesjustizministerium und der Hamburger Staatsanwaltschaft Beschwerde ein wegen «Beihilfe» zu Verbrechen; er informierte das niederländische und das amerikanische Rote Kreuz über ihre Schwesterorganisationen in Europa mit dem Ziel, sie aus dem Verband ausschließen zu lassen; und er organisierte eine Postkartenkampagne an Willy Brandt, damals deutscher Außenminister, um die Warnungen aus der Genfer Liga der Rote-Kreuz-Gesellschaften unterbinden zu lassen. Er informierte auch den WJC in New York. Und – das war ihm zur zweiten Natur geworden – er berief eine Pressekonferenz ein, um die Öffentlichkeit darüber zu informieren, daß das Rote Kreuz einen «Warndienst» für Kriegsverbrecher eingerichtet und so seine Berufung verraten habe.

«Wiesenthal nun gegen das Rote Kreuz» lautete eine Schlagzeile. Eine weitere besagte, daß «eine unglaubliche Affäre» enthüllt worden sei. Die österreichische Regierung ordnete eine Untersuchung an. In Bonn gab das Außenministerium zu, daß eine derartige Warnliste existierte, behauptete aber, richtig gehandelt zu haben, als es um die Hilfe des Roten Kreuzes nachsuchte, um Deutsche zu warnen, die in Frankreich in Abwesenheit verurteilt worden waren und daher Gefahr liefen, dort verhaftet zu werden. Sie seien ohne ausreichende Beweise verurteilt worden, und Deutschland habe das Recht, sie zu warnen. Das Rote Kreuz war gebeten worden, die Maßnahmen zu ergreifen, die mit seinem Suchdienstauftrag übereinstimmten, wurde Wiesenthal aus dem Büro des Hamburger Staatsanwalts mitgeteilt. Das Rote Kreuz habe keinen Gesetzesbruch begangen.

Die deutschen Behörden weigerten sich, Wiesenthals Argumente zu akzeptieren, und blockierten seine Versuche, die Justiz auf seine Seite zu ziehen. «Selbstverständlich war nicht beabsichtigt, NS-Verbrecher ihrer gerechten Strafe zu entziehen», wurde Wiesenthal in einem Brief aus dem Bundeskanzleramt mitgeteilt. «Die Maßnahme wäre den gesamten Umständen nach auch gar nicht geeignet gewesen, eine solche Wirkung zu erzielen. Die Bundesregierung kann zwar nicht ausschließen, daß die Listen auch einige Personen enthalten mögen, die sich in Frankreich so schwerer NS-Verbrechen schuldig gemacht haben, daß gegen sie im Falle der Ergreifung dort ein neues Verfahren zu einer Verurteilung geführt hatte ... Daß Ihre Befürchtung, es könne sich um eine gezielte Warnung von NS-Verbrechern gehandelt haben, unbegründet ist, bitte ich Sie aber auch daraus zu ersehen, daß das Auswärtige Amt seit Jahren mit den ihm zu Gebote stehenden Mitteln den deutschen Justizbehörden bei der Erfüllung ihrer Aufgabe behilflich ist, NS-Verbrechen zu verfolgen.» Die Deutschen hatten sich die Liste mit den Namen der in Abwesenheit Verurteilten geben lassen, um damit die französischen Dossiers in Ludwigsburg zu ergänzen. Doch die Liste war an das Rote Kreuz weitergegeben worden.

Der WJC meinte ebenfalls, daß es klüger wäre, die Sache nicht weiter zu verfolgen. Die Warnungen des Roten Kreuzes berührten eine delikate Angelegenheit, die die deutsch-französischen Beziehungen belasten könne. Es sei auch möglich, daß die Franzosen selbst die öffentlichen Warnungen veranlaßt hätten, um Kriegsverbrecherprozesse zu vermeiden, die ihre arabischen Freunde hätten verärgern können.

Als Wiesenthal Jahre später über diese Affäre sprach, wies er ebenfalls auf die Franzosen hin und spekulierte, daß sie die wahren Missetäter hinter den Warnungen an Brunner und seine Kameraden gewesen sein könnten. Aber 1968 war Wiesenthal nur zögernd bereit zu akzeptieren, daß es soviel Unaufrichtigkeit und Betrug in dieser Sache geben könne. Er weigerte sich, sich beschwichtigen zu lassen, und unternahm Anfang 1969 einen weiteren Versuch, eine Rechtsbeschwerde in Bonn einzulegen. Sie wurde ignoriert. «Ich bemerkte, daß ich meine Zeit verschwendete.» Er hatte keine andere Alternative, als sich geschlagen zu geben.

Was die Frage der Wiedergutmachung angeht, so können Wiesenthals Interventionen im besten Falle als «unentschieden» beurteilt werden. Die Wiedergutmachung war niemals eine Frage, die ihn sehr bewegte, und nur in den sechziger Jahren hat er sich – ohne Erfolg – mit den österreichischen Behörden auf einen Wortwechsel über jüdisches Eigentum eingelassen, das von den Nazis beschlagnahmt worden war. Sein persönliches Desinteresse an Besitztümern erklärt seine lauwarme Beschäftigung mit der Frage der Wiedergutmachung nur teilweise. Er hat immer die zynische Ansicht vertreten, die österreichischen Behörden würden es so lange wie möglich vermeiden, sich über die Frage der Entschädigung von Juden zu äußern und entsprechende Vorschläge zu machen, damit die meisten der Betroffenen bereits gestorben wären, bevor die notwendigen Entscheidungen getroffen würden. Vor allem hatte er das Gefühl, daß der Einsatz für die Entschädigung und die Wiedererlangung von Besitz unnötig von der Notwendigkeit ablenke, die Nazis der Gerechtigkeit zu übergeben.

Wiesenthal sagt, daß der deutsche Ausdruck «Wiedergutmachung» unangemessen sei: «Es gibt keine Möglichkeit, das, was uns genommen wurde, vollkommen zu ersetzen, schon gar nicht, was das Nichtmaterielle angeht.» Alles, was erreicht werden könne, sei eine partielle Entschädigung. Er leugnet nicht, daß die deutschen Wiedergutmachungsmaßnahmen und die monatliche Rente, die er für seine Zeit in Hitlers Konzentrationslagern erhält, ihm und seiner Frau ein Minimum an Sicherheit gewährleistet haben. «Wenn ich von Österreich abhängig gewesen wäre, hätte ich wesentlich weniger bekommen.»

Zu diesem Schluß ist er bereits gekommen, als er sich in Wien niederließ und sein Dokumentationszentrum in der Wiener Kultusgemeinde untergebracht war. Dort konnte er die Verhandlungen der jüdischen Gemeinde über die Frage der Wiedergutmachung beobachten. Die österreichischen Behörden waren geizig, selbst was die Frage der Entschädigung für die zerstörten Wiener Synagogen anging.

Israel habe einen Fehler gemacht, so sagt Wiesenthal, als es den deutschen Staat dazu veranlaßte, auf dem Wege der Wiedergutmachung große Summen in den jüdischen Staat zu überweisen. Auch die jüdischen Gemeinden in Europa hätten die Wiedergutmachung nicht zu einem ihrer wichtigsten Anliegen erklären sollen. Deutschland handelte schnell und großzügig. Dennoch besteht Wiesenthal darauf: dies habe nur um den Preis erreicht werden können, daß sich die deutsche Entnazifizierung und die Suche nach NS-Verbrechern verlangsamte. In Österreich hatte die Entnazifizierung ohnehin fast aufgehört, und es gab nur wenig Antrieb, sich den Juden gegenüber großzügig zu zeigen. Es dauerte bis 1995, fünfzig Jahre nach Kriegsende, bis sich die österreichische Regierung und das Parlament zur Einrichtung eines Entschädigungsfonds entschlossen; und selbst dann noch versuchten sie, die Bedingungen für den finanziellen Schadensersatz hochzuschrauben.

Angesichts von Wiesenthals Haltung in der Frage der Wiedergutmachung war es nicht typisch für ihn, daß er auf die Bitten einer älteren nach Neuseeland geflohenen Dame reagierte, ihr dabei zu helfen, ein wertvolles Gemälde wiederzuerlangen, das die Nazis mitgenommen hatten, als sie 1939 ihren Besitz und ihre Wohnung in Wien beschlagnahmten. Sie hatte an verschiedene österreichische Beamte geschrieben, ohne jemals eine zufriedenstellende Antwort zu erhalten. In dem Brief, den sie Wiesenthal 1964 schrieb, berichtete sie: «Ich bin über den Verlust vieler Dinge hinweggekommen; andere haben viel mehr verloren. Aber ich würde gern wissen, was aus diesem Gemälde [Friedrich Gauermann aus der Biedermeierzeit] geworden ist. Ein Bekannter möchte es kaufen, und das Geld würde mir jetzt eine große Hilfe sein. Ich werde alt, und es sind Rechnungen zu bezahlen.»

Wiesenthal ist kein Kunstkenner. Aber durch seine Suche nach Eichmann in der Gegend von Altaussee war sein Interesse an den Schätzen geweckt worden, die die Nazis in den Salzminen versteckt hatten. Und er wußte, daß die Alliierten den österreichischen Behörden die Gemälde «ohne Eigentümer» wieder ausgehändigt hatten, die vormals im Besitz von österreichischen Juden waren. Die Österreicher sollten sie ihren Besitzern innerhalb von achtzehn Monaten zurückerstatten, und der Erlös aus dem Verkauf der übrigen sollte jüdischen Wohlfahrtsorganisationen zugute kommen. Viele Werke wurden zurückgefordert. Aber der Rest wurde an einem geheimen Ort aufbewahrt. Später kam heraus, daß es sich um Mauerbauch, ein Kartäuserkloster in der Nähe von Wien handelte.

Wiesenthal bemerkt: «Die Leute denken, ich sei ein Wunderarbeiter; ich erhalte immerzu die unwahrscheinlichsten Bitten um Hilfe in Fragen, in denen ich überhaupt nichts unternehmen kann.» Aber natürlich ist das auch sehr schmeichelhaft. Der Brief aus Neuseeland, der Anfang 1965 auf seinem Schreibtisch landete, verführte ihn, mehr zu tun, als nur eine mitfühlende Antwort zu schreiben.

Wiesenthal ging an die Arbeit. Anfangs wurde er von den Beamten abgewiesen. Sie erklärten, daß alles, was bis Ende 1968 nicht zurückgefordert werden würde, Eigentum des Staates werden würde. Eine erneute Abweisung erfuhr er, als er vorschlug, einen Katalog zu erarbeiten, so daß die früheren Besitzer die Möglichkeit hätten, einen Antrag auf Rückerstattung zu stellen. «Es blieb mir nichts anderes übrig, als an die höchsten Stellen zu appellieren.» Bruno Kreisky war damals der Außen- und Wolfgang Schmitz der Finanzminister. Beide erhielten Briefe von Wiesenthal, in denen er darauf drängte, daß ein Katalog erstellt wurde, der in den österreichischen Botschaften und Konsulaten eingesehen werden konnte. Er schickte Kopien seines Briefes an die Presse und betonte, daß der weiteren Öffentlichkeit die Existenz von eigentümerlosen Kunstwerken nicht bekannt sei. Aber – und das ist untypisch für eins von Wiesenthals Anliegen – das rief nicht sofort Aufsehen hervor.

Obwohl Kreisky sich bereit erklärte, Wiesenthals Vorschlag zu unterstützen – das war eine der wenigen Gelegenheiten, bei denen die beiden Männer in einer wichtigen Frage übereinstimmten –, dauerte es fast sechs Monate, bevor die Regierung formal darauf reagierte. Die Antwort war positiv – wenigstens glaubte Wiesenthal das zu der damaligen Zeit. In einer Presseerklärung schrieb er, daß die Regierung sich entschieden habe, ein Gesetz zu erlassen, das einen neuen Stichtag für die Anträge setze und eine Liste der verwahrten Gegenstände für obligatorisch erkläre. «Die Aktion des Dokumentationszentrums hatte daher vollen Erfolg», behauptete er stolz.

Wiesenthals Zuversicht war fehl am Platze. Doch er ist überzeugt, daß ohne ihn selbst dieser kleine Schritt nicht stattgefunden hätte und daß die Kunstwerke schon vor langer Zeit zu Staatseigentum erklärt worden wären. Weitere drei Jahre vergingen, aber schließlich wurde das Gesetz verabschiedet und die Liste veröffentlicht. Sie nahm 34 Seiten des Amtsblatts der österreichischen Bundesregierung, der *Wiener Zeitung*, ein und enthielt 657 Ölgemälde, mehr als

300 Aquarelle und Zeichnungen, zahlreiche Wandteppiche, Silber, Porzellan und andere Gegenstände. Anträge auf Rückerstattung konnten bis 1995 gestellt werden. Tausende von Anträgen liefen in Wien ein, doch Österreich forderte einen derartig detaillierten Beweis für die Eigentümerschaft, daß zehn Jahre später nur 100 Objekte an ihre früheren Besitzer zurückgegeben worden waren. (Wiesenthals Bekannte in Neuseeland gehörte nicht zu den Glücklichen; sie starb, ohne ihr Gemälde wiedererlangt zu haben.) «Man verbiß sich so sehr in Details und Maßangaben, weil ja die meisten, ehe sie verhaftet wurden, mit einem Zollstock in der Wohnung herumgingen, um ihre Bilder zu messen», äußerte sich Wiesenthal erbost gegenüber Journalisten. In seinem Archiv gibt es Dutzende von Briefen, die von Antragstellern geschrieben wurden, die sich bitter über den Bürokratismus beklagen, den sie von österreichischen Beamten erfahren hatten. «Einige der Beamten warteten nur darauf, daß der letzte Überlebende starb; weil später niemand mehr seinen Besitz zurückfordern könnte und das ganze an den Staat fiele.»

1984 veröffentlichte die amerikanische Kunstzeitschrift *Art News* die Geschichte der eigentümerlosen Kunstwerke in Österreich unter dem Titel «Testament of Shame». Von diesen internationalen Auswirkungen in Schwung gebracht, wurde ein neues Gesetz verabschiedet, und es wurde leichter, die Eigentümerschaft an einem Kunstwerk nachzuweisen. Mehr als 400 wurden in den folgenden zehn Jahren zurückgegeben. Weitaus mehr blieben in Österreich; die meisten davon stammen von weniger bekannten Künstlern. Die österreichische Regierung entschied 1995, daß sie auf einer Auktion verkauft werden und der Erlös an jüdische Organisationen gehen sollte. Es wurde jedoch kein Termin festgesetzt. Statt dessen gab es einen neuen Haken an der Sache: Die Ankündigung, daß alle Kunstgegenstände vor der Auktion in einer Ausstellung gezeigt werden müßten, wurde kurz darauf zurückgezogen. Wenn die Bilder besichtigt werden könnten, so die Erklärung, dann sei ungerechtfertigten Ansprüchen von skrupellosen Antragstellern Tür und Tor geöffnet. Im Oktober 1996 wurden die Wertsachen ohne Eigentümer im Wiener Dorotheum versteigert. Die Verkaufssumme, die viel höher war als erwartet, wurde zugunsten jüdischer Organisationen von einem Komitee verteilt, dem Wiesenthal angehörte.

Trotz dieses erfreulich anmutenden Endes faßt Wiesenthal diese unbefriedigende Geschichte zusammen in dem Satz: «In dubio contra ebreum» («Im Zweifel gegen den Juden»).

Leider war diese Erfahrung auch typisch für die unentschlossene und zögerliche Haltung, die Österreich in allen Fragen der Wiedergutmachung gegenüber jüdischen Opfern der Nazi-Herrschaft eingenommen hat. Wiesenthals Ansicht ist: «Sie werden immer noch über die Wiedergutmachung debattieren, wenn das letzte Opfer schon lange verstorben ist.»

Fünfzehn
Angriff und Gegenangriff

Selbst als hinkendes, gerade aus Mauthausen befreites Skelett begriff Simon Wiesenthal, daß es ein Kampf gegen die Zeit werden würde, um die NS-Verbrecher der Justiz zu übergeben; und er dachte dabei nicht so sehr an ihr Alter oder daran, daß sie eines natürlichen Todes sterben könnten.

Sofort nach Kriegsende bestand die Herausforderung darin, die fliehenden SS-Wachmannschaften zu ergreifen, bevor sie sich der Verhaftung entziehen konnten. Wenig später kam die Befürchtung, daß die Zeugen der Kriegsverbrechen sich in alle Welt zerstreuen würden, bevor ihre Aussagen aufgenommen waren, und daß so entscheidende Beweise für Kriegsverbrechen verlorengehen könnten. Dann stellte sich die Erfahrung ein, daß das Engagement bei der Entnazifizierung dahinschwand und ehemalige Nazis in Positionen gelangten, die es ihnen ermöglichten, Kriegsverbrecherprozesse zu verzögern oder sogar zu blockieren. Die Bundesrepublik Deutschland und mehr noch Österreich brachten erfahrene Personen, ungeachtet ihrer nationalsozialistischen Vergangenheit, in höheren Positionen unter, die für die Staatsmaschinerie entscheidend waren. Dazu gehörten auch die Bereiche Justiz und Bildung. Viele von denen, die im Dritten Reich die Befehle gegeben hatten, taten in der Nachkriegszeit dasselbe. Obwohl die Kommunisten das immer geleugnet haben, war das Regime der Deutschen Demokratischen Republik noch stärker mit Nazis durchsetzt.

Als sich die Ost-West-Beziehungen verschlechterten, wurde die Lage für Kriegsverbrecherprozesse noch finsterer. Als die Angst vor den Absichten der Sowjetunion wuchs, zogen sich die westlichen Alliierten weiter von der Suche nach NS-Verbrechern zurück. Revisionistische Historiker stellten überdies, als das enorme Ausmaß der Morde unter Stalin bekannt wurde, die Behauptung auf, daß der Holocaust von den Tragödien in der Sowjetunion übertroffen werde.

Die Länder des kommunistischen Blocks zögerten, mit den Justizbehörden im Westen zu kooperieren, und waren nicht bereit, die in ihrem Besitz befindlichen Unterlagen für die Kriegsverbrecherprozesse im Westen zur Verfügung zu stellen. Die von ihnen durchgeführten Kriegsverbrecherprozesse verliefen zumeist oberflächlich. Oft wurden lange Haftstrafen ausgesprochen, aber die Schuldigen schon bald darauf freigelassen und in den Apparat der Kommunistischen Partei aufgenommen.

Die Hallstein-Doktrin, die alle Beziehungen zur DDR verbot, bedeutete auch, daß Bonn die DDR und andere kommunistische Länder nicht um die Bereitstellung von Dokumenten bitten oder die Auslieferung von Verdächtigen fordern durfte. Das stellte sich als ein großes Hindernis für die Ludwigsburger Zentralstelle bei ihren Ermittlungen zu NS-Verbrechen heraus, die in den von Deutschland besetzten Ländern begangen worden waren. Ludwigsburg versuchte, Dossiers über die Rolle von einzelnen Deutschen in den Konzentrationslagern in Polen und anderen Teilen Osteuropas aufzustellen. Doch da alle Warschauer-Pakt-Staaten die DDR anerkannten, konnte Ludwigsburg diese Länder nicht um Hilfe bitten, selbst wenn sie dazu bereit gewesen wären.

Als Privatperson war Wiesenthal nicht an die Hallstein-Doktrin gebunden, aber das machte wenig Unterschied. Individuelle Aktivitäten, besonders von der Art, wie er sie unternahm, waren den Kommunisten in jedem Falle suspekt. Dazu kam noch, daß Wiesenthal in der unmittelbaren Nachkriegszeit eng mit den Mitarbeitern der US-Geheimdienste in der amerikanisch besetzten Zone Österreichs zusammengearbeitet hatte. Die osteuropäischen Regime hätten versuchen können, ihn zu benutzen. Ein einziges Mal wurde ein kleiner

Versuch gemacht: sie rekrutierten ihn mit anderen Experten, um die Authentizität von Dokumenten zu bestätigen, von denen die Tschechen behaupteten, sie hätten sie in Kisten gefunden, die in einem See versenkt worden waren. Aber in Wirklichkeit trauten sie ihm niemals, und sie halfen ihm auch nicht dabei, Dossiers über Kriegsverbrecher zu erstellen.

Alles zusammen lehrte Wiesenthal, daß Geduld und daher Zeit die ausschlaggebenden Faktoren waren, wenn es um die strafrechtliche Verfolgung von NS-Verbrechern ging.

Doch es bestand die Gefahr, daß denjenigen, die an den Dossiers gegen Kriegsverbrecher hart arbeiteten, die Zeit davonlief. Die Verjährungsgesetze in der Bundesrepublik und in Österreich schrieben vor, daß jede strafrechtliche Verfolgung von Kriegsverbrechen, auch der Massenmord, innerhalb von zwanzig Jahren nach Kriegsende angestrengt werden mußte. Für Deutschland lag der Stichtag im Mai 1965; für Österreich war es der 29. Juni 1965. Wiesenthal war sich sicher, daß sich viele der Hauptverantwortlichen des Holocaust der Gerechtigkeit entziehen könnten, wenn diese Statuten nicht geändert oder wenigstens die Verjährungsfrist deutlich verlängert werden würde. Doch in den frühen sechziger Jahren wurde deutlich, daß viele der größten NS-Verbrecher aus dem Einflußbereich der deutschen oder österreichischen Justiz geflohen waren. Aus persönlicher Erfahrung wußte er, daß sie in Südamerika oder im Mittleren Osten nur schwer aufzuspüren waren. Und auch wenn sie ausfindig gemacht worden waren, konnte es Jahre dauern, bis sie verhaftet, ausgeliefert und angeklagt wurden.

Wiesenthal brütete wie gewöhnlich nicht schweigend vor sich hin. Er brachte seine Begabung für politisches Lobbying ins Spiel und initiierte eine Vielzahl von Aktivitäten, um sein Ziel zu erreichen. 1965 begann er, sich in mündlicher und schriftlicher Form an die Justizminister der Bundesrepublik und Österreichs zu wenden, um sie davon zu überzeugen, daß sie es den Opfern des Holocaust schuldig seien, die rechtlichen Beschränkungen für die Verfolgung von Massenmördern aufzuheben. In Bonn beschäftigte man sich mehr mit der Entschädigung des beschlagnahmten Eigentums von NS-Opfern (die nicht an zeitliche Grenzen gebunden war) als mit der Verfolgung der Täter selbst. Im November 1964 bestätigten die deutschen Behörden, daß sie nicht planten, die Verjährung aufzuheben. In Wien stieß Wiesenthal auf eine ähnliche Indifferenz.

Andere hätten vielleicht aufgegeben, nicht aber Wiesenthal. In *Recht, nicht Rache* schrieb er: «Mir wurde klar, daß es zu kämpfen galt.» Seine Strategie bestand darin, bekannte Intellektuelle anzusprechen, um Unterstützung durch hohe Stellen zu erhalten. Eine Liste von 369 berühmten Persönlichkeiten wurde erstellt, vor allem aus dem deutschen und österreichischen öffentlichen Leben: Akademiker, Rechtsanwälte, Schriftsteller, Geistliche und Musiker. Auch einige Emigranten, u. a. Golo Mann, wurden um ihre Unterstützung gebeten, aber Politiker wurden mit Absicht nicht angeschrieben. Alle diese Personen erhielten einen Brief von Wiesenthal mit der dringenden Bitte, sich gegen die Verjährung von NS-Verbrechen auszusprechen. Er schrieb: «Diese Tatsache [der Verjährung] ist eine beispiellose Ungerechtigkeit gegenüber den Millionen Opfern der Nazi-Barbarei, außerdem stellt sie eine Schande und eine Gefahr für viele Völker dar. Was kann dann die Welt von Menschen erwarten, die, obwohl sie solche Verbrechen begangen haben, ab Mai 1965 straffrei sind. Diese Leute werden sich – wenn sie nichts mehr zu befürchten haben – überall in der Welt mit den Feinden der Demokratie offensichtlich verbinden, werden ungehindert Propaganda unter der Jugend entfalten und unermeßlichen Schaden anrichten.»

Fast alle Angeschriebenen antworteten, und obwohl manche Bedenken äußerten, teilten 90 Prozent Wiesenthals Ansicht. Ein deutscher Verlag veröffentlichte 200 ausgewählte Antworten in einem kleinen Buch mit dem Titel *Verjährung: 200 Persönlichkeiten des öffentlichen Lebens sagen nein*. Das Buch wurde schnell an Minister und Parlamentsabgeordnete Deutschlands und Österreichs gesandt. Wiesenthal organisierte Pressekonferenzen, um seine Aktion öffentlich bekanntzumachen. Und er ging noch einen Schritt weiter und warb um die Unterstützung eines berühmten Amerikaners: Robert

Kennedy, der ihm ein Telegramm mit fünf Worten schickte: «*Moral duties have no terms.*»

Dieser Satz wurde zum Motto der Kampagne. Aber für Wiesenthal bedeutete er weitaus mehr. In nuce drückt er alles aus, woran Wiesenthal zutiefst glaubt. Er schätzt Kennedys Diktum weit über seinen Anlaß hinaus, und er spricht über Robert Kennedy mit einer Leidenschaft wie nur über wenige andere: «Bis heute frag ich mich, wer von all diesen Leuten, die ich kennengelernt habe, hatte diese Brillanz gehabt wie der Robert Kennedy.»

Natürlich war Wiesenthals Kampagne nur ein Element in einer diffusen, oft heftig geführten Debatte über die Entnazifizierung, die schließlich Österreich und Deutschland dazu veranlaßte, die Verjährung für NS-Verbrechen aufzuheben. Wiesenthal ist ungewöhnlich bescheiden, wenn er seine Rolle dabei beschreibt. Er behauptet, daß die Kampagne nur «dabei geholfen» habe, «den Ton der Debatte zu verändern».

Wiesenthals Taktik hatte wahrscheinlich mehr Auswirkungen in Westdeutschland, wo sein Image als «Nazi-Jäger» fest etabliert war und ihm eine beträchtliche moralische Autorität eingebracht hatte. Dazu kam, daß die Ludwigsburger Staatsanwälte und eine Reihe von Generalstaatsanwälten der Bundesländer seine Ansichten teilten und den Druck auf die führenden Politiker verstärkten. Dazu trugen auch die Äußerungen von vielen berühmten internationalen Anwälten und Fürsprechern der Menschenrechte bei. Schließlich stimmte der Bundestag dafür, die Verjährungsfrist um fünf Jahre zu verlängern.

Dies, obwohl der damalige Bundesjustizminister Ewald Bucher seine ganze Autorität in die Waagschale geworfen und sich hinter diejenigen gestellt hatte, die meinten, Deutschland hätte bereits die Mehrheit der NS-Verbrecher strafrechtlich verfolgt. Nach seiner Niederlage 1965 trat er zurück. 1969 wurde die Verjährungsfrist erneut um zehn Jahre verlängert.

Österreich brauchte bis 1966, um sich für einen klaren Schnitt zu entscheiden und die Verjährungsfristen grundsätzlich aufzuheben.

Doch das lag nicht an einem plötzlichen Meinungsumschwung hinsichtlich der Verfolgung von NS-Verbrechen. Im Gegenteil: aufgehoben wurde das Gesetz erst nach einer aufreibenden Debatte über die dominante Rolle, die ehemalige Nazis und Nazi-Sympathisanten unter den österreichischen Richtern spielten. Ihre Anwesenheit und die politische Amnestie, die ihnen nach dem österreichischen Staatsvertrag 1955 gewährt worden war, ließen es unwahrscheinlich erscheinen, daß die Verfolgung von NS-Verbrechen weitergehen würde. Da die Frage der Verjährung praktisch bedeutungslos war, gab es wenig Grund, an ihr festzuhalten.

Alle, die geglaubt hatten, daß sich Wiesenthal damit zufriedengeben würde, eine zeitliche Grenze für die Verfolgung von NS-Verbrechen in den deutschen Gesetzesbüchern zu lassen, hatten seine Zielstrebigkeit unterschätzt. Die weitere Verlängerung der Frist passierte 1969 den Bundestag ohne große Schwierigkeiten, aber als das Jahr 1979 näherrückte, meinte der damalige Kanzler Helmut Schmidt, daß die Öffentlichkeit ein Ende der Kriegsverbrecherprozesse wolle. Wiesenthal war anderer Ansicht. 1978 entschloß er sich, eine schärfere Gangart einzuschlagen, um für die vollständige Abschaffung der Verjährungsfrist zu sorgen. Den NS-Verbrechern durfte die Angst vor strafrechtlicher Verfolgung einfach nicht genommen werden.

In dieser Runde, so glaubt Wiesenthal, waren seine Interventionen entscheidend. Er wählte nun einen populistischen Ansatz: 1978 initiierte er eine weltweite Postkartenkampagne an die Adresse von Kanzler Schmidt. Um die Kampagne bekanntzumachen und den größtmöglichen Einfluß zu erzielen, wurden Pressekonferenzen abgehalten. Auf der Postkarte war ein Foto von einem lächelnden SS-Offizier, der breitbeinig über einem seiner Opfer stand. Im Hintergrund hingen zwei weitere Tote an Bäumen. Auf der Rückseite stand:

«Über eine Million Männer, Frauen und Kinder – Russen, Polen, Slawen, Zigeuner und 6 Millionen Juden wurden von den Nazis ermordet. ... Einer der Mörder ist auf dieser Karte abgebildet. Er ist bis heute nicht gefaßt worden. Er und Tausende weiterer NS-Verbrecher leben in Freiheit und warten auf den 31. Dezember

1979. Nach diesem Tag wird es, wenn die Verjährungsfrist nicht aufgehoben wird, nicht mehr möglich sein, sie vor Gericht zu bringen. Wie Simon Wiesenthal sagte: ‹Verbrechen gegen die Menschlichkeit dürfen nicht verjähren.›»

Eine halbe Million Karten wurden in deutscher, englischer, französischer und holländischer Sprache gedruckt. Das Wiesenthal Center in Los Angeles, das seit 1977 existierte, trug einen Teil der Kosten für die Postkartenkampagne, aber Wiesenthal bestand darauf, daß die Operation in seinen Händen blieb. In seinen Akten befinden sich zahllose Anfragen von Privatleuten, die seine Ansichten unterstützten und um ganze Stapel von Karten baten, die sie weitergeben wollten. In den Vereinigten Staaten wurde Wiesenthal besonders von der Abgeordneten Elizabeth Holtzman unterstützt. Ihrer Meinung nach hatte es die US-Regierung versäumt, die Ermittlungen gegen mutmaßliche NS-Verbrecher in den Vereinigten Staaten voranzutreiben. Wenn überhaupt welche identifiziert und zurück nach Deutschland geschickt wurden, dann würden sie – solange Bonn die Verjährungsfristen nicht verlängerte – straffrei ausgehen.

Zugleich setzte sich Elizabeth Holtzman im Kongreß erfolgreich dafür ein, daß der Suche nach NS-Verbrechern in den Vereinigten Staaten eine höhere Priorität eingeräumt wurde. Das führte, wie schon beschrieben, schließlich zur Einrichtung des Office of Special Investigations, einer Unterabteilung des Department of Justice. Der erste Direktor des OSI war Neal Sher, der schätzte, daß zwischen 1948 und 1952 10000 NS-Täter in die Vereinigten Staaten gekommen waren, doch nur 52 Personen die frisch verliehene Staatsbürgerschaft wieder entzogen wurde. Bis 1995 kam es in diesen Fällen zu 44 Ausweisungen.

Obwohl der Druck aus den Vereinigten Staaten half, die deutsche Regierung davon zu überzeugen, daß den strafrechlichen Verfolgungen von NS-Verbrechen keine zeitliche Grenze gesetzt werden dürfe, mußte die Entscheidung noch vom Bundestag ratifiziert werden. Wiesenthal behauptet, seine Interventionen hätten entscheidend dazu beigetragen, daß eine knappe Mehrheit für die endgültige Aufhebung der Verjährungsfristen stimmte. Er verweist auf ein elfstündiges Treffen mit deutschen Parlamentariern, und vor allem auf eine zweieinhalbstündige Unterredung mit Franz Josef Strauß, dem mächtigen bayrischen Ministerpräsidenten, der die Kriegsverbrecherprozesse beendet sehen wollte. Wiesenthal wollte, daß die Bundestagsabgeordneten der CSU ihre Stimmen für die Aufhebung der Verjährungsfristen abgeben sollten.

Wie Wiesenthal erzählt, bat er seinen Verlegerfreund Axel Springer, den Kontakt zwischen ihm und Strauß herzustellen. Dann flog er nach München zu einer Unterredung, die nur dreißig Minuten dauern sollte. «Unser Gespräch begann damit, daß wir uns gegenseitig unsere Argumente wie Kanonen an den Kopf warfen. Strauß sagte, daß alle die Greuel der NS-Zeit vergessen wollten. Ich erwiderte, daß ich die Verjährungsfristen nicht akzeptieren könnte, vor allem nicht, da wir bei der Verfolgung von NS-Verbrechen zwölf Jahre durch den Kalten Krieg verloren hätten. Er schleuderte mir die Erinnerung an all die gewöhnlichen deutschen Soldaten entgegen, die während des Krieges ihr Leben verloren hatten. Ich forderte ihn heraus und fragte ihn, ob er mir sagen könne, wie viele Juden Deutsche getötet hätten. Die könne er dann von den sechs Millionen toter Juden abziehen.»

«Darauf wußte Strauß keine Antwort», erinnert sich Wiesenthal mit Befriedigung. «Ich erinnerte ihn daran, daß er und ich sicherlich eine Ansicht teilten: Wir waren beide gegen den Kommunismus. Und ich wies darauf hin, daß die Medien im kommunistischen Block nicht länger gegen die NS-Verbrecher wetterten, ein Zeichen dafür, daß sie gegen weitere Strafverfolgungen waren. Wenn sie diese Haltung eingenommen hatten, dann stimmte ganz sicher etwas nicht.»

Diese dumpfe Logik beeindruckte Strauß offensichtlich. Er versprach, mit den Bundestagsabgeordneten der CSU zu sprechen, und einige von ihnen stimmten für die Aufhebung der Verjährung.

Glücklicherweise «bekamen wir genau die Zahl von Stimmen, die wir brauchten». Und wenn die gemeinsame Ablehnung des Kommunismus wirklich dabei half, die Sache für Wiesenthal zu entscheiden, dann trug das nur noch mehr zu seiner Befriedigung bei.

Schon vor Jahrzehnten, in seinen Studententagen, war er zu der Ansicht gelangt, daß der Marxismus keine Anziehungskraft auf ihn ausübte. Aber nach dem Krieg wurde sein Antikommunismus wesentlich ausgepräger. Ein Grund dafür war das Wissen um Stalins Gulag und seine Massenmorde. Auch hatte die Verfestigung seiner Auffassung mit dem tiefen Bedauern über die negativen Auswirkungen des Kalten Krieges zu tun, und vor allem wurde Wiesenthal in dieser Ansicht durch Belege für die taktische Blindheit der Kommunisten gegenüber den Nazis in den eigenen Reihen bestärkt. Und dies, während sie zugleich den Westen wegen der laschen Handhabung der Entnazifizierung durch bzw. der unterlassenen strafrechtlichen Verfolgung von NS-Verbrechern attackierten.

Das alles hielt Wiesenthal 1964 nicht davon ab, eine Einladung der offiziellen tschechoslowakischen Nachrichtenagentur CTK anzunehmen, zusammen mit weiteren Experten den Inhalt von vier Kisten zu untersuchen. Die Tschechen behaupteten, daß sie im Cerne Jezero, dem Schwarzen See, in der Nähe von Budweis in Südböhmen gefunden worden seien. Er nahm an, daß die Tschechen die Dokumente für authentisch erklären lassen wollte, um sie danach für harte Währung zu verkaufen. Und er war geschmeichelt, aber nicht überrascht, daß er als «einer der wenigen etablierten Fachleute dieser Zeit» dazu eingeladen wurde. Für Wiesenthal war es ein gefundener Schatz. Zu den Dokumenten gehörten das Kriegstagebuch einer der Tötungsmaschinen Hitlers, der SS-Division «Das Reich». Darunter befanden sich auch eine Liste von Gestapo-Agenten in verschiedenen europäischen Ländern, Einzelheiten über die Ermordung des österreichischen Vorkriegs-Kanzlers Dollfuß, Dokumente über die Aktivitäten des deutschen Topspions Otto Abetz in Frankreich und der Tagebuchbericht der Tochter des Fürsten von Hohenlohe über ihre Affäre mit Lord Runciman.

Wiesenthal und andere Experten kamen zu der Ansicht, daß die Dokumente echt waren, aber die Tschechen hatten offenkundig nicht die Wahrheit darüber gesagt, wie sie in ihren Besitz gelangt waren. Die Dokumente waren thematisch so unterschiedlich, daß sie nicht aus demselben Archiv stammen konnten, argumentierte Wiesenthal. Das «Kriegstagebuch» müsse aus Berlin stammen, aber bei den anderen Dokumenten war er nicht überzeugt, daß sie aus Berlin kamen bzw. daß man sie zusammen in die Kisten gestopft hatte, die angeblich aus dem tschechischen See gezogen worden waren. Damit begründete er seine Weigerung, das Echtheitszertifikat zu unterschreiben. Das «Kriegstagebuch» wurde an den österreichischen Europa Verlag verkauft und im folgenden Jahr veröffentlicht.

Das Auftauchen der Dokumente gerade zu diesem Zeitpunkt – und hierin waren sich Wiesenthal und seine Kollegen einig – wies darauf hin, daß Erwägungen im Spiel waren, die etwas mit der westdeutschen Debatte über die Aufhebung der Verjährungsfristen zu tun hatte. Dieses eine Mal stand Wiesenthal zusammen mit einem kommunistischen Regime auf derselben Seite. Beide versuchten, Bonn davon abzuhalten, das Verjährungsgesetz anzuwenden und die Verfolgung von NS-Verbrechen zu beenden.

Aber ihre Motive waren radikal verschieden. Wiesenthal wollte mehr Zeit, um die Täter zu finden und Beweise zu sammeln – nicht zuletzt hinter dem Eisernen Vorhang. Die Kommunisten wollten die gefundenen Dokumente dazu benutzen, die Kriegsschuld Westdeutschlands und seine Verantwortung dafür hervorzuheben, sich gründlicher mit dem Erbe der NS-Zeit auseinanderzusetzen. Die ganze Stoßrichtung der Propaganda ging dahin, den Eindruck zu wekken, als ob die kommunistischen Länder von Nazis gesäubert worden wären, während die westlichen kapitalistischen Staaten Nazis weiterhin Unterschlupf gewährten. Die Diskussion um die Verlängerung der westdeutschen Verjährungsfristen konnte politisch in zweierlei Hinsicht funktionalisiert werden: Wenn weiterhin Nazis auf den Anklagebänken saßen, konnte die kommunistische Propaganda das als Enthüllungen für ihre Zwecke einsetzen. Doch auch wenn die Kriegsverbrecherprozesse eingestellt worden wären, hätte das zur propagandistischen Demonstration dafür benutzt werden können, wie der Westen die Nazis in seiner Mitte schützte.

Fairerweise sollte man annehmen, daß die Kommunisten zu der

Zeit, als Wiesenthal von den Tschechen nach Prag eingeladen wurde, noch nicht beschlossen hatten, ihn zur Zielscheibe der Haß- und Desinformationskampagne zu machen, die sie in den späten sechziger Jahren als Vergeltung dafür in Gang setzten, daß er öffentlich machte, zu welch einflußreichen Positionen Nazis in Ostdeutschland und Polen gelangt waren.

Für alle, die mit dem DDR-System vertraut waren, war offensichtlich, daß die Entnazifizierung dort kaum gründlicher als in der Bundesrepublik verlaufen war. Aber weil Wiesenthal in den westlichen Ländern als Aktivist für die Menschenrechte bekannt war, berührte es die bloßliegenden Nerven des kommunistischen Blocks, als er die ostdeutschen Behörden mit Namen, Zahlen und Beispielen darüber konfrontierte, wie sie selbst die Verleumdungsmethoden der alten Nazi-Propaganda übernommen und ihren eigenen Zwecken angepaßt hatten. Die Verdrehungen der Wahrheit in der kommunistischen Propaganda und ihre Versuche, die Entnazifizierung als Knüppel gegen die Bundesrepublik zu benutzen, hatten schon seit langem seinen Zorn erregt. Er wollte die Welt davor warnen, auf die «Moralprediger in Ostberlin» hereinzufallen, «die darauf bestanden, daß sie im Gegensatz zum schmuddeligen Bonn ein sauberes Berlin hätten».

Durch die Lawine von antisemitischen Ausfällen aus osteuropäischen Hauptstädten, die vom Krieg zwischen Israel und Ägypten 1967 ausgelöst wurde, war dies für Wiesenthal noch dringlicher geworden. Über mehrere Monate beobachtete er die osteuropäischen und besonders die ostdeutschen Medien und untersuchte die nationalsozialistische Vergangenheit von führenden Journalisten.

Am 6. September 1968 berief er dann eine Pressekonferenz in Wien ein, um seine Ergebnisse zu präsentieren. In einer Dokumentation legte er seine Vorwürfe ausführlich dar. Er nannte 39 ehemalige Mitglieder der NSDAP, die unter Joseph Goebbels gearbeitet hatten und nun in den ostdeutschen Medien aktiv waren. Seine Erfahrungen, so sagte Wiesenthal, berechtigten ihn zu der Behauptung, daß seine Analyse begründet sei: «Nachdem ich fast alle östlichen Sprachen beherrsche und die Terminologie, die verwendet wird, kenne – ich lebte zwei Jahre in der Sowjetunion, ich war in Polen, studierte in der Tschechoslowakei – fiel mir gleich auf, daß es in den Zeitungen, sei es ‹Neues Deutschland›, sei es ‹Deutsche Außenpolitik› oder wie sie alle nennen, eine Terminologie verwendet wurde, die an etwas Bestimmtes erinnert hat. ... Das heißt, an der Stelle des Wortes ‹Jude› schreiben sie ‹Zionist›, und anstatt ‹Nationalsozialismus› ‹Friedenslager› oder ‹Sozialistisches Lager.› Und auf einmal sahen diese Artikel aus, als wenn sie nicht vor etwa einem halben Jahr oder einem Jahr in der Presse erschienen, aber vor dreißig Jahren.»

Schon im August 1968 war er bereit gewesen, damit an die Öffentlichkeit zu treten, hatte sich jedoch entschlossen, abzuwarten, bis die unmittelbaren Auswirkungen der sowjetischen Intervention in der Tschechoslowakei vorbei waren. Das sei sinnvoll, so dachte er, weil er sich sonst noch stärker den kommunistischen Anschuldigungen ausgesetzt hätte, daß er das Dokumentationszentrum zugunsten der westlichen Geheimdienste als Waffe im Kalten Krieg benutze. Sein einziges Ziel bei der Veröffentlichung seiner Informationen über die DDR war es, die propagandistischen Verdrehungen des Regimes bekanntzumachen. Er ging am 6. September 1968 an die Öffentlichkeit. Da er nur beschränkten Zugang zu Informationen aus der DDR habe, sei die Liste notwendigerweise unvollständig, sagte er dem Wiener Pressekorps zu Beginn seiner Kampagne, die die tatsächliche Entnazifizierung in der DDR bekanntmachen sollte. Dann wandte er sich der DDR-Hierarchie zu, und in den folgenden Wochen nannte er 244 ehemalige Mitglieder der NSDAP beim Namen, die – so behauptet er – Mitglieder der SED geworden waren und hohe Positionen in Wirtschaft, Wissenschaft, Sport und Medien einnahmen. Er identifizierte auch zwölf Minister der DDR und 50 Abgeordnete der Volkskammer, dem Pseudo-Parlament der DDR, als ehemalige Mitglieder der NSDAP.

Nach der deutschen Vereinigung beschrieben zwei ehemalige Stasi-Agenten, Gunther Bohnsack und Herbert Brehmer, wie das Regime der DDR auf Wiesenthals Enthüllungen reagierte:

«Fakten haben uns bei der Desinformationsarbeit nie gestört. Auch nicht, als etwa der international bekannte Nazijäger Simon Wiesenthal ab Mitte der sechziger Jahre bewies, daß auch in der DDR Ex-Nazis Karriere gemacht haben. ... Die Parteiführung dachte nicht daran, dieser Schande ein Ende zu machen, sondern gab Wiesenthal frei zur Diffamierung durch Desinformation. Er wurde als Mossad- und CIA-Agent ‹entlarvt›.»

Polen schloß sich der DDR schnell mit einer Rufmordkampagne gegen Wiesenthal an. Darauf war er jedoch vorbereitet und veröffentlichte, ebenfalls 1968, eine lange Liste von Beschuldigungen gegen die Polnische Vereinigte Arbeiterpartei.

Wie auch der Sozialistischen Einheitspartei warf er der polnischen KP vor, ihre Mitglieder u. a. unter Faschisten und Antisemiten zu rekrutieren. Er erklärte, die Kommunisten hätten die Medien pervertiert, Juden von Posten entfernt und den kleinen Rest der polnischen Juden aus dem Lande getrieben.

In einer Broschüre mit dem Titel «Judenhetze in Polen» wurden die Namen von 20 Polen als «Vorkriegs-Faschisten und Kolloborateure» genannt, und 25 weitere wurden als «führende Antisemiten im kommunistischen Polen» beschrieben. «Beide Gruppen», so Wiesenthal, «können als Sieg für sich buchen, daß man Personen jüdischer Abstammung von ihren Posten entfernte. Zur Ehre des polnischen Volkes soll aber gesagt werden, daß sein größter Teil dieser neuen Welle kühl und ablehnend gegenübersteht.» Auf der Pressekonferenz in Wien sagte er dann noch, daß das kommunistische Regime in Polen bekannte Antisemiten auf hohe Posten in der Partei gesetzt hätte, obwohl manche von ihnen unmittelbar nach dem Krieg als Nazi-Kollobarateure verhaftet worden waren. «Was außerhalb der Macht des Nationalsozialismus lag, das wird von der polnischen Regierung heute erreicht: Polen von Juden zu säubern.» In seinem Buch *Recht, nicht Rache* schrieb er: «Als ein Mensch, der in Polen geboren und in Polen aufgewachsen ist, der mit Polen zusammen in Konzentrationslagern gelitten hat, erachte ich es als meine Pflicht, nachzuweisen, wer die wirklich Schuldigen für diese Hetze sind. Das bin ich all jenen Polen schuldig, die sich gegen den Nationalsozialismus aufgelehnt haben und dafür in Gefängnissen und Konzentrationslagern zugrunde gegangen sind.»

Die Politik der DDR und das Gift, das man gegen ihn ausstreute, störte Wiesenthal erheblich. Aber was Polen anging, so fühlte er sich noch weitaus stärker getroffen, da es sein Geburtsland war. Er äußerte sich deutlich über seine Erfahrungen mit dem polnischen Antisemitismus, den er während seiner Kindheit und Jugend in Galizien erlebt hatte. Kein Krieg und kein Wechsel des politischen Systems schien in der Lage zu sein, die polnischen Vorurteile gegenüber Juden auszulöschen. Und obwohl eine Handvoll Juden nach dem Krieg als Mitglieder der Kommunistischen Partei zugelassen worden und in der Parteihierarchie aufgestiegen waren, waren sie nicht länger willkommen. Sie hatten ihre Stellungen verloren und wurden im Zuge des Protests gegen den Sechs-Tage-Krieg zwischen Israel und Ägypten entfernt. Und Wiesenthals alter Gegner Kazimierz Rusinek, der Pole, der ihn kurz nach seiner Befreiung in Mauthausen geschlagen hatte, war Kulturminister geworden und hatte in dieser Eigenschaft behauptet, daß Israel den Krieg nur gewonnen habe, weil es frühere SS- und Wehrmachtsoffiziere als Ratgeber der israelischen Armee eingestellt habe.

Wiesenthal verstärkte seine Angriffe gegen die polnischen Kommunisten mit einem ultrascharfen Beitrag zu einer Sendung von Radio Free Europe. Das war kein kluger Schachzug. RFE war vom kommunistischen Block immer als ein Arm der CIA angesehen worden. Diesen Auftritt nutzten Polen und die DDR als Munition für ihre Behauptung, daß Wiesenthal als Agent für die Vereinigten Staaten arbeite. Keine Frage: Er war bereit, die Polnische Kommunistische Partei weiterhin wegen ihres Antisemitismus anzuklagen.

Polen und der DDR standen zwei Möglichkeiten zur Vergeltung offen; sie konnten entweder nach belastendem Material in Wiesenthals Vergangenheit graben oder die Fakten außer Acht lassen und seine Glaubwürdigkeit unterminieren. Ein mehr oder weniger objektiv zusammengestellter Bericht seines Lebens und seiner Arbeit wurde in Wiesenthals Stasi-Akte gefunden. Er legt nahe, daß die

Kommunisten keine harten Fakten finden konnten, um die giftigen Anschuldigungen zu untermauern, die sie gegen ihn erhoben und die größtenteils in Warschau verfaßt, aber auch ins Deutsche übertragen und in verleumderischen Artikeln verbreitet wurden. Schließlich stellten die Polen ein Buch mit dem Titel *Das Netz von Simon Wiesenthal* zusammen, ein 210seitiges Werk von Unterstellungen und Denunziationen, das in dem kreischenden Stil geschrieben ist, der an die antisemitischen Traktate der Nazis erinnert.

Die Schmutzkampagne gegen ihn reichte von tiefsitzenden Vorurteilen, die in zahllosen Artikeln und Radiosendungen demonstriert wurden, bis hin zu Beschuldigungen, für die Vereinigten Staaten, Israel und die Bundesrepublik Deutschland Spionage zu betreiben. Am schlimmsten war, daß die Kommunisten behaupteten, Wiesenthals Bericht über seine Leiden in der Kriegszeit sei größtenteils erfunden, und es sei nicht möglich gewesen, aus den von ihm beschriebenen Situationen lebend zu entkommen, ohne ein Kollaborateur der Nazis gewesen zu sein. Ein Artikel mit der Überschrift «Wiesenthal ging den Weg der Spionage und des Verrats» enthält eine Reihe von kryptischen Anspielungen auf Zeugen und Dokumente. Sie könnten beweisen, daß Wiesenthal von besonderen Zuteilungen profitiert habe, die ihm das Leben retteten, «im Unterschied zu vielen seiner Landsleute – Juden, Polen und Vertreter vieler anderer europäischer Nationen –, die auf dem Kreuzweg von den Hitlerfaschisten barbarisch zu Tode gequält wurden». Nachdem er sich schon während des Krieges kompromittiert habe, so wurde behauptet, sei er 1947 dazu übergegangen, als Spion für die Vereinigten Staaten zu arbeiten.

Die polnische und ostdeutsche Propaganda machte auch viel Wind um Wiesenthals Verbindungen zu einer privaten Detektivagentur in Wien, die von einem ehemaligen österreichischen Polizeibeamten namens Johann Ableitinger geführt wurde, der wegen Spionagetätigkeiten vor Gericht stand. In seinen Akten war auch Wiesenthals Name gefunden worden. Es stellte sich heraus, daß Wiesenthal ein einziges Mal Ableitingers Dienste kurz in Anspruch genommen hatte, aber die Affäre rief einen größeren Skandal in Wien hervor, und es wurde eine parlamentarische Untersuchung angeordnet. Ableitinger behauptet, daß Wiesenthal ihn bei den westdeutschen und israelischen Geheimdiensten eingeführt habe, und gab einen dunklen Hinweis auf angebliche Gestapo-Kontakte in der Kriegszeit. Wiesenthal wies alle Behauptungen Ableitingers zurück und hat immer darauf insistiert, daß der Mann einen ganzen Sack von Lügen über ihn erzählt habe. Sein Umgang mit dem früheren Polizeibeamten habe ausschließlich auf vertraglicher Basis bestanden, um ihm bei den Ermittlungen gegen einige mutmaßliche NS-Verbrecher zu helfen. Der sozialdemokratische Justizminister Österreichs, Christian Broda, bewahrte diese Beschuldigungen Wiesenthals dennoch zusammen mit dem Material auf, das die Polen gegen Wiesenthal zusammengestellt hatten. Die Affäre Ableitinger paßte zu schön in das Bild Wiesenthals, das seine Feinde in Osteuropa fabriziert hatten. Viele Jahre später, 1975, sollte Kanzler Bruno Kreisky sich diesem Material zuwenden, um seine Angriffe gegen Wiesenthals guten Namen zu untermauern.

Ein polnisches Memorandum über Wiesenthal, das in den Stasi-Akten gefunden wurde, meint über die Enthüllungen Ableitingers, daß «[d]iese Informationen ... Simon Wiesenthal eindeutig als Mitorganisator eines Spionagerings in Österreich und als Verbindungsmann zum westdeutschen und israelischen Nachrichtendienst [zeigen]». Der polnische Bericht bezieht sich auch auf die parlamentarische Untersuchung über die Affäre Ableitinger und die Behauptungen, daß Wiesenthal «intime und pikante» persönliche Informationen über österreichische Politiker gesammelt habe, die zu der Schlußfolgerung Anlaß gäben, daß er «die österreichische Gastfreundschaft mißbraucht hat».

Ohne Unterlaß wurde versucht, einen Keil zwischen Wiesenthal und die Österreicher zu treiben: «Wien ist zu einem Nest für Wiesenthals Agenten und die CIA-Kollaborateure geworden, die ihm nahe stehen», und: «Zu den schmutzigen Tricks der Leute vom Wiener Zentrum gehören Fälschung und Manipulation von Dokumenten.»

Natürlich stand Wiesenthal diesem Sperrfeuer nicht indifferent gegenüber. Wenn es aus westlichen Quellen gekommen wäre, hätte er Anklage wegen Verleumdung erhoben. Da eine derartige Reaktion auf den kommunistischen Block nicht möglich war, bestand die beste Möglichkeit des Umgangs mit seinen Verleumdern darin, seinen Zugang zu den westlichen Medien zu nutzen und die Warschauer und Ostberliner Heuchelei öffentlich zu machen. Doch bis zu seinem ersten offenen Zusammenstoß mit Bruno Kreisky nach den österreichischen Wahlen von 1970 begriff er nicht, in welchem Ausmaß der aus Osteuropa lancierte Schmutz die SPÖ infiziert und die Vorurteile der Sozialdemokratischen Partei Österreichs gegen ihn verstärkt hatte.

Sechzehn

Von Büchern und Filmen und Ruhm: Fakten und Fiktion

Frederick Forsyths Buch *Die Akte Odessa* wurde sofort nach seiner Veröffentlichung 1972 ein Bestseller und zur Grundlage eines populären Films. Das Buch, ein Thriller, mischt mit Erfolg Fakten und Fiktion über ODESSA, die Organisation, die man als eine «Cosa Nostra» der SS bezeichnen könnte und die NS-Verbrechern half, aus Europa zu entkommen. Den wichtigsten Bösewicht des Buches, Eduard Roschmann, gab es tatsächlich. Er war ein gesuchter SS-Offizier, der «Schlächter» von Riga, der auf der «Rattenlinie» der ODESSA nach Südamerika entkommen war. Auch in Forsyths Buch überlebt Roschmann, doch in der filmischen Version wird er getötet. Und dieser Film trug, als er 1977 in Argentinien gezeigt wurde, dazu bei, Roschmann aus seinem Versteck zu treiben.

Forsyths Held, der sich als Journalist und Amateurdetektiv auf die Suche nach Roschmann und den schwer faßbaren Verschwörern der ODESSA begibt, trägt den Namen Peter Miller und ist eine fiktive Figur. Miller bittet einen Mann bei seiner Nazi-Jagd um Rat, den er als Helden verehrt – es ist Simon Wiesenthal. Die Romanfigur hat Forsyth nach ihrem lebendigen Vorbild gestaltet. So beschreibt Forsyth Millers erste Begegnung mit Wiesenthal:

«Er war größer, als Miller erwartet hatte; ein stämmiger Mann von über einsachtzig, der eine dicke Tweedjacke trug und sich leicht gebeugt hielt, als suche er ständig nach irgendwelchen verlegten Papieren. Lord Russells Brief hielt er in der Hand.

Das Büro war sehr klein; seine Enge wirkte fast schon beklemmend. Eine Wand wurde vollkommen von einem übervollen Bücherregal eingenommen, an der gegenüberliegenden Wand hingen Zeugnisse diverser Vereinigungen ehemaliger Naziverfolgter. Auf dem langen Sofa vor der hinteren Wand stapelten sich auch Bücher und Manuskripte. Links neben der Tür blickte man durch ein kleines Fenster auf den Hinterhof. Der Tisch stand quer zum Fenster, und Miller setzte sich auf den Stuhl davor. Der Nazijäger von Wien setzte sich hinter den Tisch und las noch einmal Lord Russells Brief.

‹Lord Russell schreibt mir, daß Sie sich vorgenommen haben, einen ehemaligen SS-Mörder dingfest zu machen›, sagte er ohne Umschweife.

‹Ja, das stimmt.›

‹Kann ich seinen Namen erfahren?›

‹Roschmann, Hauptsturmführer Eduard Roschmann.›

Simon Wiesenthal zog die Brauen hoch und stieß einen leisen Pfiff aus.

‹Ist er Ihnen ein Begriff?› fragte Miller.

‹Der Schlächter von Riga? Einer der fünfzig Männer, deren Namen auf meiner Liste ganz obenan stehen. Darf ich fragen, weshalb Sie sich für ihn interessieren?›»

Im wirklichen Leben war Forsyth zu Wiesenthal gekommen, um seine vage Idee in eine packende Geschichte der SS-Menschenjagd zu verwandeln. Die beiden verstanden einander so schnell, daß Forsyth bald gemeinsam mit Wiesenthal die Handlung ausarbeitete. Die Arbeit mit Forsyth fesselte Wiesenthal auch schon, bevor er wußte, daß er zu einer Figur des Buches werden würde. Wiesenthal wollte die Handlung von Forsyths Buch für seine eigenen Zwecke nutzen. Forsyth erhielt einen solide porträtierten Bösewicht, Roschmann, und sorgfältig dokumentierte Einzelheiten über seine Kriegsverbrechen sowie detaillierte Aufschlüsse über *ODESSA*. Wiesenthal für seinen Teil hoffte, daß die Organisation *ODESSA* und Roschmann durch das Buch einer größeren Öffentlichkeit bekannt würden und der Mann deshalb vielleicht leichter aufgespürt werden könnte. Als er bemerkte, daß er in dem Buch ebenfalls porträtiert werden würde, begriff er, daß es auch sein öffentliches Image als Nazi-Jäger fördern würde.

Wiesenthal hat niemals um ein Honorar für die Beratung von Forsyth gebeten. Aber als feststand, daß *Die Akte Odessa* ein Erfolg werden würde, entschloß sich Forsyth, dem Dokumentationszentrum einen kleinen Prozentsatz der Honorarausschüttung aus dem ersten Jahr zu überweisen.

Forsyths Thriller basieren immer auf zeitgeschichtlichen Ereignissen, in den siebziger Jahren hatte er bereits *Der Schakal* geschrieben. Die Geschichte handelte von einer Verschwörung mit dem Ziel, General de Gaulle zu erschießen. Der Erfolg des Buches überzeugte ihn davon, daß es einen großen Markt für Geschichten gab, die sich mit der Menschenjagd beschäftigten. Er beschreibt, wie er zu dem Entschluß kam, daß das neue Buch von Deutschland handeln solle und wie die Handlung von *Die Akte Odessa* entstand: Aus seinem früheren Beruf als Ostberliner Korrespondent der Nachrichtenagentur Reuter kannte er die Propaganda der DDR genau genug, um zu wissen, daß sie die Bundesrepublik ständig durch die Behauptung diskreditierte, daß dort viele Nazis untergekommen waren, die einen Umsturz planten. Und in der westdeutschen Presse gab es Enthüllungen über eine geheime Fluchtroute für prominente Nazis und darüber, daß Informanten ermordet aufgefunden worden waren, an ihren eigenen Gürteln oder Lederriemen erhängt. Noch etwas war Forsyth aufgefallen: In den sechziger Jahren war der Holocaust praktisch ein tabuisiertes Thema in Deutschland, die jungen Leute schienen nichts darüber zu wissen.

Diese Elemente ergaben die Genese einer neuen Geschichte, und er beschloß, daß sein Detektiv-Held ein Nichtjude sein sollte, ein David, der mit einem Goliath kämpfte und der etwas über den Holocaust lernen würde, während er nach dem SS-Bösewicht jagte. Doch er hatte noch immer kein Profil und keinen Namen für den Bösewicht. «An diesem Punkt wandte ich mich an eine offensichtliche Adresse: an Simon Wiesenthal. Ich wollte ihn fragen, wie ich meinen Bösewicht gestalten sollte.» Er informierte sich gründlich über Wiesenthal und stellte sich mit einem Brief in Wien vor – nicht wie sein Held Peter Miller von Lord Russell aus Liverpool, dem berühmten Staatsanwalt in Kriegsverbrecherprozessen und Historiker, sondern von Fred Zinnemann, dem amerikanischen Regisseur, der *Der Schakal* verfilmt hatte.

Forsyth erinnerte sich in einem Interview mit mir: «Wiesenthal wußte nicht, wer ich war, und er hatte auch nicht von *Der Schakal* gehört. Er hatte auch keinen besonderen Grund, mir seine Zeit zu widmen. Aber er war sehr erfreut, als er bemerkte, daß ich Deutsch konnte – sein Englisch war noch immer nicht ganz fließend – und er wurde sehr angeregt, als ich ihm meine Handlung darlegte.

‹Warum wollen Sie einen fiktionalen Charakter entwerfen?› fragte Wiesenthal. Er hatte 200 Namen in seinen Akten, die in meine Handlung passen würden, und war der Ansicht, daß ein Kommandant eines Konzentrationslagers in Osteuropa am besten wäre. Er verwarf die bekanntesten Namen und meinte, es sei besser, wenn ich jemanden nähme, der relativ unbekannt, aber scheußlich sei. Dann schlug er Roschmann vor.»

Das ursprünglich geplante einstündige Interview wurde zu einem dreitägigen Gespräch. Zwischen seinen Recherchen in Deutschland und Israel kam Forsyth noch zwei weitere Male zu Wiesenthal. Forsyth mochte ihn. Er war beeindruckt von Wiesenthals «wuchtiger Energie und Lebenskraft». Der Jäger hätte Grund gehabt zu hassen. Forsyth war überzeugt, daß Wiesenthal keinen Haß in sich trägt. Statt dessen habe er eine Form von Resignation bei Wiesenthal bemerkt, ein Gespür dafür, daß er schon zu viel der Greuel gesehen habe, als daß er noch länger schockiert sein könne. Er fing langsam an, «sich bei dem Horror zu langweilen».

Wiesenthal half Forsyth mit wichtigen Einzelheiten über das Rigaer Ghetto, Roschmanns Verhalten und seine Morde. Er gab ihm die Namen von Überlebenden aus Riga, von denen Forsyth einige interviewte und deren Geschichten er in seinem Buch beschrieb. Er gab ihm den Rat, mit hilfsbereiten Anwälten in Ludwigsburg zu sprechen, und warnte ihn, daß er bei der Staatsanwaltschaft in Hamburg vor geschlossenen Türen stehen würde. Wiesenthal meint, es sei seine Idee gewesen, eine Szene zu erfinden, in der Roschmann einen Wehrmachtsoffizier tötet, um sich den Platz auf einem Schiff zu sichern, das ihn aus dem Chaos des deutschen Rückzugs und der Todesmärsche am Ende des Krieges an einen sicheren Ort bringen sollte.

Doch Forsyth sagt, daß es eine wahre Begebenheit sei, die ihm von einem der Überlebenden erzählt wurde. Als er Wiesenthal von seiner Entdeckung berichtete, «wurde er sehr aufgeregt und drängte mich, das in *Die Akte Odessa* aufzunehmen». Wiesenthal sollte mit seiner Ansicht recht behalten, daß der Bericht über diesen Vorfall eine Zeitbombe wäre, die Unruhe unter den Wehrmachtskameraden von Roschmann stiften würde, bis sie ihn schließlich verrieten.

Genau das geschah dann auch – zwar nicht aufgrund des Buches, doch aufgrund des Filmes, der nach dem Roman gedreht wurde. Zuerst gab es einige komische falsche Spuren zu Roschmann. Maximilian Schell spielte die Rolle; und Wiesenthal erhielt zahlreiche Informationen, daß Roschmann gesehen worden sei – von Leuten, die in Wirklichkeit jemanden gesehen hatten, der Schell ähnelte! Aber dann kündigten die Plakate den Film in Argentinien an. Eine ganze Reihe von Deutschen wußte, daß Roschmann sich in Argentinien versteckt hielt, und am 1. Juli 1977 wurde er von der argentinischen Polizei, die einen Tip erhalten hatte, verhaftet. Deutschland stellte sofort ein Auslieferungsbegehren. Doch Roschmann wurde nicht ausgeliefert, sondern freigelassen, mit der Auflage, Argentinien sofort zu verlassen. Er ging nach Paraguay, wo er einige Tage später an einem Herzinfarkt starb. Örtliche Journalisten schickten Wiesenthal die Fingerabdrücke des Toten. Sie waren identisch mit denen, die von Roschmann genommen worden waren, als er nach dem Krieg für kurze Zeit in Graz in Haft saß. Wiesenthal hatte nun keinen Zweifel mehr, daß er einen weiteren Namen von seiner Liste streichen konnte.

Die Akte Odessa war einzigartig: Sie beflügelte nicht nur die allgemeine Vorstellungskraft, sondern half auch, einen Kriegsverbrecher aufzuspüren. In *Die Boys aus Brasilien*, einem später ebenfalls verfilmten Roman von Ira Levin, wurde Simon Wiesenthal als Held dargestellt. Im Gegensatz zu Frederick Forsyths Buch war dieses reine Fiktion und wollte ausschließlich unterhalten. Wiesenthal hat daran nicht mitgearbeitet; daß er als derjenige dargestellt wurde, der Mengele in der letzten Szene überwältigt, illustriert, wie fest er in der populären Vorstellung als archetypischer Nazi-Jäger etabliert war. Wiesenthal hielt nicht sehr viel von dem Buch, das geschrieben worden war, bevor er akzeptiert hatte, daß der wirkliche Mengele tot war. Doch er fühlte sich geschmeichelt, als der «großartige [Laurence] Olivier» zu ihm kam und ihn sich ansehen wollte, bevor er die Rolle einstudierte, und 1987 nahm er auch an der Hollywood-Premiere teil, weil das dem Aufbau des Wiesenthal Center in Los Angeles zuträglich war.

Wiesenthal hat die vielen Fernsehfilme, die über ihn gedreht worden sind, nicht gezählt. Mit Abstand am besten gefällt ihm die Fernsehversion seines biographischen Textes *Doch die Mörder leben*, die 1988 für das britische Thames Television gedreht wurde. Der Film, der sich an Ereignisse anlehnt, die Wiesenthal in dem gleichnamigen Buch beschreibt, konzentriert sich auf einige seiner schrecklichen Kriegs- und wichtigen Nachkriegserlebnisse. Natürlich ist in dem Film nicht alles ganz wahrheitsgemäß, aber Wiesenthal lobt den Schauspieler Ben Kingsley dafür, daß er ihn so scharfsichtig dargestellt hat. Kingsley traf die Sicht, die Wiesenthal von sich selbst hat, weitaus besser, als Wiesenthal es jemals von einem Schauspieler erwartet hätte.

Andere biographische Fernsehberichte über ihn folgten, aber die meisten verzichteten auf szenische Darstellungen und verwendeten Interviews mit Wiesenthal, um das dokumentarische Material zu illustrieren. Er weiß nicht mehr, wie viele es sind, aber er lehnt Anfragen selten ab. Je mehr über ihn bekannt wird, um so mehr kommt das der Erinnerung an den Holocaust zugute, die ihm so ein großes Anliegen ist. Aber natürlich hilft das auch seinem öffentlichen Image. Von den meisten Interviewern verlangt er kein Geld, aber wenn sich eine wohlhabende amerikanische oder deutsche Fernsehgesellschaft meldet, sieht er keinen Grund, auf ein Honorar zu verzichten.

Seine wichtigste Einnahmequelle war nach dem Krieg anfänglich der Journalismus, später seine Vorträge und Bücher. Sie haben seine bescheidene deutsche Rente entscheidend aufgebessert. In den ersten zehn Nachkriegsjahren hätte er ohne seine Artikel kaum überleben können. «Nur um die Telefonrechnung bezahlen zu können, schrieb ich für die *Oberösterreichischen Nachrichten* und andere Lokalzeitungen in Oberösterreich.» Später erweiterete er seine journalistische Tätigkeit, und als er sein Dokumentationszentrum in Wien einrichtete, gab er selbst eine Vierteljahresschrift heraus, den *Ausweg*, der über jüdische Angelegenheiten in Zusammenhang mit seinem Anliegen berichtete. Die Zeitschrift besteht bis heute.

Zumeist hatten Wiesenthals journalistische Arbeiten aktuelle Bezüge: Proteste gegen besondere Manifestationen des Neonazismus oder Antisemitismus, die Kampagnen gegen die Verjährungsgesetze; das Verhalten der Justiz, die NS-Verbrecher-Prozesse – diese Themen griff er auch in seinen Pressekonferenzen und den Berichten für das Dokumentationszentrum auf. In seinen zwölf Büchern hingegen hat Wiesenthal beinahe immer versucht, den Vorstellungen und Erfahrungen, die ihn angetrieben haben, einen dauerhafteren Ausdruck zu verleihen. Sie lassen sich in drei Kategorien einteilen: die autobiographischen Bücher, die entweder als Memoiren oder als Romane geschrieben wurden; die für Juden relevanten historischen Recherchen; und die politischen Traktate, die seine Kampagnen unterstützen sollten. Nur ein Buch paßt nicht in diese Kategorien: es handelt vom sowjetischen schwarzen Humor und wurde unter einem Pseudonym veröffentlicht. Eine Reihe seiner späteren Bücher entstand mit Hilfe von Ghostwritern, die in einigen Fällen namentlich genannt werden, in anderen nicht. Doch zweifelsohne stammen die Themen und Handlungslinien der Geschichten ausschließlich von Wiesenthal, und den anderen Beteiligten blieb vor allem die Aufgabe überlassen, seine Bücher stilistisch zu verbessern.

Sein erstes Buch *KZ Mauthausen* wurde nur wenige Monate nach seiner Befreiung aus dem Konzentrationslager in einem Linzer Verlag veröffentlicht. Es war eine Sammlung von Bleistiftzeichnungen, die er auf Papierfetzen angefertigt hatte, als er sich noch auf der Straße des Todes befand. Einige wenige kamen kurz nach seiner Befreiung hinzu. Dazu gehörte ein Selbstporträt, ein ausgemergeltes Gesicht auf einem langen, knochigen Hals; seine Häftlingsnummer

«J 127371» war an einen gestreiften Pyjama geheftet, und seine geballten Hände wiesen wie ein Revolver auf die Inschrift: «J'accuse.» In einem Gedicht widmete Wiesenthal die Zeichnung den Opfern, die nicht überlebt hatten. Er versprach ihnen: «Wir werden euch nie vergessen, denn überall waren wir zusammen!»

Das Mauthausen-Buch erschien nur in einer kleinen Auflage, und fast alle Exemplare sind verschwunden, ebenso wie die Originaldruckplatten. Doch Wiesenthal besitzt noch ein Exemplar; so konnte das Buch zum 50. Jahrestag der Befreiung von Auschwitz in einer schönen Ausgabe mit dem neuen Titel *Denn sie wußten, was sie tun* wiederaufgelegt werden. Der Satz stammt aus dem Holocaust-«Gebet»: «Oh, Gott, vergib ihnen nicht, denn sie wußten, was sie tun.»

Als nächstes erschien 1947 der *Groß-Mufti: Großagent der Achse*, ein kurzes, polemisches Buch, das sich an die westlichen Alliierten richtete, die den Großmufti von Jerusalem schützten, obwohl sie bereits wußten, daß er die Nazis nach Kräften unterstützt hatte. Als «dokumentarischer Bericht» angekündigt, hatte es die notwendige Veröffentlichungserlaubnis der amerikanischen Militärbehörden erhalten. Das Buch beschreibt, wie eng der Mufti mit den Tätern des Holocaust verbunden war. Auf dem Titelblatt sieht man ein Foto des Muftis in Sarajewo, und es gibt weitere Fotos, die den Mufti mit Hitler und einem Zeitungsbericht «Der Groß-Mufti schreitet bei einer Parade in Sarajewo die Front der mohammedanischen Totenkopfverbände ab» zeigen. Zweifellos existiert ein Zusammenhang zwischen den faschistischen Verbindungen des Großmuftis nach Sarajewo und Wiesenthals Zögern, sich viele Jahrzehnte später allzusehr in die bosnischen Angelegenheiten verwickeln zu lassen.

Die ersten Bücher Wiesenthals hatten wenig Wirkung. Aber 1961 schrieb er das Eichmann-Buch; es wurde ein gründlicher, dichter Bericht über die Pfade, denen er gefolgt war, und offenbarte seine Motivation, seine Enttäuschungen, seine Hoffnungen und Ambitionen. Veröffentlicht wurde es kurz nach dem Eichmann-Prozeß, und die Rezensionen und die Publizität, die *Ich jagte Eichmann* erhielt, trugen dazu bei, daß Wiesenthal zu einer heldenhaften Gestalt wurde.

Das Eichmann-Buch brachte ihm sowohl Ruhm als auch die dringend benötigten Tantiemen ein. 1965 veröffentlichte er dann *Verjährung: 200 Persönlichkeiten des öffentlichen Lebens sagen nein*, das seine Kampagne gegen die Verjährung von NS-Verbrechen unterstützen sollte. Es war ein politischer, aber kein populärer Erfolg. Es half der Sache, und deshalb machte sich Wiesenthal keine Gedanken darum, daß es nur wenig verkauft wurde.

Sein nächstes Buch erschien drei Jahre später. *Doch die Mörder leben* verkaufte sich glänzend und wurde in zwölf Sprachen übersetzt. Es sind keine typischen Memoiren, vielmehr ist es eine packende, leicht erzählte Geschichte mit einer Absicht und einer Moral. Jedes Kapitel ist ein geschlossener persönlicher Bericht über Wiesenthals Suche nach den Massenmördern. Das Buch spiegelt nicht nur seine Wurzeln bei den galizischen Wunderrabbis und ihre Tradition wider, die Wahrheit durch schlichte Geschichte über das Ordentliche und Außerordentliche auszudrücken, sondern es bestätigt auch sein Talent für sprechende Illustration und Eigenwerbung. Das Buch enthält auch einen Bericht über Wiesenthals Unterhaltung mit dem SS-Mann, der damit prahlte, daß Wiesenthal niemand glauben würde, wenn er den Amerikanern die Wahrheit über die «Endlösung» erzählen könnte. Doch obwohl er mit dieser Erzählung das Buch beschließt, sagt Wiesenthal, daß er sie zuerst geschrieben habe: «Alles andere in dem Buch geht darauf zurück.»

1969 beschloß Wiesenthal, *Die Sonnenblume* zu schreiben, eine persönliche Erinnerung, die in Form einer Novelle verfaßt wurde. Das Buch handelt von seinem langen Ringen mit den Begriffen der Kollektivschuld und Vergebung. Sein französischer Agent und Verleger Charles Ronsac von Opera Mundi ermutigte ihn zu dem Buch, das zuerst auf französisch veröffentlicht wurde. Erst danach erschien es auf englisch, deutsch und in sieben weiteren Sprachen. Wiesenthal schrieb das Original selbst auf deutsch, aber er sagt, daß die französischen Übersetzer stilistische Verbesserungen vornahmen, die später in die deutsche Ausgabe übernommen wurden. *Die Sonnenblume* wurde zum «Buch des Jahres» in Frankreich gewählt, und der *Figaro*

Littéraire veröffentlichte es in Fortsetzungen. Wiesenthal hatte den Eindruck, eine wichtige Bastion des intellektuellen Establishments erobert zu haben.

Das ermutigte ihn zu seinem ehrgeizigsten Ausflug in die Wissenschaft, einem Buch über Christoph Kolumbus: *Segel der Hoffnung*, das erstmals 1973 veröffentlicht wurde. Das Buch handelt von der umstrittenen Theorie, daß Kolumbus ein *converso* gewesen sein könne, ein Jude, der zum Christentum konvertiert sei, um der Verfolgung zu entgehen. Die Theorie besagt, daß seine Reise von wohlhabenden spanischen *conversos* unterstützt wurde, die auf der Suche nach einem sicheren Hafen in Indien waren, wo sie das Gelobte Land und die verlorenen Stämme vermuteten. Viele Historiker haben eine Verbindung zwischen Kolumbus und den verfolgten Juden Spaniens hergestellt. Wiesenthal wollte mehr wissen.

Wiesenthal hatte keine Ambitionen als Historiker, aber es reizte ihn, einmal seine akademischen Fähigkeiten auszuprobieren, weil er das Recherchieren immer für eine seiner Stärken gehalten hatte. Es sei weitgehend irrelevant, sagt er, ob er an einem Thema arbeite, mit dem er schon vertraut sei, oder er sich neuen Boden erarbeite. «Ich bin ein Rechercheur mit großem Allgemeinwissen. ... Und meine Arbeit ist eine Mischung von Geschichte und Rechtswissenschaft und Moral und allen möglichen Bezügen, dazu gehören auch Kenntnisse des Lebens.» Er las viel, besuchte Spanien und den Vatikan, konsultierte Archive und nahm Kontakt zu Salvador de Madariaga und anderen Historikern auf, die über das Leben und die Zeit von Christoph Kolumbus gearbeitet haben. Wiesenthal behauptet, neue Belege für die These gefunden zu haben, daß Kolumbus jüdischer Abstammung gewesen sei, aber als er das Buch schrieb, ließ er die Frage offen.

Das Thema zog ihn an, weil er sich mit den Wurzeln des Antisemitismus beschäftigen und mehr über die Parallelen zwischen der Verfolgung der spanischen und portugiesischen Juden während der Inquisition und der Judenverfolgung mehrere hundert Jahre später in Hitlers Drittem Reich erfahren wollte. «Ich wußte, daß die Nazis nicht die ersten gewesen waren, die eine Politik der Judenvernichtung entwickelten. Ich wußte auch, daß ich viele Wissenslücken hatte und daß ich mir auf der Suche nach Antwort für meine Fragen die spanische Geschichte ansehen sollte», erklärt Wiesenthal. «Ich fuhr nach Madrid, Sevilla und Granada. Mir wurde der Arierausweis von Velazquez gezeigt, und ich erkannte, daß es damals schon die Praxis solcher Dokumente gegeben hatte, geradeso wie Hitler sie in seiner Zeit eingeführt hat. Ich beschäftigte mich mit der Inquisition. Ich las die Geschichte von Ferdinand und Isabella und begriff, daß Ferdinand den Ausspruch ‹Zuerst gehört uns Spanien und dann die ganze Welt› geprägt hat: Ich fand eine Parallele nach der anderen zur Hitlerzeit.

In der Kolumbus-Bibliothek habe ich mir dann besonders angeschaut, was von seinen Büchern geblieben ist. Was mich fasziniert hat, waren die Randbemerkungen, die er in seinen Büchern gemacht hat. Ich habe sie alle in meinen Händen gehabt. Man hat sie mir übersetzt. Es gab vielleicht achtzig oder mehr dieser Bemerkungen über Juden. Und dann habe ich gesehen, was er von sich aus abgeschrieben hat: die Propheten. Ein christlicher Seemann schreibt die Propheten ab? Und dann hat er auch noch ein Traktat eines konvertierten Rabbis abgeschrieben. Jetzt begann die Sache mich immer mehr zu interessieren.»

Je mehr Wiesenthal las, um so überzeugter wurde er, daß sich Ursache und Wirkung in beiden Zeiten sehr ähnelten und der Antisemitismus in der katholischen Kirche endemisch war. Er glich einem langen Faden, der sich durch die Jahrhunderte zog: Die Kirche behandelte die Juden als Häretiker und stellte sie außerhalb der Menschenrechte. Sie verdienten den Schutz der Kirche und des Staates nicht. Das bestätigte ihm sein Urteil, daß Bischof Hudal, der deutsche Priester in Rom, keine Ausnahme gewesen war, sondern den Mainstream der katholischen Tradition vertreten hatte. Die Kirche, so schreibt er bitter in *Segel der Hoffnung*, habe seit 2000 Jahren den antisemitischen Haß entfacht.

Seine Recherchen für das Buch über Kolumbus verstärkten auch seine schon seit langem bestehende Ansicht, daß Assimilation die Juden nicht vor dem Antisemitismus schützen könne. Die *conversos* des 15. Jahrhunderts wurden nur so lange toleriert, wie sie dem Staat nützlich waren. Und ihnen wurde nicht mehr vertraut und sie wurden auch nicht besser in das spanische Leben integriert als diejenigen, die sich entschlossen hatten, Juden zu bleiben. Es ist nicht schwer zu erkennen, daß Wiesenthal auch zeitgenössische Parallelen im Sinn hatte und dabei an Bruno Kreisky und viele weitere mehr oder weniger prominente österreichische Juden dachte, die sich zur Assimilation entschlossen hatten.

Als *Segel der Hoffnung* 1973 veröffentlicht wurde, wurde das Buch kaum rezensiert und kein Publikumserfolg. Zumal es in Spanien keine Beachtung fand, wurde es als unbedeutend behandelt. In Frankreich kritisierte eine Reihe von Historikern Wiesenthals Ansichten als unwissenschaftlich. Er meint, daß sie ihre eigenen Ansichten wie einen Heiligen Gral verteidigten: «Wer einmal geschrieben hat, will nichts mehr ändern.»

Doch Wiesenthal, der für seine Forschungen mehr Geld ausgegeben hatte, als er sich leisten konnte, beschloß, daß das Buch noch einmal überarbeitet und neu aufgelegt werden sollte. Er suchte nach jemandem, der seinen Text noch einmal umschrieb; schließlich half der österreichische Autor Hans Habe Wiesenthal dabei, eine neue Version von *Segel der Hoffnung* zu verfassen, die 1991 veröffentlicht wurde. Diese Fassung verkaufte sich besser und wurde in mehr als ein Dutzend Sprachen übersetzt.

Wiesenthal ist sich bewußt, daß Wissenschaftler immer zögern werden, das Buch als eine bedeutende Ergänzung zu der Literatur über Kolumbus bzw. die spanischen Juden anzuerkennen. Doch er weiß, daß sein eigenes intellektuelles Leben durch die Forschungen und die Lektüre bereichert wurde. Überdies erschien in einer seiner Lieblingszeitschriften, im *Spiegel*, eine wohlgesonnene Rezension. Wiesenthal erzählt, daß amerikanische Juden ihm nach der Veröffentlichung des Buches «nur halb scherzhaft» gesagt hätten, «sie müßten jetzt drei statt zwei jüdische Feiertage einhalten: Rosh Hashana, Jom Kippur und – Columbus Day».

Es besteht eine starke Verbindung zwischen dem Buch über Kolumbus und Wiesenthals zweitem Ausflug in die jüdische Geschichte: *Jeder Tag ein Gedenktag*, das 1986 zuerst von Laffont auf französisch und 1990 von Ullstein auf deutsch veröffentlicht wurde. Für jeden Tag des Kalenderjahres hat Wiesenthal die jüdischen Jahrestage zusammengefaßt, besonders die der Greuel in der Nazi-Zeit, aber in manchen Fällen ist er auch mehr als tausend Jahre zurückgegangen. Das Buch soll kein Nachschlagewerk im klassischen Sinne sein, es ist für eine breite Leserschaft geschrieben. Auch dieses Buch wurde auf deutsch, englisch, französisch und holländisch, jedoch nicht auf hebräisch veröffentlicht.

Wiesenthal nennt es eine «Chronik jüdischen Leidens» und ermahnt Juden, daran zu denken: «Juden wird es so lange geben, als sie sich erinnern. Keine größere Sünde als zu vergessen.» Er zitiert den jüdischen Dichter Layser Aychenrand, dem die Flucht von dem Transport nach Auschwitz gelang und der die Schweizer Grenze erreichte. Er besaß jedoch keine Dokumente: «Und da fragte ihn der Grenzpolizeioffizier nach seinem Alter. Seine Antwort war: ‹Ich bin 2000 Jahre alt.›» In seinem Vorwort schreibt Wiesenthal: «Das vorliegende Buch ist kein Kalender im üblichen Sinn. ... Es ist ein Gedenkbuch des Grauens, es ist die Geschichte des jüdischen Martyriums, des Leidens, es ist ein Dokument, das aufzeigen soll, was der Mensch imstande ist, einem anderen Menschen anzutun. 2000 Jahre begleitet das Geschehen, wie es in diesem Kalender aufgezeichnet ist, die Juden.»

Als er an seinem «Kalender» schrieb, kam Wiesenthal zu dem Schluß, daß ein Muster der Verfolgung entstanden sei, bei dem sechs Elemente immer wiederkehrten: Haß, Diktatur, Bürokratie, Technologie, Krise oder Krieg und eine Minderheit, die als menschliches Material für den Genozid zur Verfügung stand. Der einzige Faktor, der den Nationalsozialismus von früheren Völkermorden unterschied, war die weiter entwickelte Technologie des 20. Jahrhunderts, die die Organisation der «Endlösung» in industriellem Maßstab ermöglichte. In anderer Hinsicht zeige sein Buch leider, so sagt Wiesenthal, daß die Geschichte sich ständig wiederhole.

Als Wiesenthal sein Gedenkbuch plante, war er überrascht, daß noch niemand vor ihm ein derartiges Buch geschrieben hatte. Er hatte auch angenommen, daß es in seinem Kalender Leerstellen geben würde – Tage, an denen von keinem Leid berichtet wurde. «Aber nein; das Gegenteil war der Fall. Als ich die Jahrhunderte durchging, fand ich für jeden einzelnen Tag des Jahres wenigstens drei Ereignisse mit einem antisemitischen Charakter. Aus alten und aus zeitgenössischen Dokumenten und mit Hilfe einiger Archive richtete ich einige Gedenktage ein, die zuvor unbekannt waren. Und es gibt offensichtlich noch viele weitere, die bisher nicht bekannt sind, besonders in der Zeit der ‹dunklen Jahrhunderte› zwischen dem 4. und dem 11. Jahrhundert, aus denen wenig über jüdische Geschichte bekannt ist.»

Bei einem seiner ersten Besuche in New York erzählte ein Dolmetscher Wiesenthal die Geschichte von Krystyna Jaworska, einer jungen Frau im polnischen Widerstand, die wußte, daß das Massaker in Katyn von den Sowjets begangen worden war und die von der SS verhaftet und erschossen wurde. Diese Geschichte wurde die Grundlage für den ersten seiner drei «Tatsachenromane». Er recherchierte Material für das Buch in den Archiven des polnischen Widerstands in London. 1975 veröffentlichte er das Buch und nannte es *Krystyna: Die Tragödie des polnischen Widerstands*.

Er benutzte die Geschichte, um das Ausmaß der Zusammenarbeit zwischen der Gestapo und dem KGB während des Krieges zu illustrieren, und obwohl Warschau und Moskau damals die sowjetische Beteiligung am Massaker von Katyn noch vehement leugneten, gab Wiesenthal der Roten Armee die Hauptverantwortung für das furchtbare Geschehen. Das Buch schürte die kommunistische Feindseligkeit gegen Wiesenthal, aber im heutigen Polen hat es viel Anerkennung erfahren und wird vielleicht verfilmt.

Wiesenthals zweiter «Tatsachenroman», *Max und Helen*, wurde 1981 veröffentlicht. Es ist eine wahre Liebesgeschichte mit einer Wendung, die den Autor auf untypische Weise zeigt und auf einer Erfahrung basiert, die er schon in *Doch die Mörder leben* beschrieben hatte. Erzählt wird die Geschichte eines unglücklichen Trios – Helen und Max, die beide jüdische Holocaust-Überlebende sind und während des Krieges getrennt wurden, und Schulze, ein SS-Kommandant, der Helen schützte und der Vater ihres Kindes ist. Nach dem Krieg fand Wiesenthal Schulze und suchte nach Zeugen. Aber als Helen ihm erzählte, daß sie ihren Sohn schützen wolle, der nichts von seinem Vater wisse, beschloß er, nichts weiter zu unternehmen, um Schulze anklagen zu lassen. Es sei das einzige Mal gewesen, so behauptet Wiesenthal, daß er sich bewußt entschlossen habe, einen Verbrecher laufenzulassen.

In einer aufschlußreichen Passage von *Max und Helen* beschreibt Wiesenthal einen katholischen Priester, der zu ihm ins Büro gekommen war und mit ihm über seine Arbeit sprechen wollte:

> «Er fand, daß ich mich umsonst anstrengen würde, Verbrecher vor einen irdischen Richter zu bringen. Die Wahrheit, die ganze ungeschminkte Wahrheit, so meinte er, könne in einem Prozeß sowieso nicht aufgedeckt werden. Die Gerechtigkeit würde stets mit Lügen abgespeist. ‹Überlassen Sie diese Verbrecher dem Gericht Gottes›, lautete seine Empfehlung an mich. Ich habe ihm geantwortet, daß es für Leute, die nicht an Gott glaubten und nur die irdische Gerechtigkeit fürchteten, natürlich eine patente Lösung sei. Er empfand meine Worte als Hohn und verließ mich ungnädig. Wer weiß, Helen, vielleicht findet sich im Jenseits doch noch ein Richter für Schulze. Immerhin eine Hoffnung.»

Der wirkliche Schulze starb bei einem Autounfall.

Wiesenthal hat den letzten seiner quasi fiktionalen Rekonstruktionen von Tragödien aus der Kriegszeit *Flucht vor dem Schicksal* genannt. Die Handlung reicht weiter als die der beiden früheren Tatsachenromane, und einige der Charaktere sind erfunden.

Wiesenthal kommt noch einmal auf sein Interesse an Kolumbus zurück: Die beiden wichtigsten Figuren sind ein jüdischer Vater und seine Tochter von spanischer Herkunft mit dem Namen Torres – dem Namen von Kolumbus' Dolmetscher Luis de Torres. Der Roman handelt zum größten Teil von ihren Erfahrungen, nachdem sie 1939 aus ihrer Wiener Wohnung vertrieben worden sind. Das Buch beschreibt den für Österreich typischen Verlauf der Verfolgung, ihre Erfahrungen in einem polnischen Konzentrationslager, die kurze Flucht in die Ukraine, die Gefangennahme durch die Deutschen, die

Einkerkerung im Konzentrationslager Janowska und ihre Flucht mit Hilfe des polnischen Untergrunds nach Rumänien, wo sie sich auf einen jüdischen Transport nach Palästina einschiffen. Sie gelangen jedoch nicht ins versprochene Land. Das überfüllte Schiff wird gesprengt und sinkt.

Das Buch vermittelt viel über Wiesenthals eigene Erfahrungen und Haltungen. Seine Bitterkeit gegenüber dem Vatikan findet Ausdruck in einem langen Dialog zwischen Torres und einem katholischen Priester, dem er in Rumänien begegnet, bevor er das Schiff besteigt:

«‹Eine halbe Wahrheit ist auch eine halbe Lüge und Schweigen ist . . . die bequemste Form der Lüge . . . eine ganze Mordindustrie ist aufgebaut worden. Es handelt sich nicht um einzelne Morde, denn es werden Tausende Männer, Greise, Kinder und Frauen umgebracht. Und was macht Ihre Kirche? Sie schweigt. Auch wir schweigen. Was können wir der Macht, die uns knechtet, entgegenstellen? Einzig und allein unsere Ohnmacht. Wir, die Überreste des Judentums, wissen nicht, ob wir morgen noch am Leben sein werden. Ihr aber seid Millionen in Europa und in der ganzen Welt, und wir haben Eure Stimme noch nicht vernommen, bis auf wenige Ausnahmen.›

‹Wir beten für Euch.›

‹Nach unserem Gefühl zählt einem Verzweifelten Hoffnung zu bringen mehr als ein Gebet.›

‹Unsere Kirche ist auch bedroht.›

‹Ist das eine Antwort auf den Massenmord? Die Kirche ist allgegenwärtig. Pfarrer berichten von den Greueltaten. Durch die verschiedensten Kanäle, quer durch die Fronten, gelangen diese Nachrichten bis nach Rom. . . . Die kalte Grausamkeit und hemmungslose Vernichtungswut geht über jede normale Vorstellungskraft. . . . Vielleicht würden manche der Mörder noch auf die Stimme der Kirche hören. Warum wird den Mördern nicht mit Exkommunikation gedroht? Wenn draußen ein heftiger Sturm wütet, darf sich die Kirche nicht in ein sicheres Haus, gezimmert von Verträgen, zurückziehen und abwarten, bis der Sturm vorüber ist. Ihre Aufgabe ist es, durch den Sturm den Bedrohten beizustehen.›»

Recht, nicht Rache, das 1989 zuerst in Amerika veröffentlicht wurde, zählt mit *Die Sonnenblume* und *Doch die Mörder leben* zu Wiesenthals bekanntesten Büchern. Es sind ebenfalls Memoiren, die die Summe seiner Tätigkeiten beschreiben sollen. Wie seine Vorgänger illustriert das Buch durch Ereignisse aus Wiesenthals Leben die Lektionen, die er aus diesen Erfahrungen gelernt hat. Der Titel betont die

Botschaft, die sich durch den Text zieht. Immer wieder weist sie darauf hin, daß Gerechtigkeit geübt und der Holocaust für alle Zeiten erinnert werden muß. Doch das Buch stellt auch Wiesenthals Version der Konfrontation mit dem österreichischen Kanzler Bruno Kreisky dar, die für beinahe zwei Jahrzehnte einen Schatten auf sein Leben werfen sollte. Wiesenthals bittere Auseinandersetzung mit dem WJC über den österreichischen Präsidenten Kurt Waldheim war noch nicht beendet, als *Recht, nicht Rache* geschrieben wurde. Dennoch hielt Wiesenthal es für angebracht, dort detailliert zu begründen, warum er glaubte, daß Waldheim zwar ein Lügner, aber kein Massenmörder sei.

Das Buch ist nicht chronologisch aufgebaut; seine Kapitel handeln zumeist vom Krieg und der Suche nach Mengele, Braunsteiner und vielen anderen. Es porträtiert Wiesenthal darüber hinaus auch als einen engagierten Menschenrechtler, der sich für die Anerkennung der Zigeuner als während des Nationalsozialismus verfolgte Minderheit einsetzt. Außerdem beschreibt es seine Versuche, die Wahrheit über das Schicksal des schwedischen Diplomaten Raoul Wallenberg herauszufinden, und seine Teilnahme an den Sacharow-Hearings, die zur Freilassung des sowjetischen Dissidenten beitragen sollten.

Joseph Wechsberg war nicht mehr am Leben und konnte ihn beim Schreiben des Buches nicht unterstützen. Dieses Mal half sein Freund Peter Michael Lingens Wiesenthal, den Text zu verfassen. Er schrieb auch eine kurze biographische Skizze. Wiesenthals eigene Einleitung ist knapp:

> «Ich weiß nicht, ob ‹Erinnerungen› die richtige Bezeichnung für dieses Buch ist, denn was darin von meinem Privatleben enthalten ist, ist uninteressant: Ich bin verheiratet, ich habe eine Tochter, ich habe Enkelkinder – sie bedeuten mir alles, aber für die Öffentlichkeit sind sie uninteressant. Interessant ist mein Leben nur im Zusammenhang mit dem Nationalsozialismus: Ich habe den Holocaust überlebt, und ich habe versucht, das Andenken an die Toten zu bewahren.
>
> Mit meinen achtzig Jahren bin ich einer der letzten lebenden Zeugen. Nur in dieser Funktion, als Zeuge, schreibe ich.»

Und wie die meisten seiner früheren Bücher wurde *Recht, nicht Rache* in vielen Sprachen veröffentlicht – sogar auf japanisch. Da Wiesenthals Name und Ruhm mittlerweile so fest etabliert war, wurde das Buch sehr gefördert, viel rezensiert und gut verkauft. Die Tantiemen waren ein willkommenes, aber nicht allzu hohes zusätzliches Einkommen.

Wiesenthal hat nicht die Absicht, noch weitere Bücher zu schreiben – ganz sicher keine Erinnerungen oder Romane mehr. Das einzige größere Werk, das ihm noch im Kopf herumgeht, ist ein Band über das «Ende des jüdischen Humors». In diesem Buch würde er die bitteren Witze erzählen, die die Juden über Nazis und Kommunisten erfanden. Die Geschichten bewahrt er alle in seinem Kopf, aber sie aufzuschreiben erfordert mehr Zeit, als ihm zur Verfügung steht. Doch er benutzt sie, um seine Freunde zu erfreuen.

Siebzehn

Paulinka heiratet

Simon Wiesenthal hat unendlich darunter gelitten, daß seine Mutter und alle seine Verwandten von den Nationalsozialisten ermordet wurden und daß die Familie seiner Frau dasselbe Schicksal erlitt. Die kleine Familie, die er selbst gegründet hat, nimmt in seinem Denken und in seinen Gefühlen einen außerordentlich großen Platz ein. Er war seiner Frau immer in großer Liebe zugetan, litt mit ihr, wenn sie mit den Nerven am Ende war, und schützte sie vor allen Widrigkeiten. Aber es ist sein einziges Kind, seine Tochter Paulinka, die es geschafft hat, die treue Liebe zu ihm mit Interesse, Einsicht und Verständnis für seine Arbeit zu verbinden. Ihre drei Kinder, die nun erwachsen sind, bereiten ihm die größte Freude, und jetzt ist auch noch eine Urenkelin dazugekommen. Durch sie hat er sich der Zukunft, einer Kontinuität, versichern können; und obwohl er sicherlich nicht der einzige ist, der von solchen tiefen Gefühlen gestärkt wird, wäre seine existentielle Einsamkeit ohne seine Tochter und ihre Kinder vielleicht unerträglich geworden. Die Familie und ihre Liebe, ihr Verständnis und ihr Respekt haben in ihm eine Kraft erzeugt, die durch nichts anderes ersetzt werden kann. Gegenüber seinen Kritikern kann Wiesenthal sich überlegen fühlen, denn er ist sich sicher, daß seine Familie vollkommen von seiner Integrität und davon überzeugt ist, daß sein Leben und seine Verdienste ihm einen Platz in der Geschichte sichern.

Als vielgeliebtes Kind war Paulinka klug und hatte einen wachen Geist. Sie wurde 1946 geboren, als ihre Eltern noch versuchten, sich nach den Traumata der Kriegszeit wieder aneinander zu gewöhnen.

In Linz lebten sie in beengten Verhältnissen. Ihr hyperaktiver Vater wurde von seiner Arbeit vollkommen eingenommen und war oft abwesend. Als sie klein war, konnte sie nicht begreifen, warum das so war. Und im Unterschied zu ihren Schulfreunden hatte sie keine Großeltern, keine Tanten, Onkel, Kusins und Kusinen. Das Wissen über den Holocaust konnte nicht lange von ihr ferngehalten werden, «obwohl ich mich nicht daran erinnere, daß mein Vater, als ich Kind war, tatsächlich anfing, mir etwas zu erklären». Sie konnte es jedoch überall in Linz spüren. «Mein Vater nahm mich mit ins Dokumentationszentrum, in die Camps for Displaced Persons, und als er für die ORT arbeitete – die jüdische Organisation, die für Berufsausbildung und technisches Training sorgte –, nahm er mich mit in die Camps der ungarischen und tschechischen Flüchtlinge. Ab und zu fiel ein seltsames Wort, und ich brauchte keine Fragen zu stellen.» In Linz war ihr seine Hingabe an die Nazi-Jagd und seine Bestimmung, den Toten Gerechtigkeit widerfahren zu lassen, indem er die Welt auf ihre Leiden aufmerksam machte, weniger bewußt.

Erst nach dem Eichmann-Prozeß, als sie bereits ein Teenager war, verstand sie seine Mission besser. Wiesenthal gab ihr das Tagebuch der Anne Frank zu lesen. Er sprach oft und lange mit ihr und lehrte sie, stolz darauf zu sein, eine Jüdin zu sein. Doch ebensowenig wie Cyla erzählte er ihr von seiner täglichen Arbeit. Als die Drohanrufe kamen und Briefe, die an «das Judenschwein» adressiert waren, in den Briefkasten geworfen wurden, versicherte er Paulinka, daß dies alles harmlos sei, von Verrückten stamme, die man einfach ignorieren müsse. Die Familie durfte sich nicht bedroht fühlen.

Seine Arbeit führte ihn immer öfter aus Wien fort. Die gespannte Atmosphäre zu Hause, allein mit Paulinkas sie sehr beschützenden Mutter Cyla, muß überaus erdrückend gewesen sein. Als Studentin genoß Paulinka die neue Freiheit; sie hatte sich für Journalismus und Theatergeschichte eingeschrieben. Sie wurde auch in Studentenorganisationen aktiv. Als sie zu einer Studentenkonferenz nach Stockholm fahren wollte, traf sie ihren späteren Mann, einen Psychologiestudenten. Sie stand allein mit dem ganzen Gepäck ihrer Wiener

Gruppe auf dem Bahnhof und bat einen großgewachsenen Fremden, der offensichtlich auch Student war, ihr zu helfen, das Gepäck im Auge zu behalten, bis ihre Kommilitonen zurückkämen. «Seitdem hat er sich immer um alles gekümmert», sagt Wiesenthal liebevoll über seinen Schwiegersohn. Er war Jude, kam aus Holland, und im Dezember 1965, als Paulinka erst neunzehn war, heirateten sie. Sie zog nach Holland und wechselte ihre Studienfächer. Von nun an studierte sie Englisch und Psychologie. Schließlich zogen sie nach Israel. Er arbeitet als Psychiater in einer Klinik, sie arbeitet vor allem mit holländischen Überlebenden des Holocaust. Im Unterschied zu ihren Eltern sind Paulinka und ihre Familie praktizierende Juden. Sie führen einen koscheren Haushalt und folgen der Religion gewissenhaft.

Die äußere Distanz zu Wien mindert weder Paulinkas Liebe zu ihren Eltern noch ihre Loyalität ihnen gegenüber. Im Gegenteil: Wahrscheinlich hat sie sie gebraucht, um ihr eigenes Leben aufzubauen und sich ein besseres Bild von dem Charakter ihres Vaters zu machen. Zwei- bis dreimal im Jahr kommt sie nach Wien und ruft fast täglich an; die ganze Familie trifft sich normalerweise einmal jährlich für die Ferien in der Schweiz. Cyla und Simon fahren in der Regel mindestens einmal im Jahr nach Israel.

Obwohl Paulinkas Wegzug aus Wien zu Hause eine große Lücke hinterließ, scheint Wiesenthal zu spüren, daß Paulinka ihm immer nahe ist. Wenn er schwer arbeitet, scheint es, als ob er ihr von seiner Arbeit und seinen Gedanken erzählt, ohne irgendwie erklären oder rechtfertigen zu müssen, was er tut.

Paulinka ist schlank, attraktiv, lebhaft und sieht viel jünger aus, als sie ist. Mit ihrem Vater teilt sie die Intensität, mit ihrer Mutter das Bestehen auf einer Privatsphäre. Sie verteidigt die Integrität ihres Vaters leidenschaftlich, aber ihr Urteil enthält die fast klinische Distanz einer Psychologin. «Es ist ihm immer leichter gefallen, den Holocaust anzugehen, als ihn zu unterdrücken», sagt sie. «Er kann keine Ungerechtigkeit ertragen. Sie geht ihm direkt ins Herz. Daß er so viel erreicht hat, liegt daran, daß er diese Erfindungsgabe und ein phantastisches Gedächtnis und viel Geduld besitzt.» Auch viele andere verweisen auf seine legendäre Geduld, die es ihm ermöglicht hat, in manchen Fällen Jahre zu warten, bevor er sein Ziel erreichte. Paulinka bezweifelt, daß es sich dabei um angeborene Eigenschaften handelt. Wiesenthal habe so geduldig sein können, weil er sich immer mit vielen Projekten gleichzeitig beschäftigt habe. «Sonst hätte er nicht warten können.»

Auch in einem anderen Leben, so glaubt sie, hätte ihr Vater sich einer bedeutenden Sache angenommen, und mit welchem Projekt auch immer er sich beschäftigt hätte, er hätte seine ganze phantastische Energie in das Projekt gesteckt. Sie bedauert, daß er sich nicht in Israel niederlassen wollte, und glaubt, daß er seine Arbeit ebenso wirkungsvoll von dort aus hätte ausführen können. «Nun wird er nur nach Israel kommen, um sich zur Ruhe zu setzen, und da er sich niemals zur Ruhe setzen wird, wird er es niemals schaffen, hierher zu ziehen.»

Paulinka beschreibt ihren Vater als einen zutiefst prinzipientreuen Menschen, der niemals in der Lage gewesen wäre, eine Politik zu unterstützen, die NS-Verbrecher aus Rache liquidierte. «Mein Vater hat sich Grundsätze geschaffen, und er wird niemals zögern, andere zu kritisieren, wenn er glaubt, daß sie ihnen zuwiderhandeln.»

Sie bezweifelt nicht, daß die Prinzipien, an denen er eisern festhält, anderen unangenehm sein können. Sie bemerkt, daß er oft unkonventionell handelt und häufig mißverstanden wird. Sie bewundert, wie meisterhaft er die Medien beherrscht, und sagt offen: «Er manipuliert sie und benutzt sie als Werkzeug» – fügt aber schnell hinzu, daß er es nur für einen guten Zweck tue.

Nur wenigen Menschen in Israel ist bewußt, daß Paulinka Wiesenthals Tochter ist, und sie hat sich auch niemals öffentlich in die Debatten über ihren Vater eingemischt, die in Israel in regelmäßigen Abständen vor allem über seine Rolle bei der Eichmann-Jagd geführt werden. Privat verteidigt sie ihn, aber sie hat immer das Rampenlicht gescheut. Ruhig zeichnet sie ein Bild von ihrem Vater, der «auf sorgfältige und zurückhaltende Weise Juden geholfen» habe, «das Schuldgefühl zu überwinden, daß sie es zuließen, sich selbst wie

Schafe in die Todeslager führen zu lassen». Dadurch, daß er so wesentlich dazu beigetragen hat, den Massenmord und die Vernichtungsmaschinerie der Nationalsozialisten öffentlich zu machen, habe er den Opfern gezeigt, daß sie keine Möglichkeit hatten, Widerstand zu leisten. «Er hat dabei geholfen, die jüdische Selbstachtung wiederherzustellen.»

Wiesenthal selbst spricht oft ärgerlich über die Versuche des WJC, ihn zu verunglimpfen und seine Errungenschaften zu verkleinern. Doch erst seine Tochter erzählt über die «schlaflosen Nächte, die tiefe Qual, die es ihm bereitet hat; und nicht so sehr, weil die Angriffe gegen ihn persönlich gerichtet waren, sondern weil es ein Streit unter Juden war».

«Mein Vater ist sehr intelligent und intuitiv. Er ist sehr belesen, er recherchiert für seine Bücher ebenso gründlich wie für seine Suche nach den Massenmördern, und er benutzt das Material gut.» Aber Paulinka ist auch der Ansicht, daß er kein Intellektueller ist. Sie weiß, daß er ein großes Ego hat und wie sehr er die öffentliche Anerkennung und die Auszeichnungen, die ihm verliehen werden, schätzt. «Und ja, er genießt es, mit berühmten Menschen zusammenzutreffen. Aber schließlich ist er ein Mann aus einem unbekannten kleinen Schtetl in Galizien, der sich in all den Jahren durch die Unbekanntheit gearbeitet hat, oft enttäuscht wurde, wenig Rückhalt erfuhr und nur von seinen Ideen und Überzeugungen getrieben wurde. Wenn er jetzt geehrt wird, dann verdient er es.»

Doch einige der schlimmsten Angriffe kamen erst, als Wiesenthal ein Alter erreicht hatte, in dem er glaubte, sich genügend Anerkennung erworben zu haben, um um seiner selbst willen geschätzt zu werden. Das war ein Irrtum. 1975, als viele derjenigen, die er mit der größten Intensität gejagt hatte, bereits aufgespürt worden waren, lagen die großen Auseinandersetzungen mit Kreisky noch vor ihm, und seine Reputation wurde durch die internationale Kontroverse um Kurt Waldheim noch stärker in Frage gestellt.

Doch keine dieser bitteren Auseinandersetzungen, die Wiesenthal umgeben haben, konnte ihn jemals davon abbringen, sich immer wieder für die Menschenrechte einzusetzen. Unter all den Menschenrechtsfragen, mit denen er sich beschäftigt hat, ragt sein Einsatz für die Zigeuner besonders hervor. Eine weitere wichtige Aufgabe bestand für Wiesenthal darin, Raoul Wallenberg, dem schwedischen Diplomaten, der so viele ungarische Juden vor den Todeslagern der Nationalsozialisten rettete, postum Gerechtigkeit zukommen zu lassen. Er wollte herausfinden, was tatsächlich mit ihm in der Sowjetunion geschah.

Achtzehn

Der Streiter für die Menschenrechte

Gerechtigkeit lautete Simon Wiesenthals Losung seit seiner Befreiung aus Mauthausen. Zuerst und vor allem benutzte er den Begriff, um seiner Bestimmung Ausdruck zu verleihen, die NS-Verbrecher zu finden und sie vor ein Gericht zu bringen. Aber Wiesenthal hat sich im Laufe der Jahre wesentlich weiter gefaßten Menschenrechtsbelangen gewidmet. Sein Bewußtsein diktiert ihm die Anerkennung der «aufrechten Nichtjuden», der Männer und Frauen, die sich gegen das nationalsozialistische System auflehnten und den Opfern halfen, der Vernichtung zu entkommen. Selbst unter denen, die er in den ersten Tagen nach seiner Befreiung in Mauthausen auf eine erste Liste von Kriegsverbrechern setzte, war eine Handvoll SS-Männer, die sich seiner Erinnerung nach gut benommen hatten und es daher seiner Meinung nach nicht verdienten, strafrechtlich verfolgt zu werden.

Wiesenthal ist überzeugt davon, daß unter all den Helden, die er aufzählen könnte, keiner deutlicher gezeigt habe, daß die Menschheit das Potential zum Guten besitzt, als der Lutheraner Raoul Wallenberg. Der schwedische Diplomat, dessen Mutter entfernter jüdischer Abstammung war, hat 1944 ungefähr 100000 Juden aus Budapest gerettet, als Eichmann in die Stadt kam, um die Massendeportation der ungarischen Juden in die Konzentrationslager zu organisieren. Wallenberg verschwand unter mysteriösen Umständen, nachdem die sowjetischen Behörden ihn nach der Einnahme der ungarischen

Hauptstadt im Januar 1945 verhaftet hatten. Warum die Sowjets ihn mitnahmen, was mit ihm geschah, wie lange er noch in sowjetischen Gefängnissen lebte, warum die schwedische Regierung und die Mitglieder der Familie Wallenberg nicht mehr taten, um ihn aus der Sowjetunion herauszubekommen, ist seit Jahrzehnten Gegenstand einer leidenschaftlichen Debatte.

Wiesenthal hat sich in diese Debatte eingemischt, und eine Zeitlang hielt er sich selbst für Wallenbergs leidenschaftlichsten Fürsprecher. Er versuchte, die Mauer des Schweigens einzureißen und den Westen dazu zu bewegen, endlich energisch zu handeln, damit die Sowjetunion die Wahrheit bekanntgab. Er ist der Ansicht, daß die schwedische Regierung nicht entschieden genug gehandelt hätte, und er lastet auch der Familie Wallenberg Versäumnisse an, weil ihnen ihre wirtschaftlichen Interessen in der Sowjetunion anscheinend wichtiger als die Wahrheit über Raoul gewesen seien. Er ist mit diesen Ansichten nicht allein.

Vieles deutet darauf hin, daß Wallenberg bis Mitte der siebziger Jahre noch am Leben war, geraume Zeit, nachdem Wiesenthal erstmals angefangen hatte, sich für den Fall zu interessieren. Er war weder der erste noch der letzte, der nach der Wahrheit über Wallenberg suchte. Sein Beitrag muß neben den von anderen gestellt werden. Aber auch ihm gelang es nicht, die Sowjetunion noch zu Lebzeiten Wallenbergs zu seiner Freilassung zu überreden. Selbst die Publizität, die er dem Fall verschaffte, konnte die Umstände und Gründe für Wallenbergs Inhaftierung nicht ans Licht bringen.

Die Initiative für seine Beschäftigung mit dem Fall Wallenberg geht nicht auf ihn selbst zurück. Wallenbergs Mutter rekrutierte ihn. Sie starb 1979, und er war immer dankbar, daß sie sich an ihn gewandt hatte. Wiesenthal sieht in Wallenberg sowohl einen Agenten als auch ein Symbol für das Gute und den Mut im Morast des Bösen. Er sagt, daß die Suche nach der Wahrheit über Wallenberg für ihn fast zu einer vergleichbaren Obsession wurde wie die Suche nach Adolf Eichmann. Er verstand sie als eine Frage der Menschenrechte, einen Aspekt seiner Arbeit, der ihm immer wichtiger wurde.

Zweifellos war es auch Dankbarkeit, die ihn dazu motivierte, sich an der Suche nach Wallenberg zu beteiligen. Die Bitte, die von Wallenbergs Mutter an ihn herangetragen wurde, war ein Beweis dafür, daß sein Ansehen mittlerweile fest etabliert war. Doch darüber hinaus befriedigte der Fall Wallenberg auch seinen Exhibitionismus. Dadurch, daß er sich gegen den Kreml und gegen die schwedische Regierung stellte, gegen die einflußreiche Familie Wallenberg und gegen die Mächtigen in der US-Administration, die die Beziehungen zwischen den Vereinigten Staaten und der Sowjetunion nicht belasten wollten, verwandelte sich Wiesenthal in einen heiligen Georg, der mit dem Drachen kämpft – nur leider bezwang er die Kreml-Verschwörer, die die Mauer des Schweigens um Wallenbergs Schicksal aufrechterhielten, niemals vollständig.

Raoul Wallenberg hatte in Budapest eine heroische Arbeit geleistet. Er riskierte sein Leben, als er die Reisepapiere organisierte und Eichmann und der SS Juden vor der Nase wegschnappte – selbst noch von Transporten, die in den letzten Monaten des Krieges nach Mauthausen oder Auschwitz rollten. Nachdem Präsident Roosevelt angeordnet hatte, daß das US War Refugee Board alles tun solle, um die ungarischen Juden zu retten, handelte Wallenberg im Auftrag der Amerikaner. Aber das Risiko, das er einging, und das, was er schließlich erreichte, ging weit über das hinaus, was die Amerikaner beabsichtigt hatten.

Am 17. Januar 1945, als die Deutschen endlich aus Budapest flohen, ging Wallenberg zum Oberkommando der Roten Armee in Debrecen in der Nähe von Budapest. Er wollte um Hilfe für «seine» Juden bitten, die sich in den Kellern der Stadt versteckt hielten. Die Russen schöpften Verdacht, und dann verhafteten sie ihn. Er wurde nie wieder gesehen. Anfänglich stellten die Sowjets die Sache so dar, daß er einer ihrer Agenten gewesen sei. Lange Zeit leugneten sie, daß Wallenberg sich in ihrer Gewalt befand. Es brauchte zwölf Jahre, bis Außenminister Andrej Gromyko «bestätigte», daß Wallenberg 1947 in der Lubjanka in Moskau gesessen habe, er habe aber einen Zusammenbruch erlitten und sei gestorben, vermutlich an einem Herzinfarkt. Seine Leiche sei ohne Durchführung einer Autopsie verbrannt worden.

In Schweden wurde ein Wallenberg-Komitee gegründet, und die Familie Wallenberg drängte die dortigen Behörden, mehr Informationen zu fordern. Doch der Wille, den Fall Wallenberg weiterzuverfolgen, wurde durch Überlegungen gebremst, daß dadurch die Sowjetunion, Schwedens mächtigster Nachbar, aufgebracht werden könne. Ein ähnliches Kalkül scheint auch die Handlungen der meisten Mitglieder der Familie Wallenberg bestimmt zu haben. Die ausgedehnten kommerziellen Interessen des Wallenberg-Imperiums in der Sowjetunion standen auf dem Spiel. Raouls Mutter war praktisch die einzige von den älteren Mitgliedern der Familie, die öffentlich nach stärkerem internationalen Druck rief, um die Wahrheit über das Verschwinden ihres Sohnes ans Licht zu bringen. Als Präsident Truman 1947 persönlich seine Hilfe anbot, um Wallenberg aus der sowjetischen Haft herauszuholen, schlug Raouls Onkel, Markus Wallenberg, das Oberhaupt der Familie, das Angebot aus und teilte dem amerikanischen Präsidenten mit, daß «Raoul mittlerweile sicherlich tot ist».

Markus hatte im Krieg in London gelebt, während sein Bruder Jacob in Stockholm blieb. Die beiden Brüder waren wichtige Kontaktstellen für den deutschen Widerstand gegen Hitler gewesen. Vor allem Markus hatte als Mittelsmann für die Versuche des deutschen Widerstands agiert, einen Separatfrieden mit den Vereinigten Staaten und Großbritannien zu erreichen. Doch obwohl daraus nichts wurde, muß Markus bemerkt haben, daß die Sowjetunion den Namen Wallenberg nicht sehr schätzte. Das hat vielleicht Auswirkungen auf ihre Behandlung Raouls gehabt. Für Markus wäre es sicherlich nicht gut gewesen, wenn er sich persönlich für seinen Neffen eingesetzt hätte, in der Tat wartete Markus bis zum Jahre 1980, bevor er sich öffentlich über die Sowjetunion äußerte. Erst dann sagte er, daß «eine große Macht den Mut haben muß zuzugeben, daß sie einen Fehler begangen hat».

Viele Jahre zuvor, im April 1971, hatte Wiesenthal einen Brief aus

Stockholm geöffnet, der mit Maj von Dardel unterschrieben war, dem Mädchennamen von Raouls Mutter. Sie schrieb, sie habe *Doch die Mörder leben* gelesen und gab ihrer Bewunderung über Wiesenthals Arbeit Ausdruck:

«Ich habe darüber gegrübelt, welche Möglichkeiten noch bestehen. Klarheit darüber zu gewinnen, was mit meinem Sohn nach der Zeit, als er nach Zeugenaussagen noch am Leben war, geschehen ist. Ich habe mich gefragt, ob es wohl möglich wäre, mit Ausnutzung Ihres weitumfassenden Verbindungsnetzes einige Auskünfte darüber zu gewinnen. ... In den letzten Jahren hat es wiederholt schwedische Nachforschungen nach meinem Sohn gegeben, aber die sowjetische Regierung hat anfänglich geleugnet, überhaupt etwas zu wissen. Dann hat sie 1957 behauptet, daß er am 17. Juli 1947 im Gefängnis Lubjanka gestorben sei. Doch eine Reihe von Personen, die aus der Sowjetunion zurückgekehrt sind, haben unter Eid ausgesagt, daß sie ihn nach dem Juli 1947 gesehen oder gehört hätten. Die letzte Information über ihn geht auf das Jahr 1961 zurück, als der sowjetische Arzt Myasnikow einem Kollegen erzählte, daß Raoul in einer psychiatrischen Anstalt sei.

Wenn Sie Eichmann finden können, können Sie sicherlich auch meinen Sohn finden.»

Wiesenthal konnte der Herausforderung nicht widerstehen. Er hatte auch das Gefühl, daß es – unabhängig von der Frage, ob Wallenberg noch am Leben war – außerordentlich wichtig sei herauszufinden, was nach dem Januar 1945 mit ihm geschehen war. «Die historische Wahrheit besitzt einen Wert in sich selbst. Nur ein Regime, das die historische Wahrheit zuläßt, kann aus der Vergangenheit lernen», schrieb er in *Recht, nicht Rache*.

Wiesenthal war in groben Zügen mit dem Fall Wallenberg – soweit er bekannt war – bereits vertraut. Als erstes dachte er darüber nach, wie man mehr Zeugenberichte erhalten könnte, daß Wallenberg gesehen worden sei. Er kam auf die Idee, einen früheren Mitarbeiter zu bitten, der mittlerweile beim russischen Sprachprogramm des israelischen Rundfunks arbeitete, eine Sendung über Wallenberg zusammenzustellen. Wiesenthal rechnete damit, daß die Sendung von sowjetischen Juden gehört werden würde, die in sowjetischen Gefängnissen gesessen hatten und sich vielleicht an den hochgewachsenen Schweden erinnerten. Wenn er überzeugende Beweise sammeln könnte, daß Wallenberg nicht 1947 in der Lubjanka gestorben und später noch in anderen Gefängnissen gesehen worden war, dann könnte er die Regierungen Schwedens und der Vereinigten Staaten mit Beweisen versorgen, mit denen sie wiederum die sowjetische Führung konfrontieren könnten.

Der nächste Schritt bestand darin, eine Kampagne zu planen, um den Druck auf die sowjetischen Behörden zu intensivieren, endlich die Wahrheit über Wallenberg zu sagen. «Mir war klar, daß ein Fall wie dieser nur gelöst werden konnte, wenn er weltweit bekannt wurde», schreibt Wiesenthal in *Recht, nicht Rache*. Es lag nahe, die Freunde Wiesenthals zu mobilisieren, die über den größten Einfluß verfügten. Eine weitere Möglichkeit bestand darin, den Fall durch den jährlichen Rundbrief des Dokumentationszentrums öffentlich zu machen, der Anfang der siebziger Jahre von über 20 000 Abonnenten in der ganzen Welt bezogen wurde. «Wir betrachten es als eine Ehrenangelegenheit des jüdischen Volkes, dabei zu helfen, das Geheimnis um diesen außerordentlichen Menschen zu lösen. Deshalb bitten wir die Leser unseres Rundbriefes, ihre aus der Sowjetunion stammenden Bekannten zu fragen, ob sie etwas über das Schicksal von Wallenberg wissen, und uns darüber zu informieren.»

Eine unorthodoxe Idee war der Versuch, den Romancier Leon Uris zu überreden, einen Roman über die Wallenberg-Geschichte zu schreiben. Das war typisch für Wiesenthals Vorliebe, Ereignisse in eine dramatische Form zu fassen, um dadurch das Interesse der allgemeinen Leserschaft zu wecken. Wallenbergs Mutter gefiel die Idee, aber Uris ließ sich nicht überreden.

Dann ging Wiesenthal zum direkten Lobbying über. Er schlug vor, in den Vereinigten Staaten und möglichst vielen weiteren Ländern Wallenberg-Komitees zu gründen. Auf diese Weise könnte die Erinnerung an Raoul Wallenberg am Leben erhalten werden. In Kalifornien konnte er dafür den Kongreßabgeordneten Thomas Lantos und seine Frau gewinnen, die beide von Wallenberg gerettet worden waren. Sie wurden enge Freunde von Wiesenthal. In New York übernahm die Ehefrau von Senator Daniel Moynihan den Vorsitz eines

Wallenberg-Komitees, und Elizabeth Taylor, damals mit dem Senator John Warner verheiratet, gab ein Dinner für Wiesenthal, bei dem er die Administration und den Kongreß drängte, zugunsten Wallenbergs zu handeln. Aber Henry Kissinger, der amerikanische Außenminister, weigerte sich, die Sowjetunion wegen des Falles Wallenberg zurechtzuweisen. Es war wichtiger, einen Rahmen für die bessere Zusammenarbeit der beiden Supermächte zu errichten, als solche Divergenzen aufkommen zu lassen. Auch Olof Palme, damals der schwedische Ministerpräsident, weigerte sich, den Fall gegen die sowjetische Führung vorzubringen. Seiner Ansicht nach war der Fall «utagerad», das schwedische Wort für «geregelt» oder «erledigt».

Wiesenthal wollten den Druck erhöhen und versuchte, ein «World Committee for the Discovery of the Truth about Wallenberg» zu gründen. Er hoffte, daß Markus Wallenberg als Oberhaupt der mächtigen Familie den Vorsitz übernehmen würde und schickte ihm ein Memorandum, in dem er seinen Vorschlag erläuterte. Er erklärte auch, daß er persönlich nicht über ausreichende finanzielle Mittel verfügte, um ein derartiges Komitee auszustatten, und drängte die Familie Wallenberg, die finanzielle Verantwortung für das Projekt zu übernehmen.

Geld wäre für die Wallenbergs kein Problem gewesen: die Kosten für die wenigen Angestellten, die Wiesenthal im Sinn hatte, wären für sie leicht zu tragen gewesen. Doch Raouls Mutter stand mit ihrer Ansicht allein, daß Wiesenthal das sowjetische Schweigen brechen könnte. Die restlichen Familienmitglieder scheinen Wiesenthal als einen unwillkommenen Eindringling angesehen zu haben und weigerten sich, seine Aktivitäten zu unterstützen. Markus antwortete nicht einmal auf Wiesenthals Brief.

Auch Wiesenthals Vorschlag, daß Wallenberg für den Friedensnobelpreis nominiert werden solle, schlug fehl. Das Nobel-Komitee erwartete Beweise, daß Wallenberg noch am Leben sei.

Wiesenthal wollte den Fall Wallenberg nicht fallen lassen und wandte sich anderen zu, die eher bereit waren, ihm bei der Organisation eines internationalen Wallenberg-Hearings zu helfen. Es wurde

1981 in Stockholm abgehalten, zwei Jahre nach dem Tod von Wallenbergs Mutter. Viele bekannte Gesichter aus der jüdischen Welt nahmen daran teil, unter anderem Gideon Hausner, der der staatliche Ankläger beim Eichmann-Prozeß gewesen war. In seiner Ansprache hob Wiesenthal hervor, daß das Hearing keine antisowjetische Veranstaltung sei, sondern nur den Zweck verfolge, «einen unschuldigen Mann aus der unverdienten Gefangenschaft zu befreien, einen Mann, dem Tausende ihr Leben verdanken». Als er gefragt wurde, ob er glaube, daß Wallenberg noch am Leben sei, antwortete Wiesenthal: «Wallenberg wird so lange am Leben bleiben, bis die Sowjets uns glaubhafte Beweise für seinen Tod liefern werden.» Dieser Satz garantierte Wallenberg praktisch Unsterblichkeit, denn selbst die Öffnung der sowjetischen Archive nach dem Zusammenbruch der Sowjetunion hat zu keinem vollständigen Bericht über sein Schicksal geführt.

In den Vereinigten Staaten halfen Wallenbergs Freunde, ihm eine weitere Form von Unsterblichkeit zu sichern: Lantos überredete die Reagan-Administration und den Kongreß, Wallenberg zum Ehrenbürger der Vereinigten Staaten zu erklären. Wiesenthal meinte, daß es nach dem Friedensnobelpreis keine größere Auszeichnung geben könne, die Wallenbergs Platz in der Geschichte anerkannte; vielleicht war diese sogar noch besser. Auch Wiesenthals Rolle bei der Bewahrung der Erinnerung an Wallenberg wurde anerkannt, und er wurde nach Washington eingeladen, um an den Feierlichkeiten teilzunehmen, die den schwedischen Diplomaten *in absentia* als Mitglied der «amerikanischen Familie» begrüßten.

Wiesenthals Beschäftigung mit dem Fall Wallenberg entfachte das Interesse an der Haltung des Nazi-Jägers gegenüber dem Stalinschen Gulag und den Menschenrechtsverletzungen unter seinen Nachfolgern im Kreml. Bisher hatte Wiesenthal sich überwiegend mit den nationalsozialistischen Massenmorden beschäftigt. Weil er immer wieder verkündet hatte, daß der nationalsozialistische Holocaust, der sich gegen Juden und andere Minderheiten richtete, einzigartig gewesen sei, war er oft dafür kritisiert worden, sich nicht genügend mit dem Stalinschen Gulag zu beschäftigen. Er verteidigte sich gegen diese kritischen Stimmen und verwies auf eine Pressekonferenz während des Eichmann-Prozesses 1961 in Jerusalem als einen Beleg dafür, daß er das Ausmaß der Verbrechen Stalins schon seit langem anerkannt habe. Dort war es zu einer hitzigen Auseinandersetzung zwischen Wiesenthal und einem ostdeutschen Beobachter, Dr. Friedrich Kaul, gekommen, der behauptete, der Eichmann-Prozeß sei das Ergebnis einer Verschwörung zwischen Israel und Bonn, um alle anderen Kriegsverbrecher der strafrechtlichen Verfolgung zu entziehen.

Der verärgerte Wiesenthal hatte Kaul gesagt, daß die Sprecher der DDR jedes Recht verloren hätten, sich öffentlich zu äußern, weil sie in der Vergangenheit und Gegenwart die Verbrechen an den Menschenrechten in der Sowjetunion tolerierten. «Heute wissen wir von Stalins Verbrechen vielleicht nicht alles, aber genug, um zu begreifen, daß er genau wie Hitler über Tausende von Handlangern verfügte, die als Mitglieder der Geheimpolizei Geständnisse erzwangen, und daß es geheime Gerichte gab, die lange Haftstrafen verhängten, ohne die Angeklagten überhaupt jemals gesehen zu haben ...» Doch an diesem Tag im Jahre 1961 ging Wiesenthal nicht so weit, Stalin des Massenmords zu beschuldigen, obwohl die Menge der Beweise bereits keine andere Schlußfolgerung zuließ.

Neun Jahre später, im Jahre 1970, gehörte Wiesenthal zu den Gründungsmitgliedern eines Komitees mit Sitz in Brüssel, das sich für die Einhaltung der Menschenrechte in der Sowjetunion einsetzte. Er erzählte einem Freund aus dem Dokumentationszentrum, daß «wir als Opfer des Nazi-Regimes das Gefühl haben, verpflichtet zu sein, gegen Menschenrechtsverletzungen in der ganzen Welt zu kämpfen». Und im Frühjahr 1975 wurde Wiesenthal eingeladen, sich einem Komitee der kürzlich gebildeten internationalen Sacharow-Hearings anzuschließen, dessen Ziel es war, die Freiheit des bekannten sowjetischen Dissidenten und Fürsprechers der Menschenrechte Professor Andrej Sacharow zu erkämpfen und das Bewußtsein für die Menschenrechtsverletzungen in der Sowjetunion zu wecken.

Als Atomwissenschaftler hatte Sacharow an der Entwicklung der sowjetischen Wasserstoffbombe mitgearbeitet. Nachdem er mit den sowjetischen Behörden gebrochen hatte, benutzten er und seine Frau Elena Bonner ihre Beziehungen zum Westen und zu den westlichen Medien in Moskau, um sich für die Menschenrechte in der Sowjetunion einzusetzen und die mißliche Lage der Dissidenten öffentlich bekannt zu machen. Sacharow durfte 1975 die Sowjetunion nicht verlassen, um den Friedensnobelpreis in Empfang zu nehmen, und wurde nach Gorki verbannt. Dort blieb er bis 1986, als Michail Gorbatschow ihm schließlich seine Freiheit zurückgab.

Dadurch, daß sie Sacharows Lage der internationalen Öffentlichkeit immer wieder ins Bewußtsein brachten, trugen die Sacharow-Hearings sicherlich dazu bei, den neu ernannten Präsidenten Gorbatschow davon zu überzeugen, daß seine Glaubwürdigkeit im Westen davon abhing, ob er die Verbannung Sacharows nach Gorki aufheben würde. Das war dann auch eine der ersten Amtshandlungen des neuen Präsidenten.

Die Sacharow-Hearings waren nach der Erklärung von Helsinki im Jahre 1975 eingerichtet worden. Die Schlußerklärung der KSZE enthielt einen Passus, in dem es um die Achtung der Menschenrechte und der Grundfreiheiten ging, und die unterzeichnenden Staaten erklärten sich bereit, die niedergelegten Grundsätze auch tatsächlich einzuhalten. In vielen der Unterzeichnerstaaten wurden Komitees eingerichtet, die die Einhaltung der Menschenrechte überwachen sollten, und in diesem Kontext wurde das erste Sacharow-Hearing im Oktober 1975 in Kopenhagen abgehalten. Viele ehemalige Häftlinge aus Sibirien legten Zeugnis ab. 1977 fand in Rom ein weiteres Hearing statt, dessen Vorsitz Wiesenthal übernahm. Er sagte zu den Versammelten:

> «Der Nationalsozialismus war ein Verbrechen in Theorie und Praxis. Der Kommunismus ist nur in der Praxis ein Verbrechen. Als die Welt von den Verbrechen der Nationalsozialisten erfuhr, war es zu spät, um den Opfern zu Hilfe zu kommen. Heute ist es nicht zu spät, um den Tausenden unschuldiger Menschen zu helfen, die in Lagern und Gefängnissen des Ostblocks gefangen gehalten werden.»

Mittlerweile hatte Wiesenthal anerkannt, daß «Stalin vielleicht für den Tod einer größeren Zahl von Menschen verantwortlich ist als die, die ihr Leben in den Konzentrationslagern Hitlers verloren haben». Aber er hat niemals die Ansicht fallengelassen, daß der Holocaust einzigartig gewesen ist, weil er sich vor allem gegen rassisch definierte Gruppen und andere Minderheiten richtete und weil die «Endlösung» zu einer hochorganisierten Industrie der Vernichtung wurde. Stalin, so argumentiert er, habe sich zwar gegen bestimmte Klassen gerichtet und in seinem Gulag Millionen den grausamsten Bedingungen unterworfen, die alle mit Ausnahme der stärksten zum Tode verurteilten, aber in der Sowjetunion habe es keine Gaskammern und keine Krematorien gegeben. Stalins Morde waren «unsystematisch».

Im Laufe der Jahre differenzierte Wiesenthal seine Ansichten über die Anwendung der Menschenrechte in den kommunistischen Ländern weiter: Anfänglich ärgerte er sich darüber, daß sie so wenig gegen die Nazis in ihren eigenen Reihen taten, während sie zugleich die Bundesrepublik Deutschland der mangelnden Entnazifizierung bezichtigten. Er kümmerte sich weitaus weniger darum, wie sie mit ihren eigenen politischen Häftlingen umgingen, als darum, wie sie sich mit dem nationalsozialistischen Erbe auseinandersetzten. Als die Länder des kommunistischen Blocks ihre Angriffe gegen Wiesenthals Integrität steigerten, sprach er ihre eigenen Versäumnisse in Menschenrechtsfragen deutlicher an. Aber selbst dann noch zögerte er, Stalins Gulag als ganzen zu verdammen – nicht, weil er das Ausmaß dessen, was in der Sowjetunion unter Stalin stattgefunden hatte, nicht begriff und ablehnte, sondern vor allem wegen der Argumente, die später im deutschen «Historikerstreit» über die Leugnung des Holocaust eine Rolle spielten. Er wollte auf keinen Fall in den Verdacht geraten, die Historiker zu unterstützen, die behaupteten, daß Hitlers Konzentrationslager nichts gewesen seien im Vergleich zu den Schlachten in Stalins Gulag; daß der Holocaust eine Folge der Morde in der Sowjetunion gewesen und Hitler nur Stalins Beispiel gefolgt sei.

Wiesenthal wurde in den Fragen der Menschenrechte wesentlich deutlicher, nachdem 1989 die Berliner Mauer gefallen und der kommunistische Block zusammengebrochen war. Die alten Regime bestanden nicht mehr. Nun fühlte er sich frei, die Universalität der Menschenrechte zu betonen. Er wandte sich an die jungen Leute und bot ihnen eine stark vereinfachende, für ihn jedoch ganz realistische Botschaft, daß «die Menschenrechte die einzige Ideologie sind, die es verdient zu überleben». Nach den Jahrzehnten der falschen «Ismen» müßten die künftigen Generationen die Menschenrechte als Prinzip und Fundament aller politischen Programme verteidigen.

Praktisch bedeutete dies, daß die Rechte der Roma und Sinti – die als Zigeuner bekannt sind – weitaus stärker respektiert werden müßten. Das ist für Wiesenthal keine ungewöhnliche Schlußfolgerung; keine, die er erst durch die Reife des Alters oder als Teil der post-kommunistischen Umarmung eines umfassenderen Spektrums der Menschenrechte erreicht hat. Die Roma lagen ihm seit Mitte der fünfziger Jahre sehr am Herzen. Damals hatte er den ersten Hinweis darauf bekommen, daß die Nationalsozialisten sie ebenso wie die Juden vernichten wollten. Seit dieser Zeit sammelte er Beweise für die Leiden der Zigeuner. So wurde er zu einem Verfechter ihrer Rechte, und er vertrat auch die Ansicht, daß die Juden anerkennen müßten, daß die Zigeuner das Schicksal der Juden im Holocaust teilten.

Das war keine populäre Haltung, und sie widersprach der unter den Juden weit verbreiteten Ansicht, daß die Leiden der Juden während des Nationalsozialismus einzigartig gewesen seien. Es war auch eine der Fragen, die zu einer Auseinandersetzung zwischen Wiesenthal und Elie Wiesel führte, auch wenn Wiesel später dazu überging, auch die Zigeuner zu den im Nationalsozialismus verfolgten Minderheiten zu zählen.

Die Zigeuner sollten wie die Juden vernichtet werden – beinahe von dem Moment an, an dem Hitler an die Macht kam. Die Nürnberger Gesetze von 1935, die die «Reinheit des deutschen Blutes» schützen sollten, bezeichneten Zigeuner wie Juden und Schwarze als Bedrohung der rassischen Reinheit. Das besiegelte ihr Schicksal. Im Dezember 1938 erklärte Himmler, daß er die Absicht habe, in der «Zigeunerfrage» zu handeln. Sie mußten sich zur Feststellung ihrer «Rasse» bei der Polizei melden, und allen entsprechender Abstammung und ohne festen Wohnort wurde jede Form der technischen Ausbildung untersagt. Dafür war die «Reichszentrale zur Bekämpfung des Zigeunerwesens» zuständig, die der Kriminalpolizei angeschlossen war. Die Nazis hatten mittlerweile beschlossen, auch die Zigeuner zu deportieren, weil ihnen Kriminalität angeblich angeboren sei. Die Zigeuner wurden in einem Ausmaß der Vernichtung anheimgegeben, das sie niemals zuvor erlebt hatten.

In einem ersten Schritt bestimmte das Regime, daß die Zigeuner zusammengetrieben und nach Polen deportiert werden sollten, zumeist direkt in die Konzentrationslager und in manchen Fällen in die jüdischen Ghettos. Als die Deutschen neue Gebiete in Mitteleuropa eroberten, wurden weitere Zigeuner nach Polen gebracht. Nach dem deutschen Einmarsch in die Sowjetunion 1941 bekam die Einsatzgruppe D den Befehl, alle Zigeuner in der Ukraine und auf der Krim zu vernichten.

Die Dokumente darüber, wer auf welche Weise getötet wurde und wie viele Menschen davon betroffen waren, sind weniger vollständig als bei der Vernichtung der Juden, doch ausreichend, um jeden Zweifel auszuräumen, daß Zigeuner in alle wichtigen Vernichtungslager gebracht wurden. Dazu gehörten Auschwitz, Bergen-Belsen, Belzec und Mauthausen. Dr. Mengele experimentierte mit Zigeunerzwillingen ebenso wie mit jüdischen Zwillingen. Wahrscheinlich werden die Archive, die in den letzten Jahren in Rußland und der Ukraine geöffnet wurden, mehr Licht auf die Ermordung der Zigeuner werfen.

Doch nach dem Krieg wurde praktisch nichts getan, um die Berichte der überlebenden Zigeuner systematisch aufzunehmen. Die alliierten Besatzungsmächte waren daran nicht sonderlich interessiert, und die Zigeuner selbst hatten keine Wiesenthals, um ihre Augenzeugen zu Aussagen zu drängen. Die wenigen Informationen kamen von jüdischen Überlebenden, die die Zigeuner in den Lagern gesehen hatten.

Während der Kriegsjahre, so erkennt Wiesenthal an, sei ihm nur schwach bewußt gewesen, daß es in den Konzentrationslagern auch Zigeuner gab. Auch als er nach dem Krieg in Linz lebte, zollte er ihrem Schicksal wenig Aufmerksamkeit. Erst als die tschechischen Behörden ihn 1964 baten, die Echtheit von nationalsozialistischen Dokumenten zu bestätigen, von denen sie behaupteten, sie in einem See in Südböhmen gefunden zu haben, zeigten sie ihm auch Archive, die von der Gestapo in Moravska-Ostrava in Böhmen zurückgelassen worden waren. Diese Dokumente bestätigen, daß Adolf Eichmann Zigeunertransporte in die Todeslager organisiert hatte. Wiesenthal kopierte alles Material, das er über die Zigeuner finden konnte, und beschloß, noch tiefer zu graben. Er war überzeugt davon, daß auch die Zigeuner Opfer des Völkermords geworden waren und die dafür Verantwortlichen der Gerechtigkeit übergeben werden mußten.

1965 schickte Wiesenthal das gesamte Material an die Zentralstelle für die Verfolgung von NS-Verbrechen in Ludwigsburg, damit es den Dossiers gegen die NS-Verbrecher beigefügt werden konnte. Im Jahresbericht des Dokumentationszentrums von 1965 schrieb er:

> «Vernichtung der Zigeuner. Dieses Kapitel der Nazi-Verbrechen ist am wenigsten bekannt und wurde bisher kaum bearbeitet ... Wir konnten eine Reihe neuer Dokumente entdecken, die die gesamte Organisierung der Vernichtung der Zigeuner behandeln, auch gegen den SS-Hauptsturmführer Walter Braune ... ermitteln. Wir erstatteten eine Anzeige an die Zentrale Stelle in Ludwigsburg, wo diese Anzeige jetzt bearbeitet wird.»

Doch nur selten führten Ermittlungen zu strafrechtlicher Verfolgung: die deutschen Behörden schienen weitaus weniger Interesse daran zu haben, diejenigen zur Rechenschaft zu ziehen, die für den Zigeunermord verantwortlich waren, als diejenigen, die die Verantwortung für den Mord an den Juden trugen.

Zugleich schlug Wiesenthal seine übliche Medienroute ein: er zeigte einige der Dokumente seinen Freunden bei der *New York Times* und anderen Zeitungen mit dem Ziel, die öffentliche Indifferenz, die sich mit einem verbreiteten Vorurteil gegen Zigeuner verband, zu beenden. Aber Wiesenthal war noch mehr damit beschäftigt, die Juden zu erziehen. Es traf ihn tief, daß die Juden, vor allem jüdische Überlebende, so wenig Verständnis und Sympathie für die Zigeuner hatten und sich sogar dafür einsetzten, daß sie keine Entschädigungszahlungen für ihr von Nationalsozialisten beschlagnahmtes Eigentum erhielten. Seine scharfe Kritik verschaffte ihm keine Sympathien bei den führenden jüdischen Persönlichkeiten, die ihn ohnehin schon als einen eigenwilligen Kämpfer bezeichneten, der sich immer wieder in kontrovers diskutierte jüdische Angelegenheiten einmischte.

Doch 1981 nahm Wiesenthal unverzagt an einer internationalen Zusammenkunft der Zigeuner in Westdeutschland teil, auf der er leidenschaftlich für mehr Bewußtsein plädierte und sich dafür einsetzte, daß die Zigeuner sich mehr mit den Verlusten beschäftigten, die sie unter den Nationalsozialisten erlitten hatten. Er hatte Flugblätter mitgebracht, auf denen berichtet wurde, in welchem Ausmaß die «Endlösung» die Juden und in welchem sie die Zigeuner betroffen hatte, und er forderte, daß auch ihren Mördern der Prozeß gemacht werden müsse. Er gab seinem Bedauern darüber Ausdruck, daß die Vorurteile gegenüber den Zigeunern nicht mit dem Zusammenbruch des Dritten Reiches beendet seien, und appellierte an die westlichen Demokratien, besonders an die Bundesrepublik Deutschland, ihre gegen die Zigeuner gerichteten Gesetze aufzuheben.

Über diesen Auftritt wurde viel berichtet, aber er hatte wenig praktische Auswirkungen. Im Bericht des Dokumentationszentrums aus dem Jahre 1982 schreibt Wiesenthal: «Die Tragödie der Zigeuner ist nicht beendet ... es gibt immer wieder Beschwerden über die Diskriminierung, der sie ausgesetzt sind. Um die Situation dieses geschlagenen Volkes zu verbessern, hat das Dokumentationszentrum wiederholt bei deutschen Behörden interveniert.»

1985 hielt der Zentralrat der Juden in Deutschland Gedenkfeiern zum vierzigsten Jahrestag der Befreiung von Bergen-Belsen ab. Der Zentralrat der Roma und Sinti bat darum, sich den Gedenkfeierlichkeiten anschließen zu dürfen, in Erinnerung an die Zigeuner, die unter demselben Schicksal wie die Juden gelitten hatten. Das Anliegen wurde von den jüdischen Organisatoren zurückgewiesen. Wiesenthal hielt dies für eine falsche Entscheidung und rief nach einer persönlichen Intervention von Kanzler Helmut Kohl, mit dem er schon seit einiger Zeit eng befreundet war. Da den Roma und Sinti die Teilnahme an den Feiern des Zentralrats der Juden verweigert wurde, bat er den Kanzler, bei seiner Ansprache in Bergen-Belsen auch ihrer zu gedenken. Kohl tat das und «sprach sehr bewegend», erinnert sich Wiesenthal.

Während diese Kampagne in Deutschland weiterging, setzte sich Wiesenthal auch für die stärkere Anerkennung der Zigeuner durch die jüdischen Organisationen in den Vereinigten Staaten ein. In Washington war der Holocaust Memorial Council eingerichtet worden, da die Opfer des Holocaust nicht dem Vergessen anheim fallen sollten. Elie Wiesel, der bekannteste Autor in den Vereinigten Staaten, der über den Holocaust schreibt, wurde zum Präsidenten des Council ernannt. Dem Ausschuß gehörten auch polnische, russische und ukrainische Abgeordnete an. Wiesel wurde darum gebeten, auch einen Vertreter der Zigeuner aufzunehmen. Als dies nicht zur Kenntnis genommen wurde, bat die Gesellschaft für Bedrohte Völker Wiesenthal, zugunsten der Zigeuner zu intervenieren.

Wiesenthal wandte sich brieflich an Wiesel. Die Antwort ließ mehrere Wochen auf sich warten. Wiesenthal wurde erklärt, daß Ernennungen zum Holocaust Council nur durch Präsident Ronald Reagan vorgenommen werden könnten. Der Zentralrat der Roma und Sinti schrieb also an Reagan, der die Korrespondenz wiederum an Wiesel schickte. Wiesenthal schrieb Wiesel erneut, diesmal in einem schärferen Ton, und argumentierte, daß es außerordentlich wichtig sei, diesen «beschämenden Zustand» zu beenden und einen Vertreter der Zigeuner zum Holocaust Memorial Council zuzulassen. Wiesel antwortete nicht. Wiesenthals Rache bestand darin, den Verlauf dieser Korrespondenz in seinem Bericht für das Dokumentationszentrum zu veröffentlichen und die Leser zu drängen, zugunsten der

Zigeuner an Wiesel zu schreiben – eine weitere seiner Postkartenkampagnen.

Diese Angelegenheit vertiefte die Spannungen zwischen Wiesel und Wiesenthal, die 1986 zum Ausbruch kamen, als beide für den Friedensnobelpreis vorgeschlagen wurden. Es bestand die Aussicht, daß der Preis beiden zusammen verliehen würde. Wiesenthals Name wurde von verschiedenen Seiten befürwortet, unter anderem von Kanzler Kohl. Wiesenthal, der kein Geheimnis daraus machte, daß er den Preis gern bekommen hätte, erfuhr, daß die Roma und Sinti beabsichtigten, nach Oslo zu kommen und zu seinen Gunsten zu demonstrieren. Aus Angst, daß dies Wiesel noch mehr aufbringen und seiner Kandidatur schaden könnte, sprach sich Wiesenthal gegen eine derartige Solidaritätsbezeugung aus.

Es gab keine Demonstration der Zigeuner. Und auch keinen Friedensnobelpreis. Wiesel war der alleinige Preisträger. Kanzler Kohl glaubte und glaubt immer noch, daß damals ein Fehler begangen worden sei. «Ich finde es schade, daß Wiesenthal immer noch nicht den Friedensnobelpreis bekommen hat. Ich bin ja hier eindeutig Partei. Er ist weit mehr als ein Nazi-Jäger. Er hat eine Vision, daß man ohne ein moralisches Koordinatensystem weder privat noch im Leben eines Volkes existieren kann.» Wiesenthal schüttelt die Enttäuschung, daß er den Preis nicht bekommen hat, mit Bravour ab. Doch auch wenn man ihm solche Beteuerungen glaubt, ist nicht zu leugnen, daß Wiesenthal sich nur schwer mit der Tatsache abfinden konnte, daß Elie Wiesel der Gewinner im Wettstreit um die bekannteste Friedensauszeichnung der internationalen Gemeinschaft war.

Wiesenthal ist überzeugt geblieben, daß sich der WJC einmischte – angefeuert durch die wachsenden Auseinandersetzungen über Kurt Waldheims Aktivitäten im Krieg – und das Nobel-Komitee davon abbrachte, den Preis 1986 an beide gemeinsam zu verleihen. Der WJC leugnet eisern jede Einmischung in die Preisverleihungspolitik des Nobelkomitees. «Selbst wenn wir gegen Wiesenthals Kandidatur gewesen wären, würden wir nicht über den Einfluß auf das Nobelkomitee verfügen», sagte einer der höheren Beamten des WJC, und fügte hinzu, daß Edgar Bronfman, der Präsident des WJC, Elie Wiesels Kandidatur befürwortete – doch «wahrscheinlich nicht auf formale Weise».

Aus welchem Grund auch immer Wiesenthal den Nobelpreis nicht bekam, so wurde er doch wenigstens dadurch zufriedengestellt, daß den Forderungen der Roma und Sinti nach einem offiziellen Vertreter beim Holocaust Memorial Council stattgegeben wurde. Als die Mitgliedschaft in diesem Gremium 1986 neu überprüft wurde, änderte Wiesel seinen Kurs und war bereit, die Vertretung der Zigeuner zuzulassen. Seitdem hat er ihre Rechte mit einer Inbrunst verteidigt, wie er sie bereits in früheren Jahren gezeigt hat, als er noch mit einsamer Stimme dagegen ankämpfte, den Holocaust zu einer rein jüdischen Tragödie zu machen.

Wiesenthal hat sich weiter für die Rechte der Roma und Sinti eingesetzt. Nach der Gründung des Center in Los Angeles bestand Wiesenthal darauf, das Museum of Tolerance müsse hervorheben, daß die Juden nicht als einzige von der «Endlösung» betroffen waren. Er setzte sich für eine Dauerausstellung ein, die auch zeigt, wie die Zigeuner zu Opfern des Völkermords wurden und warum es so wichtig ist, den Roma und Sinti Respekt zu bezeugen und Toleranz zu üben. Wiesenthals Wünsche wurden respektiert. Die Leiden der Zigeuner, die zusammen mit den Juden und anderen «Artfremden» in die Gaskammern gebracht wurden, werden in dem Museum graphisch dargestellt. Das holt niemanden von den Toten zurück. Aber Wiesenthal ist überzeugt, daß seine Arbeit zugunsten der Roma und Sinti ihnen dabei geholfen hat, mehr von der Würde und dem Status zu erlangen, die sie verdienen.

Neunzehn

1970: Der Beginn der Kreisky-Kriege

Der frühere Bundeskanzler Kreisky griff mich an und tat mir weh wie noch kein anderer Mensch seit der Nazi-Zeit. Er hat mich ‹politischer Mafiamethoden› beschuldigt. Er wisse zwar, daß es schwer war zu überleben, aber er habe Informationen, daß mein Verhältnis zur Gestapo ein anderes war und daß ich frei gelebt habe usw. Das haben die Journalisten natürlich weitergesponnen. Am Ende hat er es zurückgenommen.»

Mit diesen wenigen unbeholfenen Sätzen faßt Wiesenthal in *Jüdische Lebenswege* seine Version der brutalen Fehde der beiden Größen zusammen, die 1970 begann und mit gelegentlichen Unterbrechungen bis zu Kreiskys Tod im Jahre 1990 dauerte. Sie hinterließ zermürbende Bitterkeit bei den Förderern Wiesenthals, während es im Kreisky-Lager Bedauern und gelegentlich Schamgefühle wegen der Sache gibt, die dort als eine Verirrung, ein Charaktermangel aufgefaßt wird, der das Bild eines ansonsten in jeder Hinsicht überragenden Staatsmannes beeinträchtigt.

Die Geschichte ist von Verästelungen, Drehungen und Wendungen durchzogen. Sie handelt von zwei Männern, die grundverschiedene Auffassungen über das Judentum vertreten, die beide vollkommen unfähig und unwillig waren, den anderen zu verstehen, und sich überdies gegenseitig zutiefst haßten. Wiesenthal sieht in Kreisky jemanden, der sowohl sein Erbe als auch den Holocaust verraten habe und dessen Machthunger so groß war, daß er – wenn es ihm als politisch nützlich erschien – sogar mit ehemaligen Mitgliedern der NSDAP zusammenarbeitete.

Kreisky bezeichnete seinerseits Wiesenthal als jemanden, der überall seine Finger im Spiel habe und scheinheilig sei, die Sozialdemokratische Partei Österreichs unterminieren wolle und sein Dokumentationszentrum dazu benutze, sich in die österreichische Innenpolitik einzumischen, mit dem Ziel, das Glück der konservativen Volkspartei zu sichern. Aber Kreiskys Feldzug gegen Wiesenthal gründete auch tief in seiner Psyche und diente seinem Bedürfnis, sich vom organisierten Judentum zu distanzieren, war mit seiner Unsicherheit gegenüber dem Zionismus und seinem entschiedenen Wunsch nach einem Beweis dafür verbunden, daß sein Judentum niemals seine Loyalität gegenüber Österreich stören würde.

Kreiskys Popularität führte dazu, daß in Österreich die öffentliche Meinung während seiner Amtszeit von 1970 bis 1983 zumeist auf seiten des Kanzlers stand und daß Wiesenthal, der den Österreichern ohnehin ein Rätsel war, praktisch zu einem Outcast wurde. Danach ist Wiesenthals Stern in Österreich stetig gestiegen. Kreiskys politische Erben behandeln ihn mittlerweile mit großem Respekt und setzen die Versuche des früheren Kanzlers nicht fort, ihn als eine unerfreuliche Episode der österreichischen Innenpolitik beiseite zu wischen.

Die relativ wenigen und wichtigsten Auslöser der wiederholten Auseinandersetzungen zwischen Kreisky und Wiesenthal sind leicht zu benennen. Die Verästelungen der Geschichte sind dagegen weitaus komplexer. Das erste Scharmützel fand im April 1970 statt, als Kreisky die Mitglieder seiner ersten Regierung ernannte. Wiesenthal wies prompt darauf hin, daß vier der elf Kabinettsmitglieder frühere Mitglieder der NSDAP und einer von ihnen Offizier der SS waren. Kreisky reagierte mit einer Verleumdung des Dokumentationszentrums. Er nannte es «eine private Femeorganisation» und Wiesenthal einen «jüdischen Faschisten».

1975 wurde der Krieg weitaus ernster, als sich herausstellte, daß Kreisky mit dem Vorsitzenden der extrem rechten FPÖ, Friedrich

Peter, als möglichem Koalitionspartner verhandelte hatte. Wiesenthal beschuldigte Peter, in einer SS-Einheit gedient zu haben, deren Beteiligung an der Massenvernichtung von Juden gut dokumentiert war. Kreisky stand fest hinter Peter und antwortete mit einer Salve von Verunglimpfungen der Reputation Wiesenthals, die er schließlich mit der Behauptung krönte, Wiesenthal habe den Krieg nur überlebt, weil er mit der Gestapo kollaboriert habe. Der Kanzler versicherte, diese Anschuldigungen beweisen zu können.

Von nun an überschlugen sich die Verleumdungen geradezu: Wiesenthal versus Kreisky, Peter versus Wiesenthal, Kreisky versus Peter Michael Lingens wegen der Artikel, mit denen seine Zeitschrift Wiesenthal verteidigte. Der Fall Lingens ging bis 1986 durch die Gerichte. Peter zog seine Klage 1982 zurück. Die potentiell explosive gerichtliche Auseinandersetzung zwischen Kreisky und Wiesenthal wurde vermieden, nachdem Kreisky sich im Dezember 1975 hatte überreden lassen, seine Anschuldigungen gegen Wiesenthal zu widerrufen.

Doch handelte es sich nur um eine vorübergehende Feuerpause. Die Angriffe aus dem Hinterhalt gingen weiter. Noch zwei weitere Male, 1981 und 1986, beschuldigte Kreisky Wiesenthal, mit der Gestapo zusammengearbeitet zu haben. Wiesenthal klagte erneut wegen Verleumdung, und nach drei Jahren gewann er gegen Kreisky, der dazu verurteilt wurde, eine beträchtliche Entschädigung zu zahlen. Aber selbst das war ein Pyrrhussieg. Kreisky starb, und die Entschädigung wurde niemals gezahlt.

Die latente Feindschaft zwischen Kreisky und Wiesenthal geht weit hinter die ersten öffentlichen Eruptionen 1970 zurück. Wiesenthal erwähnt einen Vorfall in den fünfziger Jahren, als er noch in Linz lebte, aber nach Wien gekommen war, um über die staatlichen Entschädigungen für die in der Nazi-Zeit niedergebrannten Synagogen zu sprechen. Kreisky war zu dieser Zeit Staatssekretär im Auswärtigen Amt. Wiesenthal und seine Kollegen liefen ihm am Ballhausplatz in die Arme, wo sich das Kanzleramt und das Außenministerium befanden. Kreisky habe sofort zu ihnen gesagt: «Ich hoffe, Sie wollen nicht zu mir.» Wiesenthal fügt hinzu: «Er wollte immer jeden Kontakt mit Juden vermeiden.»

Wiesenthal meint, daß der eigentliche Bruch ihrer spannungsreichen Beziehung auf eine kurze Begegnung im Jahre 1963 zurückgeht. Er und Kreisky waren eingeladen worden, an einer Fernsehsendung über den arabisch-israelischen Konflikt teilzunehmen, bei der sie beide getrennt interviewt werden sollten. Wiesenthal bezichtigte Kreisky, der mittlerweile Außenminister war, zweierlei Maß anzuwenden: Kreisky sei bereit, mehr für die Palästinenser als für seine eigenen Landsleute in Südtirol zu tun: «Ich sagte zu Kreisky: ‹Sie wollen mehr für die Palästinenser, als Sie für Südtirol tun können.› Das errichtete den Casus belli zwischen uns. Wir sprachen nie wieder über den Vorfall.»

Bis dahin hatten sie sich nur gelegentlich und zufällig getroffen. Sie hatten miteinander korrespondiert, aber es gab keine natürliche Sympathie zwischen ihnen. Ganz im Gegenteil: beide kamen aus unterschiedlichen jüdischen Milieus und zogen sehr verschiedene Lehren aus ihren Erfahrungen während der Kriegszeit. Wiesenthal brachte das Gepäck eines Außenseiters mit sich, eines galizischen Juden aus dem Schtetl, der vor allem ein bewußter Jude war und der darauf bestand, daß Juden, die den Holocaust überlebt hatten, moralisch dazu verpflichtet waren, ein Bollwerk der Verteidigung zu errichten – ob nun durch Kriegsverbrecherprozesse oder die Unterstützung Israels oder einfach durch die Solidarität mit anderen Juden. Kreisky hatte dafür nur wenig Verständnis oder Sympathie und tat sie ab; er sah in Wiesenthal ein typisches Produkt dessen, was er als «verschrobene» Mentalität der Ostjuden bezeichnete.

Kreisky kam aus einer gutgestellten Mittelschichtfamilie in der Tschechoslowakei; sein Vater stammte aus Südböhmen, seine Mutter aus Südmähren. Seine Eltern verbrachten den größten Teil ihres Lebens in Wien. Ihr Sohn Bruno wurde 1911 in ein wohlhabendes, angesehenes Haus geboren, in dem die Assimilation akzeptiert und die Loyalität zum Habsburger Firmament als selbstverständlich galt. Da er in den instabilen Zeiten nach dem Ersten Weltkrieg aufwuchs, wurde der junge Kreisky schnell politisiert und fand seine natürliche Heimat im sozialistischen Lager. Die Arbeiterbewegung wurde von Otto Bauer angeführt, einem Juden, der die Assimilation als einen historischen Imperativ betrachtete und gegen den Zionismus eintrat, weil er nur die Ghettomentalität der Juden und daher den Antisemitismus stärken würde. Kreisky scheint diese Ansicht, daß Assimilation die sicherste Waffe gegen den Antisemitismus sei, sehr früh übernommen zu haben.

Im Alter von 16 Jahren schloß sich Kreisky der Vereinigung sozialistischer Mittelschüler an. Das war eine Gruppe von Schülern aus der Mittelschicht, die sich mehr mit marxistischer Theorie als mit sozialistischem Aktivismus beschäftigte. Kreisky, der schon damals sehr darum besorgt war, sich vom Zufall seiner jüdischen Geburt zu distanzieren und seine vollständige Identifikation mit der österreichischen Sozialdemokratie zum Ausdruck zu bringen, trat der Sozialistischen Arbeiterjugend bei und nahm an Demonstrationen und anderen Pflichtaktivitäten teil. 1936 wurde er angeklagt und wegen illegaler Tätigkeiten zu einer Haftstrafe von zwölf Monaten verurteilt.

Sein Zellennachbar war ein Nazi, Sepp Weninger. Sie hatten viele ernste Auseinandersetzungen über politische Themen. Allerdings führte die Nähe auch zu einer gewissen Loyalität. Kreisky bewahrte Weninger wahrscheinlich vor einer wesentlich längeren Haftstrafe, als er bei einer überraschenden Leibesvisitation einen belastenden Brief hinunterschluckte, den er für seinen Zellennachbarn aus dem Gefängnis schmuggeln sollte. Die scheinbar unbedeutende reflexartige Handlung war vielleicht für Kreiskys – und Österreichs – Zukunft entscheidend: zwei Jahre später, nach dem Anschluß, kam Kreisky erneut ins Gefängnis. Er wurde schwer geschlagen und schwebte in ständiger Gefahr, in ein Konzentrationslager geschickt zu werden. Diesmal war es Weninger, der seine Schuld beglich und die Solidarität bezeugte, die Kreisky ihm und anderen nationalsozialistischen Häftlingen vor dem Anschluß erwiesen hatte. Mit großer Wahrscheinlichkeit rettete das Kreisky das Leben.

In einem Gesuch, das Kreisky im Juli 1938 der Gestapo sandte, schrieb er, daß er «Namen heute prominenter Nationalsozialisten angeben» könne, «die beweisen können, daß ich während der langen Zeit meiner Haft mich zu meinen Mithäftlingen nationalsozialistischer Gesinnung immer kameradschaftlich verhalten habe und oftmals Nachrichten im Hause von Nationalsozialist zu Nationalsozialist vermittelt habe. Ich halte dieses Verhalten für selbstverständlich.» Als er kurz darauf von der Gestapo verhört wurde, wurde ihm gesagt, daß seine Hilfsbereitschaft gegenüber Parteigenossen während der Haftzeit 1936 bestätigt worden sei. Als Anerkennung für sein Verhalten ordnete die Gestapo an, daß Kreisky nicht in ein Konzentrationslager geschickt, sondern statt dessen freigelassen werden würde, wenn er in ein «entferntes Land» emigriere. Einige Tage später kam er frei; aber statt nach Bolivien zu gehen, das Land, das er gegenüber der Gestapo angegeben hatte, ging er nach Schweden. Er bestand darauf, daß er wegen seiner politischen Ansichten ins Exil gezwungen würde, nicht weil er Jude war.

Kreisky vergaß seine Schuld gegenüber Weninger nicht. Nach dem Krieg wurde Weninger als Kriegsverbrecher angeklagt und hingerichtet – zuvor hatte Kreisky noch aus Schweden interveniert und um Gnade gebeten.

Der symbiotischen Beziehung zwischen Kreisky und seinen nationalsozialistischen Zellengenossen während ihrer gemeinsamen Haftzeit ist bisher zu wenig Aufmerksamkeit zuteil geworden. Aber es hat unter den Kreisky Nahestehenden immer Spekulationen darüber gegeben, daß Weninger zumindest eins der Motive für Kreiskys pragmatische Haltung gegenüber den Nazis gewesen ist. Diese Verbindung mag auch seine Bereitschaft begründet haben, in der Nachkriegszeit mit den Nazis zusammenzuarbeiten und einen Schlußstrich unter die Vergangenheit zu ziehen. Die Dankbarkeit, die er Weninger schuldete, mag für ihn schwerer gewogen haben als die einundzwanzig Familienmitglieder, die er während des Holocaust verlor.

Auch unabhängig vom Fall Weningers gab es auf der Straße zur politischen Macht im Österreich nach 1945 eine simple Arithmetik. Kreisky kämpfte sich nicht nur die Leiter der Sozialdemokratischen Partei hinauf, von der er 1967 zum Vorsitzenden gewählt wurde. Er war auch der erste Jude seit 1945, der in einem anderen Land als Israel zum Regierungsoberhaupt gewählt wurde. Es ist kein Zufall, daß man ihn bald den «Kaiser» nannte. Wie Kaiser Franz Joseph suchte Kreisky Stabilität und Konsens, um eine vereinte Nation zu schaffen. Dafür mußten in einem Land, in dem bei einer Bevölkerungszahl von sieben Millionen mindestens eine halbe Million ehemaliger Mitglieder der NSDAP lebten, Prinzipien gebogen werden – es war ein wesentlich höherer Prozentsatz als in Deutschland. Kreisky hätte den Weg an die Spitze niemals geschafft, ohne an den Manövern der SPÖ teilzunehmen, mit denen die Partei die politische Achtbarkeit der extrem rechten FPÖ zu sichern suchte, die für ehemalige Nazis zu einem natürlichen Zuhause geworden war. In den fünfziger Jahren unterstützte die SPÖ die FPÖ finanziell, und später setzte sich Kreisky für Veränderungen des Wahlgesetzes ein, damit die FPÖ eine größere Anzahl von Sitzen im Parlament erhielt. Er zog sie auch als Koalitionspartner in Betracht.

Kreiskys Versuche, sich von allen jüdischen Angelegenheiten zu distanzieren, wären für seinen politischen Aufstieg vielleicht gar nicht so entscheidend gewesen, aber sie waren sicherlich eine wichtige Zutat bei der Schaffung seines Kaiser-Images. In Kreiskys Memoiren, die auf Gesprächen mit dem französischen Journalisten Manuel Lucbert beruhen, gibt es enthüllende Passagen, die Kreiskys zögerliche Akzeptanz seines Judentums, seine problematische Beziehung zu Israel und seine Abneigung gegenüber Wiesenthal erklären. Die gedruckte Fassung ist im Herbst 1996 als dritter Band der Memoiren Kreiskys unter dem Titel *Der Mensch im Mittelpunkt* erschienen, aber das unveröffentlichte Transkript seiner Gespräche mit Lucbert ist noch wesentlich aufschlußreicher.

Es bestätigt, daß Kreisky die Vorstellung von dem einen jüdischen Volk nicht akzeptieren konnte und vielmehr glaubte, die Idee des Staates Israel als jüdische Heimat sei eine romantische Selbsttäuschung, die den Antisemitismus niemals ausrotten würde. Assimilation sei die einzige glaubwürdige Lösung für Juden. Er geht nicht von einer gemeinsamen Herkunft aller Juden aus, sondern argumentiert, daß die Juden mehr mit der Kultur ihrer Umgebung gemeinsam haben als mit ihren Glaubensgenossen anderswo. Zwischen den osteuropäischen Juden aus den Schtetln Galiziens und den weit stärker assimilierten Juden aus Mittel- und Westeuropa gebe es eine große Kluft. Sie seien durch den Hitlerschen Antisemitismus künstlich zu Gemeinsamkeit gezwungen worden.

«Und das ist essentiell für die Staatslehre des zionistischen Israel: Juden können letzten Endes ein Leben in Sicherheit und Erfüllung nur in Israel finden. Es muß also diese jüdische Heimat geben. Damit es sie aber geben kann, muß auch immer wieder die Kraft des Zustroms der Juden vorhanden sein, um sie zu gewährleisten. Dazu wiederum bedarf es – damit dieser Strom nicht abreißt – des Antisemitismus in der Welt ... Das alles hat eine wichtige Bedeutung für meine Haltung zum Judentum. Denn ich behaupte, daß es die eine Lösung der Frage des Judentums gar nicht gibt.»

Einige Juden fühlten sich in Israel frei, während einige orthodoxe glaubten, daß die Verfolgung Teil ihrer Bestimmung sei, und es sogar als eine Sünde ansehen, in Israel zu leben. «Wieder andere betrachten ihr Leben unter den Völkern als das natürlichste der Welt ... Ich selbst komme von einer Familie, die bis zur Zeit Hitlers nie unter irgendwelchen Verfolgungen zu leiden hatte. Meine Familie war in jeder Hinsicht integriert, womit ich nicht sagen will, daß ich das Gefühl des Verfolgtseins nicht hatte.»

«Ich habe meine Emigration nie als Folge meiner jüdischen Herkunft verstanden; ich war vielmehr ebenso verfolgt worden, so wie ich ja schon vier Jahre vorher verfolgt worden bin: aus rein politischen Gründen. Mir fehlen also viele Erlebnisinhalte, die den rassisch verfolgten Juden zu eigen sind.»

Als einem Agnostiker fehlt Kreisky auch jeglicher Sinn für die gemeinsame Religion. «Was ist nun von meiner Beziehung zum Judentum übriggeblieben?» Die Antwort:

«Bei mir primär ein wichtiges Gefühl, nämlich daß man seine Herkunft nicht irgendwie verleugnen soll; besonders dann nicht, wenn man aus einer Gemeinschaft stammt, die von anderen als inferior betrachtet wird, oder weil man in irgendeiner anderen Weise Unannehmlichkeiten ausgesetzt sein könne. Man soll also so wenig sein Judentum verleugnen, wie man etwa sein Deutschtum verleugnen soll – ein Problem, das ja kurz nach dem Zweiten Weltkrieg bis zu einem gewissen Grad aktuell gewesen ist. Oder wie man etwa nicht leugnen sollte, katholisch zu sein, in Ländern, in denen der Katholizismus Verfolgungen ausgesetzt ist ... Ich besitze allerdings dem Judentum gegenüber – über dieses Gefühl hinaus, daß man sich von seiner eigenen Herkunft nicht dispensieren kann, darf, soll – kein besonderes Zugehörigkeitsgefühl. ... Wenn ich von Österreich absehe, fühle ich mich Schweden, das meine zweite und gute Heimat während vieler Jahre war, wo meine Kinder geboren wurden..., weit stärker verbunden als Israel ... Hier komme ich zu einer sehr harten Formulierung ...: Der strenggläubige Zionismus vertritt eigentlich einen Rassismus, eine Art anthropologischen Mystizismus, den ich nicht zu akzeptieren bereit bin.»

Kreisky glaubt, daß er mit seiner Haltung und seiner Form von Versöhnung bei dem Versuch, die Menschen auf die Gefahren des Antisemitismus aufmerksam zu machen, weit mehr erreicht habe als Wiesenthal. Er behauptet, daß Wiesenthal die «Methoden des permanenten Hasses» angewandt habe, und fügt hinzu, man könne «auf diese Art nicht die Lehre ziehen, die man aus den furchtbaren Ereignissen der Hitlerzeit ziehen muß». Kreisky ignoriert, daß Wiesenthal seine gesamte Familie während des Holocaust verloren hat, und behauptet: «Ich habe in meiner Familie viele Opfer zu beklagen und verfüge über einen außerordentlich ausgeprägten Familiensinn. Ich kenne die Psyche des Menschen. Wenn man erreichen will, daß sie sich ändern, muß man sie überzeugen, daß das, was sie tun, schlecht ist.»

Kreisky wiederholt seine Argumente gegen Wiesenthal. Er behauptet: «Ich halte den betreffenden Mann nicht für moralisch qualifiziert genug, um diese Aufgabe zu erfüllen [die Menschen davon zu überzeugen, daß sie etwas Schlechtes tun]; und letztends halte ich die von ihm angewandten Methoden mit unserer Rechtsauffassung im Widerspruch stehend, mit der demokratischen Rechtsauffassung, Leute nicht für schuldig zu erklären, ehe sie von den Gerichten für schuldig befunden wurden ...»

Kreisky, der 1953 als Staatssekretär des Außenministeriums in die Regierung eintrat, war Mitglied verschiedener Koalitionen, bei denen die ÖVP der stärkere und die SPÖ der schwächere Partner war, bis die ÖVP 1966 die absolute Mehrheit gewann. Bei den nächsten Wahlen im März 1970 wendete sich das Glück der Parteien, und die Sozialdemokraten gewannen mit Kreisky an der Spitze die meisten Sitze, aber nicht die absolute Mehrheit. Kreisky wurde Kanzler. Er brauchte fast sieben Wochen, um eine Regierung zu bilden. Die Partei debattierte lange und heftig darüber, ob sie erneut eine große Koalition bilden sollte, aber die ÖVP, die an die Rolle des kleineren Partners nicht gewöhnt war, stellte Bedingungen, die ein Großteil der Sozialdemokraten nicht akzeptieren wollte.

Auch eine Koalition mit der extrem rechten FPÖ kam nicht zustande, da sie für einen großen Teil der Sozialdemokratischen Partei politisch nicht in Betracht kam. Der Vorsitzende der FPÖ, Friedrich Peter, hielt das ebenfalls für eine schlechte Lösung. Er hatte bei den Wahlen von 1970 schlecht abgeschnitten und befürchtete seinen Ausschluß aus dem Parteivorstand. Aber in einem dramatischen Schachzug kurz nach der Auszählung der letzten Stimmen in der Wahlnacht am 1. März 1970 lud Kreisky Peter zu einem überraschenden Gespräch um Mitternacht ein. Er eröffnete Peter, daß die SPÖ versuchen würde, als Minderheitsregierung durchzukommen, und bat die FPÖ um Unterstützung. Im Gegenzug bot Kreisky an, daß die SPÖ-Regierung das Wahlgesetz zugunsten der FPÖ ändern würde, damit sie bei künftigen Wahlen mehr Sitze erhalten könne. Peter sagt, daß seine Partei von dieser Wende der Ereignisse völlig verblüfft gewesen sei. Und darauf war seine Position als Parteivorsitzender wieder vollkommen gesichert. Die SPÖ hielt ihr Wort bei der Wahlreform.

Als Kreisky sein Kabinett am 21. April 1970 bekanntgab, überprüfte Wiesenthal die Lebensläufe der künftigen Minister und fand schnell heraus, daß vier von ihnen Mitglieder der NSDAP gewesen waren. Einer von ihnen, der Landwirtschaftsminister Hans Öllinger, war sogar Untersturmführer der Waffen-SS gewesen. Otto Rösch, der neue Innenminister, hatte einen starken nationalsozialistischen Hintergrund und hatte 1948 – in der kurzen Phase der Entnazifizierung Österreichs – vor Gericht gestanden, weil er anderen ehemaligen Nationalsozialisten geholfen hatte, sich der strafrechtlichen Verfolgung zu entziehen. (Es stellte sich heraus, daß Rösch dies auf Anregung eines SPÖ-Ministers getan hatte, der schon damals nach Möglichkeiten suchte, die ehemaligen Nationalsozialisten davon zu überzeugen, eine neue, eigene Partei zu gründen.) Es war das erste Mal seit 1945, daß einige Mitglieder der Regierung frühere Nationalsozialisten waren. Wiesenthal stellte sicher, daß seine Entdeckungen der Nazi-Vergangenheit von Kreiskys Kabinettsmitgliedern ihren Weg in die österreichische Presse fanden, und kurz darauf veröffentlichte auch das einflußreiche Magazin *Der Spiegel* einen Artikel. Die Zeitungen vieler anderer Länder folgten. Wiesenthal stand für einen Kommentar bereit.

Kreisky ordnete eine Untersuchung über Öllingers Vergangenheit an. Doch obwohl die Kommission bestätigte, daß keine Belege für Kriegsverbrechen gefunden worden seien und Kreisky sich hinter ihn stellte, trat Öllinger kurz darauf aus gesundheitlichen Gründen zurück. Sein Nachfolger war Oscar Weihs. Wiesenthal behauptete, daß auch er ein ehemaliges Mitglied der NSDAP sei.

Von dem Moment an, in dem Wiesenthal mit seinen Enthüllungen an die Öffentlichkeit ging, platzte Kreisky fast vor Wut. In seiner Antrittsrede bestand Kreisky nachdrücklich darauf, daß jeder Bürger das Recht habe, seine politischen Ansichten im Lichte späterer Erfahrungen und späteren Wissens zu überprüfen, und das gelte auch für die Zeit des Nationalsozialismus. Er glaube, daß Wiesenthal absichtlich versuche, der ersten sozialdemokratischen Regierung Österreichs zu schaden. Und er war bereit zurückzuschlagen.

Auf dem Parteitag der Sozialdemokraten im Juni 1970 wurde zum ersten von vielen weiteren Schlägen gegen Wiesenthal ausgeholt:

«Zum sogenannten Dokumentationszentrum möchte ich in allem Ernst sagen, daß hier eine private Spitzel- und Staatspolizei aufgebaut wurde, die sich nicht scheute, sich gesetzeswidriger Methoden zu bedienen. ... Es wird in allem Ernst Zeit, daß sich die demokratisch legitimierten Organe der Republik Österreich fragen, ob dieser Staat die private Femeorganisation des Herrn Wiesenthal noch braucht», fragte der Unterrichts- und Kulturminister Leopold Gratz. Kreisky, der sich «voll und ganz» hinter die Rede seines Kabinettsmitglieds stellte, donnerte, daß auch ein ehemaliges Mitglied der NSDAP oder der SS das Recht habe, ein politisches Amt in Österreich zu übernehmen, solange ihm kein Verbrechen nachgewiesen werden könne. Wiesenthal war überzeugt, daß die österreichische Regierung versuchen würde, sein Dokumentationszentrum zu schließen – und dazu auch versuchen würde, Wiesenthal und seine Familie so lange einzuschüchtern, bis er seine Aktivitäten einstellte.

Einige Tage später sollte noch Schlimmeres von Kreisky kommen. In einem Interview mit dem holländischen Journalisten Martin van Amerongen nannte Kreisky Wiesenthal einen «extremen Reaktionär». Und als ob das noch nicht genug gewesen wäre, fügte der Kanzler eine giftige Bemerkung hinzu: «Sie müssen natürlich wissen, daß Wiesenthal ein jüdischer Faschist ist.» Amerongens Artikel stellte diesen Satz heraus, obwohl er nicht in dem Transkript des Interviews stand, das dem Kanzleramt vor der Veröffentlichung zur Autorisierung vorgelegt wurde. Dr. Ingo Mussi, Kreiskys damaliger Pressesprecher, hat das bestätigt. Kreiskys Mitarbeiter zweifelten niemals daran, daß er diese Bemerkung gemacht hatte – sie entsprach seinen Gefühlen. Für sie bestand die Frage nur darin, ob sie auch in dem Transkript stand. Amerongens Zeitung, *Vrij Nederland*, stellte dann Fotokopien eines Transkripts zur Verfügung, in dem der Satz vom «jüdischen Faschisten» enthalten war. Mussi glaubt an eine mysteriöse Form von Mißbrauch, um so mehr, als das Original niemals wieder zum Vorschein kam und angeblich bei einem Feuer in Amerongens Büro verbrannte, zehn Tage nachdem das Interview mit dem umstrittenen Satz erstmals veröffentlicht worden war.

Was Wiesenthal anging, so bedeuteten diese mysteriösen Vorgänge keinen Unterschied in der Sache. Daß die Integrität des Dokumentationszentrums in Frage gestellt und er selbst als jüdischer Faschist beleidigt wurde, zementierte seinen Entschluß, den jüdischen Kanzler und seine Kollegen zu bekämpfen. Wenn Kreisky eine energische Verfolgung der Kriegsverbrecherprozesse angeordnet hätte, hätte sich Wiesenthal vielleicht toleranter gegenüber den Ex-Nazis in seiner Regierung gezeigt. Schließlich griff er den deutschen Kanzler Konrad Adenauer niemals an, weil dieser eine Reihe ehemaliger Nationalsozialisten zu seinen unmittelbaren Beratern ernannte. Wiesenthal besteht darauf, daß sein Verzicht, Adenauer aus diesem Grunde öffentlich zu brandmarken, nichts mit seinen politischen Überzeugungen zu tun hatte – Adenauer war Christdemokrat, während Kreisky Sozialdemokrat war. Er habe nur deshalb gegenüber Adenauer mehr Großzügigkeit an den Tag legen können, sagt Wiesenthal, weil der deutsche Kanzler eine klare Haltung in der Frage der NS-Verbrecherprozesse bezogen habe. Vielleicht spielte auch eine Rolle, daß Adenauer Wiesenthal für seine Nazi-Jagd beträchtlichen Respekt zollte.

In Österreich bestand Wiesenthals erster Schritt gegen Kreisky und seine Kollegen darin, Leopold Gratz anzugreifen. Kreisky nannte er einen «Renegaten» und beschwerte sich laut darüber, daß Österreich auch 25 Jahre nach dem Krieg immer noch ehemalige Nazis schütze und versuche, diejenigen zu verleumden, die diese Affäre ans Licht bringen wollten. Es habe den Anschein, so Wiesenthal, daß die Nazis alle unschuldig seien, während er, der nachfrage, verleumdet werden könne.

Wiesenthal bestreitet, daß er eine Fehde gegen die Sozialdemokratische Partei geführt habe. In einem Brief an Dr. Rudolf Kirchschläger, den neuen Außenminister – und späteren Präsidenten Österreichs –, besteht Wiesenthal darauf, daß «die Behauptung ..., ich habe absichtlich der SPÖ-Regierung Schwierigkeiten gemacht und die ÖVP geschont», falsch ist. Um diese Behauptung zu unterstützen, erinnert Wiesenthal an sein Memorandum von 1966, in dem er auf den langsamen Fortgang bei den Kriegsverbrecherprozessen und die mangelnde Entnazifizierung hingewiesen habe. Zu der Zeit hatte Österreich eine ÖVP-Regierung; doch weder Kanzler Josef Klaus «noch Justizminister Klecatsky haben diese Tatsache als Angriff auf die ÖVP gewertet, und insbesondere Dr. Klecatsky gab sich Mühe, in der Frage des Memorandums etwas zu tun. Ich bin Mitglied keiner Partei, und daß die Sache Formen angenommen hat, die ich nicht beabsichtigte, die SPÖ aber wahrscheinlich nicht vorausgesehen hat, steht auf einem anderen Blatt.»

Wiesenthal ließ nicht nach und drängte jüdische Organisationen und seine Anhänger in aller Welt, Kreisky mit Protesten zu bombardieren, weil er versuche, das Dokumentationszentrum zu diskreditieren. «Sie haben sicherlich in den Zeitungen über die schweren Angriffe und Schmähungen gegen das Dokumentationszentrum gelesen», schrieb Wiesenthal in einem Brief, der sogar in den Washingtoner Kongreßbericht vom 14. August 1970 aufgenommen wurde.

> «Unsere Freunde im Ausland schickten Protesttelegramme an Kanzler Kreisky und die Sozialdemokratische Partei. Wir wissen, daß die Sozialdemokratische Partei die Stimmen der früheren Nationalsozialisten braucht, um eine Mehrheit zu erreichen. ... In der gegenwärtigen österreichischen Regierung gibt es mehrere Minister mit einer nationalsozialistischen Vergangenheit. Das Dokumentationszentrum war nicht bereit, das hinzunehmen, ohne wenigstens darauf hinzuweisen. Unsere Freunde in Österreich haben erfahren, daß der Minister gedroht habe, das Dokumentationszentrum zu schließen. Gegenwärtig sind wir die einzigen, die aktiv gegen die Nationalsozialisten eintreten. Wenn Sie glauben, daß das Zentrum nicht zum Schweigen gebracht werden darf, schicken Sie bitte ein Telegramm an Kanzler Bruno Kreisky oder die Sozialdemokratische Partei Österreichs, in dem Sie Ihre Meinung zum Ausdruck bringen.»

Kurz darauf gab das Dokumentationszentrum eine Broschüre mit Protesten gegen die «drohende Schließung» heraus.

Obwohl der weltweite Protest Wiesenthals lokale Schwierigkeiten mehr als aufwog, gab es auch weniger positive Reaktionen. Israel zog gute Beziehungen zu der neuen österreichischen Regierung vor und distanzierte sich von Wiesenthal, es verweigerte eine offizielle Verurteilung des Sachverhalts, daß dem Kreisky-Kabinett ehemalige Nazis angehörten. In einem sehr auf Ausgewogenheit bedachten Interview wies der israelische Botschafter Zev Shek darauf hin, daß die israelische Regierung keinerlei Verbindung zu Wiesenthal unterhalte, aber daß die israelischen Juden ein lebhaftes Interesse an dem Dokumentationszentrum hätten, weil Juden sich überall auf der Welt mit der Bestrafung von NS-Verbrechern beschäftigten.

Gerhart Riegner, der Vorsitzende des europäischen Büros des WJC, dem Wiesenthals Aktionen niemals ganz geheuer waren, bezweifelte, daß die österreichische Regierung das Dokumentationszentrum tatsächlich zu schließen beabsichtigte und daß die Angriffe auf Wiesenthal zu einer internationalen Unterstützungskampagne der jüdischen Gemeinden berechtigten. In einem Memorandum vom 29. Juli 1970, das Riegner an die höchsten Stellen des WJC schickte, zu denen auch sein Präsident Nachum Goldmann gehörte, schrieb er:

«Die Anschuldigung, eine ‹Femeorganisation› zu betreiben, ist sicherlich eine ernste Angelegenheit. Ich persönlich bezweifle jedoch, daß dies allein zu einer konzertierten internationalen Reaktion der jüdischen Gemeinden berechtigt. Ich habe den Eindruck, daß dies eher eine Angelegenheit ist, mit der sich die jüdischen und nicht-jüdischen Organisationen in Österreich beschäftigen müssen .... Es scheint, daß Herr Wiesenthal außerhalb Österreichs den Eindruck erwecken möchte, das Dokumentationszentrum sei von sofortiger Schließung durch die österreichischen Behörden bedroht. Auf der Grundlage uns zugänglicher Informationen scheint diese Annahme etwas übertrieben. Die öffentliche Polemik das Dokumentationszentrum betreffend ist allein für eine derartige Reaktion nicht ausreichend. Aber sollten die Behörden konkret gegen das Dokumentationszentrum vorgehen, müssen wir unsere Haltung neu überdenken.»

Wiesenthal war sehr deprimiert über die bösartige Natur der österreichischen Angriffe auf ihn. Kreiskys Popularität war in Österreich so groß, daß Wiesenthal fast wie ein Aussätziger behandelt wurde. «Ich hatte in der Bevölkerung das Image eines unversöhnlichen Rächers, der täglich ein armes unschuldiges kleines NSDAP-Mitglied zum Frühstück ißt.»

Obwohl Kreisky darauf bestand, daß er sich nicht von ausländischen Protesten unter Druck setzen ließe, mußte er die Position der Sozialdemokratischen Partei und seiner Regierung hinsichtlich des Dokumentationszentrums klären. Die Parteizentrale der SPÖ verschickte Briefe an die Förderer Wiesenthals, in denen versprochen wurde, daß man sich nicht in die Tätigkeiten des Zentrums einmischen werde, vorausgesetzt, es agiere innerhalb des gesetzlichen Rahmens. Der SPÖ fiel das nicht schwer – sie hatte niemals die ernsthafte Absicht, gegen das Zentrum vorzugehen. Es gab keine gesetzliche Grundlage dafür, und Kreisky wußte das. Abgesehen davon wäre es politisch mehr als unklug gewesen; nicht zuletzt wegen des Aufschreis, zu dem ein Vorgehen gegen das Dokumentationszentrum in den Vereinigten Staaten und anderen Ländern geführt hätte, mit denen die sozialdemokratische Regierung Österreichs gute Beziehungen unterhalten wollte.

Wenn Kreisky auch nicht gegen das Dokumentationszentrum vorgehen konnte, so wurde seine Haltung zur Person Wiesenthals noch unversöhnlicher. Er ließ sich nicht dazu bewegen, die ehemaligen Nationalsozialisten aus seinem Kabinett zu entfernen. «Herr Wiesenthal hat es nun für richtig befunden, als aktiver Konservativer und Gegner der Sozialdemokraten in die österreichische Innenpolitik einzugreifen ... Herr Wiesenthal, der ein starkes Gerechtigkeitsgefühl mit einem stark entwickelten Sinn für Publicity verbindet, darf nicht glauben, daß er tabu ist, wenn er als politisch engagierter Staatsbürger in die Innenpolitik polemisch eingreift», schrieb der Parteisekretär der SPÖ Franz Fischerlehner in einem Brief an den Verband demokratischer Widerstandskämpfer.

Kreiskys Pressesprecher Ingo Mussi sollte noch einmal darauf hinweisen, daß es an der Zeit sei, einen Schlußstrich unter die nationalsozialistische Vergangenheit Österreichs zu ziehen. Er schrieb:

«Eingedenk der Tatsache, daß in den politisch und wirtschaftlich turbulenten dreißiger Jahren sich viele Österreicher guten Glaubens dem Nationalsozialismus anschlossen, von dem sie eine Besserung der Zustände erhofften, und daß seit Ende des Naziregimes genügend Zeit vergangen ist, um mit der pauschalen Verurteilung aller, die je dem Regime anhingen, ein Ende zu machen, hat der Bundeskanzler seit Jahren die Ansicht vertreten, daß jenen, die sich während der Nazizeit keine strafbaren Handlungen zuschulden kommen ließen und sich in den seither vergangenen Jahren aktiv und eindeutig zur Vergangenheit distanziert und zum demokratischen System bekannt haben, aus dieser Vergangenheit kein Nachteil erwachsen soll.»

In seinem Brief an die Fédération Mondial des Résistants et de Deportés Juifs schrieb Mussi, daß kein Mitglied der Kreisky-Regierung eine hohe Position im nationalsozialistischen Regime innehatte, und schloß mit der Behauptung, «[d]ie von gewisser Seite inspirierten Angriffe und Gewuchte sind von der Bundesregierung im Sinne der obigen Ausführungen also energisch zurückgewiesen und entkräftet worden».

Gegen Ende des Sommers 1970 herrschte zwischen Kreisky und Wiesenthal eine unsichere Waffenruhe. Wiesenthal vergrub seinen Kummer in noch mehr Arbeit und bezog noch mehr Stolz aus seinem internationalen Status. Obwohl er in Wien schräg angesehen wurde, konnte er in Washington, London, Paris, Den Haag und selbst in Deutschland erhobenen Hauptes gehen. Im Ausland begegnete man seiner Arbeit mit großem Verständnis. Der Stangl-Prozeß, an dem er großes Interesse hatte, dauerte bis zum Ende der siebziger Jahre; er setzte sich für die Auslieferung Hermine Braunsteiners aus den Vereinigten Staaten ein; er drängte die deutschen Behörden, die NS-Verbrecherprozesse zu beschleunigen; er wehrte die Attacken aus Polen und der DDR ab; er hielt in vielen europäischen Ländern Vorträge, trat im Fernsehen auf, gab Pressekonferenzen, unternahm und plante Lesereisen für seine Bücher.

Aber das alles reichte nicht aus, um die österreichischen Angelegenheiten ruhen zu lassen. Im November 1970 schrieb er einen Brief an den Justizminister Christian Broda, in dem er sich auf sein Memorandum zur Entnazifizierung von 1966 bezog und sich beklagte, daß immer noch nicht genug getan werde, um die NS-Verbrecher vor Gericht zu stellen. Er forderte «entschiedene Maßnahmen» und bezichtigte den Innenminister der Nachlässigkeit. Aus dem Ministerium erhielt er keine Antwort.

Der Kanzler war mit anderen Dingen beschäftigt. Kreisky fing an, sein ehrgeiziges innenpolitisches Programm umzusetzen, zu dem eine Steuerreform, eine neue Wirtschafts- und Bildungspolitik und eine Ausweitung des Sozialstaates gehörten. Im November 1970 setzte die Regierung die versprochene Änderung des Wahlgesetzes durch, das bis dahin die kleineren Parteien, u. a. die FPÖ, benachteiligt hatte.

Trotzdem wurde Anfang 1971 unübersehbar, daß Friedrich Peter es nicht schaffen würde, die Mitglieder der FPÖ zu veranlassen, Kreiskys neuen Haushalt zu unterstützen. Die Sozialdemokraten beschlossen, Neuwahlen durchzuführen, um die absolute Mehrheit zu erlangen. Die Wahlen fanden am 10. Oktober 1971 statt, und die Rechnung ging auf. Kreisky gewann die absolute Mehrheit, wenn auch nur eine knappe – die SPÖ hatte drei Sitze mehr als ÖVP und FPÖ zusammen. Wenn er bei diesen Wahlen nicht die absolute Mehrheit gewonnen hätte, wäre Kreisky bereit gewesen, mit der FPÖ eine Koalition einzugehen. Und wenn Wiesenthal Kreiskys Geheimstrategie bewußt geworden wäre, hätte die große Schlacht zwischen Wiesenthal und Kreisky wesentlich früher stattgefunden. Doch das sind Hypothesen. Wie sich 1971 herausstellte, reichte Kreiskys schmale Mehrheit aus, um ihn bis zu den nächsten Wahlen 1975 ohne Koalitionspartner an der Macht zu halten, und Wiesenthal behielt seine Munition für diese Gelegenheit zurück.

Zwanzig

Die Affäre Peter – und mehr

Am 4. Oktober 1975 gewann die SPÖ zum zweiten Mal die absolute Mehrheit. Wieder verfügte Kreisky nur über die schmale Mehrheit von drei Sitzen im Parlament. Aber wie 1971 reichte sie aus, um eine Regierung zu bilden, ohne daß Kreisky eine Koalition mit der FPÖ in Betracht ziehen mußte. Fünf Tage später ließ Wiesenthal eine Bombe platzen.

Auf einer Pressekonferenz präsentierte er ein erdrückendes Dossier über Friedrich Peter, den Vorsitzenden der FPÖ. Es belegte, daß Peter Mitglied der 1. SS-Infanterie-Brigade gewesen war und er in der 5. Kompanie des 10. Regiments gedient hatte, einer Vernichtungseinheit, die für Morde an Zivilisten im nationalsozialistisch besetzten Polen und Rußland in den Jahren 1941 und 1942 verantwortlich gemacht wurde. Wiesenthal hatte auch herausgefunden, daß Peter später für Tapferkeit mit dem Eisernen Kreuz ausgezeichnet und zum SS-Obersturmführer befördert worden war.

Wiesenthal beschuldigte Peter, in seiner offiziellen Biographie nicht seine gesamte Militärzeit offengelegt und den Dienst bei der 1. SS-Infanterie-Brigade verschwiegen zu haben, aber er ging nicht so weit, ihn der Kriegsverbrechen anzuklagen: «Er war Mitglied einer Mörderbrigade, aber ich verstehe Schuld als etwas Individuelles, nicht als etwas Kollektives.» Peter gab zu, daß er tatsächlich bei der 1. SS-Infanterie-Brigade gedient hatte, aber er leugnete, an ihren schrecklichen Taten beteiligt gewesen zu sein oder auch nur davon gewußt zu haben. Er habe in der Zeit der schlimmsten Brutalitäten, die Wiesenthal anführte, krank in einem Militärspital gelegen. Wiesenthal antwortete damals, daß er es anderen überlasse, ihre Schlußfolgerungen daraus zu ziehen.

Kurz darauf bestätigte Dr. Adalbert Rückerl, der Leiter der deutschen Zentralstelle für die Verfolgung von NS-Verbrechen in Ludwigsburg, daß er keine Belege für eine Verwicklung Peters in NS-Verbrechen gefunden habe. Peter sagt heute, daß er alle seine Briefe, die er während des Krieges an seine zukünftige Frau schrieb, numeriert habe. Es gebe einen aus dem Militärkrankenhaus, der die Korrektheit seiner damaligen Aussage belege, daß er während der Zeit, in der seine SS-Einheit in die schlimmsten Exzesse verwickelt war, abwesend war. Er besitzt zwar immer noch eine Kopie des Briefes, aber das Original ist nicht mehr vorhanden. Unabhängig davon, ob Peters Versicherungen, daß er nicht an den scheußlichen Taten beteiligt gewesen ist, stimmen, hatten Wiesenthals Enthüllungen nachhaltige Auswirkungen auf das internationale Ansehen Österreichs. Sie markierten auch den Anfang vom Ende der politischen Karriere Peters.

Peter stammt aus einer Familie mit untadeligem sozialdemokratischem Hintergrund, aber in den dreißiger Jahren besuchte er als junger Mann oft Deutschland und schloß sich der Waffen-SS an, jedoch nicht der NSDAP. Doch nach dem Krieg habe er eine Wandlung durchlaufen und sei überzeugter Demokrat geworden. Er besteht darauf, daß sein wichtigstes Ziel als Vorsitzender der FPÖ gewesen sei, die Mitglieder dem nationalsozialistischen Einfluß zu entziehen. «Wiesenthal und ich hätten zusammenarbeiten sollen», behauptet er im Rückblick auf 1975.

Wiesenthal war auf Peters Namen gestoßen, als ihm mehrere Jahre zuvor das «SS-Kriegstagebuch» in Prag gezeigt wurde, das 1965 in Österreich veröffentlicht wurde. Er bemerkte, daß Peter als Mitglied der Waffen-SS verzeichnet war, aber er behauptet, dem bis wenige Wochen vor den Wahlen 1975 keine besondere Bedeutung zugemessen zu haben. «Ungefähr Mitte September fand ich in meinen Unterlagen eine Liste von Männern der 1. SS-Infanterie-Brigade, die Anwärter für eine weitere Ausbildung waren. Unter den zwanzig Namen war der Friedrich Peters. Das hat mich sehr überrascht, denn er hatte seinen Dienst bei dieser Brigade niemals erwähnt, obwohl er zwölf Monate gedauert hatte. Wenn ich das früher gewußt hätte, hätte ich das sicherlich nicht für mich behalten. Aber bis zu diesem Septembertag im Jahre 1975 wußte ich nur von seiner Verbindung zur Waffen-SS, aber nicht, daß er bei dieser besonderen Mörderbrigade gedient hatte.»

Wiesenthal sagt, daß er mit der Idee gespielt habe, mit den Enthüllungen über Peters Vergangenheit sofort an die Öffentlichkeit zu gehen, obwohl Österreich kurz vor einer Wahl stand, bei der Kreisky, falls die SPÖ nicht die absolute Mehrheit erreichen würde, wieder mit Peter über die Bildung einer Koalition verhandeln würde. Er entschloß sich jedoch, mit seinen Enthüllungen über Peter bis nach der Wahl zu warten. Im anderen Fall, so meinte er, würde er sich dem Vorwurf aussetzen, in den Wahlkampf eingegriffen zu haben. Wiesenthal beschloß, Präsident Kirchschläger im voraus über seine Absichten zu informieren und ihm das Dossier über Peter kurz vor den Wahlen zuzustellen, aber erst einige Tage nach den Wahlen an die Öffentlichkeit zu gehen.

Am 9. Dezember schrieb er an seinen engen Freund und Förderer in den Niederlanden, Professor Sijes: «Heute sehe ich, daß der Zeitpunkt der Veröffentlichung ein Fehler war. Ich hätte vielleicht noch drei bis vier Wochen nach den Wahlen warten sollen. Aber das sind Spekulationen von heute, die man damals nicht hat anstellen können, nachdem Peters Rolle politisch stark herabgemindert war, da Kreisky ihn nun nicht mehr brauchte.»

Peters Darstellung der Reihenfolge der Ereignisse, die er erst viele Jahre später, im Jahre 1994, ausführlich beschrieb, unterscheidet sich erheblich von der Wiesenthals. Wiesenthal sei seine gesamte Militärzeit seit 1971 bekannt gewesen. In einem Interview mit mir deutete Peter an, daß Wiesenthal einen passenden Zeitpunkt abwartete, um mit seinen Enthüllungen den größtmöglichen Einfluß auf die österreichische Politik zu gewinnen. Peter erklärt, daß Kreisky an einem Tag des Jahres 1971 zu ihm gekommen sei und ihm erzählt habe, daß Wiesenthals Dokumentationszentrum um Peters SS-Akte aus dem den Amerikanern unterstehenden Berlin Document Center gebeten habe. Kreisky habe gesagt: «Der [SS-Akt] wird aber nur ausgehändigt, wenn die diplomatische Vertretung des Landes, dem der Auszuforschende angehört, zustimmt. Haben Sie etwas dagegen?› Hab ich gesagt: ‹Nein.› Als der Akt da war, hat mir der Kreisky wieder gesagt: ‹Der Akt ist da. Und der Außenminister Kirchschläger wird Ihnen eine Kopie geben.›» Er habe eine Kopie bekommen, ebenso wie andere Parteiobere. Und auch Wiesenthal müsse eine Kopie bekommen haben. Peters Bericht fährt fort:

«Und die hat der Wiesenthal gehabt für den Fall, daß es einmal brenzlig wird, und in 1975 hat er es herausgezogen. Am Donnerstag vor der Wahl ist er zum Kirchschläger (jetzt Bundespräsident) gegangen. Hat ihm meinen Akt übergeben. Das ist die einzige Trübung, die es zwischen mir und Kirchschläger gibt; denn der Kirchschläger hätte ihm sagen müssen: ‹Sie, Herr Wiesenthal, ich bin nicht zuständig. Gehen Sie mit dem Kuvert zum Staatsanwalt.›

Und am Donnerstag nach der Wahl hat der Wiesenthal seine Pressekonferenz gemacht. Nach der Pressekonferenz hat mich der Kirchschläger kommen lassen und hat mir diesen Akt übergeben, den er eh schon seit 1971 hatte – den mir der Kirchschläger 1971 übergeben hatte ... also tempi passati. ...»

All dies wäre unanfechtbar, wenn es nicht eine kleine, wenig bekannte Tatsache gäbe: Wiesenthal war eine der wenigen Personen, die Zugang zu den Akten im Berliner Archiv hatte, ohne daß erst die Zustimmung der jeweiligen Regierung eingeholt werden mußte. Österreich hätte nicht notwendigerweise von Wiesenthals Anfrage erfahren.

Wie dem auch sei, Peter reagierte relativ gelassen auf Wiesenthals Angriff und ließ sich nicht zu einer Verleumdungsaktion gegen seinen Quälgeist hinreißen. Erst nach Monaten ging er gegen Wiesenthal vor, und auch dann nur, weil der Parteivorstand der FPÖ darauf bestand. Der Konflikt wurde niemals so persönlich oder virulent wie die Kontroverse zwischen Kreisky und Wiesenthal. Peter glaubt, daß er nur als Ersatz für Wiesenthals eigentliches Ziel diente, das natürlich Kreisky hieß. «Ich habe mir oft gesagt, daß Wiesenthal das Recht hatte, so zu handeln, wie er es getan hat. Bei den wenigen Gelegenheiten, bei denen wir zufällig zusammentrafen, waren wir immer in der Lage, einige höfliche Sätze auszutauschen.» Wiesenthal pflichtet dem bei; er hegt keinen Groll gegen Peter, obwohl er noch immer nicht glaubt, daß das frühere Mitglied der Waffen-SS die volle Wahrheit über seine Aktivitäten während des Krieges sagt.

Unabhängig davon, wer was und wann über Peter wußte, ist es unbestreitbar, daß Kreiskys Wut auf Wiesenthal sich wegen der Enthüllungen über Peter beträchtlich steigerte und seitdem jede rationale Grundlage verließ. Wenn seine Sprache 1970 nachlässig gewesen war, so überschritt sie nun alle Grenzen eines vernünftigen Diskurses. Einen Tag nach Wiesenthals Pressekonferenz, am 10. Oktober, wurde der Fall Peter zu einer Sache Kreisky-Wiesenthal. Kreisky verteidigte Peter, nicht nur, indem er dem Vorsitzenden der FPÖ sein volles Vertrauen aussprach, sondern auch dadurch, daß er behauptete, Wiesenthal wolle ihn persönlich vernichten. «Er versucht, einen Rufmord zu begehen», donnerte Kreisky zu Beginn seiner Tiraden. Es sei eine organisierte Kampagne, «um mich politisch umzubringen und nicht nur Peter».

Wiesenthals Dokumentationszentrum sei für seine ruchlosen Methoden bekannt. Er, Kreisky, gebe sich keinen Illusionen darüber hin, wie dieser Herr agiere. Er manipuliere, indem er alle Arten von Tricks anwende. Und er beleidigte Wiesenthal auch noch dadurch, daß er von ihm ständig als dem «angeblichen Ingenieur» sprach, womit er natürlich andeutete, daß Wiesenthal seinen Titel zu Unrecht führte.

Kreisky griff Wiesenthal immer heftiger an. Auf einer langen, weitschweifigen und chaotischen Pressekonferenz, die einzig und allein gegen Wiesenthal gerichtet war, bezweifelte der Kanzler wiederholt Wiesenthals Aufrichtigkeit und machte Andeutungen über eine Kollaboration mit den Nazis während des Krieges. Vielleicht sei einiges unklar in seiner Vergangenheit, unter Umständen habe er «die österreichische Staatsbürgerschaft zu Unrecht erhalten», und Wiesenthal verwende «Mafiamethoden», um die Reputation österreichischer Staatsbürger zu schädigen.

Dann kam die schwerste Beschuldigung:

«Meine Beziehung zur Gestapo ist eindeutig: ich war ihr Gefangener, ihr Häftling, war beim Verhör. Seine Beziehung ist eine andere; so glaube ich zu wissen, und das wird sich klarstellen lassen. ... Herr Wiesenthal soll nur nicht vorgeben, das Gewissen für etwas zu sein, das er nicht sein kann, weil dazu einiges unklar ist in seiner Vergangenheit.

Ich behaupte, daß Herr Wiesenthal in dieser Zeit einen Teil in der nazistischen Einflußsphäre gelebt hat, ohne daß er verfolgt wurde. Ja, ist das klar ...? Es hat so viele Agentenmöglichkeiten gegeben. Man mußte kein Gestapo-Agent sein. Es gab so viele andere Möglichkeiten ... Ich habe die Berichte von Aussagen von Leuten aus dieser Zeit, es sind Österreicher, es sind Deutsche, es sind relativ alte Aussagen.»

In zahlreichen Interviews, u. a. in der *Presse*, wiederholte er seine Vorwürfe und behauptete viele Male: «Ich kenne den Herrn Wiesenthal eigentlich nur aus Geheimdienstberichten, und die san schlecht, die sind sehr übel ...» Kreisky gründete seine Anschuldigungen auf die polnische und ostdeutsche Propagandakampagne gegen Wiesenthal, die versuchte, ihn als einen Gestapo-Kollaborateur darzustellen. Der Kanzler ignorierte alle Warnungen seiner engsten Mitarbeiter, daß diese Behauptungen jeder Glaubwürdigkeit entbehrten. Er bestand darauf: Dieser Mann habe viele Jahre lang eine bösartige Haltung gegenüber Österreich eingenommen, er habe vorgegeben, es sei ein sicherer Hafen für Antisemiten und Kriegsverbrecher. Dieser Mann müsse verschwinden. Auf der bereits erwähnten Pressekonferenz sagte er:

«Ich bin in die Öffentlichkeit gegangen, weil ich die Methoden des Herrn Wiesenthal, diese ständige Skandalisierung für unmöglich halte; und weil ich das für sehr gefährlich halte, und einmal muß sich einer trauen, mit dem Herrn fertig zu werden – mit dem Herrn einen Streit zu beginnen. Da jeder andere, der nicht jüdischer Herkunft ist, sich der Gefahr aussetzt, er ist ein Antisemit; ja und ich mich dieser Gefahr nicht aussetze, ja, ich hab das also getan. Es ist ein Gebot der Gerechtigkeit, daß jemand wie er [Wiesenthal] sich jedenfalls nicht zur moralischen Autorität in diesen Fragen macht.»

Nach diesem Angriff wies Wiesenthal sofort seinen Anwalt an, gegen den Bundeskanzler eine Klage wegen Verleumdung anzustrengen. Sie bezog sich vor allem auf Kreiskys Behauptung, Wiesenthal habe mit der Gestapo kollaboriert; diese Behauptung sei ganz und gar unrichtig. Wiesenthals guter Name habe Schaden erlitten und daher werde beantragt, die parlamentarische Immunität Kreiskys aufzuheben, damit der Fall vor Gericht kommen könne.

Kreisky war jedoch nicht zu stoppen und drosch weiter auf Wiesenthal ein. Er beschuldigte ihn, zugunsten «gewisser Leute» zu arbeiten, die nicht mit seiner, Kreiskys, Haltung gegenüber Israel einverstanden seien. Gegen ihn sei eine Fehde angezettelt worden, weil er nicht die proisraelische Politik verfolge, die Wiesenthal und seine Freunde von einem jüdischen Kanzler erwarteten. Er beschuldigte Wiesenthal eines irregeleiteten Rassismus und der postumen Übernahme nazistischer Ideen mit umgekehrtem Vorzeichen. Damit wollte er andeuten, daß Wiesenthal von der Führung der ÖVP gedrängt worden sei, etwas zu unternehmen, um Kreiskys Popularität zu mindern. Und Kreisky stellte erneut die Frage, ob Wiesenthal seine österreichische Staatsbürgerschaft nicht zu Unrecht erhalten habe. Wiesenthal beschloß, einen weiteren Antrag auf Klage wegen Verleumdung einzureichen.

In der Zwischenzeit hatte Kreisky den israelischen Botschafter zu sich bestellt und forderte Auskunft über Israels Haltung zu Wiesenthal. Damals gab es viele Gerüchte, daß der Kanzler bei der Unterredung gedroht habe, die Transitmöglichkeiten zu unterbrechen, die Österreich sowjetischen Juden auf ihrem Weg nach Israel zur Verfügung stellte. Es gibt keinen Beweis dafür, daß dies tatsächlich gesagt wurde, aber alles deutet darauf hin, daß der israelische Botschafter ernsthaft befürchtete, der Exodus der Juden durch Österreich könne wegen der Haltung gefährdet werden, die Israel im Disput zwischen Kreisky und Wiesenthal einnahm. Wie schon 1970 distanzierte sich der israelische Botschafter von Wiesenthal und antwortete, daß sein Land den Konflikt zwischen Kreisky und Wiesenthal als eine interne österreichische Angelegenheit ansehe.

Wiesenthal fühlte sich im Stich gelassen und glaubte, daß Israel einen Fehler begangen habe. Noch wichtiger war, daß es schien, als ob «Israel Kreisky grünes Licht für den Abschuß Wiesenthals gegeben» habe. Kreisky stellte seine mangelnde Urteilskraft unter Beweis, indem er Wiesenthal als ein Symbol des Zionismus beschrieb, gar als israelischen Agenten. Wiesenthal stand Kreiskys Israel-Politik und seinen Versuchen, seine eigene jüdische Herkunft zu neutralisieren, kritisch gegenüber, doch er war niemals ein fanatischer Zionist und besaß einen viel zu unabhängigen Geist, um der israelischen Regierung derart nahe zu stehen.

Kreisky weigerte sich jedoch, von seiner Fixierung auf die zionistische Einmischung abzulassen, und behauptete weiterhin, daß Wiesenthal an einem Komplott gegen Österreich beteiligt sei. Er achtete immer weniger auf das, was er sagte. Als er von einem israelischen Rundfunkjournalisten, Zeev Barth, interviewt wurde, insistierte er darauf, daß Wiesenthal mehr Schaden als Gutes angerichtet habe, und wiederholte: «Dieser Mann muß verschwinden.» Wütend weigerte sich Kreisky zu erklären, warum er Wiesenthal den Gebrauch von Mafiamethoden vorwarf, und behauptete im Gegenzug, daß die Juden versuchten, ihn zu verfolgen. Zum Abschluß des Gesprächs machte Kreisky noch eine Bemerkung, die er offensichtlich als Scherz meinte: «Wenn die Juden ein Volk sind, so ist es ein mieses Volk.» Barth gab diese Geschichte an den *Spiegel* weiter – einen der wichtigsten Medien-Alliierten Wiesenthals –, und am 17. November veröffentlichte die viel gelesene und zitierte Zeitschrift sie unter der provokanten Überschrift: «Kreisky: ‹Die Juden – ein mieses Volk›». Der Artikel wurde zusammen mit einem wenig schmeichelhaften Foto veröffentlicht, das sein jüdisches Aussehen hervorhob.

Kreisky hatte nun einen neuen Feind: Er beschwerte sich massiv bei Rudolf Augstein, dem Herausgeber des *Spiegel.* Augstein antwortete mit einem Telegramm, in dem er erklärte: «Lieber herr kreisky wusste nichts von dem spiegel-kasten seite 22. finde die ueberschrift sachlich nicht richtig und auch nicht fair.» In seiner nächsten Ausgabe veröffentlichte *Der Spiegel* einen Brief von Kreisky unter der Überschrift «Ordentlicher Journalismus», in dem er sich beschwerte, daß seine Ansichten falsch dargestellt worden seien. Er fügte jedoch hinzu, daß ein «ordentlicher Journalist davon keinen Gebrauch» gemacht hätte. Zumindest hätte er gefragt, ob er eine derartige Bemerkung veröffentlichen dürfe. Das erinnerte an das Amerongen-Interview von 1971, als er seine Bemerkung über Wiesenthal als «jüdischen Faschisten» fallen ließ. Nun, im Jahre 1975, erzählte er dem *Spiegel*, er glaube nicht, daß die Juden «ein Volk» seien und daher «also auch kein ‹mieses› sein» könnten: «Einzelne, die es sind, kann es in jedem [Volk] geben – und es gibt sie ohne Unterschied der Abstammung, der Rasse, der Religion und der Schicksalsgemeinschaft.»

Doch mittlerweile verfolgten nicht nur die Österreicher, sondern die ganze Welt begierig jeden seiner Wutausbrüche. In Wiesenthals Büro am Rudolfsplatz stand das Telefon nicht still. Medienleute aus aller Welt wollten wissen, was los sei. Die einflußreichen internationalen Zeitungen schrieben über den Konflikt und gaben ihrer Verwirrung Ausdruck, daß Kreisky den so bewunderten Nazi-Jäger derart behandelte. Warum schien der normalerweise nüchterne und realistische Kreisky jeglichen Verstand verloren zu haben?

Kreisky, der immer bereit war, das Schlimmste von Wiesenthal anzunehmen, verdächtigte seinen Gegenspieler, irgendwie seinen Bruder Paul in Israel veranlaßt zu haben, ihn vor den Wahlen in eine peinliche Lage zu bringen. Paul Kreisky hatte sich niemals vollständig von einem Unfall in seiner Kindheit erholt. Bruno Kreisky fühlte sich für ihn verantwortlich, aber er hielt ihn auch aus allem heraus. Im Sommer 1975 war Paul ohne Wissen seines Bruders nach Deutschland gefahren, offenkundig in einer Herzensangelegenheit. Kreisky wußte nicht, wo er sich aufhielt. Gerüchte begannen die Runde zu machen, daß Kreisky finanziell nicht für seinen Bruder sorge und ihn verleugne.

Die ganze Affäre war mysteriös, und es scheint wahrscheinlicher, daß sie Teil einer Desinformationskampagne gegen die österreichischen Sozialdemokraten war, die von der rechten *Bild*-Zeitung gefördert wurde. Kreisky griff das Verschwinden seines Bruders schnell auf – er wurde bald in Deutschland gesichtet –, um Wiesenthal eines weiteren Komplotts gegen ihn zu bezichtigen. Er rief politische Freunde zu sich und zeigte ihnen Unterlagen, die bewiesen, daß er seinem Bruder in Israel seit den fünfziger Jahren monatlich Geld schickte. Kreisky fügte hinzu, daß er Wiesenthal in Verdacht habe, entweder die Anschuldigungen ins Spiel gebracht zu haben, daß er seinen Bruder Paul in Armut leben ließe, oder – schlimmer noch – Paul aus Israel weggelockt, und in jedem Fall, dazu benutzt zu haben, ihn – Bruno – anzuschwärzen.

Kreisky äußerte sich nicht öffentlich zu den neuen Verdachtsmomenten gegen Wiesenthal, und obwohl es die übliche Flut von Gerüchten gab, wurde die Geschichte erst 1981 bekannt, als Kreisky sich in den Gerichtsverfahren auf angebliche Drohungen und Angriffe Wiesenthals gegen die Kreisky-Familie berief (*Die Presse*, 2. April 1981). Wiesenthal reagierte mit einem seltenen Brief an Kreiskys Sohn Peter, in dem er erklärte, «selbstverständlich haben weder ich noch meine geheimnisvollen Freunde Ihren Onkel entführt, und von Drohungen gegen Ihre Familie ist mir nichts bekannt.» Als er zum ersten Mal vom Verdacht des Kanzlers gehört habe, habe er die israelische Botschaft gebeten, herauszufinden, unter welchen Umständen Paul Kreisky Israel 1975 verließ. Er erfuhr, daß ein Frankfurter Jude Paul ein Ticket gegeben hatte, damit er nach Deutschland fliegen konnte, um die verwitwete Schwester des Mannes zu besuchen. Einige Tage später sei Paul nach Israel zurückgekehrt, immer noch unverheiratet. Diese Geschichte, schrieb Wiesenthal Peter Kreisky, klang «für mich wie eine heitere Anekdote». Wiesenthal verneint jede Verbindung mit Paul Kreisky und sagt, daß er ihn niemals getroffen habe. Kreiskys Anschuldigungen, so glaubt Wiesenthal, seien ein weiterer Beleg für seine Kampagne, ihn zu diskreditieren.

In Österreich hatte Kreisky die öffentliche Meinung und wichtige Teile der Presse – dazu gehörte die virulent antisemitische Massen- und Boulevardzeitung *Kronenzeitung* – fest auf seiner Seite. Die Wiener Juden fühlten sich in der Mitte gefangen. Alte Feindschaften, die auch Wiesenthal betrafen, traten in der politisch geteilten Kultusgemeinde wieder an die Oberfläche. Die jüdische Gemeinde fühlte sich gestört, sorgte sich um ihre Zukunft und war nicht bereit, sich hinter Wiesenthal zu stellen.

Doch die österreichische Widerstandsbewegung und die populäre Wochenschrift *Profil*, die während der siebziger Jahre von Wiesenthals früherem Assistenten Peter Michael Lingens herausgegeben wurde, verteidigte Wiesenthal ebenso wie die Tageszeitung *Der Kurier*. Lingens beschuldigte Kreisky, die Grenzen des politischen Opportunismus bei weitem überschritten zu haben, und beschrieb sein Verhalten als «unmoralisch, ungeheuerlich und würdelos». Er zitierte eine lange Reihe von Zeugen und nahm sogar Kontakt zu Heinrich Günthert auf, dem Leiter der OAW in Lwów, wo Wiesenthal im Krieg Zwangsarbeit verrichtet hatte.

«Was halten Sie, Herr Günthert, davon, daß Wiesenthal ein Kollaborateur der Gestapo gewesen sein soll?» fragte Lingens den früheren Nazi, der seinen Häftling verhältnismäßig gut behandelt hatte – aus dem einfachen Grund, weil er sein Fachwissen für das Funktionieren des Bahnhofs benötigte. Günthert antwortete: «Also da kann ich ja nur lachen.»

Lingens schrieb, daß Kreiskys Innenminister Otto Rösch viele polnische Anschuldigungen gegen Wiesenthal aufbewahrt habe, um sie in einem passenden Moment gegen ihn verwenden zu können, obwohl sich schon vor langer Zeit herausgestellt hatte, daß sie erlogen waren. Kreisky konterte, indem er Lingens wegen Ehrabschneidung anklagte.

Unter dem Beifall aus Deutschland erfreute Wiesenthal nichts mehr als das Zeugnis von Rudolf Fichting, dem deutschen Oberstaatsanwalt. Fichting war der staatliche Ankläger bei den Prozessen in Stuttgart gewesen, in denen auch die SS-Wachen aus der Gegend um Lwów angeklagt wurden, und war mit Wiesenthals Biographie im Krieg vertraut. In einem ausführlichen Statement, das in *Profil* abgedruckt wurde, sagte Fichting:

«Es wurden 200 Zeugen, und zwar deutsche, österreichische, jüdische und polnische, vernommen. Keiner von ihnen hat auch nur im geringsten gezweifelt, daß Simon Wiesenthal als Häftling in Lemberg war .... Die Vorwürfe gegen Simon Wiesenthal, ein Kollaborateur der Gestapo zu sein, sind eine Infamie .... Dazu stehe ich. Das kann ich verantworten. Kein anderes Wort wäre passend.»

Wiesenthal dankte Fichting ausgiebig:

«Es war für mich ein wunderbares Gefühl, als ich mit Ihnen gesprochen habe und als mir Herr Lingens dann die Mitteilung von Ihrem Brief gemacht hat ....

Ich habe jetzt die schwerste Etappe seit 1945. Ich habe es mit einem Gegner zu tun, der in seinen Mitteln nicht wählerisch ist und der glaubt, für seine Worte niemandem verantwortlich zu sein ....

In dieser Auseinandersetzung gibt es eigentlich nur Verlierer. Das Ansehen Österreichs, die Juden, Dr. Kreisky und ich – egal wie das endet – verlieren werden wir alle, denn das Schauspiel, das hier geboten wird, kann nur denen, die die Wahrheit verschleiern wollten, dienen.»

Nichts davon hatte Auswirkungen auf die Art, wie Wiesenthal regelmäßig von der österreichischen Öffentlichkeit behandelt wurde. Die Leute wichen ihm aus und beleidigten ihn. Sie spuckten ihn auf der Straße an. Im Büro am Rudolfsplatz türmten sich die Drohbriefe. Die anderen Mieter bekamen Angst. Auf Druck der Hausbewohner wurde Wiesenthal gezwungen, auszuziehen, aber er fand eine ebenso enge und schäbige Unterkunft in der Nähe – ironischerweise an der Stelle des früheren Hotels Metropol, des Gestapo-Hauptquartiers in der Salztorgasse, in dem Kreisky verhört worden war.

Wiesenthal war in Gefahr und mußte, wo immer er auch ging, auf sich achtgeben. Seine Frau Cyla wurde von Tag zu Tag nervöser. In *Recht, nicht Rache* schrieb er:

«Tatsächlich waren die folgenden sechs Wochen die schlimmsten, die ich seit dem Kriege erleben mußte. Ich war ein Aussätziger in meiner neuen Heimat, und nur der Gedanke, daß ich schließlich einen Hitler überlebt hatte, hielt mich davon ab, aus Österreich zu emigrieren. Dazu muß man wissen, daß Bruno Kreisky eine geradezu magische Anziehungskraft auf die Bevölkerung ausübte .... Selbst kritische Intellektuelle hingen an den Lippen des ‹Sonnenkönigs›, wie er allgemein genannt wurde, als verkündete er ihnen die Offenbarung.»

Den ganzen November hindurch, im Vorfeld des Gerichtsverfahrens, spielte sich ein Nervenkrieg zwischen Wiesenthal und Kreisky ab. Wiesenthal, der sich als Anwalt von Gesetz und Justiz bezeichnete, wollte seinen guten Namen von einem Richter bestätigt wissen, und er wollte auch, daß Kreiskys Anschuldigungen zurückgewiesen wurden. Auch Kreisky wollte, daß seine parlamentarische Immunität aufgehoben wurde, um seine Version vor Gericht vortragen zu können. Er sei sogar bereit zurückzutreten, wenn dies die einzige Möglichkeit dazu sein sollte. Zur gleichen Zeit rief er nach einer parlamentarischen Untersuchung von Wiesenthals «Mafiamethoden» und seinen Verbindungen zur Polizei. Er deutete an, daß einige von Wiesenthals Freunden im Innenministerium ihm widerrechtlich vertrauliche Informationen hätten zukommen lassen. Heinz Fischer, Kreiskys engster Parteifreund, erinnert sich daran, daß der Kanzler sehr aufgeregt und es praktisch unmöglich gewesen sei, den Wiesenthal-Prozeß mit ihm zu besprechen.

Doch die Alarmglocken begannen, in beiden Lagern zu läuten. Am 24. November wurde Wiesenthal von seinem Anwalt Dr. Hans Perner gewarnt, daß er vor Gericht kein leichtes Spiel haben würde. Perner wies Wiesenthal darauf hin, daß der Kanzler auf seiner Pressekonferenz am 10. November, die die Grundlage für die Verleumdungsklage war, widersprüchliche Aussagen gemacht hatte. Zum Schluß hatte Kreisky seine schlimmsten Äußerungen über Wiesenthals Verbindungen zur Gestapo abgemildert. Möglicherweise, so argumentierte Dr. Perner, würde das Gericht zu dem Urteil kommen, daß Kreiskys Äußerungen am Ende seiner Pressekonferenz die schändlichen Anschuldigungen zu Beginn praktisch aufheben würden.

Perner stellte nicht nur rechtliche Überlegungen an, sondern erinnerte seinen Klienten auch daran, daß seine Aktivitäten in einer Reihe von Ländern des Ostblocks, vor allem Polen, Kreisky schon seit langem ein Dorn im Auge gewesen seien – ein Hinweis auf Kreiskys Befürchtung, daß die Polemik zwischen Wiesenthal und den Kommunisten seinen politischen Kurs behindern könnten, die Beziehungen zu den Staaten des Warschauer Pakts zu verbessern. Perner befürchtete, daß Kreisky den Verleumdungsprozeß dazu benutzen könnte, um Wiesenthal mit «Beweisen» zu konfrontieren, die zwar jeder Grundlage entbehrten, unter Umständen jedoch schwer zu widerlegen seien.

Auch Wiesenthals Gegner waren besorgt. Kreiskys Parteifreunde begannen, um die politische Zukunft der Regierung zu fürchten. Der

Konflikt gerate außer Kontrolle. Kreisky zerstörte in Windeseile die Früchte des erst vor kurzem errungenen Wahlsiegs. Die Zukunft der Regierung und das ehrgeizige Programm der Sozialdemokraten standen auf dem Spiel. Gegen Ende November fanden Fischer und andere prominente Parteimitglieder den Mut, Kreisky mit ihrer Sicht der Dinge zu konfrontieren. Sie setzten sich für ein Ende der Affäre ein und versuchten zu verhindern, daß Wiesenthals Verleumdungsklage vor Gericht verhandelt würde. Sie teilten Kreisky mit, daß sie die parlamentarische Mehrheit der SPÖ dazu benutzen würden, um seine Bitte um Aufhebung der parlamentarischen Immunität zurückzuweisen.

Auch Kreiskys enger Freund, der frühere Kanzler Willy Brandt, riet dazu, die Kampagne gegen Wiesenthal zu beenden. Er rief Kreisky an und drängte ihn zu akzeptieren, daß Schadensbegrenzung das Gebot der Stunde sei. «Jeder, der Kreisky gut kannte, begriff, daß die Situation entschärft werden mußte», erinnert sich Fischer. «Kreisky fragte niemanden von uns, bevor er handelte. Aber wir wußten, daß ihm nicht wohl war.»

Die Zeit war reif, um auf inoffiziellen Kanälen einen Kompromiß zu finden und Wiesenthal zu überreden, seine Klage gegen Kreisky fallenzulassen. Es verstand sich von selbst, daß Kreisky eine formale Erklärung abgeben mußte, mit der er seine früheren Aussagen widerrief. Der Vorsitzende der Wiener Kultusgemeinde, Dr. Ivan Häcker, setzte sich mit Karl Kahane zusammen, einem wohlhabenden Geschäftsmann, der einer von Kreiskys engsten Freunden und Förderern war. Fischer führte ein langes Gespräch mit Peter Michael Lingens.

Im Ergebnis ließ die SPÖ am 2. Dezember offiziell verlauten, sie sei nicht bereit, Kreiskys Bitte nach Aufhebung der parlamentarischen Immunität stattzugeben. Am nächsten Tag zog Wiesenthal seine Verleumdungsklage gegen Kreisky zurück; der Vorschlag, eine parlamentarische Untersuchungskommission für Wiesenthals Aktivitäten einzurichten, wurde fallengelassen, und Kreisky, der sich immer noch weigerte, sich offiziell zu entschuldigen, beschränkte sich darauf zu erklären, daß er Wiesenthal niemals als einen Nazi-Kollaborateur bezeichnet habe. «Ein höchst unerfreuliches, mit vielen psychologischen Hypotheken belastetes Kapitel der jüngeren Zeitgeschichte war mit Müh und Not knapp vor dem Erreichen des Siedepunkts vom Herd genommen», schrieb Heinz Fischer.

In späteren Jahren war sich Wiesenthal nicht mehr sicher, ob es richtig gewesen ist, einzulenken. Wenn seine Frau zu ihrer Tochter in die Niederlande gefahren wäre, hätte er vielleicht nicht nachgegeben. Doch seine Frau weigerte sich, und Wiesenthal, der sich im Auge des Orkans befand, hatte das Gefühl, keine Wahl zu haben. Die Wiener jüdische Gemeinde, seine Frau, Israel, alle ließen ihn im Stich. Er gibt nicht zu, daß er von den Warnungen seines Anwalts beeinflußt wurde. In *Recht, nicht Rache* schrieb er über die Bitten seiner Frau, den Konflikt zu beenden: «Die Situation war für die gesamte Wiener Kultusgemeinde zu einer unerträglichen Belastung geworden.» Die Kultusgemeinde fürchtete, daß die Angriffe Kreiskys auf sie zurückfallen würden. Dazu kam, daß die Israelis wirklich glaubten, Kreisky könne Österreich als Durchgangsstation für sowjetische Juden schließen. «So kam es, daß meine Wiener Freunde und meine Freunde in Israel mich gleichermaßen bestürmten, doch einen Kompromiß einzugehen und irgendeine Form des Waffenstillstands mit Bruno Kreisky zu finden.» Erst viele Jahre später gab er zu, wie enttäuscht er gewesen war, daß die Wiener jüdische Gemeinde sich nicht hinter ihn gestellt hatte: «Ich habe niemals Unterstützung von Juden gefordert. Aber ich habe sie erwartet .... Als ich den Angriffen Kreiskys ausgesetzt war, habe ich erwartet, daß die Juden, vor allem die Mitglieder der Sozialdemokratischen Partei, sich zu einer gemeinsamen Haltung durchringen und sich hinter mich stellen würden.»

In seinem Brief an Professor Sijes in Amsterdam vom 9. Dezember 1975 erklärte sich Wiesenthal näher. Zu Kreiskys Anschuldigungen kamen noch die beständigen Angriffe in der *Kronenzeitung* unter Überschriften wie «Wiesenthal beleidigt Österreich im Ausland».

«Die in Wien lebenden Juden fürchteten Pogrome, und ich stand auch von dieser Seite unter gewissem Druck. Die Leute begannen zu fürchten, wo das noch hin führen solle.

Es begannen Interventionen bei Kreisky zwecks Eindämmung dieser Situation, und es ist klar, dass auch ich nicht an einer weiteren Eskalation mit unabsehbaren Folgen interessiert war ....

Die Klagen kamen ins Parlament, und der Immunitätsausschuss, in dem die Sozialisten eine Mehrheit haben, beschloss, Kreisky nicht auszuliefern. Dadurch ist eine völlig neue Situation entstanden; meine Klagen waren wertlos, und die Angriffe Kreiskys, die meine Arbeit völlig gelähmt haben, konnten nicht weitergehen.

Ich habe mich daher entschlossen, die Klagen zurückzuziehen, um so mehr als Kreisky eine Erklärung abgegeben hat, dass er mich nicht als Nazi-Kollaborateur bezeichnet hat; denn diese Beschuldigung war für mich bedeutender als die Beschuldigung der ‹Mafia›. Die Zurücknahme beider Beschuldigungen konnte ich nicht erreichen.

Ich habe während den 30 Jahren seit dem Krieg viele persönliche Opfer zugunsten meiner Arbeit gebracht. So habe ich auch jetzt in dem Sinne handeln müssen, um so mehr, als Cyla furchtbar unter der Situation gelitten hatte und ich nicht nur den ganzen Tag im Büro unter Druck der Situation stand, sondern auch zu Hause.»

Er drückt auch seine Sorge aus, daß eine parlamentarische Untersuchung des Dokumentationszentrums für ihn schlecht hätte ausgehen können. Sie hätte eine Reihe von alten Beschwerden wieder heraufbeschwören können, die oftmals von Leuten stammten, die nicht mehr am Leben waren; sie hätte mindestens zwei Jahre gedauert und ihn von seiner normalen Arbeit ferngehalten. Ihr Ergebnis hätte sich schließlich auch gegen ihn wenden können – «[n]icht dass ich hier etwas zu verbergen hätte», einfach nur, weil die sozialdemokratische Mehrheit in einer derartigen Kommission es nicht gewagt hätte zu sagen, «dass ihr Chef Kreisky Unrecht hatte».

«Zwei Monate lang habe ich keine ruhige Stunde gehabt. Hunderte von Briefen stapeln sich auf – ich musste mich fragen, warum ich überhaupt noch ein Büro habe .... Ich war mir daher im Klaren, dass ich diese Belastung nicht werde durchstehen können, und so – unter dem Zwang der Situation – konnte ich wenigstens noch die Erklärung von Kreisky bekommen, er habe mich nicht als Nazi-Kollaborateur bezeichnet.... Hoffentlich ist das jetzt das Ende der Affäre.» Er sollte sich irren; es war nur ein Aufschub, der so lange währte, bis die beiden Protagonisten wieder ihre Kräfte gesammelt hatten.

Wiesenthal fügte seinem Brief ein Postskriptum an: «Über Peter ist jetzt neues Material gefunden worden, das in jedem normalen Land zum Ende seiner politischen Karriere führen müßte. Für mich hoffe ich, dass ich die Zeit, die mir noch verblieben ist, um arbeiten zu können, dies in Ruhe geschieht.» Peters Verleumdungsklage gegen Wiesenthal zog sich hin, aber es kam niemals zu einem Prozeß, und die Klage wurde 1982 zurückgezogen.

Mit Peters politischer Laufbahn ging es jedoch langsam abwärts, und 1983 wurde er gezwungen, den Parteivorsitz der FPÖ an den jüngeren Norbert Steger abzugeben. Verbreitete Vorbehalte gegen ihn veranlaßten Peter sogar, den Vorsitz der Parlamentsfraktion seiner Partei niederzulegen. Der Niedergang von Peters politischer Karriere wird gewöhnlich einem Kurswechsel der FPÖ zugeschrieben, der sich in den späten siebziger und frühen achtziger Jahren herauskristallisierte: Die Partei versuchte, ihre nationalsozialistischen Vorgänger zu neutralisieren, indem sie eine liberalere Einstellung förderte, die sich eher in der Mitte des politischen Spektrums bewegte. Peter besteht heute darauf, daß dies auch sein Ziel gewesen und er falsch verstanden worden sei. Wenn er politisch überlebt hätte, so glaubt er, dann hätte er vielleicht den Aufstieg von Jörg Haider verhindern können, dem erfolgreichen und auch gefürchteten populistischen Vorsitzenden der FPÖ. Wenn Peters Mutmaßungen zutreffen, dann hatten Wiesenthals Interventionen 1975 unvorhersehbare Folgen, die das Gegenteil von dem bewirkten, was er eigentlich beabsichtigte.

Als Wiesenthal Ende 1975 seinen 67. Geburtstag feierte, war es ein «annus horribilis» für ihn gewesen, aber er zweifelte nicht länger, daß «der Konflikt den Kreisky weitaus mehr gekostet hatte als mich. Er hatte an Glaubwürdigkeit verloren, besonders unter den Intellektuellen, auf die er sich gern gestützt hat.»

Kurz darauf begann Wiesenthal eine Vortragsreise durch die Vereinigten Staaten, auf der seine Stimmung sich schnell verbesserte. Er hielt vierzehn Vorträge, die von ca. 15000 Leuten besucht wurden. Er wurde von jüdischen Veteranen und Überlebenden ausgezeichnet und überall gefeiert. Der Höhepunkt war ein Empfang im Weißen Haus zur Verleihung der Congressional Gold Medal.

Kreisky ließ sich von Wiesenthals Ruhm im Ausland nicht beeindrucken. Wenn er ihn überhaupt berührte, dann bedauerte er ihn. Obwohl er seine direkten Angriffe auf Wiesenthal eingestellt hatte, kämpfte er mit seinen Verleumdungsklagen gegen *Profil* und Lingens einen Stellvertreterkrieg. Im März 1979 errang er einen kleinen, jedoch nur vorübergehenden Sieg, als Lingens zu einer Buße von 20000 Schilling verurteilt wurde. Kreisky erhielt keine Entschädigung. Beide Seiten beschlossen, Berufung einzulegen. 1981 wurde das Urteil bestätigt, aber die Geldstrafe verringert. Lingens ging dann an den Europäischen Gerichtshof, der 1986 ein Urteil zu seinen Gunsten sprach. Die österreichische Regierung wurde dazu verurteilt, Lingens eine Entschädigung von 284000 Schilling zu zahlen.

Im Zuge des Prozesses kehrte Kreisky 1981 zu seinen Anschuldigungen zurück, daß Wiesenthal ein Nazi-Kollaborateur gewesen sei. Als er von Lingens gefragt wurde, ob er es für moralisch zulässig halte, Wiesenthal 1975 der Kollaboration mit den Nazis beschuldigt zu haben, ohne einen Beweis dafür zu erbringen, antwortete der Kanzler, daß er keine seiner Bemerkungen zurückziehen werde. Als diese Äußerungen in *Profil* und im *Kurier* veröffentlicht wurden, klagte Wiesenthal Kreisky erneut wegen Verleumdung an. Er versicherte, daß Kreisky das im Dezember 1975 beschlossene Abkommen gebrochen habe. Doch die Klage wurde nicht verfolgt.

Zumindest theoretisch hätte es 1986 eine kleine Möglichkeit der Versöhnung zwischen den beiden Männern gegeben, als sie beide, aus ihren verschiedenen Lagern heraus, den guten Namen Österreichs gegen Vorwürfe aus dem Ausland verteidigten, daß der angebliche Kriegsverbrecher Kurt Waldheim für die Präsidentschaft kandidieren dürfe. Aber dazu kam es nicht: Die Waldheim-Affäre brachte Kreisky und Wiesenthal einander nicht näher.

Im Gegenteil, im April 1986, kurz vor den Präsidentschaftswahlen, eröffnete Kreisky, der seit 1983 im Ruhestand war, die Schlacht gegen Wiesenthal erneut. In einem Interview in *Profil* vom 21. April wurde Kreisky noch einmal zu den Anwürfen befragt, die er 1975 gegen Wiesenthal erhoben hatte. Seine Antwort war ohne Reue: Ja, er hätte seine Vorwürfe gegen Wiesenthal vor Gericht belegen können, aber: «Ich hatte keine Lust gehabt, mit ehemaligen Nazis als Zeugen vor Gericht aufzukreuzen.»

Wiesenthal klagte erneut. Die parlamentarische Immunität bestand nicht mehr seit Kreiskys Ruhestand. Doch er war ein kranker Mann, der die meiste Zeit in seinem bescheidenen Haus auf Mallorca verbrachte und sich immer wieder mit seiner schlechten Gesundheit für sein Nichterscheinen bei Gericht in Wien entschuldigte.

Kreiskys Anwalt stellte die Belege gegen Wiesenthal zusammen, doch er bezog sich erneut auf polnische Vorwürfe, die sich bereits als Fälschung erwiesen hatten, und verdrehte Wiesenthals eigene Darstellung seiner Kriegsjahre so, daß er damit auf eine Sonderbehandlung anspielte, die nicht anders erklärt werden konnte als durch eine Tätigkeit als Kollaborateur. Es war dieselbe alte ermüdende Geschichte. Wiesenthal fand es «grotesk».

Im März 1987 erschien Kreisky endlich vor Gericht. Er behauptete, daß er von den Journalisten des *Profil* bei dem Interview aus dem vorherigen Jahr dazu provoziert worden sei, die Anwürfe gegen Wiesenthal zu wiederholen. Trotzdem weigerte er sich noch immer, sie zurückzuziehen: er sei nach wie vor davon überzeugt, daß er im Recht sei. Der Richter fragte Kreisky dann, ob er bereit sei, sich zu entschuldigen. Nach dem Bericht von Wiesenthals Anwalt erwiderte Kreisky darauf: «Nein, wenige Jahre vor meinem Tode weigere ich mich, weitere Ehrenerklärungen abzugeben.»

Der Prozeß dauerte bis Oktober 1989. Dann verurteilte das Gericht Kreisky wegen Verleumdung zu einer Strafe von 270000 Schilling, die größte Summe, die bis dahin in einem Verleumdungsprozeß als Strafe verhängt wurde. In seiner Urteilsbegründung sagte der Richter, daß Kreisky keinerlei Beweise für seine Anwürfe gegen Wiesenthal vorgelegt habe. Unter den gegebenen Umständen seien die Anschuldigungen, daß ein Jude ein Kollaborateur der Nazis gewesen sei, schon schlimm genug. «Wird nun ein Jude, der heute in der Öffentlichkeit weithin bekannt ist, von einem mindestens ebenso im In- und Ausland bekannten Politiker derselben Abstammung der Kollaboration mit den Nazis beschuldigt, ergibt sich schon daraus für jeden Medienkonsumenten klar erkennbar die Bedeutung und die Schwere dieses Vorwurfs.»

Nach der österreichischen Gesetzeslage mußte die Strafe nicht gezahlt werden, weil Kreisky in den vorangegangenen drei Jahren nicht verurteilt worden war.

Kreisky starb wenige Monate später. Wiesenthal verließ das Schlachtfeld mit tiefen Narben, aber hocherhobenen Hauptes und bereit, weiter seinen Einsatz für Gerechtigkeit zu verteidigen – obwohl das zu neuen, blutigeren und vielleicht auch schmerzhafteren Begegnungen führte, bei denen seine Integrität erneut in Frage gestellt wurde. Dieses Mal durch den WJC, der ihn als Verräter an der eigenen Sache hinstellte, weil er sich weigerte, Kurt Waldheim als Kriegsverbrecher zu bezeichnen.

Einundzwanzig

Wien und Los Angeles: Eine vorteilhafte Verbindung

SIMON WIESENTHALS Dämon zwingt ihn dazu, fast allein als eine One-Man-Band zu arbeiten. Mitarbeiter hatte er nur wenige. Eine kurze Zeit half ihm Peter Michael Lingens. Aber seit 1975 gibt es vor allem Rosemarie Austraat, seine Sekretärin und sein Mädchen für alles. Aufopfernd und diskret hat sie sich unersetzbar gemacht. Sie ist zu einer Art zweiter Haut geworden, die die Gedanken des «Bosses» kennt, ihm helfen kann, seine Reden zu schreiben, Ordnung in das Chaos seines Archivs zu bringen und die weiß, wo sie selbst den unwichtigsten Brief oder das unbedeutendste Dokument finden kann. Da er älter geworden ist, sorgt sie dafür, daß er sich nicht überarbeitet; sie chauffiert ihn, wenn er zum Arzt gehen muß; sie geht mit ihm einkaufen, wenn sein Regenmantel zu alt und schäbig geworden ist oder wenn er einen gut geschnittenen neuen Anzug für die wachsende Anzahl von Feierlichkeiten braucht, bei denen ihm Auszeichnungen verliehen werden. In ihrer praktischen, direkten Art hat Rosemarie Austraat nicht nur dabei geholfen, Wiesenthals kleines Büro reibungslos funktionieren zu lassen, sondern ihm auch eine Art von Unterstützung gegeben, die es ihm erleichtert, für seine Frau Cyla zu sorgen.

Rosemarie ahnte nicht, was ihr bevorstand, als sie auf eine Anzeige antwortete, in der eine Teilzeitsekretärin gesucht wurde. Es stand kein Name dabei, nur eine Telefonnummer. Als sie anrief, erklärte ihr Wiesenthal, daß dies das Dokumentationszentrum sei, das sich mit jüdischen Angelegenheiten beschäftige. Ob ihr das etwas ausmache? Die Antwort lautete: «Nein, vorausgesetzt, Sie können mit jemandem arbeiten, die keine Jüdin ist.» Blond, schlank und in eleganten Kleidern, die ihrer Figur schmeicheln, ging sie zu ihm in sein altes Büro am Rudolfsplatz. Es gab keine Vorhänge, keine Heizung. Sie erzählte ihm, daß ihr Mann Norweger sei, daß sie drei kleine Kinder hätten und daß sie etwas aus der Übung sei, weil sie seit neun Jahren nicht mehr berufstätig gewesen sei. Sie wußte wenig über Wiesenthals Arbeit, aber sie war einmal in einer Ausstellung über Auschwitz gewesen und konnte sich vorstellen, daß sie sich für Wiesenthals Arbeit sehr interessieren würde.

Als sie miteinander sprachen, holte Wiesenthal Fotos von seinen drei Enkelkindern hervor. Sie zeigte ihm die Bilder ihrer Söhne. Sie fanden zusammen. Wiesenthal bot ihr den Job an, und sie akzeptierte, ohne tatsächlich zu begreifen, daß sie damit eine Verantwortung übernahm, die für den Rest von Wiesenthals Leben anhalten wird. Rosemarie Austraat fing an, für ihn zu arbeiten, als der Konflikt mit Bruno Kreisky gerade seinem Höhepunkt zusteuerte. Kurz darauf zwangen ihn Demonstranten, vom Rudolfsplatz in das etwas geräumigere und weniger scheußliche Gebäude in der nahen Salztorgasse umzuziehen. Nur die Anwesenheit eines Polizisten auf der schmalen Treppe im zweiten Stock weist darauf hin, daß sich hier etwas Ungewöhnliches befindet. Wiesenthals Dokumentationszentrum ist in einer schäbigen Dreizimmerwohnung untergebracht. Er benutzt den kleinsten Raum als Arbeitszimmer. Seine Tür steht fast immer offen, und wenn er etwas braucht, ruft er laut nach Rosemarie. Wenn er ihr Briefe diktiert, sitzt er auf der Ecke eines alten Stuhls in der Nähe ihres überquellenden Schreibtischs eine Tür weiter. Alles, was er von seinem Fenster aus sehen kann, ist der Lichtschacht zwischen zwei anonymen Gebäuden; er hat keinen Blick auf die Außenwelt, die in seinem geistigen Auge eine so große Rolle einnimmt. An zwei Wänden befinden sich überfüllte Bücherregale, gerahmte Urkunden und Auszeichnungen hängen hinter seinem Schreibtisch, der ständig unter einem Berg von Papier begraben ist. Eine große

Landkarte von «Deutschland unter der Diktatur Hitlers», die die Konzentrations- und Vernichtungslager zeigt, hängt bedrohlich am anderen Ende des Zimmers über einem roten Plüschsofa, dessen Frühling schon lange vorbei ist und das als eine weitere Ablage für Zeitschriften, Bücher und Artikel dient. Zwei Lehnstühle älteren Datums, die mit ausgeblichenem rotem Samt bezogen sind, stehen in der Mitte; einer ist für Besucher, der andere für Wiesenthal. Zwischen ihnen steht einer dieser kleinen, runden, marokkanischen Kaffeetische aus Kupfer, die normalerweise die Zimmer von armen Studenten verschönern. Er läßt kaum genug Platz für Wiesenthal, um sich seinen Weg von der Tür zum Schreibtisch zu bahnen.

Rosemarie und eine Teilzeitkollegin arbeiten in einem größeren Raum, an dessen Wänden sich überall Regale befinden, die mit Aktenordnern gefüllt sind. Als Konzession an die Moderne gibt es heute neben zwei Schreibmaschinen auch einen PC, ein Fax-Gerät und einen Kopierapparat. Gerahmte Auszeichnungen hängen an den Wänden, und über allem thront Wiesenthals Urkunde über die Verleihung der Congressional Gold Medal. Sie erleuchtet den dunklen Durchgang von der Haustür zum dritten Raum, der euphemistisch als Bibliothek bezeichnet wird. Hier gibt es genügend Platz für Wiesenthals kleine Besuchergruppen, oft Schulklassen, die dem großen Mann begegnen und ihn über seine Arbeit sprechen hören wollen. Eine Studentin, die ebenfalls als Teilzeitkraft arbeitet und deren Aufgabe es ist, Wiesenthal über neofaschistische Publikationen auf dem laufenden zu halten, hat ihren Schreibtisch in diesem Raum. Auch hier wird viel Platz von weiteren Akten und Büchern eingenommen.

Niemand kann Wiesenthal jemals im Dokumentationszentrum ersetzen. Schon in den siebziger Jahren hat er beschlossen, daß – wenn einmal der Tag des Abbruchs kommt – nicht einmal die abgenutzten Möbel zum Trödler kommen dürfen. Statt dessen möchte er, daß sie nach Los Angeles geschickt und im Museum of Tolerance des Wiesenthal Centers wiederaufgestellt werden. Wiesenthals Wiener Büro wird dann zu den permanenten Ausstellungsstücken gehören, als sein Erbe und als ständige Ermahnung an die Menschen, sich an den

Holocaust zu erinnern und sich der Gefahren des Antisemitismus und Rassismus bewußt zu bleiben.

Es war die Aussicht auf dynamische Organisation, die in den Erfahrungen der Vergangenheit wurzelt, aber sich mit der Erziehung künftiger Generationen beschäftigt, die Wiesenthal dazu veranlaßte, seinen Namen dem Wiesenthal Center in Los Angeles, einer neuen Organisation, die sich mit dem Holocaust beschäftigt und gegen den Antisemitismus kämpft, zur Verfügung zu stellen.

Die ersten Kontakte zwischen Wien und Los Angeles standen unter keinem besonders glücklichen Stern – die Mißverständnisse häuften sich. Es begann an einem Sommertag im Jahre 1977, einem typischen Tag in Wiesenthals Büro. Wie gewöhnlich nahm Rosemarie einen stetigen Fluß von Anrufen entgegen. Am frühen Nachmittag erzählte sie ihm, daß ein Rabbi Marvin Hier aus Los Angeles am Apparat sei. Wiesenthal hatte keine Ahnung, wer das sein könnte, und nahm ab. Der Rabbi erinnerte ihn zunächst daran, daß sie sich bereits bei zwei Gelegenheiten begegnet seien. Er hatte gerade angefangen zu erklären, daß der Zweck seiner Kontaktaufnahme zu Wiesenthal sei, ihn zu einem Fundraising-Bankett einzuladen, als der Nazi-Jäger ihn unterbrach: «Nein, nein. Ich habe schon viele Ehrendoktorate.» Hier erklärte ihm schnell, daß es diesmal nicht um eine Ehrendoktorwürde ging, sondern um etwas viel Wichtigeres. «Ich erzählte ihm, es habe etwas damit zu tun, ein Holocaust Center zu gründen, das sich mit Nationalsozialismus und Antisemitismus beschäftige.»

Rabbi Hier wollte Wiesenthal vor allem dazu überreden, die Erlaubnis dafür zu geben, daß sein Name für das neue Projekt verwendet werden dürfe. Er schlug auch vor, daß Wiesenthal seine Archive dem Center in Los Angeles überlassen sollte. Wiesenthal war in den Vereinigten Staaten bereits sehr bekannt und verfügte über zahlreiche Freunde. Hier, der über alle Instinkte eines geborenen Fundraisers verfügt, wußte, daß ein Imprimatur durch Wiesenthal dem gewagten Unternehmen Respekt verschaffen und es ihm ermöglichen würde, auf der Weltbühne gehört zu werden. Außerdem wäre es ein weiterer Pluspunkt bei der Suche nach finanzieller Unterstützung.

Doch er handelte nicht nur aus kühler Berechnung. Efraim Zuroff, der in verschiedenen Eigenschaften für das Wiesenthal Center gearbeitet hat, heute seine Außenstelle in Israel leitet und sehr mit der Nazi-Jagd befaßt ist, sagt, daß «Simon für Hier ein echter Held gewesen» sei. «Und es gab nicht so viele jüdische Helden. Wir hatten Elie Wiesel. Aber er ist ein Held des Leidens. Und wir hatten Wiesenthal. Er ähnelt eher einem John Wayne der Juden. Deshalb schien er für Rabbi Hier besonders passend zu sein.»

Hier hatte den Eindruck, daß er sein Ziel nicht erreichen würde, wenn er versuchte, seine Ideen am Telefon zu erklären. «Deshalb sagte ich, daß ich gern mit einer kleinen Gruppe nach Wien kommen wollte, um ihm zu erläutern, was wir uns vorstellten.» Er nahm an, daß es schwer sein würde, Wiesenthal dazu zu überreden, sich mit einem so gewagten Projekt zu verbinden. Hier fuhr zusammen mit Roland Arnall und der vollen Unterstützung der Belzbergs, einer wohlhabenden kanadischen Familie, nach Wien.

Zu diesem Zeitpunkt war Rabbi Hiers Projekt noch relativ bescheiden – ein Studienzentrum sollte eröffnet werden, eine Yeshiva, die sich nicht nur mit traditionellen religiösen jüdischen Themen beschäftigte, sondern auch mit dem Holocaust. Die Großzügigkeit der Belzbergs hatte es ermöglicht, bereits ein Grundstück am Pico Boulevard in Beverly Hills zu kaufen. «Wiesenthal war von der Gruppe, mit der ich nach Wien kam, sehr beeindruckt», sagt Hier. Sie waren jung, und Wiesenthal war niemals zuvor einem Amerikaner begegnet, der sich für ein derartiges Projekt interessierte, ohne selbst ein Überlebender zu sein. «Er erzählte mir, daß er sofort nein gesagt hätte, wenn meine Gruppe denen ähnlich gewesen wäre, die er bereits kennengelernt hatte», erinnert sich Hier. Wiesenthal wollte eine dynamische Institution; kein Museum, in dem die Archive und Bilder bloß Staub ansammeln. Nachdem sie drei Tage lang alle mit ihren Ideen umhergeworfen hatten, kamen sie überein, daß das Projekt «Wiesenthal Center» heißen solle, daß Wiesenthal über seine Aktivitäten immer genau informiert werden würde, aber daß das Wiener Dokumentationszentrum, dem Wiesenthal vorstand, getrennt weiterbestehen und seinen unabhängigen Charakter behalten solle. Für beide Seiten war es eine vorteilhafte Verbindung, die auf gegenseitigem Respekt gründete, aber auch von Konkurrenz und Eifersucht befleckt wurde.

«Damals hätten wir nie gedacht, daß wir uns über den Pico Boulevard hinaus erweitern würden», sagt Rabbi Hier. «Ich nehme an, Wiesenthal dachte, es wäre nett, wenn eine kleine Organisation in Los Angeles nach ihm benannt würde.» Sie konnten sich noch nicht vorstellen, daß das Wiesenthal Center einmal zu einer nationalen und internationalen, finanziell gut ausgestatteten Institution werden würde, die sich für die Menschenrechte einsetzte und deren Mitgliederzahl sich den 400 000 nähert. Und sie hätten sich sicherlich nicht vorstellen können, daß aus ihrer Yeshiva einmal ein Museum of Tolerance hervorgehen würde, eine Bildungs- und Forschungsinstitution, die multimedial und mit der besten modernen Informationstechnik ausgestattet ist; oder daß sie sich selbst mit der Nazi-Jagd beschäftigen und als eine wachsame Basisgruppe gegen Manifestationen des Antisemitismus in der ganzen Welt vorgehen würden.

Wiesenthals Kritiker behaupten gern, daß er seinen Namen an Rabbi Hier verkauft habe im Tausch gegen eine nicht unerhebliche finanzielle Unterstützung durch das Wiesenthal Center. Er verneint das, und Hier selbst besteht darauf, daß «Wiesenthal von uns vor 1984 nicht einen Cent bekommen hat». In diesem Jahr erzählte Wiesenthal Hier, daß die Unterstützung, die er bis dahin von der niederländischen Wiesenthal Foundation erhalten hatte, auf einen kleinen Betrag reduziert werden müsse. «Es fiel ihm schwer, die Ausgaben für sein Büro aufzubringen, und er war nicht mehr so jung, daß er mehrmals in der Woche einfach in ein Flugzeug steigen und mit Vortragshonoraren genügend Geld verdienen konnte.» Hier wurde gefragt, ob das Wiesenthal Center bereit sei, finanziell etwas auszuhelfen; sie kamen überein, daß er monatlich 5000 Dollar erhalten sollte. 1994 ist dieser Betrag auf 7500 Dollar erhöht worden.

Für die Maßstäbe des Wiesenthal Center sind dies bescheidene Summen, und Wiesenthal könnte, wenn er darum bitten würde, weitaus mehr erhalten. Doch er wacht eifersüchtig über seine Unabhängigkeit – dazu gehört auch die Unabhängigkeit, das Wiesenthal Center zu kritisieren und selbst zu drohen, ihm seinen Namen zu entziehen, wenn es seinen Ansichten oder seinem Rat zuwiderhandelt.

Nur wenige Menschen wußten um Rabbi Hiers Fähigkeiten, als das Projekt 1977 erste Formen annahm. Und Wiesenthal ahnte ganz sicher nicht, als wie ernstzunehmend sich Hier erweisen würde – auch nicht, in welchem Umfang die Organisation in Los Angeles noch zu seinen Lebzeiten versuchen würde, das Lebenswerk zu übernehmen. Das Wiesenthal Center pflegt die Wiesenthal-Legende. Doch dem lebenden, aktiven Wiesenthal bringt es weitaus weniger Respekt entgegen. Der möchte seine Vorrangstellung wenigstens so lange sichern, solange er noch am Leben ist, und nicht mit dem Wiesenthal Center verwechselt werden.

Marvin Hier stammt von der New Yorker Lower East Side. Er wurde 1939 als Sohn eines eingewanderten polnisch-jüdischen Laternenreinigers geboren. Im Alter von erst 22 Jahren wurde er zum Rabbiner der führenden orthodoxen Synagoge Vancouvers ernannt. Dort entdeckte er seine Begabung, mit jungen Leuten zu kommunizieren, die er regelmäßig dazu benutzte, Juden wieder zum Einhalten der orthodoxen Regeln zu veranlassen. Einer seiner Schüler war Marc Belzberg, der Sohn von Sam Belzberg, einem erfolgreichen jüdisch-kanadischen Geschäftsmann, der sich kurze Zeit zuvor in Vancouver niedergelassen hatte. Obwohl die Belzbergs nicht orthodox waren, freundeten sie sich mit dem Rabbiner an. Hier war in Vancouver bekannt für seinen Einsatz für die Menschenrechte und die sowjetischen Juden, und er nahm große Mühen auf sich, um die Öffentlichkeit zu erreichen.

1975 nahm Hier ein Schabbatjahr in Israel und studierte dort an einer orthodoxen Yeshiva, der Or Same'ach. Bei seiner Rückkehr nach Kanada meinte Rabbi Hier, daß er eine größere Bühne brauche und daran denke, in Los Angeles ein dynamisches jüdisches Zentrum aufzubauen, das zu einem fruchtbaren Boden für die beträchtliche jüdische Bevölkerung dort werden sollte. Hier und Belzberg flogen nach Los Angeles und kauften mit Hilfe des kanadischen Millionärs das Grundstück am Pico Boulevard. Das ermöglichte es Hier, zusammen mit Rabbi Cooper, einem weiteren Freund aus Vancouver, ein orthodoxes College an der Westküste zu errichten, die Yeshiva University of Los Angeles, eine Tochterorganisation der New Yorker Yeshiva University.

Das College besteht weiter, aber es stand immer im Schatten von den Unternehmungen, die Hier in enger Partnerschaft mit Cooper tätigte. Der entscheidende Moment, der ihn davon überzeugte, seine Aktivitäten ausdehnen zu müssen, war, so sagt er, als er eines Tages in einem Friseursalon an prominenter Stelle ein signiertes Foto von Hitler entdeckte. Er verstand das als einen klaren Beweis dafür, daß der Nazismus lebendig war und daß es Kalifornier gab, die leugneten, daß die «Endlösung» stattgefunden hatte. Sie könnten weitere Generationen mit ihrer bösen Philosophie infizieren. Deshalb wurde das Holocaust Center als ein Ort geplant, an dem alle Juden, orthodoxe und andere, Nichtjuden begegnen konnten, um über Nationalsozialismus und Holocaust zu diskutieren und zu lernen, wie sie einer Wiederkehr vorbeugen konnten.

Das sollte eine Institution werden, für die es noch kein Vorbild gab. «Sie müssen verstehen, daß Hier in einer Hinsicht ein Genie ist: Er hat eine außerordentliche Fähigkeit, Trends, Medien und die öffentliche Meinung wahrzunehmen», sagt Zuroff. Hier brauchte Wiesenthal, um die Gleichung zu vervollständigen. Und er hatte auch schon bald den Beweis, daß seine Einschätzung, Wiesenthal müsse mit dem Projekt in Verbindung gebracht werden, richtig gewesen war. Als Hier und Cooper das erste Bankett in Los Angeles organisierten, blieben ihm viele der großen jüdischen Organisationen fern, aus Eifersucht oder weil ihnen das Unternehmen suspekt war. Doch die Veranstaltung war mit über 1700 Menschen mehr als gut besucht. «Ich begriff, daß es immer einen Widerspruch zwischen der Unterstützung geben wird, die Wiesenthal von der Basis bezieht, und der, die ihm die führenden Persönlichkeiten der jüdischen Organisationen zukommen lassen. Die emotionale Stimmung bei diesem Bankett, bei dem die Gäste ihren Helden feierten, war ziemlich außergewöhnlich», erinnert sich Rabbi Hier.

Das Konzept des Wiesenthal Center hat sich sofort durchgesetzt. Doch Hier und Cooper wußten, daß sie noch eine Menge über politischen Aktivismus und Lobbying lernen mußten. Sie holten sich professionellen Rat. In den frühen Tagen des Projekts hingegen war Wiesenthals Fähigkeit, die Öffentlichkeit zu erreichen, von entscheidender Bedeutung. In Deutschland sollten NS-Verbrechen im Jahre 1979 verjähren, und Wiesenthal suchte Unterstützung für seine Forderung, diese Frist zu verlängern. Bei einem Besuch in Los Angeles Anfang 1978 sagte Wiesenthal, daß das Center, das seinen Namen trägt, die Unterstützung der Amerikaner mobilisieren solle, um die deutsche Regierung dazu zu bewegen, die Verjährungsfristen zu verlängern. Rabbi Cooper glaubte, «naiverweise», wie er zugibt, er könne der Sache nützen, indem er den anderen jüdischen Organisationen die Bedeutung der Verjährungsfrist erklärte. Er irrte sich. Die Reaktionen waren höflich, aber ablehnend. Dem Wiesenthal Center wurde mitgeteilt, daß dies keine Angelegenheit amerikanischer Juden sei. Wie immer war das organisierte Judentum in den Vereinigten Staaten nicht sehr begierig darauf, sich in einer Sache zu engagieren, mit der auch Wiesenthal etwas zu tun hatte.

Dann hatte Wiesenthal die Idee zu einer Postkartenkampagne. Das Center veröffentlichte ganzseitige Anzeigen im *Time Magazin*, und es wurde ziemlich überrascht von den zahlreichen Anfragen nach Postkarten, die an den Kanzler der Bundesrepublik Deutschland, Helmut Schmidt, geschickt werden sollten. «Das war wirklich eine Art Ausbildung für uns», sagt Cooper. Es war ein deutliches Zeichen, daß populistische Methoden für Wiesenthal und das Center am besten funktionieren. «Wir lernten, daß wir – wenn wir den Namen von Simon Wiesenthal trugen – seinem Ruf gerecht werden mußten. Und wir lernten, daß es viele Menschen gibt, die bereit sind, auf traditionelle Weise zu helfen; aber wenn man auf die Komitees und jüdischen Vereinigungen und andere wartet, dann hat man keine Möglichkeit, die Themen schnell genug anzugehen.» Das Wiesenthal Center hatte seine politische Reifeprüfung abgelegt.

Und es ist immer einflußreicher geworden. Rabbi Hier, der nach den «Von-Mensch-zu-Mensch-Prinzipien» arbeitet, entwickelte eine Strategie, um ganze Familien als Mitglieder anzuwerben und sie zu kleinen und größeren Spenden zu ermutigen. Sogar diejenigen, die ihn nicht aus ganzem Herzen bewundern, geben zu, daß Rabbi Hier zu den erfolgreichsten Fundraisern in den Vereinigten Staaten gehört – ein ziemliches Kompliment in einem Land, in dem Fundraising ein beliebter Beruf geworden ist.

Da es finanziell gut ausgestattet ist, konnte das Wiesenthal Center den Antisemitismus in der ganzen Welt wachsam beobachten, Erziehungsprogramme initiieren, Warnungen veröffentlichen, die die öffentliche Aufmerksamkeit erregten, und moderne Technologien anwenden, um die aussterbende Spezies der NS-Verbrecher aufzuspüren. Wie Simon Wiesenthal begriffen die beiden Rabbiner von Anfang an, daß der effiziente Einsatz von Publicity und der Zugang zu den Medien die Schlüssel für die Wirksamkeit ihrer Unternehmungen waren.

Mit dem Geld, das ihnen zur Verfügung stand, konnten sie sich weitaus kostspieligere Methoden als Wiesenthal leisten. Er war immer am besten im persönlichen Ansatz – obwohl auch die Dokumentarfilme, die über ihn gedreht worden sind, seinen Ruf festigten. Die beiden Rabbiner hatten genug Geld, um Fernsehproduktionen in Auftrag zu geben, u. a. *Genocide and Liberation*, ein Beitrag, der mit professionellen Hollywoodstars besetzt ist, z. B. Ben Kingsley, Whoopi Goldberg, Elizabeth Taylor und Steven Spielberg, und an dessen Drehbuch Autoren wie Martin Gilbert mitgearbeitet haben. Sie setzten Public-Relations-Experten ein, um das Center aufzubauen. Hiers Kritiker im jüdischen Establishment bemerken verächtlich, daß sich das Center nicht zufällig in Beverly Hills, d. h. in der Nähe von Hollywood, befindet. Es sei, so sagen sie spöttisch, für das «zentrale Casting» gemacht, nur eine Bühne für künstlich aufgebauten Aktivismus; mehr und mehr Disneyland und immer weniger Yeshiva.

Das Wiesenthal Center kann es sich leisten, solche Spitzen zu ignorieren. Weitere Büros sind in New York, Paris und Jerusalem eingerichtet worden. Rabbi Hier fliegt gelegentlich ein, um bei den Regierungen vorzusprechen. Sehr zur Verwirrung von Uneingeweihten, denen oft nicht bewußt ist, daß das Wiesenthal Center kein organisches Ganzes mit dem Wiener Dokumentationszentrum bildet, ist das Wiesenthal Center nicht abgeneigt, auch auf Simon Wiesenthals Terrain zu operieren und das Rampenlicht von seinem Patron abzuziehen. Und das Center veröffentlicht auch oft Proteste in Menschenrechtsfragen, die Wiesenthal als sein Spezialgebiet ansieht. Wiesenthal war besonders bestürzt, als Hier in Großbritannien intervenierte und sich für eine Gesetzgebung zu Kriegsverbrechen einsetzte, ohne ihn darüber zu informieren, geschweige denn, ihn um Rat zu fragen.

Spannungen zwischen Wiesenthal und dem Wiesenthal Center waren unvermeidlich. Zumeist geht es um das Protokoll und das Ego, nicht um substanzielle Fragen: Wiesenthal war sich z. B. bewußt, daß das Center über moderne Technologien und Ressourcen verfügte, um die letzten verbleibenden Kriegsverbrecher aufzuspüren, aber er bestand darauf, genau über seine Projekte und wichtigsten Pläne informiert zu werden. Wenn Reporter sich an ihn wenden und ihn um Erklärungen für die Aktionen des Wiesenthal Center bitten, möchte er vollständig informiert sein.

Wiesenthals aufreibendste Auseinandersetzung mit Rabbi Hier fand über die Rolle statt, die das Center in der Waldheim-Affäre spielte. Obwohl beide Seiten behaupten, ihre herzlichen Beziehungen wiederhergestellt zu haben, fühlte Wiesenthal sich verraten. Er ist emotional zu sehr in die Waldheim-Kontroverse verwickelt, um vergeben und vergessen zu können.

Martin Rosen, der immer versuchte, die Beziehungen zwischen Wiesenthal und Rabbi Hier zu glätten, meint, daß eine Trennung für keine Seite von Interesse sei. «Ich sage zu Simon, wenn Rabbi Hier dich nicht gehabt hätte, dann hätte er niemals das erreichen können, was er erreicht hat; und wenn du ihn nicht gehabt hättest, dann gäbe es die Erziehungsmöglichkeiten nicht, die deine Arbeit fortsetzen. Ihr beide seid ein großartiges Team.»

Wiesenthal weiß genau, daß seine Differenzen mit Hier angesichts der Bedeutung des Museum of Tolerance vom Wiesenthal Center verblassen. Sein hebräischer Name *Beit Ha'Shoah* hat eine andere Bedeutung: das Haus des Holocaust. Wiesenthal hätte sich keine lebendigere Fortsetzung seiner lebenslangen Arbeit und seiner Lehren wünschen können. Der Name allein – die englische und hebräische Version zusammen – sagt alles, wie Wiesenthal oft seinen Zuhörern erzählt.

Die beiden Rabbiner Hier und Cooper begannen 1989, Pläne für das Museum zu entwickeln. Anfänglich stellten sie sich ein konventionelleres Holocaust-Museum vor, aber schon bald fingen sie an, das Projekt mit Wiesenthals Augen zu sehen: Das grundlegende Problem war der Umgang mit dem Haß zwischen den Menschen. Zugleich sollte ein Denkmal, ein Museum und eine lebendige Institution entstehen, ein organisches Ganzes, das die Emotionen, das Empfinden, den Geist und die Vorstellungskraft ansprach und eine universale Botschaft verkündete, die Menschen von ganz unterschiedlichem Hintergrund und Erfahrung zugänglich sein würde.

Das war eine große Aufgabe und ein 50 Millionen Dollar teures Unternehmen. Im Unterschied zu dem United States Holocaust Memorial Museum in Washington, das große staatliche Subventionen erhielt, wurde das Projekt des Wiesenthal Center nur vom kalifornischen Staat mit 5 Millionen Dollar unterstützt. Selbst diese Summe rief noch Kontroversen hervor: Der American Jewish Congress war dagegen, weil er das Museum als nicht verfassungsgemäß ansah; ein derartiger Zuschuß hätte den Grundsatz der Trennung von Staat und Kirche verletzt. Der AJC hatte mit seinem Einspruch keinen Erfolg, doch war er typisch für die Ressentiments, die die etablierten jüdischen Organisationen regelmäßig dem Wiesenthal Center gegenüber zum Ausdruck brachten. Sie verstehen das Center als einen populistischen Emporkömmling, der Geld abzieht, das im anderen Falle ihnen zugeflossen wäre.

Es dauerte bis 1993, um das Museum zu vollenden. Wiesenthal, von Stolz und einem Gefühl der Vollendung erfüllt, war Ehrengast bei der Einweihungszeremonie. Dies war ein modernes Wunder, das weit über das 20. Jahrhundert hinausweisen würde; Lichtjahre entfernt von seinem Wiener Dokumentationszentrum, aber den gleichen Zweck erfüllend. Das Museum läßt die Schrecken und die Brutalität des Holocaust durch eine Reihe von bildlichen Darstellungen lebendig werden, die die Ursprünge der «Endlösung» illustrieren und dann zeigen, wie das Morden zu einem unbarmherzigen industriellen Unternehmen wurde. Es beherbergt auch eine selbständige Forschungsabteilung mit ausgedehntem Archivmaterial über den Zweiten Weltkrieg und den Holocaust.

Das Museum erreicht weit mehr, als durch Worte allein oder selbst Augenzeugenberichte möglich wäre. Es ist nicht für einen müßigen Spaziergänger gedacht; es gibt nur wenige Ausstellungsstücke in Glasvitrinen. Die Besucher müssen einem festgelegten Pfad folgen, einem nichtkonfessionellen Kreuzweg, der durch die einzelnen Stationen bis zum Kreuz führt. Dies ist ein Museum über Anteilnahme, über Verwicklung, über Verbindungen – Vergangenheit, Gegenwart, Zukunft – und über das Gewissen.

Die zahlreichen computerisierten High-Tech-Displays kommen direkt aus dem benachbarten Silicone Valley. Sie werden eingesetzt, um die Aussagen zu untermauern und zu dramatisieren und die Besucher mit ihren eigenen Vorurteilen zu konfrontieren. Das Museum zwingt sie dazu, Voyeure in der Hölle zu werden, ja, beinahe Teilnehmer an der «Endlösung». Es erschreckt, es bombardiert das Gewissen, es zielt auf die Sinne und nicht nur auf das Denken. Aber es ist auch kein Leichenschauhaus, das sich nur mit den Opfern des Holocaust beschäftigt. Es ist vor allem eine Erziehungseinrichtung, ein Werkzeug, das die Besucher mit zeitgenössischen Fragen der Menschenrechte konfrontiert und sie dazu zwingt zu begreifen, daß Intoleranz, Haß und Bigotterie böse sind und alle Menschen betreffen, nicht nur Juden. Die Darstellung mahnt die Museumsbesucher, daß derartige Zustände verändert werden müssen.

Ein Turm der Zeugen zieht sich durch die ganzen acht Stockwerke des Gebäudes, mit Hunderten von Fotografien, die aus den Konzentrationslagern gerettet wurden. Dann kommt die aktive Ausstellung. Sie beginnt in einem Korridor, in dem nacheinander Szenen aus amerikanischen Träumen und Mythen dargestellt sind: alle sind glücklich und zufrieden in der Familie, bei ihren Nachbarn und Mitbürgern aller Überzeugungen. Als nächstes betritt der Besucher eine Flüstergalerie, in der gezischte rassistische und sexistische Aussprüche den Besucher einhüllen. «Stellen Sie sich vor, wer nebenan eingezogen ist» oder: «Diese Leute, sie benehmen sich ja wie Tiere» oder «Natürlich möchte ich nicht, daß meine Tochter einen ... heiratet», z. B. Asiaten, Weißen, Hispanier etc.; daneben Stimmen, die rassistische Beleidigungen über Schwarze, Hispanier, Weiße und alle anderen bekannten ethnischen Gruppen der gegenwärtigen Welt murmeln.

Danach kommt der «Tolerance Workshop», eine große Halle mit Bildschirmen, in denen Ereignisse wie zum Beispiel die Rassenunruhen in Los Angeles von 1992 ausführlich dargestellt werden und die den Besucher in einen Dialog über seine eigenen rassistischen Einstellungen ziehen. In der Sektion «Global Situation» zeigen die Monitore Informationen über aktuelle Menschenrechtsverletzungen weltweit. Am Ende der Halle sehen die Besucher einen Multimediafilm über die Bürgerrechtsbewegung mit der Stimme von Martin Luther King und Bildern aus dem nach Rassen getrennten Amerika, das er sein Leben lang bekämpfte. Dieser Film leitet die Besucher aus dem Gewirr rassistischer Stimmen in einen Raum mit zwei Türen: eine ist für diejenigen ohne Vorurteile; die zweite für diejenigen mit Vorurteilen. Sie müssen sich entscheiden. Die meisten wählen die erste Tür – finden sie aber dann verschlossen. Die Moral ist offensichtlich: Niemand ist perfekt. Jeder muß den unbequemen Weg durch den Strudel des Holocaust gehen. Bei ihrem Eintritt erhalten die Besucher einen «Paß» mit dem Namen und dem Foto eines Kindes, das vom Holocaust betroffen war. An verschiedenen Stationen ihrer Tour wird der Paß mit neuen Informationen über das Kind auf den neuesten Stand gebracht. Am Ende gibt es eine kurze Biographie, zu der Informationen über das Schicksal des Kindes gehören – die meisten von ihnen haben nicht überlebt.

Die Besucher gehen in Gruppen und werden von einem unsichtbaren Museumsführer geleitet, der einen Text spricht, der von Martin Gilbert stammt, dem Autor eines der wichtigsten Bücher über den Holocaust. Gilberts Kommentar lenkt den Besucher von einer in sich geschlossenen Darstellung zur nächsten. Das ist nichts für klaustrophobische Menschen. Auf jeder Station werden die Türen vor und hinter dem Besucher leise geschlossen. Eine frühe Darstellung zeigt eine fröhliche Kaffeegesellschaft im Berlin der zwanziger Jahre. Die sorgfältig gestalteten hölzernen Figuren plaudern, ohne sich um die ersten Anzeichen des Antisemitismus zu kümmern, und sie verbannen das Phänomen Hitler aus ihrem Denken. Eine weitere zeigt die Nazis, die zwar noch nicht an der Macht sind, aber bereits öffentlich erklären: «Die Juden sind unser Unglück.» Die Wannsee-Konferenz von 1942 wird u. a. durch die Worte dargestellt, die der Zeugenaussage von Adolf Eichmann bei seinem Prozeß in Jerusalem entnommen sind. Sie zeigt die Teilnehmer der Konferenz, wie sie die «Endlösung» diskutieren, einen Plan für die Umsetzung annehmen, sich selbst gratulieren und ihre schrecklichen Beschlüsse mit einer Trinkrunde feiern.

Kurz darauf verschwindet der weiche Teppich zugunsten rohen Betons. Die Besucher sind beim Holocaust angekommen. Der Mut, doch auch die Sinnlosigkeit des jüdischen Widerstands wird durch eine Ausstellung über das Warschauer Ghetto beschrieben. Einige Minuten lang werden den Besuchern die Mächte des Bösen bewußt, die den Widerstand unmöglich machten. Die Besucher gehen dann durch eine Nachbildung der Tore von Auschwitz. Willkommen im Todeslager. Der Raum liegt im Dunkeln, aber der Eingang zu zwei Tunneln ist sichtbar. Einer trägt den Titel «arbeitsfähig», womit natürlich diejenigen gemeint sind, die noch zur Sklavenarbeit taugen; der zweite ist für die «Arbeitsunfähigen» – er bedeutet den sofortigen Tod. Beide Tunnel führen in denselben Schrecken, in einen Bunker, der so gestaltet ist, daß er an eine Gaskammer erinnert. Wenn die

Besucher auf kleinen Stühlen im Dunkeln sitzen, sind sie gezwungen, sich schreckliche Szenen anzuschauen. Deutsche Soldaten werfen Babys aus dem Fenster; nackte Männer und Frauen werden ihrem Tode zugeführt, während ein deutscher Offizier ihnen murmelnd versichert, ihnen werde nichts Schreckliches geschehen. Selbst wenn die Besucher der Versuchung erliegen, die Augen zu schließen, können sie den Greueln nicht entkommen, denn der Raum hallt wider von den Stimmen Überlebender, die von ihren Erfahrungen in den Lagern berichten.

Wenn der Besucher aus dieser Hölle herauskommt, sieht er sich einem Plakat gegenüber, das fragt: «Wer war verantwortlich?» Kurz darauf kommt ein lebensgroßes Porträt von Simon Wiesenthal, der den Zweck dieser gerade absolvierten Pilgerreise zusammenfaßt: «Hoffnung lebt, wo immer sich Menschen erinnern.»

ZWEIUNDZWANZIG

Waldheim – ein vergifteter Kelch

VERGESSLICHKEIT BIS zum Grad der bewußten Täuschung ist Kurt Waldheims hervortretendste Eigenschaft. Selbsttäuschung liegt ihm nahe, und Wahrheitsliebe ist in seinem Charakter nicht allzu ausgeprägt. Darüber herrscht weitgehend Einigkeit zwischen Simon Wiesenthal, dem WJC, Beate und Serge Klarsfeld und der internationalen Historikerkommission, die Waldheims Kriegsbiographie untersuchte, zwischen einer vom britischen Ministry of Defence angeordneten Untersuchung und einer weiteren Untersuchung der Regierung der Vereinigten Staaten, einem vom Fernsehen inszenierten Tribunal und vielen Büchern über die Waldheim-Saga.

Doch ansonsten divergieren die Meinungen über Waldheims Aktivitäten im Krieg erheblich, ebenso wie über die Frage, ob er direkte Verantwortung für die Kriegsverbrechen auf dem Balkan trägt, die zu dem Zeitpunkt begangen wurden, als er dort stationiert war. Die Fakten sind immer wieder überprüft und von allen Seiten beleuchtet worden, vernünftige Analysen sind in Frage gestellt und oft durch Verleumdungen ersetzt worden. Wiesenthal wurde von anderen Juden dämonisiert, weil er auf dem Standpunkt beharrte, daß die Beweise nicht ausreichten, um Waldheim der Kriegsverbrechen zu bezichtigen. Streit- und Eifersucht, die das jüdische Leben regelmäßig heimsuchen, wurden so offenkundig und für alle Welt sichtbar.

Die Waldheim-Affäre entwickelte sich zu einer Kontroverse um Wiesenthal. Als Wiesenthal einmal in seinem langen Leben meinte, sich – gefeiert und mit Auszeichnungen und Medaillen überhäuft – ausruhen zu können, und glaubte, daß wenigstens seine Reputation sicher und durch seinen oft einsamen Kampf für die Erinnerung an den Holocaust legitimiert sei, sah er sich plötzlich von den maßgeblichen Persönlichkeiten des New Yorker WJC heftig angegriffen, weil er nicht dafür eintrat, Waldheim als Kriegsverbrecher zu verurteilen. Dem WJC hatten sich einige Unterstützer angeschlossen, u. a. der frühere Leiter des Mossad, Isser Harel, und das Nazi-jagende Ehepaar Klarsfeld, die schon seit langem einen tiefen Groll gegen Wiesenthal hegten. Die Vorwürfe gingen weit über die Waldheim-Kontroverse hinaus, bis praktisch alles, was Wiesenthal seit dem Kriege erreicht hatte, in Frage gestellt wurde.

Kreisky war der erste bekannte Jude, der Wiesenthals Ruf unterminierte. Als er die Bühne verließ, übernahmen der WJC und seine Alliierten diese Rolle. Die Waldheim-Affäre wurde ein bequemes Mittel, um Wiesenthals Verdienste zu schmälern, während seine Rivalen gleichzeitig versuchten, ihre eigene Position in den Rängen der überzeugten Nazi-Jäger zu sichern.

Wiesenthal begreift Waldheim als einen Opportunisten, als einen «Lügner von Weltklasse» und als einen schwachen, mit vielen Fehlern behafteten Charakter, der mit Recht als Nazi-Kollaborateur bezeichnet werden könne. Aber dies sei immer noch etwas vollkommen anderes, als Waldheim der persönlichen und direkten Beteiligung an Kriegsverbrechen zu beschuldigen. Noch schwieriger sei es, Zeugen zu finden, die in einem Prozeß vor einem österreichischen Gericht substantielle Aussagen gegen Waldheim machen könnten.

Diese Weigerung, Waldheim in seine Galerie der Kriegsverbrecher aufzunehmen, ist dazu benutzt worden, um Wiesenthal verschiedener Dinge zu bezichtigen: der Inkompetenz, der Nachlässigkeit, der absichtlichen Deckung Waldheims; seine Leistungen im Eichmann-Fall und bei der Überführung vieler weiterer Täter des Holocaust an die Justiz übertrieben zu haben; die Suche nach Massenmördern mehr zu behindern als zu fördern; und seine selbst geschaffene Legende zu pflegen. Seine Kritiker äußern sich selbstgerecht und entrüstet, wenn es jemand wagt, ihre Ansichten über Wiesenthal in Frage zu stellen. «Wenn Sie nicht akzeptieren können, daß Wiesenthal ein Lügner ist, dann haben wir keinen Grund, über seine Rolle bei den Waldheim-Ermittlungen zu sprechen», sagte Eli Rosenbaum, der Leiter des Office of Special Investigations des US Department of Justice, in einem Interview mit mir. Er beriet 1986 den WJC bei der ersten Kampagne gegen Waldheims Wahl zum österreichischen Staatsoberhaupt, und er ist der Co-Autor von *Betrayal* (Verrat), einem nicht ins Deutsche übersetzten Buch, das behauptet, Waldheims Schuld bewiesen zu haben. Er porträtiert Wiesenthal als traurige Figur und inkompetenten Nazi-Jäger, der Waldheim verteidigt habe, um seine eigene Reputation zu bewahren. Elan Steinberg, der Executive Director des WJC, sagt über Wiesenthal, daß er «mein Idol» gewesen sei, «bis ich erkannte, was er wirklich war». Er beschuldigte ihn in einem Gespräch mit mir der «Fahrlässigkeit» und behauptetete, daß er «zutiefst unehrlich» sei und daher alle Ansprüche auf einen moralischen Status verwirkt habe. Wiesenthals Ankläger benehmen sich, als ob nur sie Nazi-Jäger wären.

Die in der Debatte vom WJC verwendete Rhetorik provozierte Wiesenthal und seine Freunde dazu, in der Waldheim-Affäre eine hartnäckige, jedem Fehler vorbeugende Verteidigung aufzubauen. Wiesenthal ist überzeugt davon, daß der WJC den Antisemitismus und die Ressentiments gegen Immigranten und Flüchtlinge in Österreich wieder anfachte und daß dies dazu führte, daß der gefährliche, xenophobische Jörg Haider auf der politischen Bühne erschien und seine extrem rechte Partei FPÖ wachsende Popularität genießt. Wiesenthals Ansicht nach bewirkten die Versuche des WJC, Waldheims Kandidatur zu verhindern, das Gegenteil von dem, was erreicht werden sollte: Die Kampagne brachte Waldheim eine halbe Million zusätzlicher Stimmen ein und besiegelte seinen Sieg.

Wiesenthal ist überzeugt, daß der WJC ihn als Bösewicht in dem Stück darstellte, weil das für seine Gegner eine ausgezeichnete Gelegenheit zu sein schien, das zu tun, was der WJC schon lange wollte: ihn zu diskreditieren und zugleich die Verdienste und die Bedeutung der eigenen Organisation in ein besseres Licht zu stellen. Wiesenthal hatte guten Grund für seine Aufregung, denn in dieser Situation kumulierte sein Unmut gegenüber dem WJC-Establishment, den er schon seit Mitte der fünfziger Jahre empfunden hatte, als er von Dr. Nachum Goldmann im Zuge des Eichmann-Falles brüskiert worden war. Nach der Veröffentlichung von *Betrayal* hielten ihn nur die hohen Gerichtskosten und die Zeit, die es dauern würde, sich den Weg durch die US-amerikanischen Gerichtsinstanzen zu bahnen, davon ab, wie gewohnt eine Klage wegen Verleumdung einzureichen. «Ein Prozeß in den Vereinigten Staaten hätte mehr Zeit beansprucht, als ich noch lebe.»

Mit jedem Versuch einer objektiven Einschätzung der guten und schlechten Seiten von Wiesenthals Verhalten in der Waldheim-Affäre begibt man sich in die Höhle eines Löwen. Doch entgegen allen anderslautenden Meinungen sind die meisten Untersuchungen über Waldheims Vergangenheit zu demselben Schluß gekommen wie Wiesenthal: daß es für eine Verurteilung Waldheims als Kriegsverbrecher keinen ausreichenden Beweis gibt. Diese Einschätzung berücksichtigt sowohl die Ergebnisse von Historikern, die alle verfügbaren Fakten analysiert haben, als auch die von österreichischen Berufsbeamten, von denen einige ihre Aussichten auf Beförderung zunichte machten, weil sie öffentlich gegen Waldheims Kandidatur für die Präsidentschaft eintraten. Zu einem anderen Ergebnis ist nur das amerikanische OSI gekommen, dessen Ermittlungen ergeben haben, daß Waldheim tatsächlich an Kriegsverbrechen und anderen Greueln beteiligt war und wahrscheinlich auch sie anordnete. Zu dieser Untersuchungskommission gehörten einige Beamte, die mit den Ansichten von Eli Rosenbaum vertraut waren, der früher selbst diverse Funktionen beim OSI bekleidete – und heute ihr Direktor ist.

Daß Waldheim ein Riesenkonstrukt aufbaute, um seine Vergangenheit zu verbergen, oder – schlichter ausgedrückt – über seinen Militärdienst gelogen hat, wird von allen akzeptiert, die sich mit dem Thema befaßt haben, inklusive Wiesenthal. Das allein hätte ausreichen sollen, um ihn für eine Präsidentschaft zu disqualifizieren. Und

Wiesenthal teilte, ebenso wie alle anderen, die seinen Rücktritt forderten, die Ansicht, daß es Österreich entehren würde, wenn Waldheim das Land als Staatsoberhaupt repräsentierte.

Es läßt sich darüber streiten, ob Wiesenthal einen Fehler beging, als er in Sachen Waldheim nicht gründlicher ermittelte, nachdem ihn Yad Vashem 1979 darum gebeten hatte. Im nachhinein gesehen war es sicherlich falsch, aber wie sich das in der damaligen Perspektive darstellte, ist viel schwerer zu beurteilen. Wenn er damals, als Waldheim noch Generalsekretär der UN war, tiefer in seiner Vergangenheit gegraben hätte, wären die Auslassungen in seinem handschriftlichen Lebenslauf vielleicht früher ans Licht gekommen. Waldheim hätte sich dann möglicherweise nicht 1986 als Präsidentschaftskandidat aufstellen lassen können. Unvermeidlich wurde die Frage aufgeworfen, ob Wiesenthal Waldheim gründlicher ausgeforscht hätte, wenn er ein Mitglied der SPÖ statt der konservativen ÖVP gewesen wäre.

Vielleicht, so fragte man weiter, hätte er auch die Beweislage für die Beteiligung Waldheims an Kriegsverbrechen anders beurteilt, bevor er die Anschuldigungen in den Wind schlug. Hatte er einen blinden Fleck entwickelt, weil die Sozialdemokratische Partei Österreichs gegen Waldheim war? Und hätte er nicht schon größeres Interesse an Waldheims Vergangenheit zeigen müssen, als dieser 1971 einen ersten, erfolglosen Versuch unternahm, Präsident zu werden? Führte nicht vielleicht auch Wiesenthals alte Feindseligkeit gegenüber dem WJC dazu, daß er alles und jedes, was der WJC gegen Waldheim unternahm, ablehnte und ihn das davon abhielt, auf ähnliche Weise zu ermitteln?

Wiesenthal hat immer verneint, daß parteipolitische Rücksichtnahmen eine Rolle bei den Nachforschungen über Waldheims Funktionen während des Krieges spielten. Und er besteht darauf, daß – wenn eine Seite voreingenommen gewesen sei – es der WJC in New York war. Er habe dieselben Prinzipien der Gerechtigkeit angewandt wie bei allen anderen seiner Aktionen.

Der Gedanke, daß Vorurteile die ehrliche Selbsteinschätzung unterlaufen können, gefällt ihm nicht. Doch es ist unmöglich, Wiesenthals lange und facettenreiche Fehde mit den österreichischen Sozialdemokraten zu ignorieren, ebensowenig wie seine Nähe zu konservativen politischen Parteien, inklusive der ÖVP. Das ändert jedoch nichts an Wiesenthals Schlußfolgerung, Waldheim sei ein Lügner, aber kein Kriegsverbrecher. Doch zu Beginn der Affäre, als Waldheim sich 1986 als Kandidat der ÖVP aufstellen ließ, profitierte er unter Umständen von Wiesenthals Zögern, sich auf eine derartige Auseinandersetzung einzulassen.

Zweifelsohne gewannen Wiesenthals Instinkte als Überlebender des Holocaust und Ermittler die Oberhand über alle anderen Gefühle und Rücksichtnahmen, sobald ihm klargeworden war, daß Waldheim mit der Wahrheit mehr als sparsam umging. Er wollte die Tatsachen herausfinden, sie nicht unter den Teppich kehren. Zugleich weigerte er sich, Waldheim ohne handfeste Beweise anzuklagen, und er war ehrlich davon überzeugt, daß die Kampagne des WJC unverantwortlich sei. Seine natürliche Hartnäckigkeit in diesen Fragen verfestigte sich noch, als der WJC sich in die Auseinandersetzung einmischte, was er als ausgesprochen kontraproduktiv empfand. Wiesenthal argumentierte, daß die Kampagne des WJC den österreichischen Antisemitismus und die Fremdenfeindlichkeit anheizen würde, was wiederum Waldheims Wiederwahl praktisch garantierte.

Seine Kritiker in New York überspannten den Bogen, als sie behaupteten, daß Wiesenthal mit seiner Weigerung, Waldheim als einen Kriegsverbrecher zu verdammen, nur seine eigene Inkompetenz vertuschen wolle. Sie gingen sogar noch einen Schritt weiter und bezichtigten Wiesenthal und Waldheim der gemeinsamen Verschwörung, um die Wahrheit über die Deportationen der Juden aus Saloniki und weiterer Greuel zu unterdrücken, die in Griechenland und Jugoslawien begangen worden waren.

Kurt Waldheim wurde 1918 in eine durch und durch konservative katholische Familie hineingeboren, die als Lehrer stetig die bürgerliche Karriereleiter Österreichs emporkletterte. Der junge Waldheim strebte eine Laufbahn in der Justiz und Diplomatie an, aber 1936 beschloß er, sich freiwillig für ein Jahr zum Militärdienst zu melden. Er wurde Ende 1936 eingezogen und einer Eliteeinheit der Kavallerie zugeteilt.

Gegen Ende des Jahres 1937 hatte er seinen Militärdienst beendet, wurde Reservist und bekam ein Stipendium der Diplomatischen Akademie in Wien.

Kurz darauf sind die Zweideutigkeiten im Lebenslauf zu beobachten. Den deutschen Unterlagen zufolge wurde Waldheim am 1. April 1938, drei Wochen nach dem «Anschluß», Mitglied der Nationalsozialistischen Studentenschaft. Doch er hat immer geleugnet, dieser NS-Organisation angehört zu haben, und in seinem Lebenslauf, den er für das Auswärtige Amt anfertigte, erwähnt er seine Mitgliedschaft nicht. In den offiziellen Biographien für seine Kandidaturen als Generalsekretär der UN und als österreichischer Präsident steht davon nichts.

Auch seine Mitgliedschaft in der SA ließ er aus. Im Sommer 1938 wurde Waldheim für ein «mehrere Monate» dauerndes Training bei seiner früheren Armee-Einheit einberufen, die mittlerweile der deutschen Wehrmacht angeschlossen worden war. Im Herbst kehrte er an die Diplomatische Akademie zurück. Doch Waldheims Wehrpaß zeigt, daß er sich wenige Tage nach der «Kristallnacht» der nationalsozialistischen SA anschloß und im NS-Reiterkorps diente. Trotzdem bestreitet Waldheim, daß er jemals ein Braunhemd geworden sei, und behauptet, er habe seine Uniform niemals getragen.

Er ist bei seiner Version geblieben, daß seine SA-Einheit eine unschuldige Reitgruppe von Studenten der Diplomatischen Akademie war. Waldheim erklärt, daß er wenig Geld gehabt habe, und da er ein leidenschaftlicher Reiter gewesen sei, habe die einzige kostenlose Möglichkeit, an ein Pferd zu kommen, darin bestanden, sich dem NS-Reiterkorps anzuschließen. Er leugnet, daß das eine politische Bedeutung gehabt habe. Als er sich 1945 um eine Stelle im Auswärtigen Amt Österreichs bewarb, gab er seine Mitgliedschaft im NS-Reiterkorps an, aber er wies nicht darauf hin, daß es eine Abteilung der SA gewesen war.

Diese Lücken verstärkten – als sie Jahrzehnte später, im Jahre 1986, entdeckt wurden – den Verdacht, daß Waldheim mit Absicht seine nationalsozialistischen Überzeugungen für sich behielt, damit er seine mögliche Verwicklung in die Kriegsgreuel besser verbergen konnte. Anfänglich diente Waldheim in Frankreich, und dann, zum Leutnant befördert, kämpfte er 1941 an der russischen Front. Im Oktober desselben Jahres wurde er verwundet; eine Weile hinkte er, weil er eine Beinwunde erlitten hatte, und er durfte seine Studien vorübergehend wiederaufnehmen. Waldheim versuchte, die Welt glauben zu machen, daß seine aktive Militärzeit zu diesem Zeitpunkt beendet war und er seine Studien fortsetzen konnte; daß er 1944 seinen Abschluß in Jura erlangte und 1945 seine diplomatische Laufbahn im Auswärtigen Amt unter Karl Gruber begann.

Nichts an diesem offiziellen Lebenslauf weist darauf hin, daß er erneut für militärtauglich befunden wurde und von 1942 bis 1945 unter dem berüchtigten General Alexander Löhr in Jugoslawien und Griechenland als Nachrichtenoffizier zunächst im Range eines Leutnants, dann als Oberleutnant diente. Löhr wurde 1947 in Jugoslawien für seine vielfältigen Kriegsverbrechen verurteilt und gehängt.

Bevor 1986 weitere Informationen über ihn ans Licht kamen, ist Waldheim über seinen Militärdienst auf dem Balkan stets hinweggeglitten. In seiner Bewerbung für das Auswärtige Amt hatte er den Militärdienst in Frankreich, Rußland und auf dem Balkan erwähnt, aber keine Daten genannt. In der deutschen Fassung von Waldheims Autobiographie, die geschrieben wurde, nachdem er die Vereinten Nationen verlassen hatte, kommt er auf seinen Militärdienst auf dem Balkan nur am Rande zu sprechen, aber selbst das wird in der englischen Übersetzung ausgelassen.

Mitarbeiter, die Waldheim seit den sechziger Jahren kannten, sagen, daß er mit ihnen relativ offen über seinen Dienst unter dem Kommando von General Löhr gesprochen habe. Doch in der Öffentlichkeit erwähnte er diese Tatsache niemals, bis er durch die Ermittlungen über seine Vergangenheit dazu gezwungen wurde. Doch selbst dann behauptete er noch, daß er dort nur als Schreibtischsoldat gedient und vor allem als Übersetzer gearbeitet habe und häufig Urlaub bekam. Die Welt sollte akzeptieren, daß er weder etwas gesehen noch gehört und die Greuel nicht bemerkt hatte, die von seiner Armeegruppe E, kommandiert von General Löhr, begangen wurden. Er behauptet auch, nichts von den Morden in den Kozara-Bergen und anderen Massakern in der Nähe seines Quartiers bzw. der Deportation von Juden aus Saloniki und anderen Orten in Griechenland gewußt zu haben. Waldheim entgegnete auf alle Vorwürfe, daß er von dem Bösen und der Brutalität, die um ihn herum stattfanden, gewußt haben müsse, mit der klassischen Ausrede: «Ich habe nur meine Pflicht getan.»

Am Ende des Krieges waren die Beziehungen zwischen Titos Jugoslawien und Österreich extrem gespannt. Die Jugoslawen, die so sehr unter Hitlers Armee gelitten hatten, sahen die Österreicher als Komplizen Deutschlands an – und wahrscheinlich ging das Gefühl, verraten worden zu sein, noch tiefer, denn sie waren Nachbarn. Titos Ziel war es, aus dem polyglotten Gemisch von Nationalitäten unter seiner Kontrolle eine geeinte jugoslawische Nation zu schaffen. Er stellte territoriale Forderungen an Kärnten, der österreichischen Provinz, die an Slowenien grenzt. Er griff die Österreicher auch heftig dafür an, daß sie die große slowenische Bevölkerungsgruppe in Kärnten «germanisiert» hätten. Jugoslawien versuchte, die Besatzungsmächte dazu zu motivieren, nicht zimperlich mit Österreich umzugehen, auf eine stringente Durchführung der Entnazifizierung und der Kriegsverbrecherprozesse zu bestehen. Titos Jugoslawien widersetzte sich heftig der westlichen Auffassung, daß Österreich Hitlers erstes Opfer gewesen sei. Tito hegte keine Sympathien für Österreichs erstes Nachkriegsregime, das sich darum bemühte, erneut einen demokratischen Staat aufzubauen, und es ärgerte ihn, daß seine brutalen Gegner, die Ustascha-Faschisten, Kärnten als operationelle Basis benutzen konnten, um gegen Jugoslawien vorzugehen. So suchten die Jugoslawen nach Gelegenheiten, die österreichischen Behörden in peinliche Situationen zu bringen und sie zu territorialen Zugeständnissen zu zwingen.

Vor diesem Hintergrund muß die umstrittene «Odluka», die jugoslawische Anklage gegen Kurt Waldheim als Kriegsverbrecher, gesehen werden. Die Jugoslawische Staatliche Kommission für die Ermittlung von durch die Besatzungsmächte und ihre Kollaborateure begangenen Kriegsverbrechen schloß ihre Untersuchungen über Waldheim am 18. Dezember 1947 ab und forderte seine Auslieferung an Jugoslawien als Kriegsverbrecher. Dies war das Vorspiel für die Aufnahme der «Odluka» in die Akten der UN War Crimes Commission (UNWCC) in London am 25. Dezember 1947. Die Sowjetunion und die westlichen Alliierten waren nicht in der Lage gewesen, in der Frage der Kriegsverbrechen weiter zusammenzuarbeiten. Die gemeinsame Organisation sollte im Frühjahr 1948 aufgelöst werden, und daher mußten alle Unterlagen für einen Fall, der noch angenommen werden sollte, bis zum 31. Dezember 1947 vorgelegt werden.

Die siebenseitige Begründung der jugoslawischen Klage beschuldigt Waldheim der Beteiligung an «Morden, Gemetzel, der Hinrichtung von Geiseln [und] willkürlicher Zerstörung und Brandstiftung». Er sei dafür verantwortlich, «verbrecherische Befehle» verfaßt und weitergegeben zu haben, «während seine Gruppe in Jugoslawien operierte». Es wurden keine Dokumente oder andere Unterlagen zitiert, die belegten, daß Waldheim direkt in diese Verbrechen verwikkelt war. Die Anklage bezeichnete Waldheim als «vermißt», obwohl die Jugoslawen wußten, daß er im österreichischen Außenministerium arbeitete. Die Jugoslawen setzten schließlich durch, daß Waldheims Name auf die «Liste A» gesetzt wurde, auf der die Namen der besonders gesuchten Kriegsverbrecher standen. Trotzdem untersuchte das Komitee 1 der UNWCC, das für die Überprüfung der Fakten und Beweise zuständig war, die jugoslawischen Anschuldigungen niemals.

Die UNWCC leitete kein Verfahren gegen Waldheim ein. Als die

Kommission im März 1948 aufgelöst wurde, gab man die Listen an ein Zentralregister, das Central Registry of War Crimes and Security Suspects (CROWCASS) des Alliierten Kontrollrats in Berlin weiter. Und obwohl jeder, dessen Name im CROWCASS stand, ausgeliefert wurde, gab es kein Auslieferungsbegehren von Jugoslawien in Sachen Kurt Waldheim. Später wurde die Waldheim-Akte in das Archiv im New Yorker Hauptquartier der UN weitergegeben. Diese Akten können nur auf Anfrage einer Regierung eingesehen werden, die Mitglied in den Vereinten Nationen ist. Jugoslawien stellte niemals einen solchen Antrag.

Die Jugoslawen waren im Prozeß gegen General Löhr auf Waldheims Namen gestoßen, als sie die Stabsliste der Armeegruppe E durchsahen. Die meisten Fachleute, die die seltsame Geschichte der «Odluka» untersucht haben, sind davon überzeugt, daß die Jugoslawen recht hatten mit ihrer Annahme, daß der Mann auf Löhrs Liste mit der Person identisch war, die bei den aufreibenden Verhandlungen über die territorialen Forderungen Jugoslawiens als junger Diplomat an Karl Grubers Seite im österreichischen Außenministerium diente. Sie sahen eine Gelegenheit, ihre Entdeckung auszubeuten: Jugoslawien hatte es nicht geschafft, Gruber zu Konzessionen zu bewegen; er war prowestlich eingestellt. Es hätte einen Schatten auf Grubers Integrität geworfen, wenn sie öffentlich machen konnten, daß einer seiner Mitarbeiter ein Kriegsverbrecher war. Zu diesem Zweck diente ihnen ein Mann namens Johann Mayer, der in einem jugoslawischen Gefängnis einsaß, ein Oberfeldwebel und Mannschaftsschriftführer in der Armeegruppe E, der offenbar ein Informant geworden und bereit war, die Anschuldigungen gegen Waldheim zu untermauern.

Natürlich stimmen nicht alle der Ansicht zu, daß Waldheim von den Jugoslawen mit dieser Absicht beschuldigt worden war. Wer an Waldheims Schuld glaubt, besteht darauf, daß die «Odluka» auf der Grundlage von eindeutigen Beweisen erstellt wurde, und lehnt die Ansicht ab, daß die Jugoslawen ein Motiv hatten, eine gefälschte Anklage gegen Waldheim zu erlassen, um die österreichische Regierung zu diskreditieren. Das ist die Schlußfolgerung, zu der Eli Rosenbaum in seinem Buch *Betrayal* gekommen ist.

Aber Historiker, die Waldheims Vergangenheit unvoreingenommener gegenüberstehen, sind davon überzeugt, daß Tito andere Gründe hatte, um Waldheim der Kriegsverbrechen zu bezichtigen. In diesem Zusammenhang verweisen sie darauf, daß die Jugoslawen keinen Versuch unternahmen, ihre Klage gegen Waldheim durchzusetzen, keine formalen Anträge auf Auslieferung an Österreich oder die Alliierten stellten und niemals die Dokumente zugänglich machten, auf denen die «Odluka» beruhte. Mayer, der einzige Zeuge der Jugoslawen, der ihre Behauptungen stützte, durfte 1948 nach Österreich zurückkehren. In späteren Jahren entwickelte Tito eine bemerkenswert freundliche Beziehung zu Waldheim, sowohl in seiner Zeit als österreichischer Außenminister als auch während seiner Amtszeit als Generalsekretär der UN. «Für den Machtpolitiker Tito war es nützlich, von der ‹Odluka› zu wissen, aber die gefälschten Beweise hinderten ihn nicht daran, die Beziehung zu einem Mann zu kultivieren, den er brauchte», schrieb Professor Robert Herzstein, der Historiker, der ursprünglich vom WJC damit beauftragt worden war, die Einzelheiten des Waldheim-Falles zu untersuchen, in einem Brief an Wiesenthal.

Titos Nachfolger waren nicht bereit, die Anklage von 1947 gegen Waldheim zu diskutieren, auch nicht, nachdem die Existenz der «Odluka» 1986 öffentlich gemacht wurde. Die österreichische Regierung, die gegenüber den Anklagen Waldheims entweder blind war oder Blindheit vortäuschte, ermöglichte es ihm, die diplomatische Rangleiter stets hinaufzusteigen und bruchlos in die Politik der ÖVP überzuwechseln.

Waldheim kam erstmals 1964 zu den Vereinten Nationen, als er zum Leiter der österreichischen UN-Vertretung gewählt wurde. Vier Jahre später, 1968, ernannte ihn der ÖVP-Kanzler zum Außenminister, und in dieser Eigenschaft reiste er wiederholt nach Jugoslawien, wo er ausgedehnte und nach allen Berichten herzliche Gespräche mit Tito führte. Doch obwohl Tito die «Odluka» bekannt war, sprach er darüber offensichtlich niemals mit Waldheim. Als Kreisky 1970 Kanzler wurde, kehrte Waldheim kurz als Botschafter bei den Vereinten Nationen nach New York zurück. Im darauffolgenden Jahr, 1971, kandidierte Waldheim bei den Präsidentschaftswahlen für die ÖVP, verlor jedoch. Zu keinem Zeitpunkt während des Wahlkampfes stand seine Militärzeit zur Debatte, weder zu Hause noch im Ausland.

Nach dem Wahlkampf um die Präsidentschaft nahm Waldheim wieder den gut ausgetretenen Pfad zur UN. Aber diesmal gab es einen großen Unterschied: Bruno Kreisky unterstützte seine Kandidatur für den Posten des Generalsekretärs. Kreisky verstand die UN als ein ideales Instrument, um den Status Österreichs in der Welt zu verbessern. Wodurch hätte das besser erreicht werden können als durch die Wahl eines Österreichers zum Generalsekretär der Vereinten Nationen? Waldheim besaß bereits eine nützliche Eigenschaft: Als früherer Botschafter bei den Vereinten Nationen war er in der Organisation bekannt. Aufgrund seines biegsamen Charakters hatte er sich nur selten einem Wagnis ausgesetzt. Doch Waldheim war für die permanenten Mitglieder des UN-Sicherheitsrats, die bei der Wahl des Generalsekretärs ein gewichtiges Wort mitzusprechen haben, alles andere als die erste Wahl. 1972 gewann er erst im dritten Wahlgang des UN-Sicherheitsrats, aber vier Jahre später wurde er für eine zweite Amtszeit wiedergewählt. Er kandidierte auch noch für eine dritte Amtsperiode, wurde jedoch von China blockiert – nicht aufgrund von Gerüchten über seine Vergangenheit, sondern aus prinzipiellen Erwägungen: Die Chinesen wünschten einen Generalsekretär aus der Dritten Welt und unterstützten Salim Salim aus Tansania. Am Ende wurde ein Kompromißkandidat gefunden: Javier Peres de Cuellar aus Peru. Und Waldheim war gezwungen, seine Kandidatur zurückzuziehen.

Brian Urquhart, der während Waldheims Amtszeit als Generalsekretär einer der höchsten Beamten der Vereinten Nationen gewesen war, schreibt in seinem Buch *A Life in Peace and War*:

«Während seiner ganzen zehn Jahre bei den Vereinten Nationen hat Kurt Waldheim Fragen nach seinem Militärdienst immer dadurch beantwortet, daß er 1941 an der russischen Front verwundet worden und dann genesen sei und die deutsche Armee verlassen habe, um 1942 seine juristischen Studien wiederaufzunehmen.

Von Zeit zu Zeit gab es haltlose Geschichten oder Beschuldigungen seine Vergangenheit betreffend. Waldheim hat in jedem dieser Fälle seine Geschichte wiederholt und bekräftigt und sogar behauptet, daß er und seine Familie gegen die Nazis gewesen seien. Da die gegenteilige Behauptung nicht belegt wurde, haben wir diese Version akzeptiert und heftig auf alle reagiert, die sie in Frage stellten.

Mittlerweile ist deutlich geworden, daß Waldheim vierzig Jahre lang über seine Militärzeit geschwiegen hat, vermutlich in der Annahme, daß die Wahrheit ihm bei seiner ruhelosen Suche nach einer öffentlichen Position und einem Amt im Wege stehen könnte. Dies scheint ihn mir für ein öffentliches Amt weitaus stärker zu disqualifizieren als die zugänglichen Beweise über das, was er als Offizier in Hitlers Armee getan hat.

Waldheim, der sich als eine lebende Lüge herausgestellt hat, hat nicht nur seinem eigenen Land, sondern auch den Vereinten Nationen immensen Schaden zugefügt. ... Waldheims blinder Ehrgeiz nach einem öffentlichen Amt ging mit einem erstaunlichen Mangel an Selbstachtung und Sorge um die Vereinten Nationen einher. Aber die Waldheim-Episode stellt vor allem eine Anklage der Praxis von Regierungen und besonders der Großmächte dar, mit der sie ihre Repräsentanten in den internationalen Gremien ernennen. Politische Taktik diktiert die Auswahl von Kandidaten, die ihre Position nicht unbedingt mit Führungsfähigkeit, Hingabe, Originalität und Unabhängigkeit ausfüllen sollen.»

Als Waldheim 1982 nach Österreich zurückkehrte, agierte Kreisky immer noch als Patron und ermutigte ihn, die Guru-Rolle des elder statesman der Außenpolitik einzunehmen. Und als Waldheim erneut an eine Präsidentschaftskandidatur dachte, war die erste Reaktion des mittlerweile im Ruhestand lebenden Kreisky, der SPÖ anzuraten, ihn zu unterstützen und als gemeinsamen Kandidaten der beiden großen Parteien aufzustellen. Kreiskys Nachfolger im Kanzleramt, Fred Sinowatz, war jedoch dagegen, so daß, als Waldheim seine Kandidatur öffentlich erklärte, die SPÖ ihren eigenen Kandidaten präsentierte.

In der ganzen Amtszeit Waldheims bei den Vereinten Nationen zog keiner der Alliierten des Krieges, auch wenn ihnen die jugoslawischen Anschuldigungen bekannt waren, jemals öffentlich Waldheims

Vergangenheit oder seine Eignung für ein hohes Amt in Zweifel. Warum dies nicht geschah, ist nicht geklärt, und es gibt zumindest zwei diametral entgegengesetzte Erklärungen dafür. Rosenbaum und der WJC versichern, daß die Sowjetunion Waldheims Vergangenheit absichtlich nicht bekannt machte, weil sie die Beweise der jugoslawischen «Odluka», die ihr 1947 zugestellt worden waren, dazu benutzte, um ihn in seiner Zeit als Außenminister und später als Generalsekretär der UN für ihre Interessen einsetzen zu können. Professor Herzstein hingegen ist zu dem Schluß gekommen, daß die CIA nach dem Krieg Verbindungen zu Waldheim aufnahm und die späteren US-Regierungen sich verpflichtet fühlten, ihn zu schützen, und ihn erst fallenließen, nachdem der WJC 1986 mit seinen Enthüllungen an die Öffentlichkeit getreten war. Waldheims höhere Mitarbeiter im Sekretariat der Vereinten Nationen haben immer geglaubt, daß der Generalsekretär nicht von den Großmächten beschützt wurde, sondern daß er auf diese biegsame Weise handelte, weil er einfach wie eine Art natürliches Löschpapier agierte: Er richtete sich stets an dem aus, von dem er annahm, daß es den jeweils dominanten Stimmen im Sicherheitsrat der UN am angenehmsten sein würde.

In Österreich blieb es nicht vollkommen unbemerkt, daß Waldheims selbstverfaßtem Lebenslauf während des Krieges zahlreiche Einzelheiten fehlten. Wien ist eine einzige Gerüchteküche, doch während des Präsidentschaftswahlkampfes 1971 kam nichts Schreckliches an die Öffentlichkeit. Da Waldheim im Wahlkampf der Schwächere war und es unwahrscheinlich war, daß er als Sieger aus der Wahl hervorgehen würde, hatten seine politischen Gegner wenig Grund, nach belastenden Einzelheiten in seiner Vergangenheit zu suchen. Und als er Generalsekretär der UN wurde, waren die Österreicher stolz, einen ihrer Bürger auf einem derart hohen Posten zu sehen, und hatten kein Interesse daran, die Sache ins Wanken zu bringen, indem sie Zweifel an seiner Eignung für ein hohes Amt äußerten.

Bis zum Jahre 1979 hatte niemand Wiesenthal gebeten, Waldheims Vergangenheit zu untersuchen, und Wiesenthal selbst hatte sich nicht dafür interessiert. Doch Israel bereitete die Art, wie Waldheim mit dem Problem des Mittleren Ostens umging, Sorge. Statt neutral zu sein, wie es die Israelis von einem UN-Generalsekretär erwarteten, verstanden sie seine Worte und Handlungen als Beleg für eine Parteinahme zugunsten der Araber und auf Kosten Israels. Wiesenthal war zu einem Treffen des internationalen Beirats von Yad Vashem, dem er als Mitglied angehörte, in Israel. Es entstand eine Diskussion darüber, ob Waldheim eine nationalsozialistische Vergangenheit habe, die vielleicht sein Verhalten erklären könne. «Meine Freunde baten mich, doch mal nachzuforschen.» Das war eine informelle Anfrage; in keinem Falle sei sie, so betont Wiesenthal, von der israelischen Regierung gekommen.

Der Ort, an dem man in so einem Fall am ehesten recherchierte, war das Berlin Document Center, in dem die nationalsozialistischen Akten aufbewahrt wurden. Um die Prozedur abzukürzen, bat Wiesenthal seinen Freund, den deutschen Verleger Axel Springer, in diesem Fall um Hilfe. Er erhielt zwei Dokumente: eines aus dem Document Center, das keine Eintragungen über die Mitgliedschaft in einer nationalsozialistischen Organisation, auch nicht der SA, enthielt und daher Waldheim von einer nationalsozialistischen Vergangenheit freizusprechen schien. Das andere stammte aus einem französischen Archiv, der Wehrmachtsauskunftsstelle in Berlin. Es belegte, daß Waldheim Mitglied der Armeegruppe E gewesen war, und es enthielt genügend Details über seine Urlaubszeiten und Spitalaufenthalte, um zu belegen, daß er tatsächlich längere Zeiten in den Jahren von 1942 bis 1945 auf dem Balkan gedient hatte.

«So weit ich betroffen war, hielt ich die Angelegenheit für abgeschlossen. Ich rief im Yad Vashem an und berichtete, daß Herr Waldheim weder Nazi noch SA-Mann gewesen war.» Wiesenthals Stolz verhindert den Gedanken, daß er vielleicht etwas mehr Neugierde hätte beweisen sollen. «Die Armeegruppe E war eine große Einheit. Es hätte keinen Sinn gemacht, über alle 3000 Offiziere zu ermitteln. Die Offiziere waren nicht alle involviert in Löhrs Verbrechen. Und da das Berliner Archiv nichts wußte über Nazi-Mitgliedschaft, habe ich es damals nicht für notwendig gehalten, weitere Auskunft über Waldheim zu suchen.»

Sieben Jahre später, 1986, sollte Wiesenthals Urteil, daß es keinen Grund gäbe, weiter nach Waldheims Vergangenheit zu forschen, ihm schlaflose Nächte bereiten.

In welcher Reihenfolge die Ereignisse 1985 und 1986 genau stattfanden, ist unklar. Aber in der zweiten Hälfte des Jahres 1985 schien Waldheim nach einem lustlosen Beginn des Präsidentschaftswahlkampfes über eine schmale Mehrheit über seine sozialdemokratischen Gegner zu verfügen. Er rühmte sich in seinem Wahlkampf mit seinem internationalen Status. «Dr. Kurt Waldheim, der Österreicher, dem die Welt vertraut» stand auf den Plakaten. Zugleich mehrten sich die Anzeichen für Waldheims zweifelhafte Vergangenheit: Der *Stern* berichtete, daß Waldheim Mitglied der Nationalsozialistischen Studentenschaft gewesen sei; es war von Bemerkungen früherer Offiziere der Armeegruppe E die Rede, daß Waldheim General Löhr besonders nahe gestanden habe; Gerüchte kursierten, die von Waldheim entschieden zurückgewiesen wurden, daß er als Außenminister 1968 versucht habe, die Anzahl der ausgegebenen Visa für tschechische Flüchtlinge zu begrenzen; ein Artikel in der Wochenzeitschrift *Profil* vom Januar 1986 offenbarte, daß Waldheim zu General Löhrs Generalstab gehört hatte. Ungefähr zu dieser Zeit kamen zwei sozialdemokratische Mitglieder der österreichischen Widerstandsbewegung zu Wiesenthal und fragten ihn, ob es Beweise gegen Waldheim gebe. Es ist typisch, daß Wiesenthal konterte, indem er der SPÖ mangelndes Interesse an der Nazi-Vergangenheit von Friedrich Peter vorwarf, aber er bestand erneut darauf, daß nichts gegen Waldheim vorliege.

Das plötzliche Interesse an Waldheims Vergangenheit schien zum Teil das Ergebnis einer absichtlich von der SPÖ initiierten Flüsterkampagne zu sein, um ihren Gegner durch seine Diskreditierung aus dem Feld zu schlagen. Nun betrat der WJC die Bühne, und seine Interessen trafen sich mit denen der SPÖ. Ende Januar 1986 schickte Israel Singer, der Generalsekretär des WJC, Eli Rosenbaum nach

Wien, um den Gerüchten über Waldheims Vergangenheit auf den Grund zu gehen.

Alle Darstellungen der verwickelten Waldheim-Geschichte weichen in entscheidenden Punkten voneinander ab, es gibt auch keinen Konsens darüber, wie es dazu kam, daß der WJC sich in sie einmischte. Rosenbaum schreibt, daß die Information von Leon Zelman, einem Holocaust-Überlebenden, der für den Jewish Welfare Service in Wien verantwortlich ist, an den WJC weitergegeben wurde. Zelman selbst weist in seinen Erinnerungen die verbreitete Ansicht zurück, daß die Führung der SPÖ ihre Hände dabei im Spiel gehabt habe, das Interesse an Waldheims Kriegsvergangenheit zu wecken. Er behauptet, daß Singer über die Information, die er nach New York weitergeleitet habe, auch Kreisky in Kenntnis gesetzt habe. Darauf habe sich Kreisky gestürzt und später die Lorbeeren dafür geerntet, daß er das richtige Gespür dafür gehabt habe, wie notwendig eine eingehendere Untersuchung von Waldheims Vergangenheit war.

Ungeachtet dessen, daß Zelman glaubt, er sei der erste gewesen, der Alarm in dieser Sache geschlagen habe, lautet die verbreitete Ansicht – die auch Wiesenthal teilt –, daß ein Wiener Historiker, Georg Tidl, Ende 1985 Verdacht schöpfte, weiter nachforschte und seine Ergebnisse der SPÖ zukommen ließ.

Die SPÖ kümmerte sich jedoch nicht um die moralischen Aspekte von Waldheims Anwärterschaft auf das höchste Amt im Land. In der Hitze des Präsidentschaftswahlkampfes schienen die Informationen einfach eine nützliche Waffe zu sein, um bei den Österreichern Waldheims Image zu unterminieren, er sei eine Persönlichkeit von Welt, deren Lebenslauf ihn zu einem Synonym für Integrität mache. Statt Waldheim direkt herauszufordern und dadurch zu riskieren, daß sich ehemalige Nazis, die sonst vielleicht für den sozialdemokratischen Kandidaten gestimmt hätten, von der Partei abwandten, zog es die SPÖ vor, die Waldheim-Geschichte über den WJC durchsickern zu lassen. Deshalb kam Rosenbaum nach Wien: um mehr über Waldheim herauszufinden.

Rosenbaum unterließ es, bei seinem ersten Besuch in Wien Kontakt zu Wiesenthal aufzunehmen, und als Wiesenthal von seinem Aufenthalt in Wien erfuhr, war er zutiefst gekränkt. Das war ein weiterer schwarzer Punkt in seinen Erfahrungen mit dem WJC.

Der WJC hatte wenig Interesse an der österreichischen Innenpolitik, aber er stürzte sich auf Waldheim, weil er ihnen die Gelegenheit bot, die moralische Stärke und den weltweiten Einfluß der Organisation zu demonstrieren. Sowohl während der nationalsozialistischen Verfolgung vor dem Krieg als auch nach 1945 hatten die amerikanischen Juden die Lage der europäischen Juden nur allmählich begriffen und gezögert, ihnen finanzielle Hilfe zukommen zu lassen und Druck auf die US-amerikanische Administration auszuüben, die Türen für die Überlebenden zu öffnen. Zwischen 1945 und 1948 durften nur 41000 jüdische Flüchtlinge in die Vereinigten Staaten einreisen. Doch nachdem der Displaced Persons Act den Kongreß 1948 passiert hatte, ließen sich in den folgenden Jahren 400000 Flüchtlinge in den Vereinigten Staaten nieder.

Das alles reichte nicht aus, um die Tatsache zu bemänteln, daß die Amerikaner noch viele Jahre nach dem Krieg nicht bereit waren anzuerkennen, daß sie zahlreichen NS-Verbrechern Unterschlupf geboten oder ihnen geholfen hatten, in südamerikanische Staaten zu entkommen; und daß nationalsozialistische Wissenschaftler von den Vereinigten Staaten rekrutiert worden waren, um die Aufrüstung gegen die Sowjetunion zu unterstützen. Nun hatte eine neue Generation von Juden die Gelegenheit, so dachte der WJC, den europäischen Glaubensgenossen ihren Mut zu beweisen. Wenn der WJC Waldheim dazu zwingen könnte, seine Kandidatur zurückzuziehen, dann würde er einen Kampf für die Gerechtigkeit führen und zugleich seine Glaubwürdigkeit bei den Juden in der Welt verstärken können. Der WJC sah nicht voraus, daß diese Geschichte nicht mit dem beschämenden Rückzug Waldheims enden, sondern dazu führen würde, daß die Organisation in die österreichische Innenpolitik hineingezogen und es zu einem Zusammenprall mit Wiesenthal kommen würde.

Während Rosenbaum in Wien recherchierte, stellte Elan Steinberg seine eigenen Nachforschungen an und sprach sich in New York gegen Waldheim aus. Steinberg bemerkte die Diskrepanzen zwischen den Informationen in den Dokumenten, die er entdeckt hatte, und Waldheims Autobiographie, in der er seine Kriegsjahre neutralisiert und sich selbst als Opfer der Nazis dargestellt hatte.

Am 4. März 1986 war der WJC bereit, an die Öffentlichkeit zu gehen. Waldheim habe eine berüchtigte NS-Vergangenheit, erklärte der WJC und veröffentlichte Dokumente, die seine Mitgliedschaft in der Nationalsozialistischen Studentenschaft und im Reiterkorps der SA belegten. Zu diesem Zeitpunkt konnte man noch nicht die explosive CROWCASS-Liste veröffentlichen, die Waldheim als einen Kriegsverbrecher bezeichnete. Sie kam erst Monate später ans Licht. Am selben Tag, dem 4. März, veröffentlichte die *New York Times* einen Artikel unter der Überschrift «Akten beweisen, daß Waldheim ein Kriegsverbrecher war», in dem sie sich auf diese Dokumente bezog. Auch in Wien, wo Hubertus Czernin, der für *Profil* arbeitete und schwer geschuftet hatte, um Waldheims Vergangenheit zu dokumentieren, erschien ein ausführlicher Text.

Wiesenthal reagierte darauf, indem er erneut die Ansicht vertrat, er glaube nicht, daß Waldheim der NS-Verbrechen schuldig sei, und daß er eine Mitgliedschaft Waldheims in der NSDAP für «unwahrscheinlich» halte. Doch er war so aufgestört, daß er die jugoslawische Regierung bat, alle Waldheim-Akten zugänglich zu machen, auch die «Odluka» und die Beweise, auf deren Grundlage die Anklage 1945 veröffentlicht worden war. Die jugoslawische Ministerpräsidentin Milka Planic weilte zufällig zu einem Besuch in Wien. Sie reagierte mit einer heftigen Weigerung, die sie mit der Erklärung rechtfertigte, daß Jugoslawien nicht in den österreichischen Wahlkampf verwickelt werden wolle.

Wiesenthal, der immer noch zeigen wollte, daß Waldheim auf der Grundlage stichhaltiger Beweise beurteilt werden müsse, wandte sich dann an den Generalsekretär der Vereinten Nationen, Perez de Cuellar, und bat ihn darum, bei der jugoslawischen Regierung zu intervenieren, damit die Akten an die Öffentlichkeit gelangen konnten. Während eines langen Gesprächs Anfang April 1986 in New York versuchte Perez de Cuellar, die Jugoslawen davon zu überzeugen, aber sein Bemühen trug vorläufig keine Früchte. Erst Monate später erhielt Dusko Doder, der Belgrader Korrespondent der *Washington Post*, eine Kopie, die prompt an den WJC weitergeleitet wurde. Professor Herzstein erhielt 1987 Einsicht in die «Odluka»-Akte. Der WJC und Herzstein kamen zu ganz unterschiedlichen Schlußfolgerungen. Der WJC ist überzeugt davon, einen unwiderlegbaren Beweis entdeckt zu haben. Herzstein ist jedoch von der «politischen Natur der ‹Odluka›» überzeugt und kam zu der Schlußfolgerung, daß sie «ohne jeden Zweifel die Natur und das Ziel der mißlungenen jugoslawischen Verschwörung gegen Waldheim» beweise.

Die Enthüllungen des WJC und der Artikel in der *New York Times* hatten natürlich eine große Wirkung. In Österreich zog die rechtsstehende Boulevardpresse daraus sofort den Schluß, daß Waldheim das Opfer einer Verschwörung der SPÖ oder der Juden sei – oder einer Kombination von beiden. Wenn er zwei Amtszeiten als Generalsekretär der Vereinten Nationen hatte dienen dürfen, dann war es unzweifelhaft bösartig, einen kriminellen Hintergrund anzudeuten. Die unabhängigeren Zeitungen wie *Profil* beschleunigten ihre Ermittlungen über die Vergangenheit Waldheims. Österreichs Präsident Kirchschläger verdammte die Angriffe auf seinen möglichen Nachfolger als «politische Hexenjagd». Wiesenthal wurde mit Anfragen nach Kommentaren bombardiert, aber er weigerte sich, mehr zu sagen, als daß er Waldheims Aufrichtigkeit bezweifle, und er blieb dabei, daß das Wissen um Kriegsverbrechen nicht mit der Beteiligung daran verwechselt werden dürfe.

In New York bombardierte der WJC Waldheim Tag für Tag, eine Pressemitteilung folgte auf die nächste. Am 22. März zündete der WJC sein schwerstes Geschoß: die CROWCASS-Liste, die zeigte, daß Waldheim von den Jugoslawen wegen Mordes gesucht wurde und daß die UNWCC ihn als mutmaßlichen NS-Verbrecher eingestuft hatte. Es sei deutlich, daß Waldheim etwas zu verbergen habe, donnerte der WJC, ohne allerdings Beschuldigungen der direkten Beteiligung an Kriegsverbrechen zu erheben. Bisher hatte der WJC noch nicht die ganze «Odluka»-Akte einsehen können, vertrat aber die Ansicht, bereits über genügend Belastungsmaterial zu verfügen, um Waldheim auf die Liste unerwünschter Personen setzen zu lassen, denen die Einreise in die Vereinigten Staaten bzw. – wenn die Person sich bereits in den Vereinigten Staaten befindet – der weitere Aufenthalt untersagt wird. Dies geschieht nach den Regeln des Holtzman-Amendment, das Personen aus den Vereinigten Staaten verbannt, wenn sie im Verdacht stehen, «aufgrund der Rasse, Religion, der nationalen Herkunft oder der politischen Ansicht die Verfolgung einer Person angeordnet, angestiftet, gefördert oder anderweitig daran teilgenommen zu haben».

Wiesenthal hatte von dieser Bestimmung selbst erfolgreich Gebrauch gemacht, als er auf die Auslieferung Hermine Braunsteiners drängte. Aber als Waldheim davon betroffen war, reagierte er wütend – überzeugt davon, daß der WJC das Holtzman-Amendment für seine eigenen Zwecke benutzte. Er zweifelte an der CROWCASS-Liste und den weiteren Beweisen, die der WJC vorgelegt hatte. Der WJC war ganz sicher nicht in der Lage, die Feinheiten der Dokumente zu verstehen und sie richtig zu interpretieren. Das, so Wiesenthal, sei eine freundliche Interpretation der wilden Anschuldigungen, die der WJC gegen Waldheim erhob.

Die Kampagne des WJC, um Waldheim auf die Liste unerwünschter Personen setzen zu lassen, erreichte ihr Ziel im April 1987, einige Monate, nachdem er zum Präsidenten gewählt worden war. Aber von Anfang an tat sich als Nebenprodukt dieser Geschichte eine tiefe Kluft zwischen Wiesenthal und Rabbi Hier vom Wiesenthal Center in Los Angeles auf. Wiesenthal war zugleich überrascht und zutiefst verärgert, als er erfuhr, daß Hier einer Postkartenkampagne zugestimmt hatte, die den öffentlichen Druck auf die US-Administration erhöhen sollte.

Die Rabbiner wandten dieselbe Technik an, die sie zuvor in Zusammenarbeit mit Wiesenthal erfolgreich benutzt hatten, um den Druck auf Deutschland zu erhöhen, als es um die Verjährungsfristen ging. Sie druckten Postkarten, die an Präsident Reagan adressiert waren und nebeneinander einen uniformierten Leutnant Waldheim in einer kompromittierenden Situation in Jugoslawien und den unauffällig gekleideten UN-Generalsekretär unter dem Slogan zeigten: «Amerika sagt nein zu Waldheim». In einem begleitenden Statement vom 27. Mai sagte Hier:

«Am 8. Juni wird das österreichische Volk darüber entscheiden, ob es will, daß Waldheim es für die nächsten sechs Jahre in der Welt repräsentiert. Das ist die Entscheidung der Österreicher. Aber es ist die Sache unseres Volkes, ob wir Waldheim in unserem Land haben wollen. ... Für das Weiße Haus ist es wichtig zu wissen, daß das amerikanische Volk Waldheim nicht für eine Karriere auszeichnen möchte, die auf vierzig Jahren der absichtlichen Fälschungen und Lügen beruht.»

Rabbi Hier hatte Wiesenthal gesagt, daß er unter Druck geraten sei, den Antrag zu unterstützen, aber daß sich das Center nicht aktiv dafür einsetzen werde. Am nächsten Tag schrieb der wütende Wiesenthal einen schroffen Brief an Hier: «Warum haben Sie mir nicht die Wahrheit gesagt? Was macht das Wiesenthal Center? ... Ich bin sehr erbost, weil Sie zu glauben scheinen, daß ich ein Idiot bin, dem man nur einen Teil der Wahrheit zu erzählen braucht. ... Diese Art der Zusammenarbeit zwischen mir und dem Center kann nicht ohne Folgen bleiben.» In einem späteren Brief, der erneut Hiers Versuche kritisierte, Waldheim international ächten zu lassen, rügt Wiesenthal scharf: «Das Simon Wiesenthal Center sollte nicht unter den ersten sein, die angreifen, beleidigen und ihre Stimme erheben auf der Grundlage von unbewiesenen Anschuldigungen. Ich habe nicht 42 Jahre lang für Gerechtigkeit und Wahrheit gekämpft, um meinen Namen vom Simon Wiesenthal Center desavouieren und meine Glaubwürdigkeit in Zweifel ziehen zu lassen.»

Hier gibt zu, daß das Wiesenthal Center eine sehr viel schärfere Haltung vertrat als Wiesenthal selbst – und er bedauert das nicht. Doch es sieht so aus, als ob es Wiesenthal um eine andere rechtliche Frage ging. In den Vereinigten Staaten stellte sich die relativ einfache Frage, ob Waldheim – durch das Holtzman-Amendment – aus Amerika ferngehalten werden sollte. Um eine derartige Entscheidung zu treffen, mußte nicht erst ein Gericht in einem Verfahren über Waldheims Schuld urteilen. Wiesenthal habe sich jedoch die Frage gestellt, ob genügend Beweise vorliegen würden, um Waldheim von einem österreichischen Gericht rechtskräftig verurteilen zu lassen.

Nach dem Holtzman-Amendment muß ein mutmaßlicher Kriegsverbrecher seine Unschuld beweisen, bevor er in das Land einreisen darf. Rabbi Hier rechtfertigt seine von Wiesenthal abweichende Haltung damit, daß er «als Amerikaner, der einer amerikanischen Organisation vorsteht», habe sagen müssen: «Hier ist jemand, der die Welt belogen und bis 1986 behauptet hat, niemals von den Deportationen aus Saloniki gehört zu haben.» Das habe eine deutliche Position erfordert. «Aber ich glaube, es ist einfacher für Amerikaner zu rufen: Setzen Sie ihn auf die Liste unerwünschter Personen. Aber es hätte nie einen Kriegsverbrecherprozeß in Amerika gegeben. Der Prozeß hätte in Österreich stattfinden müssen.»

Rabbi Hier akzeptierte Wiesenthals Argumentation, daß die Beweise für eine Verurteilung in Österreich nicht ausreichten. Wiesenthal fragte ihn: «Was, glauben Sie, wird der Richter tun, wenn Waldheim vor Gericht gestellt wird? Auf der Grundlage der vorliegenden Dokumente gibt es nicht den geringsten Zweifel, daß der Richter ihn freisprechen wird, weil wir keinen einzigen Zeugen haben, der gegen ihn aussagt. Er selbst wird es nicht zugeben, und die Zeugen sind tot.» Und ein Freispruch hätte nur zu dem Vorwurf geführt, daß die Juden den Fall Waldheim «fabriziert» hätten.

Wiesenthal war kurzfristig versucht, seinen Namen dem Center in Los Angeles zu entziehen. Aber er begriff bald, daß dies nur eine leere Geste wäre und die positiven Aktivitäten des Wiesenthal Center die Auseinandersetzungen um Waldheim mehr als aufwogen.

Daß Waldheim die Einreise in die Vereinigten Staaten untersagt werden sollte, trug nur dazu bei, die Ressentiments in Österreich gegen jüdische Organisationen zu verstärken, die beanspruchten, für alle Juden in der Welt zu sprechen, und aktiv versuchten, das Ergebnis einer Präsidentschaftswahl zu beeinflussen. Weit davon entfernt, sich gegen Waldheim auszusprechen, stellte sich die öffentliche Meinung in Österreich hinter ihn.

Vielleicht hat sogar ein Interview mit Israel Singer und Elan Steinberg, das am 25. März 1986 in *Profil* veröffentlicht wurde, dafür gesorgt, daß Waldheim die Wahl gewann. Die beiden Vertreter des WJC beschrieben Waldheim als «einen Nazi, einen Lügner, der die Welt vierzig Jahre lang betrogen hat». Und sie warnten vor Sanktionen, indem sie erklärten, daß jeder Österreicher im Falle einer Wahl Waldheims sich im Ausland mit einer «Wolke des Mißtrauens» konfrontiert sehen werde und Österreichs Stellung in der Welt «nicht auf Rosen gebettet» wäre. Als sie vom Vorsitzenden der jüdischen Gemeinde Wiens, Dr. Häcker, gebeten wurden, ihre Sprache zu mäßigen, damit es nicht zu einem neuen Ausbruch von Antisemitismus komme, fragte Singer, wie viele Juden noch in Österreich lebten. Als er erfuhr, daß es 7000 waren, erwiderte er: «Dann lassen Sie sie einfach auswandern» – eine Bemerkung, die Wiesenthal unverzeihlich unsensibel fand und die ihn in seinem Glauben bestärkte, daß es der Leitung des WJC an Verständnis für die Leiden der europäischen Juden unter dem Nationalsozialismus mangele. Singer erklärte später, er sei falsch zitiert worden. Aber Wiesenthal überprüfte das bei den Journalisten von *Profil*, und sie bestanden darauf, daß sie ihn in ihrem Artikel wahrheitsgemäß zitiert hatten.

Das politische Establishment Österreichs war sich nun darin einig, den WJC zu verdammen. Auch Wiesenthals alter Gegner Bruno Kreisky war zornig und beschrieb die Aktionen des WJC als eine «kolossale Gemeinheit und außerordentlich dumme Einmischung». Er verstand sie nicht nur als Angriff auf Waldheim, sondern auf das ganze österreichische Volk. Alois Mock, der Parteivorsitzende der ÖVP, bezichtigte den WJC der «noch nie dagewesenen Menschenjagd». Waldheim selbst blieb dabei, nichts Falsches getan zu haben, und behauptete, daß die Anschuldigungen des WJC aus der Luft gegriffen seien. Er hatte nun ein neues Plakat für seinen Wahlkampf, das trotzig erklärte: «Wir Österreicher wählen, wen wir wollen. Jetzt erst recht: Dr. Kurt Waldheim».

Wiesenthals Hauptsorge war die nachteilige Wirkung dieser ganzen Angelegenheit auf die Lage der Juden in Österreich. Öffentliche Meinungsumfragen zeigten bereits einen deutlichen Anstieg der Auffassung, daß Juden nicht als österreichische Staatsbürger angesehen wurden und die Juden für ihr Schicksal unter Hitler zum Teil selbst verantwortlich seien. Wiesenthal war sich die ganze Zeit über sicher, daß sich die WJC-Kampagne nachteilig für die Juden auswirken würde. Er warnte davor, daß der WJC «aus jungen Leuten Antisemiten machen würde». Jahre der Erziehungsarbeit, um den Einfluß des Antisemitismus zu schwächen, seien aufs Spiel gesetzt worden. Seine eigene Arbeit, die immer zwischen schuldigen NS-Verbrechern und Mitläufern unterschieden hatte, sei unterminiert worden.

Davon unbeeindruckt forderte der Vizepräsident des WJC, Kalman Sultanik, daß Waldheim erklären solle, warum er sich gezwungen gesehen habe, die Wahrheit über seine Kriegszeit all die Jahre zu verbergen. Er stellte auch Wiesenthals Urteil in Frage und behauptete, daß er bereits 1979 gegenüber der israelischen Regierung gelogen habe, als er ihnen berichtete, es gebe keine Belege für eine Verwicklung Waldheims in Kriegsverbrechen. «Waldheim, der Juden in die Gaskammern schickte, wird von einem prominenten Juden verteidigt: Simon Wiesenthal.» Wiesenthal erwiderte, daß er niemals von der israelischen Regierung gebeten worden sei, Nachforschungen in Sachen Waldheim zu unternehmen. Er habe das nur für Yad Vashem getan.

Doch Wiesenthal zweifelte nicht länger, daß Waldheim über seine Tätigkeiten während des Krieges gelogen hatte. Noch vor der ersten Runde der Präsidentschaftswahl am 4. Mai artikulierte Wiesenthal seine Vorbehalte gegenüber Waldheims Glaubwürdigkeit. Er könne, so erklärte er, Waldheims Einsprüche nicht akzeptieren, daß er von den Deportationen der Juden aus Saloniki nichts gewußt habe. Das führte zu einem Anruf von Waldheim bei Wiesenthal, der darauf bestand, daß er zum ersten Mal durch die Zeitung von den Deportationen gehört habe. Wiesenthal wiederholte, es sei unmöglich, daß Waldheim die Aktion in Jugoslawien nicht bemerkt habe, die Tausende von Juden betraf, sechs Wochen dauerte und nur sieben Kilometer vom Kommandostab der Wehrmacht entfernt stattfand, bei dem er stationiert gewesen war.

Als Waldheim dabei blieb, daß er von all dem nichts gewußt habe, stand Wiesenthals Meinung fest: «Spätestens mit seinen öffentlichen Stellungnahmen zur Judendeportation von Saloniki war Kurt Waldheim für mich als Bundespräsident unmöglich geworden», schrieb er in *Recht, nicht Rache*. Doch es dauerte noch weitere zwei Jahre, bis Wiesenthal Waldheim öffentlich dazu aufforderte zurückzutreten. Und er ist bei seiner Ansicht geblieben, daß es ein Unterschied sei, ob man jemanden als Lügner bezeichnet oder ihn als Kriegsverbrecher brandmarkt. Letzteres ist eine Anschuldigung, die Wiesenthal gegenüber Waldheim niemals erhoben hat.

Dreiundzwanzig

Die siamesischen Zwillinge des WJC: Waldheim und Wiesenthal

Kurt Waldheim wurde am 8. Juni 1986 im zweiten Wahlgang zum österreichischen Bundespräsidenten gewählt. Er gewann 54 Prozent der Stimmen. Wiesenthal erklärte, daß die «Juden die eigentlichen Verlierer bei dieser Wahl» seien, und ist überzeugt, daß «viele Wähler Waldheim nicht aus Sympathie für seine Person ihre Stimme gaben, sondern aus Protest gegen fremde Einmischung». Und er sagt auch, daß Waldheim – als ein überführter Lügner – nicht zum Staatsoberhaupt Österreichs geeignet gewesen sei. Doch angesichts der öffentlichen Meinung in Österreich glaubte er, daß jeder Versuch, Waldheim ohne eine unabhängige Beurteilung der gegen ihn erhobenen Anschuldigungen zum Rücktritt zu zwingen, ihn zum Märtyrer machen würde. Die Österreicher gaben bereits den Juden die Schuld daran, daß die Kampagne gegen Waldheim zu seiner Ächtung durch die internationale Gemeinschaft geführt hatte. Österreichs Staatsoberhaupt wurde nicht mehr für würdig erachtet, in der Gesellschaft von anderen Würdenträgern der Welt gesehen zu werden. Während seiner Präsidentschaft waren nur einige arabische Staaten bereit, ihn einzuladen, und als der Vatikan ihn empfing, gehörte dieser Vorgang zu den umstrittensten Entscheidungen in der Amtszeit von Papst Johannes Paul II. Ausländische Staatsoberhäupter vermieden es nach Möglichkeit, nach Österreich zu kommen, und wenn sie es taten, scheuten sie den Kontakt zu Waldheim, soweit es das Protokoll erlaubte.

Wiesenthal war der Ansicht, daß die einzige Möglichkeit, Klarheit in Waldheims fehlende Kriegsjahre zu bringen, darin bestand, eine internationale Historikerkommission zu berufen, die die vorhandenen Dokumente prüfen sollte. Dieser Vorschlag wurde von Waldheim sofort begrüßt. Doch es dauerte ein Jahr, bis die Kommission endlich eingesetzt werden konnte. In der Zwischenzeit brachte Waldheim Wiesenthal in eine peinliche Lage, weil er versuchte, sich mit ihm zu treffen und ihm zu zeigen, daß er den Nazi-Jäger als eine wichtige Instanz ansah, seine Unschuld zu beweisen. Wiesenthal tat alles, was er konnte, um ihn abzuweisen, und weigerte sich, privat mit ihm zu sprechen. Er verließ sogar eine Studentenveranstaltung der Katholischen Universität zum Thema «Versöhnung», als Präsident Waldheim dort uneingeladen erschien.

Im Krieg der Worte gab es nach der Wahl Waldheims keinen Waffenstillstand. Der WJC beschoß Wiesenthal aus dem Hinterhalt und veröffentlichte weiterhin Beweise gegen Waldheim. Rosenbaum entwarf einen Artikel für Wiesenthals Monatszeitschrift *Ausweg*, in dem er schrieb:

> «Die kürzliche Wahl von Kurt Waldheim hat das Gewissen der ganzen zivilisierten Welt schockiert. Fast ebenso schockierend war das unverzeihliche Verhalten von Simon Wiesenthal. ... Es kann kaum ein Zweifel daran bestehen, daß es Herr Wiesenthal war, der für den Wahlsieg von Dr. Waldheim sorgte. Jedesmal, wenn der WJC oder andere mit weiteren Beweisen für Waldheims Lügen und seine Aktivitäten in Hitlers bewaffneten Kräften an die Öffentlichkeit traten, hielt der berühmteste Nazi-Jäger der Welt eine andere ‹Erklärung› dafür bereit.»

Dieser später in Rosenbaums Buch *Betrayal* veröffentlichte Text wurde offenkundig etwas abgemildert, bevor er nach Wien geschickt wurde. Trotzdem wurde er im *Ausweg* nicht veröffentlicht, aber statt dessen in der italienischen Zeitschrift *Epoca*.

In Paris sahen die Nazi-Jäger Serge und Beate Klarsfeld eine Gelegenheit, Wiesenthal zu verhöhnen. Sie erklärten, daß die «Existenz von Wiesenthal in Wien einer der Gründe dafür» sei, «daß nichts in Sachen Waldheims Vergangenheit unternommen wurde, als er Generalsekretär der Vereinten Nationen wurde». Und ein italienischer

Journalist, Fiamma Nierenstein, schrieb, daß Wiesenthal Beweise zurückgehalten habe, um Waldheim zu helfen; eine Behauptung, die Wiesenthal verärgert als unberechtigten Vorwurf zurückwies.

Wiesenthal war sich bewußt, daß die Waldheim-Kontroverse zu einem Prestigeverlust bei seinen Bewunderern in den Vereinigten Staaten geführt hatte. Er schrieb daher zahlreiche Briefe, in denen er sein Verhalten rechtfertigte und erklärte, daß der WJC unverantwortlich gehandelt habe. Er beklagte sich bitter darüber, daß er absichtlich von den Aktivitäten der US Holocaust Memorial Commission ausgeschlossen worden sei. Und er war auch überzeugt davon, daß der WJC beim Nobel-Komitee interveniert hatte, um sich gegen die Verleihung des Friedenspreises an ihn und Elie Wiesel gemeinsam auszusprechen. In einem typischen Brief an einen amerikanischen Bekannten verrät Wiesenthal seine Gefühle und bemerkt:

«Diese Leute [er bezieht sich auf den WJC und Elie Wiesel] können nicht mit meiner Popularität in den Vereinigten Staaten umgehen. ... Die Tatsache, daß Waldheim nicht die Wahrheit sagt und der bestinformierte Offizier auf dem ganzen Balkan gewesen ist, macht aus ihm noch keinen Verbrecher. ... Am Ende wird Waldheim unter dem Druck der Propaganda zurücktreten. Er wird ein Märtyrer werden, und die Juden werden die Schuldigen genannt werden, weil jedermann glaubt, daß der WJC im Namen aller Juden auf der Welt spricht, selbst wenn wir wissen, daß das nicht stimmt. ... Ich habe gesagt, daß Waldheim auf der Basis der Dokumente, die ich zu Gesicht bekommen habe, nicht als Kriegsverbrecher angesehen werden kann. Waldheim war kein Nazi. Ich wurde gefragt, warum ich Waldheim verteidigte. Mir wurde meine Stellungnahme so ausgelegt, als ob ich ihn verteidigen wollte, obwohl ich nur versucht habe, richtigzustellen, was gewisse Leute irrtümlich annehmen. ... Die Art und Weise, mit der ich 42 Jahre lang gearbeitet habe, werde ich jetzt nicht verändern. Keine Anschuldigung ohne Beweis, denn sonst werden wir in eine Position geraten, in der die Menschen uns nicht mehr glauben werden, was die Verbrecher, die wirklichen Verbrecher, uns angetan haben.»

Im Bericht des Wiener Dokumentationszentrums für das Jahr 1986 schreibt Wiesenthal auch, daß die Taktik des WJC sich nicht nur gegen jüdische Interessen wende, sondern auch riskiere, daß alle Kriegsverbrecherprozesse entwertet würden. Es sei schon schlimm genug, daß der WJC Waldheim einen Kriegsverbrecher nenne, in der

Annahme, daß hinter seinen Lügen über seine Kriegszeit ein Beweis zu finden sei. Aber Österreich mit Ächtung zu drohen, falls es Waldheim wähle, sei noch viel schlimmer.

«Kollektive Drohungen sind mit jüdischer Ethik unvereinbar. Sie ignorieren die Tatsache, daß die Juden 2000 Jahre lang die Opfer von kollektiven Drohungen und kollektiven Beschuldigungen gewesen sind. ... Jeder, der mich kennt, weiß, daß ich mich nur an individuelle Schuld halte, und ich teile diese Meinung mit der ganzen zivilisierten Welt. ... Es gibt keine Gerechtigkeit ohne Bekenntnis zur Wahrheit. Während der mehr als vier Jahrzehnte meiner Arbeit habe ich niemanden angeklagt, ohne einen Beweis gegen ihn zu haben. Diese Haltung hat mir meinen Ruf verschafft, nicht nur bei den Juden, sondern auch bei den Historikern, den Richtern, den Staatsanwälten vieler Länder und bei der öffentlichen Meinung.»

Die fünfköpfige Historikerkommission mit Mitgliedern aus der Schweiz, Großbritannien, Belgien, Westdeutschland und Israel, assistiert von einem Experten aus Griechenland, veröffentlichte ihre Ergebnisse am 10. Februar 1988. Die Kommission hatte Zugang zu praktisch allen relevanten Archiven erhalten, mit einer bemerkenswerten Ausnahme: Das OSI in Washington weigerte sich, die eigenen und in den Archivbeständen des CIA befindlichen Akten über Waldheim herauszugeben. Die Kommission konnte auch die Dokumente nicht einsehen, die dazu geführt hatten, daß der österreichische Präsident auf die Liste der in den Vereinigten Staaten unerwünschten Personen gesetzt wurde. Im Kern gelangte die Historikerkommission zu dem Ergebnis, daß Waldheim «außerordentlich gut informiert» gewesen sei und weit mehr über die auf dem Balkan begangenen Greueltaten gewußt hatte, als er zugab, aber daß er über wenig praktische Einflußmöglichkeiten verfügte. Er sei mit Sicherheit in die Vorgänge verwickelt gewesen, und er habe auch versucht, seine militärische Vergangenheit in Vergessenheit geraten zu lassen und sie, als das nicht mehr möglich war, als harmlos darzustellen.

Wiesenthal verstand diese Ergebnisse als einen Beleg dafür, daß Waldheim nicht länger das moralische Format beanspruchen konnte, das eine Person für das Amt eines Staatsoberhauptes qualifizierte, und er forderte seinen Rücktritt. Der damalige Kanzler Franz Vranitzky deutete an, daß er diese Ansicht teilte und es ihm selbst schwerfalle, im Amt zu bleiben, wenn Waldheim sich weiterhin weigerte zu gehen. Ein eigens gegründetes Komitee, das vor allem von Sozialdemokraten und Intellektuellen angeführt, aber von Wiesenthal aktiv unterstützt wurde, startete eine Kampagne, um Waldheim zum Rücktritt zu bewegen. Aber Waldheim spielte den Unschuldigen und fegte die Ergebnisse der Historikerkommission mit den schon bekannten Versicherungen beiseite, er sei unschuldig und habe nur aus Patriotismus gehandelt. Er zeigte keine Spur von Reue, und er beschuldigte seine Feinde zu Hause und im Ausland der «Manipulationen, Lügen und Urkundenfälschung».

Waldheim hat niemals zugegeben, daß er gelogen hat. Das einzige Zugeständnis, das er jemals gemacht hat, ist, daß er die Zeit auf dem Balkan ausgelassen habe – weil er als Verwundeter nicht mehr für Dienst an der Front geeignet gewesen sei. Er glaubte, daß seine Weigerung, zurückzutreten, gerechtfertigt sei. «Ein Rücktritt wäre ein Schuldzugeständnis gewesen. Das hätte meine Wähler enttäuscht.» Und weil er – trotz der Proteste während seiner ganzen sechsjährigen Amtszeit – «tapfer» in seinem Amt blieb, «habe ich eine geordnete Amtsübergabe und die Wahl des neuen Bundespräsidenten Thomas Klestil ermöglicht». In einem Interview mit mir vertrat Waldheim die Ansicht, daß «Wiesenthal sich nicht bewußt dafür entschieden hat, mir zu helfen. Er hatte unrecht, als er mich beschuldigte, über mein Wissen über die Deportationen der Juden aus Saloniki die Unwahrheit gesagt zu haben. Aber ich schätze ihn, weil er mich korrekt behandelt hat.»

In New York interpretierte der Präsident des WJC Edgar Bronfman die Ergebnisse der Historikerkommission als eine «vernichtende Anklageschrift», nicht nur gegen Waldheim, sondern auch gegen die österreichische Nation, die dafür gerügt werden müsse, daß sie immer noch zögere, die Verantwortung für ihren Anteil am Holocaust zu übernehmen. Waldheim sei «ein Lügner und reueloser Mensch, der wesentlich an der Mordmaschinerie der Nazis beteiligt gewesen ist. ... Aber es geht nicht um Kurt Waldheim. Er ist ein Spiegel für

Österreich. Wenn eine Nation nicht zugeben kann oder will, welche Rolle sie gespielt hat, dann gibt es keine Garantie dafür, daß sie ihr Verbrechen nicht wiederholen wird.»

Als sich abzeichnete, daß die Debatte sich nicht abkühlen würde, organisierte einer der kommerziellen britischen Fernsehsender, Thames Television, ein Tribunal gegen Waldheim und besetzte die sogenannte «Untersuchungskommission» mit fünf hochqualifizierten Richtern. Alan Ryan, der Leiter des OSI, übernahm die Rolle des Oberstaatsanwalts. Eine vierstündige Sendung wurde aus neun Verhandlungstagen zusammengeschnitten, 20 Zeugen wurden von vorzüglichen Anwälten in ein scharfes Verhör genommen. Das einstimmige Urteil der Richter fiel ähnlich aus wie die Einschätzung der Historikerkommission. Es lautete, daß Waldheim aus Mangel an Beweisen nicht der Mittäterschaft an Kriegsverbrechen angeklagt werden könne.

Auch das britische Verteidigungsministerium hatte eine unabhängige Untersuchungskommission aus Historikern und hochgestellten Personen des öffentlichen Dienstes im Ruhestand installiert, um die Anschuldigungen zu überprüfen, daß Waldheim auf dem Balkan in Kriegsverbrechen auch gegen britische Soldaten verwickelt war. Diese Kommission kam zu dem Schluß, daß er aus Mangel an Beweisen nicht für schuldig befunden werden konnte: «Alles Material zeigt übereinstimmend, ... daß der damalige Leutnant Waldheim nur ein untergeordneter Stabsoffizier war. Es gibt keinen Hinweis ... auf eine offene Handlung oder eine Unterlassung, aus der man auf ein Kriegsverbrechen schließen könnte.»

Die einzige maßgebliche Untersuchung, die zu einem anderen Ergebnis kam, wurde von Neal Sher in seiner Eigenschaft als Direktor des OSI vorgenommen. Die Untersuchung wurde als Reaktion auf den politischen Druck durchgeführt, den vor allem der WJC ausübte, um Waldheim auf die Liste unerwünschter Personen setzen zu lassen. Das OSI stellte fest, daß Waldheim zahlreiche Greuel angeordnet, jedoch nicht persönlich getötet oder gefoltert habe. Sie zeichnete das klassische Bild eines typischen Kriegsverbrechers, den Wiesenthal als «Schreibtischmörder» bezeichnet – Menschen, die die Greuel organisierten und die Befehle dazu gaben und aus diesem Grund für ebenso schuldig befunden werden wie diejenigen, die die Befehle ausführten.

Neal Sher bat Wiesenthal, ihm alle Informationen über Waldheim zuzusenden, was Wiesenthal auch tat. Bei mehreren Gelegenheiten intervenierte er, um die Untersuchungskommission davon zu überzeugen, daß Waldheim seiner Meinung nach nicht auf die Liste unerwünschter Personen gehöre. Er hatte den Eindruck, daß das OSI von Anfang an voreingenommen war, und fürchtete, daß die Mitarbeiter des OSI, auch Sher, ein Beamter, mit dem er bisher gut ausgekommen war, Waldheims Anklägern im WJC zu nahe stehen könnten. Eli Rosenbaum, der Nachfolger Shers in diesem Amt, hatte dort auch schon zuvor gearbeitet. Elan Steinberg vom WJC gehörte ebenfalls zu dem inneren Kreis derjenigen, die an dem Waldheim-Dossier arbeiteten. Sie waren und blieben in der Waldheim und Wiesenthal betreffenden Angelegenheit in engem Kontakt, und es hätte überrascht, wenn sie sich die einschlägigen Informationen gegenseitig vorenthalten hätten.

Shers Haltung gegenüber Wiesenthal durchlief eine bemerkenswerte Wandlung. Am 11. Mai 1986 hatte er einen Brief an die *Jerusalem Post* geschrieben, in dem er Wiesenthal engagiert gegen seine Kritiker verteidigte. Der Brief beschrieb ihn als «eine unschätzbare Quelle für Informationen und guten Rat» und unterstrich seinen «einsamen Kampf» auf der «Suche nach Beweisen, die die Schrecken ans Licht bringen könnten, die von den Nazis und ihren willigen Kollaborateuren begangen worden sind». Doch 1990 hatte sich Shers Ton dramatisch gewandelt, und es scheint, als ob er mittlerweile davon überzeugt war, Wiesenthal sei inkompetent.

Sher reagierte in einem Brief an Wiesenthal ungeduldig auf die Bitte, gegen mutmaßliche Kriegsverbrecher zu ermitteln, die in den Vereinigten Staaten lebten. Seine Ausführungen waren verletzend:

«Ich kann Ihnen mitteilen, daß nur wenige Ihrer Anschuldigungen dazu geführt haben, Ermittlungen fortzusetzen. Die große Mehrheit jedoch war für uns von wenig Wert: viele der ‹Verdächtigen› waren tot, bei anderen gibt es keinen Beleg dafür, daß sie in die Vereinigten Staaten eingereist sind. ... Schließlich und endlich ist keine der Informationen, die aus Ihrem Büro kamen, in die Akten des OSI aufgenommen worden.»

Wiesenthal hatte Sher durch sein Beharren darauf verärgert, daß die Ermittlungen des OSI über Waldheim auf falschen Annahmen beruhten, die wiederum eine falsche Schlußfolgerung nahelegten. Wiesenthal hatte sich auch darüber beschwert, daß die amerikanischen Ermittler die Dokumente nur im Hinblick auf die engen Begriffe der Liste unerwünschter Personen beurteilten. Das reiche nicht aus, um festzustellen, ob es sich um einen Tatbestand handele, der zu einer Anklage Waldheims als Kriegsverbrecher führen könne.

Der Jahresbericht des OSI aus dem Jahre 1987 kam zu dem Schluß, daß Waldheim in den Vereinigten Staaten unerwünscht sei; und er wurde vom WJC dazu benutzt, die Anschuldigungen gegen den österreichischen Präsidenten zu wiederholen. Obwohl der Bericht damals häufig zitiert wurde, wurde er erst 1994 vollständig veröffentlicht, nachdem diplomatische Fühler ausgestreckt worden waren, ob Waldheim die Teilnahme an den Feiern zum 50. Jahrestag der Vereinten Nationen in New York gestattet werde. Auf der Grundlage der OSI-Ergebnisse durften die Vereinigten Staaten an ihrem Entschluß, Waldheim von amerikanischem Boden fernzuhalten, nichts ändern.

Der WJC, vor allem Eli Rosenbaum und Elan Steinberg, wollten der Historikerkommission nicht das letzte Wort über Waldheim überlassen. Auch die Aussagen anderer Experten, die eine Strafverfolgung aus Mangel an Beweisen für unmöglich hielten, ließen sie nicht gelten. Rosenbaum beschloß, weitere Nachforschungen anzustellen, alles verfügbare Material zu analysieren und sein schon mehrfach zitiertes Buch *Betrayal* zu schreiben, das im Untertitel auf die Affäre Waldheim anspielt. Rosenbaum stellt in seinem Buch Waldheim und Wiesenthal als siamesische Zwillinge dar, die gemeinsam in einem Netz von Lügen und Betrug gefangen sind.

Rosenbaum gründet sein Urteil auf die Versicherung, daß Wiesenthal in seiner Inkompetenz die israelische Regierung 1979 davon abhielt, weiter gegen Waldheim zu ermitteln. Als er später seinen Fehler realisierte, habe er sein Fehlurteil maskiert, indem er Waldheims Kriegsschuld deckte. Für eher marginal im Hinblick auf den Umgang Wiesenthals mit der Waldheim-Affäre hielt Rosenbaum dessen Vorliebe für die ÖVP.

Als er an seinem Buch arbeitete, bat Rosenbaum Wiesenthal um ein Interview, wurde jedoch abgewiesen. Er schickte dann einen langen Fragebogen an Wiesenthal, den dieser als Beleidigung und eine Art Schulprüfung ansah. Er sei kaum geeignet gewesen, eine hilfreiche Reaktion hervorzurufen. So verfestigte sich Wiesenthals Überzeugung, daß Rosenbaum und seine Freunde im WJC immer noch leidenschaftlich versuchten, seine Reputation zu zerstören, und in der Zwischenzeit zu keinem besseren Verständnis der politischen Machtverhältnisse in Österreich gelangt waren.

Wiesenthal weigerte sich, bei Rosenbaums Quiz mitzumachen bzw. seine implizierten Thesen ausführlich und in schriftlicher Form zu widerlegen. «Eine eingehendere Betrachtung der Fragen scheint nahezulegen, daß ich in seinem demnächst erscheinenden Buch zusammen mit Kurt Waldheim zu den Angeklagten gehöre. Ich empfinde die meisten der Fragen als beleidigend», schrieb er an seinen Washingtoner Anwalt Martin Mendelsohn. Sein wichtigstes Argument war, daß der WJC nicht verstanden habe, wie groß der Einfluß sei, den die ehemaligen Nazis immer noch ausübten. Durch seine Reaktion auf die Waldheim-Kandidatur habe sich der WJC in unvorstellbarer Weise in die österreichische Innenpolitik eingemischt. Der Brief wiederholte auch in starken Worten, daß Wiesenthal niemals eine Anschuldigung erhoben habe, ohne einen deutlichen Beweis von individueller Schuld in der Hand zu haben, und er wies erneut darauf hin, daß er in Hinblick auf Waldheim niemals einen derartigen Beweis zu Gesicht bekommen habe.

Rosenbaum machte unbekümmert weiter. Als er zufällig auf den Bericht stieß, den Wiesenthal 1979 über seine Ermittlungen in Sachen Waldheim geschrieben hatte, meinte er, den Schlüssel zu Wiesenthals späterem Verhalten gefunden zu haben. Rosenbaum entschloß sich zu der Lesart, daß Wiesenthal sich 1979 geirrt hatte, das wußte, aber nicht zugeben konnte. Er hegte keinen Zweifel mehr, daß

«Wiesenthals Ruf als bekannteste Autorität in Fragen von Nazi-Verbrechern nun unentwirrbar mit Waldheims verzweifeltem Kampf verbunden ist, das Geheimnis seiner Nazi-Vergangenheit zu verbergen. Wenn Wiesenthal einen Rückzieher gemacht hätte oder Waldheims Ankläger unabhängig weitergemacht hätten, dann wäre der Nazi-Jäger gezwungen gewesen, sich der Demütigung zu stellen, die Israelis wissen zu lassen – oder unter Umständen sogar öffentlich zuzugeben –, daß er sich schrecklich geirrt hatte. Wiesenthal und Waldheim hatten beide ein Geheimnis, und ihre Geheimnisse teilten dasselbe Schicksal.»

Er vergleicht das unmoralische Verhalten von Waldheim und Wiesenthal:

«Als eine Einzelheit nach der anderen in der öffentlichen Arena erschien, saß Wiesenthal immer hoffnungsloser auf der falschen Seite eines der aufsehenerregendsten Nazi-Skandale aller Zeiten fest. Aber da seine Reputation nun für immer an die Waldheims gebunden war, hatte der Mann, dessen Congressional Gold Medal ihn zum ‹Keeper of the flame of conscience of mankind› erklärt, trotzig angefangen, eine Position nach der anderen einzunehmen, die allem widersprach, was er zuvor vertreten hatte. Sein bizarres Verhalten wurde erst jetzt vollkommen verständlich, nachdem ich begriffen hatte, daß er nicht nur sich selbst verteidigte; er verteidigte Waldheim.»

Rosenbaum tadelt sich und andere, die «seit Jahren wußten, daß Wiesenthal als Nazi-Jäger Mitleid erregte und vollkommen wirkungslos war», den Mythos nicht schon viel früher zum Einsturz gebracht zu haben: «Unser Schweigen hat das Gedächtnis an diejenigen entehrt, die ermordet wurden.» In privaten Gesprächen fällt Rosenbaums Kritik noch vernichtender aus. Selbstgerecht betreibt er die Zerstörung eines Mannes, den er einst als «Idol» bezeichnete, und stellt ihn als einen «Lügner» dar, «der nicht anders kann, als seine Geschichte zu verbiegen», und durch «seine Unterstützung für Waldheim Politik mit dem Holocaust gemacht hat».

Als Rosenbaum noch an seinem Buch schrieb, betrat auch Isser Harel erneut die öffentliche Arena und denunzierte Wiesenthal als einen Scharlatan. Harel hegte schon seit langem einen tiefen Groll gegen Wiesenthal, weil der Wiener Nazi-Jäger seine eigene Rolle bei der Suche nach Eichmann in den fünfziger Jahren herausgestellt hatte. Auf einer Vortragsreise durch die Vereinigten Staaten 1989 wurde Harel sehr ärgerlich, wenn er gefragt wurde, warum er Wiesenthals Beitrag zu der Eichmann-Jagd nicht anerkenne. Seine Wut verführte ihn dazu, Punkt für Punkt alles in Frage zu stellen, was Wiesenthal jemals über seinen Beitrag an der Eichmann-Suche gesagt hatte. Harel fand für sein Manuskript keinen Verleger. Aber am 7. Mai 1991 gab er dem New Yorker Korrespondenten der *Jerusalem Post* ein Interview: Wiesenthal habe «keinerlei Beitrag» zu der Gefangennahme Eichmanns geleistet, die Informationen, die von ihm stammten, seien «äußerst wertlos» gewesen. In Wirklichkeit habe er die gesamte Eichmann-Operation in Gefahr gebracht und auch die geplante Gefangennahme von Josef Mengele zunichte gemacht.

Wiesenthal, der Harel als «kranken Menschen» bezeichnet, beschränkt sich darauf zu bemerken, daß ihm diese Aussagen «Kummer» bereitet haben. Doch Harels Bemerkungen wurden von den US-amerikanischen und europäischen Zeitungen verbreitet. Sie entfesselten eine wütende Kontroverse und belebten die alte Debatte über die Korrespondenz in Sachen Eichmann neu, die 1954 zwischen Wiesenthal und Nachum Goldmann stattgefunden hatte. Wiesenthals Kritiker benutzten Harel als nützliche Munition.

Es war kein Zufall, daß das Interview mit Harel ungefähr zur selben Zeit stattfand wie die Vollversammlung des WJC in Jerusalem, auf der Harel für die Gefangennahme Eichmanns geehrt wurde. Harels Manuskript und seine Behauptungen sind in einem früheren Kapitel dieses Buches bereits behandelt worden, aber 1991 schien es, als ob Wiesenthals Kritiker die Quadratur des Kreises versuchten. Diejenigen, die ihn für sein Verhalten im Zusammenhang mit der Waldheim-Affäre dämonisierten, hatten nun einen Verbündeten in dem früheren Chef des israelischen Geheimdienstes, der mehr als willig war, die These zu unterstützen, daß Wiesenthal als Nazi-Jäger ein Schwindler gewesen sei. Harel konnte kaum als objektiver Zeuge gelten. Doch der WJC hatte keine Bedenken, Harels Interpretation von Wiesenthals Arbeit als maßgeblich zu zitieren. Rosenbaum verstand Harels Stellungnahmen als einen definitiven Beweis dafür, daß Wiesenthal sich nicht nur einmal, sondern wiederholt an stümperhaften Täuschungen beteiligt habe.

Wiesenthals Freunde, zu denen Michael Elizur gehört, der während des Waldheimschen Wahlkampfes israelischer Botschafter in Wien war, und die niederländische Stichting Bestrijding Antisemitisme verteidigten ihn vehement. Gerhart Riegner schrieb einen Brief, der die Existenz eines Wiesenthal-Briefes an Nachum Goldmann anzuerkennen schien, widerrief seine Äußerung jedoch – weithin wird angenommen, daß er vom WJC dazu gezwungen wurde.

Betrayal wurde 1993 schließlich veröffentlicht und von Elie Wiesel gelobt, der die Arbeit als «eloquent und gut dokumentiert» beschrieb. Später unterstrich er, daß sich sein Urteil auf die Passagen über Waldheim bezog und nicht gegen Wiesenthal gerichtet gewesen sei. Doch die meisten Rezensenten stellten Rosenbaums Angriffe auf Wiesenthal heraus. «Die Ikone Wiesenthal wird zertrümmert», «Waldheims und Wiesenthals Scham», «Dem Nazi-Jäger wird ein Buch an den Kopf geworfen», «Der Advokat des Teufels» lauteten die Überschriften einiger Rezensionen.

Wer Rosenbaums Thesen in Frage stellte, mußte mit wütenden Erwiderungen rechnen. Als Professor Herzstein, der vormalige Mitarbeiter des WJC, Wiesenthals Verhalten im Hinblick auf Waldheim in einer Rezension für die New Yorker Zeitung *Newsday* verteidigte, versuchte Rosenbaum, die weitere Veröffentlichung des Artikels in anderen Zeitungen zu verhindern. Auch die Rezension der *New York Times* führte zu einer wütenden Erwiderung Rosenbaums. Professor Jacob Heilbrunn, ein Fachmann für deutsche und europäische Geschichte, kam zu folgendem Schluß:

«Der schadenfrohe und schäbige Ton der Passagen des Buches, die sich mit Herrn Wiesenthal befassen, ist erschreckend. Herr Rosenbaum schreckt nicht davor zurück, eine moralische Gleichsetzung zwischen Waldheim und Wiesenthal vorzunehmen. ... Was immer auch seine Fehler sein mögen, und es sind derer viele,

Herr Wiesenthal ist kein Nazi. Er ist ein Überlebender der Todeslager. Dadurch, daß er den Unterschied zwischen Opfern und Täter für ungültig erklärt, verschleiert Herr Rosenbaum den wahren Kern der Waldheim-Affäre.»

Rosenbaum protestierte sofort. Die Rezension gebe zwar zu, daß der Fehler von Herrn Wiesenthal «viele» seien, befasse «sich jedoch leider nicht mit den zahlreichen und ausführlich dokumentierten Enthüllungen über Herrn Wiesenthals empörendes Verhalten in einer Vielzahl von Fällen».

Wiesenthal erfüllen die ihn betreffenden Passagen in Rosenbaums Buch mit tiefer Bitterkeit. Er hält die Angriffe auf ihn für so unberechtigt und bösartig, daß er sie nicht verzeihen kann. Er glaubt, daß das Buch alles verdreht, wofür er sich jemals eingesetzt hat. Es sei ein Angriff auf seine Integrität, etwas, worauf er immer stolz gewesen sei. Seiner Ansicht nach ist es eine Fortsetzung der Fehde des WJC gegen ihn. Er fürchtet, daß Außenstehende, die nur wenig über ihn wissen, von dem Buch beeinflußt werden könnten.

Wenn das Buch auch vorgibt, gegen Waldheim gerichtet zu sein, «ist es de facto eins gegen Simon Wiesenthal, das von Haß diktiert und mit Annahmen und Verdächtigungen gespickt ist», schrieb Wiesenthal an die Freunde des Dokumentationszentrums in seinem Jahresbericht für 1994. Und in einem Brief an die *New York Times* unterstrich er, daß er sich persönlich nicht die Mühe gemacht habe, den Text zu lesen, aber genug über seinen Inhalt wisse, um zu begreifen, daß es aus einem Vorurteil und wieder ausgegrabenen alten Anschuldigungen gegen ihn heraus geschrieben sei. Er faßte seine Ermittlungen zu Waldheims Kriegsaktivitäten zusammen und verteidigte sie: «Der WJC kann die Ergebnisse der internationalen Historikerkommission, die auf meine Initiative hin gegründet wurde, nur schwer akzeptieren.» Kalman Sultanik, der Vizepräsident des WJC, feuerte an die *New York Times* zurück: Herr Wiesenthal sei einmal mehr dabei, seine Fehler – ebenso wie im Fall Eichmann – zu verschleiern.

Im November 1993 hielt Wiesenthal an verschiedenen amerikanischen Universitäten Vorträge, und seine Zuhörer empfingen ihn mit der üblichen Begeisterung. Er traf viele Freunde, die ihm deutlich zeigten, daß ihr Urteil in keiner Weise von den Vorwürfen Rosenbaums beeinflußt war. Er tröstete sich mit dem Gedanken, daß diejenigen, die seinen wahren Wert kannten, sich nicht von gegenteiligen Behauptungen beeinflussen ließen, und diejenigen, die Rosenbaums Vorwürfen Glauben schenkten, wahrscheinlich ohnehin voreingenommen gewesen waren. Die Auseinandersetzung zwischen Wiesenthal und Rosenbaum war so bekannt geworden, daß der Moderator einer populären Talk-Show, Larry King, die beiden zu seiner Sendung einlud. Aber Wiesenthal lehnte eine Begegnung von Angesicht zu Angesicht ab und stimmte seiner Teilnahme an der Sendung nur unter der Bedingung zu, daß die Interviews getrennt aufgenommen wurden. Larry King willigte ein. Beide wiederholten ihre schon seit langem eingeübten Argumente, aber Wiesenthal meinte, daß er einen Sieg errungen hatte.

Als er nach Wien zurückkam, stellte er zu seiner Genugtuung fest, daß seine Reputation so hoch wie noch nie zuvor war. Sowohl die Politiker als auch die Allgemeinheit waren zu der Überzeugung gelangt, daß Wiesenthal für seinen Umgang mit der Waldheim-Affäre Lorbeeren verdient habe. Er hatte verständig und patriotisch gehandelt. Präsident Klestil ehrte ihn mit der höchsten Auszeichnung des Landes, einer von vielen neuen Ehren, die ihm zuteil wurden. Der sozialdemokratische Kanzler Vranitzky führte den Chor der Gratulanten aus aller Welt zu seinem achtzigsten Geburtstag an. Zur Krönung seiner Verdienste stimmte der Rat der Stadt Wien kurz vor seinem 87. Geburtstag mit überwältigender Mehrheit dafür, Wiesenthal zum Ehrenbürger zu ernennen – eine große Ehre, die nur wenigen zuteil wird. Nur die extrem rechte FPÖ stimmte dagegen. Wiesenthal war erleichtert und hatte das Gefühl, daß der Widerstand der FPÖ der Auszeichnung noch größere Legitimität verlieh.

Noch mehr als alle Ehrenbezeugungen schätzt Wiesenthal eine Geste des Kanzlers Vranitzky, die sein langes Bemühen und seinen harten Kampf auszeichnet: 1994 erklärte der österreichische Kanzler Vranitzky, daß die österreichische Nation ihre Mitverantwortung für den Holocaust anerkennen müsse. Er sagte der Welt, daß Österreich sich nicht länger hinter der Behauptung verstecken könne, es sei als Nation Opfer Hitlers geworden. In einem privaten Brief an Wiesenthal dankte Kanzler Vranitzky ihm «für die vielen nützlichen Gespräche, die in diese Erklärung eingeflossen sind».

Fünfzig Jahre lang hatte Wiesenthal darauf gedrängt, daß Österreich sich zu seiner Vergangenheit bekennen müsse. Lieber heute als nie. Doch wird er für den Rest seiner Tage davon überzeugt sein, daß Österreich seine beschämende Komplizenschaft mit Hitler als dessen «Ostmark» viel früher zugegeben hätte, wenn es nicht von der Waldheim-Kampagne des WJC in die Defensive gedrängt worden wäre.

VIERUNDZWANZIG

Fünfzig Jahre später

Es ist später Abend am 26. April 1995. Die Szene zeigt den Wiener Heldenplatz. Der Paradeplatz vor der Hofburg war Zeuge vieler großer Ereignisse in der Geschichte der österreichischen Nation. Ein Platzregen durchnäßt die vielen tausend Menschen, die sich hier versammelt haben, um den 50. Jahrestag der Gründung der Zweiten Österreichischen Republik zu feiern: der Befreiung des Landes und der Erneuerung nach acht Jahren als «Ostmark» des nationalsozialistischen Deutschland. Auf dem Balkon, auf dem die Kaiser des Habsburgerreiches ebenso wie Adolf Hitler standen und der begeisterten Menge zuwinkten, steht ein alter Mann, dem schützend ein Schirm über seinen kahl werdenden Kopf gehalten wird. Es ist Simon Wiesenthal.

Mit kräftiger und gleichmäßiger Stimme hält er eine kurze Ansprache, die nicht länger als ein bis zwei Minuten dauert. Sie faßt seinen lebenslangen Kampf für seine utopische Vision von einer Welt zusammen, in der es «keine Diktaturen mehr geben wird und keine Ideologien». Nur die «Ideologie der Menschenrechte» solle mit «allen dazugehörigen Freiheiten» die Welt dominieren:

«Während meines Leidensweges in der Nazi-Zeit sah ich junge Menschen, deren Gewissen mißbraucht war, und die Greueltaten vollbrachten, die niemand für möglich gehalten hatte. Sie ließen sich narkotisieren durch den Spruch: Der Führer denkt für uns; wir brauchen nur zu folgen.

Nach unseren schrecklichen Erfahrungen sollte für alle Menschen der Grundsatz gelten: Kein Mensch soll zulassen, daß eine Bewegung, politische Partei oder auch eine Person sein Gewissen mißbraucht oder ausschaltet.

Ich bitte Sie, besonders die jungen Menschen, denken Sie öfter an die Befreiung vor 50 Jahren und an die Nazi-Herrschaft, von der wir befreit wurden. Dann werden wir dem Ideal der Menschenrechte auf der ganzen Welt näherkommen.»

Er erhielt tosenden Beifall, denn er hatte eine tiefe und widerhallende Saite angeschlagen. Die Feierlichkeiten an diesem Abend wurden vom Fernsehen aufgezeichnet. Später erfuhr Wiesenthal, daß die Ovationen, die er erhalten hatte, länger dauerten als bei jedem anderen Redner. Nicht einmal in seinen wildesten Träumen hätte er sich vorstellen können, daß ihn eines Tages die österreichische Regierung bitten würde, von demselben Ort aus zu sprechen, von dem aus Hitler 1938 seine neuen Vasallen begrüßt hatte, geschweige denn daß eine österreichische Menge, die sich vor allem aus jungen Menschen zusammensetzte, ihm so viel Respekt erweisen würde. Wie weit war er gekommen, nicht was Zeit und Ort anging, sondern in der öffentlichen Wertschätzung. Das hob seinen Mut, obwohl er auch glaubt, etwas seit langem Überfälliges erhalten zu haben.

Wiesenthal war niemals ein sehr nach innen gewandter Mensch. Er ist ein leidenschaftlicher Sucher nach Gerechtigkeit, der ebensosehr durch Gefühle wie auch durch Denken und Berechnung lebt. Fünfzig Jahre nach dem Krieg und seiner Befreiung aus Mauthausen hätte sich der 86jährige Wiesenthal eine differenziertere Einschätzung seiner Verdienste leisten können. Aber so etwas hat nie seinem Charakter entsprochen; und nun, in fortgeschrittenem Alter, urteilt er in Schwarzweiß ohne Nuancen: einerseits schwelgt er in den Medaillen, Titeln und Doktorwürden, der Anerkennung und Wertschätzung, die er verdient; andererseits klagt er seine Kritiker an oder verdammt sie als unzuverlässig und voreingenommen. Diese einfache Rechnung gibt ihm die Zuversicht, daß die Geschichte auf seiner Seite stehen und ihn als unermüdlichen Kämpfer für Gerechtigkeit einschätzen wird, der seinerseits das getan hat, was den Millionen Opfern des Holocaust zukommt.

Weniger sicher ist er sich der Größe und Dauerhaftigkeit seiner Errungenschaften über seine eigene Lebenszeit hinaus. Ihm gefällt der Gedanke, daß sein immerwährender Einsatz dafür, die Massenmörder zur Rechenschaft zu ziehen, einen bedeutenden Beitrag auf

die wachsende Akzeptanz von Kriegsverbrecherprozessen und die Verteidigung der Menschenrechte gehabt hat. Doch er weiß und akzeptiert auch – wenn auch nur zögernd –, daß viel davon abhängen wird, wie die beiden Rabbiner Hier und Cooper am Wiesenthal Center in Los Angeles mit seiner Legende und seinem Erbe umgehen werden.

Ein jüdischer Held? Ein Moralist, der den großen Fragen unserer Zeit eine menschliche Dimension verleiht? Ein Botschafter für künftige Generationen? Eine Fußnote in der Geschichte des 20. Jahrhunderts? Ein Streiter für die Menschenrechte? Ein populärer Philosoph? Ein Mann unbeugsamer Prinzipien? Ein Visionär, der in einem Tunnel gefangen ist? Ein politisch konservativer Aktivist? Ein Nazi-Jäger? Ein Detektiv? Ein Schriftsteller? Ein Intellektueller? Eine charismatische Persönlichkeit? Ein großer Kommunikator? Ein obsessiver Außenseiter? Ein gehender, sprechender, atmender Computer? Ein untröstliches Gewissen? Ein Egomane? Ein Don Quixote? Ein Racheengel? Ein Manipulator? Ein Lügner? Ein Heuchler?

Alle diese und viele weitere Fragen tauchen in jedem Gespräch über Simon Wiesenthal, sein Leben und seine Bedeutung auf. Er könnte für jede dieser Eigenschaften stehen oder eine Mischung aus allen verkörpern. Für einige kann er keinen Fehler begehen, sondern ist die Personifizierung von Integrität und Glaubwürdigkeit. Für andere ist er ein Schwindler, ihnen erscheint er als ein Egomane, der die Ehrlichkeit und die direkte Aktion aus den Augen verloren hat. In der Regel hat es den Anschein, daß seine Kritiker, die ihn als unwesentlich abtun, nicht in der Lage sind, auch nur einen seiner Vorzüge anzuerkennen. Hingegen gestehen diejenigen, die ihn außerordentlich schätzen, auch ihm zu, wie alle anderen Menschen Fehler zu haben.

Akademiker, die sich mit dem Holocaust beschäftigen, vertreten in verschiedenen Abstufungen die eine oder andere Seite dieser Extreme: Wiesenthal wird im allgemeinen nicht als ein Intellektueller angesehen, und seine Schriften werden nur zögernd akzeptiert, das gilt selbst für *Die Sonnenblume*, seinen wichtigsten Beitrag zur Literatur des Holocaust. Das hat dazu geführt, daß einige Intellektuelle die Bedeutung von Wiesenthals Aktivismus und seinen moralischen Zielen unterschätzen.

Eine bemerkenswerte Ausnahme ist der frühere deutsche Bundespräsident Richard von Weizsäcker. Er vertritt die Auffassung, daß diejenigen, die der Vergangenheit blind gegenüberstehen, auch die Zukunft nicht sehen können. Als erfolgreiche politische Persönlichkeit mit intellektuellem Format hat er sich intensiv mit dem Verhältnis der Deutschen zu ihrer Vergangenheit beschäftigt. Von Weizsäcker bezeichnet Wiesenthal als ein einzigartiges und bedeutendes Phänomen, vielleicht sogar als ein Leitgestirn. Obwohl die beiden Männer sich nur flüchtig kennen, hält von Weizsäcker Wiesenthal für einen verwandten Geist. Offenkundig glaubt von Weizsäcker, er habe von Wiesenthal, der seine persönlichen Erfahrungen anwandte, um mit der Vergangenheit zu ringen, mehr über den Holocaust gelernt als von Elie Wiesel, der mit seinen Fragen und Abstraktionen nach der Natur des Bösen suchte.

«Er hat ja doch immer sehr eindrucksvoll dargelegt, wie er überlebt hat. Aber das hängt natürlich mit der Art und Weise seiner Ethik zusammen – es gibt ja kaum jemanden, der das so ausgelöst hat. ... Wie sich Wiesenthal mit Fragen der Ethik zur öffentlichen Selbstprüfung stellt [er bezieht sich auf *Die Sonnenblume*], finde ich ebenso eindrucksvoll. Dafür kenne ich kein zweites Beispiel», sagt von Weizsäcker. Beide Männer sind der Ansicht, daß die Vergangenheit auch dann nicht vergessen werden darf, wenn für die Sünden eine Absolution erteilt worden ist. Das Gedächtnis muß immer lebendig erhalten und auf die Gegenwart und die Zukunft bezogen werden.

Kanzler Helmut Kohl, der mit von Weizsäcker ansonsten nicht allzuviel gemeinsam hat, sagt ebenfalls, daß Wiesenthal sein Verständnis des Holocaust auf besonders bedeutende Weise erhellt habe. Sie scheinen ein ungleiches Paar zu sein, aber sie sind Freunde geworden. Kohl versichert, daß «die Chemie zwischen uns von Anfang an gestimmt» hat. Sie treffen sich mindestens einmal im Jahr zu einem ausgedehnten Gedankenaustausch und telefonieren häufig miteinander. «Von Anfang an hat er auf mich einen ungeheuren Eindruck gemacht. Zunächst einmal als einen historisch interessierten Menschen ist das für mich faszinierend, was dieser Mann schon alles an europäischer Geschichte erlebt hat. Zweitens ist er ja im besten europäischen Sinne ein gebildeter Mensch. ... Er ist ein Mann, der eine ungeheure Lebenserfahrung gespeichert hat. Er hat moralische Autorität. Ich kann ihm stundenlang beim Erzählen zuhören. Es ist eben ein Mann, bei dem man sich Rat suchen kann, und er hat eine Vision, daß man ohne ein moralisches Koordinatensystem weder privat noch im Leben eines Volkes existieren kann. ... Er ist eine große und zugleich bescheidene Persönlichkeit. Als Deutscher ist es immer bemerkenswert, daß er nach dem Entsetzlichen, was im deutschen Namen mit seinen Glaubensbrüdern geschehen ist, ohne Vorurteile geblieben ist. ... Sein Einfluß besteht darin, daß er den Deutschen zuruft: Bleibt wachsam gegen jene Versuchungen, die schon einmal unser Land überrannt haben. ... Was eben bei Wiesenthal so eindrucksvoll ist, ist, daß er ein alter weiser Mann geworden ist, mit unvorstellbaren, auch schrecklichen Lebenskapiteln, und doch nicht das Ja zum Leben verloren hat. ... Es ist sehr wichtig, daß man sich die Fähigkeit erhält, dazuzulernen. Für mich ist wichtig, daß ich Rat von anderen bekomme, und wenn man mit Wiesenthal spricht, spricht man mit einem Menschen, der nicht vordergründig seinen Vorteil sucht.» Er betont, daß er Wiesenthal oft um Rat bei der Israel-Politik gefragt habe. Und Kohl, dessen Freude an gutem Essen legendär und offensichtlich ist, schätzt Wiesenthal auch noch aus einem anderen Grund: «Mir gefällt natürlich noch etwas ganz anderes: Er ist einer, mit dem man gut essen gehen kann!»

Swanee Hunt, Botschafterin der Clinton-Regierung in Wien, hat besser als andere verstanden, daß Wiesenthal von etwas getrieben wird, was größer ist als jede berechnende Anwendung eines sorgsam definierten Prinzips: Das Phänomen Wiesenthal kann nur so beschrieben werden, daß das «unverdünnte Gute mit dem unverdünnten Bösen zusammenprallt», und Wiesenthal selbst sei dabei praktisch zu seiner Größe gestolpert.

Auch Rabbi Albert Friedlander, der viel über Judentum und jüdische Geschichte geschrieben hat, unterstreicht Wiesenthals instinktive Integrität. Er bezeichnet Wiesenthal als einen «Moralisten und Gerechtigkeitsfanatiker – der die Menschheit und die Institutionen des Gewissens aufstört». Obwohl Wissenschaftler Wiesenthal aus dem Kreis der jüdischen Intellektuellen ausgrenzten, gebühre ihm Anerkennung für die überaus wichtige Tatsache, daß er nach der sokratischen Tradition gehandelt und die alles überdauernde Frage gestellt habe, ob eine gerechte Gesellschaft das Böse vergessen dürfe. Friedlander empfindet

«Mitgefühl mit Wiesenthal, weil das Leben, das er geführt hat, eine Reaktion auf die Erfahrungen in den Konzentrationslagern war. Andere hätten wahrscheinlich anders reagiert. Aber er hat die Lager sein ganzes Leben lang bei sich getragen. Seine Botschaft lautet: nicht zu vergessen und gerecht zu sein. So ein Botschafter hat es schwer, denn er entfremdet sich von denjenigen, die vergessen wollen.»

Professor David Cesarani, der frühere Leiter der Wiener Library in London, der heute an der Sussex University lehrt und den Entnazifizierungsprozeß und die Kriegsverbrecherprozesse genau verfolgt hat, äußert gewisse Zweifel an Wiesenthals Verdiensten. Er ist der Ansicht, daß Wiesenthal ein «Pflock» geworden sei, «an dem die Welt ihr Gewissen aufhängen könne, weil die Welt immer eine Figur von großer Bestimmtheit braucht». Er persönlich hält ihn eher für engstirnig und sagt, daß er mit Bedacht immer in kleinen Büros und mit wenigen Mitarbeitern gearbeitet habe: «In einer Art von Spinnennetz hat er ein beschränktes Leben geführt. Es scheint, als ob er beständig gegen eine Steinwand rennen würde.»

Professor Robert Wistrich von der Hebrew University in Jerusalem, ein profilierter Autor über Themen des Holocaust und ein Experte für Mitteleuropa, kennt Wiesenthals Arbeitsmethoden aus erster Hand und charakterisiert ihn als eine Bank der Erinnerungen, als einen Mann, der davon getrieben ist, sein eigenes Leben der Erinnerung, Gerechtigkeit und jüdischen Geschichte zu widmen. «Auf seine eigenartige Weise repräsentiert er Integrität.»

Als ich Wiesenthals Leben erforschte, begegnete ich seinen überzeugten Kritikern zum ersten Mal. Einige Diplomaten, die mittlerweile im Ruhestand sind und die mit Wiesenthal in der unmittelbaren Nachkriegszeit in den Camps for Displaced Persons zu tun hatten, vertrauten ihm niemals vollständig, weil ihnen seine Politik suspekt war und sie seine Persönlichkeit schwer einzuschätzen fanden. Bei den Nazi-Jägern sind es Isser Harel, der leidenschaftlich darauf beharrt, daß Wiesenthal durch und durch ein Schwindler sei, und Tuviah Friedman, der meint, von Wiesenthal verraten worden zu sein.

Die extremen Reaktionen waren nirgends offensichtlicher als in den Vereinigten Staaten. Für seinen Anwalt Martin Rosen ist er, mit allen Fehlern und Schwächen, ganz einfach ein großer Mann. Elan Steinberg vom WJC und Eli Rosenbaum zeichnen Wiesenthal als eine Person, die oft die Wahrheit gebeugt und die Opfer des Holocaust betrogen habe.

Als ich damit begann, mich mit Wiesenthals Leben intensiv zu beschäftigen, hatte ich keine vorgefaßte Meinung. Nun, da ich ihn gut kenne, weiß ich, daß er nicht ohne Fehler ist. Aber ich bin auch davon überzeugt, daß er ein Mensch von tiefer und echter Integrität ist. So stehe ich fest im Lager der Wiesenthal-Anhänger.

Es wäre absurd, die Frage auszulassen, ob alle von Wiesenthals Aktionen klug waren – zweifellos hat es krasse Fehler gegeben, gelegentliche Verzerrungen des Gedächtnisses und Äußerungen von irrationaler Sturheit. Ebenso albern wäre es, Wiesenthals Schwächen zu ignorieren, besonders sein Bedürfnis nach Anerkennung und die blinden Flecken in seinem Denken. Wenn man sich so auf ein Ziel konzentriert, dann wird man leicht eigensinnig, und Wiesenthals Urteil ist zweifellos an entscheidenden Punkten seines Lebens beeinträchtigt gewesen, am deutlichsten während seiner sich lange hinziehenden Auseinandersetzungen mit Bruno Kreisky, in seiner Haltung zum WJC und bei seinem Umgang mit der Waldheim-Affäre.

Wiesenthals auffällige Fähigkeit, den gesamten Film seines Lebens in Einzelheiten aufzurufen, ist einzigartig und beeindruckend. Aus diesem Grund ist es zumindest verwirrend, daß seine Erzählungen aus seinen Kriegsjahren in mancher Hinsicht von früheren Berichten abweichen und daß es Auslassungen in den älteren Versionen gibt, wie z. B. die wichtige Sonnenblumen-Saga, die er später als fruchtbare Erfahrung bezeichnet hat.

Wir wissen über die Überlebenden des Holocaust – das habe ich bereits in einem früheren Kapitel angedeutet –, daß die Erinnerung den Männern und Frauen, die so viel erlitten haben, manchmal Streiche spielt. Wiesenthal bildet da keine Ausnahme. Einige Erfahrungen haben eine symbolische Bedeutung, die weit über das hinausgeht, was tatsächlich passiert und in der Erinnerung gestört oder glorifiziert sein mag. Andere sind vielleicht ausgelassen worden, weil sie von aktuellen Ereignissen ablenkten. Aber in ihrem Wesen ist die Geschichte Wiesenthals unverändert geblieben, und ich bin vollkommen davon überzeugt, daß alle Versuche, Wiesenthals guten Namen durch Andeutungen einer Zusammenarbeit mit der Gestapo oder den Kommunisten anzuschwärzen, Schmutzkampagnen waren, die von den Ländern des Warschauer Pakts initiiert und – zu einem passenden Zeitpunkt – von Wiesenthals Kritikern, allen voran Bruno Kreisky, aufgegriffen wurden. Je länger ich mich mit Wiesenthal unterhalten, ihn beobachtet und je mehr ich von ihm erfahren habe, desto überzeugter wurde ich von seiner Ehrlichkeit und Hingabe.

Bei meinen Begegnungen mit den Menschen, die Wiesenthal aus der Nähe und aus der Ferne kennen, kristallisierte sich ein gemeinsamer Nenner heraus: die Tatsache, daß er regelmäßig heftige Reaktionen hervorruft. Das ist verständlich – er ist eine mächtige Persönlichkeit, die in einer zutiefst verstörenden Sphäre der menschlichen Erfahrung und des menschlichen Leids operiert. Doch ihn zu dämonisieren oder zu trivialisieren, verrät nur den mangelnden Willen, ihn zu verstehen oder seine Bedeutung zu bewerten. Einige von Wiesenthals glühendsten Verehrern haben genauso unrecht, wenn sie übertreiben und ihn als einen James Bond unter den Nazi-Jägern bezeichnen.

Das Image, das von Filmen wie *Die Akte Odessa* ausgeht, romantisiert ihn über alle Maßen. Zweifellos bereiten ihm diese Darstellungen viel Freude, doch können gerade solche Verzerrungen zu sterilen und oftmals scharfen Auseinandersetzungen führen und haben das auch getan: über Wiesenthals tatsächliche Rolle beim Aufspüren Eichmanns, Mengeles und aller weiteren Kriegsverbrecher, mit denen sein Name in Verbindung gebracht wird.

Er hat niemals in großem Maßstab ermittelt. Er kann eine phänomenale Informationsmenge in seiner Gedächtnisbank speichern und ist ein Experte beim Lesen und Interpretieren von Berichten aus der NS-Zeit und wenn es darum geht, Hinweisen auf die Aufenthaltsorte seiner Beute nachzuspüren. Doch Wiesenthal verhaftete selbst nur in der kurzen Zeit, als er unmittelbar nach dem Krieg für die Amerikaner arbeitete, NS-Täter. Und natürlich, als er versuchte, Eichmann in Österreich aufzuspüren, und mit der örtlichen Polizei zusammenarbeitete. Aber er reiste niemals nach Südamerika, wohin so viele der von ihm gesuchten Nazis geflohen waren. Und er wollte auch kein eigenes Netz von Ermittlern aufbauen, die nach den Kriegsverbrechern suchten. Statt dessen verließ er sich auf seine eigenen Fähigkeiten, Schlüsse zu ziehen, auf seine Informationen, sein Gedächtnis und die Zusammenarbeit mit Freunden an weit entfernten Orten.

Obwohl er gern behauptet, daß ihm für größere Operationen einfach die Mittel fehlten, ist es fair festzuhalten, daß das mehr eine bequeme Ausrede als eine Rechtfertigung ist. Selbst wenn Wiesenthal die Mittel dazu gehabt hätte, hätte ihm der Ehrgeiz gefehlt, eine ausgefeilte Maschinerie für seine detektivische Arbeit zu gründen.

Wiesenthals wahre Bedeutung ist leicht genug zu erkennen, doch sie geht weit über den Bereich und die Wirksamkeit seiner Nazi-Jagd hinaus. Seine einzigartige Errungenschaft besteht darin, daß er führende Politiker und die öffentliche Meinung gleichermaßen gezwungen hat, die Erinnerung an den Holocaust wachzuhalten, damit künftige Generationen eine Lehre für ihre Gegenwart daraus ziehen können. Dafür hat er abwechselnd gepeitscht, geschmeichelt und massiert, aber er ist niemals von seiner Überzeugung abgewichen, daß es wesentlich ist, die Massenmörder zu fassen und ihnen den gerechten Prozeß zu machen. Das Gift des Holocaust hätte sich nur weiter verbreitet, wenn man der Gesellschaft erlaubt hätte, das Recht in ihre eigenen Hände zu nehmen. Ihm gebührt Anerkennung dafür, daß die öffentliche Meinung so empfänglich dafür geworden ist, Tribunale für die Kriegsverbrechen in Bosnien und Ruanda zu errichten, und auch dafür, daß der öffentliche Druck wuchs, bei den UN eine dauerhafte Institution zur Verfolgung von Massenmördern ins Leben zu rufen.

Drei Hauptaspekte charakterisieren Wiesenthals Kampf. Erstens sein Sinn für seine Mission, der sich aus seinen Kriegserfahrungen herausgeschliffen hatte und von einem angeborenen Romantizismus verstärkt wurde. So war er davon überzeugt, daß sein Überleben nur gerechtfertigt sei, wenn er es der Aufgabe widmete, die Erinnerung an die Opfer am Leben zu erhalten. Zweitens – und damit stand er in den fünfziger und auch noch in einem Teil der sechziger Jahre praktisch allein da – schaffte er es, den Druck aufrechtzuerhalten, um die NS-Verbrecher in einem historischen Moment der Gerechtigkeit zu überführen, als die westlichen Alliierten mit dem Kalten Krieg beschäftigt waren und einen Deckel über die Kriegsverbrechen legten. Sie verspürten damals wenig Verlangen, dieses Thema auf die Nachkriegs-Agenda zu setzen. Mehr noch: Ohne ihn hätte die israelische Regierung, die mehr an der Sicherheit des Landes interessiert war, sich wahrscheinlich niemals darauf eingelassen, Eichmann in Argentinien gefangenzunehmen und ihn in Jerusalem vor Gericht zu stellen. Diese Errungenschaften garantieren ihm sicherlich dauerhaftes Ansehen.

Drittens ist Wiesenthal ein charismatischer Kommunikator. Seine Fähigkeit, die Medien für seine Zwecke einzusetzen, ist außerordentlich und erhöht seine Wirkung um ein Vielfaches. Als ich die einzelnen Episoden von Wiesenthals Leben nach der Eröffnung seines Wiener Dokumentationszentrums zusammensetzte, war ich immer wieder überrascht, wie außerordentlich wirkungsvoll er Presse und Fernsehen einsetzte, ja selbst Schriftsteller wie Frederick Forsyth. Er besitzt eine angeborene Fähigkeit, seine Standpunkte zu dramatisieren und ihnen eine menschliche Dimension zu geben. Er hat die Notwendigkeit erkannt, Journalisten anzusprechen und Kontakte zu pflegen, und sein Sinn für Timing war oft exzellent. Das ist ein wichtiger Grund dafür, daß sein Name eine derart hohe Reputation erhielt. Und es half ihm auch dabei, Menschen wie Hermine Braunsteiner und Eduard Roschmann aufzustöbern und mit Erfolg Kampagnen für die Auslieferung von NS-Verbrechern aus Lateinamerika und den Vereinigten Staaten zu organisieren. Doch er ist mehr als ein guter Selbstdarsteller. Er ist zu einer moralischen Instanz geworden. Wenn er von seiner Sache nicht so überzeugt gewesen wäre, wäre er niemals so weit gekommen. Und er hätte auch nicht andere mit seiner unerschütterlichen Hingabe an Gerechtigkeit beeindrucken können, die stets an seine Weigerung gekoppelt war, Rache als ein Motiv für die öffentliche Zurschaustellung von NS-Verbrechern zuzulassen.

Wiesenthals Kommunikationsfähigkeit geht weit über seine Verbindungen zu den Medien hinaus. Die meisten seiner Bücher sind geschrieben worden, um für Unterstützung und Verständnis für seinen Kampf zu werben, die Erinnerung an den Holocaust wachzuhalten. Er verstand es, seine Thesen mit lebendigen Berichten aus seiner persönlichen Erfahrung zu illustrieren. Er ist zu einem agilen und wirkungsvollen politischen Lobbyisten geworden – wie seine Kampagnen gegen die Verjährungsgesetze gezeigt haben. Er hat sich selbst gelehrt, ein guter Redner zu werden und die Aufmerksamkeit seiner unterschiedlichen Zuhörer zu erhalten. Aber nichts hat mich mehr bewegt, als zu sehen, wie Wiesenthal mit Kindern zurechtkommt. Sie hängen atemlos an seinen Lippen, wenn er ihnen erzählt, wie er den SS-Mann gefunden und identifiziert hat, der Anne Frank verhaftet hatte. Er spricht mit ihnen auch über seine Hoffnungen und Ängste für die Zukunft – Teenager und ein alter Mann, die sich miteinander identifizieren und einander instinktiv vertrauen.

Ein Missionar, ein Kämpfer, ein Kommunikator: das ist der Kontext, in dem man die drei großen Kontroversen – Eichmann, Kreisky und Waldheim – beurteilen muß, die Wiesenthal bis zum Ende seiner Tage beschäftigen werden.

Daß Wiesenthal ein zwanghaftes Bedürfnis hatte, festzustellen, daß Eichmann noch am Leben war, ihn zu finden und vor ein Gericht gestellt zu sehen, zeigt sich in seinen eigenen Veröffentlichungen und in der Art, wie er auch noch Jahrzehnte später davon erzählt. Ich bin wie er davon überzeugt, daß seine Initiativen in den vierziger und fünfziger Jahren entscheidend dafür waren, daß Eichmann nicht für tot erklärt und die Suche nach ihm nicht eingestellt wurde. Ich habe auch keinen Zweifel daran: Wiesenthal wußte – durch zufällige Umstände – bereits 1954, daß Eichmann sich in Argentinien aufhielt und daß er die Informationen, die er über Eichmann gesammelt hatte, an Nachum Goldmann, den Präsidenten des WJC, schickte. Warum der WJC die Existenz dieses Briefes leugnet, von dem es drei Kopien an anderen Orten gibt, bleibt ein Geheimnis, und es ist dazu geeignet, meinen Eindruck zu verstärken, daß der WJC von einer tiefsitzenden Feindseligkeit gegenüber Wiesenthal geleitet wird.

Wiesenthal hat niemals behauptet, daß er an der Gefangennahme Eichmanns durch den israelischen Mossad im Jahre 1960 beteiligt war. Sein Buch *Ich jagte Eichmann* beschäftigt sich nur mit den Jahren vor 1954; und obwohl es zweifellos einige von Wiesenthals Initiativen in Österreich verzerrt oder romantisiert, zeigt es doch, daß es ihm nur schwer gelang, die Flamme am Leben zu erhalten, damit andere sie später aufgreifen konnten. Natürlich hatte er 1961 weitaus weniger Erfahrung im Umgang mit den Medien als später, und er war wahrscheinlich zu beeindruckt von dem warmherzigen Empfang, der ihm während des Eichmann-Prozesses in Jerusalem bereitet wurde. Als er 1961 frei über seine Rolle bei der Jagd nach Eichmann sprechen konnte, zwang die israelische Regierung die Mossad-Mitarbeiter, bis 1975 Stillschweigen zu bewahren. Als Isser Harel seinen eigenen Bericht veröffentlichen durfte, war er – aus Gründen, die mit dem Eichmann-Fall wenig zu tun hatten – eine traurige und einsame Gestalt geworden, die einen Groll gegen das Leben selbst hegte.

Harels unveröffentlichte Schmähschrift hat mich davon überzeugt, daß er weit von der Wahrheit entfernt und ein unzuverlässiger Zeuge der Ereignisse ist, die in Wiesenthals Eichmann-Buch beschrieben werden. Es läßt sich darüber streiten, ob der Titel des Buches *Ich jagte Eichmann* mißverständlich ist und ob Wiesenthal nach seiner Veröffentlichung zuwenig getan hat, um den Eindruck zu zerstreuen, daß er Eichmann bis zum Ende gejagt hat und nicht, wie das Buch beschreibt, nur einer der ersten Jäger gewesen ist.

Aber im Rückblick läßt sich sagen, daß selbst das zu etwas Positivem führte. Das Buch wurde zu einem ersten Schritt auf dem Wege zum Ruhm, es ermöglichte es ihm, das Wiener Dokumentationszentrum zu gründen und seinen Kreuzzug gegen das Vergessen des Holocaust weiterzuführen. Später achtete Wiesenthal mehr darauf, deutlich zu machen, daß seine Rolle im Eichmann-Fall beschränkt, wenn auch entscheidend war.

Zwischen Wiesenthal und Kreisky war eine explosive Konstellation durch die unterschiedlichen Richtungen des Judentums vorgegeben. Aber ihre Auseinandersetzungen müssen vor allem in dem Kontext der mannigfaltigen politischen Geschichte Österreichs zwischen den Kriegen und während des Nationalsozialismus beurteilt werden. Eine ebenso große Rolle spielt die zögerliche Haltung des Landes nach dem Krieg, die Entnazifizierung durchzuführen und von dem Mythos abzulassen, daß Österreich Hitlers erstes Opfer und nicht sein williger Verbündeter war. Wiesenthal glaubte, daß Österreich die Wahrheit anerkennen würde, als er begriff, daß die Sozialdemokratische Partei und besonders Bruno Kreisky mit ehemaligen Nazis flirteten und ihnen dabei halfen, wieder zu politischem Ansehen und entsprechender Macht zu gelangen. Das bestätigte seinen schon seit langem bestehenden Verdacht, daß Österreichs Sozialisten praktisch ihre ganze Geschichte hindurch dem Faschismus gegenüber keine eindeutige Haltung eingenommen hatten. Seine hyperkritische Einstellung zur SPÖ ging noch tiefer: Obwohl er selbst das verneint, ist es offenkundig, daß Wiesenthals politischer Konservatismus, der aus seinen Studententagen stammt, seine Haltung zu den Regierungen Österreichs und Deutschlands nach dem Kriege beeinflußt hat.

Nichts illustriert das besser als die tolerante Haltung, die Wiesenthal einnahm, als der christdemokratische Kanzler Adenauer ehemalige Nazis zu Mitgliedern seines Kabinetts ernannte.

Sowohl Wiesenthal als auch Kreisky handelten gefährlich irrational, als sie sich gegenseitig attackierten. Kreisky griff in unverantwortlicher und ungerechter Weise die kommunistische Propaganda gegen Wiesenthal auf, um ihn als einen Gestapo-Kollaborateur verleumden zu können. Wiesenthal war seinerseits aus dem Gleichgewicht geworfen und verlor sein Prinzip «Recht, nicht Rache» aus den Augen, als er Friedrich Peter, den Vorsitzenden der FPÖ, beschuldigte, aktiven Dienst in einer SS-Mörder-Einheit geleistet zu haben. Als mildernder Umstand mag vielleicht gelten, daß Wiesenthals Gift weniger gegen die Person Peters als gegen Kreisky gerichtet war, weil dieser ihm allzusehr bereit schien, mit der extrem rechten FPÖ Peters zusammenzuarbeiten.

Der Kampf zwischen Wiesenthal und Kreisky endete erst mit Kreiskys Tod. Sie haben sich schließlich gegenseitig gehaßt und waren unfähig, einander zu vergeben. Während der ganzen traurigen Geschichte setzte Wiesenthal seine Verbindungen zu den Medien voll ein. In gewissem Maße hielt ihn das von wichtigerer Arbeit ab. Und ganz sicher bestärkte es ihn in seiner Voreingenommenheit der SPÖ gegenüber. Als dann das diplomatische Engagement der SPÖ in der Waldheim-Affäre im Jahre 1986 sichtbar wurde, mußte sich das Wiesenthal als ein weiterer Fall von sozialdemokratischer Doppelzüngigkeit darstellen. Seiner Ansicht nach bestand einer der größten Fehler der SPÖ darin, daß sie sich an seinen Erzfeind, den WJC, gewandt und um Unterstützung gebeten hatte bei dem Versuch, Waldheim zu diskreditieren und seine Wahl zu verhindern.

Doch Simon Wiesenthal wies die Möglichkeit, daß Waldheim ein Kriegsverbrecher sein könnte, nicht vollkommen zurück. Aber er wendete die Dokumente über Waldheims Militärzeit vielfach hin und her, bevor er zu dem Schluß kam, daß es keine schlüssigen Beweise gegen ihn gab. Er bleibt dabei, daß Waldheims politische Heimat bei seinem Umgang mit den Nachforschungen keinen Unterschied gemacht habe. Doch wird es eine quälende Frage bleiben, ob Wiesenthal weniger puristisch bzw. kompromißlos gewesen wäre, wenn die SPÖ und der WJC nicht in die Angelegenheit verwickelt oder Waldheim der Kandidat der SPÖ gewesen wäre.

Wiesenthal hatte jedoch vollkommen recht mit seinem Argument, daß die Einmischung des WJC in den österreichischen Wahlkampf eine schlechte Entscheidung gewesen war, weil sie leicht dazu hätte beitragen können, eine neue Welle des Antisemitismus auszulösen und die FPÖ zu stärken. Jörg Haider, der gegenwärtige Vorsitzende der Freiheitspartei – deren liberaler Flügel die Partei verlassen und eine eigene gegründet hat –, ist ein weitaus gefährlicherer Politiker als Friedrich Peter und alle anderen seiner Vorgänger. Haiders fremdenfeindlicher Nationalismus ist weithin gefürchtet und wird von vielen Seiten als eine Bedrohung der österreichischen Nachkriegsdemokratie aufgefaßt. Es läßt sich jedoch unmöglich bestimmen, in welchem Ausmaß Haiders Erscheinen auf der politischen Bühne auf die Anti-Waldheim-Kampagne zurückzuführen ist, aber in Österreich wird angenommen, daß sie dazu beigetragen hat.

Es steht außer Frage, daß Wiesenthals Verhalten in der Waldheim-Affäre – von seiner Weigerung, ihn ohne einen Beweis anzuklagen, bis zu seiner Aufforderung, Waldheim möge die Konsequenzen aus seinen Lügen ziehen und von der Präsidentschaft zurücktreten – sein Ansehen in Österreich hob und sich der Kreis seiner Bewunderer zum ersten Mal auf die politische Linke ausdehnte. Das hat ihn sehr befriedigt. Doch nicht einmal Kanzler Vranitzkys Zugeständnis, daß Österreich ein Komplize des Nationalsozialismus gewesen ist, und die Ehrung, die er Wiesenthal hat zukommen lassen, haben sein Unbehagen gegenüber der SPÖ vollständig auflösen können.

In den Vereinigten Staaten hat Wiesenthals Weigerung, Waldheim der Kriegsverbrechen zu beschuldigen, seinem Ruf geschadet. Möglicherweise wurde ihm auch aus diesem Grund nicht der Friedensnobelpreis verliehen. Das waren tiefe Enttäuschungen für einen

Mann, der niemals materiellen Wohlstand gesucht, sondern immer nach Anerkennung gestrebt hat und der den Beifall liebt, den die moderne Gesellschaft ihren Helden zukommen läßt.

Er hat diese Enttäuschungen nicht verdient. Er mag im Falle Waldheim nicht genau genug gewesen sein, aber er hat sich ehrenhaft verhalten. Wenn man die Verdienste seines ganzen Lebens in Betracht zieht, kann kein Zweifel daran bestehen, daß er den Friedensnobelpreis verdiente. Doch auch ohne ihn wird Wiesenthal seiner Nachwelt so in Erinnerung bleiben, wie er es sich wünscht: als ein Mann, der sein Leben den Opfern von Hitlers «Endlösung» gewidmet und sich mit seiner ganzen Persönlichkeit dafür eingesetzt hat, eine Gedächtnisbank für die Verwüstungen des Holocaust zu schaffen, die eine Warnung für künftige Generationen sein wird. Und es gibt sicherlich eine direkte Verbindung zwischen Wiesenthals beharrlichem Bestreben, die Täter des Holocaust der Gerechtigkeit zu übergeben, und der wachsenden Akzeptanz der Öffentlichkeit, daß den gegenwärtigen Manifestationen des Völkermords durch die Einrichtung eines internationalen Kriegsverbrechertribunals entgegengewirkt werden muß.

Wiesenthal ist ein Vorbild, und – ja – er ist ein Held des Lebens: nicht nur ein jüdischer Held, sondern ein Held unserer Zeit.

Quellen und Bibliographie

Wie es sich für die Biographie einer lebenden Person schickt, war Simon Wiesenthal die wichtigste Quelle für dieses Buch. Ich habe aus vielen Gesprächen mit ihm zitiert, die zumeist mehrere Stunden dauerten und sich über fast drei Jahre – von 1992 bis 1995 – hinzogen. Wo es mir als relevant erschien, habe ich auch aus seinen Büchern – vor allem *Ich jagte Eichmann*, *Doch die Mörder leben*, *Die Sonnenblume* und *Recht, nicht Rache* – und aus seinen Reden und den Jahresberichten für das Wiener Dokumentationszentrum zitiert.

Ich hatte auch Zugang zu den Akten Wiesenthals und seiner Korrespondenz. Mir stand ebenfalls ein Oral-History-Bericht zur Verfügung, den Wiesenthal 1961 für das Archiv von Yad Vashem ablegte, ebenso wie die Akten, die vom US Counter Intelligence Corps über ihn angelegt wurden. Einsehen konnte ich darüber hinaus seine Stasi-Akte aus der früheren DDR. Andere unveröffentlichte Materialien sind das Manuskript von Isser Harel über Wiesenthals Umgang mit dem Fall Eichmann, Zvi Aharonis Manuskript über die Gefangennahme Eichmanns und die Suche nach Josef Mengele und der dritte Band von Bruno Kreiskys *Memoiren*, die noch nicht veröffentlicht waren, als ich an diesem Buch schrieb.

Die österreichische Wochenzeitung *Profil* war eine wichtige Informationsquelle für die Geschichte von Wiesenthals Beziehungen zu Bruno Kreisky und Kurt Waldheim. Eine zusätzliche Quelle für die ganze Bandbreite von Wiesenthals Aktivitäten waren wissenschaftliche Artikel, vor allem von Dr. Oliver Rathkolb, sowie Zeitungsberichte aus aller Welt.

Es wäre nicht möglich gewesen, Wiesenthals Geschichte zu erzählen oder seine Bedeutung einzuschätzen, ohne diejenigen zu interviewen, die ihn gut kennen oder sehr klare Ansichten über ihn hegen, auch wenn sie ihn nicht persönlich kennen. Viele von ihnen habe ich bereits am Anfang dieses Buches genannt und ihnen meinen Dank ausgesprochen.

Die Liste von Büchern, die eine Bedeutung für Wiesenthals Hintergrund und Leben haben, ist lang. Im folgenden sind diejenigen aufgeführt, die sich als besonders hilfreich erwiesen haben.

Bibliographie

Bücher von Simon Wiesenthal

(Anmerkung der Autorin: Die deutschen und englischen Fassungen sind getrennt aufgeführt, aber die meisten von Wiesenthals Büchern sind auch in anderen Sprachen veröffentlicht worden.)

1946 – *KZ Mauthausen* (Ibis Verlag, Linz)
1947 – *Groß-Mufti: Großagent der Achse* (Ried Verlag, Salzburg)
1961 – *Ich jagte Eichmann* (Bertelsmann, Gütersloh)
1965 – *Verjährung: 200 Persönlichkeiten des öffentlichen Lebens sagen nein. Eine Dokumentation.* (Frankfurt am Main, Europäische Verlagsanstalt)
1967 – *The Murderers Amongst Us* (McGraw-Hill, New York)
– *Doch die Mörder leben* (Droemer-Knaur Verlag, München)
1969 – *Die Sonnenblume* (Opera Mundi, Paris)
– *Judenhetze in Polen* (Rolf Vogel, Bonn)
1970 – *The Sunflower* (Schocken Books, New York)
1971 – *Segel der Hoffnung* (Walter Verlag, Olten)
1975 – *Krystyna: Die Tragödie des polnischen Widerstands* (Ullstein Verlag, Berlin)
1981 – *Max und Helen* (Ullstein Verlag, Berlin)

1982 – *Max und Helen* (William Morrow & Co., New York)
1984 – *Segel der Hoffnung* (überarbeitete Ausgabe – Bleicher Verlag, Gerlingen)
1986 – *Livre de la memoire Juive* (Robert Laffont, Paris)
1988 – *Jeder Tag ein Gedenktag* (Bleicher Verlag, Gerlingen)
– *Recht, nicht Rache* (Ullstein Verlag, Berlin)
1989 – *Justice Not Vengeance* (Weidenfeld & Nicolson, London)
1990 – *Jeder Tag ein Gedenktag* (Ullstein Verlag, Berlin)
– *Flucht vor dem Schicksal* (Ullstein Verlag, Berlin)
1991 – *Sails of Hope* (Robert Laffont, Paris)
– *Segel der Hoffnung* (überarbeitete Ausgabe – Ullstein Verlag, Berlin)
1995 – *Denn sie wußten, was sie tun – Zeichnungen und Aufzeichnungen aus dem KZ Mauthausen* (Neuauflage von 1946 – Deuticke Verlag, Wien)
– Rundbriefe des Dokumentationszentrums 1961–1995

Aharoni, Zvi und Dieth, Wilhelm, *Die Jägeroperation Eichmann: Was wirklich geschah*, Deutsche Verlagsanstalt, Stuttgart 1994

Amerongen, Martin van, *Kreisky und seine unbewältigte Gegenwart*, Styria Verlag, Graz 1977

Arendt, Hannah, *Eichmann in Jerusalem. Ein Bericht von der Banalität des Bösen*, Piper, München 1964

Aridjis, Homero, *1492: Die Abenteuer des Juan Caberon von Kastilien*, Benziger Verlag, Zürich 1992

Ariel, Ehud, *Open the Gates*, Weidenfeld & Nicolson, London 1975

Bark, Dennis L. und Gress, David R., *A History of West Germany*, Basil Blackwell, Oxford 1989

Bauer, Yehuda, *Flight and Rescue: Brichah*, Random House, New York 1970

Beckermann, Ruth, *Die Mazzesinsel. Juden der Wiener Leopoldstadt 1918–1938*, Löcker Verlag, Wien 1984

Bedford, Sybille, *As It Was (Auschwitz Trial)*, Sinclair-Stevenson, London 1990

Beller, Steven, *Wien und die Juden 1867–1938*, Böhlau Verlag, Wien 1993

Begley, Louis, *Lügen in Zeiten des Krieges*, Suhrkamp Verlag, Frankfurt am Main 1994

Berenbaum, Michael, *The World Must Know*, Little, Brown & Co., Boston 1993

Bierman, John, *Raoul Wallenberg: Der verschollene Held*, Knaur Verlag, München 1983

Black, Ian und Morris, Benny, *Mossad, Shin Bet, Aman. Die Geschichte der israelischen Geheimdienste*, Palmyra Verlag, Heidelberg 1994

Blum, Howard, *The Search for Nazis in the US*, Quadrangle/NY Times Publishing Co., New York 1977

Blumenau, Ralph, *A History of the Jews in German-Speaking Lands*, University of the Third Age, London 1995

Bohnsack, Günther und Brehmer, Herbert, *Auftrag: Irreführung: Wie die Stasi Politik im Westen machte*, Carlsen Verlag, Hamburg 1992

Bolchover, Richard, *British Jewry and the Holocaust*, Cambridge University Press, Cambridge 1993

Bower, Tom, *Blind Eye to Murder*, André Deutsch, London 1981

Bower, Tom, *Klaus Barbie: Lyon, Augsburg, La Paz – Karriere eines Gestapo-Chefs*, Rotbuch Verlag, Berlin 1984

Bower, Tom, *Verschwörung Paperclip: NS-Wissenschaftler im Dienst der Siegermächte*, List Verlag, München 1988

Brix, Emil, *Simon Wiesenthal in Polen. Ein Weg*, Österreichisches General-Konsulat, Krakau 1995

Broad, Pery, *KZ-Auschwitz Aussage von Pery Broad, einem SS-Mann der politischen Abteilung im Konzentrationslager Auschwitz*, Verlag Pánstwowe Muzeum w Oswiecimiu, Auschwitz 1969

Buber, Martin, *Erzählungen von Engeln, Geistern und Dämonen*, Schocken Verlag, Berlin 1932

Buber, Martin, *Erzählungen der Chassidim*, Manesse Verlag, Zürich 1949

Buber, Martin, *Zwiesprache*, Schocken Verlag, Berlin 1932

Bullock, Alan, *Hitler und Stalin: Parallele Leben*, Siedler Verlag, Berlin 1991

Cantor, Norman, *The Sacred Chain*, HarperCollins, London 1995

Cesaraini, David, *Justice Delayed*, William Heinemann, London 1992

Clare, George, *Last Waltz in Vienna*, MacMillan, London 1981

Dohrn, Verena, *Reise nach Galizien*, Fischer Verlag, Frankfurt am Main 1991

Fischer, Heinz, *Die Kreisky Jahre 1967–83*, Löcker Verlag, Wien 1993

Forsyth, Frederick, *Die Akte Odessa*, Piper Verlag, München 1973

Friedlander, Albert, *Das Ende der Nacht: Jüdische und christliche Denker nach dem Holocaust*, Kaiser und Gütersloher Verlagshaus, Gütersloh 1995

Gaiswinkler, Albrecht, *Sprung in die Freiheit*, Wien 1937

Gilbert, Martin, *Auschwitz and the Allies*, Michael Joseph, London 1981

Gilbert, Martin, *The Holocaust*, Collins, London 1982

Goldmann, Nahum, Wiesenthal, Simon u. a., *Jüdische Lebenswege*, Fischer Verlag, Frankfurt am Main 1982

Gruber, Karl u. a., *Wir über Waldheim*, Böhlau Verlag, Wien 1992

Gutman, Roy, *Augenzeuge des Völkermords. Reportagen aus Bosnien*, Steidl Verlag, Göttingen 1994

Hammer, Katarina, *Glanz im Dunkel – Die Bergung von Kunstschätzen im Salzkammergut nach dem 2. Weltkrieg*, Burgverein Pflindsberg, Wien 1986

Harel, Isser, *Das Haus in der Garibaldistraße*, Ullstein Verlag, Berlin und Frankfurt am Main 1975

Herzstein, Robert, *Waldheim: The Missing Years*, Arbor House, William Morrow, New York 1988

Hitler, Adolf, *Mein Kampf*, Franz Eher Verlag, München 1925

Hudal, Alois, *Römische Tagebücher*, L. Stocker Verlag, Graz, Stuttgart 1976

Joffe, Joseph, *The Battle of the Historians*, Encounter, Juni 1975

Kahane, David, *Lvov Ghetto Diary*, University of Massachusetts Press, Boston 1990

Keneally, Thomas, *Schindlers Liste*, Bertelsmann Verlag, Gütersloh 1994

Knight, Robert (Hg.), *Die Wortprotokolle der Österreichischen Bundesregierung*, Athenäum Verlag, Frankfurt am Main 1988

Kreisky, Bruno, *Zwischen den Zeiten. Erinnerungen aus fünf Jahrzehnten*, Siedler Verlag, Berlin 1986

Kreisky, Bruno, *Im Strom der Politik. Erfahrungen eines Europäers*, Siedler Verlag, Berlin 1988

Kreisky, Bruno, *Der Mensch im Mittelpunkt. Der Memoiren dritter Teil*, Kremayr & Scheriau Verlag, Wien 1996

Langbein, Hermann, *Menschen in Auschwitz*, Europaverlag, Wien 1995

Langbein, Hermann, *...nicht wie die Schafe zur Schlachtbank. Widerstand in den nationalsozialistischen Konzentrationslagern*, Fischer Verlag, Frankfurt am Main 1995

Laqueur, Walter und Breitman, Richard, *Der Mann, der das Schweigen brach: Wie die Welt vom Holocaust erfuhr*, Ullstein Verlag, Frankfurt am Main 1986

Le Chene, Evelyn, *Mauthausen: History of a Death Camp*, Methuen, London 1971

Levi, Primo, *Ist das ein Mensch?* Hanser Verlag, München und Wien 1991

Levin, Ira, *Die Boys aus Brasilien*, Ullstein Verlag, Berlin und Frankfurt am Main 1976

Levy, Alan, *Die Akte Wiesenthal*, Überreuther Verlag, Wien 1995

Lifton, Robert Jay, *Ärzte im Dritten Reich*, Klett Cotta Verlag, Stuttgart 1996

Lingens, Ella, *Eine Frau im Konzentrationslager*, Europaverlag, Wien 1960

Lingens, Peter, *Begegnungen*, Kremayr & Scheriau Verlag, Wien 1995

Malin, Peter und Stein, Harry, *Eichmann in my Hands*, Muller, Random Century, London 1990

Marton, Katie, *Wallenberg*, Random House, New York 1982

Matalon-Lagnado, Lucette und Cohn Dekel, Sheila, *Die Zwillinge des Dr. Mengele*, Rowohlt Verlag, Reinbek 1994

Mayrhofer, Alois, *Künstler im Ausseerland*, Styria Verlag, Graz 1985

Miller, Judith, *One by One. Facing the Holocaust*, Touchstone, New York 1990

Mitten, Richard, *The Politics of Antisemitism*, Westbrook Press, Colorado 1992

Nicholas, Lynn H., *The Rape of Europa*, Macmillan, London 1994

O'McCagg, William, *History of the Habsburg Jews*, Indiana University Press, Indiana 1989

Olah, Franz, *Die Erinnerungen*, Amalthea, Wien 1995

Portisch, Hugo, *Österreich, Band I, II.1 und II.2*, Kremayr & Scheriau Verlag, Wien 1985, 1986 und 1989

Posner, Gerald und Ware, John, *Mengele. Die Jagd auf den Todesengel*, Aufbau Verlag, Berlin 1993

Pulzer, Peter, *The Rise of Political Antisemitism in Austria*, John Wiley, London 1964

Rathkolb, Oliver, *Es ist schwer, jung zu sein – Jugend und Demokratie in Österreich*, Verlag Jugend und Volk, Wien 1991

Rathkolb, Oliver, *Verdrängte Schuld, verdrängte Sühne*, Verlag für Geschichte und Politik, Wien 1986

Rathkolb, Oliver, *Die veruntreute Wahrheit – Propagandisten in Österreich*, Müller Verlag, Wien 1988

Roberts, Frank, *Dealing with Dictators*, Weidenfeld & Nicolson, London 1991

Rosenbaum, Eli M. mit William Hoffer, *Betrayal*, St. Martin's Press, New York 1993

Roth, Joseph, *Juden auf Wanderschaft*, Verlag der Schmiede, Berlin 1927

Roth, Joseph, *Radetzkymarsch*, Kiepenheuer & Witsch Verlag, Köln 1970

Rückerl, Adalbert, *NS-Verbrechen vor Gericht. Versuch einer Vergangenheitsbewältigung*, Müller, Heidelberg 1982

Ryan, Alan J., *Quiet Neighbours*, Harcourt Brace Jovanovich, New York 1984

Schönfeld, Joachim, *Holocaust Memoirs*, KTAV Publishing House, Hoboken 1988

Secher, Pierre, *Bruno Kreisky*, Dorrance Publishing Co., Pittsburgh 1993

Sereny, Gitta, *Am Abgrund. Gespräche mit dem Henker: Franz Stangl und die Morde von Treblinka*, Piper Verlag, München 1995

Sereny, Gitta, *Das Ringen mit der Wahrheit: Albert Speer und das deutsche Trauma*, Kindler Verlag, München 1995

Silver, Eric, *Sie waren stille Helden: Frauen und Männer, die Juden vor den Nazis retteten*, Hanser Verlag, München und Wien 1994

Singer, Isaac Bashevis, *Mein Vater der Rabbi*, Rowohlt Verlag, Reinbek 1971

Smith, Bradley, *The Road to Nuremberg*, Basic Books, New York 1981

Stein, Richard A., *Documents Against Words*, STIBA (Foundation against Anti-Semitism), Rotterdam 1992

Steiner, Herbert und Sporrer, Maria (Hg.), *Simon Wiesenthal. Ein unbequemer Zeitgenosse*, Orac Verlag, Wien 1992

Stern, Fritz, *Der Traum vom Frieden und die Versuchung der Macht: Deutsche Geschichte im 20. Jahrhundert*, Siedler Verlag, Berlin 1988

Szulc, Tad, *The Secret Alliance*, Pan, London 1991

Thurnher, Armin und Zelman, Leon, *Ein Leben nach dem Überleben*, Verlag Kremayr & Scheriau, Wien 1995

Tusa, Ann und John, *The Nuremberg Trial*, Macmillan, London 1983; Neuausgabe BBC Books, London 1995

Urquhart, Brian, *A Life in Peace and War*, Weidenfeld & Nicolson, London 1987

Waldheim, Kurt, *Erinnerungen*, Econ Verlag, Düsseldorf 1984

Waldheim, Kurt, *In the Eye of the Storm*, Weidenfeld & Nicolson, London 1985

Waldheim, Kurt, *Im Glaspalast der Weltpolitik*, Econ, Düsseldorf, Wien 1985

Weidenfeld, George, *Von Menschen und Zeiten: die Autobiographie*, Europaverlag, Wien 1995

Weinzierl, Erika, *Zu wenig Gerechte – Österreicher und die Judenverfolgung 1938–1945*, Styria Verlag, Graz 1969

West, Rebecca, *A Trail of Powder. The Nuremberg Trials*, Virago, London 1984

West, Rebecca, *Gewächshaus mit Alpenveilchen. Im Herzen des Weltfeindes. Nürnberg, Berlin 1946*, Bittermann Verlag, Berlin 1995

Wiesel, Elie, *Die Nacht zu begraben, Elischa*, Bechtle, München und Esslingen 1962

Wiesel, Elie, *Der Bettler von Jerusalem*, Ullstein Verlag, Frankfurt am Main 1986

Wistrich, Robert, *Between Redemption and Perdition*, Routledge, London 1990

Wistrich, Robert, *Die Juden in Wien zur Zeit Kaiser Franz Josephs I.*, Böhlau Verlag, Wien 1996

Wistrich, Robert, *Wer war wer im Dritten Reich*, Fischer, Frankfurt am Main 1988

Wistrich, Robert, *Ein Wochenende in München. Kunst, Propaganda und Terror im Dritten Reich*, Insel Verlag, Frankfurt am Main 1996

Wodak, Ruth u. a., *Wir sind alle unschuldige Täter. Diskurshistorische Studien zum Nachkriegsantisemitismus*, Suhrkamp Verlag, Frankfurt am Main 1990

Zuroff, Efraim, *Occupation – Nazi-Hunter*, KTAV Publishing Inc., New Jersey 1994

Zuroff, Efraim, *Beruf: Nazijäger. Die Suche mit dem langen Atem: Die Jagd nach den Tätern des Völkermordes*, Ahriman Verlag, Freiburg 1996

Personenregister

Y Z

Bildquellennachweis

Wenn nicht anders angegeben, stammen die Abbildungen des Tafelteils aus dem Privatbesitz von Simon Wiesenthal. S. 4, S. 5, S. 6: Hoffenreich; S. 7 unten: Pflaum; S. 8 unten: Leif Engberg/Dagens Nyheter; S. 9 links unten: Alex Izbicki; S. 10 unten: Kathleen Blumenfeld; S. 11 oben: JH Dorchinger/IFJ; S. 12 unten: Udo Lauer/Merlin Press; S. 13 oben links: NFP, The Netherlands; S. 13 oben rechts und unten: Art Waldinger/Encino, USA; S. 14 oben rechts: Ronald Glassman; S. 14 oben links: Neue Kronenzeitung; S. 15 oben und unten links: Piotr Janos.

Barbara Beuys

Heimat und Hölle

Jüdisches Leben in Europa durch zwei Jahrtausende
Religion, Geschichte, Kultur

784 Seiten. Gebunden.

«Soll, darf Auschwitz wie ein schwarzer Block des Todes für immer den Zugang zum Leben der Juden in Europa verdunkeln, die dort durch zwei Jahrtausende ihre eigene Geschichte hatten? Es wächst die Zahl der jüdischen Stimmen, die dafür plädieren, jüdischer Geschichte vor Auschwitz ihren eigenen Platz zu geben und sie nicht ausschließlich aus dem Blickwinkel der Vernichtung zu betrachten», so die Historikerin Barbara Beuys. Sie beginnt ihre umfassende Darstellung der Geschichte der Juden im Jahr 59 v. Chr. In einem sehr anschaulichen Stil erzählt sie, wie die Juden in den vielen Ländern Europas eine Heimat fanden und wie sich ihre Religion und Kultur in den letzten zwei Jahrtausenden entwickelten. Herzstück ihres Buches sind die erzählten Biographien gelehrter, konfliktfreudiger, erfolgreicher und widerspruchsvoller Persönlichkeiten, die die europäisch-jüdische Geschichte spiegeln.

«Barbara Beuys hat jetzt den Beweis geliefert, daß man die Geschichte des jüdischen Lebens in Europa anschaulich erzählen kann, ohne in eine Welt der Symbole zu flüchten. Das fast 800 Seiten starke Werk ist spannend, farbig und figurenreich auch ohne eine einzige Abbildung. An dieser ‹textuellen› Gesamtschau wird deutlich, wie sehr über die vielen Einzelstudien die europäische Sicht der jüdischen Geschichte bisher vernachlässigt worden ist.»
Willi Jasper, Die Zeit

«Barbara Beuys beherrscht die Kunst des Erzählens, versteht es, lebendige Menschen aus ihrer Konservierung in Epitaphen oder Dokumenten zu lösen.»
Elisabeth Bauschmid, Süddeutsche Zeitung

Carl Schüddekopf

Krieg

Erzählungen aus dem Schweigen
Deutsche Soldaten über den Zweiten Weltkrieg
336 Seiten. Gebunden.

Nach dem Untergang ganzer Armeen und dem Tod von dreieinhalb Millionen deutscher Soldaten erscheint den hier porträtierten Männern ihr Überleben noch heute wie ein Wunder. Doch über die jahrelange Angst und das allgegenwärtige Sterben haben sie genausowenig reden können wie über das Glück des Entkommens. Der Wunsch zu vergessen spielte dabei eine ebenso große Rolle wie die Weigerung der anderen, ihnen zuzuhören. Die Bundesrepublik fürchtet, was sie zugleich pauschal anklagt: die Verbrechen des Krieges.

Mehr als fünfzig Jahre nach dem Krieg werden diese Geschichten hier zum erstenmal erzählt, z. B.: Die Geschichte des Bauernsohns, der in Rußland verwundet wird, sich für Afrika meldet, weil er weiß, daß er ein zweites Mal aus Rußland nicht zurückkäme, in amerikanische Gefangenschaft gerät und noch im Lager in Kansas glaubt, daß nach dem Sieg die ‹Wilhelm Gustloff› ihn in New York abholen wird.

Oder die Geschichte des Gymnasiasten und Hitlerjungen, der sich von der Schulbank weg freiwillig zur Luftwaffe meldet, mit sechzehn als Flakhelfer im Bombenhagel an der Kanone sitzt und mit achtzehn als Maschinengewehrschütze den Rückzug bis nach Bremerhaven erlebt, immer im Glauben, ein Wunder werde doch noch den Endsieg bringen.

Ilja Ehrenburg / Wassilij Grossman (Hg.)

Das Schwarzbuch

Der Genozid an den sowjetischen Juden
Herausgeber der deutschen Ausgabe: Arno Lustiger
Deutsch von Ruth und Heinz Deutschland
1152 Seiten. Gebunden

Noch brannten die Feuer und Krematorien in den Vernichtungslagern, noch trieben ganz normale Männer ihre Opfer in Massen an die Ränder der riesigen Gruben, wo sie von ihnen erschossen wurden, als sich in Moskau ein Antifaschistisches Jüdisches Komitee bildete, um über den Genozid an den sowjetischen Juden der zivilisierten Welt die Augen zu öffnen und ihren Willen wachzurütteln, die Verbrechen zu sühnen. Jüdische Künstler, Schriftsteller und Intellektuelle, unter ihnen auch die beiden Herausgeber des Schwarzbuches, Wassilij Grossman und Ilja Ehrenburg, sammelten seit Juni 1941 aus allen von den Deutschen besetzten sowjetischen und einigen Gebieten in Polen die Berichte von Augenzeugen und Überlebenden aus den entvölkerten Dörfern, aus den Ghettos der Städte und aus den Arbeits- und Vernichtungslagern.

Was dort den bürokratisch organisierten Massenmord möglich gemacht hat, dies, so haben wir uns zu denken gewöhnt, entzöge sich unserer Vorstellungskraft. Doch die hier erstmals in Deutschland veröffentlichten, noch stark vom persönlichen Erleben geprägten Schilderungen geben dem «Unvorstellbaren» Gestalt und machen das Schwarzbuch zu einem einzigartigen Dokument menschlicher Abgründe.